U0362128

法学案例系列教材

知识产权法案例教程

张　玲　主　编
向　波　副主编

南开大学出版社

天　津

图书在版编目(CIP)数据

知识产权法案例教程 / 张玲主编. —天津：南开大
学出版社，2021.9
   法学案例系列教材
   ISBN 978-7-310-06038-2

   Ⅰ.①知… Ⅱ.①张… Ⅲ.①知识产权法－案例－中
国－高等学校－教材 Ⅳ.①D923.405

中国版本图书馆 CIP 数据核字(2020)第 272252 号

知识产权法案例教程
ZHISHI CHANQUAN FA ANLI JIAOCHENG

南开大学出版社出版发行
出版人：陈　敬
地址：天津市南开区卫津路 94 号　　邮政编码：300071
营销部电话：(022)23508339　营销部传真：(022)23508542
https://nkup.nankai.edu.cn

天津泰宇印务有限公司印刷　全国各地新华书店经销
2021 年 9 月第 1 版　　2021 年 9 月第 1 次印刷
260×185 毫米　16 开本　30 印张　2 插页　635 千字
定价：85.00 元

如遇图书印装质量问题,请与本社营销部联系调换,电话：(022)23508339

《知识产权法案例教程》编写说明

知识产权法经过改革开放 40 多年的发展，已经成为精深的一门法律学科。知识产权法的理论研究和司法实践取得了丰硕成果。论文、专著、典型案例不断出新。教科书更是版本繁多。马克思主义理论和建设工程重点教材《知识产权法学》已由高等教育出版社于 2019 年 8 月出版。在此背景下，如何撰写一本有特色的教材成为难题。在考察中外教科书写作版本，结合知识产权法教学中的体验，决定摒弃传统教科书独白式叙述风格，采用"核心知识点 + 典型案例 + 拓展思考"模块式体例，强化纸面上的法律与行动中的法律的融合。突出问题意识，将撰写思路的重点定位为：知识产权法律适用中的问题。引导学生从被动看书、识记看书转变为主动探究、思考问题，进而达到超越知识、培养能力的效果。"核心知识点"部分对知识产权法基本制度予以凝练、归纳，供学生了解知识产权法的体系、框架，学习、把握知识产权法的重点内容；"典型案例"部分以"以案释法"为指导思想，选取我国司法实践中具有创新性、示范性的经典案例，有针对性地解读法律适用中的关键词，使学生感悟司法实践中形成的裁判规则；"拓展思考"部分针对该知识点在法学理论和法律适用中所存在的争议，分别梳理了不同学说以及同案异判的裁判规则，并提出一些开放性话题作为讨论素材，留待教师、学生在教学过程中进一步探讨。该板块意在弱化"权威定论"，引导学生打破固有的线性思维，养成思辨习惯，拓展思维空间。鼓励学生在分析比较、讨论中独立思考问题，体验不同的价值判断和审理思路，启发学生理解法律文本中所蕴含的价值、功能。

本书由南开大学法学院张玲教授、向波副教授、谢晴川副教授，厦门大学知识产权研究院朱冬副教授，西南政法大学民商法学院孙山副教授，天津师范大学法学院于文萍老师，天津商业大学法学院王果博士，天津科技大学文法学院陈杰副教授，南开大学滨海学院法政学系金松老师，国家知识产权局专利局复审和无效审理部万琦博士，天津市高级人民法院张楠、张军强法官合作完成。具体撰写分工如下：

第一编"知识产权总论"：张玲。

第二编"著作权"：谢晴川（第四章"著作权的内容"、第六章"著作权的行使"、第八章"著作权的保护"）、王果（第二章"著作权的客体"、第七章"著作权的限制"）、陈杰（第三章"著作权的主体"、第五章"邻接权"）。

第三编"专利权"：万琦（第九章"专利权的客体"、第十章"专利权的授权条件"）、向波（第十一章"专利权的主体"、第十二章"专利权的内容、行使及限制"、第十三章"专利权的宣告无效及终止"、第十四章"专利权的保护"）。

第四编"商标权"：孙山（第十五章"商标权的客体"、第十六章"商标权的取得"、第十七章"商标权的终止"）、朱冬（第十八章"商标权的内容和行使"、第十九章"商标权的保护"）。

第五编"其他知识产权"：张楠（第二十章第一节"商业标记的反不正当竞争"、第二节"商业诋毁的反不正当竞争"）、张军强（第二十章第三节"网络中的反不正当竞争"）、于文萍（第二十一章"商业秘密权"）、金松（第二十二章"集成电路布图设计权"、第二十三章"植物新品种权"）。

全书由主编张玲统筹规划，副主编向波统稿。

中国社会科学出版社张潜编辑、南开大学出版社的周敏编辑为本书的编写出版付出了辛勤劳动，在此致以诚挚的谢意。

知识产权法内容博大精深，发展迅速。书中观点及表达恐有错误和不足之处，敬请广大读者批评指正。

目 录

第一编　知识产权总论

第一章　知识产权总论 ……………………………………………… （3）

第一节　社会发展与知识产权 ………………………………… （3）

第二节　我国的知识产权制度 ………………………………… （4）

第三节　知识产权的概念 ……………………………………… （6）

第四节　知识产权的特征 ……………………………………… （10）

第五节　知识产权的分类 ……………………………………… （25）

第二编　著作权

第二章　著作权的客体 ………………………………………… （33）

第一节　作品的概念 …………………………………………… （33）

第二节　不受著作权法保护的对象 …………………………… （38）

第三节　作品的分类 …………………………………………… （43）

第三章　著作权的主体 ………………………………………… （56）

第一节　作者 …………………………………………………… （56）

第二节　合作作品的著作权归属 ……………………………… （59）

第三节　职务作品的著作权归属 ……………………………… （62）

第四节　委托作品的著作权归属 ……………………………… （65）

第五节　演绎和汇编作品的著作权归属 ……………………… （68）

第六节　其他作品的著作权归属 ……………………………… （70）

第四章 著作权的内容 ……………………………………………………（73）

    第一节 著作人身权 ………………………………………………（73）

    第二节 著作财产权 ………………………………………………（80）

第五章 邻接权 ……………………………………………………………（93）

    第一节 表演者权 …………………………………………………（93）

    第二节 音像制品制作者权 ………………………………………（96）

    第三节 广播组织者权 ……………………………………………（100）

    第四节 其他传播者 ………………………………………………（103）

第六章 著作权的行使 ……………………………………………………（108）

    第一节 著作权的转让、许可和质押 ……………………………（108）

    第二节 著作权集体管理 …………………………………………（111）

第七章 著作权的限制 ……………………………………………………（114）

    第一节 合理使用 …………………………………………………（114）

    第二节 法定许可 …………………………………………………（122）

第八章 著作权的保护 ……………………………………………………（126）

    第一节 著作权侵权的判定 ………………………………………（126）

    第二节 技术措施和权利管理信息的保护 ………………………（134）

    第三节 著作权侵权诉讼中的保全措施 …………………………（136）

    第四节 著作权侵权的民事责任 …………………………………（138）

第三编 专利权

第九章 专利权的客体 ……………………………………………………（145）

    第一节 发明创造的概念 …………………………………………（145）

    第二节 不授予专利权的对象 ……………………………………（151）

第十章 专利权的授权条件 ………………………………………………（156）

    第一节 发明专利、实用新型专利的授权条件 …………………（156）

    第二节 外观设计专利的授权条件 ………………………………（178）

第十一章　专利权的主体 ………………………………………………（190）

　　第一节　发明人（设计人）与专利权人 …………………………（190）

　　第二节　职务发明的权利归属 ……………………………………（193）

　　第三节　合作发明与委托发明的权利归属 ………………………（200）

第十二章　专利权的内容、行使及限制 …………………………（204）

　　第一节　专利权的内容 ……………………………………………（204）

　　第二节　专利申请权、专利权的转让 ……………………………（219）

　　第三节　专利权的许可 ……………………………………………（223）

　　第四节　专利权的限制 ……………………………………………（228）

第十三章　专利权的宣告无效及终止 ……………………………（233）

　　第一节　专利权的宣告无效 ………………………………………（233）

　　第二节　专利权的终止 ……………………………………………（237）

第十四章　专利权的保护 …………………………………………（242）

　　第一节　专利权的保护范围 ………………………………………（242）

　　第二节　专利侵权的判定 …………………………………………（251）

　　第三节　专利侵权抗辩 ……………………………………………（264）

　　第四节　专利侵权的法律责任 ……………………………………（270）

第四编　商标权

第十五章　商标权的客体 …………………………………………（281）

　　第一节　商标的概念和功能 ………………………………………（281）

　　第二节　商标的显著性 ……………………………………………（286）

第十六章　商标权的取得 …………………………………………（292）

　　第一节　商标注册的绝对禁止条件 ………………………………（292）

　　第二节　商标注册的相对禁止条件 ………………………………（308）

　　第三节　商标的权利取得 …………………………………………（322）

第十七章　商标权的消灭 ……………………………………… (326)

第一节　注册商标的撤销 ……………………………………… (326)

第二节　注册商标的无效 ……………………………………… (330)

第十八章　商标权的内容和行使 ……………………………… (341)

第一节　商标权的内容 ………………………………………… (341)

第二节　注册商标的转让 ……………………………………… (344)

第三节　注册商标的使用许可 ………………………………… (347)

第十九章　商标权的保护 ……………………………………… (351)

第一节　商标侵权的判定 ……………………………………… (351)

第二节　商标侵权的其他类型 ………………………………… (367)

第三节　商标侵权抗辩 ………………………………………… (374)

第四节　商标侵权的法律责任 ………………………………… (385)

第五编　其他知识产权

第二十章　反不正当竞争 ……………………………………… (395)

第一节　商业标志的反不正当竞争 …………………………… (395)

第二节　商业诋毁的反不正当竞争 …………………………… (409)

第三节　网络中的反不正当竞争 ……………………………… (412)

第二十一章　商业秘密权 ……………………………………… (423)

第一节　商业秘密的概念和范围 ……………………………… (423)

第二节　商业秘密的构成要件 ………………………………… (426)

第三节　商业秘密侵权的判定与责任承担 …………………… (433)

第二十二章　集成电路布图设计权 …………………………… (440)

第一节　集成电路布图设计权概述 …………………………… (440)

第二节　集成电路布图设计权的制度规则 …………………… (441)

第三节　集成电路布图设计权的限制 ………………………… (447)

第二十三章　植物新品种权 ································· (451)

第一节　植物新品种权概述 ···························· (451)

第二节　植物新品种权的制度规则 ···················· (452)

第三节　植物新品种权的限制 ························· (459)

第四节　侵犯植物新品种权的判定 ···················· (462)

第五节　植物新品种权侵权的法律责任 ················ (466)

第一编

知识产权总论

第一章

绪论

第一章 知识产权总论

第一节 社会发展与知识产权

随着科学技术和商品经济的发展，为了保护发明创造、作品、商业标记，规范市场竞争秩序，英国于 1623 年通过了《垄断法案》①，1709 年通过了《安妮女王法》，法国 1857 年颁布了《关于以使用原则和不审查原则为内容的制造标记和商标的法律》，德国 1896 年颁布了《反不正当竞争法》。之后，各国纷纷效仿，制定了各自的知识产权法，并签订了一系列知识产权保护国际公约。使得知识产权法成为国家、国际社会保护创新、规范商业标记的基本法律制度。专利法促进了人类的物质文明，著作权法促进了人类的精神文明，商标法、反不正当竞争法使得商品竞争公平、有序进行。知识产权法为人类进步保驾护航，是制度文明的典范。知识产权在社会发展、个人生活中的作用日益重要。2003 年世界知识产权日的主题是：知识产权与我们息息相关。21世纪，知识资本崛起，知识产权经济崛起。知识产权成为竞争的焦点，知识产权的拥有量是综合实力的象征。创造财富的核心由有形资产转向无形资产。

知识产权是力量，知识产权是财富。知识产权在社会各层面发挥着决定性作用。个人层面：从事软件、芯片、生物制品、基因、人工智能开发的"知识新贵"，是知识经济产业的带头人，是时代财富的代表；企业层面：知识产权成为生命线。跨国公司的战略是：技术专利化、专利标准化、标准全球化，以谋求世界市场的竞争优势。在美国的专利排行榜上，IBM 公司于 2018 年共获得 9100 项专利。财富 500 强企业的资产构成中，1978 年，有形资产为 95%，无形资产仅占 5%。2010 年，有形资产降低到20%，无形资产则提高到 80%。技术进步使企业的财产结构发生了革命性变革。知识产权成为主导的财产形态。知识财产法律化带来了财产的"非物质化革命"，是财产权领域的一场深刻的制度创新与变革。在现代科学技术和商品经济的推动下，非物质财

---

① 1474 年威尼斯颁布了世界上第一部专利法。英国 1623 年《垄断法案》被认为是世界上第一部具有近代意义的专利法。

富成为社会的重要财产类型。① 企业知识产权财产的剧增引发了苹果与三星、华为与三星等竞争对手的知识产权世界大战、混战、恶战。知识产权纠纷频发已成为市场竞争主体的新常态。国家层面：因知识产权拥有量不同而分为头脑国家与肢体国家。美国、日本等成为依靠知识产权发展本国经济的成功典范；国际层面：知识产权贸易是 WTO 三大贸易之一，《TRIPs 协议》是国际知识产权贸易的游戏规则。2009 年联合国、世界银行等 5 个国际组织联合发布了新的国民经济核算国际统计标准 SNA2008，增加知识产权相关指标。知识产权激励创新，推动科学技术进步，繁荣文学艺术，促进经济巨大发展。知识产权由此成为私权体系中的第一财产权，成为现代财产制度的关键与核心，成为财产的主宰。知识产权位列财产权利之首，是财产制度漫长运动历史发展的必然结果，既是逻辑的，也是实践的。②

信息网络技术、人工智能、生物技术等高科技以及不断出现的新的商业模式，给知识产权法带来诸多新课题，为知识产权法学的发展提供了新契机。以创新为经济发展的核心驱动力，已成为世界经济发展的主导模式。作为保护科学技术、商业标记的知识产权法在当今急剧变革的社会发展中，充满了挑战和机遇，是法律体系中最能体现与时俱进、协同发展的部门法领域。知识产权制度是创新发展的基本保障，在一个国家的法律体系中起着激励和保护知识创新、促进和推动创意产业发展的重要作用，是"创新之法""产业之法"。③ 随着知识经济和经济全球化的深入发展，知识产权日益成为国家发展的战略性资源和国际竞争力的核心要素，成为建设创新型国家的重要支撑和掌握发展主动权的关键。

第二节　我国的知识产权制度

知识产权制度在我国是舶来品，始于清朝末年④。清政府分别于 1898 年、1904 年、1910 年颁布了《振兴工艺给奖章程》《商标注册试办章程》《著作权律》。但限于当时的科技、经济、社会发展条件，上述法律未能真正实施，没有发挥应有作用。

中华人民共和国成立后的前三十年，由于实行计划经济，不存在私权的经济基础。1978 年党的十一届三中全会以后，开始改革开放，发展市场经济，知识产权制度得以

---

① 吴汉东：《财产的非物质化革命与革命的非物质财产法》，《中国社会科学》2003 年第 4 期。
② 刘春田：《知识产权作为第一财产权利是民法学上的一个发现》，《知识产权》2015 年第 10 期。
③ 吴汉东：《经济新常态下知识产权的创新、驱动与发展》，《法学》2016 年第 7 期。
④ 关于我国古代是否存在知识产权保护，学者有不同观点。肯定派认为：版权保护自中国的宋代开始。郑成思：《知识产权论》，法律出版社 1998 年版，第 22 页。吴汉东主编：《知识产权法》，法律出版社 2014 年版，第 35 页。否定派认为：中国古代没有知识产权保护。刘春田主编：《知识产权法》，高等教育出版社 2015 年版，第 37 页。［美］安守廉：《窃书为雅罪》，李琛译，法律出版社 2010 年版。

全面建立、发展。

20 世纪 80 年代初到 90 年代初，知识产权法律体系恢复重建阶段。我国分别于 1982 年、1984 年、1990 年、1993 年颁布了《商标法》《专利法》《著作权法》《反不正当竞争法》。并先后加入了知识产权国际公约：《建立世界知识产权组织公约》《巴黎公约》《商标国际注册马德里协定》《关于集成电路知识产权保护条约》《伯尔尼公约》《世界版权公约》《专利合作条约》等。前世界知识产权组织总干事阿帕德·鲍格胥博士在回顾该组织与中国合作 20 年的历史时指出，中国用了不到 20 年的时间，走过了西方国家一两百年才能够完成的知识产权立法进程。这个成就是举世瞩目的。[1]

20 世纪 90 年代初到 21 世纪初，知识产权制度国际化阶段。为了履行中美保护知识产权谅解备忘录[2]，为了加入世界贸易组织，使我国的知识产权法律符合《TRIPs 协议》，先后修改了著作权法（2001 年）、专利法（1992 年、2000 年）、商标法（1993 年、2001 年），颁布了《植物新品种保护条例》（1997 年）、《集成电路布图设计保护条例》（2001 年），使我国知识产权保护标准和水平达到了知识产权国际公约的要求。完成了从低水平到高水平、本土标准到国际标准的转变。

21 世纪初至今，知识产权国家战略实施阶段。为了转变经济发展方式，提升国家核心竞争力，建设创新型国家，我国将知识产权制度上升为国家战略。2008 年 6 月公布实施《国家知识产权战略纲要》。这是中国知识产权法制建设 30 年来最为重要的成就。以此为标志，中国知识产权事业步入一个新的重要历史时期。知识产权保护不再是迫于国际社会的外界压力，而是出于自身社会经济发展需求。被动保护转为主动保护。知识产权国家战略的深入实施，成效卓著。中国已成为具有世界影响力的知识产权大国。2018 年共受理专利申请 432.3 万件，其中发明专利申请量为 154.2 万件。每万人口发明专利拥有量达到 11.5 件；商标注册申请量为 737.1 万件，国内有效商标注册量达到 1804.9 万件。作品、计算机软件著作权登记量分别达到 235 万件、110 万件。共授予农业植物新品种权 1990 件、林业植物新品种权 405 件。累计批准地理标志产品 2380 个，注册地理标志商标 4867 件，全国累计登记农产品地理标志 2523 个。集成电路布图设计发证 3815 件。[3]

但是知识产权大国并不意味着是知识产权强国。作为世界第二大经济体和世界第一货物贸易大国，我国知识产权贸易仍是逆差。在科学技术方面，自主创新能力不足，核心技术、关键技术专利少，专利寿命短。专利技术的转化率和产业化率低。中国仍是专利技术输入国。在版权贸易方面，文化产品在国际市场的竞争力低。在品牌建设

①　吴汉东：《中国知识产权法制建设的评价与反思》，《中国法学》2009 年第 1 期。
②　1992 年 1 月、1995 年 3 月和 1996 年 6 月，中美之间达成三个保护知识产权谅解备忘录。
③　国家知识产权局知识产权发展研究中心：《2018 年中国知识产权发展状况评价报告》，2019 年 6 月 24 日，http://www.sipo.gov.cn/zscqgz/1140010.htm。

方面，世界品牌 100 强榜单中，中国商标数量偏少，附加值低。知识产权运用效益以及知识产权密集型产业对 GDP 的贡献率低于发达国家和地区。知识产权大而不强、多而不优等问题亟待解决。

为了实现从知识产权大国向知识产权强国迈进，使知识产权制度为实施创新驱动发展战略提供有力支撑，国务院等印发了一系列重要文件，《关于新形势下加快知识产权强国建设的若干意见》（国发〔2015〕71 号）、《知识产权综合管理改革试点总体方案》（国办发〔2016〕106 号）、《"十三五"国家知识产权保护和运用规划》（国发〔2016〕86 号），等等，对知识产权工作进行了部署。党的十九大报告进一步提出，要"倡导创新文化，强化知识产权创造、保护、运用"。开拓新时代知识产权强国建设新局面。从 2020 年到 21 世纪中叶，分两步走实现由知识产权大国向知识产权强国的历史性跨越。从 2020 年到 2035 年，经过 15 年的努力，基本建成知识产权强国，使我国知识产权创造、运用、保护、管理、服务跻身世界先进行列。从 2035 年到 21 世纪中叶，全面建成中国特色、世界水平的知识产权强国，使我国知识产权创造、运用、保护、管理、服务居于世界领先水平，有力支撑国家经济社会发展。①

第三节 知识产权概念

一、知识产权内涵

核心知识点

知识产权概念是知识产权领域的基本范畴和逻辑起点。"知识产权"术语②译自英文 intellectual property，1986 年《民法通则》第 5 章第 3 节规定了"知识产权"，由此"知识产权"成为我国正式的法律用语。但是，在学界对于知识产权的内涵，至今尚未形成共识。具有代表性的表述有：

1. 知识产权是基于创造成果和商业标记依法产生的权利的统称。③
2. 知识产权是指人们就其智力创造成果依法享有的专有权利。④
3. 知识产权是人们对于自己的智力创造成果和经营标记、信誉所依法享有的专有权利。⑤

---

① 申长雨：《以习近平新时代中国特色社会主义思想为指导，奋力开拓知识产权强国建设新局面》，2018 年 1 月 17 日，http://www.nipso.cn/onews.asp?id=39551。

② 知识产权术语的由来有不同学说：德国说、法国说、瑞士说、美国说。参见刘春田主编：《知识产权法》，高等教育出版社 2015 年版，第 3 页。

③ 《知识产权法》编写组：《知识产权法学》，高等教育出版社 2019 年版，第 8 页。

④ 郑成思主编：《知识产权法教程》，法律出版社 1993 年版，第 1 页。

⑤ 吴汉东主编：《知识产权法》，法律出版社 2014 年版，第 3 页。

4. 知识产权是民事主体所享有的支配创造性智力成果、商业标志以及其他具有商业价值的信息并排斥他人干涉的权利。①

典型案例

美国商标法违宪案：美国国会依据美国宪法的"版权和专利条款"，于1870年颁布了第一部商标法。1879年美国最高法院宣布商标法违宪，理由是商标既不是"版权和专利条款"中可获版权保护的作品，也不是可获专利保护的发明。国会不能依据"版权和专利条款"制定保护商标的法律。直到1947年，国会才依据宪法的"贸易条款"制定了商标法和反不正当竞争法。理由是：与商标联系在一起的绝大多数商品或服务，都是美国对外贸易及各州之间贸易的客体；商标与对外贸易和州际贸易密切相关，属于"贸易条款"规范的对象。②

拓展思考

权利客体和权利属性是一个权利定义中最核心的内容。关于知识产权客体，仅是智力成果，还是可以分为智力成果、商业标志两类，或是创造成果和经营标记、信誉三类，或是智力成果、商业标志以及其他具有商业价值的信息，关涉到知识产权制度的体系构建以及知识产权评估等实务问题；关于知识产权的权利属性，《民法总则》在起草初期的表述是"专属的和支配的权利"，后改为"专有的权利"。③

在借鉴已有研究成果，综合考虑知识产权质的规定性的基础上，本书认为：知识产权是指民事主体依法对智力成果和商业标记所享有的排他权。该定义强调：第一，知识产权保护客体包括两类：智力成果和商业标志。第二，知识产权遵循法定主义。第三，知识产权属于排他权。

二、知识产权外延

核心知识点

国际公约《建立世界知识产权组织公约》《TRIPs协议》以及我国《民法典》对知识产权的外延进行了列举。其中采用设权模式的法定有名权利包括：著作权、专利权、商标权、集成电路布图设计权、植物新品种权；没有被明确命名设权，采用反不正当竞争法保护模式，通说认为属于知识产权范畴的合法权益包括：第6条：一定影响的商品名称、包装、装潢等相同或者近似的标识；企业名称（包括简称、字号等）、社会组织名称（包括简称等）、姓名（包括笔名、艺名、译名等）；域名主体部分、网站名称、网页等。第9条：商业秘密。第11条：商业信誉、商品声誉。第12条：禁止妨

---

① 张玉敏：《知识产权的概念和法律特征》，《现代法学》2001年第10期。
② 李明德：《美国知识产权法》，法律出版社2003年版，第2页。
③ 《民法典》第123条第2款规定："知识产权是权利人依法就下列客体享有的专有的权利。"

碍、破坏网络产品或者服务正常运行的行为。

《建立世界知识产权组织公约》和《民法通则》列举的发现权是否属于知识产权，存在争议。我国在《民法总则》起草初期曾经规定知识产权客体包括"科学发现"。在草案审议过程中，有不同意见，主张"科学发现"不宜作为知识产权客体。第三次审议稿采纳了该建议。①

典型案例

案例一：海南亨新药业有限公司诉江苏鹏鹞药业有限公司、桂林市秀峰振辉药店中药保护专属权侵权及不正当竞争纠纷案：广西壮族自治区桂林市中级人民法院（2003）桂市民初字第 70 号民事判决书；广西壮族自治区高级人民法院（2004）桂民三终字第 11 号民事裁定书。

基本案情

原告亨新公司于 2000 年 8 月 4 日，向国家中药品种保护评审委员会申请"抗癌平丸"的中药品种保护，于 2002 年 4 月 9 日获《中药保护品种证书》（证号〔2002〕国药中保字第 120 号），保护期自 2002 年 9 月 12 日起至 2009 年 9 月 12 日。被告鹏鹞公司于 1979 年 2 月 15 日经江苏省革命委员会卫生局批准，开始生产抗癌平丸。亨新公司取得抗癌平丸的《中药保护品种证书》后，认为鹏鹞公司 2002 年 9 月 12 日以后生产和销售抗癌平丸违法，属不正当竞争行为，已构成侵权，遂于 2003 年 4 月 25 日起诉，要求判令被告停止侵权、赔礼道歉、赔偿损失 480 万元。

裁判摘要

一审裁判摘要

原告申请并取得《中药保护品种证书》，即获得国家中药品种保护专属权。被告生产和销售"抗癌平丸"，侵害了原告的中药品种保护专属权利。并且，因被告未取得合法生产"抗癌平丸"资格，其生产的"抗癌平丸"即是假冒原告生产的同品种产品，亦是我国《反不正当竞争法》制止的行为。原告生产的"抗癌平丸"属于知名商品。被告使用与原告已获保护的产品相同的名称，足以造成消费者误认。因此，被告应停止侵权、消除影响、赔偿损失。

二审裁判摘要

《中药品种保护条例》制定主要目的是控制中药生产低水平重复，实际是中药生产的市场准入制度，并非创设知识产权制度。《中药品种保护条例》对中药品种只进行行政保护、刑事保护，没有民事保护。所以，本案当事人为生产、销售中药品种药物发

---

① 张新宝：《中华人民共和国民法总则释义》，中国人民大学出版社 2017 年版，第 244 页。

生纠纷，不属于民事纠纷，应当请求国家有关行政部门处理。

案例二："功夫熊猫"商标异议复审行政纠纷案：商标评审委员会商评字〔2013〕第 105133 号商标异议复审裁定书；北京市第一中级人民法院（2014）一中行（知）初字第 4257 号行政判决；北京市高级人民法院（2015）高行（知）终字第 1969 号行政判决书。

基本案情

胡晓中向商标局提出"KUNG FU PANDA"注册申请，指定使用商品为第 12 类的"方向盘罩"等。梦工厂公司提出异议申请。并就商标局的异议裁定提出异议复审申请，主张被异议商标损害其"在先商品化权"。

裁判摘要

商评委裁定摘要

"商品化权"在我国并非法定权利或者法定权益类型。梦工厂公司没有指出其请求保护的"商品化权"的权利内容和权利边界，不能对"KUNG FU PANDA"名称在商标领域享有绝对的、排他的权利空间。

一审裁判摘要

法定权利是指法律明确设定，并对其取得要件、保护内容等均作出相应明确规定的权利，法律未明确设定的权利均不被认定为法定权利。现有法律中并未将"商品化权"设定为一种法定权利。"商品化权"亦非法律所保护的民事权益，其权益内容和权益边界均不明确，亦难以认定梦工场公司对"KUNG FU PANDA"名称在商标领域享有绝对、排他的权利空间。

二审裁判摘要

当电影名称或电影人物形象及其名称因具有一定知名度而不再单纯局限于电影作品本身，与特定商品或服务的商业主体或商业行为相结合，电影相关公众将其对于电影作品的认知与情感投射于电影名称或电影人物名称之上，并对与其结合的商品或服务产生移情作用，使权利人据此获得电影发行以外的商业价值与交易机会时，则该电影名称或电影人物形象及其名称可构成"商品化权"。"功夫熊猫 KUNG FU PANDA"作为梦工场公司知名电影名称及知名电影人物形象名称的商品化权应受到保护。

拓展思考

知识产权是一个开放的权利体系，随着科学技术和商品经济的发展，不断有新成员加入。知识产权在著作权、专利权、商标权三大核心权利的基础上，逐渐扩张。有学者主张：知识产权是各种非物质性财产权利的代名词。知识产权名义下的非物质财产包括两类：一是知识类财产：创造性成果和经营性标记；二是资信类财产。后者包括商誉权、信用权、商品化权、① 特许经营权②，统称为经营性资信权。商誉权、信用权、商品化权是民法和知识产权法学界共同关注的问题，采用人格权抑或知识产权保护模式，尚存争议。例如，关于人格特征的商品化利用问题，有观点主张：商品化权属于人格权体系范畴。③ 应在人格权法中，确认人格权中的财产利益，并对其商品化利用的方式设立相应的法律规则。人格权商品化并不形成独立的权利，不应该由知识产权法、反不正当竞争法等保护。④ 此外，传统知识、遗传资源⑤、数据信息⑥等的保护也有待深入研究。

第四节 知识产权的特征

与知识产权内涵的争议相关联，对知识产权特征的认识也有分歧。代表性观点为：

1. 知识产权的客体是知识；排他效力弱于物权；利益实现离不开法律的保障；与物权冲突时，通常让位于物权；期限为法定；价值源于客体的使用价值。⑦

2. 无形、专有性、地域性、时间性、可复制性。⑧

3. 客体的非物质性、专有性、地域性、时间性。⑨

4. 时间性、权利内容的多元性与多重性。⑩

5. 保护对象是非物质性的信息；对世权、支配权；可分地域取得和行使；具有可分授性。⑪

在借鉴上述观点，综合比较知识产权与所有权的基础上，本书认为知识产权特征包括：客体的非物质性、特许性、排他性、时间性、地域性。客体的非物质性是知识产权的本质特征，其他特征由其衍生而来，并且存在例外。⑫

---

① 吴汉东主编：《知识产权法》，法律出版社 2014 年版，第 25 页。

② 吴汉东：《无形财产权的若干理论问题》，《法学研究》1997 年第 4 期；吴汉东：《财产的非物质化革命与革命的非物质财产法》，《中国社会科学》2003 年第 4 期；吴汉东：《试论知识产权的无形资产价值及其经营方略》，《南京理工大学学报》2013 年第 1 期。

③ 杨立新：《论人格标识商品化权及其民法保护》，《福建师范大学学报》2006 年第 1 期。

④ 王利明：《论人格权商品化》，《法律科学》2013 年第 4 期。

⑤ 吴汉东主编：《知识产权国际保护制度研究》，知识产权出版社 2007 年版，第 579、610 页。

⑥ 《民法总则》第 127 条："法律对数据、网络虚拟财产的保护有规定的，依照其规定。"

⑦ 《知识产权法》编写组：《知识产权法学》，高等教育出版社 2019 年版，第 10—12 页。

⑧ 郑成思：《知识产权论》，法律出版社 1998 年版，第 75—91 页。

⑨ 吴汉东主编：《知识产权法》，法律出版社 2014 年版，第 12—16 页。

⑩ 刘春田：《知识财产权解析》，《中国社会科学》2003 年第 4 期。

⑪ 张玉敏：《知识产权的概念和法律特征》，《现代法学》2001 年第 10 期。

⑫ 只要是知识产权体系中多数子权利具有的特征，即列为知识产权特征。不能因为少数不具备，存在例外，就彻底否认。诸如：特许性。在设权类知识产权中，只有著作权不具备。

一、客体的非物质性

核心知识点

客体的非物质性是知识产权的本质特征。所有权客体：动产、不动产，是客观存在的物质；知识产权客体：智力成果和商业标记，是非物质的信息符号。没有物质形态，不占据空间。非物质的知识产权客体不发生有形控制的占有；不发生有形损耗的使用；不存在事实处分；法律处分与载体交付相分离。[①]

典型案例

高丽娅诉重庆南岸区四公里小学财产损害赔偿案。

基本案情

原告高丽娅是被告重庆市四公里小学的教师。被告规定，从事教学工作的教师必须在课前备课，编写教案，并在每学期期末向学校上交教案备学校检查。从 1990 年至 2002 年，高丽娅先后上交教案本 48 册。2002 年 4 月，高丽娅因总结教学经验撰写论文需要，向校方提出返还教案的要求，此时才得知 44 本教案已被校方以销毁或者变卖等方式处理。

裁判摘要

高丽娅第一次起诉：要求被告归还 44 册教案本或赔偿损失 8800 元。

一审裁判摘要

原告高丽娅是被告的教职工，被告是原告的管理者和领导者。因此原、被告之间具有隶属关系，处于不同等级的法律地位。原告编写教案是接受学校管理而从事的职务行为，原告不具有拒绝从事职务行为的权利。在教案本形成、流转、占有、使用的过程中，并非是以原告的自由意思作为基础，故原告和被告并非平等的主体，彼此从事职务活动过程中产生的纠纷，不属于法院的受案范围。

二审裁判摘要

高丽娅不服，上诉至重庆市第一中级人民法院。该院审理后认为：高丽娅作为教师与被上诉人在工作方面存在隶属和管理关系，但起诉中返还教案的要求是一种物权请求，双方是平等主体的民事法律关系，属于民法调整范围，人民法院应予受理。遂裁定发回重庆市南岸区人民法院重审。[②]

重审一审裁判摘要

第一，讼争的教案本在未使用前，是由被告购买后，为完成教学任务作为办公用

---

① 吴汉东主编：《知识产权法》，法律出版社 2014 年版，第 12 页。
② 高丽娅诉重庆市南岸区四公里小学校返还教案纠纷抗诉案，【法宝引证码】CLI. C. 68451。

品发放给原告，其发放目的是让原告将其教案再现于该空白教案本上，并无转移教案本所有权的意思表示。故空白教案本在性质上系学校财物，应属被告所有。第二，教案不属"作品"范畴，不受著作权法保护。原告编写教案的行为应为一种工作行为，所编写的教案应为工作成果，被告有占有、使用、处分的权利。判决驳回原告高丽娅的诉讼请求。①

重审二审裁判摘要

第一，虽然教案包含了教师个人的经验及智慧，但也是教师为完成学校工作任务所创作的职务作品，是教师在工作中应该履行的职责，是一种工作行为。第二，学校购买空白教案本是为了使教师完成教学任务作为办公用品发放给教师，其目的也是让教师将其教学方案再现于空白的教案本上，教师对空白教案本享有使用权，学校并无转移教案本所有权的意思表示。判决：驳回上诉，维持原判。②

检察院抗诉：高丽娅不服二审判决，于2004年5月向检察机关提出申诉。重庆市人民检察院于2004年11月25日向重庆市高级人民法院提出渝检民抗〔2004〕71号民事抗诉书。1. 原审判决对于教案应否享有著作权的认定含混不清，剥夺了高丽娅就教案著作权归属问题寻求法律救济的途径。2. 原审判决对于附有教案内容的教案本所有权归属认定错误，侵犯了高丽娅对其作品载体的所有权。3. 原审判决混淆了种类物与特定物的关系，缺乏法律依据。4. 原审判决作出高丽娅不拥有教案的著作权的认定系超越职权的程序违法行为。

再审裁判摘要

重庆市高级人民法院受理抗诉后，指令重庆市第一中级人民法院依法另行组成合议庭再审此案。该院开庭审理后判决：驳回诉讼请求，维持原判。判决理由：高丽娅在向原审法院起诉时的诉讼请求为返还教案本或赔偿损失，并未涉及著作权的问题。原审判决亦没有对教案本是否具有著作权问题作出判决，如高丽娅认为其对教案本享有著作权，可另案解决；对于附载教案内容的教案本的所有权问题，再审判决同意原判决意见。③

高丽娅第二次起诉：高丽娅接受检察机关建议，于2005年8月向重庆市第一中级人民法院提起著作权侵权之诉。

一审裁判摘要

重庆市第一中级人民法院判决认为：在知道或者应当知道教案本是记载原告教案作品唯一载体的情况下，被告作为所有权人对作品唯一载体的处分不仅会导致作品载

---

① 重庆市南岸区人民法院（2003）南民初字第903号民事判决书。
② 重庆市第一中级人民法院（2004）渝一中民终字第232号民事判决书。
③ 重庆市第一中级人民法院（2005）渝一中民再终字第357号民事判决书。

体本身灭失，也会导致作品随之灭失，原告享有的教案作品著作权将无法实现，从而侵犯了原告享有的教案作品著作权。[①]

二审裁判摘要

重庆市南岸区四公里小学校不服，向重庆市高级人民法院提出上诉，但未在法定期限缴纳上诉费。2006 年 2 月 27 日，重庆市高级人民法院作出终审裁定，依法按自动撤回上诉处理。

至此，一审判决生效，高丽娅胜诉并获得赔偿 5000 元。

拓展思考

知识产权的本质特征有不同表述：否定式表述有：非物质性、无形性；肯定式表述有：知识（形式）说、智力成果说、知识产品说、信息说、信号说、符号说，等等。学界对此并未取得共识。

知识产权客体的非物质性使其具有可复制性，依附于载体而体现。由此，必须严格区别客体与载体：载体对应所有权，客体对应知识产权。客体上的知识产权并不随载体所有权的转移而转移（美术、摄影作品原件的展览权例外[②]），它可以独立于载体进行处分。关东升诉道琼斯公司侵犯著作权纠纷案[③]、张林英等诉中国革命博物馆等侵犯著作权纠纷案[④]中，被告作为载体所有权人未经许可使用原告的作品，侵害了著作权。此类案件法律关系清晰，裁判规则统一。但是，在手稿载体拍卖类纠纷中，为拍卖而制作宣传图册、上网展示等拍品介绍行为，是否构成著作权侵权，有不同裁判结果。茅盾手稿拍卖案中，一审法院认为：拍卖公司为实现拍卖目的，制作拍卖图录、在公司网站和微博中介绍拍品等宣传展示行为，不构成著作权侵权。[⑤] 二审法院认为：拍卖公司负有合理的著作权保护注意义务。未经许可，用数码相机拍照手稿，并将电子照片上传网络公开展示等行为侵害了涉案手稿的美术作品著作权。[⑥] 钱锺书手稿拍卖案中，一、二审法院认为：拍卖公司复制、发行涉案书信等行为，侵害了著作权。[⑦] 因此，拍卖活动中涉及著作权法、《民法典》物权编、拍卖法三部法律交叉调整地带的相关主体的权利义务，尚待进一步明确，以消除物权

[①] 重庆市第一中级人民法院（2005）渝一中民初字第 603 号民事判决书。

[②] 《著作权法》第 20 条第 1 款：作品原件所有权的转移，不改变作品著作权的归属，但美术、摄影作品原件的展览权由原件所有人享有。

[③] 北京市第一中级人民法院（2003）一中民初字第 2944 号民事判决书。

[④] 北京市第二中级人民法院（2002）二中民初字第 690 号民事判决书。

[⑤] 沈韦宁等与南京经典拍卖有限公司、张晖著作权权属、侵权纠纷案，江苏省南京市六合区人民法院（2016）苏 0116 民初 4666 号民事判决书。

[⑥] 沈韦宁等与南京经典拍卖有限公司、张晖著作权权属、侵权纠纷案，江苏省南京市中级人民法院（2017）苏 01 民终 8048 号民事判决书。

[⑦] 中贸圣佳国际拍卖有限公司与杨季康等著作权权属、侵权纠纷案，北京市高级人民法院（2014）高民终字第 1152 号民事判决书。

和著作权之间的权利冲突。

因唯一载体的作品而发生的纠纷，情况复杂，学界及司法实践中有不同观点（前述案例）。其一，客体著作权人与载体所有权人集于原告一身，被告丢失手稿类案件。一种观点认为是侵害了作品载体的所有权。沈金钊诉上海远东出版社图书出版合同纠纷申请再审案中，最高法院持该观点。① 另有观点认为是同时侵害了所有权和著作权。程桂华诉世界知识出版社等著作权纠纷案中，北京市东城区人民法院持该观点。② 其二，原告是客体著作权人，被告是载体所有权人，被告销毁载体类案件。一种观点认为：作为作品载体的所有权人有权对自己的有形财产进行处分，并不侵害作品的著作权。蔡迪安等诉湖北武汉市晴川饭店有限公司著作权侵权纠纷案中，一、二审法院持该观点，驳回了原告的诉讼请求。③ 另有观点认为：在处理壁画、雕塑等艺术作品与该作品原件所有权关系时，应借鉴法国、美国等国外立法例，增加尊重作品权或扩大解释保护作品完整权，将损害视觉艺术作品定性为著作权侵权。④ 关于载体所有权与客体知识产权的关系，我国立法有待在深入研究的基础上进一步完善，以统一裁判规则，消除同案异判现象。

知识产权客体的非物质性使其难以控制，具有消费的非竞争性、非排他性，属于公共物品。造成知识产权侵权容易、发现侵权困难、维权成本高、赔偿数额难以计算等诸多问题。因此，企业等权利主体应设置知识产权部等专门机构，加强对知识产权的管理、保护。

二、特许性

核心知识点

知识产权的特许性⑤，是指知识产权的取得是由民事主体提出申请，特定行政机关按照法定程序，受理并审查申请文件，对符合法律规定的，作出确权决定，发给权利证书，并予以登记公告。

物权、知识产权都是对世权，是法定之权，遵循权利法定原则。但是，两者法定的范围不同。与物权法定相比，知识产权法定的特点在于权利产生方式。我国《民法典》第116条规定了物权法定原则，即"物权的种类和内容，由法律规定"。而知识产权的法定原则，不仅包括知识产权的种类、内容，更为突出的是知识产权的行政确权

---

① 最高人民法院驳回沈金钊诉上海远东出版社图书出版合同纠纷再审申请通知书（2000）知监字第37号。
② 北京市东城区人民法院（2007）东民初字第04139号民事判决书。
③ "赤壁之战"壁画案：湖北省武汉市中级人民法院（2002）武知初字第72号民事判决书；湖北省高级人民法院〔2003〕鄂民三终字第18号民事判决书。
④ 费安玲：《著作权权利体系之研究》，华中科技大学出版社2011年版，第132—137页。
⑤ 亦称国家授予性。吴汉东主编：《知识产权法》，北京大学出版社1998年版，第4页。

取得方式。知识产权作为私权，必须经过申请、受理、审查、核准、公告程序，由特定行政机关遵循严格的程序依法确权。权利申请如果不符合法律规定，行政机关应当予以驳回。因而，知识产权的法定原则有别于物权之处在于，其具有强烈的程序性，民事主体取得知识产权依赖于行政机关的确权。

在知识产权权利体系中，专利权①、商标权②、植物新品种权③、集成电路布图设计专有权④，等等，具有特许性。著作权、商业秘密权不具有特许性。对于具有特许性的知识产权种类，民事主体一定要及时向特定行政机关提出申请，以保护自己的知识产权，防止本该获得的知识产权流失，造成不可挽回的损失。

典型案例

案例一：优衣库商标侵权系列案。

基本案情

原告广州中唯咨询公司主要经营企业咨询管理、商标代理等业务，注册有"拉玛尼""凡希哲"等各类商标 1931 个；原告广州指南针会展服务公司，主要经营展览活动策划等业务，注册有"舒马仕""派宝龙"等各类商标 706 个，先后向他人转让了各类商标共 164 个。2013 年 6 月，两原告获得"ʊ"注册商标，核定使用在第 25 类服装、鞋等商品上。日本株式会社迅销是"UNIQLO""UNI QLO""优衣库"商标权人，核定商品类别为第 25 类服装、鞋等商品。迅销中国商贸公司在销售服装的吊牌上标有"UNI QLO""ULTRA LIGHT DOWN"标识。两原告认为，迅销中国商贸公司未经许可突出使用"ʊ"标识，侵犯了其注册商标专用权，于是在全国许多法院提起诉讼，要求被告停止侵权并承担赔偿责任。

裁判摘要

第一种裁判观点：

在广东省东莞市第二人民法院审理的原告广州指南针会展服务公司、广州中唯咨询公司诉被告迅销中国商贸公司、迅销中国商贸公司东莞长安万达广场店侵犯商标权纠纷一案中，法院认定，两原告的"ʊ"注册商标，依法受法律保护。两被告在服装上使用"ULTRA LIGHT DOWN"标识，属于相同商品上的近似商标，易使相关公众产生混淆，构成商标侵权。判决两被告停止使用"ULTRA LIGHT DOWN"标识，并赔偿两原告经济损失 10 万元。⑤

---

① 《专利法》：第三章 专利的申请；第四章 专利申请的审查和批准。
② 《商标法》：第二章 商标注册的申请；商标注册的审查和核准。
③ 《植物新品种保护条例》：第四章 品种权的申请和受理；第五章 品种权的审查与批准。
④ 《集成电路布图设计保护条例》：第三章 布图设计的登记。
⑤ 祝建军：《囤积商标牟利的司法规制》，《知识产权》2018 年第 1 期。

第二种裁判观点：

在上海法院审理的原告广州指南针会展服务公司、广州中唯咨询公司诉被告迅销中国商贸公司、迅销中国商贸公司上海长寿路店侵犯商标权纠纷一案中，法院认定，两原告的"U"注册商标，依法受法律保护。两被告使用的"U LIGHT DOWN"标识，与原告的"U"注册商标在视觉效果上基本无差别，应认定为相同商品上的相同商标，构成商标侵权。但是，由于两原告未实际使用注册商标，并欲通过将注册商标转让给被告获取巨额转让费，仅利用注册商标投机取巧作为向两被告索赔的工具，故只判决两被告停止使用"U LIGHT DOWN"标识，驳回了赔偿损失的诉讼请求。[①]

第三种裁判观点：

在浙江省杭州市中级人民法院审理的原告广州指南针会展服务公司、广州中唯咨询公司诉被告迅销中国商贸公司等侵犯商标权纠纷一案中，法院认定，原告的"U"注册商标与被控"U LIGHT DOWN"标识在外观上存在一定区别。该"U"注册商标未实际使用，其识别作用尚未发挥。同时，两原告持有2600多个注册商标，并意图以高价转让的方式获取巨额转让费，主观上具有不正当注册的恶意。被告使用的"U LIGHT DOWN"标识与两原告的注册商标既不相同也不近似，不构成商标侵权，判决驳回两原告的诉讼请求。[②]

第四种裁判观点：

在广东省中山市第一人民法院审理的原告广州指南针会展服务公司、广州中唯咨询公司诉被告迅销中国商贸公司、迅销中国商贸公司中山店侵犯商标权纠纷一案中，法院认定，涉案"U"商标核准注册类别与两原告的经营范围并无任何关联。两原告注册"U"商标后并无实际使用，且意图以高价转让的方式获取巨额转让费。两原告注册"U"商标主观上明显具有恶意，有违诚实信用原则。原告指控被告侵害"U"商标权的诉讼请求不予支持，但考虑到原告"U"商标处于有效注册状态，被告使用的"U LIGHT DOWN"标识与"U"注册商标具有近似性。故被告应尽可能避让原告的"U"注册商标。[③]

案例二：指导案例82号：王碎永诉深圳歌力思服饰股份有限公司、杭州银泰世纪百货有限公司侵害商标权纠纷案。杭州市中级人民法院（2012）浙杭知初字第362号民事判决书；浙江省高级人民法院（2013）浙知终字第222号民事判决书；最高人民法院（2014）民提字第24号判决书。

---

① 上海市第一中级人民法院（2014）沪一中民五（知）初字第114号民事判决书；上海市高级人民法院（2015）沪高民三（知）终字第97号民事判决书。
② 浙江省杭州市中级人民法院（2014）浙杭知初字第265号民事判决书。
③ 广东省高级人民法院（2016）粤民申3064号民事裁定书。

基本案情

原告王碎永申请注册了"歌力思"商标，核定使用商品为第 18 类的钱包、手提包等。被告深圳歌力思服饰股份有限公司拥有"歌力思"注册商标，核定商品为第 25 类服装等；"ELLASSAY"注册商标，核定商品为第 18 类的钱包等。自 2011 年 9 月起，王碎永先后在杭州、南京、上海、福州等地的"ELLASSAY"专柜，通过公证程序购买了带有"歌力思""ELLASSAY"字样吊牌的皮包。2012 年 3 月 7 日，王碎永以歌力思公司及杭州银泰世纪百货有限公司生产、销售上述皮包构成侵权为由，提起诉讼。

裁判摘要

一审判决：歌力思公司及杭州银泰公司生产、销售被诉侵权商品的行为侵害了王碎永的注册商标专用权，判决歌力思公司与杭州银泰公司停止侵权、消除影响、赔偿经济损失及合理费用 10 万元。

二审判决：驳回上诉、维持原判。

再审判决：撤销一审、二审判决，驳回王碎永的全部诉讼请求。法院认为："歌力思"商标由中文文字"歌力思"构成，与歌力思公司在先使用的企业字号及在先注册的"歌力思"商标的文字构成完全相同。"歌力思"本身为无固有含义的臆造词，具有较强的固有显著性，依常理判断，在完全没有接触或知悉的情况下，因巧合而出现雷同注册的可能性较低。王碎永申请注册"歌力思"商标，其行为难谓正当。王碎永违反诚实信用原则，损害他人合法权益，扰乱市场正当竞争秩序，恶意取得、行使商标权并提起侵权之诉，构成权利滥用。

拓展思考

在多数知识产权教材的知识产权特征知识板块，没有列举特许性。[①] 并且有学者以著作权、商业秘密不具有特许性，而主张：须经法律直接确认，不能作为知识产权的法律特征。[②] 但是，基于知识产权与物权法定原则的区别，特许性构成了知识产权区别于所有权的标志，应单独列举，以示强调。不能因为个别知识产权种类不具有特许性，而从整体上完全予以否认。特别是我国一些企业的知识产权意识还比较薄弱，强调知识产权特许性，具有重要的实践意义和现实意义，有助于提升企业对知识产权行政确权重要性的认识，进而及时提出申请，预防知识产权流失。

---

① 在吴汉东老师主编的早期教材、论文中，将"国家授予性"列为知识产权的第一个基本特征。但是，之后取消了。仅在"知识产权概念特征"部分表述"知识产权是法定之权，其产生一般须由法律所认可"。吴汉东：《无形财产权的若干理论问题》，《法学研究》1997 年第 4 期；吴汉东主编：《知识产权法》，北京大学出版社 1998 年版，第 4 页；吴汉东主编：《知识产权法》，法律出版社 2014 年版，第 5 页。

② 张玉敏：《知识产权的概念和法律特征》，《现代法学》2001 年第 10 期。

商标权的特许性是一个值得探讨的问题。商标是识别商品或服务来源的标记。只有实际使用，才能使标记上凝聚商业信誉，也才有保护的合理性、正当性。因而，商标权原始取得应遵循使用原则。但是，使用原则存在诸多缺陷：权利归属不稳定、权利范围不确定、权利证明很困难。因此，很多国家采用注册原则。① 注册原则弥补了使用原则的缺陷，但又带来了恶意抢注商标、囤积商标牟利、注而不使浪费商标资源、侵权诉讼要挟、商标注册申请量居高不下②等问题。如何从立法规范、司法审判、行政执法等方面遏制上述商标注册制度的异化行为，弥补注册原则的缺陷，成为研究课题。

关于知识产权特许性的性质，有不同学说：备案说、行政确认说、行政许可说、准司法行为说。③ 由于特许性定性的认识不同，涉及知识产权纠纷的行政、民事案件定性、审理程序；专利复审部门、商标评审部门等行政机关纠纷解决机制与司法审判机制的衔接等重要问题，因此，需要认真研究。但是，应明确指出的是：在知识产权法的机制中公权力机构的介入，既不会造成私权利与公权力的混合，也不会导致知识产权私权属性的变异，更不会出现私权公权化趋势。④

三、排他性

核心知识点

知识产权的排他性包括两层含义：第一，权利人有权禁止他人实施法律赋予的行为方式。知识产权的行使置于知识产权人的控制之下。任何人未经许可或者符合法律规定的例外，不得实施他人的知识产权。第二，同一个知识产权对象之上不能同时存在两个或两个以上相同种类的知识产权。⑤ 其中第一层含义的排他性是知识产权和所有权作为对世权共同具有的，但是，两者又存在区别。其一，所有权的排他性源于物的自然属性，知识产权的排他性源于法律规定；其二，知识产权的排他性与所有权相比，受到了更多限制。法律出于保护公共利益目的，规定了排他性的例外：合理使用、法定许可、强制许可等制度。第二层含义的排他性是知识产权独具的。专利法、商标法等规定了先申请原则，专利权、商标权等授予先申请人。

---

① 李琛：《知识产权法关键词》，法律出版社 2006 年版，第 96—99 页。

② 工商总局新闻发布会：2017 年我国商标注册申请量达到 574.8 万件，比上年增长 55.7%，申请量和增速均创历史新高。截至 2017 年年底，我国商标累计申请量 2784.2 万件，累计注册量 1730.1 万件，有效注册商标量 1492 万件，连续 17 年位居世界第一。http://www.gov.cn/xinwen/2018 – 01/19/content_ 5258335.htm, 2018 – 01 – 19。

③ 杜颖、王国立：《知识产权行政授权及确权行为的性质解析》，《法学》2011 年第 8 期。

④ 《知识产权法》编写组：《知识产权法学》，高等教育出版社 2019 年版，第 10 页。刘春田：《知识产权作为第一财产权利是民法学上的一个发现》，《知识产权》2015 年第 10 期。

⑤ 吴汉东主编：《知识产权法》，法律出版社 2014 年版，第 13 页。

典型案例

英特莱格公司诉被告可高（天津）玩具有限公司、北京市复兴商业城侵犯实用艺术作品著作权纠纷案：北京市第一中级人民法院（1999）一中知初字第 132 号民事判决书，北京市高级人民法院（2002）高民终字第 279 号民事判决书。

基本案情

原告是涉案乐高玩具积木块的著作权人，并申请获得了外观设计专利权。1999 年，原告起诉主张：可高公司制造的系列产品所包含的部分插件侵犯了其实用艺术作品著作权。可高公司辩称：原告主张著作权保护的仅是其塑料插装玩具系列产品的零部件，并不是实用艺术作品，不受著作权法保护；中国著作权法没有对实用艺术作品提供保护，实践中此类作品是作为外观设计受专利法保护。没有证据表明中国法律对实用艺术作品提供著作权和专利权的双重保护，英特莱格公司就其玩具组件已申请了外观设计专利，也就不应再受著作权法保护。

裁判摘要

一审裁判摘要

英特莱格公司是乐高玩具积木块实用艺术作品在中国的著作权及相关权益的所有者。中国对起源于《伯尔尼公约》成员国国民的实用艺术作品负有保护义务。根据《实施国际著作权条约的规定》，外国实用艺术作品在中国应自作品完成起 25 年受中国著作权法律、法规的保护。实用艺术作品应当具有实用性、艺术性、独创性和可复制性。英特莱格公司主张权利的 53 种玩具积木块中，符合实用艺术作品构成条件的，应受法律保护。

二审裁判摘要

没有证据表明中国法律对于外国人的实用艺术作品排斥著作权和专利权的双重保护。英特莱格公司就其实用艺术作品虽然申请了中国外观设计专利，但并不妨碍其同时或继续得到著作权法的保护。可高公司关于英特莱格公司的玩具组件已申请外观设计专利，不应再受著作权法保护的主张，本院不予采信。

拓展思考

知识产权的排他性是一个有争议的特征。有肯定说和否定说之别。肯定说有不同表述。如"专有性"，强调"知识财产为权利人所独占，……任何人不得使用权利人的知识产品"[1]。否定说认为：以专有权表达知识产权的特点不科学。民事权利，包括像债权这样的请求权都是专有的，否则就不成其为权利。因此，"专有"不是知识产权特

---

[1]　吴汉东主编：《知识产权法》，法律出版社 2014 年版，第 13 页。

有的，不能作为知识产权的特点。① 本书认为：知识产权的客体——信息具有非物质性，属于经济学中的公共物品，有别于所有权客体物的属性，不存在事实控制意义上的独占、专有、支配。因而，我们用"排他性"来表述知识产权特征。

知识产权客体的非物质性使其利用方式更加灵活、多样、复杂。由此引发了一个课题：一个知识产权对象：信息符号，是否可以同时成为不同种类知识产权的客体，同时存在两个或两个以上不同种类的知识产权②。对此，理论界有肯定、否定不同观点。③ 实务界有肯定、否定的不同案例支持。持肯定说的案例：前述乐高玩具积木块案、蔡贤有与广东群兴玩具有限公司侵犯著作权纠纷案④。持否定说的案例：西安秦唐尚品文化发展有限责任公司诉白振堂著作权纠纷案⑤；深圳市福田区永隆商行与深圳市王三茂食品油脂有限公司案⑥。国外在处理上述问题时，也存在不同立法例。法国采肯定说，允许实用艺术品受著作权法和外观设计法的双重保护。英国则尽力在立法设计上消除双重保护。⑦ 我国应在充分考虑国情的基础上，尽快在立法上明确态度，出台具体规范，以消除同案异判。

知识产权的排他性赋予了权利人以垄断性权利。由此必然增加信息资源的获取难度、交易成本，阻碍后续创新。因此，如何解决知识产权的排他性所带来的消极问题，不断完善知识产权限制制度（合理使用、法定许可、强制许可），妥当划分排他领域与公共领域的界限，有效遏制知识产权滥用，以平衡知识产权人与公众利益，是知识产权领域的重要课题。

四、时间性

核心知识点

知识产权的时间性，是指知识产权仅在法律规定的期限内受到保护。法定期限届满，权利消灭。相关知识产权客体进入公有领域，成为社会的共同财富，公众可以自由使用。知识产权的时间性是采设权模式的有名知识产权的一般特征，著作人身权例外。《伯尔尼公

---

① 张玉敏：《知识产权的概念和法律特征》，《现代法学》2001 年第 10 期。

② 应区别权利对象与权利客体。权利对象是事实第一性，权利客体是法律第二性。属于第一性的对象只有在符合法律规定的构成要件后，才能成为法律保护的客体。一种客体之上只能有一种权利，但同一对象之上可并存多种权利。

③ 张玉敏、凌宗亮：《三维标志多重保护的体系化解读》，《知识产权》2009 年第 6 期；何炼红：《知识产权的重叠保护问题》，《法学研究》2007 年第 3 期；刘平：《知识产权的重叠保护与侵权责任》，《政法论坛》2010 年第 3 期。

④ 汕头市中级人民法院（2008）汕中法知初字第 95 号民事判决书；广东省高级人民法院（2010）粤高法民三终字第 114 号民事判决书。

⑤ 西安市中级人民法院（2008）西民四初字第 028 号民事判决书。

⑥ 深圳市中级人民法院（2004）深中法民三初字第 670 号民事判决书，广东省高级人民法院（2005）粤高法民三终字第 236 号民事判决书。

⑦ 李琛：《知识产权法关键词》，法律出版社 2006 年版，第 29 页。

约》规定署名权、保护作品完整权永久保护。采反不正当竞争法保护模式的合法权益，由于没有被事前确立为权利，因而不具有时间性。诸如：商业秘密、一定影响的商业标识。

知识产权的时间性是区别于所有权的特征。所有权的客体：物有自然寿命，但所有权无期限；知识产权的客体：信息可以永久存在，但知识产权有期限。规定知识产权期限长短的依据主要有二：一是在权利人个体与社会公众之间进行利益平衡。保护期限短，有利于公众自由使用信息资源；保护期限长，有利于激励人们投资、创造。二是知识产权子权利客体的特性。发明创造因更新换代而有经济寿命，专利权期限不宜过长。作品主要是与精神领域有关，并且不保护思想，著作财产权期限可以比专利权稍长。商标是识别商品、服务来源的标记，时间与商誉积累成正比，商标权时间性最弱，可以续展。①

典型案例

上海中韩晨光文具制造有限公司与宁波微亚达制笔有限公司等擅自使用知名商品特有装潢纠纷案：上海市第二中级人民法院（2008）沪二中民五（知）初字第112号民事判决书；上海市高级人民法院（2008）沪高民三（知）终字第100号民事判决书；最高人民法院（2010）民提字第16号民事裁定书。

基本案情

原告2003年2月19日获得"笔（事务笔）"的外观设计专利权，专利号为ZL02316156.6。后因未缴纳专利年费，专利权于2005年10月12日终止。原告的"晨光"注册商标曾被评为上海市著名商标，并被商标局认定为驰名商标，多次被评为制笔行业的名牌产品。被告生产、销售的681型水笔，与原告的K-35型按动式中性笔相比，两者在整体外观上基本相同。

裁判摘要

一审、二审裁判摘要

原告的K-35型按动式中性笔外观中的笔套夹和装饰圈部分构成知名商品的特有装潢。被控侵权的681型水笔与K-35型按动式中性笔在笔套夹和装饰圈部分的形状设计基本无差别，构成了相近似的产品装潢，足以使消费者在购买时对商品来源产生误认，构成不正当竞争。

再审裁判摘要

多数情况下，如果一种外观设计专利因保护期届满或者其他原因导致专利权终止，

---

① 吴汉东主编：《知识产权法》，法律出版社2014年版，第15页；李琛：《知识产权法关键词》，法律出版社2006年版，第16页。

该外观设计就进入了公有领域，任何人都可以自由利用。但是，在知识产权领域内，一种客体可能同时属于多种知识产权的保护对象，其中一种权利的终止并不当然导致其他权利同时也失去效力。同时，反不正当竞争法也可以在知识产权法之外，在特定条件下对于某些民事权益提供有限的、附加的补充性保护。就获得外观设计专利权的商品外观而言，外观设计专利权终止之后，在使用该外观设计的商品成为知名商品的情况下，如果他人对该外观设计的使用足以导致相关公众对商品的来源产生混淆或者误认，这种在后使用行为就会不正当地利用该外观设计在先使用人的商誉，构成不正当竞争。因此，外观设计专利权终止后，该设计并不当然进入公有领域，在符合反不正当竞争法的保护条件时，它还可以受到该法的保护。

拓展思考

知识产权的时间性具有重要的实践意义。在知识产权转让、许可、评估、设定质权时，必须考虑时间性。此外，从权利人方面讲，应在法定期限内及时、充分行使权利，获得利益。从义务人方面讲，可以利用过期发明创造、作品，不用支付许可费，而节省前期投资。

在知识产权框架内，因具体子权利客体属性不同，并且与公众利益关联度不同，而有不同的保护期限。在同一对象上，存在不同种类知识产权时，一种权利失效后，是否可以继续享有其他权利，是知识产权领域的一个争议话题。[①] 在司法实践中，主要表现为：外观设计专利权到期后，依据著作权、商标权或反不正当竞争维权；著作财产权到期后，依据商标权维权；商标权失效后，依据著作权或反不正当竞争维权。对此，存在肯定说和否定说之分。前述"晨光"笔案例中，最高人民法院持肯定说。在深圳市三茂食品油脂有限公司与深圳市福田区永隆商行案中，法院持否定说。主张：三茂公司自愿将涉案标贴申请并获得外观设计专利权后，就从版权进入工业产权保护领域。外观设计专利权因未缴纳年费失效，因而进入公有领域，成为社会公众均可以使用的公共财富。永隆商行的使用行为属于对"已经进入共有领域的公众财富的使用"，因而，不构成著作权侵权。[②] 法院不同的裁判规则，损害了司法公正。该问题的解决，有待立法予以明确规范。

五、地域性

核心知识点

知识产权地域性包括两层含义：第一，按照特定国家法律获得的知识产权，只在

---

① 凌宗亮：《失效三维外观设计专利的可商标注册性分析》，《电子知识产权》2010 年第 6 期；张伟君：《实用艺术作品著作权法保护—与外观设计专利法保护的协调》，《知识产权》2013 年第 9 期；袁博：《失效外观设计一定不受法律保护吗？》，2016 年 9 月 19 日，http：//www. aiweibang. com/yuedu/150369321. html。

② 广东省深圳市中级人民法院（2004）深中法民三初字第 670 号民事判决书，广东省高级人民法院（2005）粤高法民三终字第 236 号民事判决书。

该国地域范围内发生法律效力。第二，知识产权可以分地域取得、分地域行使、分地域保护。第一层含义是所有民事权利都具有的属性。权利是法律概念，法律是主权国家制定的。因而，权利只在本国有效。依据本国法律创设的权利不具有域外效力。[①] 第二层含义是知识产权独具的属性。同一信息可以依照不同法域的法律规定，同时或先后在不同法域分别取得相应的知识产权，并且分别独立行使，分别独立保护。[②]

典型案例

法国大酒库股份公司与慕醍国际贸易（天津）有限公司侵害商标权纠纷案：天津市第二中级人民法院（2012）二中民三知初字第 422 号民事判决书；天津市高级人民法院（2013）津高民三终字第 0024 号民事判决书。

基本案情

大酒库公司在法国、中国享有"J. P. CHENET"注册商标专用权，并同王朝公司签订了独家销售合同，授权王朝公司在中国境内销售大酒库公司生产的"J. P. CHENET"商标葡萄酒。天津慕醍公司从英国 CASTILLON 公司处购得大酒库公司生产的葡萄酒真品。CASTILLON 公司系从大酒库公司的英国经销商 AMPLEAWARDLTD 处购得葡萄酒真品。天津慕醍公司向天津东疆保税港区海关申报进口其购得的葡萄酒。大酒库公司主张：天津慕醍公司未经其授权进口带有"J. P. CHENET"商标的葡萄酒，侵害了其注册商标专用权。

裁判摘要

一审裁判摘要

商标法保护注册商标权利人的合法权利，但也禁止其利用优势地位人为地进行市场分割，获取不合理的垄断利益。我国相关法律、法规并未将进口行为规定为侵犯注册商标专用权的行为，只要进口商品没有经过任何加工、改动，仅仅以原有的包装销售，依法合理标注相关信息，不会导致消费者的混淆误认，不会损害大酒库公司商标标示来源、保证品质的功能，不损害商标权人和相关消费者的利益，就不构成商标侵权。

二审裁判摘要

对于进口行为，我国商标法尚没有明确的禁止性规定。该行为是否构成商标侵权，应根据商标法的宗旨和原则，并结合案件具体事实等因素予以综合考量，合理平衡商标权人、进口商和消费者之间的利益以及保护商标权与保障商品自由流通之间的关系。因天津慕醍公司进口的葡萄酒与大酒库公司在我国销售的葡萄酒之间不存在实质性差

[①] 吴汉东主编：《知识产权法》，法律出版社 2014 年版，第 14 页；李琛：《知识产权法关键词》，法律出版社 2006 年版，第 18 页。

[②] 张玉敏：《知识产权的概念和法律特征》，《现代法学》2001 年第 10 期。

异，该进口行为不足以导致消费者混淆，大酒库公司的商誉亦未因此受到损害，故不构成商标侵权。

拓展思考

知识产权地域性具有重要的实践意义。企业在开拓国际市场之前，一定要知识产权先行，做好知识产权的基础工作，在不同法域进行知识产权布局，实施知识产权国际战略。在经济全球化的知识经济时代，知识产权领域已经成为全球企业竞争的主战场。

19世纪末，随着科学技术的发展、国际贸易的扩大，经济一体化与知识产权地域性之间出现了矛盾。为了解决矛盾，先后签订了保护知识产权国际公约，成立了全球性或区域性的国际组织，在世界范围内建立了知识产权国际保护制度。知识产权实体性国际公约规定了国民待遇原则，使得外国主体能够在本国获得知识产权保护；知识产权程序性国际公约大大减轻了申请人的负担和受理局的重复劳动。知识产权双边、多边条约产生了跨国知识产权。《TRIPs协议》规定了最低保护标准，使得各国知识产权规则趋同化、一体化，在一定程度上削弱了知识产权的地域性。此外，网络技术给知识产权地域性带来许多新问题，诸如：域名、信息网络传播、电子商务中网络交易平台的商业标记纠纷、涉外知识产权纠纷的管辖及法律适用，等等，均有待继续研究。

平行进口是贸易全球化和知识产权地域性的产物，在专利法、著作权法、商标法领域均存在。涉及知识产权人、独家被许可人、平行进口商、消费者的利益。知识产权人能否阻止平行进口，在比较法视野下有不同做法。《TRIPs协议》对平行进口未作统一规定，而由成员国自行决定允许与否。美国、日本、欧盟采取了不同的法律调控。在平行进口纠纷中，知识产权人和平行进口商在知识产权框架下用来维护各自利益的论据主要有两个：知识产权用尽规则和知识产权地域性。两者结合，国际用尽论允许平行进口；国内用尽论禁止平行进口。另有解决路径采用合同法理论，即默示许可论，有条件地允许平行进口。[①]

全球化时代，各国相互联系和依存度日益加深，人类成为一个命运共同体。在知识产权领域，随着非物质性信息在全球的传播，载有知识产权的货物在全球的流通，知识产权国际保护对地域性的冲击不断加剧。但是，知识产权地域性特征并未消除。由于知识产权制度涉及各国的政治、经济、科技、文化、社会生活各方面，因而，知识产权的国别法仍保有各自特色。在知识产权国际保护一体化进程中，一方面，我国应遵循知识产权国际保护的共同准则，并且积极参与国际知识产权领域的全球治理，发展和深化与世界各国在知识产权领域的交流合作，不断增强我国在知识产权国际治理规则中的话语权、影响力、引领力；另一方面，应根据我国的科学技术、文化产业、

---

① 张玲：《论专利产品平行进口的法律调控》，《南开学报》2003年第3期；张玲：《日本专利法的历史考察及制度分析》，人民出版社2010年版，第242—253页。

经济体制、法律传统等国情，科学、理性地保留中国特色，使知识产权保护水平与国家现代化进程协调一致。以构建既符合国际规则又适合中国国情的知识产权法律体系。知识产权保护的国际化与本土化将是一个长期的研究课题。

第五节　知识产权的分类

一、文学产权与工业产权

核心知识点

以知识产权客体的功能、发挥作用的领域为标准，知识产权可以分为文学产权与工业产权。《巴黎公约》和《伯尔尼公约》即是此类划分的体现。文学产权是文学、艺术、科学领域中，作品的创作者、传播者所享有的权利，包括著作权、邻接权。文学产权满足人类的精神需求，只保护非实用功能的表达，不保护思想，遵循自动保护原则；工业产权是工业、农业、商业等产业领域中，基于发明创造、商业标记而产生的权利。《巴黎公约》列举的工业产权对象保护范围包括：专利、实用新型、工业外观设计、商标、服务商标、商号、产地标记或原产地名称以及制止不正当竞争。工业产权满足人类的物质需求，保护具有实用功能的发明创造、商业标记，遵循注册保护原则。

文学产权与工业产权是传统的分类方法。随着科学技术和商品经济的发展，两者相互渗透、交叉。集成电路布图设计权吸收了文学产权和工业产权的规则，形成工业版权。

典型案例

裴立、刘蔷与山东景阳冈酒厂侵犯著作权纠纷案：北京市海淀区人民法院（1996）海知初字第 29 号民事判决书；北京市第一中级人民法院（1997）一中知终字第 14 号民事判决书。

基本案情

刘继卣于 1954 年创作了绘画作品《武松打虎》组画。1980 年景阳冈酒厂将《武松打虎》组画中的第十一幅修改后，作为瓶贴和外包装装潢在其生产的景阳冈陈酿系列白酒酒瓶上使用。1989 年景阳冈酒厂将其已修改使用的《武松打虎》组画中的第十一幅申请注册商标，并取得注册。1990 年，景阳冈酒厂参加了首届中国酒文化博览会，1995 年 6 月 9 日该厂又在北京人民大会堂举行了"景阳冈陈酿品评会"。1996 年，刘继卣的法定继承人以著作权侵权为由起诉景阳冈酒厂。

裁判摘要

一审裁判摘要

被告未经刘继卣许可，擅自将《武松打虎》绘画进行修改后，在其生产的景阳冈系列白酒的瓶贴和外包装装潢中使用，改变了作者的创作意图，属于歪曲，篡改他人作品，破坏了作品的完整性。同时，也侵害了刘继卣对其作品依法享有的使用权和获得报酬权。另被告在使用刘继卣的作品时，未为刘继卣署名、侵害了刘继卣的署名权。刘继卣去世后，其著作权中的使用权和获得报酬权应由其继承人继承。关于赔偿数额，合议庭视被告使用刘继卣作品的范围、时间、数量、产品获利等因素予以综合判定，被告应赔偿原告经济损失20万元。

二审裁判摘要

景阳冈酒厂未经刘继卣许可，将其作品作为瓶贴和装潢使用于景阳冈陈酿酒瓶上，侵犯了著作权人的署名权、修改权、保护作品完整权和获得报酬权等合法权益，应承担相应的法律责任。关于赔偿数额，原审法院根据本案的实际情况所确定的赔偿数额是合理的，亦应维持。

拓展思考

19世纪末期开始，知识产权被分为文学产权与工业产权。当时的法学理论认为，作品的价值在于满足人们的审美需求，与产业活动无关；而工业产权的对象主要用于物质生产或商业活动。但是，20世纪以来，作品的外延不断扩展，包括了软件等具有实用功能的，能够应用于产业领域的对象。[①] 此外，越来越多的作品被商业化运作，版权贸易已成为国家的重要经济部类。

由于作品向产业领域的渗透，使得具有实用功能的创作成果的保护成为研究课题。字体[②]、玩具、家具、饰品、服装等实用艺术品，既具有实用功能，又具有审美意义。在发生纠纷时，审美部分与实用部分如何区分，哪些可以由著作权保护，哪些应由外观设计专利权保护，往往成为焦点。[③] 此外，作品被产业化使用后，侵权赔偿数额如何计算，也是争议问题。前述《武松打虎》绘画案中，法院认定侵害的是著作权，但是，赔偿数额是根据被告将作品用作商标，所使用的范围、时间、数量、产品获利等因素，综合酌定的结果。有观点认为该案判决混淆了文学产权与工业产权的区分。文学产权的价值主

---

① 李琛：《知识产权法关键词》，法律出版社2006年版，第6页。

② 北京北大方正电子有限公司与暴雪娱乐股份有限公司等侵害著作权纠纷案：最高人民法院（2010）民三终字第6号民事判决书；北京北大方正电子有限公司与广州宝洁有限公司等侵犯著作权纠纷案：北京市第一中级人民法院（2011）一中民终字第5969号民事判决书。

③ 张伟君：《实用艺术作品著作权法保护与外观设计专利法保护的协调》，《知识产权》2013年第9期；吕炳斌：《实用艺术作品交叉保护的证成与潜在风险之化解》，《西北政法大学学报》2016年第2期；梁志文：《版权法上的审美判断》，《法学家》2017年第6期。

要源于智力成果本身的艺术价值、经济价值，侵权赔偿额应以此为基础计算；① 识别性工业产权的价值不是源于该标记的创造性，而是源于识别符号上所承载的商誉的市场价值，侵权赔偿额才可以以被告侵权商品的销售量、利润额等为基础计算。②

二、创造性成果权与识别性标记权

核心知识点

以知识产权价值来源为标准，知识产权可以分为创作性成果权利与识别性标记权利。③ 1992 年，国际保护工业产权协会《东京大会报告》采此分类方法。前者包括：发明专利权、集成电路权、植物新品种权、技术秘密权、工业品外观设计权、版权、软件权；后者包括商标权、商号权、其他与制止不正当竞争有关的识别性标记权。④ 创造性成果权利是基于作品、发明创造等智力成果而产生的权利。目的在于激励、保护创新、创造，促进文学、艺术以及科学技术的发展。其客体必须达到法律规定的智力含量：作品必须具有独创性，发明创造必须具有创造性。并且智力成果的价值源于自身的智力含量。为了使创造性成果得到充分利用、传播，促进社会发展，法律规定了更多的限制措施以及较强的时间性。识别性标记权利是基于商业活动中使用的识别性标记而产生的权利。目的在于规范市场竞争秩序，防止消费者误认、混淆。其客体必须具有识别功能，价值来源于标记所承载的商业信誉。由于识别性标记使用的时间越久，识别性越强，有利于维护市场竞争秩序和消费者利益，因此，法律没有规定强制许可、法定许可，并且允许保护期限续展。⑤

典型案例

高仪股份公司诉浙江健龙卫浴有限公司侵害外观设计专利权纠纷案：浙江省台州市中级人民法院（2012）浙台知民初字第 573 号民事判决；浙江省高级人民法院（2013）浙知终字第 255 号民事判决；最高人民法院（2015）民提字第 23 号民事判决书。指导案例 85 号。

基本案情

高仪公司拥有"手持淋浴喷头（No. A4284410X2）"外观设计专利权，专利号为 ZL200930193487. X。2012 年 11 月 29 日，高仪公司提起诉讼称：健龙公司生产、销售

---

① 梁志文：《版权法上的审美判断》，《法学家》2017 年第 6 期。
② 李琛：《知识产权法关键词》，法律出版社 2006 年版，第 9 页。刘春田主编：《知识产权法》，高等教育出版社 2015 年版，第 7、20 页。
③ 《知识产权法》编写组：《知识产权法学》，高等教育出版社 2019 年版，第 14 页。
④ 郑成思主编：《知识产权法教程》，法律出版社 1993 年版，第 2 页。
⑤ 李琛：《知识产权法关键词》，法律出版社 2006 年版，第 9、10 页；张玉敏：《知识产权的概念和法律特征》，《现代法学》2001 年第 10 期。

和许诺销售的 GL062、S8008 等型号的丽雅系列卫浴产品，与其外观设计专利产品近似，侵犯了其专利权。

裁判摘要

一审裁判摘要

本案争议焦点为健龙公司生产、销售及许诺销售的被诉侵权产品是否与涉案外观设计专利构成近似。根据一般消费者的知识水平和认知能力，应认定被诉侵权产品与涉案外观设计专利在整体视觉效果上存在实质性差异，两者并不构成近似。因而，被告没有侵害高仪公司涉案专利权。

二审裁判摘要

本案争议焦点为被诉侵权产品采用的外观设计是否落入了高仪公司涉案专利权的保护范围。侵权比对不是区别点的简单罗列和累加，而应严格秉承"整体观察、综合判断"的比对原则。第一，涉案专利中跑道状的喷头出水面设计，应作为区别于现有设计的设计特征予以重点考量。而被诉侵权设计正是采用了与之高度相似的出水面设计，具备了涉案专利的该设计特征。第二，被诉侵权设计与涉案专利设计相比，在淋浴喷头的整体轮廓、喷头与把手的长度分割比例等方面均非常相似。第三，被诉侵权设计与涉案专利设计的主要区别在于手柄位置，但对产品的整体视觉效果并不产生显著影响。综上，被诉侵权设计与涉案专利设计构成近似，落入了涉案外观设计专利权保护范围。

再审裁判摘要

本案争议焦点在于被诉侵权产品外观设计是否落入涉案外观设计专利权的保护范围。总体上，被诉侵权产品采用了与涉案授权外观设计高度近似的跑道状出水面设计。但是，由于被诉侵权产品外观设计未包含涉案授权外观设计的全部设计特征，以及被诉侵权产品外观设计与涉案授权外观设计在手柄、喷头与手柄连接处的设计等区别设计特征，使得两者在整体视觉效果上呈现明显差异，两者既不相同也不近似，被诉侵权产品外观设计未落入涉案外观设计专利权的保护范围。

拓展思考

对于创造性成果权与识别性标记权的划分，我国学者有不同看法。郑成思先生认为：上述二分法并不意味着否定识别性标记权利就不含有创造性。标示性权利的创造性体现在商标等标识的设计、选择过程中的智力投入，以及经营者为培养标记的商誉而进行的广告宣传、保证商品质量等活动中所体现的创造性劳动。[1] 吴汉东先生认为：

---

[1] 郑成思：《知识产权若干问题再析》，《中国法学》1996 年第 6 期；郑成思：《再论知识产权的概念》，《知识产权》1997 年第 1 期；郑成思：《知识产权论》，法律出版社 1998 年版，第 70 页。

知识产品包括创造性成果、经营性标记、经营性资信等多种表现形式，但它们都具有创造性。创造性是知识产品取得法律保护的条件。[①] 另有观点认为：上述二分法意味着将商标等商业标记从智力成果中排除。商标、商号和其他商业标志在知识产权法中是作为商业活动的标志而不是创造性智力成果受到保护。商业标志的本质属性是识别性。[②] 创造成果权和工商业标记权并列，是因为创造成果权的概念不能覆盖工商业标记权的内容。工商业标记的价值与自身是否具备独创性以及独创性程度的高低没有关系，而是源于在市场交易中对其区别功能的利用。[③]

外观设计专利权属于创造性成果权，但是，却采用了与其他创造性成果权不同的侵权判定规则。同属专利法保护的发明、实用新型专利权适用等同侵权规则，判断主体是"本领域普通技术人员"；著作权适用"实质性相似加接触"规则。法释〔2009〕21号第8条、10条规定外观设计专利权适用混淆判断规则，即由"一般消费者"判断是不是在相同或类似商品上使用了相同或近似设计。[④] 与商标等识别性标记权的侵权判定规则相同。前述案例的再审判决在确认被告使用了涉案专利的创新设计特征的前提下，以尚存在区别，不构成近似设计为由，判定不构成侵权。此外，富士宝家用电器有限公司诉家乐仕电器有限公司专利侵权及其侵犯商业秘密纠纷案[⑤]、德国宝马汽车股份公司诉专利复审委员会专利无效行政纠纷案[⑥]、本田技研工业株式会社与石家庄双环汽车股份有限公司等侵害外观设计专利权纠纷案[⑦]、北京奇虎科技有限公司等与北京江民新科技有限公司侵害外观设计专利权纠纷案[⑧]，法院采用了同样的裁判规则。与上述案例的裁判规则不同，最高人民法院在马培德公司与阳江市邦立贸易有限公司等侵害外观设计专利权纠纷申请再审案中，主张：被诉侵权产品在采用与外观设计专利相同或者相近似的外观设计之余，还附加其他图案、色彩设计要素的，如果这些附加的设计要素属于额外增加的设计要素，则对侵权判断一般不具有实质性影响。否则，他人即可通过在外观设计专利上简单增加图案、色彩等方式，轻易规避专利侵权。这无疑有悖于专利法鼓励发明创造，促进科技进步和创新的立法本意。[⑨] 即采用创新判断规

---

① 吴汉东主编：《知识产权法》，法律出版社2014年版，第20页

② 张玉敏：《知识产权的概念和法律特征》，《现代法学》2001年第10期。

③ 刘春田主编：《知识产权法》，高等教育出版社2015年版，第7、20页。

④ 程永顺：《浅议外观设计专利的侵权判定》，载程永顺主编《外观设计专利保护实务》，法律出版社2005年版，第259—269页。

⑤ 《中华人民共和国最高人民法院公报》1999年第2期。

⑥ 北京市第一中级人民法院（2006）一中行初字第314号行政判决书。

⑦ 最高人民法院（2014）民三终字第8号民事判决书。

⑧ 北京知识产权法院（2016）京73民初276号民事判决书。该案判决认为涉案专利产品为电脑，而被诉侵权软件不属于外观设计产品的范畴。因此，即使被告与原告专利的用户界面相同或者近似，也不构成侵权。该判决一出，即受到热议。类似产品对于专利保护范围的限定给外观设计专利权保护带来了越来越大的消极影响。

⑨ 最高人民法院（2013）民申字第29号民事裁定书。

则。外观设计专利属于创造性智力成果范畴，应保护区别于现有设计的创新设计特征。专利法的立法目的在于鼓励发明创造，激励创新，而不是防止误认或混淆。① 因此，创新判断规则与混淆判断规则相比，更符合专利制度本质。对遏制模仿、抄袭等搭便车行为，鼓励原创性开发，提升我国工业品外观设计整体水平具有积极意义。②

---

① 我国将外观设计专利保护的目的定位在防止消费者混淆上，带来一系列矛盾和问题。在外观设计专利申请的审查、外观设计专利无效宣告请求的审查、外观设计专利侵权纠纷的审理中，判断主体、判断客体、判断原则、判断方式都存在着不尽合理之处。吴观乐：《外观设计专利应当立足保护创新》，载程永顺主编《外观设计专利保护实务》，法律出版社 2005 年版，第 17 页。

② 张玲：《外观设计专利授权条件的立法建议》，载龙翼飞主编《民商法理论与实践》，中国法制出版社 2006 年版。

第二编

著作权

第二章　著作权的客体

第一节　作品的概念

著作权的客体，或者说著作权法所保护的对象，是作品。[①]《著作权法》第3条规定，作品是指文学、艺术和科学领域内具有独创性并能以一定形式表现的智力成果。概括而言，作品构成要件即为独创性、有形表现性和智力性。

一、独创性

独创性是著作权法中最为核心的基础概念之一，译自英语 originality。现行法律虽未明确独创性的具体含义，但实践中普遍认为可从"独立性"和"创造性"两个方面来理解。

（一）独立性

核心知识点

所谓独立性，是指作品应当是作者独立创作完成的，而非抄袭的结果。包含两方面的含义：第一，独立性禁止抄袭，但并不妨碍创作者在现有作品的基础上进行再创作，并就再创作的结果获得新的著作权保护。著作权的保护范围仅限于再创作的独创性部分。第二，著作权法上的独创性不具有排他性，仅要求作品是自己创作的，不排斥他人同时独立创作相同的作品。[②] 最高人民法院《关于审理著作权民事纠纷案件适用法律若干问题的解释》第15条规定，不同作者就同一题材创作的作品，作品的表达系独立完成并且有创作性的，应当认定作者各自享有独立著作权。

典型案例

洪福远、邓春香诉贵州五福坊食品有限公司、贵州今彩民族文化研发有限公司著作权侵权纠纷案：贵州省贵阳市中级人民法院（2015）筑知民初第17号民事判决书。

---

① 李明德、许超：《著作权法》，法律出版社2003年版，第26页。
② 李玉香：《独创性的司法判断》，《人民司法》2009年第13期。

基本案情

原告洪福远创作完成的《和谐共生十二》作品，发表在 2009 年 8 月贵州人民出版社出版的《福远蜡染艺术》一书中。洪福远曾将该涉案作品的使用权转让给原告邓春香，由邓春香维护著作财产权。原告认为被告五福坊公司未经许可，在其销售的商品上裁切性地使用了涉案作品，侵犯其著作权。被告辩称，涉案作品与被告委托今彩公司设计的产品外包装上的部分图案，均是借鉴的贵州黄平革家传统蜡染图案，故不构成侵权。

裁判摘要

原告洪福远的《和谐共生十二》显然借鉴了传统蜡染艺术的表达方式，但涉案作品对鸟的外形进行了补充，融入了作者个人的独创而有别于传统的蜡染艺术图案，应受著作权保护。经过庭审比对，被告产品包装上的图与涉案《和谐共生十二》画作，只是图案的底色和线条的颜色存在差别，并非独创性的智力劳动，在被告有机会接触原告作品的前提下，可认定第三人今彩公司抄袭了原告作品，五福坊公司侵犯了原告对涉案绘画美术作品的复制权。

拓展思考

著作权法禁止的抄袭，与剽窃含义相同，是指将他人作品或者作品的片段窃为己有。其形式可划分为低级和高级两种：低级抄袭即原封不动或者基本原封不动地复制他人作品；高级抄袭即经改头换面后将他人受著作权保护的独创成分窃为己有。[①]

成立抄袭的一个隐含前提是被诉侵权者接触过与之类似的作品。对"接触"的证明不只局限于以直接证据证明被告已实际接触原告作品的情况，被告有"合理的可能"接触过原告的作品的，也可以认定为接触。[②] 在琼瑶诉于正等著作权侵权纠纷案中，一审、二审法院均认为各被告具有接触电视剧《梅花烙》的机会和可能，故可以推定其具有接触剧本《梅花烙》的机会和可能，满足侵害著作权中的接触要件。[③]

（二）创造性

核心知识点

创造性是指一定水准的智力创造高度，该智力创造高度必须与专利法中的"创造性"区分开。著作权法中的创造性，并非要求劳动成果比他人现有成果先进或高明，

---

① 参见国家版权局版权管理司《关于如何认定抄袭行为给××市版权局的答复》（权司〔1999〕第 6 号）。
② 参见《北京市高级人民法院关于知识产权民事诉讼证据适用若干问题的解答》（京高法发〔2007〕101号）。
③ 参见北京市高级人民法院民事判决书（2015）高民（知）终字第 1039 号。

或创作除了他人不能轻易完成的结果，只是要求劳动成果是智力创造的结果。[1] 并且作品的独创性与作品的文学、艺术或者科学价值无关，优秀作品和普通作品一样受法律保护。[2]

典型案例

乔天富与重庆华龙网新闻传媒有限公司侵害著作权纠纷案：重庆市第一中级人民法院（2013）渝一中法民初字第 00579 号民事判决书；重庆市高级人民法院（2013）渝高法民终字第 00261 号民事判决书。

基本案情

原告乔天富诉称，被告在其经营的华龙网上使用了原告的摄影作品 96 幅，共使用 101 次，其中部分作品未署名。被告未经许可使用上述作品，侵犯了原告的著作权。被告辩称涉案图片为红鹰飞行表演队队徽的图片，是单纯的复制，不属于著作权保护的作品。

裁判摘要

一审法院区分不同情况将涉案图片分为三种情况：第一组图片的拍摄对象是空军第三飞行学院"红鹰"飞行表演队队徽，仅系对该队徽的简单复制，并未体现出拍摄者的独创性，不能认定为受《著作权法》保护的作品；第二组图片均是文章配图，是以图片的形式表达事件现场的客观事实，属于时事新闻的一部分，不受著作权法保护；第三组图片是原告借助数码相机、利用光线条件等记录的客观景象创作而成，凝聚了其创造性劳动，形成了 58 幅摄影作品，依法应受《著作权法》保护。

拓展思考

关于创造性的高度，《著作权法实施条例》并未明确规定，司法实践中的做法并不一致，既有采用版权体系的低标准，也有采用作者权体系的高标准，甚至有杂糅两者的拼盘式标准。创造性作为一个不确定法律概念，学界基本形成共识的是，创造性的高度应与作品类型相一致。因此，最好的具体化途径便是以作品类型化为基础，遵循独创性的基本内涵和一般原则，在不同作品项下将之细化为不同要求。

二、有形表现性

核心知识点

本次《著作权法》修改，在作品定义条款中，改变了"以某种有形形式复制"的

[1]　王迁：《知识产权法教程》，中国人民大学出版社 2016 年版，第 34 页。
[2]　参见云南省高级人民法院民事判决书（2015）云高民三终字第 30 号。

表述，代之以"以一定形式表现"。表述的改变，并不代表既有规则的完全失效。在作品创作完成之后，他人是否可以对作品内容进行复制，并不影响可复制性的成立，这一结论同样适用于有形表现性。

典型案例

深圳市宏天视电子有限公司诉广州市维视电子有限公司著作权侵权和不正当竞争纠纷案：广东省广州市中级人民法院（2004）穗中法民三知初字第167号民事判决书。

基本案情

原告为提升公司形象，委托设计和制作了展现本公司产品和工人的网页。被告未经原告的许可，在其网页上直接刊登了原告在自己网页上的宣传照片，并盗用原告的文字描述，构成著作权侵权。被告辩称，原告据以起诉的作品不具有原创性和可复制性，不享有著作权。

裁判摘要

所谓可复制性，是指作品可通过印刷、复印等多种方式制作多份，涉案照片和公司简介均可通过印刷、复制等方式制造多份，具有可复制性。被告主张原告的网页进行了加密从而不具有可复制性的主张不能成立。原告网站是否加密与涉案作品是否具有复制性，不是同一概念，原告的网站是否加密，是涉及被告能否从原告网站上取得涉案作品，并不影响其网站上作品的可复制性，因此涉案照片及公司简介应分别认定为著作权法保护的摄影作品和文字作品。

拓展思考

在作品构成要件仍采"可复制性"要求时，可复制性的受重视程度远不及独创性。法院就涉案智力成果是否构成作品进行判断时，往往偏重于独创性的论证，可复制性则处于边缘状态，以致对可复制性的理解乃至存在必要性，都产生了争议。如在喷泉案中，法院将可复制性阐释为"设计师在音乐喷泉控制系统上编程制作并在相应软件操控下可实现同样喷射效果的完全再现"；[1] 而在一起家具案中，法院则将涉案可复制性解读为"可用于工业化大批量生产"；[2] 甚至在鲜花版权案中，法院并未对可复制性进行任何解释说明，便直接认定涉案花束具有可复制性，属于美术作品中的实用艺术品，应该受到著作权法的保护。[3] 随着本次《著作权法》的修改，有关可复制性不同含义的争论也将随之终结。能以一定形式表现，强调的是只有能被外界客观感知的外在表达才属于著作权的

---

① 参见北京市知识产权法院（2017）京73民终第1404号民事判决书。
② 参见江苏省高级人民法院（2015）苏知民终字第00085号民事判决书。
③ 参见济南市中级人民法院（2017）鲁01民终字第998号民事判决书。

保护对象，将其理解为复制权中的复制（即大批量生产），或者创作过程的可再现性，都是错误的。

三、智力性

核心知识点

作品必须是一种智力成果，人们在衡量和评价一个客体究竟能否成为知识产权的保护对象时，"智力性"特征也往往成了最关键、最具评价力的因素。[①] 而智力成果又是人特有的独创性劳动的产物，[②] 因此，很多时候智力性要件会与独创性要件相融合。但随着非人类成果的出现，单纯从成果表现形式上很难准确分辨是否具有智力性与独创性。

典型案例

"猴子自拍照"案。

基本案情

英国摄影师大卫·斯莱特在印度尼西亚拍摄时，一群黑冠猕猴跑到他的摄影器材旁并开始玩弄那些器材。其中一只猴子模仿人类，拍摄了多张照片，有的照片拍摄效果非常好，几乎看不出是出自猕猴的手。大卫将上述照片传至网络，很快便风靡一时。但在大卫将照片收录进自己的摄影集后，动物保护组织代表猴子向法院起诉，认为猕猴作为拍摄者享有相应照片的著作权，摄影师未经许可展示和出版照片的行为侵犯了其著作权。

裁判摘要

美国加州联邦地区法院认为，《美国版权法》并未规定动物可作为作者，以往的判例在分析作者身份时所用的术语也是"人"。同时，可作为参考依据的是，美国版权局在其版权登记手册中明确规定：作品必须是人创作的。由自然现象或动植物的活动形成的结果不能进行版权登记。法院因此认定，猕猴不是《美国版权法》意义上的"作者"，当然也无诉权。[③]

拓展思考

《著作权法》第 11 条规定，创作作品的自然人是作者；由法人或者非法人组织主持，代表法人或者非法人组织意志创作，并由法人或者非法人组织承担责任的作品，

---

① 黄汇：《解释与转型：知识产权去"智力化"的阐明》，《知识产权》2007 年第 1 期。
② 彭诚信：《智力成果、知识产权与占有制度》，《法商研究》2002 年第 6 期。
③ Naruto v. David John Slater, 2016 U. S. Dist. LEXIS 11041. 转引自王迁《知识产权法教程》，中国人民大学出版社 2016 年版，第 25 页。

法人或者非法人组织视为作者。显然，按照我国法律规定，动物也无法成为著作权法意义上的作者。

与动物"创作"更具普遍意义的，是人工智能生成内容的著作权属性问题。大量事实表明，人工智能生成内容与人类创作的作品相比，在没有明确标明来源的情况下已很难区别。由此产生了对人工智能生成内容定性的不同主张：一是既然从形式上无法区分，为了避免未来在此问题上出现因缺少必要证据而无法认定的情形，可将人工智能生成内容视为代表设计者或训练者意志的创作行为。① 二是认为著作权法并不因人工智能而改变，迄今为止所有的人工智能生成内容都是应用算法、规则和模板的结果，不能体现创作者独特的个性，并不能被认定为作品。在不披露相关内容由人工智能生成时，该内容可能因具备作品的表现形式而实际受到了保护，但该现象是举证规则造成的，其本质仍未改变。② 人工智能生成内容的定性，直接影响到其保护模式的确定：如果认为是作品，则可主张著作权，后续问题即为权利主体如何确定；而如果认定不构成作品，则需要考虑是否应当给予保护，如果保护是采用邻接权，或《反不正当竞争法》、抑或特别法，这些问题都需要继续深入讨论。

第二节 不受著作权法保护的对象

著作权法保护的是具有独创性的智力成果，那些不具有独创性的表达自然无法获得著作权法的保护，同时为了促进文化的发展与传播，著作权法也不保护作品中的思想、客观事实以及某些特定的表达等。结合著作权法的规定，不受著作权法保护的对象，有如下几种类型：第一，思想与有限表达。第二，《著作权法》第 5 条规定："（一）法律、法规，国家机关的决议、决定、命令和其他具有立法、行政、司法性质的文件，及其官方正式译文；（二）单纯事实消息；（三）历法、通用数表、通用表格和公式"。第三，不具有独创性的公有领域素材。

以下主要讨论实践中争议比较大的思想与有限表达、"单纯事实消息"。

一、思想

（一）思想与表达二分法
核心知识点

思想与表达二分法，是著作权立法的基石之一。其基本含义是，著作权法并不保

---

① 参见熊琦：《人工智能生成内容的著作权认定》，载《知识产权》2017 年第 3 期。
② 王迁：《论人工智能生成的内容在著作权法中的定性》，《法律科学》2017 年第 5 期。

护抽象的思想、构思、概念、工艺、操作方法、技术方案等，而仅保护文字、线条等有形方式的表达。我国《著作权法》虽未明确规定这一原则，但司法实践中普遍遵循着这一通例。

典型案例

何吉与杭州天蚕文化传播有限公司著作权权属、侵权纠纷上诉案：浙江省杭州市中级人民法院（2011）浙杭知终字第 54 号民事判决书。

基本案情

2009 年年初，何某构思以女子发型来演绎"西湖十景"，绘制了人物素描，并附有策划书、对模特的形体要求、头饰选择、搭配服装等简要说明。2009 年 4 月 22 日，"西湖十景"形象造型在杭州市运河文化广场向公众亮相，《青年时报》作了报道并刊载了十个形象造型的照片。杭州某某文化传播有限公司同样拍摄了一组与原告造型相似的"西湖十景"形象照片。

裁判摘要

何某构思的"西湖十景"形象造型，构成著作权法上的立体美术作品。但比对双方的四幅照片可以看出，两者所呈现出的作品的表达形式不相同；其中的相同部分，也属于公有领域素材。从实际情况来看，杭州某某文化传播有限公司虽然在自己的造型中借鉴了何某的构思、使用了何某创意，但该种借鉴并非《著作权法》意义上的改编；同时，由于《著作权法》保护的是作品的表达形式，不保护思想和创意，因此，杭州某某文化传播有限公司的借鉴行为并不构成对何某著作权的侵犯。

拓展思考

虽然各国立法均认可了思想与表达二分法这一原则，但理论界对该制度的批评从未断绝。[1] 一部分原因就在于该制度太过笼统，无论成文法还是判例法，均没有清晰定义"思想"和"表达"。甚至有学者直接指出，"思想/表达二分法"关乎的是成本收益的利益衡量与价值取舍，而不关乎思想与表达在事实层面是否可分，因此，作为一项价值法则，"思想/表达二分法"无法向我们提供统一普适的裁判标准，只能依赖法官在个案中基于具体情势自由裁量。[2] 固然，思想与表达的区分并不存在普适性的标准，但不意味着其区分完全是法官的自由裁量，典型的思想与典型的表达，理论界与实务界均已经达成了共识，有争议的仅是介于二者之间的模糊要素。在"此间的少年"

---

[1]　参见李雨峰：《思想/表达二分法的检讨》，《北大法律评论》2007 年第 8 卷第 2 辑，第 435—436 页。

[2]　参见熊文聪：《被误读的"思想/表达二分法"——以法律修辞学为视角的考察》，《现代法学》2012 年第 6 期。

一案中，杨某利用金庸武侠小说中的多个人物以及部分情节创作了小说《此间的少年》，[1] 对其中的人物名称、人物关系、人物形象、故事情节等元素，是否属于表达，并可单独受著作权法的保护，引发了广泛争议。下文将详细讨论。

（二）思想与表达的区分方法

核心知识点

虽然各国立法均认可了思想与表达二分法这一原则，但理论界对该制度的批评从未断绝。[2] 一部分原因就在于该制度太过笼统，无论成文法还是判例法，均没有清晰定义"思想"和"表达"。在实践中，普遍采用的是抽象概括法。

典型案例

于正等与琼瑶侵害著作权纠纷上诉案：北京市高级人民法院（2015）高民（知）终字第 1039 号民事判决书。

基本案情

陈喆（笔名：琼瑶）于 1992 年至 1993 年间创作完成了电视剧剧本及同名小说《梅花烙》。2012 年至 2013 年间，余征（于正本名）创作电视剧剧本《宫锁连城》，并与其他被告一起共同摄制了电视剧《宫锁连城》，涉案作品中全部的核心人物关系与故事情节与原告的《梅花烙》存在大量相同和相似。被告辩称，相似的人物关系、所谓桥段及桥段组合属于特定场景、公有素材或有限表达，不受著作权法保护，故不构成侵权。

裁判摘要

剧本和小说均属于文学作品，文学作品中思想与表达界限的划分较为复杂。文学作品的表达，不仅表现为文字性的表达，也包括文字所表述的故事内容，但人物设置及其相互的关系，以及由具体事件的发生、发展和先后顺序等构成的情节，只有具体到一定程度，即文学作品的情节选择、结构安排、情节推进设计反映出作者独特的选择、判断、取舍，才能成为著作权法保护的表达。确定文学作品保护的表达是不断抽象过滤的过程。被告余征主张的剧本情节，虽然与小说在部分情节上有细微差别，但是并不影响剧本和小说两部作品在整体内容上的一致性，因此被告构成著作权侵权。

拓展思考

著作权法是以文字作品为蓝本制定的，但以文字作品为基础形成的规则，适用于其他作品类型时，便会出现问题。如音乐作品，音乐的基本要素包括音的高低、长短、

---

① 参见广东省广州市天河区人民法院民事判决书（2016）粤 0106 民初 12068 号。
② 参见李雨峰：《思想/表达二分法的检讨》，《北大法律评论》2007 年第 8 卷第 2 辑，第 435—436 页。

强弱和音色。由这些基本要素相互结合，形成音乐常用的"形式要素"。① 通常而言，乐曲是由节奏、旋律与和声三个要素构成，其中和声又包含和弦与和声进行。正是因为音乐作品可以解构成不同要素，似乎也可以采用此种解构的方式来区分音乐作品的思想与表达。但此种解构方法有违音乐创作的原理和艺术规律。音乐风格和特点是在音乐的行进当中体现出来的，只有连续的演唱和演奏才能表现出来；② 又如美术作品，实践中很少也很难对美术作品的思想与表达进行区分；即使有区分，不同判决区分的标准也尚未统一，不同美术作品中思想与表达的具体外延亦各不相同。涉及美术作品侵权的各案件，比较一致的做法是在判决书中避免对思想还是表达的法律属性进行具体分析，而是在结合作品具体形态的描述后直接认定其为思想或者表达。③ 如何在不同作品类型中，确立思想与表达二分法的规则，是后续研究应当关注的问题之一。

（三）情景原则与有限表达原则

核心知识点

情景原则，是指文学作品中，当某些要素是特定主题或思想观念的必然派生物，作者在处理同一主题时必不可免地会使用到时，为保证社会公众的创作自由不被不适当地限制，这些表达不受著作权保护。有限表达原则，即当思想观念与表达密不可分的时候，或者说当某种思想观念只有一种或有限的几种表达时，则著作权法不仅不保护思想观念，而且也不保护表达。④

典型案例

指导案例 81 号：张晓燕诉雷献和、赵琪、山东爱书人音像图书有限公司著作权侵权纠纷案：最高人民法院（2013）民申字第 1049 号民事裁定书。

基本案情

原告张晓燕于 1999 年 12 月开始改编创作《高原骑兵连》剧本，2000 年 8 月根据该剧本筹拍 20 集电视连续剧《高原骑兵连》，张晓燕系该剧著作权人。被告雷献和作为《高原骑兵连》的名誉制片人参与了该剧的摄制。被告雷献和作为第一编剧和制片人、被告赵琪作为第二编剧拍摄了电视剧《最后的骑兵》。经对比发现，《最后的骑兵》与《高原骑兵连》有很多雷同之处，主要人物关系、故事情节及其他方面相同或近似。

裁判摘要

著作权法保护表达，但创意、素材或公有领域的信息、创作形式、必要场景或表

---

① 崔立红：《音乐作品抄袭的版权侵权认定标准及其抗辩》，《山东大学学报》（哲学社会科学版）2012 年第 1 期。

② 参见北京市第一中级人民法院民事判决书（2005）一中民终字第 3447 号。

③ 参见杨雄文、王沁荷：《美术作品的表达及其实质相似的认定》，《知识产权》2016 年第 1 期。

④ 李明德：《美国知识产权法》，法律出版社 2014 年版，第 235 页。

达唯一或有限则被排除在著作权法的保护范围之外。必要场景，指选择某一类主题进行创作时，不可避免而必须采取某些事件、角色、布局、场景，这种表现特定主题不可或缺的表达方式不受著作权法保护；表达唯一或有限，指一种思想只有唯一一种或有限的表达形式，这些表达视为思想，也不给予著作权保护。《最后的骑兵》与《高原骑兵连》虽然在人物设置与人物关系上相同或相似，但两部作品均系以特定历史时期骑兵部队撤（缩）编为主线展开的军旅题材作品，其中的三角恋爱关系、官兵上下关系、军民关系等人物设置和人物关系，属于军旅题材作品不可避免地采取的必要场景，因表达方式有限，不受著作权法保护。

二、单纯事实消息

核心知识点

本次著作权法修改将"时事新闻"调整为了"单纯事实消息"，所谓单纯事实消息，通说认为，单纯事实消息就是以新闻内容是否限制在五个"W"新闻要素之内的简单时事报道，五个"W"即 when（何时）、where（何地）、who（何人）、what（何事）、why（何故）。[①] 但若在单纯事实消息以外，融入了写作者的创造性表达，则该消息便不属于新闻性作品，可以获得著作权法的保护。

典型案例

胡跃华诉北京搜狐在线网络信息服务有限公司侵犯著作权纠纷案：北京市第二中级人民法院（2003）二中民初字第 250 号民事判决书。

基本案情

原告应《羊城晚报》的约请创作了《女记者贩毒体验七昼夜》一文，并交付该报。该报未经许可擅自刊登了该文章（对该报的侵权将另案解决）。被告未经原告许可，在其经营的搜狐网上转载了该文章并设置了搜索链接，且未署名也未支付报酬。原告认为被告的行为侵犯了其著作权，被告则辩称其转载行为属于合理使用。

裁判摘要

原告是《女记者贩毒体验七昼夜》文的作者，依法享有著作权。该文系原告根据自己的亲身体验创作的采访纪实，不属单纯时事新闻或单纯事实消息。因此，被告关于其系合理使用《女记者贩毒体验七昼夜》文的主张，本院不予支持。

拓展思考

大多数新闻报道，往往需要依赖报道者个人的职业敏感，甚至需要深入生活，才

---

① 阎庚：《时事新闻作品应该被纳入著作权法调整范畴》，《电子知识产权》2006 年第 7 期。

能捕捉和跟踪到社会上发生的有新闻价值的线索，并对其进行深度分析和报道。[①] 虽然新闻工作者在发现新闻线索和调查事实的过程中付出了艰苦的努力，但表达形成前的事实发现和事实调查，均不能获得可版权性。

另一个问题，对非文字形式的消息报道，尤其是图片形式，是否属于时事新闻理论界出现了截然相反的观点，甚至截然相反的观点均有相应的司法案例予以支持。将"时事新闻"修改为"单纯事实消息"，仍然无法解决这一分歧。单独的图片在满足独创性的要求时，可成为著作权法保护的摄影作品。但在文字表述本身属于单纯事实消息时，即使配发了图片也不能使单纯事实消息转化为新闻性作品。在版权属性上，文字"时事新闻"与其配图之间并不构成一种"吸收和同化"关系；[②] 因此对文字性时事新闻的独创性审查，应当从文字本身入手，图片并不在考虑范围之内。相较之下，在我国著作权法独创性标准偏低的总体环境下，如何认定单独图片究竟是单纯事实消息还是摄影作品，更值得关注。

第三节　作品的分类

一、一般作品类型

《著作权法》第3条列举了8种常见作品类型，同时设置了"符合作品特征的其他智力成果"的兜底条款；《著作权法实施条例》在上述8种常见类型的基础上，按照表现形式的不同定义了13种作品。以下将以实践中争议比较多的几种作品类型分别介绍。

（一）文字作品

核心知识点

文字作品的保护主要遵循前述琼瑶与于正案的判决思路，采用抽象过滤法确定保护范围。但对某些特定要素的保护，如人物关系、人物名称、人物形象等，仍然存在争议。

典型案例

庄羽与郭敬明等侵犯著作权纠纷上诉案：北京市高级人民法院（2005）高民终字第539号民事判决书。

基本案情

2002年8月14日，庄羽在天涯社区网站发表小说《圈里圈外》，并在2013年由中

---

① 刘洪秋：《论时事新闻稿件的著作权保护》，《东北财经大学学报》2004年第6期。
② 所谓"吸收和同化"关系，是指时事新闻中的配图是时事新闻的有机组成部分，或是为增强新闻真实性和宣传效果不可缺少的部分，从而以文字时事新闻的不可版权性，直接否定了配图的可版权性。

国文联出版社出版。2003 年 11 月，春风出版社出版了郭敬明的《梦里花落知多少》一书。两本书在人物关系、人物特征、情节等方面均存在相同和相似，原告认为被告构成剽窃，被告则主张相似部分是公有领域中的素材。

裁判摘要

在小说创作中，人物需要通过叙事来刻画，叙事又要以人物为中心。无论是人物的特征，还是人物关系，都是通过相关联的故事情节塑造和体现的。单纯的人物特征，或者单纯的人物关系，都属于公有领域的素材，不属于著作权法保护的对象。但是一部具有独创性的作品，以其相应的故事情节及语句，赋予了这些"人物"以独特的内涵，则这些人物与故事情节和语句一起成了著作权法保护的对象。在本案中，从整体上看，构成相似的主要情节和一般情节、语句的数量来看，已经远远超出了"巧合"的范围，结合郭敬明在创作《梦》之前已经接触过《圈》的事实，应当可以推定郭敬明构成剽窃。

拓展思考

单独的人物形象，是否可受著作权法保护，美国司法实践发展出来了两个规则：一是汉德法官在 Nichols 案中提出的"独特描述与展开"标准：人物形象越是没有展开，就越是不能获得版权。这是作者因为没有独特描述人物而必须承担的惩罚。[①] 二是在"Warner Brothers"一案中，第九巡回上诉法院提出的"叙述故事标准"：人物形象真正构成被叙述的故事是可以想象的。但如果人物仅仅是故事叙述中的一枚棋子，他就不在版权保护的范围内。[②] 国内司法实践中亦采用了前述第一种标准，在"摸金校尉案"中，法官在一审判决书中认为，只有当人物形象等要素在作品情节展开过程中获得充分而独特的描述，并由此成为作品故事内容本身时，才有可能获得著作权法的保护。[③] 而从实际效果言之，该标准事实上将所有人物形象都排除在了单独保护的范围之外，因为在文学作品中几乎所有人物设计都服从于特定故事的叙事安排，并不存在单独一个人物形象就构成一个故事的情形。因此，对单独人物形象应如何保护，仍然有待司法实践的发展。

（二）戏剧作品

核心知识点

戏剧作品的保护对象，究竟是指作为基础存在的文字作品，还是现场"活的表

---

① Nichols v. Universal Picture Corp. , 45 F. 2d 119（2d Cir. 1930）.

② Warner Brothers, Inc. v. American Broadcasting Companies. Inc. , 720 F. 2d 231, 222 USPQ 101（2d Cir. 1983）.

③ 参见向波：《文字作品虚拟角色的著作权保护》，《中国版权》2017 年第 5 期。

演"，理论界存有争议。司法实践中，则基本认为戏剧作品是文字性作品。①

典型案例

田鸣鸣诉浙江音像出版社著作权侵权纠纷案：浙江省杭州市中级人民法院（2004）杭民三初字第 58 号民事判决书。

基本案情

陈曼是越剧《何文秀》的编剧，是该剧的著作权人，在 1993 年去世后著作权由其女儿田鸣鸣（本案原告）继承。被告未经原告许可，也未支付任何报酬，即出版发行了《何文秀》，其中全部使用了陈曼创作的《何文秀》剧本，并且未在 VCD 的封面上给陈曼署名。原告认为被告的行为侵犯了其著作权，被告辩称其出版的是《何文秀》越剧戏剧作品，而不是《何文秀》文学作品，因此不侵犯陈曼的著作权。

裁判摘要

我国《著作权法》将戏剧作品单列于文字作品外，而所谓戏剧作品是指以剧本等形式表现的作品，因此，不能以作品中包含文字就概而论之为文字作品；同时，戏剧作品主要是为表演所用，因此，也不能因未将剧本复制、发行，而是将剧本用于演出就不认定为未使用戏剧作品。

戏剧作品的特点在于演员的表演是即时、流动的，演出完成后演出的过程便不复存在，正因为如此，著作权法未将其作为一个整体加以保护，而是对剧本作者、演员等的权利采取不同的方式分别予以保护。本案中，被告音像出版社出版发行越剧《何文秀》VCD 时，未取得剧本著作权人的同意，侵犯了田鸣鸣的著作权。

拓展思考

与戏剧作品类似，舞蹈作品究竟是指未经固定的现场表现的作品，还是指舞谱创作者编创的由文字、图形、符号等构成的作品，亦存在争议。舞蹈作品的客体，无论是舞谱还是现场表演，其客体都是舞蹈的动作设计，如果舞谱在表现形式上可以达到美术作品"具有审美意义"的要求，并不排除舞谱同时构成美术作品的可能。

（三）书法作品

核心知识点

书法在表现形式上虽然为文字，但由于书写的文字本身体现了个性化的艺术表达，因此书法也可作为美术作品得到保护，这一点无论《著作权法》还是司法实践，均予

---

① 如在陈民洪诉彭万廷等著作权、名誉权侵权案中，法院认为无论是戏剧作品还是舞蹈作品，都不是指舞台上的表演。戏剧作品指的是戏剧剧本，舞蹈作品指的是舞蹈的动作设计。参见湖北省宜昌市中级人民法院民事判决书（1998）宜民初字第 58 号；湖北省高级人民法院民事判决书（1999）鄂民终字第 44 号。

以了明确。近年来，有关计算机单字是否构成书法作品，引发了广泛的讨论。

典型案例

北京北大方正电子有限公司诉暴雪娱乐股份有限公司等侵害著作权纠纷案：最高人民法院民事判决书（2010）民三终字第 6 号民事判决书。

基本案情

北大方正公司是方正兰亭字库中 5 款方正字体的权利人。暴雪公司是网络游戏《魔兽世界》的著作权人，《魔兽世界》使用了涉案 5 款字体以及标有 GBK 的各款字体包含 21000 个汉字、标有 GB 的字体包含 7000 个汉字。原告认为暴雪公司侵犯了其前述 5 款字体中每个汉字的美术作品著作权，被告则主张涉案字体不是著作权法保护的作品。

裁判摘要

一审法院认为，字库中每个字体的制作体现出作者的独创性。涉案方正兰亭字库中的每款字体的字型是由线条构成的具有一定审美意义的书法艺术，符合著作权法规定的美术作品的条件。

最高人民法院经审理认为，涉案每款字体（字库）均由指令及相关数据构成，而非线条、色彩或其他方式构成，因此其不属于美术作品。根据诉争相关字体（字库）的制作过程，字库制作过程中的印刷字库与经编码完成的计算机字库及该字库经相关计算机软件调用运行后产生的字体属于不同的客体，且由于汉字本身构造及其表现形式受到一定限制等特点，经相关计算机软件调用运行后产生的字体是否具有著作权法意义上的独创性，需要进行具体分析后尚能判定。本案中暴雪公司、第九城市公司在其游戏运行中使用上述汉字是对其表达思想、传递信息等功能的使用，无论前述汉字是否属于著作权法意义上的美术作品，这种使用均不侵犯北大方正公司的相关权利。

拓展思考

虽然最高人民法院在前述案例中认为，单字在具有著作权法意义上的独创性时可构成美术作品，但实际从单字的产生过程来看，其很难满足独创性的要求。字库的制作通常经过字体设计、扫描、数字化拟合、人工修字、质检、整合成库等步骤，这就表明字库单字的制作是生产过程，而非创作过程，它与书法作品追求个性的要求相悖。同时需要区分的是设计师的字稿与最终形成的单字。当字稿经过一系列程序被制成计算机字库软件工具后，单字本身也发生了质变。[①] 为了鼓励中文字体产业的发展，在著作权法不能提供保护时，可通过外观设计专利、反不正当竞争法以及合同法等其他途

---

① 张玉瑞：《论计算机字体的版权保护》，《科技与法律》2011 年第 1 期。

径来保护字库单字。

（四）建筑作品

核心知识点

独具特色的建筑物不仅能满足人们的生产生活需要，还能给人以美的视觉享受。正是这种功能性与美学性的双重属性，造成了建筑作品保护范围界定的困难，实践中因建筑作品引发的著作权纠纷也反映出这一问题。

典型案例

国家体育场有限责任公司诉熊猫烟花集团股份有限公司、浏阳市熊猫烟花有限公司等侵害建筑作品著作权纠纷案：北京市第一中级人民法院民事判决书（2009）一中民初字第 4476 号。

基本案情

原告国家体育场有限责任公司是北京 2008 年奥林匹克运动会主会场国家体育场（又称"鸟巢"）建筑作品、《国家体育场夜景图》图形作品和《国家体育场模型》模型作品的著作权人。由第一被告监制，第二被告生产，第三被告销售的"盛放鸟巢"烟花产品，经比对，与国家体育场的外观相似。原告认为被告的行为侵犯了其著作权，被告则主张"盛放鸟巢"烟花是工业产品，不是著作权法意义上的作品，不存在对国家体育场建筑作品的剽窃或复制。

裁判摘要

对建筑作品著作权的保护，主要是对建筑作品所体现出的独立于其实用功能之外的艺术美感的保护，只要未经权利人许可，对建筑作品所体现出的艺术美感加以不当使用，即构成对建筑作品著作权的侵犯，而不论此种使用是使用在著作权法意义上的作品中，还是工业产品中。因此，"盛放鸟巢"烟花产品的制造和销售侵犯了原告的著作权。

拓展思考

在"盛放鸟巢"案中，原告坚持认为夜景图、模型作品和建筑作品属于同一作品的不同表现形式，并且明确表示其在本案中仅主张建筑作品著作权。原告的主张部分成立。建筑作品的本质就是一种设计，无论是表现为实际的建筑物，还是建筑设计图，抑或是建筑模型，都只是设计元素的不同表现形式。因此，只要三者之间具有对应关系，这些不同表现形式就应被视为同一作品。[①] 但建筑设计图可能同时成为图形作品，在这两种不同作品类型项下，各自的保护对象是不同的。按照建筑设计图建造建筑物，由于建筑设计图同时体现了建筑作品的独创性设计，那么建造行为侵犯的就是建筑作

---

① 参见卢海君：《美国的建筑作品版权制度及对我国的启示》，《北方法学》2010 年第 2 期。

品的著作权，与图形作品无关；而当建筑设计图本身体现了与建筑作品无关的独创性时，即设计图中严谨、和谐与对称的"科学之美"，[①] 若对建筑设计图的利用方式是从平面到平面的复制，那么此时侵犯的就是建筑设计图作为图形作品的著作权，与建筑作品无关。

（五）摄影作品

核心知识点

我国司法实践中，一般认为摄影作品的独创性体现在拍摄者对拍摄对象、拍摄地点、拍摄时机，以及具体的拍摄角度、光线明暗、拍摄器械等的选择上。[②] 依据现存之物的来源以及拍摄者不同的拍摄形式，可将摄影作品区分为"再现型""主题创作型"和"抓拍型"三种类型。不同作品类型的摄影作品，保护范围是不同的，应当个案衡量。

比较特殊的两种情形：一是从电影作品、电视节目或其他动态录影中截取的图片是否属于摄影作品。德国法认为这些图片可作为照片受到保护，[③] 但并非是摄影作品。我国司法实践则认为从动态录影中截取的图片，也可以是摄影作品，在"朱晓明诉烟台万利医用品公司案"中法院便持此种观点。[④] 但在认定从动态录影中截取的图片是否属于摄影作品时，应当严格区分截取过程中的创造性与截图本身的独创性。独创性针对的应当是截图所呈现的视觉效果，而非截取行为中的创造性。上述朱晓明案件中法院便是误将截图过程中付出的智力性劳动，当作了截图本身的独创性。只有截图本身在图片的构成元素上体现了创造性，才能认为构成摄影作品。

二是对照片进行专业化的后期处理，也并不能使原本不具有独创性的照片获得著作权法的保护。若赋予经后期处理的平庸照片以著作权，将会淹没照片本身所呈现的拍摄者的创造性表达。[⑤] 因此倘若对照片的后期处理仅是进一步突出了原有的表达效果，并未创造出新的表达要素，那么该后期处理并不构成独创性。而若后期处理创造出了新的表达要素，产生了与原有照片不同的视觉效果，则该后期处理可以使照片获得独创性。在"磨山楚城"摄影作品著作权纠纷案中即采纳了这一观点。[⑥]

（六）模型作品

核心知识点

模型作品，是指为展示、试验或者观测等用途，根据物体的形状和结构，按照一

---

① 王迁：《论著作权法保护工业设计图的界限——以英国〈版权法〉的变迁为视角》，《知识产权》2013 年第 1 期。

② 参见广东省高级人民法院民事判决书（2006）粤高法民三终字第 122 号。

③ BGHZ 9，262 268 – Lied der Wildbahn；Dreier/ Schulz，Urheberrechtsgesetz，Verlag C. H. Beck，München 2013，4. Auflage，§ 72 Rdn. 5. 转引自喻玲《德国摄影作品著作权保护的历史发展及其启示》，《知识产权》2014 年第 12 期。

④ 参见上海市高级人民法院（2006）沪高民三知终字第（35）号民事判决书。

⑤ 马一德：《再现型摄影作品之著作权认定》，《法学研究》2016 年第 4 期。

⑥ 参见湖北省武汉市中级人民法院民事判决书（2010）武知初字第 361 号。

定比例制成的立体作品。按照这一定义，模型作品需要满足以下两个要求：第一，在目的上是展示、试验或者观测，这就意味着模型作品较之于实物，只是比例大小的差别；第二，在制作上是根据实物完成的，也即模型作品产生于实物之后，那些早于实物产生的原型不属于模型作品。正是这样两个严格的要求，导致了模型作品事实上不可能满足独创性的要求。

典型案例

北京中航智成科技有限公司与深圳市飞鹏达精品制造有限公司侵害著作权纠纷上诉案：北京市高级人民法院（2014）高民（知）终字第3451号民事判决书。

基本案情

成都飞机设计研究所为"歼十飞机（单座）"的设计、研发单位，该飞机的实际制造者为成都飞机工业（集团）有限责任公司。中航智成公司取得上述两单位的许可，为该飞机模型的唯一生产商及供应商。在获得许可后，中航智成公司根据成飞所"歼十飞机（单座）"原始设计图纸及"歼十飞机（单座）"设计了相应的等比例模型。飞鹏达公司生产、销售了"45cm 小歼10"飞机模型。二者仅是大小的区别。原告认为，飞鹏达公司的上述行为侵犯了其"歼十飞机（单座）"的设计图纸、模型及飞机本身分别享有图形作品、美术作品或模型作品的复制权及发行权。被告认为"歼十飞机（单座）"本身并不属于模型作品。

裁判摘要

中航智成公司所主张的"歼十飞机（单座）"模型是其根据"歼十飞机（单座）"等比例缩小制作而成，可见其所主张的飞机模型属于对"歼十飞机（单座）"的精确复制，不具有独创性。同时需要说明的是，由于"歼十飞机（单座）"本身艺术性与实用性无法分离，因此对于等比例制作而成的飞机模型，无论其产生早于或晚于"歼十飞机（单座）"，二者均属于同一表达的不同表达方式，基于与"歼十飞机（单座）"不能获得著作权保护之相同的理由，其模型均不能获得著作权的保护。

拓展思考

为了解决现行规定下模型作品出现的理论和实践问题，在第三次著作权法修改时，修改草案直接删除了"模型作品"而代之以"立体作品"。为了避免重叠保护的弊端，且从修改草案列举式定义方式也可看出，立体作品属于兜底性质的作品类型，主要针对那些难以直接纳入其他作品中的立体造型艺术作品。在具体类型上，修改草案设置了三种不同创作目的，其中"为生产产品而创作的立体设计"，并无必要给予著作权保护。在一起涉及外币验钞机外壳模型的案件中，一审法院认为该外币验钞机外壳模型可以构成模型作品；但二审法院则认为，外币验钞机属工业产品，不构成《著作权法》中的"作品"。① 以著作权法的基本原理来审视，二审法院的结论更为符合。既是产品，则意味着该产品本身并不属于具有独创性的作品，即使具有独创性也受功能排除原则、……无法获得著作权法的保护。但在正式通过的《著作权法》中，仍然采用了"模型作品"这一说法。如何解决模型作品中的独创性问题，也还有待法律的进一步细化。

（七）视听作品

核心知识点

本次《著作权法》修改将电影作品和类电影作品统一归为视听作品，与《视听表演北京条约》保持了一致，符合国际惯例。视听作品较之于之前"电影作品和类电影作品"的表述，扩大了受保护作品的类型，将涵盖视频剪辑、短视频、网剧等类型。目前争议比较多的是体育赛事节目、网络游戏是否构成类电影作品，这一争议在"视听作品"确立后，仍将继续存在。

典型案例

广州硕星信息科技股份有限公司与壮游公司著作权权属、侵权纠纷上诉案：上海市浦东新区人民法院（2015）浦民三（知）字第 529 号民事判决书；上海知识产权法院（2016）沪 73 民终 190 号民事判决书。

基本案情

2001 年 11 月，网禅公司创作完成网络游戏《MU（3Donlinegame）》（中文名《奇迹MU》），之后网禅公司授权壮游公司有《奇迹MU》在中国区域的独占性运营权，并享有以壮游公司自己名义进行维权的权利。2013 年 12 月，硕星公司完成网页游戏《奇迹神话》，之后授权维动公司在授权区域内独家运营及推广该游戏。经比对，两个游戏在地图、场景、角色及其技能、武器和装备、怪物及 NPC 方面均相同或相似，网络上多篇测评文章也反映出二者的相似性。原告认为，网络游戏属于多种作品构成的复合型的"其他作品"，在现行法律没有修改的情况下，如果不能用"其他作品"来进行保护，则网络游戏的整体画面属类电影作品；被告则认为《奇迹MU》游戏画面不构成类电影作品或"其他作品"。

裁判摘要

一审裁判摘要

《奇迹MU》作为一款角色扮演游戏，具有一定的故事情节，随着玩家的操作，游戏人物在游戏场景中不断展开游戏剧情，所产生的游戏画面由图片、文字等多种内容集合而成，并随着玩家的不断操作而出现画面的连续变动，具有和电影作品相似的表

---

① 参见广东省高级人民法院（2005）粤高法民三终字第 378 号民事判决书。

现形式，故涉案游戏的整体画面可以作为类电影作品获得著作权法的保护。

二审裁判摘要

类电影作品的特征性表现形式在于连续活动的画面，该连续活动画面是唯一固定，还是随着不同操作而发生不同变化并不能成为认定类电影作品的区别因素。我国著作权法规定的类似摄制电影的方法创作，应是对创作方法的规定，不应仅是制作技术的规定，更应包括对各文学艺术元素整合的创作方法。从此种意义上来讲，网络游戏也是采用对各文学艺术元素整合的创作方法。[①]

拓展思考

网络游戏整体可以作为类电影作品保护，而在游戏进行过程中，因选手的操作而形成的单独游戏画面，在上海耀宇文化与广州斗鱼著作权侵权纠纷一案中，法院则认为其不能独立于游戏整体而成为新作品。[②] 此一结论有待商榷，比赛过程具有随机性和不可复制性，并不代表过程中的某一画面就不具有独创性。由于选手操作选择不同，形成的画面也就不同，所以这些画面也可能属于著作权法上的作品。

与网络游戏不同，体育赛事节目的定性，司法实践的观点并不一致。制品与作品的区别，不在于创造性的有无，而是创造性水平的高低。体育赛事节目所呈现的画面虽然经过了摄像师和编导人为选择，但导播、编导的创造性空间非常有限。且影视作品的独创性来源于因影像的前后衔接所要表达的美感和思想情感，[③] 这是体育赛事节目与影视作品最本质的区别，因此体育赛事节目不构成类电影作品，而只是制品。

（八）其他作品

核心知识点

本次《著作权法》开放了作品类型的规定，原有《著作权法》虽然也设置了兜底条款，但作品类型仍然只能由法律、行政法规来确定，导致兜底条款的设置形同虚设。按照新修订的《著作权法》，智力成果只要满足作品特征，即使不属于前述明文列举的作品类型，也可以受到保护，这就赋予了法官在具体案件中的自由裁量权，为将来新作品类型的出现预留了空间。

典型案例

杭州西湖风景名胜区湖滨管理处等与北京中科水景科技有限公司侵害著作权纠纷案，北京市海淀区人民法院（2016）京 0108 民初 15322 号民事判决书；北京知识产权法院（2017）京 73 民终 1404 号民事判决书

---

① 参见上海知识产权法院民事判决书（2016）沪 73 民终 190 号。
② 参见上海市杨浦区法院民事判决书（2015）浦民三（知）初字第 191 号。
③ 祝建军：《体育赛事节目的性质及保护方法》，《知识产权》2015 年第 11 期。

基本案情

中科水景公司主张其对所创作的青岛世园会音乐喷泉《倾国倾城》《风居住的街道》乐曲的喷泉编曲享有著作权，认为西湖管理处以考察名义从该公司获得包含涉案作品在内的视频、设计图等资料并交给中科恒业公司，中科恒业公司剽窃涉案音乐喷泉编曲并在西湖施工喷放，侵犯该公司著作权。

裁判摘要

一审裁判摘要：音乐喷泉作品所要保护的对象是喷泉在特定音乐配合下形成的喷射表演效果。《著作权法》虽无音乐喷泉作品或音乐喷泉编曲作品的类别，但这种作品本身确实具有独创性，应受到《著作权法》的保护。

二审裁判摘要：尽管不同于常见的绘画、书法、雕塑等美术作品静态的、持久固定的表达方式，但是，喷泉客体是由灯光、色彩、音乐、水型等多种要素共同构成的动态立体造型表达，其美轮美奂的喷射效果呈现具有审美意义，属于一种新形态的美术作品。

拓展思考

一审法院在作品类型上，显然是将音乐喷泉作品认定为了"其他作品"，但由于并无法律、行政法规做出规定，一审判决有"法官造法"之嫌；二审法院在坚持作品类型法定的前提下，对已列举的作品类型做出了开放性解释，符合作品类型化的法律本旨。此次《著作权法》修改后，法官突破既有作品类型便有法可依了。该案例另一个值得思考的问题是，音乐喷泉本身是否构成作品。

二、特殊作品类型

（一）实用艺术作品

核心知识点

在 2001 年和本次著作权法修订中，实用艺术作品均出现在了草案的条款中，但在通过正式文本时又删除了有关规定，然而司法实践中有关实用艺术作品著作权纠纷的案件，并没有因为立法的回避就相应减少，反而越来越多，实践中已经普遍接受了实用艺术作品的概念。

典型案例

英特宜家系统有限公司诉台州市中天塑业有限公司著作权纠纷案：上海市第二中级人民法院（2008）沪二中民五（知）初字第 187 号民事判决书。

基本案情

原告英特宜家公司是玛莫特系列儿童椅和儿童凳作品的著作权人，玛莫特系列商品多年前就在商品目录和多本书籍中刊载，1994 年，玛莫特童椅还获得瑞典"年度家具"的大奖。被告生产和销售了多种型号的儿童椅和儿童凳。经比对，被告的阿木童儿童凳、儿童椅产品在整体外形上与玛莫特儿童凳、儿童椅构成基本相同。原告认为，被告构成著作权侵权；被告则主张，玛莫特系列产品不具有实用艺术品应当具有的独创性和艺术性等特征，不属于实用艺术作品，而是实用工业品，故不构成侵权。

裁判摘要

我国著作权法未将实用艺术作品单列为作品，根据我国参加的国际公约和相关法律规定，对实用艺术作品的著作权保护，是从实用艺术作品的实用性和艺术性角度分别予以考虑，对于实用性部分不适用著作权保护，对于艺术性部分可以归入著作权法规定的"美术作品"予以依法保护。本案中，玛莫特儿童椅和儿童凳属于造型设计较为简单的儿童椅和儿童凳，不具备美术作品应当具备的艺术高度。因此，尽管被告生产的儿童凳、儿童椅产品与原告的产品从整体上构成相似或者基本相同，也不构成对原告著作权的侵犯。

拓展思考

实用艺术品要获得著作权保护，必须具有一些可从物理上或者从观念上同该物品的实用性层面区分开来的要素。分离之后的艺术要素，我国司法实践中认为实用艺术作品的艺术创作程度并不具有任何特殊属性，而是与美术作品相当。①

（二）汇编作品

核心知识点

汇编作品是对作品、作品的片段以及不构成作品的数据或者其他材料的汇编，但只有当汇编结果能传达具体信息时，才能构成汇编作品。

典型案例

电子媒介亚洲有限公司诉全球制造商系统有限公司侵犯著作权及不正当竞争纠纷案：北京市第一中级人民法院（2008）一中民初字第 7260 号民事判决书。

基本案情

原告是电子工程专辑网站及其五个子网站手机设计的所有者和经营者，原告认为其上述网站的网页设计、栏目设计、色彩选择及结构布局等均具有独创性，属于汇编作品。被告的网站与原告网站相比，网站名称和栏目设置一一对应，且各网站的总体设计模式、色彩使用选择、结构布局比较相似，原告认为被告侵犯了其著作权，被告

---

① 参见许超：《著作权同专利权的关系》，载中国社会科学院知识产权中心、北京市高级人民法院民事审判第三庭主编《知识产权办案参考》（第6辑），中国方正出版社 2003 年版，第 40 页。

则认为网页不构成汇编作品。

裁判摘要

并非对作品、作品的片段、不构成作品的数据或者其他材料的任何汇编结果均构成汇编作品，如最终形成的汇编结果无法使他人从中获得具体的信息，则因该汇编无法被认定是对"内容"的汇编，而最终无法构成汇编作品。而在符合这一条件的情况下，汇编结果还应具有独创性才构成汇编作品。本案中，原告对涉案网页中要素的选择均不属于对"内容"的选择和编排；在此基础上，即便能够认定原告对上述要素的选择及编排属于对"内容"的选择及编排，原告对上述要素的选择及编排亦不具有独创性。因此，被告的网页不构成汇编作品。

拓展思考

有关汇编作品的保护范围，国家版权局曾指出：按照教科书具有独创性的课程内容和编排顺序结构编写配套教辅读物，视为对教科书在著作权意义上的使用。[①] 该意见并非对单纯编排顺序结构提供了著作权保护，做出这一规定的前提是教科书与配套教辅读物在内容上的对应性。脱离具体数据、纯粹的数据库结构并不受著作权保护。[②] 而若作者的创造性因素不仅仅体现在内容的选择和编排上，甚至渗入了内容本身，则具有独创性的内容本身也受著作权保护，黄天源与内蒙古大学出版社等著作权侵权纠纷案即采此种观点。[③]

（三）演绎作品

核心知识点

演绎作品是利用已有作品而产生的新作品，要求在原作品的基础之上产生了新的独创性表达。按照这一要求，古籍点校并不能产生演绎作品。

典型案例

周锡山诉江苏凤凰出版社有限公司、陆林等侵害作品著作权纠纷案：上海市高级人民法院（2014）沪高民三（知）终字第10号民事判决书。

基本案情

原告周锡山起诉认为，由陆林点校、凤凰出版社出版的《金圣叹全集》之《金圣叹批评本》（"陆版金批西厢记"），抄袭了其1985年出版的金圣叹批评本《贯华堂第六才子书》（"周版金批西厢记"），具体表现为对底本以及校本的选择、断句、标点、

---

① 参见《国家版权局关于习题集类教辅图书是否侵犯教材著作权问题的意见》（国权办〔2003〕38号）。

② 张柳坚：《对数据库结构能否享有版权问题的讨论》，《电子知识产权》1997年第12期。

③ 参见广西壮族自治区高级人民法院（2009）桂民三终字第48号民事判决书。

错别字的校勘、分段等。经比对，两个版本并不完全一致。

裁判摘要

一审裁判摘要

除非因原告的标点，产生区别于原古籍作品的具有独创性的表达的情况下，古籍点校才可以作为演绎作品。原告是在遵循古籍原意的前提下，为方便现代人阅读，根据现代人的阅读习惯在涉案古籍中已有断句之处使用现代汉语中的标点加以标识或进行分段，并未改变原作品的表达，也未产生新的表达，标点和分段更接近于思想而非独创性的表达。因此，原告对涉案古籍进行的标点、分段不受著作权法保护。同理，原告主张的 106 处错、别字校勘，校勘的目的在于恢复古籍作品的原貌，也不受保护。

二审裁判摘要

虽然古籍点校工作专业性强，要求点校者具有较深的相关历史、文学、文化知识，且点校工作需要付出大量的体力劳动及智力劳动，但古籍点校终以复原古籍原意为目的，基于客观事实和思想不受著作权法保护之基本原理，古籍点校成果不能作为作品受到著作权法保护。

拓展思考

古籍点校虽不属于演绎作品中的整理，并不意味着就可随意使用他人点校的成果。国家版权局在《关于古籍标点等著作权问题的答复》中就指出，应当按照公平和等价有偿原则来规范对古籍点校成果的利用行为。虽然该答复已经被废除，但为我们解决古籍标点的法律保护问题提供了有益思路。司法实践中已有案例采纳了答复中的解决方式，如郑福臣与大众文艺出版社等著作权纠纷案。[1]

---

① 参见北京市朝阳区人民法院民事判决书（2010）朝民初字第 37629 号。

第三章　著作权的主体

第一节　作者

一、概述

作者，是创作作品的自然人。在特定情况下，为了满足某种利益的需求，也可以法律规定将作者身份赋予自然人以外的其他主体。著作权法上的作者是一个法律概念，其法律意义在于原始取得著作权。作为著作权归属的一般原则，自作品完成之日起，作者依法成为该作品的著作权人。

二、作者的定义

核心知识点

《著作权法》第 11 条规定，著作权属于作者，本法另有规定的除外。创作作品的自然人是作者。由法人或者非法人组织主持，代表法人或者非法人组织意志创作，并由法人或者非法人组织承担责任的作品，法人或者非法人组织视为作者。如无相反证明，在作品上署名的自然人、法人或者非法人组织为作者且该作品上存在相应权利，但有相反证明的除外。著作权法意义上的作者，需要注意以下几点：

1. 作者是创作的人，即完成独立表达的人。依据《著作权法实施条例》，著作权法上的创作，是指直接产生文学、艺术和科学作品的智力活动。创作属于事实行为，而非法律行为。一项行为是否属于创作，核心在于考察行为的结果是否构成作品，而非考察行为的过程中是否有"额头上的汗水"。创作不要求作者具备行为能力，无民事行为能力人亦能创作作品，享有著作权；但创作要求作者具备权利能力，不具备民事主体资格者不能成为作者。近年来，动物乃至机器也可以制作"作品"，给作者的概念带来了一定挑战。

图 3 – 1　　　　　　　　　　　　　　　图 3 – 2

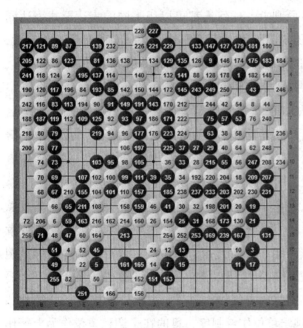

图 3 – 3　　　　　　　　　　　　　　　图 3 – 4

　　以上四图分别是宠物的自拍、画画的泰国大象、AlphaGo 的自战棋谱、地图软件的导航路线图。这些作品的制作者并不具备民事权利能力，所以动物和机器不能成为作者。类似的还有谷歌的在线翻译成果、自动生成的诗歌或词曲等。为什么没有生命和情感的法人可以成为法人作品的作者，但有生命的动物、智能的机器却不能成为作者呢？著作权法上的作者是一个法律概念，其制度意义在于定分止争——确立著作权的原始取得。动物和机器不具备民事权利能力，不是法律上的人，不能享有权利承担义务，即使再"智能"也不能原始取得著作权。那么动物的训练人和机器的设计人（操纵人）能否成为作者呢？本书认为，要看训练人、设计人、操纵人对作品完成贡献，如果是创造性的贡献、完成独立表达，那么动物和机器也可以视为训练人、设计人、操纵人手臂的延长。训练人、设计人、操纵人享有作者身份进而取得著作权。如果训练人、设计人、操纵人等主体之间发生利益冲突，则增加了问题的复杂程度，则需要进一步考虑诚实信用的商业习惯。

2. 创作辅助人不是作者。为创作提供辅助的人，对作品完成没有创造性贡献，而仅仅付出体力或智力上的机械劳动，诸如为了保障创作而报销财务、举办会议、联系出版社、修改错别字等。这些人不能成为作者。例如摄影中，甲选取光线背景构图，乙仅仅按快门，那么乙就是创作辅助人，不能成为作者。再如代笔的人可以认定为作者吗？本书认为，代笔的人只要为作品的完成做出创造性贡献，就可以认定为作者，其不署名等行为可视为处分自身权益的行为。

3. 思想提供者不是作者。作品是独创性的表达。创作是完成表达的行为，作者对作品的完成是对作品中表达的完成。原则上，任何人都可以用不同的表达形式表达同一个思想。如果仅仅对作品的完成提供思想上的贡献，那么不论该贡献是否有创造性，思想提供者都不能认定为作者。例如导师指导学生论文，提供研究方向、选题内容、核心观点、论证思路等，都属于思想，则导师不能认定为该论文的作者。

4. 作者的推定。依据《著作权法》第12条的规定，如无相反证明，在作品上署名的公民、法人或者非法人组织为作者。这是对作者身份的推定。由于作者原始取得著作权，所以在一定程度上，作品上署名的方式起到了公示著作权的作用。但由于作者可以保持作者身份的方式处分著作权，所以通过署名的公示往往效力不足。

5. 作者的分类。我国著作权法上的作者包括自然人作者和非自然人作者。非自然人作者，亦称为单位作者或法人作者。《著作权法》第12条第3款规定："由法人或者非法人组织主持，代表法人或者非法人组织意志创作，并由法人或者非法人组织承担责任的作品，法人或者非法人组织视为作者。"所以，单位作者的作品需要满足三个要件：第一，由单位主持；第二，代表单位意志创作；第三，由单位承担责任（权利和义务）。我国著作权法借鉴版权法系规定单位作者制度，目的在于调整单位作品上著作权归属的便利，减少交易成本。单位作者创作的作品，需要体现单位意志，由单位享有权利承担义务，例如某出版社组织编撰的词典、某机关年度总结报告。单位作者主要是法人，所以也经常称为法人作者，但除了法人以外，符合条件的其他组织和单位也可成为作者，例如合伙、社会团体、政府机构等。与自然人不同，单位没有情感，也没有姓名权、肖像权等人格权，那么单位作者是否享有发表权、保护作品完整权等著作人格权呢？本书认为，这是困扰单位作者著作权保护的一个难题。

典型案例

杨松云诉修建灵塔办公室著作权纠纷案：西藏日喀则地区中级人民法院（1995）日中民初字第7号民事判决书；西藏高级人民法院（1998）藏法民终字第2号民事判决书。

基本案情

十世班禅额尔德尼于 1989 年去世，西藏日喀则地区行署成立"修建灵塔办公室"（以下简称"灵塔办"）以修建班禅灵塔。"灵塔办"准备在灵塔内放置班禅银头像，遂与泥塑艺人杨某签订合同制作头像。其间，"灵塔办"多次对头像提出修改意见，并在合同中约定酬金，但未约定著作权归属。头像完成后，杨某起诉"灵塔办"，要求确认其著作权归属和著作权使用费用。

裁判摘要

一审裁判摘要

原告杨松云在试塑第十世班禅大师头像过程中，付出了一定的智力劳动，起了一定的作用。但塑造第十世班禅头像是由被告方主持的。在试塑过程中，被告为原告提供了班禅大师的各种照片等资料，物质上也给予了帮助。并根据班禅大师的五官特点先后提出了六次修改意见，原告按照被告提出的修改意见，进行了修改。原告是按照被告意志进行构思创作的。作品所要表达的思想、观点和内容都反映被告的意志，该作品的责任由被告全部承担，加之该作品涉及宗教领袖，是一种特定的人身性质的作品，因此，其著作权归被告享有，而不是原告享有。

二审裁判摘要

额尔德尼是我国著名宗教领袖，其头像体现国家意志，班禅头像应视为法人作品，其所有权及著作权均应归被告"灵塔办"享有。原告杨松云在试塑班禅头像过程中付出了一定的智力劳动，"灵塔办"应一次性给上诉人杨松云适当经济补偿 1 万元。

拓展思考

该案中，基于班禅头像的公益属性，班禅头像的制作体现了国家意志，属于国家行为，由作为国家机构的"灵塔办"组织实施并承担责任，符合法人作品的相关要件，"灵塔办"可以视为法人作者。

第二节 合作作品的著作权归属

一、概述

核心知识点

合作作品是指两个以上的作者共同完成的作品。《著作权法》第 14 条规定，两人以上合作创作的作品，著作权由合作作者共同享有。没有参加创作的人，不能成为合作作者。合作作品的著作权由合作作者通过协商一致行使，不能协商一致，又无正当理由的，任何一方不得阻止他方行使除转让、许可他人专有使用、出质以外的其他权利。

二、合作作品的认定

合作作品涉及两个以上的作者。两个以上的作者对作品的贡献并非是独立的，而是共同的。在共同创作的认定上，一般需要符合以下两个要件。

1. 共同创作的意思联络，即合作意图。两个以上的作者在创作作品时需要有意思联络，通过意思联络，两个以上的作者之间达成共同创作的合意。如果没有意思联络，而是先后独立完成作品的创造性贡献，那么最终作品是演绎作品，而非合作作品。例如甲乙一人谱曲、一人填词，合作完成一首歌曲，该歌曲属于合作作品；甲先谱曲、乙后填词，二人没有意思联络，则该歌曲属于演绎作品。合作作品和演绎作品在权利归属和权利期限上都有明显差别。另外，创作属于事实行为，而非法律行为，所以不要求作者之间意思联络中意思表示达成一致，甚至可以没有意思表示。意思表示是法律行为的核心要件，通说包括目的意思、效果意思和表示行为。共同创作的意思联络主要是指共同创作作品的目的意思和表示行为，而不包括效果意思。所以，在合作作品认定时应当不考虑合作作者之间对合作作品的法律效果是否达成一致。

间接联络属于意思联络吗？《八鸡宴》著作权纠纷中，黄鸣琰和盛荣华合作创作说唱脚本《八鸡宴》，同时盛荣华又和黄永生合作完成《八鸡宴》的修改直至定稿。黄鸣琰不知有黄永生参加创作的事实。[1] 本案中，黄鸣琰和黄永生都有合作的意图，但在合作对象上发生认识错误，认为都只与盛荣华合作。三人之间的创作意图仍然不是独立的，而是有联络的。三人创作的意思联络间接通过盛荣华完成。所以，本案中三人之间存在意思联络，属于共同创作。《八鸡宴》属于三人的合作作品。

2. 共同创作的行为，即合作事实，是指合作作品需要两个以上的作者基于意思联络而实施共同创作的行为。一方面，合作意图需要贯穿合作行为，没有贯穿合作意图的创作成果应当排除在合作作品之外；仅有合作意图而缺乏合作行为的，也不能产生合作作品。另一方面，每个合作者对作品的贡献需要达到独创性的高度，仅仅提供没有创造性的辅助不能成为合作作者。最高人民法院《关于贯彻执行〈民法通则〉若干问题的意见》第 134 条规定："二人以上按照约定共同创作作品的，不论各人的创作成果在作品中被采用多少，应当认定该项作品为共同创作。"这意味着，合作作品中对合作作者独创性的要求，更多的是"质"的要求，而非"量"的要求。

---

[1] 冯中福、张玉海：《合作作品含义探析》，《政法学刊》2003 年第 4 期，第 25—27 页。

三、合作作品的法律后果

1. 分类。我国著作权法将合作作品分为可分割和不可分割两类。不同类型的合作作品不尽相同。例如本教材分若干章，由若干作者分别创作，每一章之间虽有相互联系协调，但都相对独立，可以分割使用，属于可分割的合作作品。再如一首歌由词曲两位作者合作完成，但词和曲也可以分别使用，也属于可分割的合作作品。再如两位作者合作完成一本小说，经过反复协商讨论修改完成，已经无法区分哪一章节是谁独立创作，则为不可分割的合作作品。

2. 期限。笼统来说，自然人作者著作权期限是"作者终身＋死后50年"。合作作品著作权的截止期限计算时，从最后一个合作者死亡开始计算50年。《著作权法》第21条中规定："合作作品，截止于最后死亡的作者死亡后第五十年的12月31日。"

3. 权属。通说认为，可分割的合作作品，合作者各自对其创作部分享有著作权；对不可分割的合作作品，合作者对合作作品的著作权共同共有。[①]共同共有基于共同创作的事实行为，不分份额而对作品整体享有著作权，适用民法共同共有的规则。

4. 利用。共有会增加财产的交易成本，降低财产的利用率。故法律上对合作作品的利用会尽可能减少共有带来的不利影响。对可分割的合作作品，法律允许分割使用。《著作权法》第14条第3款规定："合作作品可以分割使用的，作者对各自创作的部分可以单独享有著作权，但行使著作权时不得侵犯合作作品整体的著作权。"对不可分割的合作作品，法律则尽量减少共有带来的交易成本。依据《著作权法》第14条第2款和《实施条例》相关规定，对于不可以分割使用的作品，应由共有人协商一致行使；不能协商一致，又无正当理由的，任何一方不得阻止他方行使除转让、许可他人专有使用、出质以外的其他权利，但是所得收益应当合理分配给所有合作作者。

典型案例

翟小菲与程尉东作品发表权纠纷：北京高级人民法院1998京高知终字第15号民事判决书。

基本案情

为了拍摄反映中国空姐的电视剧，翟小菲（导演）与程尉东（编剧）二人到民航体验生活、相互讨论构思和剧本，二人对情节冲突等细节都有贡献。后程尉东执笔完成《中国空姐》剧本，仅自己署名并发表。翟小菲认为未经许可擅自发表，侵犯自己的著作权，要求其停止侵权并进行损害赔偿。

---

① 参见刘春田：《知识产权法》，中国人民大学出版社2014年版，第91页。

裁判摘要

合作作品是指两人以上共同创作完成的作品。确认合作作品的主要根据是作者实际参加了创作并有创作的合意。本案中翟小菲与程蔚东意思表示一致，达成共识合作拍摄《中国空姐》电视剧，并一起到国航去体验生活，其目的就是搜集素材、创作剧本。在此期间翟小菲虽然司职该剧导演，但其与程蔚东一起讨论过该剧剧情的创作，并为程蔚东提供过一些较细致的剧本情节。程蔚东本人也不否认在其构思剧本的过程中，翟小菲经常与之探讨拍摄电视剧的某些艺术设想，从而也印证了翟小菲作为该剧的主创人员为剧本的创作做出了一定的贡献。翟小菲口述的这些情节虽然是从民航的真实生活中采访来的，但是经过了翟小菲的艺术加工，其中加入了其智力劳动的成果，已超出了"素材"的范畴而构成了著作权法意义上的文学创作，因此翟小菲应为《中国空姐》剧本的合作作者。程蔚东将合作作品当作个人作品发表的行为是对翟小菲著作权的侵害。

拓展思考

本案中，翟小菲虽然是导演，和程蔚东对《中国空姐》剧本的完成都有创造性贡献，二人有共同创作作品的意思联络和创作行为。所以《中国空姐》剧本属于合作作品，翟小菲与程蔚东是合作作者。程蔚东擅自将合作作品作为个人作品发表，侵犯了翟小菲的著作权，应当停止侵权并作出损害赔偿。

第三节　职务作品的著作权归属

一、概述

核心知识点

职务作品，即雇佣作品，作者受雇用期间在职务范围内创作的作品。《著作权法》第 18 条规定，自然人为完成法人或者非法人组织工作任务所创作的作品是职务作品，除本条第二款的规定以外，著作权由作者享有，但法人或者非法人组织有权在其业务范围内优先使用。作品完成两年内，未经单位同意，作者不得许可第三人以与单位使用的相同方式使用该作品。有下列情形之一的职务作品，作者享有署名权，著作权的其他权利由法人或者非法人组织享有，法人或者非法人组织可以给予作者奖励：（一）主要是利用法人或者非法人组织的物质技术条件创作，并由法人或者非法人组织承担责任的工程设计图、产品设计图、地图、示意图、计算机软件等职务作品；（二）报社、期刊社、通讯社、广播电台、电视台的工作人员创作的职务作品；（三）法律、行政法规规定或者合同约定著作权由法人或者非法人组织享有的职务作品。

二、职务作品的认定

1. 作者与单位（雇主）之间存在劳动关系。有无雇佣关系是职务作品和委托作品最大的区别。有劳动关系的可以是正式工作人员，也可以是临时工实习生，也可以是试用人员。

2. 作品属于作者职务范围内。职务作品是为了履行工作任务而创作的作品，要么创作作品与本人业务范围有关，要么虽然无关但有领导的工作指示。例如记者写的新闻报道，属于记者职务范围，应当属于职务作品。某医院护士写了《护理知识大全》一书，该书也不是职务作品，因为护士的工作是护理，而不是写书。某火电厂技术工程师刘某在上班时间利用单位电脑写科幻小说，则该小说不是工程师的职务范围，也非职务作品。

三、职务作品的法律后果

雇主与事实作者之间订立劳动合同就是为了利用职务作品，不然劳动合同就会丧失意义。同时需要平衡作者和雇主之间的利益关系，所以法律单独规定职务作品的法律规则。

1. 约定优先。职务作品的法律规定在于指导当事人之间的约定，以及补充约定不明或没有约定的情形。当事人对职务作品的归属做出其他约定的，按照民法私人自治的原则，应当予以承认。

2. 一般情况下，著作权属于作者，单位在业务范围内有优先使用权。《著作权法》第18条中规定："除本条第二款的规定以外，著作权由作者享有，但法人或者非法人组织有权在其业务范围内优先使用。作品完成两年内，未经单位同意，作者不得许可第三人以与单位使用的相同方式使用该作品。"这意味着，职务作品在完成两年之内，未经作者所在单位同意，作者不得许可第三人以与该单位使用相同方式使用其作品；两年后，单位仍有优先使用权。

3. 特殊情况下著作权归单位，作者享有署名权，单位可给予奖励。这种特殊情况，学界一般也称为特殊职务作品，主要是利用法人或者其他组织的物质技术条件创作，并由法人或者其他组织承担责任的工程设计图、产品设计图、地图、计算机软件等职务作品。这是因为设计图、计算机软件中个性过少，投资和风险都要雇主承担。其中，"物质技术条件"，是指该法人或者该组织为公民完成创作专门提供的资金、设备或者资料（实施条例）。主要利用，是指其他途径很难得到，并且与创作直接相关联。诸如作者本人自身力量很难完成的条件，如单位的高性能计算机、与其他程序员的交流专门技术经验、单位自身的技术秘密等。而办公室的普通电脑、纸张等资料换一家单位也有，不能因为单位提供了一间专门的办公室和计算机，就成了职务作品。

4. 职务作品不是法人作品。我国在规定职务作品的同时，还规定将法人视为作者的情形。职务作品的事实作者还保留作者身份，但法人作品的作者已经与事实作者不同。根据劳动合同，由法人或者其他社会组织主持，根据法人或其他社会组织的意志创作，并由该法人或社会组织承担责任的职务作品，该法人或社会组织视为作者，著作权由该法人或社会组织享有，事实作者享有劳动报酬请求权，不享有著作权中的任何权利。

典型案例

罗胜利与湖南电视台、海南出版社著作权侵权纠纷案：湖南省高级人民法院（2001）湘高经二终第 11 号民事判决书。

基本案情

湖南新闻图片社职员罗胜利，观看湖南电视台《快乐大本营》后，与节目组联系，希望通过摄影保存节目。节目组问要多少报酬，罗胜利表示：不要报酬，只要"每场节目提供一个彩卷、冲洗费和一个前排座位"。后双方商定，每场罗胜利向节目组提供照片35 张左右，电视台每场给付彩卷、冲洗费共 68 元。从 1997 年至 1998 年，双方共合作 65 期，罗胜利提供照片 2000 多张，但未提供底片；电视台则每期给付 68 元（有时加洗，则按实际加洗数给付）和礼品一份。1998 年 4 月，电视台另给罗胜利 500 元做酬劳。1998 年 11 月，罗胜利书面告知电视台，为拍出更好的照片，自行购买了摄影器材近万元，其朋友每场摄影劳务为 150 元至 200 元，希望电视台每场 120 元给付劳务费（包括彩卷和冲洗费）。电视台此后每场给付罗胜利 200 元，三期后便将罗胜利辞退。另查明，1998 年 11 月，湖南电视台与海南出版社签订出版合同，由海南出版社出版《走进"快乐大本营"》一书，由"快乐大本营"节目组编撰，主要介绍"快乐大本营"台前幕后，逸闻趣事等。书中使用了罗胜利拍摄照片 114 张，未署名。罗胜利发现此事后，将湖南电视台和海南出版社诉至法院，希望对方赔礼道歉、恢复其署名权、支付作品使用费 10 万元；电视台则反诉，认为照片属于法人作品，要求罗胜利给付照片底片。

裁判摘要

一审裁判摘要

本案争讼的 114 张摄影作品系法人作品，著作权归湖南电视台，罗胜利不享有著作权，诉求不能成立。故判决驳回罗胜利诉求，罗胜利需将照片底片给付湖南电视台，同时罗胜利需承担诉讼费 6750 元。

二审裁判摘要

罗胜利与湖南电视台通过口头约定达成协议，由电视台提供彩卷、场地，罗胜利负责拍照。后双方又达成每场 200 元劳务费的补充协议。同时，罗胜利利用湖南电视台场地、灯光、舞美等条件拍摄的摄影作品，内容是否合法、是否可以发表均由湖南电视台承当责任。同时，罗胜利创作摄影作品并不代表湖南电视台的意志，摄影作品的艺术性由罗胜利负责。符合著作权法特殊职务作品的规定，即"法律、行政法规规定或者合同约定著作权由法人或者非法人组织享有的职务作品"。由作者享有署名权，著作权的其他权利由法人或者其他组织享有，法人或者其他组织可以给予作者奖励。故著作权归属湖南电视台，但罗胜利享有署名权。《走进"快乐大本营"》中未标注罗胜利署名，湖南电视台有过错。本院酌情由湖南电视台补偿罗胜利经济损失1万元。海南出版社没有过错，不承担责任，同时罗胜利需向湖南电视台给付照片底片，诉讼费由三人分担。

拓展思考

此外，本案一审法院判决前曾征求版权局的咨询意见，版权局对该案答复与法院判决并不相同，其认为，本案诉争作品的性质属于委托创作的作品，因为该作品创作事实符合委托作品的要件，不是法人作品。实践中，摄影作品属于法人作品的例子也很少见。本案诉争的摄影作品的著作权应当归罗胜利所有。但湖南电视台支付了劳务费、材料费等，从公平原则和等价有偿原则出发，湖南电视台应有权使用诉争照片。如果湖南电视台使用摄影作品在其经营范围内，则违约；若超出其经营范围，则侵权。同时，说明该意见仅供法院参考。

版权局和法院的意见相左。本案适用委托作品的法律规则，不论是版权局，还是法院，都会认为不恰当。版权局将裁判的规则诉诸民法公平原则和等价有偿原则，而非诚实信用原则，也同样并非恰当。所以司法实践中，将此种类型的纠纷适用了特殊职务作品的规则。除了工程设计图、产品设计图、地图、计算机软件等职务作品外，法律在第（二）款还规定了法律、行政法规规定或者合同约定著作权由法人或者其他组织享有的职务作品。终审法院将本案中的摄影作品认定为依据合同约定的职务作品。但本案中，合同并未约定作品的著作权归属，故这种约定本质上还是依据诚实信用原则推定的。所以，从裁判的精神方面，版权局和终审法院有一致之处。就本案所采纳的规则而言，通过司法裁判扩张了职务关系的范围，将罗胜利与湖南电视台之间的口头约定及其约定的履行，而不仅仅是劳动关系，作为认定罗胜利职务行为的依据。

第四节　委托作品的著作权归属

一、概述

核心知识点

委托作品，即定作作品，作者接受他人委托而创作的作品。常见的有照相馆照相，广告设计，开发计算机程序，让别人画肖像等。作者与委托人之间不是委托代理关系，而是加工承揽关系。委托他人创作目的在于取得作品上的权利，按一般原则委托人目的会落空，所以法律单独规定。

二、委托作品著作权的归属

《著作权法》第19条规定，受委托创作的作品，著作权的归属由委托人和受托人通过合同约定。合同未作明确约定或者没有订立合同的，著作权属于受托人。委托作品的归属有如下注意事项：

1. 约定优先。委托作品的著作权归属可由当事人事先约定。委托人可通过合同约定的法律行为原始取得著作权，这也是我国著作权法的特色，但委托人是否可以通过约定取得著作人身权往往成为疑难问题。

2. 著作权归属事实作者。没有约定或约定不明时，委托作品的著作权归属事实作者，由事实作者通过创作的事实行为原始取得著作权。

3. 委托人可在约定的范围内使用作品。委托人往往基于使用作品的目的而委托他人创作作品。在事实作者原始取得著作权的情形下，不保留委托人一定的使用权则合同目的不能实现。所以，委托人可在合同约定或实现合同目的的范围内使用委托作品。例如某厂委托广告公司进行广告设计，未约定权属，则该厂可在取得广告作品后免费使用该广告推销商品。例如人像摄影中，顾客可以取得照片及其底片的所有权，并免费使用照片而无须经过摄影师二次许可。

典型案例

刘毅与广西壮族自治区南宁卷烟厂、南宁真龙伟业广告有限公司著作权侵权纠纷案：桂林市中级人民法院（2004）桂市民初字第64号民事判决书；广西壮族自治区高级人民法院（2005）桂民三终字第3号民事判决书。

基本案情

南宁卷烟厂委托真龙广告公司代理征集"真龙"香烟广告。真龙广告公司征集启事中有"所有来稿概不退还，入围作品的使用权、所有权归南宁真龙广告有限公司所属"字样。刘毅投稿"天高几许？问真龙"，入围但未获得一等奖。卷烟厂从广告公司征集的广告语中选择了该广告语，改为"天高几许问真龙"，并做广告宣传。刘毅认为卷烟厂侵犯著作权，诉至法院，要求损害赔偿。

裁判摘要

一审裁判摘要

原告刘毅在看到真龙广告公司的征集启事后，通过智力劳动，创作出"天高几许？

问真龙"广告语。该广告语以高度的概括性,具有丰富的内涵和艺术感染力,具有独创性,属于文字作品。该作品的著作权自创作完成之日起即属于原告刘毅享有。依照著作权法的规定和要约邀请的法律特征,真龙广告公司必须在原告作品入围后,与原告另行签订作品许可使用或转让合同。因此,原告作品的入围,并不当然产生被告取得该作品著作权的法律后果,该作品的著作权仍属于原告刘毅。所以原告与被告之间不存在委托创作合同关系。故被告侵犯原告著作权。

二审裁判摘要

真龙广告公司启事"所有来稿概不退还,入围作品的使用权、所有权归南宁真龙伟业广告有限公司所属"。征集广告语启事是要约,要约到达受要约人时生效,对刘毅具有约束力。《著作权法》第17条规定,受委托创作的作品,著作权的归属由委托人和受托人通过合同约定。所以,讼争作品"天高几许?问真龙"系委托作品,该作品的著作人身权由被上诉人刘毅享有,该作品的著作财产权按照约定由上诉人真龙广告公司享有。

刘毅对涉案作品"天高几许?问真龙"享有著作人身权,即发表权、署名权、修改权和保护作品完整权。但南宁卷烟厂和真龙广告公司的行为没有侵犯刘毅的著作人身权。首先,南宁卷烟厂和真龙广告公司没有侵犯刘毅对涉案作品的发表权。发表权是决定作品是否公之于众的权利。既然刘毅将著作财产权转让给真龙广告公司,就应推定刘毅允许或授权真龙广告公司发表该作品,因为不发表作品,就无从使用作品,就无法行使著作财产权。其次,南宁卷烟厂和真龙广告公司没有侵犯刘毅对涉案作品的署名权。署名权是表明作者身份,在作品上署名的权利。真龙广告公司在媒体上公布入围获奖作品的名单时,注明了"天高几许?问真龙"的作者是刘毅,已表明了刘毅的作者身份,没有侵犯其署名权。南宁卷烟厂使用该作品制作"真龙"香烟宣传广告时虽然没有署上刘毅的名字,但委托创作合同已约定,入围作品将由南宁卷烟厂使用于其生产的"真龙"香烟广告宣传及广告品制作等领域,而根据商业惯例,上述使用一般均不署作者之名,南宁卷烟厂在委托创作的特定目的范围内使用该作品,这种使用方式应视为已取得刘毅的默许,故南宁卷烟厂也没有侵犯刘毅的署名权。最后,南宁卷烟厂和真龙广告公司没有侵犯刘毅对涉案作品的修改权和保护作品完整权。修改权是指修改或者授权他人修改作品的权利。保护作品完整权是指保护作品不受歪曲、篡改的权利。南宁卷烟厂确实将刘毅的作品"天高几许?问真龙"中的问号删掉,使之成为"天高几许问真龙",再使用于其生产的"真龙"香烟的包装、广告、烟卡、公园门票、车票等,南宁卷烟厂对作品的上述改动是按照作品的性质及其使用目的和状况所做的不得已的改动,这种改动无损刘毅作为"天高几许?问真龙"作者之声誉和人格利益,并未侵犯刘毅对该作品的修改权和保护作品完整权。综上,南宁卷烟厂、真龙广告公司的行为没有侵犯被上诉人刘毅对涉案作品的著作权，不应当承担侵权民事责任。

拓展思考

该案中，刘毅的广告语属于受广告公司委托创作的作品。二者之间虽然约定"所有权、使用权"的归属，但合同的实质意义应依据合同的目的解释为广告语著作权的归属。刘毅创作广告语后原始取得广告语的著作权。广告语投稿入围后，著作权财产权依据约定发生转让，广告公司取得广告语的著作财产权。刘毅仍然保留广告语的著作人身权，但受到限制。例如从合同目的出发，其投稿行为视为行使发表权。卷烟厂使用刘毅作品的行为并没有侵犯著作权。

第五节　演绎和汇编作品的著作权归属

一、概述

演绎作品，利用已有作品的表达创作的新作品。演绎，派生之义。演绎作品和原作品相同的是表达，而非思想，是基于原作品的再创作，如翻译、视听化、汇编、注释整理等。汇编作品，是对若干作品、数据或者其他材料进行汇编，进行选择、编排而具有独创性的作品。

二、演绎作品的著作权归属

核心知识点

《著作权法》第13条规定，改编、翻译、注释、整理已有作品而产生的作品，其著作权由改编、翻译、注释、整理人享有，但行使著作权时不得侵犯原作品的著作权。演绎作品中权利的归属体现了著作权法"多重所有权"的结构。对演绎作品的利用，往往需要经过演绎作品著作权人和原作品著作权人的同时许可。而作品的商业利用往往需要多次演绎。诸如从小说演绎为剧本，再演绎为电影，再演绎为电视剧等常见的利用方式。考察新作品中原作品因素是表达是否，是判断是演绎作品与否的重要因素。

三、汇编作品的著作权归属

核心知识点

《著作权法》第15条规定，汇编若干作品、作品的片段或者不构成作品的数据或者其他材料，对其内容的选择或者编排体现独创性的作品，为汇编作品，其著作权由汇编人享有，但行使著作权时，不得侵犯原作品的著作权。汇编作品，如果是对原作品的汇编，则其属于演绎作品，适用演绎作品的规则；如果是对非作品的汇编，则其不属于演绎作品。汇编作品单独规定，因为汇编作品的独创性要求较低，也和数据库等知识产权的保护密切相关。

典型案例

案例上海游趣网络科技有限公司与上海城漫漫画有限公司著作权许可使用合同纠纷案：上海市二中院（2010）沪二中民五（知）初字第158号民事判决书。

基本案情

《鬼吹灯》小说畅销，城漫漫画公司未经许可将《鬼吹灯》小说改编为《鬼吹灯》漫画。游趣网游公司与城漫漫画公司签订协议将《鬼吹灯》漫画改编为网络游戏。后经小说作者授权，玄霆公司、麦石公司起诉游趣网游公司侵权，在游趣网游公司支付赔款后达成和解。游趣网游公司认为城漫漫画公司提供有知识产权瑕疵的漫画，起诉城漫漫画公司违约。

裁判摘要

依据当事人之间的合同，城漫漫画公司的合同义务是将其拥有著作权的《鬼吹灯》漫画中的形象（包括人物形象、场景设定等）授权原告用于开发《鬼吹灯》网络游戏等，游趣网游公司主要的合同义务是其获得授权后支付被告网络游戏开发及运营版权费用人民币200万元；双方当事人没有对于取得《鬼吹灯》小说著作权人的改编授权的相关内容。鉴于《鬼吹灯》小说作品具有较高的知名度，原告作为网络游戏的开发者对于上述事实也应当是明知的；被告在履行上述合同过程中仅向原告交付了自己享有著作权的漫画作品和漫画形象；且原告在庭审中明确其在与被告签订《合约书》和《补充协议》时并不知道开发网络游戏还需要得到《鬼吹灯》小说著作权人的许可，直到案外人玄霆公司、麦石公司向其提起诉讼时才知道这个事实。因此，从合同的签订及履行内容来看，被告的合同义务并不包含《鬼吹灯》小说著作权人的改编权授权。

由于无法得出在被告的合同义务中还包含《鬼吹灯》小说著作权人的改编权授权的内容，原告主张被告已构成重大违约，缺乏事实依据。且原告根据与案外人玄霆公司、麦石公司达成的和解协议，已获得《鬼吹灯》小说著作权人的改编权授权，故原告提出本案合同目的无法实现的主张也缺乏相应的事实依据。据此，本院认为原告的诉请没有事实和法律依据，对于原告要求解除合同、返还版权开发费用人民币200万元及赔偿经济损失人民币500万元的诉请不予支持。

拓展思考

春节晚会属于汇编作品吗？中央电视台认为，春晚是将各个独立的歌曲、小品等节目汇编，形成汇编作品，反映同一个思想主题，例如"春节吉祥"。所以，对春晚中节目的利用是对汇编作品部分的利用，需要经过中央电视台的许可。法院也有将春晚视为汇编作品的判决。

演绎作品上往往具有"多重所有权"的权利结构，所以对演绎作品的利用往往需要经过原作品和演绎作品权利人多重许可。所以，演绎作品著作权的利用较之其他形式的作品往往成本较高。

第六节　其他作品的著作权归属

除了合作作品、职务作品、委托作品、演绎作品、汇编作品外，还有一些常见的特殊作品著作权归属的规定，主要是视听作品、个人传记、孤儿作品等。

一、视听作品

核心知识点

依据《著作权法》第 17 条的规定，视听作品中的电影作品、电视剧作品的著作权由制作者享有，但编剧、导演、摄影、作词、作曲等作者享有署名权，并有权按照与制作者签订的合同获得报酬。其他的视听作品的著作权归属由当事人约定；没有约定或者约定不明确的，由制作者享有，但作者享有署名权和获得报酬的权利。同时，视听作品中的剧本、音乐等可以单独使用的作品的作者有权单独行使其著作权。

视听作品是一种特殊的合作作品，也可能同时是演绎作品。之所以单独规定，是因为以下几点。（1）交易成本过高。视听作品创作过程复杂，现有文学剧本，后有分镜头剧本，经过表演、拍摄、录制、剪辑、合成，配备布景、道具、服装设计和背景音乐等，导致权利主体导演、编剧、演员、摄影、剪辑、作词者、作曲者、配音者，利用作品需上百人的许可不现实，协商一致困难。（2）投资高、收益高、风险大。视听作品往往由投资人承担风险，所以理应由其享有收益。其他权利主体和制片人（投资人）签订合同获得片酬。（3）电影常为演绎作品，多重所有权结构不利于电影的许可和利用。所以，应当对其有所限制，进行复制、发行、放映、网络传播、对字幕翻译，无须原小说剧本的权利人许可。

二、自传体作品

核心知识点

当事人合意以特定人物经历为题材完成的自传体作品。著作权法司法解释第 14 条规定，当事人合意以特定人物经历为题材完成的自传体作品，当事人对著作权权属有约定的，依其约定；没有约定的，著作权归该特定人物享有，执笔人或整理人对作品完成付出劳动的，著作权人可以向其支付适当的报酬。

自传体作品，可能是本人写的，也可能是他人捉笔，也可能是合作作品。本人主要提供个人经历的事实，但事实无版权。依据行业惯例，往往自传体作品的事实作者并非自传体中的特定人物，例如总统自传、乔布斯传记等畅销书。司法解释特别规定的法律意义在于保护自传体中的特定人物权益，保护具有革命经历的"老干部"，将著作权赋予自传体作品中的特定人物。

三、孤儿作品

核心知识点

孤儿作品，是指著作权人身份不明，或著作权人身份确定但无法联系的作品。我国孤儿作品的规定不尽完善，主要针对作者身份不明的作品。《著作权法实施条例》第13条规定，作者身份不明的作品，由作品原件的所有人行使除署名权以外的著作权。作者身份确定后，由作者或者其继承人行使著作权。

作者身份不明往往导致著作权权属不明，增加了交易成本。法律鼓励作品的利用和传播，同时需要尊重和保护著作权人。国外有集体管理组织管理孤儿作品，我国需要依赖原件所有人。

典型案例

《芈月传》编剧署名权案：浙江省温州市鹿城区人民法院（2015）温鹿知初字第74号民事判决书；浙江省温州市中级人民法（2017）浙03民终351号民事判决书。

基本案情

蒋胜男独立完成7000字小说《芈月传》。2012年，蒋胜男和花儿影视公司约定，由蒋胜男作为编剧将《芈月传》改编为电视剧剧本。2014年，花儿影视公司发布《芈月传》官方海报，载明"根据蒋胜男《芈月传》同名小说改编""编剧：蒋胜男、王小平"。蒋胜男认为增加王小平作为编剧，侵害了自身权益。此外，《芈月传》电视剧片花中并没有说明"据蒋胜男《芈月传》同名小说改编"字样。蒋胜男将花儿影视公司诉至法院，要求保护署名权。

裁判摘要

由原著小说作者创作电视剧剧本初稿、另一编剧参与修改的电视剧本创作模式，在原著小说作者和负责修改的编剧付出的创作劳动不存在对比差异悬殊的情况下，电视剧制片方依据与小说作者的合同约定赋予的权利，确定原著小说作者和负责修改剧本编剧的署名排序，不构成对原著小说作者署名权的侵犯。海报和片花既不是电视剧作品本身，其目的和功能也非表明作者身份。所以，法院认定蒋胜男败诉。

拓展思考

视听作品中对编剧、导演等人的署名权的保护需要符合诚实信用的商业习惯。

第四章　著作权的内容

著作权的内容，指的是著作权人依据著作权法控制、利用、支配作品的具体行为方式。著作权可视为一束专有权利的集合，享有其中一项专有权利就意味着能够许可或禁止他人使用作品的某类行为。根据我国《著作权法》将著作人身权也归入著作权的立法体例，作者专属性地享有著作人身权，还意味着其基于作品享有的一些行为自由被特别地强调与保障。

第一节　著作人身权

著作人身权，指作者基于作品依法享有的以人身利益为内容的权利，又被称为"作者的精神权利"。著作人身权是与著作财产权相对的一个概念。我国《著作权法》第10条第3款规定："著作权人可以全部或者部分转让本条第一款第（五）项至第（十七）项规定的权利，并依照约定或者本法有关规定获得报酬"；第21条规定："著作权属于自然人，自然人死亡后，其本法第十条第一款第（五）项至第（十七）项规定的权利在本法规定的保护期内，依法转移"。由于《著作权法》第10条第2款第（五）项至第（十七）项规定的都是著作财产权，可以推定上述条款的规定意味着著作人身权原则上不得转让和继承。《著作权法实施条例》第15条第1款规定："作者死亡后，其著作权中的署名权、修改权和保护作品完整权由作者的继承人或者受遗赠人保护"，其中"保护"的用语也表明继承人或者受遗赠人并非直接继承了他人的著作人身权。我国《著作权法》中规定的著作人身权包括发表权、修改权、署名权和保护作品完整权。

一、发表权

核心知识点

根据我国《著作权法》第10条第1款第2项的规定，"发表权即决定作品是否公之于众的权利"。"公之于众"的具体方式既包括发行作品的有形物质载体，也包括通过展览、广播、信息网络传播等方式让公众得以接触作品。

作为作者精神权利的一种，发表权原则上专属于作者。根据我国《著作权法实施条例》第 17 条的规定，如果是作者生前未发表的作品，特定条件下发表权可以由继承人、受遗赠人或者作品原件的所有人代为行使。由于发表作品往往是作者实现版权利益的前提，发表权的行使与经济利益的保护有较多关联。具体而言，一般认为转让作品原件就意味着作者默许作品被发表。在作品发表之后，作者或者著作权人因为思想观点、社会环境等的变化不愿意其作品被再次使用的，不能根据发表权施加妨碍（参见王雅兰、侯耀华、侯耀文、侯鑫诉中国国际广播音像出版社侵犯著作权纠纷案[①]）。发表权的行使还存在一次用尽原则，即作品一旦处于公众所能接触到的状态，作者就不能再行使发表权，他人也不可能侵犯其发表权。[②] 此外根据我国《著作权法》的规定，大多数的作品合理使用情形都要求使用的是已经发表的作品。

典型案例

罗永浩与北京新东方迅程网络科技有限公司侵犯著作权纠纷案：北京市海淀区人民法（2006）海民初字第 26336 号民事判决书；北京市第一中级人民法院（2007）一中民终字第 1690 号民事判决书。

基本案情

原告在某私立语言学校提供英语教学劳务期间讲述了与英语教学无直接关系的有关拉斯维加斯赌场的段子。被告未经许可，将该段子原声录制为 MP3 格式音频文件并命名为 "Las Vegas 的离婚通道"，在其运营的酷学网中的 "KOO 学资讯·东方笑谈" 栏目中供公众无限制地播放或下载。在搜索引擎上输入 "老罗语录" 进行搜索，结果显示某些网站中存在与原告及其言论相关的内容。原告主张被告的行为侵犯了其对口述作品享有的发表权和信息网络信息传播权，请求法院判令被告停止侵权，赔礼道歉，赔偿经济损失 1 元并承担律师费 3000 元。原告在上诉中主张其在课堂上授课的行为属于向特定的人群公开，不构成著作权法意义上的 "发表作品"。

裁判摘要

一审裁判摘要

原告在社会培训机构的课堂上即兴讲述的有关拉斯维加斯赌场的讲话构成口述作品。原告作为该口述作品的作者，对作品享有发表权、信息网络传播权等权利。被告

---

① 北京市高级人民法院（1997）高知终字第 29 号民事判决书。

② 也有学者指出应注重发表权的积极权能上的 "行" 和消极权能上的 "禁" 这两个方面，发表权的 "行使" 也包括双层含义。发表权 "行使" 中的一次用尽原则仅指权利人以作为的一定行为方式 "积极行使" 发表权一次，使作品公之于众，发生 "已发表" 的法律效力，发表权才穷竭。参见李杨：《论发表权的 "行使" ——以发表权的权能构造为切入点》，《法律科学》2015 年第 6 期。

在酷学网上使用"维加斯赌场"进行网络传播的行为，侵犯了原告对该作品享有的信息网络传播权。

二审裁判摘要

根据《著作权法》第 10 条第 1 款第 1 项的规定，发表权是指决定作品是否公之于众的权利。发表权是一种一次性的权利，著作权人将其未发表作品发表后，发表权即行使完毕。原告在授课期间已经讲述过涉案作品，其对象是不特定的听课的学员，该行为可以视为已经将涉案作品公之于众，属于著作权法意义上的发表。因此，被告在原告发表其作品之后于网络上传播其作品的行为未侵犯罗永浩的发表权，不应承担赔礼道歉的民事责任。

拓展思考

在有关发表权的法律适用中，"公之于众"的解释是一个重点。根据《最高人民法院关于审理著作权民事纠纷案件适用法律若干问题的解释》第 9 条的规定，"公之于众"指著作权人自行或者经著作权人许可将作品向不特定的人公开，但不以公众知晓为构成条件。因此"公之于众"不应理解为公众知晓的结果，而应理解为一种作品处于公众能够接触到的现实状态。

在判断受众是否属于"不特定的人"时，应当主要看人与人之间的事先结合关系。譬如一名教授向自己指导的研究生口述讲义，并要求对外保密，就可视为向特定的人公开作品。而在前述案例中，原告是在某社会培训机构的授课过程中口述了作品，该社会培训机构的听课成员具有流动性大、任何人都可以自由报名等特点，原告也未明确要求听众对外保密，因此应认定为向不特定的人公开。据此类推，如果每次公开作品时面对的受众是相对特定的，但公开次数众多、对象不固定，例如在出租车中针对不同批次的乘客循环播放特定音乐作品，则也可以构成向不特定的人公开。此外，有的域外立法为了减少争议，把向"特定的多数人"公开作品的行为也规定为发表行为，在我国立法中则没有此类规定，因此不能简单地把受众数量作为判断"公之于众"的标准（参见臧天朔与国际减灾十年艺术系列组委会著作权及表演者权纠纷案①）。

二、署名权

核心知识点

我国《著作权法》第 10 条第 1 款第 2 项规定："署名权，即表明作者身份，在作品上署名的权利。"署名权来源于《伯尔尼公约》第 6 条之二第（1）款中规定的"表明作者身份的权利"。作者享有署名权不仅意味着可以在作品上署真名，也意味着可以根据自己的意愿署笔名、别名，或者不署名，以及禁止他人在该作品上署名。为了避

---

① 北京市中级人民法院（1993）中民初字第 2813 号民事判决书。

免在法律适用中就署名权的权利范围产生过于狭隘的理解，在著作权法第三次修改草案（送审稿）中，署名权曾经被诠释为决定是否表明作者身份以及如何表明作者身份的权利。

通过保护作者的署名权，公众在接触作品的原件及复制件时得以准确、清晰地知晓作品的来源。这不仅保证了其他作者人身权利和经济权利的行使，也有助于正确追溯作品的来源、特定作者的创作脉络，有利于保证文化、艺术和科学事业的发展与繁荣。与此同时，如果对作者姓名的省略在法律上被认为具有正当性，则不构成对作者署名权的侵害。例如超市在播放背景音乐时一般不会一一清晰展示词曲作者姓名，社会公众也习惯了在某些情况下对作者姓名的省略。我国《著作权法实施条例》第 19 条也规定，"使用他人作品的，应当指明作者姓名、作品名称；但是，当事人另有约定或者由于作品使用方式的特性无法指明的除外"。

典型案例

孙利娟诉快尚时装（广州）有限公司、广州优岸美致时装有限公司侵犯著作权纠纷案：广东省广州市白云区人民法院（2014）穗云法知民初字第 812 号民事判决书；广州知识产权法院（2015）粤知法著民终字第 177 号民事判决书。

基本案情

原告在某网站注册会员名为"小乬"，2011 年在该网站发布名为《据说——长颈鹿是寂寞专家》的美术作品，发布网页记载有"illustration by：小乬"字样。该作品之后获得了"红门创意 T 恤图案大赛"一等奖。两被告在未经原告许可的情况下，在共同制造、销售的"女中袖连衣裙"上使用上述美术作品。原告主张被告的上述行为构成对其署名权、复制权、发行权等著作权的侵犯。

裁判摘要

一审裁判摘要

涉案侵权产品为服装，涉案作品作为图案印制在服装正面显著位置使用。按照服装行业的设计制造惯例和生活常理判断，除有特殊约定外，在服装显著位置标注作品作者的情况极为罕见。本案的服装产品上没有标注涉案作品的作者，应属于由于作品使用方式的特性无法指明的情况，客观上不应认定为侵犯了涉案作品作者的署名权。

二审裁判摘要

涉案作品曾获得"红门创意 T 恤图案大赛"一等奖，表明本来就用于 T 恤图案，被告对涉案作品的使用方式并没有超出这一范围。将涉案作品作为服装图案进行使用，不存在无法指明作者的客观限制。被告完全可以在图案旁边、衣领或吊牌等处对作者进行指明。在衣领或吊牌等处也可印上作者姓名，这不会破坏图案的整体美感。在印有较知名插画师美术作品的 T 恤上署该插画师的名字，在 T 恤设计制造行业屡见不鲜。原审判决以行业设计惯例和生活常理为由认为本案属于因作品使用方式的特性无法指明作者的情况，缺乏充分依据，予以纠正。

拓展思考

署名权的实质是表明作者身份的权利，其内容是作者可以决定是否表明作者身份，以及如何表明作者身份。域外也有立法规定如果作者选择了用某种方式署名，只要作者后来不提出明确反对，作者的使用者可以继续采用这种方式表明作者身份。在前述案例中，虽然作者没有在美术作品显著位置署名，署的也不是真名，但已经在发布网页上写明由"小玺"创作。被告在服装上使用该作品时即便无法在服装显著位置标注作者，也应当在图案附近或衣领、吊牌等处注明作者。

关于如何判断省略作者姓名的合理情形，《实施条例》第 19 条仅明确规定了客观条件的限制，即"由于作品使用方式的特性无法指明"。上述规定存在较大的解释空间，在适用时应更多地参照社会中业已形成的公正惯例。例如超市在播放背景音乐时，在理论上仍然有可能通过人工或者技术手段报出词曲作者，现实中一般不做这样的要求，主要是因为社会公众已经接受并习惯了这类情形中对作者姓名的省略。前述案件二审判决也是在判断作品使用方式的特性时参照了社会中业已形成的公正惯例，指出应综合考虑该领域行业的惯例和生活常理、表明作者身份的客观限制、加注作者姓名是否会破坏图案整体美感等要素。但值得注意的是，领域行业的惯例效力仅能对内，在判断是否属于省略作者姓名的合理情形时仍然需要判断这些惯例是否公平合理、是否符合法律。

三、保护作品完整权、修改权

核心知识点

根据《著作权法》第 10 条第 1 款第（四）项的规定，保护作品完整权即保护作品不受歪曲、篡改的权利。保护作品完整权之法律适用中的主要难点是"歪曲、篡改"的判断标准。关于对作品哪种程度的变动构成歪曲、篡改，应当依据什么标准判断是否构成歪曲、篡改，立法未做进一步具体的规定。在作者权法系国家，有判例认为只要违背作者意愿对改变了作品的表述，就构成侵害保护作品完整权。这类观点可归纳为主观标准。在历史上，我国司法实践中也有一些判决采纳了主观标准。这些判决对"违背作者意思"的理解也有所不同[1]，有的将其理解为"违背作者不希望对作品进行改变的意思"（如张敏耀与长江日报社、武汉一心广告营销有限责任公司、武汉鹦鹉花

---

① 参见李扬、许清：《侵害保护作品完整权的判断标准》，《法律科学》2015 年第 1 期。

园开发置业有限公司案二审判决①），有的则理解为"违背作者在作品中表达的原意"（如在林岫与北京东方英杰图文设计制作有限公司、国际网络传讯有限公司北京分公司纠纷案二审判决②）。与此相对，客观标准以"社会对作者的客观评价"作为基准，认为只有作品的变动足以导致作者声誉受到损害，才构成对保护作品完整权的侵害。由于不同国家和地域的历史文化观念、社会经济发展状况存在差异，各法域在保护作品完整权的保护方式、执法力度等具体规则等方面也不尽相同，③ 符合我国具体国情的保护作品完整权判断标准尚处于探索中。

根据《著作权法》第 10 条第 1 款第（三）项的规定，修改权即修改或授权他人修改作品的权利。修改权属于著作人身权，因此在法律适用中应区别于著作财产权中的改编权。在我国的既有司法实践中，"轻重有别说"曾经有比较大的影响力，主张修改权的内容是禁止程度较轻的、较为外在的、尚不足以构成歪曲篡改的修改。有学者主张如果他人未经许可擅自修改作品，则必然构成对保护作品完整权的侵犯，因此在立法中规定"修改权"没有必要。④ 有学者则主张修改权的主要目的是保障作者在著作财产权被许可或转让之后依然有机会修改作品，与禁止他人非法改动作品的保护作品完整权具有完全不同的功能。⑤ 由此可见关于修改权的内容与存废在我国尚存在比较大的争议。

典型案例

沈家和与北京出版社著作权纠纷案：北京市第一中级人民法院（2000）一中知初字第 196 号民事判决书；北京市高级人民法院（2001）高知终字第 77 号民事判决书。

基本案情

原告创作了《正阳门外》京味系列长篇小说，前 6 卷均由被告出版发行。1999 年，双方合同约定由被告出版发行后 3 卷《坤伶》《戏神》《闺梦》。2000 年，被告将出版样书交予原告，原告发现被告未经同意，擅自对《坤伶》《戏神》的京味特色语言进行了修改，例如把"老阳儿"改为"太阳儿"，把"蒜市口"改为"菜市口"，把"姥姥，您怎么这么说话呀"改为"姥姥，您怎么这么说话哪"。原告主张这不仅使系列小说前后风格不一致，而且使涉案作品丧失了作为《正阳门外》长篇京味小说应有的特色。此外，上述三本书还存在大量的错字、漏字，质量低劣。《闺梦》一书的文字差错近 200 个，原告在二校时做的 34 处删改，在书中均未删改，某处还被无故删减 13 行。

---

① 湖北省高级人民法院（1999）鄂民终字第 183 号民事判决书。
② 北京市第二中级人民法院（2002）二中民终字第 07122 号民事判决书。
③ 参见管育鹰：《保护作品完整权之歪曲篡改的理解与判定》，《知识产权》2019 年第 10 期。
④ 参见王迁：《知识产权法教程》，中国人民大学出版社 2019 年版，第 111—113 页。
⑤ 参见李琛：《论修改权》，《知识产权》2019 年第 10 期。

裁判摘要

一审裁判摘要

《闺梦》《戏神》《坤伶》三本书的老北京风格体现在故事表现的内容、历史背景、描述的手法及整体文风，并不唯一体现在作品的遣词用字。被告根据合同的授权，以《现代汉语词典》为依据，对部分文字进行的修改，未改变作品的风格。上述三本书中存在的差错，亦不足以导致该作品风格的变化，不构成对保护作品完整权的侵害。原告虽称双方曾口头约定对上述作品的修改以《北京土语词典》为依据，但被告不予认可，原告又未提供其他证据予以证明，因此对该主张不予采信。

二审裁判摘要

《坤伶》《戏神》书中存在的错字、漏字现象及标点符号错误，应认定为差错，被告应承担相应的违约责任。两书的差错率均未超过 1/10000，根据当时施行的《图书质量管理规定》并不属于不合格产品，不应重印，但被告应为上述两书印发勘误表。《闺梦》一书差错率超过了 1/10000，构成了严重的质量问题。该书在社会上公开发行后，必然使作为该书作者的原告的社会评价有所降低，使原告的声誉受到影响。被告对原告对该作品所享有的保护作品完整权造成了侵害，除应承担相应的违约责任外，亦应承担公开赔礼道歉的侵权责任。

拓展思考

主观标准和客观标准在我国过去的司法判决中均有采纳，表明侵害保护作品完整权的判断标准问题存在较大分歧。主观标准虽然有利于维护作者和其作品之间的精神联系，但过度限制了作品的使用，在立法明确采纳主观标准的作者权法系国家也遭受了较多批评。由于我国《著作权法》没有明确采纳主观标准，前述案件中法院探索了客观标准的适用，最高法的判决也表明了对于客观标准的肯定立场。[①] 但值得注意的是，在前述案件中即便严格采纳客观标准，主要根据书中差错率以及图书质量的管理规定判断是否构成了"歪曲、篡改"的做法也是值得商榷的。因为根据生活常识，出版社对于自己出版的图书质量亦承担有责任，如果在正规出版的图书中出现大量错字、漏字等情形，一般不仅仅是作者的问题。相反，如果书中出现遣词用字的不严谨，例如自称为"京味"系列小说的作品中使用了老北京生活中根本不会使用的词汇表达等，才更有可能导致读者直接针对作者做负面评价，乃至使作者在文学艺术领域丧失独特性，在市场中丧失其核心竞争力。要判断哪种程度的变动构成对作品作者声誉的损害，应当结合具体案情做综合判断。

从根本上来说，保护作品完整性的体系价值在于确保表达信息的完整性和思想与

---

① 参见最高人民法院（2010）民提字第 166 号民事判决书。

表达之间的一致性。① 可认为纯粹的主观标准和纯粹的客观标准分别构成了侵害作品完整权的最低标准和最高标准，完全按照作者的个人观感判断侵权的构成不利于维护稳定的法律关系，完全基于作者声誉判断侵权的构成则混同了作者基于作品的享有精神利益和一般性的人格利益、脱离了保护作品完整权的价值取向。一律采纳主观标准和一律采纳客观标准的做法都有一定的片面性。《北京市高级人民法院侵害著作权案件审理指南》亦指出："判断是否侵害保护作品完整权，应当综合考虑被告使用作品的行为是否获得授权、被告对作品的改动程度、被告的行为是否对作品或者作者声誉造成损害等因素……判断是否属于在合理限度内的改动，应当综合考虑作品的类型、特点及创作规律、使用方式、相关政策、当事人约定、行业惯例以及是否对作品或者作者声誉造成损害等因素。"此外，当作者与被控侵权人之间存在改编授权合同时，② 保护作品完整权的行使范围也应当基于合同的目的、对价等相关要素的合理解释受到限制。

第二节　著作财产权

著作财产权指作者和其他著作权人享有的以特定方式利用作品并获得经济利益的专有权利，又称为"经济权利"。著作财产权是与著作人身权相对的一个概念，目的在于赋予著作权人许可和禁止他人使用作品的权利。我国《著作权法》在第 10 条第 1 款第（五）至（十七）项中规定了 13 项著作财产权，这些权利可分为四大类别：（1）控制复制行为的权利，指复制权；（2）控制发行与出租行为的权利，指发行权与出租权；（3）控制公开传播行为的权利，包括展览权、表演权、放映权、广播权和信息网络传播权；（4）控制演绎行为（二次创作行为）的权利，包括摄制权、改编权、翻译权、汇编权。

一、复制权

核心知识点

根据《著作权法》第 10 条第 1 款第（五）项的定义，复制权即以印刷、复印、拓印、录音、录像、翻录、翻拍、数字化等方式将作品制作一份或者多份的权利。该定义中列举出的上述复制方式显然不是一种穷尽式的列举，例如在当今社会出现最为频繁的数字化复制就未出现在上述列举中。此外，"制作一份或者多份"的描述在法律适用上也显得多余，对于权利的构成没有实质性影响，应更多地体现于合理使用制度的

① 参见张玲：《保护作品完整权的司法考察及立法建议》，《知识产权》2019 年第 2 期。
② 参见北京知识产权法院（2016）京 73 民终 587 号民事判决书。

法律适用中（参见黄法木与黄声香侵犯著作权纠纷案①）。

尽管复制权作为最经典的著作财产权直接控制了对作品的复制行为，但在法律适用中需注意的是，并非所有"再现"作品的方式都受复制权控制。一般认为受著作权法中复制权控制的复制行为应当是在有形复制载体上再现作品，而且能够使作品被相对稳定和持久地固定在有形物质载体上。因此，尽管在手机播放视听作品的过程中手机的屏幕上再现了该视听作品，但由于没有形成一个相对稳定的复制件，从而不受复制权控制。与这一点相关联的是计算机系统中的"临时复制"问题。"临时复制"主要指的是一种技术现象，即用户在通过计算机在线浏览文字图片、收听收看音乐视频时，并没有在本地计算机的存储介质上保存永久复制件，但是本地计算机仍然出于正常运行的必要，在其内存中生成过上述作品的临时复制件。一些国家的立法出于产业政策需要，把临时复制行为也纳入了复制权的控制范围。我国《著作权法》回避了对这一问题的明确规定，但《信息网络传播权保护条例》第21条规定服务器代理缓存行为在一定范围内不承担赔偿责任。

典型案例

佛山市康福尔电器有限公司与深圳市腾讯计算机系统有限公司侵犯著作权纠纷案：北京市朝阳区人民法院（2007）朝民初字第17052号民事判决书；北京市第二中级人民法院（2008）二中民终字第19112号民事判决书。

基本案情

原告从1999年起就开始在QQ即时通信服务中使用QQ企鹅卡通形象作为服务形象代言和标志，随着QQ即时通信的影响扩大，QQ企鹅卡通形象也影响广泛。原告作为QQ企鹅卡通形象的著作权人，2001年对涉案QQ企鹅卡通形象进行了著作权登记。2006年，原告发现被告生产的两款加湿器在全国范围内均有销售。这两款加湿器将上述QQ企鹅形象作为产品外观，还在产品包装上直接复制QQ企鹅卡通形象。原告主张被告在其生产的加湿器产品外观和包装上均使用和复制了其享有著作权的QQ企鹅卡通形象，构成侵犯著作权的行为。

裁判摘要

原告对真实的企鹅形象以及公有领域素材进行了拟人化、性别化的处理，加入了自己特有的创作，其创作形式具备独创性，构成受著作权法保护的作品。经比较，虽然被控侵权产品造型与《动画大全》中的几幅作品有雷同之处，但是，鉴于它与被上

---

① 浙江省金华市中级人民法院（2007）金中民三初字第106号民事判决书，浙江省高级人民法院（2008）浙民三终字第66号民事裁定书。

诉人腾讯公司涉案作品的独创性部分表达形式相同，特别在其中一款加湿器（女装版）与《作品二》中"Q妹妹"进行比较时，眼睛的造型修饰的处理手法上、头饰蝴蝶结的造型上，对应部分基本相同，给人的视觉感受一样。因此，可以认定被告生产的涉案两款加湿器的外观造型是对原告涉案作品的使用，这种使用形式属于从平面到立体的复制，从而构成对原告著作权的侵犯。

拓展思考

与复制权相关的一个法律适用难题是所谓"异性复制"问题，包括从平面到立体的复制和从立体到平面的复制。前述判决认定根据平面美术作品制造立体实物的行为属于"从平面到立体"的复制，侵犯了原告对平面美术作品享有的著作权。关于按照图纸建造建筑物的行为，有观点认为这属于从平面到立体的复制，[①] 有观点则认为这属于对想象中的立体建筑物所做的"立体到立体"的复制。[②] 就立体到平面的复制而言，除去《著作权法》第24条第1款第（十）项规定的"对设置或者陈列在室外公共场所的艺术作品进行临摹、绘画、摄影、录像"情形，法院一般认定构成侵犯复制权（参见于耀中诉北京成像影视中心、北京文化艺术音像出版社、柳州两面针股份有限公司、南京电视台、南京群众艺术馆侵犯著作权纠纷案[③]）。

二、发行权、出租权

核心知识点

发行权，是指以出售或者赠与方式向公众提供作品的原件或者复制件的权利。著作权法中的发行行为并不完全等同于日常生活中所说的"出版发行"。日常生活中的"出版发行"一般只是指出版社将作品印刷成册，或者制作成光盘、磁带后向社会公开销售的行为，主体限定为正规出版社。著作权法中发行行为的主体并不限于出版社，行为的方式也不限于销售，还包括赠与。发行权中的"公众"与发表权中的"公众"类似，指的是不特定的公众。发行未发表的作品，将同时构成对该作品的发表。此外，在学理上"发行权一次用尽"，即作品的原件或复制件已合法向公众销售或赠与后，针对该原件或复制件的著作权人的发行权就已经穷竭，无权控制该特定原件或复制件的再次销售或赠与。这一理论的目的在于保护物权的行使和维护正常的商品流通秩序，而且著作权人已经在第一次合法销售时从发行权中获益。我国《著作权法》中没有明确的发行权一次用尽条款，但在司法实践中有运用的实例（参见深圳市大族激光科技股份有限公司诉温州市嘉泰激光科技有限公司计算机软件著作权纠纷案[④]）。

---

① 参见王迁：《知识产权法教程》，中国人民大学出版社2019年版，第120页。
② 参见崔国斌：《著作权法：原理与判例》，北京大学出版社2014年版，第390—391页。
③ 北京市高级人民法院案（1997）高知终字第32号民事判决书。
④ 浙江省温州市中级人民法院（2005）温民三初字第24号民事判决书。

出租权，指以有偿方式许可他人临时使用电影作品和以类似摄制电影的方法创作的作品、计算机软件的权利。发行权与出租权的共通之处在于都是以转移作品有形物质载体占有的方式提供作品的原件或复制件，区别之处主要在于发行行为引起作品有形物质载体所有权的转移，而出租行为仅引起有形物质载体占有的临时变更。此外，我国《著作权法》将出租权的对象限定为视听作品和计算机软件，因此书籍等其他类别作品不适用出租权。《著作权法》同时还规定计算机程序不是出租的主要标的时不适用出租权。例如出租打印机时附带原装驱动程序光盘的，不侵犯驱动程序这类计算机软件著作权人所享有的出租权。

典型案例

华夏电影发行有限责任公司诉北京华网汇通技术服务有限公司等侵犯电影发行权纠纷案：北京市朝阳区人民法院（2004）朝民初字第1151号民事判决书。

基本案情

中影集团进出口分公司是中国电影集团公司的下属分支机构，具体从事境外影片的进口业务，同时也是影片《终结者3》在我国的唯一合法引进方。原告系有权从事境外电影发行业务的公司，其通过与中影集团进出口分公司签订"进口分账影片发行合同"，以及影片原作者哥伦比亚公司的证明等，依法取得上述影片两年内的全国35mm影院独家发行权。原告发现登录被告开办的"中华网"首页，点击"影院"栏目，IP地址栏变更为http://china.52vcd.com，网页右下角含有"终结者Ⅲ"字样和图片，按页面提示通过手机用户注册、安装下载工具后，能够下载该影片。上述现象经过了公证机关的公证。

裁判摘要

根据我国《著作权法》的规定，著作权人可以采用多种方式行使对作品享有的著作权，也可以将其中的某种方式授权他人行使。但是著作权人未明确授予的权利，他人不得行使，否则将侵犯著作权人的合法权利。原告对影片《终结者3》仅享有影院独家发行权，因此仅能就侵犯该权利的行为提出主张。在本案中，原告所主张的被告未经许可、通过网络擅自上载并传播该影片的行为，并未落入其对该影片所享有的影院独家发行权范畴。因此，原告以独家发行权被侵犯为由提出的诉讼请求，均不予支持。

拓展思考

发行权与出租权控制的都是以转移作品有形物质载体占有的方式提供作品原件或复制件的行为。在前述案例中，原告对涉案电影只享有发行权，自然只能控制发行权对应的以转移作品有形物质载体占有的方式提供作品的行为。被告的行为属于在信息网络环境下以交互式传播的方式向公众提供作品，受信息网络传播权控制。原告以自身不享有的专有权利提起诉讼，属于选择诉因方面的重大失误，理应被法院驳回。

三、展览权、表演权、放映权

核心知识点

根据我国《著作权法》的规定，展览权即公开陈列美术作品、摄影作品的原件或者复制件的权利。根据此定义，在我国只有美术作品和摄影作品才能成为展览权的对象。"公开"一词表明展览面对的必须是不特定的公众，如果仅在家庭等私人领域内向家庭成员或者亲友展示作品则不受此专有权利控制。展示的是作品原件还是复制件在所不问。《著作权法》第20条规定"美术、摄影作品原件的展览权由原件所有人享有。作者将未发表的美术、摄影作品的原件所有权转让给他人，受让人展览该原件不构成对作者发表权的侵犯。"。

表演权即公开表演作品，以及用各种手段公开播送作品的表演的权利。定义中的前半段指的是直接表演（现场表演），包括以演唱、演奏、舞蹈、朗诵等方式公开表演作品，后半段指的是间接表演（机械表演），即通过技术设备向公众传播作品或者作品的表演的权利。"公开"一词也表明表演行为面对的必须是不特定的公众，如果是在家庭等私人领域内表演作品，则不侵犯表演权。

放映权即通过放映机、幻灯机等技术设备公开再现美术、摄影、视听作品等的权利。严格来说，"放映权属于机械表演权，即通过放映机、幻灯机等设备来表演美术、摄影和电影作品"①。

典型案例

成都市人人乐商业有限公司与中国音乐著作权协会著作权侵权纠纷案：四川省成都市中级人民法院（2009）成民初字第568号民事判决书；四川省高级人民法院（2010）川民终字第104号民事判决书。

基本案情

周笛系歌曲《拯救》的曲作家，通过协议将其享有著作权的音乐作品的公开表演权、广播权和录制发行权授权给原告管理，授权原告以自己的名义向侵权者提起诉讼。被告系一家从事销售及零售的大型商业企业，在成都市某地开设了人人乐购物广场通惠门店，营业面积约为8000平方米。2008年11月7日上午10点，音著协委托代理人在公证员的监督下，在该购物广场对其内播放的背景音乐《拯救》进行了录音与公证。原告请求判令被告赔偿经济损失10000元及合理开支、诉讼费用。

---

① 李明德、许超：《著作权法》，法律出版社2009年版，第83页。

裁判摘要

周笛等享有涉案作品的著作权,根据《著作权法》的规定,原告可以以自己的名义对侵犯涉案音乐作品的行为提起诉讼。被告未经原告许可,在其经营场所将涉案音乐作品《拯救》作为背景音乐播放的行为虽然不能直接利用音乐作品获利,但可以营造氛围,提高消费者在购物过程中的愉悦程度,从而对商家的销售起到促进作用,是一种间接获利的商业性使用行为。因此,被告在营业性场所播放背景音乐的行为侵犯了著作权人的表演权,应当承担赔偿损失的民事责任。被告在其经营场所将涉案音乐作品作为背景音乐,是一种间接获利的商业性使用行为,也不属于《著作权法》规定的"免费表演已经发表的作品,该表演未向公众收取费用,也未向表演者支付报酬,可以不经著作权人的许可,不向其支付报酬"之情形。

拓展思考

表演权控制的"机械表演"是一个法律概念,具体含义与生活中常用的"表演"一词有所不同。在商场、超市、机场、餐厅、咖啡厅、酒吧等场所播放背景音乐的行为属于典型的机械表演。尽管在这些场所播放音乐往往不单独收费,但使用他人音乐作品的行为的确起到了营造氛围、促进销售的作用,属于整体营利行为的一部分。因此这类行为受表演权控制,实践中一般通过与著作权集体管理组织签订合同的方式获得合法使用权。此外,在我国知识产权法律制度尚不完善、知识产权观点较为淡薄时,在厂矿、村镇、学校公开播放露天电影的现象较为多见,属于当时历史条件下的产物。这一活动在今天仍少量出现,且往往收取少量费用,本质上属于侵犯放映权的行为。

四、广播权、信息网络传播权

核心知识点

我国《著作权法》过去对于广播权的定义比较复杂,主要涵盖了无线广播、有线转播和公开播放接收到的广播这三种行为。这一立法范式来源于《伯尔尼公约》。《伯尔尼公约》之所以把有线转播行为和公开播放接收到的广播的行为也纳入广播权的控制范围之内,是因为这两类行为属于无线广播行为的延伸,《伯尔尼公约》需要为著作权人在作品的无线广播方面的经济利益提供一揽子保护。但由于《公约》最后一次文本修订完成于1971年,上述规定已经严重滞后于时代。2020年修法之后,广播权得以控制以有线或者无线方式公开传播或者转播作品的行为,但不包括信息网络传播权控制的行为。

信息网络传播权即以无线或者有线方式向公众提供,使公众可以在其选定的时间和地点获得作品的权利。在计算机网络出现之前,传统的传播行为采用的基本都是较为被动的传播模式,即由传播者单向提供节目,观众只能选择观看或者不观看,而难以选择观看的时间和地点。计算机网络带来了新的"点对点式按需点播"，使得用户按照自己的意愿在特定时间和地点观看特定节目。这种交互式传播模式主要发生在信息网络环境下，因而我国《著作权法》将其称为"信息网络传播权"。在法律适用中需要注意的是，根据《著作权法》对信息网络传播权的定义，该权利所涵盖的信息网络传播行为只包括以交互方式公开传播的行为。

典型案例

天脉聚源（北京）传媒科技有限公司与华视网聚（常州）文化传媒有限公司侵害作品信息网络传播权纠纷案：北京市东城区人民法院（2015）东民（知）初字第15582 号民事判决书；北京知识产权法院（2016）京 73 民终 289 号民事判决书。

基本案情

原告对涉案 50 集电视剧《石敢当之雄峙天东》享有独家信息网络传播权。被告未经原告的许可，通过技术手段从贵州卫视播出信号中碎片化截取涉案电视剧，存储于其管理的私有化云端上。网络用户通过微信公众号"天脉聚源阳光微电视"可以在线观看上述存储在私有化云端上的电视剧。据被告陈述，其私有化云端存储所截取的电视节目是临时的，具体时间根据委托方要求确定，可能是 24 小时或者几天。原告认为被告的上述行为构成对其信息网络传播权的侵犯，请求判令被告停止侵权并赔偿其经济损失五万元。

裁判摘要

微信公众号即微信公众账号，是深圳市腾讯计算机系统有限公司针对个人或企业用户推出的合作推广业务，用户注册微信公众账号后可以通过微信公众平台进行品牌推广。不特定的微信用户关注微信公众账号后将成为该账号的订阅用户，微信公众账号可以通过微信公众平台发送文字、图片、语音、视频等内容与订阅用户这一相对特定的群体进行沟通互动。虽然微信公众号在发布信息的渠道、阅读终端等方面与传统的互联网传播方式有所区别，但其实质仍然是通过互联网络向不特定的微信用户发送文字、图片、语音、视频等相关内容。微信用户关注相关微信公众号后，即可根据个人选定的时间和地点，通过信息网络获取该微信公众号上发布的相关信息。原告在其经营的涉案微信公众号上提供涉案电视剧播放服务的行为属于《著作权法》中规定的信息网络传播行为，是否商业牟利也与微信公众号的传播性质认定无关。

拓展思考

在当今社会信息技术发展迅猛，新的信息传播商业模式不断出现，也带了数量庞大的法律纠纷。在判断是否构成著作权侵权时，首先还是应当对其可能侵犯的具体权利进行定性。信息网络下的作品传播行为多带有交互式传播的特点。例如在前述案例中，尽管"微信公众号"是一个相对较新的事物，但仍然是通过互联网络向不特定的微信用户发送文字、图片、语音、视频等相关内容，使得用户可以在个人选定的时间与地点获得作品。上述提供涉案作品的特点符合交互式传播的特征。透过"公众号""私有云端""碎片化截取"等技术表象，还是能够对其所侵害的权利做准确的法律定性。此外，以"网络电视台""网络轮播"等为例，另外一些信息网络下的作品传播行为不符合交互式传播的特征，属于信息网络下的有线或无线播放行为。就上述行为的法律定性，曾经存在适用信息网络传播权相关规定、类推适用广播权相关规定、适用"其他权利"兜底条款等不同观点。此外，关于网络内容聚合或加框链接行为是否构成直接侵权，应适用"服务器标准"还是"实质呈现标准"，在我国也存在较大争议。

五、摄制权、改编权、翻译权、汇编权

核心知识点

我国《著作权法》第 10 条第 1 款的第（十三）至第（十六）项规定了摄制权、改编权、翻译权、汇编权这四项专有权利。在学理上，上述权利被概括为"演绎权"。所谓演绎行为指的是在原有作品中增加了新的独创性内容，从而整体上形成了与原作品具有实质性差异的新作品的行为。要使用演绎作品，需同时获得原作品作者和演绎作品作者的许可。在法律适用中，需注意摄制（电影）、改编、翻译、汇编四种行为间的区别与联系，以及演绎行为与其他使用作品行为间的联系。例如摄制权仅仅指"以摄制视听作品的方法将作品固定在载体上的权利"，实际上属于广义的改编行为中的一种。再如汇编行为固然会产生新的汇编作品，但即使法律不规定汇编权，原作品的著作权人仍然可以通过复制权等权利控制汇编行为。在《著作权法第三次修改草案（送审稿）》中，摄制权被并入新的改编权中，汇编权被删除。

根据我国《著作权法》的规定，翻译权即"将作品从一种语言文字转换成另一种语言文字的权利"。翻译作品可能具有独立于原作品的独创性，因此翻译属于著作权法意义上的创作。在法律适用中需要注意的是，翻译篇幅过于短小的只言片语，由于已不存在独创性表达的空间，通常难以构成翻译作品。自然语言与盲文存在一一对应的关系，因此自然寓言作品翻译成盲文不构成翻译作品。同样的道理，目前一般认为机器翻译的结果不能构成翻译作品（当 AI 机器翻译技术成熟之后或许另当别论）。

改编权即"改变作品，创作出具有独创性的新作品的权利"。一般认为这里的"新作品"主要指通过将原作品改变体裁和种类，从而形成的新作品。作者本来就有改编自己作品的自由，因此法律规定改编权，主要是赋予作者控制改编行为的权利。改编权属于著作财产权的一种，可以根据著作权人的意愿转让、质押。改编权被转让，意味着作者以一定对价交出了控制改编行为的权利。但与此同时，著作人身权中的保护

作品完整权同样能够控制改编行为，且通常认为保护作品完整权专属于作者、不能转让。由此便产生了转让改编权的先行行为与保护作品完整权的行使行为间的关系问题，在法律适用中需注意改编权转让的先行行为有可能对作者行使保护作品完整权施加某些限制。

典型案例

张牧野与中影公司、陆川、梦想者公司、乐视公司、环球公司对电影《九层妖塔》的著作权权属、侵权纠纷案：北京市西城区人民法院（2016）京 0102 民初 83 号民事判决书；北京知识产权法院（2016）京 73 民终 587 号民事判决书。

基本案情

2005 年 12 月，原告在天涯网上连载小说《鬼吹灯（盗墓者的经历）》。2007 年，原告与上海玄霆公司签署协议，约定将该小说的除中国法律规定专属于原告的权利外的著作权全部转让给上海玄霆公司。此后，梦想者公司经转让协议，获得该小说其中一卷《精绝古城》的电影改编权、摄制权。2014 年，中影公司、梦想者公司、乐视公司签订合作投资协议，约定将鬼吹灯系列之《精绝古城》改编为电影剧本并拍摄成电影，由陆川担任导演。该电影在 2015 年以《九层妖塔》之名在全国范围内上映。原告主张电影《九层妖塔》对原著歪曲、篡改严重，在人物设置、故事情节等方面均与原著差别巨大，侵犯了其保护作品完整权。

裁判摘要

一审裁判摘要

著作财产权转让是一项重要的权利行使方式。在作品的著作财产权转让后，作者对于其自身享有的著作人身权中的保护作品完整权的行使应当受到一定程度的限制。改编作品除了要使用原作品的表达，还要有自己独特的创新部分。一般读者能够清晰地看到电影与小说两者之间的差别。考虑到电影作品在法律规定、表现手法、创作规律上的特殊性，在当事人对著作财产权转让有明确约定、法律对电影作品改编有特殊规定的前提下，司法应当秉持尊重当事人意思自治、尊重创作自由的基本原则。在作者将其著作财产权转让给他人后，关于被转让人的合法改编行为是否侵犯其保护作品完整权，不能简单依据是否违背作者在原著中表达的原意这一主观标准进行判断，而是应重点考虑改编后的作品是否损害了原著作者的声誉。

二审裁判摘要

我国《著作权法》规定的保护作品完整权并无"有损作者声誉"的限制，应当认为对该权利的侵害不以"有损作者声誉"为前提。在获得对原作品改编权的情况下，改编作品所作改动亦应符合必要限度。如果改动的结果导致作者在原作品中要表达的思想情感被曲解，则这种改动就构成对原作品的歪曲、篡改。侵权行为致使作者的声誉受到影响只是判断侵权情节轻重的因素，并可能导致侵权人承担更大的侵权责任。相关公众的评价可以成为判断作者声誉是否受到影响的重要因素，特别是在改动具有合法授权的前提下。

通常认为改编作品是指基于原作品产生的作品，或者是在原作品的基础上经过创造性劳动而派生的作品。因此原作品应在改编作品中占有重要的地位，具有相当的分量，应当构成改编作品的基础或者实质内容。改编权属著作财产权，保护作品完整权属著作人身权。著作财产权保护的是财产利益，著作人身权保护的是人格利益，故改编权无法涵盖保护作品完整权所保护的利益。如果属于经过授权的改编行为，则不会侵犯改编权，却有可能因为歪曲、篡改而侵犯保护作品完整权。可见，侵权作品是否获得了改编权并不影响保护作品完整权对作者人身权的保护。

拓展思考

我国《著作权法》中的著作权包括著作人身权和著作财产权。在传统作者权法理论中，一般认为作品是作者人格的延伸和精神的体现，理论上著作权法（作者权法）首先要保护的是蕴含在作品中的作者人格利益。与此同时，以《伯尔尼公约》对作者财产权利设置了众多条文为例，著作财产权同样具有举足轻重的地位。在市场经济条件下，只有赋予作者控制他人利用作品的权利，才能真正保证作者获得合理的经济回报，促进科学与文化事业的发展。也只有让作者获得独立的经济地位，其创作才能脱离特定赞助者的支配，使文艺创作能更广泛地反映大众的需求，从而构成民主的市民社会的基础之一。① 因此尽管不同法系在哲学层面对于作者精神利益和财产利益的第一性存在不同认识，在实践中当著作财产权和著作人身权发生冲突时，还是应当结合各项专有权利的构成与内容进行裁判。

前述案例就属于改编权（摄制权）和保护作品完整权之间发生冲突的典型案例。一方面，为了获取更多的经济利益，作者往往以许可或转让的形式将改编权转让给他人；另一方面，他人经授权的改编行为又能进入专属于原作者的保护作品完整权的控制范围。从法理来看，在著作财产权被转让、著作人身权和著作财产权的主体发生分离之后，作者行使著作人身权应在公正合理的范围内受到一定的限制。例如根据我国《著作权法》第 18 条的规定，作者将未发表的美术作品原件转让给他人的，受让人展览该原件不构成对作者发表权的侵犯。但著作人身权在公正合理的范围内行使受限并不意味着其法定的权利内容能够被减损。如果作者在原作品中要表达的思想、情感被曲解，则能够构成对原作品的歪曲与篡改。《著作权法实施条例》第 10 条也规定："著作权人许可他人将其作品摄制成电影作品和以类似摄制电影的

---

① Neil Weinstock Netanel: Copyright and Democratic Civil Society. 106 Yale Law Journal, 1996.

方法创作的作品的，视为已同意对其作品进行必要的改动，但是这种改动不得歪曲、篡改原作品。"

六、"其他权利"兜底条款的适用

核心知识点

我国《著作权法》在第 10 条第 1 款第（一）至（十六）项中通过一一列举的方式，阐明在我国著作权包括 16 项人身权利与财产权利。与此同时，第 10 条第 1 款第（十七）项还明确规定，著作权包括"应当由著作权人享有的其他权利"，从而构成了一个兜底条款。该条款因其原则性、开放性，在我国著作权法律制度初创、尚不十分成熟的时期曾发挥了积极作用。例如网络定时播放行为、在线直播行为不符合（一）至（十六）项中任何一项具体权利的定义，但不加以充分保护又明显损害著作权人的利益，我国法院就曾适用第（十七）项兜底条款，确认著作权人就上述行为享有的权益属于著作权中的"其他权利"（参见上海观视文化传播有限公司诉上海聚力传媒技术有限公司案①、央视国家网络有限公司诉百度公司案②）。当今社会信息传播技术快速发展，各种作品使用方式层出不穷，立法有时难以及时做出回应，因此该项兜底条款也存在继续适用的空间。

然而，著作权毕竟是一项强有力的垄断性私权。侵害著作权的行为受到法律的否定性评价，将承担相应的民事责任、行政责任乃至刑事责任。作者就某类作品使用行为享有著作权，便意味着这种作品使用行为从公有领域中被剥离，而这些作品使用行为往往不会造成额外的社会成本，与社会公众对信息的自由使用密切相关。因此要赋予著作权人垄断某类作品使用行为的权利，通常需要通过审慎的法定程序，汇集各方意见、充分探讨后方能下结论。这也意味着对第 10 条第 1 款第（十七）项兜底条款的适用需十分谨慎。

典型案例

上海耀宇文化传媒有限公司诉广州斗鱼网络科技有限公司著作权侵权及不正当竞争纠纷案：上海市浦东新区人民法院（2015）浦民三（知）初字第 191 号民事判决书；上海知识产权法院（2015）沪知民终字第 641 号民事判决书。

基本案情

原告与电子竞技类网络游戏 DOTA2（刀塔 2）在中国大陆地区的运营商签订战略合作协议，共同打造"2015 年 DOTA2 亚洲邀请赛"。原告负责赛事的执行及管理工作，

---

① 上海市浦东新区人民法院（2008）浦民三（知）初字第 483 号民事判决书。
② 北京市第一中级人民法院（2013）一中民终字第 3142 号民事判决书。

承担赛事执行费用共 8200704 元，并获得该赛事在中国大陆地区的独家视频转播权。在上述赛事进行期间，原告通过第三方网站对比赛进行了全程、实时的视频直播。同时，原告还授予另一家第三方网站独家直播/转播的权利，并收取授权费用 600 万元。被告未经授权，以通过客户端旁观模式截取赛事画面配以主播点评的方式实时直播该赛事。原告诉至法院，请求判令被告停止侵权，消除影响，赔偿经济损失 800 万元以及维权的合理开支 211000 元。

裁判摘要

一审裁判摘要

网络用户仅能在被告直播的特定时间段内观看正在进行的涉案赛事，原告主张被侵害的视频转播权既不属于信息网络传播权，亦不属于其他法定的著作权权利，且比赛画面不属于著作权法规定的作品。原告关于被告侵害其著作权的主张不能成立，但被告构成不正当竞争，应承担消除影响、赔偿经济损失及合理费用共计 110 万元。

二审裁判摘要

原审被告提出原告主张的视频转播权不属于法定的著作权权利，比赛画面不属于著作权法规定的作品，关于侵害著作权的主张不能成立。被告明知涉案赛事由原告举办、原告享有涉案赛事的独家视频转播权、并付出了较大的办赛成本，在未取得任何授权许可的情况下，向用户提供了涉案赛事的部分场次比赛的视频直播。证据显示，当时被告对涉案赛事的转播所吸引的观众数量已达较大规模。被告未对涉案赛事的组织运营进行任何投入，也未取得视频转播权的许可，却免费坐享原告投入大量人力、物力、财力组织运营的赛事所产生的商业成果，为自己谋取商业利益和竞争优势，其实际上是一种"搭便车"行为，夺取了原本属于原告的观众数量，导致其网站流量严重分流，影响其广告收益能力，损害其商业机会和竞争优势，弱化其网络直播平台的增值力。因此，被告的行为违反了反不正当竞争法中的诚实信用原则，违背了公认的商业道德，损害了原告合法权益，破坏了市场竞争秩序，具有明显的不正当性，构成不正当竞争。

拓展思考

知识产权法律制度总是面临新技术的挑战，这也造成立法常常落后于实践需要。无论是在国内还是国外，法官在司法活动中的主观能动"造法"曾经为知识产权法律制度的发展做出了重大贡献。与此同时，在法官的"造法"活动中，也的确存在一些超越立法意图、自主创设新形态知识产权的现象。为此，有观点指出知识产权制度的创设是一个以自由为起点、以社会整体效率为连接点、以社会正义为依归的完整链条，"凡是知识产权特别法没有明确授权的就是民事主体不能享有的，至少是知识产权特别法所不鼓励的"①。有观点指出法院上述做法的思想根源是"劳动自然权"学说在知识产品领域的不正确扩张适用，根本上违背了我国知识产权立法中基于"激励学说"的指导思想，脱离现阶段的中国现实。② 法律有可能承认特定民事利益、为其提供保护，但这并不意味着这种民事利益就构成一种私法上的法定权利。在前述案例中，尽管原告就特定电子竞技赛事的视频转播行为付出大量投入、享有经济利益，但视频转播权不在《著作权法》第 10 条第 1 款所明确列举的专有权利中。二审判决没有认可被告行为构成著作权侵权，而是从诚实信用原则、商业道德等角度认定被告行为侵害原告合法权益、破坏市场竞争秩序，构成不正当竞争行为。

---

① 李扬：《知识产权法定主义及其适用》，《法学研究》2006 年第 2 期。
② 崔国斌：《知识产权法官造法批判》，《中国法学》2006 年第 1 期。

第五章　邻接权

邻接权，也叫著作权的相关权利，或传播者权，是指作品的传播者对传播作品的成果所享有的权利，主要包括表演者权、录音制品制作者权、广播组织权等。我国著作权法规定了四种邻接权，表演者权、音像制作者权、广播组织权和出版者权。与狭义的著作权不同，邻接权的对象是封闭式、列举式的，未被列举的不属于邻接权。

第一节　表演者权

一、概述

表演者对其表演享有的支配权。表演者权，权利人是表演者，对象是表演。表演主要是将作品传递给公众，如将音乐作品表演为演唱、弹奏。《著作权法》第 38 条规定，使用他人作品演出，表演者（演员、演出单位）应当取得著作权人许可，并支付报酬。演出组织者组织演出，由该组织者取得著作权人许可，并支付报酬。使用改编、翻译、注释、整理已有作品而产生的作品进行演出，应当取得改编、翻译、注释、整理作品的著作权人和原作品的著作权人许可，并支付报酬。

二、表演者权的内容

核心知识点

《著作权法》第 39 条规定："表演者对其表演享有下列权利：（一）表明表演者身份；（二）保护表演形象不受歪曲；（三）许可他人从现场直播和公开传送其现场表演，并获得报酬；（四）许可他人录音录像，并获得报酬；（五）许可他人复制、发行出租录有其表演的录音录像制品，并获得报酬；（六）许可他人通过信息网络向公众传播其表演，并获得报酬。被许可人以前款第（三）项至第（六）项规定的方式使用作品，还应当取得著作权人许可，并支付报酬。"

《著作权法》第 41 条规定，本法第 39 条第 1 款第（一）项、第（二）项规定的权利的保护期不受限制。本法第 39 条第 1 款第（三）项至第（六）项规定的权利的保护期为五十年，截止于该表演发生后第五十年的 12 月 31 日。

表演者权的法律制度包括如下规则：

1. 权利主体。权利人通常是自然人，但我国包括演出单位。这是为了解决团体表演的权属。同时没有明确规定什么情况下是单位，什么是自然人，更容易产生纠纷。所以，当事人需要另行约定权属。

2. 表演者和著作权人的关系。表演可视为对作品的演绎，所以对表演的利用需要经过原作品著作权人的许可、以及表演者的许可。

3. 表演者的权利。表演者的权利包括人身权利和财产权利。人身权利包括两项，表明表演者身份、保护表演形象不受歪曲；财产权利包括四项，包括许可他人现场直播、录音录像、复制发行、信息网络传播等方面。总体而言，保护较为全面。

4. 权利期限。表演者人身权利永久保护；财产权利保护期限为 50 年，截止到首次表演发生后的第 50 年的 12 月 31 日。

典型案例

案例一：郭德纲诉广东飞乐影视制品有限公司等侵犯表演者权纠纷案：北京市朝阳区法院（2006）朝民初字第 18477 号民事判决书。

基本案情

1999 年，郭德纲等人应邀接受天津电视台节目录制《幽默、相声小段》，并同意其作为电视台节目播放。2006 年，天津电视台授权飞乐影视公司出版发行 DVD 光盘《非著名相声演员郭德纲［对口相声］》，内有郭德纲等人相声 21 段。郭德纲等人发现后，认为飞乐影视公司侵犯表演者权，将其诉至法院。

裁判摘要

郭德纲等人作为涉案 21 段相声的表演者，其享有许可他人复制、发行录有其表演的音像制品，并获得报酬的权利。任何人未经其许可，不得擅自使用其表演复制、发行音像制品。现郭德纲只承认曾许可天津电视台使用涉案 21 段相声录制电视节目并在电视台播出，而否认许可天津电视台使用涉案 21 段相声出版音像制品。而天津电视台亦不能证明其授权的行为。据此，不能认定郭德纲许可天津电视台使用其表演的涉案 21 段相声出版音像制品。为此，天津电视台也就无权授权飞乐影视公司使用涉案 21 段相声出版音像制品。飞乐影视公司虽然与天津艺术中心签订了协议书，但其并不能通过该协议书取得使用涉案 21 段相声的合法授权。

飞乐影视公司作为《非著名相声演员郭德纲［对口相声］》DVD 音像制品的版权提供方，在获取授权时并未审查其中含有的相声作品作者、表演者与天津电视台之间的权利关系，也未审查协议中提到的《幽默、相声小段》节目联合录制单位的授权，疏于履行审查义务，主观上存在过错。鉴于飞乐影视公司并未就使用涉案 21 段相声取得郭德纲的合法授权，具有主观过错，因此其应当承担相应的侵权责任。

郭德纲要求飞乐影视公司停止侵权、赔礼道歉以消除影响、赔偿损失的主张，于法有据，本院予以支持。就具体的赔偿数额，由于郭德纲没有就其主张提交相应证据，故本院将参考《非著名相声演员郭德纲［对口相声］》DVD 音像制品的发行批发价、飞乐影视公司和九洲音像出版公司的侵权过错程度，酌情判处为六万七千元。

案例二：唱金公司诉文联音像出版社案：河北省高级人民法院（2007）冀民三初字第 1—1 号民事判决书；最高人民法院（2008）民三终字第 5 号民事判决书。

基本案情

河北省梆子剧院职工张特、王昌言、张占维等人整理完成剧目《蝴蝶杯》，职工王焕亭等人整理完成剧目《陈三两》，外聘尚羡智、职工张占维等人整理完成剧目《双错遗恨》。后河北省梆子剧院与唱金公司签订合同，由唱金公司出版发行该剧院演出的《蝴蝶杯》《陈三两》《双错遗恨》等剧目的音像制品。2004 年，尚羡智等人及其继承人授权文联音像出版社出版《蝴蝶杯》《陈三两》《双错遗恨》等剧目的音像制品。唱金公司发现后，将文联音像出版社诉至法院。

裁判摘要

戏剧类作品演出的筹备、组织、排练等活动均由剧院或剧团等演出单位主持，演出所需投入亦由演出单位承担，演出体现的是演出单位的意志，故对于整台戏剧的演出，演出单位是著作权法意义上的表演者。在没有特别约定的情况下，演员个人不享有表演者的权利。河北省梆子剧院有权据此许可唱金公司出版、发行该录像制品。

唱金公司发行了《蝴蝶杯》《陈三两》《双错遗恨》等录像制品。对于上述音像制品，其获得了河北省梆子剧院等作为表演者的演出单位的许可，获得了录像制作者的授权或者其本身为录像制作者，在存在剧本、唱腔著作权人的情况下亦获得了著作权人的许可。唱金公司据此享有独家出版、发行录有相关剧目表演的录像制品的权利。他人未经许可亦不得侵犯。

文联音像出版社出版发行的涉案剧目光盘中，《蝴蝶杯》与唱金公司发行的录像制品系来源于同一次录制过程，由于唱金公司对该录像制品享有独家发行权，文联音像出版社出版发行的录像制品虽然进行了不同的编辑和取舍，仍然侵犯了唱金公司的权利。其二者关于唱金公司对《蝴蝶杯》未取得完整授权、其未侵权的上诉主张没有事实和法律依据，本院不予支持。

拓展思考

作为表演者的演员和演出单位在表演者权的主体认定上存在着一定冲突。最高院借鉴法人作品与自然人作品的区分，界定演出单位和自然人演员的表演者身份。最高院通过公报案例的方式，规范了法律适用：演出单位主持，演出所需投入亦由演出单位承担，演出体现的是演出单位的意志的表演，表演者是演出单位，而非自然人。

《爸爸去哪儿》《爸爸回来了》《小手牵小狗》《中餐厅》等节目中拍摄时往往事先只有大致内容并无完整剧本，主要展现明星及其子女的真实行为以突出节目的真实性。那么，这类节目中明星及其子女的日常行为属于表演吗？

第二节　音像制品制作者权

一、概述

音像制作者权包括录音制作者和录像制作者，权利人通常为法人，提供资金、规划，承担风险。所以其权利没有人格利益，只有财产。录音制品包括任何声音的原始录制，可以是作品表演的录音如音乐如朗诵，也可是对非作品的录音如虫鸣水流松涛。录音制作者，是指录音制品的首次制作人。录像制品，是指任何连续画面的原始录制品，但不构成视听作品。传统邻接权和国际公约无录像制品，国外保护录像制品不多。我国立法者认为有录音制品而没录像制品不科学，所以增加了录像制品。其法律意义在于保护无独创性的录像，如教学录像、体育比赛录像。

二、音像制品制作者权的内容

核心知识点

《著作权法》第42条规定，录音录像制作者使用他人作品制作录音录像制品，应当取得著作权人许可，并支付报酬。录音制作者使用他人已经合法录制为录音制品的音乐作品制作录音制品，可以不经著作权人许可，但应当按照规定支付报酬；著作权人声明不许使用的不得使用。

《著作权法》第43条规定，录音录像制作者制作录音录像制品，应当同表演者订立合同，并支付报酬。

《著作权法》第44条规定，录音录像制作者对其制作的录音录像制品，享有许可他人复制、发行、出租、通过信息网络向公众传播并获得报酬的权利；权利的保护期为五十年，截止于该制品首次制作完成后第五十年的12月31日。被许可人复制、发行、通过信息网络向公众传播录音录像制品，应当同时取得著作权人、表演者许可，并支付报酬。

音像制品制作者权的法律规则中，需要注意以下内容：

1. 音像制品制作者和著作权人的关系。使用他人作品制作音像制品需要经过著作权人的许可；如果使用的作品属于演绎作品，则需要原作品著作权人的许可以及演绎作品著作权人的许可。

2. 音像制品制作者和表演者的关系。录制表演者表演的，音像制品制作者需要经过表演者的许可。如果表演的是他人作品，则需要经过作品著作权人和表演者双方的许可。

3. 音像制品制作者的权利。音像制品制作者的权利包括许可他人复制、发行、通过信息网络传播、出租等方面。WPPT 中还规定了机械表演，但我国著作权法还未规定。

4. 权利期限。权利的保护期为五十年，截止于该制品首次制作完成后第五十年的 12 月 31 日。

5. 音乐作品翻唱的法定许可。录音制作者使用他人已经合法录制为录音制品的音乐作品制作录音制品，可以不经著作权人许可，但应当按照规定支付报酬；但著作权人声明不许使用的不得使用。法律允许翻唱的法定许可，旨在促进同一音乐作品有不同的表演版本。

典型案例

案例一：劳婧华诉上海麦克风文化传媒有限公司信息网络传播权纠纷案：上海市浦东新区人民法院（2015）浦民三（知）初字第 949 号民事判决书；上海知识产权法院（2016）沪 73 民终 30 号民事判决书。

基本案情

劳婧华创作小说《香火》，于 2009 年与国文润华公司签订出版合同，国文润华公司依据合同享有《香火》5 年的电子版权、报刊摘登权、连载权、广播权、影视版权、声像版权等著作权。上海倾听公司将《香火》小说录制为音频节目《香火》，并授权麦克风公司使用《香火》音频节目。麦克风公司 2015 年在"蜻蜓 FM"网站上向公众提供《香火》在线听书服务。劳婧华将麦克风公司诉至法院。

裁判摘要

《香火》小说在对主题思想、故事情节等的表达上具有一定的独创性，属于小说类型的文字作品。劳婧华系该作品的作者，依法享有该作品的著作权。涉案"蜻蜓 FM"网站上的涉案有声读物《香火》与涉案作品的内容一致，属于对涉案作品的声音演播内容所制作的录音制品。麦克风公司通过涉案"蜻蜓 FM"网站向公众提供涉案作品的有声读物，使公众可以在其个人选定的时间、地点获得该有声读物。根据《著作权法》的规定，录音录像制作者对其制作的录音录像制品享有许可他人使用的权利，被许可人复制、发行、通过信息网络向公众传播录音录像制品，还应当取得著作权人、表演者许可，并支付报酬。因此，麦克风公司提供涉案作品的有声读物的行为如果未取得著作权人即劳婧华的许可，则构成侵害劳婧华享有的信息网络传播权。

拓展思考

利用他人作品录制的录音制品上具有"多重所有权"的权利构造。利用录音制品进行网上传播，既需要经过录音制品制作者的许可，也需要经过原作品著作权人的许可。

案例二：《打起手鼓唱起歌》案①：最高人民法院（2008）民提字第 51 号民事判决书。

基本案情

施光南作曲、韩伟作词创作音乐作品《打起手鼓唱起歌》，1990 年施光南去世后，其继承人洪如丁及词作者韩伟分别将该音乐作品的公开表演权、广播权和录制发行权分别授权音著协管理。2004 年，罗林与大圣公司合作出版音乐专辑《喀什噶尔胡杨》，内有《打起手鼓唱起歌》一曲。后大圣公司与广州音像出版社合作制作出版发行《喀什噶尔胡杨》20 万张，并向音著协支付相应费用。后《喀什噶尔胡杨》为 90 万张，洪如丁、韩伟认为广州音像出版社等侵犯其著作权，将其诉至法院。

裁判摘要

《著作权法》第 39 条第 3 款设定了限制音乐作品著作权人权利的法定许可制度，即"录音制作者使用他人已经合法录制为录音制品的音乐作品制作录音制品，可以不经著作权人许可，但应当按照规定支付报酬；著作权人声明不许使用的不得使用"。该规定虽然只是规定使用他人已合法录制为录音制品的音乐作品制作录音制品可以不经著作权人许可，但该规定的立法本意是为了便于和促进音乐作品的传播，对使用此类音乐作品制作的录音制品进行复制、发行，同样应适用《著作权法》第 39 条第 3 款法定许可的规定，而不应适用第 41 条第 2 款的规定。因此，经著作权人许可制作的音乐作品的录音制品一经公开，其他人再使用该音乐作品另行制作录音制品并复制、发行，不需要经过音乐作品的著作权人许可，但应依法向著作权人支付报酬。

最高人民法院根据原审法院查明的事实，确认《喀什噶尔胡杨》专辑录音制品复制、发行的数量为 90 万张，故大圣公司、广州音像出版社应据此依法向洪如丁、韩伟支付报酬。具体计算方式可分两部分：第一部分，广州音像出版社已向中国音乐著作权协会支付的 20 万张音乐作品使用费 21900 元，故洪如丁、韩伟可依法向中国音乐著作权协会主张权利；第二部分，未支付报酬的 70 万张音乐作品使用费，可以按照《录音法定许可付酬标准暂行规定》计算，即批发价 6.5 元×版税率 3.5%×音制品发行数

---

① 参见于晓白：《录音制品法定许可的法律适用——最高人民法院再审洪如丁等诉大圣公司等侵犯音乐作品著作权纠纷案》，《人民法院报》2008 年 11 月 28 日第 5 版。

量 70 万张÷11 首曲目，由此计算出大圣公司、广州音像出版社应向洪如丁、韩伟支付的报酬为 14477 元。

案例三：广州爱拍网络科技有限公司与酷溜网（北京）信息技术有限公司著作权合同纠纷案：北京市朝阳区人民法院（2014）朝民（知）初字第 30357 号民事判决书，北京知识产权法院（2015）京知民终字第 601 号民事判决书。

基本案情

杨莉君、郭照明等人将个人游戏画面视频"V3 雷神实战性能测试"等视频发布于爱拍公司网站。按照网站协议约定，上传作品需独家发布于爱拍，并印有爱拍图标，并由爱拍独家使用。酷 6 网将该视频转载，放置于酷 6 网游戏栏目中，并可通过百度视频检索链接，并印有爱拍和酷 6 网图标。爱拍公司发现后将酷 6 网诉至法院。

裁判摘要

涉案视频仅仅是对游戏画面的机械录制，虽然游戏的过程会体现游戏玩家的思路和技巧，但因所录制的画面、配音内容简单，该等画面和配音的组织、编排本身无须付出独创性的智力活动，难以构成著作权法意义上的作品。尽管如此，我国著作权法规定，录音录像制作者对其制作的录音录像制品，享有许可他人复制、发行、出租、通过信息网络向公众传播并获得报酬的权利。因此，虽然涉案视频不构成作品，但该等视频作为录像制品，同样受《著作权法》的保护。

因网络传播的视频易于改动，添加本网站图标成为各视频网站的通常做法，仅依据此类图标不能认定被标注者当然享有著作权法上的权利。故对于"爱拍原创"的图标是否能作为认定爱拍公司继受取得涉案视频权利的标志，应根据爱拍公司是否与涉案视频制作者签订授权许可协议判断。根据爱拍公司提交的证据，可以认定杨莉君、郭照明等人分别与爱拍公司签订有《爱拍红人签约协议》。根据该等协议，该等制作者同意将其在双方约定期限内所制作视频的独家使用权授予爱拍公司。故根据爱拍公司与该等制作者之间的书面约定，可以认定，视频制作者分别已将其制作的视频的独家使用权授予爱拍公司。

爱拍公司认为酷 6 网公司在提供涉案视频时未尽到审查义务，且获得直接的经济利益，故构成共同侵权。酷 6 网公司抗辩称其作为视频分享平台，因爱拍公司未发出合法有效的通知，且在爱拍公司明确涉案被控侵权的 23 段视频及网络地址后，该公司即已删除，故其不应承担责任。

拓展思考

游戏视频录像可以构成录像制品，进而得到著作权法的保护。酷 6 网通过避风港规则，避免了侵权责任。

第三节 广播组织者权

一、概述

广播电台、电视台对其播放的节目享有的支配权。权利主体是电台、电视台。对象是节目，任何由声音或图像组成的信号集合。常见的节目主要包括体育比赛、新闻事件的节目等。广播组织传播行为是播放，即凡是广播电台电视台播放的节目就受到保护，而并非制作。

二、广播组织者权的内容

核心知识点

《著作权法》第46条规定，广播电台、电视台播放他人未发表的作品，应当取得著作权人许可，并支付报酬。广播电台、电视台播放他人已发表的作品，可以不经著作权人许可，但应当按照规定支付报酬。

《著作权法》第47条规定，广播电台、电视台有权禁止未经其许可的下列行为：（一）将其播放的广播、电视以有线或者无线方式转播；（二）将其播放的广播、电视录制以及复制；（三）将其播放的广播、电视通过信息网络向公众传播。广播电台、电视台行使前款规定的权利，不得影响、限制或者侵害他人行使著作权或者与著作权有关的权利。本条第一款规定的权利的保护期为五十年，截止于该广播、电视首次播放后第五十年的12月31日。

《著作权法》第48条规定，电视台播放他人的视听作品、录像制品，应当取得视听作品著作权人或者录像制作者许可，并支付报酬；播放他人的录像制品，还应当取得著作权人许可，并支付报酬。

广播组织者权这一法律概念需要注意以下内容：

1. 广播组织的权利。广播组织的权利包括转播权、录制权、复制权等。其中，转播，就是一个广播组织播放另一个广播组织的节目。转播要求同时，可以是有线，也可以是无线。录制是将其播放的广播、电视录制在音像载体上。复制，是指复制含有其节目的音像载体。目前尚缺少信息网络传播权等内容。

2. 权利期限。权利的保护期为五十年，截止于节目首次播放后第五十年的12月31日。

3. 法定许可。节目播放往往会涉及到著作权人、表演者、音像制作者等较多权利主体。为了减少交易成本，著作权法设置了大量的法定许可。广播电台、电视台播放他人已发表的作品，可以不经著作权人许可，但应当支付报酬。但是，广播电台、电视台播放他人未发表作品、视听作品则不属于法定许可，需要经过著作权人许可。这里，表演者被法律忽视了，法院裁判时依据商业习惯将其解释为合理使用，即因为法律没有明文规定，所以广播电台、电视台使用他人表演，可以不经过表演者许可，也不给付报酬。

典型案例

案例一：河南有线公司诉商丘同方恒泰公司侵害广播组织权案：河南省商丘市中级人民法院（2014）商民一初字第 7 号民事判决书；河南省高级人民法院（2014）豫法知民终字第 249 号民事判决书。

基本案情

中央电视台与中广影视卫星公司是"两套牌子、一套人马"。中央电视台授权中广影视卫星公司从事中央电视台版权及邻接权的转播与经营：通过中广影视卫星公司授权，第三方可转播中央电视台的电视节目，但第三方不得转授权。河南有线公司经中央电视台、中广影视卫星有限责任公司授权，在河南省辖区范围内对中央电视台第 3、5、6、8 套电视节目进行经营管理、收视费收缴、知识产权保护。河南有线公司 2004 年成立全资子公司河南广电公司。商丘电视台成立商丘同方恒泰公司，并于 2008 年从河南广电公司购买了传输中央电视台第 3、5、6、8 套电视节目的播放设备并缴纳了收视费，但双方未签订书面合同。商丘同方恒泰公司认为已经永久取得了河南有线公司的授权。河南广电公司认为授权期限仅一年。2013 年，河南有线公司将商丘同方恒泰公司诉至法院，要求其停止侵权、损害赔偿。

裁判摘要

一审裁判摘要

本案是一起侵犯广播组织权的纠纷。一审法院认为，河南广电公司是河南有线公司的全资子公司，其授权行为得到河南有线公司追认。授权期限约定不明，法院认定为截止到起诉之日。故商丘同方恒泰公司无须损害赔偿。

二审裁判摘要

河南广电公司是具备独立民事行为能力、能够独立承担民事责任的法人，河南广电公司销售转播设备的民事行为不能认定为河南有线公司的民事行为。同方恒泰公司关于转播中央电视台第 3、5、6、8 套电视节目是经授权且具有长期转播权的上诉理由缺乏事实依据，不予支持。二审法院酌情确定商丘同方恒泰公司赔偿河南有线公司经济损失 40 万元。

拓展思考

本案中，河南有线公司与河南广电公司都无权授权他人转播中央电视台的节目。商丘同方恒泰公司向河南广电公司购买设备和转播权的行为本身属于河南广电公司的无权处分行为，未得到中央电视台追认后则属于无效的民事行为。本案表面上是商丘电视台与河南电视台约定不明的问题。商丘同方恒泰公司购买河南广电公司设备的行为虽然合法，但其合同目的在于转播中央电视台节目。从合同目的出发，河南广电公司无权处分行为最终造成河南广电公司的违约，商丘同方恒泰公司可要求其承担违约责任。但该案背后是中央电视台节目转播营利的商业模式问题。中央电视台授权河南有线公司从事知识产权保护和诉讼的主体资格，但不授权其转授的权利。这种在河南省不完全的代理身份导致了河南有线公司在中央电视台节目转播上，面对他人的转播，只能承担诉讼成本与收益，无法通过合同承担成本与获得收益。中央电视台的强势地位通过中广影视卫星公司的授权，引诱了河南电视台的诉讼行为，也引诱了商丘电视台的侵权行为。

案例二：嘉兴华数公司诉中国电信公司嘉兴分公司侵害广播组织权纠纷：浙江省嘉兴市南湖区人民法院（2011）嘉南知初字第24号民事判决书；浙江省嘉兴市中级人民法院（2012）浙嘉知终字第7号民事判决书。

基本案情

黑龙江电视台享有黑龙江卫视各节目的著作权和播映权，拥有黑龙江卫视之电视节目信号通过有线、无线、卫星等方式发射、传输、接入等的法定权利。其授权嘉兴华数公司为其营运区域内该电视台频道数字电视信号接收以及传输的唯一合法机构。嘉兴华数公司发现嘉兴电信公司利用IP网络通过IPTV宽带业务应用平台将来源于黑龙江电视台的广播节目传送到用户机顶盒和电视机终端，向用户播放该电视台节目，遂于2011年4月28日，以嘉兴电信公司侵犯其广播组织权为由，向嘉兴市南湖区人民法院提起诉讼，请求判令嘉兴电信公司停止侵权、赔礼道歉并赔偿损失21.7万元。

裁判摘要

本案的争议焦点在于广播组织权中的转播权是否应延伸至互联网领域。从立法原意来看，著作权法并未将网络传播行为视为"转播"。广播组织对有线转播的禁止权应限定于著作权人对有线广播享有的权利，而不应延伸至著作权人对网络传播享有的权利。广播组织并不是信息网络传播权的主体，不能控制互联网领域的传播。在立法未将该权利扩充适用于新技术的互联网领域前，不宜通过解释将传播权延伸至网络领域，且将广播组织权的转播权保护范围扩大到互联网领域将不利于我国"三网融合"政策的实施。故驳回嘉兴华数公司的诉讼请求。

拓展思考

随着电信网、广电网和互联网"三网融合"产业的发展，电视有线网络条块分割、资源分散、各自为战的局面逐渐被打破，各网运营商抢占市场份额的利益之争也愈演愈烈。本案系在这一大背景下发生的全国首例涉及网络传播的广播组织权案件。在我国著作权法未对网络领域内的转播行为是否受广播组织权保护作出明确规定的情况下，法院充分发挥填补法律空白的功能，从国内立法本意、国际公约的相关规定、法条用语的一致性以及利益衡量等角度出发，对广播组织权中"转播权"的定义作了准确解释，认定转播权的保护范围不应扩展至网络领域，为"三网融合"产业的顺利推进清除了法律障碍。

第四节　其他传播者

一、概述

除了表演、录音、录像、节目，其他传播行为也会产生传播成果，诸如古籍整理、数据库搜集等。我国对此仅规定了出版者权，以保护出版者的权益。所谓出版者权，是指图书、报刊的出版者享有的权利，内容由合同约定。出版者同时享有版式设计权。版式设计包括文字排列顺序、字体、字号、行间距，版式设计不同，赏心悦目不同。版式设计类似于作品，但保护期限较短，仅10年。

二、出版者权的内容

核心知识点

《著作权法》第32条规定，图书出版者出版图书应当和著作权人订立出版合同，并支付报酬。

《著作权法》第33条规定，图书出版者对著作权人交付出版的作品，按照合同约定享有的专有出版权受法律保护，他人不得出版该作品。

《著作权法》第35条规定，著作权人向报社、期刊社投稿的，自稿件发出之日起十五日内未收到报社通知决定刊登的，或者自稿件发出之日起三十日内未收到期刊社通知决定刊登的，可以将同一作品向其他报社、期刊社投稿。双方另有约定的除外。作品刊登后，除著作权人声明不得转载、摘编的外，其他报刊可以转载或者作为文摘、资料刊登，但应当按照规定向著作权人支付报酬。

《著作权法》第37条规定，出版者有权许可或者禁止他人使用其出版的图书、期刊的版式设计。前款规定的权利的保护期为十年，截止于使用该版式设计的图书、期刊首次出版后第十年的12月31日。

图书、报刊的出版者享有的权利，属于继受取得，而非原始取得，其内容由合同约定。裁判规则包括以下几个方面。

1. 图书出版者的权利。出版者可以依据出版合同享有专有出版权；图书出版者经作者许可，可以对作品修改、删节；图书出版者对图书的版式设计享有 10 年的专有使用权，到首次出版后的第 10 年的 12 月 31 日。

2. 图书出版者的义务。图书出版者须按时、按质、按量出版作品；图书出版者重印、再版作品的，应当通知著作权人，并支付报酬；图书脱销后，图书出版者拒绝重印、再版的，著作权人有权终止合同。

3. 出版者与著作权人的关系。出版者应当与著作权人订立出版合同，并支付报酬。如果出版的是演绎作品，则出版者需要同时经得原作品著作权人的许可。

4. 报刊的特别规定。一是期限。除非双方另有约定，否则著作权人向报社、期刊社投稿的，自稿件发出之日起十五日内未收到报社通知决定刊登的，或者自稿件发出之日起三十日内未收到期刊社通知决定刊登的，可以将同一作品向其他报社、期刊社投稿。二是法定许可。作品刊登后，除著作权人声明不得转载、摘编的外，其他报刊可以转载或者作为文摘、资料刊登，但应当按照规定向著作权人支付报酬。

典型案例

案例一：海南出版社与吉林美术出版社版式设计权纠纷案：最高人民法院（2012）民申字第 1150 号民事裁定书。

基本案情

《学前三百字》《儿童学画大全》《儿童描红大全》和《儿童剪纸大全》系吉林美术出版社于 2001 年、2005 年、2006 年出版的幼儿读物。四本书采用了吉林美术出版社的版式设计。海南出版社有限公司未经吉林美术出版社许可，于 2010 年出版了《学画大全》《描红大全》《剪纸大全》和《学前三百字》，其采用的版式设计与吉林美术出版社上述相对应图书的版式设计基本相同或仅有很小的变动。吉林美术出版社发现后认为海南出版社侵权而将其诉至法院，请求停止侵权、赔礼道歉、消除影响，损害赔偿 120 万元。海南出版社认为吉林美术出版社上述图书的版式设计仅遵循公知领域的简单排版方式，无创造性亦无显著性，不具有版式设计专用权。

裁判摘要

版式设计体现为对印刷品的版面格式的设计，包括对版心、排式、用字、行距、标点等版面布局因素的安排。图书和期刊的出版者对其出版的图书、期刊独立进行智力创作的版式设计，应受《著作权法》第 36 条的保护，禁止其他人未经许可擅自原样复制，或者很简单的、改动很小的复制以及变化了比例尺的复制。版式设计虽服务于内容，但独立于内容而存在，故版式设计专用权不保护图书和期刊的内容，即使他人出版的图书和期刊的内容相同或实质性相似，也不构成侵犯出版者的版式设计专用权。人民法院在判断出版者是否享有版式设计专用权时，按照民事诉讼"谁主张谁举证"

的举证规则，应由原告对版式设计是否系其独立创作进行举证，就版式设计的意图、特点、设计元素、布局及安排等独创部分进行说明，在原告完成独创部分的举证后，被告如认为原告不享有版式设计专用权，则应提交相应证据予以证明。此外，在判断版式设计专用权保护范围时，还应考虑版式设计专用权和设计空间的关系。版式设计有丰富的表达方式，尤其是随着电脑技术的发展，出版者更是被赋予了更大的设计和创作空间。法律鼓励出版者充分发挥其创造力，创作出更多更好的版式设计，以充分传达图书内容，提升图书品质和品位。因此，对出版者独立完成的版式设计进行保护并非限制了其他出版者的设计空间，相反促进了其他出版者创作激情和创造力，有利于鼓励出版者加大创新投入，创作出更多更好的版式设计，也有利于促进出版行业的健康发展以及图书市场的繁荣。本案中，吉林美术出版社在主张其享有涉案图书版式设计专用权时，提出了每本书所包含的 6—10 个版式设计的诸多元素。本院认为，尽管吉林美术出版社主张的版式设计中部分涉及图书内容和方法，但绝大部分是版式设计的内容，故吉林美术出版社已经初步完成了涉案图书享有版式设计专用权的举证责任。海南出版社有限公司虽主张吉林美术出版社涉案图书的版式设计仅仅是上下左右简单的行业通用的排版方式，但其既未提交在涉案图书出版之前公开出版的相同或基本相同版式设计的其他图书，也未提交行业通用的排版方式的相关规定以及其他能证明其主张的证据。此外，版式设计的简单复杂或创造性的高低并不是判断出版者享有版式设计专用权的标准。且海南出版社有限公司在上下左右的排版方式中对相关图书内容的布局和安排也有一定的设计空间，并不是没有其独创的空间，而必须要与吉林美术出版社涉案图书的版式设计基本一致，否则无法实现其图书的版式设计。故海南出版社有限公司主张吉林美术出版社的版式设计没有版式设计专用权和独创性的理由不能成立，本院不予支持。

　　本案中，海南出版社有限公司出版的《剪纸大全》《描红大全》《学画大全》《学前三百字》在版式设计方面与吉林美术出版社相对应图书的版式设计除在个别版式设计元素上做微小改动外，基本一致，构成对吉林美术出版社版式设计的使用。根据《著作权法》第 36 条的规定，海南出版社有限公司未经吉林美术出版社的许可，在其出版的《剪纸大全》《描红大全》《学画大全》《学前三百字》上使用吉林美术出版社涉案图书的版式设计，侵犯了吉林美术出版社的版式设计专用权。海南美术出版社有限公司主张其出版的四本书虽然从视觉上与吉林美术出版社涉案图书在排版上有些相似，但其既没有"复制"，也没有"很简单的、改动很小的复制以及变化了比例尺的复制"，未侵犯吉林美术出版社的版式设计专用权的申请再审理由既与事实不符，亦无法律依据，本院不予支持。

　　案例二：中华书局诉国学网侵犯著作权纠纷案：北京市海淀区法院（2011）海民初字第 12761 号民事判决书。

基本案情

中华书局汇集百位文史专家、投入巨大成本，点校二十四史和清史稿并付诸出版。国学网购买二十四史和清史稿后，将其制作为电子版本，其点校与中华书局版本略有差异。中华书局认为其点校的作品构成演绎作品，国学网构成侵权。国学网认为，古籍点校工作的目标是力求点校后的作品文意与原作一致，此种为"复原"他人作品的创作不应当受《著作权法》保护。古籍点校作品的表达具有局限性，不同的古籍整理人员对于相同的古籍文字内容可能会"趋同"。即有相同的表达，不能因为前人的表达就禁止后人作出相同的表达。

裁判摘要

中华书局公司主张权利的"二十五史"系根据相关古籍底本经分段、加注标点、文字修订等校勘工作完成的。从事涉案"二十五史"工作的人员必须具有一定的文史知识，了解和掌握相关古籍的历史背景、有关历史事件的前因后果等情况，并具备较丰富的古籍整理经验。在具体工作中，点校人员必须力求全面地理解古籍作品，尽量使整理后的古籍作品的表意排除破损、传抄时的笔误等因素，力求与历史事实、原古籍作品表意一致，以便于现代读者阅读理解。这些点校工作凝聚了古籍整理人员高度的创造性劳动，并非简单的技巧性劳动。故中华书局公司在本案中主张的以分段、加注标点和文字修订的方式完成的"二十五史"点校作品具有独创性，其点校作品应当受到《著作权法》的保护。

关于表达空间的局限性问题。从事古文点校工作的人员必须具有一定的文史知识，了解和掌握相关古籍的历史背景、有关历史事件的前因后果等情况，并具备一定的古籍整理经验。因此，不同的古籍整理人员对于相同的古籍文字内容可能会有不同的判断和选择，形成不同的表达。尤其是相对于特别熟悉相关历史知识、古籍整理经验特别丰富的点校人员，因其特别的知识背景，往往会作出与一般点校者不同的表达。可见，古文点校作品的表达空间是因不同点校者历史知识，古籍整理经验不同而有较大差异的，在涉案的"二十五史"古籍作品的点校工作中，并非仅有非常有限的表达方式。

古籍点校虽然创作空间存在一定限制，但是根据被告进行比对的结果，针对原告在本案中主张具有独创性的分段、加注标点和文字修订的校勘的内容，国学时代本"二十五史"与中华书局本"二十五史"近似的程度非常高，故而本院认定国学时代本"二十五史"与中华书局本"二十五史"构成实质性近似。

拓展思考

古籍作品进行点校形成的成果付出了大量的劳动、资金，理应受到保护。但点校在于恢复原貌，而不在于独创。古籍整理作为邻接权的对象受到保护更符合著作权法的基本原理。法院在邻接权保护缺失的背景下，将古籍整理成果视为演绎作品进行保护是不得已之举。但仍有一定的不良影响，诸如引诱他人古籍整理时规避侵权的"独创"进而有损"原意"。

第六章　著作权的行使

第一节　著作权的转让、许可和质押

一、概述

一般认为著作人身权专属于著作权人，不能转让、继承和遗赠。与此相对，著作财产权则体现了著作权人同作品的使用人之间的、以对作品的一定利用方式为标的的商品关系，著作权人可以在不违反法律的情况下转让、许可和质押著作财产权，从中获取经济收益。此外，邻接权中的财产性权利同样可以成为转让、许可和质押的对象。

二、著作权的转让

核心知识点

著作权遵循的是自动保护主义，因此转让著作权与转让专利权和注册商标权不同，法律并不强制要求进行登记及公告。根据最高人民法院《关于审理买卖合同纠纷案件适用法律问题的解释》第45条的规定，法律对权利转让合同没有规定的，法院可以参照适用买卖合同的有关规定。因此在权利人就相同的著作财产权订立多重转让合同、多个转让合同均有效的情况下，只能判定成立在先合同的受让人取得相应的著作财产权。

三、著作权的许可

核心知识点

由于著作财产权具有排他性，除非构成合理使用、法定许可等情形，他人未经许可使用作品均构成侵权。因此他人要合法地使用作品，原则上应当与权利人订立许可使用合同。《著作权法》第26条规定了许可使用的权利的两种类型——专有使用权或者非专有使用权，因此著作权许可也可分为专有许可和非专有许可。一般而言，被许可方为获得专有许可，需要支付比非专有许可更多的交易对价。《著作权法》第33条规定："图书出版者对著作权人交付出版的作品，按照合同约定享有的专有出版权受法律保护，他人不得出版该作品。"该条中规定的图书出版者享有的"专有出版权"就是一种独占许可，图书出版者据此成为图书出版涉及的复制权与发行权的专有被许可人。著作权的专有被许可人还可以自己的名义，就他人在相同的时间、地域范围内未经许可以相同方式使用作品的行为提起诉讼。这意味着著作权的独占被许可人取得了接近于著作权人的地位，即享有排除他人以相同方式使用作品的权利。但如果这类专有许可构成类似于著作权集体管理的情形，则可能得不到我国《著作权法》保护（相关案件参见本章第二节）。而根据《著作权法实施条例》第24条的规定，"合同没有约定或者约定不明的，视为被许可人有权排除包括著作权人在内的任何人以同样的方式使用作品；除合同另有约定外，被许可人许可第三人行使同一权利，必须取得著作权人的许可"。

四、著作权的质押

核心知识点

根据《民法典》第440条的规定，著作财产权可以出质。《著作权法》第28条规定："以著作权中的财产权出质的，由出质人和质权人向国务院著作权行政管理部门办理出质登记。"具体由国家版权局负责著作权质权登记工作。根据国家版权局公布的《著作权质权登记办法》第3条的规定，与著作权有关权利中的财产权也可以出质。根据该《登记办法》，以著作权出质的，出质人和质权人应当订立书面质权合同，并由双方共同向登记机构办理著作权质权登记；著作权质权的设立、变更、转让和消灭，自记载于《著作权质权登记簿》时发生效力；著作权出质期间，未经质权人同意，出质人不得转让或者许可他人使用已经出质的权利。

典型案例

张伟明与商务印书馆国际有限公司侵犯著作权纠纷案：北京市第二中级人民法院（2002）二中民初字第10435号民事判决书；北京市高级人民法院（2003）高民终字第340号民事判决书。

基本案情

原告通过委托创作的方式获得了《印第安神话故事》一书的著作权，并与宗教文化出版社签订"图书出版合同"，约定宗教文化出版社在五年内享有出版该书的专有出版权。之后，被告与王冶（笔名陶冶）签订图书出版合同，王冶保证拥有出版发行"中国少儿经典故事丛书"的专有权，并将该项权利授予商务印书馆。商务印书馆出版发行了"中国少儿经典故事丛书"，该套丛书包括《印第安神话故事》，署名为"陶冶主编"。于是商务印书馆出版发行了"中国少儿经典故事丛书"，该套丛书包括《印第安神话故事》一书，该书收录了与张伟明书相同的50篇神话故事，亦分为三个组成部分，每一部分包括的故事与张伟明书相同，只是三个部分的排列顺序与张伟明书相比略有变化。原告主张被告侵害了他对《印第安神话故事》一书的使用权和获得报酬权。

裁判摘要

一审裁判摘要

根据委托创作合同的明确约定，原告对《印第安神话故事》一书享有除署名权以外的著作权。该书在内容的选择与编排上体现出作品的独创性，属于汇编作品。被告出版发行的图书在内容的选择与编排上直接利用了原告的创造性劳动，构成对原告的汇编作品著作权的侵害。被告应就其出版发行图书侵害了原告享有著作权的汇编作品的使用权及获得报酬权一事承担停止侵权、返还侵权所得利润的民事责任。

二审裁判摘要

被告应就其出版发行的图书侵害了原告享有著作权的汇编作品的著作权一事承担停止侵权的民事责任。但根据《著作权法实施条例》的规定，图书出版者在合同有效期内和在合同约定地区内，享有以同种文字的原版、修订版的方式出版图书的独占权利。因此，著作权人将作品的专有出版权授予他人后，对实施了侵犯专有出版权侵权行为的侵权人一般不能要求经济赔偿，只有在侵权行为给著作权人造成经济损失的情况下，著作权人才可以要求经济赔偿。原告与宗教文化出版社签订的"图书出版合同"约定宗教文化出版社在5年内享有《印第安神话故事》一书的专有出版权，其获得报酬的方式是按稿酬一次性结算，故被告的侵权行为并未给原告造成经济损失。原审法院判定被告向原告返还侵权所得利润是错误的，应予纠正。

拓展思考

根据我国《著作权法》第33条的规定，"图书出版者对著作权人交付出版的作品，按照合同约定享有的专有出版权受法律保护，他人不得出版该作品"。从"合同约定"这一表述来看，所谓专有出版权是基于著作权许可合同而产生的权利，《著作权法》将其放在邻接权部分并不准确。有鉴于此，《著作权法第三次修改草案（送审稿）》将有关出版合同的规定移到了著作权许可使用合同部分。因此在法律适用中需准确把握专有出版权等专有许可权的权利主体与权利性质。

《著作权法实施条例》第24条规定："著作权法第二十四条规定的专有使用权的内容由合同约定，合同没有约定或者约定不明的，视为被许可人有权排除包括著作权人在内的任何人以同样的方式使用作品；除合同另有约定外，被许可人许可第三人行使同一权利，必须取得著作权人的许可。"可见根据合同享有专有使用权的被许可人事实上对于作品享有排他性的使用权利，其法律地位已经与著作权人接近。而著作权人通过合同专有许可出版社出版该作品时，已经通过收取许可费的形式获取了收益。因此当发生授权出版范围内的侵权行为时，经济利益遭受直接损失的是专有被许可人，著作权人无法再主张经济赔偿损失。

第二节　著作权集体管理

一、概述

著作权集体管理指特定组织经权利人授权，集中行使权利人的有关权利并以自己的名义订立许可使用合同、收取转付使用费、进行有关的诉讼与仲裁等活动。

二、著作权集体管理组织

核心知识点

我国《著作权法》第 8 条规定："著作权人和与著作权有关的权利人可以授权著作权集体管理组织行使著作权或者与著作权有关的权利。依法设立的著作权集体管理组织是非营利法人，被授权后可以以自己的名义为著作权人和与著作权有关的权利人主张权利，并可以作为当事人进行涉及著作权或者与著作权有关的权利的诉讼、仲裁、调解活动。"著作权集体管理组织指为权利人的利益依法设立，根据权利人授权、对权利人的著作权或者与著作权有关的权利进行集体管理的社会团体。在我国，著作权集体管理组织的设立与运作都需遵循国务院发布的《著作权集体管理条例》。一般认为著作权集体管理组织与著作权人之间在法律上接近于一种信托关系。

典型案例

深圳市声影网络科技有限公司与南京卡乐门餐饮娱乐有限公司侵害其他著作财产权纠纷案：南京市鼓楼区人民法院（2014）鼓知民初字第 103 号民事判决书；江苏省南京市中级人民法院（2015）宁知民终字第 159 号民事判决书。

基本案情

《错错错》等 40 首音乐作品的词曲作者与广州东嘉公司订立了授权书协议，内容为将其在有关音乐作品中享有的词曲著作权的所有权利（署名权除外）专属独家授权至广州东嘉公司，广州东嘉公司可按自身意愿全权使用相关音乐作品，并有权对第三方转授并进行著作权维权。之后，广州东嘉公司与广东播种者投资有限公司签订《授权书》，内容为将上述权利专属独家授权至广东播种者公司。广东播种者公司又与原告订立授权合同，内容为广东播种者公司将其依法拥有的音乐作品和音乐电视作品的词曲著作权、复制权、放映权、广播权以专有的方式授权给原告，原告据此可以以自己的名义享有对卡拉 OK 等公共娱乐场所经营者授权使用的独家管理权，并有权以自己的名义向侵权使用者提起诉讼，授权音乐作品列表中包括涉案的《错错错》等40首音乐作品。被告经营地点在南京市，经营范围为歌舞娱乐、餐饮服务等。原告诉称其获得了《错错错》等一批音乐作品著作权人包括但不限于音乐作品的表演权、复制权等权利在中国大陆地区卡拉OK等娱乐场所通过点播系统进行播放及运营的专有授权，享有对卡拉OK授权使用上述音乐作品的独家管理权并可以以自己的名义向侵害上述权利的第三方提起诉讼。被告未经其许可，也未经原著作权人授权，以营利为目的擅自在其经营的娱乐场所内大量使用上述音乐作品，侵犯了其对上述音乐作品的词、曲、音的表演权和复制权，严重侵害了其合法权益。被告则辩称，原告并不能证明其对涉案音乐电视作品享有合法权利，且被上诉人已向中国音像著作权集体管理协会缴纳曲库的版权使用费，已经尽到了版权注意义务，不应当承担侵权赔偿责任。

裁判摘要

根据我国《著作权法》第8条的规定，著作权人和与著作权有关的权利人可以授权著作权集体管理组织行使著作权或者与著作权有关的权利，著作权集体管理组织被授权后，可以以自己的名义为著作权人和与著作权有关的权利人主张权利，并可以作为当事人进行涉及著作权或者与著作权有关的权利的诉讼、仲裁活动。本案中，北京东嘉公司系涉案音乐专辑作品的著作权人，其于2012年10月10日将该著作权独家授权给广东播种者公司。后广东播种者公司又将该作品中词曲的著作权、复制权、放映权、广播权以专有的方式授权给原告。根据上述权利流转过程可知，原告并非涉案专辑作品的著作权人，其仅仅经许可获得了该作品的使用权，且在上诉人与广东播种者公司签订的《音像著作权授权合同》中约定，原告可以以自己的名义享有对卡拉OK等公共娱乐场所经营者授权使用的独家管理权，并有权以自己的名义向侵权使用者提起诉讼。以上约定与《著作权集体管理条例》中著作权集体管理组织的管理内容性质相同，而根据该条例规定，除著作权集体管理组织外，任何组织和个人均不得从事著作权集体管理活动。因此在本案中，原告不能以自己的名义提起诉讼。

拓展思考

在当今世界各国，对著作权进行集体管理已经成为一种常态。原因是作品被使用的范围十分广泛，形式分散且使用数量巨大，著作权人自行管理作品使用成本极高且费时费力；由于复制和传播技术的发展，作品的使用形式也更加多样化，著作权人难以全面了解、控制作品被使用的情况；作品的使用日趋国际化，著作权人自行管理作品在国外的使用存在诸多不当不便之处。"著作权的集体管理有多种含义。在最广泛的意义上，多个著作权人通过适当的机制，以将自己的著作权集中起来的形式，也可以说是著作权的集体管理……现在市场上各类版权代理公司、出版社、杂志社、唱片公司甚至某些数字图书馆等，经过原始的著作权人的授权或许可，控制着相当数量的作品的版权，可以对外发放许可。这些机构实际上就是广泛意义上的'著作权集体管理机构'"。①

但正如持上述观点的学者所指出的，尽管学理上的"著作权集体管理"概念可以很广泛，我国《著作权法》中的"著作权集体管理"则有相当狭窄和明确的指向，即"特定组织经权利人授权，集中行使权利人的有关权利并以自己的名义订立许可使用合同、收取转付使用费、进行有关的诉讼与仲裁等活动"。有资格从事上述著作权集体管理的主体也是特定的，即依照有关社会团体登记管理的行政法规和《著作权集体管理条例》的规定进行登记的著作权集体管理组织。目前在我国有五大著作权集体管理组织，分别是中国音乐著作权协会、中国音像著作权集体管理协会、中国文字著作权协会、中国摄影著作权协会、中国电影著作权协会。上述组织分别在各自所属领域内从事著作权集体管理活动。根据我国《著作权集体管理条例》第6条的规定，"除依本条例规定设立的著作权集体管理组织外，任何组织和个人不得从事著作权集体管理活动"。在前述案例中，原告等从事的行为的确具有某种著作权集体管理的属性，根据我国法律的上述规定其不具备从事我国《著作权法》中所指的著作权集体管理活动的主体资格。从法理来看，如果涉案音乐作品的著作权人已经把涉案作品交由合法的著作权集体管理组织进行排他性的集体管理，则不可能再授权他人以自己的名义享有对卡拉OK等公共娱乐场所经营者授权使用的独家管理权、以自己的名义向侵权使用者提起诉讼。

---

① 崔国斌：《著作权法：原理与判例》，北京大学出版社2014年版，第541页。

第七章　著作权的限制

第一节　合理使用

本次《著作权法》修改，对合理使用做出了如下调整：首先增设了兜底条款，即第 24 条第 1 款第 13 项"法律、行政法规规定的其他情形"；第二，明确规定了合理使用"不得影响该作品的正常使用，也不得不合理地损害著作权人的合法权益"；第三，对个别合理使用的具体情形进行了部分修改，如第 4 项将声明保留的主体从"作者"调整为"著作权人"，第 8 项增加了"文化馆"，第 9 项增加了"不以营利为目的"的要求，第 11 项将"汉语言文字"修改为"国家通用语言文字"，第 12 项修改为"以阅读障碍者能够感知的无障碍方式向其提供已经发表的作品"，等等。以下将就部分条款做详细分析。

一、合理使用的整体判断

核心知识点

修改后的《著作权法》在立法模式上从封闭式列举转变为了开放式，增加了兜底条款。表面上看，合理使用的适用似乎可以不用局限于第 24 条明文列举的十二种情形。但实质上，兜底条款的适用要求有法律、行政法规的规定，这也就意味着即使增设了兜底条款，如果其他法律、行政法规没有明文规定，法官也不能结合具体案情自由裁量。但在之前封闭式列举的立法模式下，已经有了突破法律明文规定的司法案例，其主要依据，参照的是美国《版权法》的四要素以及 TRIPS 协议中的三步检验法。本次《著作权法》修改，增加的合理使用"不得影响该作品的正常使用，也不得不合理地损害著作权人的合法权"，亦是直接吸收了三步检验法。

典型案例

王莘与北京谷翔信息技术有限公司等作品信息网络传播纠纷上诉案：北京市第一中级人民法院（2011）一中民初字第 1321 号民事判决书；北京市高级人民法院（2013）高民终字第 1221 号民事判决书。

基本案情

本案原告王莘（笔名棉棉）为涉案作品《盐酸情人》的作者。被告谷歌公司为谷歌数字图书馆的制作者，其在制作该数字图书馆的过程中全文复制了原告涉案作品。此后，被告谷歌公司将该作品提供给其在中国的关联公司被告北京谷翔公司，由该公司在其经营的谷歌中国网站上向网络用户进行片段式提供（即提供页面中仅显示相关页内容的两三个片段，每个片段约有两到三行，该页面中并不显示图书页面的全部内容）。被告谷歌公司认为，其实施的全文复制行为发生在美国，中国法院不具有管辖权；北京谷翔公司则认为，网站内容中仅涉及作品片段，不侵犯信息网络传播权。

裁判摘要

一审裁判摘要

虽然被告北京谷翔公司并未经过原告许可，但该行为符合合理使用行为的实质条件，构成合理使用行为。而谷歌公司实施的全文复制行为，与原告作品的正常作用相冲突，且对原告作品的市场利益会造成潜在危险，将不合理损害原告的合法权益，故这一全文复制行为不构成合理使用，侵犯了原告的复制权。

二审裁判摘要

在现有案件已提供了突破现行法律规定认定合理使用行为的先例，且在一些情况下如不认定涉案行为构成合理使用会对公众利益产生较大影响的情况下，结合考虑合理使用制度的设立目的，如果某一行为虽属于著作权所控制的行为又不属于第22条所列事项，但其不影响著作权人对作品的正常利用，且不会对著作权人的利益造成不合理的损害，则可认定该行为为合理使用。

拓展思考

合理使用作为著作权法中的利益平衡器，对平衡著作权人与公共利益具有重要意义。但有关合理使用的性质，理论界一直存在"权利限制说""使用者权利说""侵权阻却说"三种不同观点。对合理使用不同性质的界定，直接影响到合理使用的具体适用。著作权人通过许可协议或技术措施排除、限制行为人的合理使用时，行为人是否仍可依据著作权法的规定进行合理使用；其行为虽不构成著作权直接侵权，但行为人是否需要承担违约责任或者规避技术措施的责任，现行法律并未明确。随着信息技术的发展，以技术措施来限制合理使用将会越来越普遍。本次《著作权法》修改在第五章"著作权和与著作权有关的权利保护"部分增加了技术措施的规定，只有在第50条规定的四种情形下才可以避开技术措施，其中与合理使用对应的有三项，分别是课堂教学与科学研究、与阅读障碍者有关的、国家机关执行公务，其它情形的合理使用尚不能直接避开技术措施。如何解决著作权法与合同法、合理使用与技术措施之间的矛盾，将是著作权立法与司法中无法回避的问题。

二、适当引用

核心知识点

为介绍、评论某一作品或者说明某一问题，在作品中适当引用他人已经发表的作品，为合理使用。其核心点在于一是在目的上是介绍、评论或者说明；二是在量上是适当。

典型案例

孙富利、孙超一诉刘俊士著作权侵权纠纷案：北京知识产权法院（2016）京 73 民终 297 号民事判决书。

基本案情

原告系《专利创造性分析原理》创作者与著作权人，该书于 2012 年 9 月由知识产权出版社出版，两被告在《今日湖北》2014 年第 6 期上发表的《浅析专利法第二条第三款中技术方案的含义》，与原告书籍有相同和相似部分。原告认为被告侵犯了其著作权，且将其书籍附作为参考文献不影响侵权行为的定性。被告辩称其行为属于合理使用。

裁判摘要

二审法院认为，被告文章与原告作品中的相似部分，构成原告作品的主要部分，超出了仅应当为了介绍、评论或说明问题的范围，引用量也超出了适当的标准。同时第 22 条规定的"应当指明作者姓名、作品名称"，应使他人能根据指明的内容明确区分出作品内容所指向的作者和作品，被告采取了不规范的尾注形式，无法使引用被上诉人的作品和上诉人的作品区分开，因此，被告的行为不构成合理使用。

拓展思考

在认定某一行为是否为适当引用时，存在一种较为特殊的情形，即转换性使用。所谓转换性使用，是指对原作品的利用并非为了单纯再现原作品本身的文学、艺术价值或者实现其内在功能或目的，而是通过增加新的美学内容、新的视角、新的理念或通过其他方式，使原作品在被使用过程中具有新的价值、功能或性质，从而改变了其原先的目的和功能。[1] 转换性使用起源于美国，其适用范围近年来逐渐得到扩张，在内容上并不限于对原作品的评论、讽刺，而是有更为丰富的内容；使用行为的转换性不

---

[1] 王迁：《知识产权法教程》，中国人民大学出版社 2016 年版，第 221 页。

仅可以表现为对内容的"转换性使用",也包括对功能的"转换性使用"。[①] 我国尚未建立明确的转换性使用制度,随着合理使用立法模式从封闭式向开放式的转变,转换性使用规则也将逐步被用于我国的司法实践中。如何借鉴美国的认定标准以适应我国的司法土壤,是值得深思的问题。

三、为报道新闻而使用

核心知识点

为报道新闻,在报纸、期刊、广播电台、电视台等媒体中不可避免地再现或者引用已经发表的作品,亦为合理使用。适用该条款,首先需要满足目的要求,即为报道新闻,本次著作权法修改删除了"时事"的限定,从词义上看,"时事新闻"指的是与国计民生、社会建设、人民生活密切相关的领域里发生的重要新闻,而"新闻"则可泛指社会上新近发生的所有事情。删除"时事"的限定,扩大了该条款的适用范围。第二个要件,则要求必须是"不可避免地"再现或者引用。

典型案例

乔天富与重庆华龙网新闻传媒有限公司侵害著作权纠纷上诉案:重庆市高级人民法院(2013)渝高法民终字第00261号民事判决书。

基本案情

原告发现被告在其经营的华龙网上使用了原告的摄影作品96幅,共使用101次,其中部分作品未署名。该使用既未事先取得原告许可,也未向原告支付相应的报酬,构成著作权侵权。被告华龙网答辩称,其全文转载行为属于为报道时事新闻而合理使用原告的作品,不属于侵权行为。

裁判摘要

一审裁判摘要

从本案的证据来看,被控侵权的图片均是文章配图,在此情形下,涉案图片是否应当受到《著作权法》保护,应当将其与文字部分作为一个整体进行考量。第二组37幅图片,是以图片的形式表达事件现场的客观事实,属于时事新闻的一部分。第三组涉及的58幅图,凝聚了原告的创造性劳动,形成了58幅摄影作品。《著作权法》第22条第1款第3项规定,目的在于允许新闻报道者在用文字、广播、摄影或电影等手段报道时事新闻时,对所报道事件过程中看到或听到的作品在为报道目的正当需要范围内予以复制。而被告的行为既不是"为了报道时事新闻",也不是"不可避免地再现或

---

① 晏凌煜:《美国司法实践中的"转换性使用"规则及其启示》,《知识产权》2016年第6期。

引用已经发表的作品"，不构成合理使用。

二审裁判摘要

判断图片新闻是否为单纯事实消息并不以其所配发的文字是否为单纯事实消息为标准，而应单独审查其独创性。该案中四篇文章所配的 37 幅图片均凝聚了乔天富的创造性劳动，属于具有独创性的作品。本案所涉图片即属于新闻本身，而非新闻中不得不再现或引用的他人作品，故华龙网的此抗辩理由不能成立。

拓展思考

由于新闻报道中融合了他人作品，则该新闻报道是否属于单纯事实消息呢？对此，应区分情况讨论：不能仅因报道的是新闻，就认为该成果就一定是单纯事实消息；也不能因为该报道中包含了他人的作品，就认为构成新闻性作品。新闻报道是否属于单纯事实消息，要从整体上判断，如果该报道包含有撰稿人的独创性表达，则可以认定该报道构成新闻性作品；否则即使该报道中包含有他人作品，也只是单纯事实消息，不受《著作权法》保护。

四、对政治、经济、宗教问题的时事性文章的使用

核心知识点

报纸、期刊、广播电台、电视台等媒体刊登或者播放其他报纸、期刊、广播电台、电视台等媒体已经发表的关于政治、经济、宗教问题的时事性文章，属于合理使用的情形，但著作权人声明不许刊登、播放的除外。

典型案例

原告某投资顾问公司、某信息技术公司诉被告某信息技术股份公司、某投资管理公司著作权侵权及侵害商业秘密纠纷案（法宝引证码：CLI. C. 3924261）。

基本案情

两被告与原告存在同业竞争关系，被告以不正当手段获取原告的证券投资分析报告用于其产品"Real-View 稳赢数据"，原告认为被告侵犯了其证券投资分析报告享有的著作权。被告某投资管理公司辩称：原告证券投资分析报告的很多素材来自上市公司的业绩报告，不符合《著作权法》规定的独创性的构成要件。"Real View 稳赢数据"的功能性质以及原告的免责声明和众多行业惯例都证明某投资管理公司对原告证券投资分析报告的引用是合理使用。

裁判摘要

涉案 148 篇证券投资分析报告系原告某投资顾问公司对上市公司年度报告等各种公开信息进行筛选、整理、分析研究后完成的，凝聚了创作人员的智力成果，具有一

定的独创性，应当受《著作权法》的保护。《著作权法》第22条第1款第（四）项规定的是对"时事性文章"合理使用的情形，法律之所以如此规定，是让每个公民及时了解国家目前的政治经济情况，参与国家的政治民主生活。本案所涉的是证券投资分析报告，不属于上述规定的可以合理使用的客体，况且原告在其证券投资分析报告中声明未经许可不得以任何形式传送、发布和复制。被告的使用方式已经影响到原告对涉案作品的正常使用，一定程度上损害了两原告的合法权益，故不构成合理使用。

五、课堂教学或科学研究的使用

核心知识点

为学校课堂教学或者科学研究，翻译、改编、汇编、播放或者少量复制已经发表的作品，供教学或者科研人员使用，构成合理使用。该项有三方面限制：一是目的上只能是课堂教学或者科学研究；二是行为上只是翻译、改编、汇编、播放或者少量复制；三是人员上只能是教学、科研人员。

典型案例

毕淑敏诉淮北市实验高级中学侵犯著作权纠纷上诉案：安徽省高级人民法院（2009）皖民三终字第0014号民事判决书。

基本案情

毕淑敏为图书《红处方》的作者，对《红处方》享有著作权。实验中学的网站未经毕淑敏的许可即登载《红处方》，但进入网站点击"红处方"后出现页面显示需输入用户名和密码，不输入用户名和密码不能阅读和下载。被告认为从学校的公益和非营利性质，其行为属于为教学目的合理使用《红处方》。

裁判摘要

一审裁判摘要

实验中学作为以教学为目的的公益性教育机构，在其网站刊载《红处方》并非以传播作品和获利为目的，也无证据证明学校以此获取了利益，且学校对数字图书馆的相关作品采取需输入用户名和密码的必要保密措施，限定了使用作品的人员范围，未将该用户名和密码进入公知领域产生损害结果。因此，实验中学使用毕淑敏公开发表的《红处方》的行为属合理使用。

二审裁判摘要

根据《著作权法》第24条第1款第（六）项的规定，范围只是学校的课堂教学或者科学研究，这种课堂教学应限定于教师与学生在教室、实验室等处所进行现场教学，并且是为上述目的少量复制，这样的复制不应超过课堂教学的需要，也不应对作者作品的市场传播带来损失。本案中，实验中学将毕淑敏的涉案作品登载在网络上，不构成用于课堂教学的合理使用行为，不属于合理使用。

拓展思考

该条款并未限制"学校"的范围，但一般认为，营利性教育机构不得援引该条的合理使用，考研辅导班、托福、GRE、培训班等以营利为目的的教学不属于"课堂教学"；[①] 非营利性教育机构如果从事营利性行为，也被排除在外。《著作权法》修改前，合理使用的行为仅限于"翻译或少量复制"，未充分考虑到特殊院校的需求，如电影学院、戏剧学院对于他人作品的使用，更多的是改编、表演、摄制、播放、信息网络传播等其他行为。为兼顾这部分特殊利用行为，司法实践已突破了法律条文的字面含义。本次《著作权法》修改将"翻译或少量复制"扩展为"翻译、改编、汇编、播放或者少量复制"，但是表演、摄制、信息网络传播等行为仍未被包括在内。[②]

六、国家机关为执行公务在合理范围内使用已经发表的作品

核心知识点

该项中的国家机关是指国家的立法机关、行政机关、司法机关、法律监督机关和军事机关，包括国家机关授权或委托的其他单位；执行公务是指上述机关为了立法、执法的目的履行职责。[③] 同时必须是为了执行公务必须实施的行为，才构成合理使用。

典型案例

案例一：何平诉教育部考试中心侵犯著作权纠纷案：北京市海淀区人民法院（2007）海民初字第 26273 号民事判决书。

基本案情

原告于 2005 年年初创作了漫画《摔了一跤》，先后发表在《讽刺与幽默》报、《漫画大王》杂志上。被告 2007 年高考全国语文 I 卷命题作文《摔了一跤》的漫画，除文字内容和部分细节有所改动外，在漫画构思、结构、很多细节上与漫画《摔了一跤》完全一样，原告诉其侵犯著作权。被告认为原告所指侵权作品与原告作品存在明显不同，两者的相似性仅是神似或创意相似，并且在试题中使用他人作品是合理使用。试题中不标明作者姓名是国际通行惯例。

裁判摘要

考试中心在高考作文中使用的漫画，属于由何平漫画演绎而来的新作品。考试中

---

① 胡康生主编：《中华人民共和国著作权法释义》，法律出版社 2002 年版，第 107 页。

② 崔国斌：《著作权法：原理与案例》，北京大学出版社 2014 年版，第 607 页。

③ 参见广西壮族自治区柳州市中级人民法院（2004）柳市民初（三）字第 2 号民事判决书。

心辩称其行为为国家机关执行公务期间的合理使用行为，但何平否认考试中心为国家机关。本院认为，考试中心虽不是国家机关，但其组织高考出题的行为属于执行国家公务行为。在我国，国家机关执行公务存在两种形式，一种是国家机关自行执行公务，另一种是国家机关授权或委托其他单位执行公务。考试中心不属于国家机关，其组织高考出题的行为属于后一种情形。考试中心在组织高考试卷出题过程中演绎使用原告作品的行为，应属于为执行公务在合理范围内使用已发表作品的范畴。

本案最关键的焦点在于合理使用他人的作品应当指明作者姓名、作品名称，并且不得侵犯著作权人依照本法享有的其他权利。我国《著作权法》虽然规定了合理使用的限制条件，但其应为一般的原则性规定，实践中在某些情况下，基于条件限制、现实需要或者行业惯例，亦容许特殊情况下的例外存在。考试中心在高考作文中未将相关漫画予以署名即属于特殊的例外情况。当然考试中心出于对著作权人的尊重和感谢，可在高考结束后，以发函或致电形式对作者进行相应感谢。

案例二：郑向阳与安徽省固镇县国家税务局著作权侵权纠纷案：安徽省蚌埠市中级人民法院（2017）皖03民终1555号民事判决书。

基本案情

原告郑向阳在固镇县世纪休闲广场和城西公园分别拍摄四张照片；后郑向阳发现固镇国税局放置于该局办公楼一楼大厅东侧的宣传板上用了其拍摄的两张图片，图片上未标明图片来源及作者姓名。郑向阳认为固镇国税局擅自在展示板上使用其享有著作权的图片，同时未署名作者姓名，侵犯其对涉案作品所享有的著作权。

裁判摘要

对"执行公务"应予严格解释，只有在因公务需要不得不使用他人作品的情况下才构成合理使用，并且从使用的方式和范围、使用的数量和内容方面也应限于合理范围。本案中，固镇国税局虽按政府文件指示制作展板用于宣传，但在宣传过程中使用案涉照片的行为不是其行政管理活动中所必须实施的行为，亦不属于履行行政管理职能不可避免的情形，且其在使用时亦未标注作者姓名，故其称系合理使用的理由不能成立，不予认定其行为是为执行公务使用。

七、对艺术作品的合理使用

核心知识点

本次《著作权法》修改删除了该种情形的合理使用中"室外"的限定，意味着任何陈列在公共场所的艺术品，均可适用。但此次修法仍未涉及，对合理使用行为的成果再次利用，是否仍属于合理使用。

典型案例

山东天笠广告有限责任公司诉青岛海信通信有限公司著作权侵权纠纷案：山东省青岛市中级人民法院（2003）青民三初字第 964 号民事判决书。

基本案情

"五月的风"雕塑作品位于青岛市五四广场，是原告山东天笠广告有限责任公司接受他人委托创作的委托作品，原告为著作权人。被告青岛海信通信有限公司未经许可，擅自将"五月的风"的图案设置在其所生产的海信 2C101 型手机显示屏中。原告认为被告的行为构成著作权侵权。

裁判摘要

对设置或者陈列在室外社会公众活动处所的雕塑、绘画、书法等艺术作品，进行临摹、绘画、摄影、录像的，可以对其成果以合理的方式和范围再行使用，不构成侵权。被告在其生产的手机中虽然使用了"五月的风"雕塑图像，但是该使用方式对手机的价值不会产生影响，且被告使用"五月的风"雕塑图像未造成对原告作品的歪曲、丑化，亦未影响原告作品的正常使用，因此，被告对原告作品的使用属于法定的合理使用。

拓展思考

有关该条款规定的行为本身构成合理使用，并无太多争议。真正有争议的是对上述临摹、绘画、摄影、录像之后的结果进行的使用，是否仍可主张合理使用。《最高人民法院关于审理著作权民事纠纷案件适用法律若干问题的解释》第 18 条规定，对设置或者陈列在室外社会公众活动处所的雕塑、绘画、书法等艺术作品的临摹、绘画、摄影、录像人，可以对其成果以合理的方式和范围再行使用，不构成侵权。"合理的方式和范围"，应包括以营利为目的的"再行使用"。[①] 司法实践中也普遍遵照该司法解释的规定，认定后续的再利用行为仍属于合理使用。

第二节　法定许可

法定许可与合理使用，均不需要经过著作权人的许可，也不得侵犯著作权人的其他权利；但法定许可应当向著作权人支付合理报酬，同时著作权人声明不可使用的，

---

① 最高人民法院关于对山东省高级人民法院《关于山东天笠广告有限责任公司与青岛海信通信有限公司侵犯著作权纠纷一案的请示报告》的复函（（2004）民三他字第 5 号）。

不得使用。《著作权法》确立了四种法定许可的类型：（1）第25条第1款规定的编写出版教材；（2）第35条第2款规定的报刊转载、摘编；（3）第42条第2款规定的制作录音制品；（4）第46条第2款规定的播放作品。

一、编写出版教材的法定许可

核心知识点

编写出版教材的法定许可，仅限于为实施义务教育和国家教育规划，其他情形的教材编写，不适用法定许可。《信息网络传播权保护条例》第8条也有类似制作课件的法定许可，该规定实际是将《著作权法》中的规定延伸至网络环境。

典型案例

丁晓春诉南通市教育局、江苏美术出版社侵犯著作权纠纷案：《最高人民法院公报》2006年第9期。

基本案情

1999年2月7日，原告在街头为妻儿拍摄了一张选购红灯笼的生活照，并以"街上红灯闹"为题发表于《南通日报》"周末特刊"上。被告南通市教育局组织编写和摄影、被告江苏美术出版社出版发行的《南通美术乡土教材（小学高年级版)》使用了上述照片。原告认为两被告的行为已构成对本人著作权的侵犯；被告江苏美术出版社辩称其使用涉案照片属于法定许可。

裁判摘要

《著作权法》第23条第1款规定的教科书，应当界定为经省级以上教育行政部门批准编写、经国家专门设立的学科审查委员会通过，并报送审定委员会批准后，由国家教育委员会列入全国普通中小学教学用书目录的中小学课堂正式用书。被告江苏美术出版社出版发行《乡土教材》前，该教材的编写者未按规定履行申请核准手续，也未经教材审定委员会审查，更未经江苏省教育厅批准并列入南通市辖区范围内的《中小学教学用书目录》。因此，该教材不属于著作权法规定的教科书，被告的行为也不构成法定许可。

二、报刊转载、摘编

核心知识点

作品在报纸、期刊刊登后，除著作权人声明不得转载、摘编的外，其他报刊可以转载或者作为文摘、资料刊登，但应当按照规定向著作权人支付报酬。

典型案例

张承志诉世纪互联通讯技术有限公司侵犯著作权纠纷案：《最高人民法院公报》2000 年第 1 期。

基本案情

原告张承志是《北方的河》《黑骏马》的作者，对该作品享有著作权。被告未经许可，在其网站上传播使用了上述作品，原告认为被告侵犯了其享有的使用权和获得报酬权。被告认为，其行为仅属于"使用他人作品未支付报酬"。

裁判摘要

一审法院认为，报刊享有转载或作为文摘、资料刊登的权利，但并非所有在报纸、杂志上发表过的作品都适合于报刊转载，那些篇幅较长、能够独立成书的小说不应当包括在法律允许的范围之内，否则不利于对著作权的保护。被告世纪公司作为网络信息提供服务商，在未经原告许可的情况下即刊登其小说，这种行为不仅仅是"使用他人作品未支付报酬"的问题，还侵犯了张承志对自己作品依法享有的使用权和获得报酬权。

三、制作录音制品

核心知识点

该项法定许可仅限于制作录音制品，录像制品并不适用。同时该项中的"制作"并非直接翻录，而是要求重新制作。

典型案例

中国体育报业总社诉北京图书大厦有限责任公司、广东音像出版社有限公司、广东豪盛文化传播有限公司著作权权属、侵权纠纷案：北京市西城区人民法院民事判决书（2012）西民初字第 14070 号。

基本案情

国家体育总局创编了第九套广播体操，原告中国体育报业总社独家获得了第九套广播体操的复制、出版、发行等权利。被告广东音像公司出版、豪盛文化公司总经销的涉案第九套广播体操侵权作品，其中演示的动作与国家体育总局创编的规范动作高度相似。原告认为，被告的行为侵犯了原告对于第九套广播体操动作设计编排、伴奏音乐、口令以及相关音像制品所享有的专有复制、发行权。被告辩称，第一，广播体操不属于作品，本质上属于一种锻炼身体的"方法"；第二，对伴奏音乐的使用，属于法定许可。

裁判摘要

广播体操本质上属于思想而非表达，不属于著作权法意义上的作品。被控侵权DVD是录像制品，也不适用法定许可。此外，使用他人已合法录制的音乐作品，不能是将他人已经录制好的录音制品直接复制到自己的录制品上，而只能是使用该乐曲，由表演者重新演奏，重新制作录音制品，否则构成对著作权人、表演者、录音制作者权利的侵犯。本案中，被控侵权DVD中使用的伴奏音乐就是国家体育总局制作的录音制品，并不是重新演奏、录制的，故亦不符合法定许可的规定，构成侵权。

四、广播电台、电视台播放已发表的作品

核心知识点

该项法定许可均强调只能是"播放"，即不涉及对作品的改编，否则并不构成法定许可，而是侵犯了著作权人的其他权利。

典型案例

佛山人民广播电台与贾志刚著作权权属纠纷上诉案：北京知识产权法院（2015）京知民终字第122号民事判决书。

基本案情

原告贾志刚为图书《贾志刚说春秋》的著作权人，佛山电台在两个频道播放的谢涛《听世界·春秋》，经中国版权保护中心的比对鉴定，二者的整体结构相同，内容对应，《听世界·春秋》约有122.4万字与《贾志刚说春秋》内容表达相同。原告认为被告的行为侵犯了其著作权，被告则认为其行为属于法定许可。

裁判摘要

一审裁判摘要

广播电台广播他人已发表的作品时需指明作者姓名和作品名称，且使用时不应对他人的作品加以改动，或是仅能容许以播讲为需要的适当改动，而佛山电台在使用权利图书的过程中未给贾志刚署名，且对权利图书的改动使用明显已超过适度的范围，故佛山电台的行为不适用法定许可。

二审裁判摘要

佛山电台播放《听世界·春秋》节目，没有给作者贾志刚署名，且增加了新的内容，产生了新的作品。这种改动已不仅仅是出于播放的需要，已经构成对贾志刚作品的改编。故佛山电台播放《听世界·春秋》节目的行为不符合法定许可的规定，构成对贾志刚著作权的侵犯。

第八章 著作权的保护

第一节 著作权侵权的判定

我国《著作权法》第 52 条对侵权行为的具体形态做了列举，例如"未经著作权人许可，发表其作品""没有参加创作，为谋取个人名利，在他人作品上署名""歪曲、篡改他人作品""剽窃他人作品"等。这些列举常被指不够充分，指导法律适用的作用有限。例如其中第（五）项是"剽窃他人作品"。"剽窃"这一概念来自过去的《民法通则》第 118 条所规定的"剽窃知识产权行为"，在著作权单行立法的语境下，"剽窃""抄袭"等日常生活中常用的概念都不是严格意义上的"法言法语"，存在精确性不足的问题。[①] 现在一般认为判断某项行为是否构成著作权侵权，主要看相关行为是否进入了复制权、署名权等著作权专有权利的控制范围。例如购买盗版软件的行为并不受著作权人的复制权和发行权等专有权利控制，不构成著作权侵权。而使用盗版软件通常包括"安装"这一步骤，即向自己电脑的硬盘中复制软件，就会进入复制权的控制范围。

一、作品实质性相似的判断方法

核心知识点

在认定是否存在非法使用他人作品的行为时，如果能够通过直接的证据证明被告实施了侵犯原告对作品享有的专有权利的行为，例如行为人自己承认（但主张构成合理使用等），或者有证据直接证明行为人实施了复制他人的作品的行为，则较容易判断侵权事实存在。但在实践中，更多的时候缺乏上述直接证据，需要根据其他证据推定侵权事实存在。

当缺乏直接证据证明侵犯专有权利行为的存在、需要根据其他证据推定侵权事实存在时，我国法院较多地借鉴了美国法院常采取的"接触 + 实质性相似"这种判断方法。"接触"包括两种情形，即作品未发表、但有证据证明被告实际接触了该作品，以

---

① 参见王坤：《剽窃概念的界定及其私法责任研究》，《知识产权》2012 年第 8 期。

及作品已发表、处于公之于众的状态，推定被告已经接触了该作品。根据《最高人民法院关于审理著作权民事纠纷案件适用法律若干问题的解释》第9条的规定，"公之于众"是指著作权人自行或者经著作权人许可将作品向不特定的人公开，但不以公众知晓为构成要件。而作品之间的实质性相似，首先要明确思想的相似不构成侵权，作品中属于公有领域的、不受著作权法保护的表达之间的相似也不构成侵权，只有具有独创性的、受著作权保护的具体表达部分的相似才构成著作权侵权。在实质性相似的具体判断中，对作品做抽象分析的方法已在我国逐渐得到了较多运用。该方法是指通过抽象的手段，将作品中的思想、事实或通用元素等不受保护部分予以分离，以作品中受保护的部分进行比对，从而判定两部作品是否构成实质性相似。这一方法的主旨是为了撇开不同作品具体表达中细枝末节层面的不同，抓住更为抽象的、主干的表达之间的相似，对相关作品进行多层次的抽象概括，在此基础之上比较两作品的具体表达是否构成实质性相似。

典型案例

刘俊士诉孙富利、孙超一著作权侵权纠纷案：北京市海淀区人民法院（2015）海民（知）初字第15901号民事判决书；北京知识产权法院（2016）京73民终297号民事判决书。

基本案情

原告著有《专利创造性分析原理》一书，两被告之后在某期刊上发表了《浅析专利法第二条第三款中技术方案的含义》（以下简称《含义》）一文。原告认为《含义》一文构成了对其作品的抄袭，侵犯了其著作权。被告辩称其文章不属于对原告著作的抄袭，理由是：（1）从表达上看，其作品对"技术方案"的定义与原告作品对"技术"的定义存在明显区别，即"直接满足"与"满足"；（2）从内容上看，其对"技术方案"的定义与原告对"技术"的定义存在明显的区别，即是否属于直接满足；（3）受客观科学技术事实及表达方式的限制，被告对"技术方案"的定义与原告对"技术"的定义难免存在相同或近似的情况。

裁判摘要

两作品中存在两种实质性相似的情况，即内容和表达方式的实质性相似。表达方式包括内在的表达方式和外在的表达方式，内在的表达方式体现为文字作品的形式构造逻辑，即语言表述的逻辑，外在的表达方式体现为内容构造逻辑，即将作者思想内容进行组合排列和串联而使之形成整体的逻辑。

本案最核心的争议点集中在两作品中的"技术"定义与"技术方案"定义是否存在实质性相似。经直接对比可以得出，原告作品对"技术"定义的表述与被告作品对

"技术方案"定义的表述，无论是从单位词句体现的概念等内容上，还是语言表述上，尤其是在内容串联和排序上都存在实质性相似。两作品之间的实质性相似的部分并不止于"满足"等构词，仅仅对"满足"等词的简单推演或完善也达不到明显区分的效果从而影响其实质性相似的结论。概念并不必然属于思想范畴，作者创设的概念一旦具有足够的具体性和特殊性，就可以脱离公共领域，作为表达受到著作权保护。每一个简单概念不能单独受到著作权法保护，但是其具体的语言描述和逻辑串联的整体结构可以受到著作权法保护。原告为涉案作品的著作权人，有权限制他人以营利为目的使用其作品，被告在《含义》一文中使用刘俊士的部分作品内容，行为显属侵权，应依法承担侵权责任。

拓展思考

"抽象分离"测试法的理论依据是很多时候侵权人为了把侵权作品伪装成自己独创的作品，对他人作品进行的复制不是原原本本、整张整块地复制（即"文字复制"），而是在复制他人作品中具有实质性特征部分的同时，对其具体表达进行符号层面的稍许变动（即"非文字复制"）。在我国过去的经典案例中，法院就主张要判断文学作品之间的表达是否实质性相似，首先要区分作品的思想与表达，情节发展的基本脉络只有具体到一定程度，能够表现出作者构思的独特个性时，才受到著作权法的保护。而"对于公有领域素材的应用必然会导致一些描述或创作元素的相同或近似……两部作品在人物性格、人物关系设置方面存在一定的相同或近似之处，但由于上述相同或近似之处缺乏相应的个性化特征，从而难以使得该创作元素脱离公有领域"（李鹏诉石钟山等侵犯著作权纠纷案二审判决[①]）。

抽象分离测试将科学方法引入了实质性相似的判断，使其有据可循。从这个意义上，多有主张认为抽象分离测试具有优越性。然而抽象分离测试也存在弊端。以历史题材小说及汇编作品为例，这些作品主要利用公共领域的材料创作而成，如果在对作品进行对比时，将不受保护的所有元素过滤掉，则原告作品中对上述元素的独创性表达也将被排除出保护之列。此外，抽象到极端意味着没有什么东西是可以受著作权保护的。因为任何作品都可以分解成各个极小的不受保护的符号元素，如字母、线条和颜色。因此"整体观感"等其他实质性相似的判断方法也得到了较多运用。"整体观感"法指的是通过比较作品整体带来的内在感受判断作品之间是否构成实质性相似。我国之前也有采纳该方法的经典案例，譬如主张"对被控侵权的上述情节和语句是否构成抄袭，应进行整体认定和综合判断。对于一些不是明显相似或者来源于生活中的一些素材，如果分别独立进行对比很难直接得出准确结论，但将这些情节和语句作为整体进行对比就会发现，具体情节和语句的相同或近似是整体抄袭的体现，具体情节

[①] 北京市第二中级人民法院（2008）二中民终字第02232号民事判决书。

和语句的抄袭可以相互之间得到印证。所谓的人物特征、人物关系，以及与之相应的故事情节都不能简单割裂开来，人物和叙事应为有机融合的整体，在判断抄袭时亦应综合进行考虑"（庄羽诉郭敬明侵犯著作权纠纷案二审判决①）。

有学者进一步指出，整体观感测试和抽象分离测试并非非此即彼的关系，两种路径各有优劣，在不同层面发挥作用，只有把两者结合起来，才能比较科学地判断作品的实质性相似。② 譬如在"琼瑶诉于正"案中，法院判决就既对具体表达做了抽象分层分析，也在此基础之上进行了作品情节排布及推演等的整体观感比对，证明了两个比较方法在复杂问题中所能起到的互补作用。③ 前述案例也综合运用了抽象分离与整体观感的对比方法，厘清了文字作品中的概念在何种情况下受著作权保护，以及明确了文字作品语言表述和整体架构的可保护性。

二、通过证据的"高度盖然性优势"认定侵权事实的存在

核心知识点

在涉及计算机软件作品的案件中，有时更难提供用于推定侵权事实存在的其他证据。根据《计算机软件保护条例》第3条的规定，计算机程序包括源程序和目标程序，同一程序的源文本和目标文本应当视为同一作品。由于从原文本到目标文本存在一个机器编译过程，在被控侵权人拒绝提供源文本的情况下，便难以通过比较目标文本判断是否构成实质性相似。此外，有时获取源程序和目标程序也需要先破解附加的加密系统。在上述难以获取直接实质性相似比较对象的情况下，我国法院探索了一种不同于"接触＋实质性相似"的侵权判定方法。即先判断原告证据是否在证明实质性相同方面形成了"高度盖然性优势"，再根据被控侵权人能否提供反证，推定是否构成实质性相同。

典型案例

石鸿林诉泰州华仁电子资讯有限公司侵害计算机软件著作权纠纷案：江苏省泰州市中级人民法院（2006）泰民三初字第2号民事判决书；江苏省高级人民法院（2007）苏民三终字第0018号民事判决书。

基本案情

原告诉称被告未经许可，长期大量复制、发行、销售与原告软件"S型线切割机床单片机控制器系统软件V1.0"相同的软件，严重损害其合法权益。被告辩称该公司

---

① 北京市高级人民法院（2005）高民终字第539号民事判决书。
② 梁志文：《版权法上实质性相似的判断》，《法学家》2015年第6期。
③ 北京市第三中级人民法院（2014）三中民初字第07916号民事判决书；北京市高级人民法院（2015）高民（知）终字第1039号民事判决书。

HR－Z型线切割机床控制器所采用的系统软件系其独立开发完成，与原告的单片机控制系统应无相同可能，且其产品与原告生产的单片机控制器的硬件及键盘布局也完全不同。一审中，法院委托江苏省科技咨询中心对下列事项进行比对鉴定：（1）原告提供的软件源程序与其在国家版权局版权登记备案的软件源程序的同一性；（2）公证保全的被告系统软件与原告获得版权登记的软件源程序代码相似性或者相同性。后江苏省科技咨询中心出具鉴定工作报告，被告的软件主要固化在两块芯片上，而其中一块芯片带自加密的微控制器，必须首先破解它的加密系统，才能读取固化其中的软件代码。而根据现有技术条件，无法解决芯片解密程序问题，因而根据现有鉴定材料难以做出客观、科学的鉴定结论。

裁判摘要

一审裁判摘要

原告应当对被告存在侵权行为提供证据加以证明。原告虽提出了其享有涉案软件著作权的证据以及被告生产、销售的线切割机床控制器，但经鉴定机构鉴定，却不能直接证明被告控制器内置软件与原告软件源程序具有相同性或者实质相似性，因而无从对被告有关生产、销售行为构成对原告软件著作权侵权进行判别，故根据现有证据尚不足以证明被告相关行为对原告软件著作权构成侵犯。实行举证责任倒置必须以法律有明确规定为前提，对原告关于本案应适用举证责任倒置的主张不予采纳。软件功能相同并不等同于比对软件具有实质性相似或者相同，而且由软件功能相同即认定一方有软件著作权侵权嫌疑进而引起举证责任转移，则必然对市场经济条件下相关软件著作权人权利的安定性产生不利影响。

二审裁判摘要

当事人对自己提出的诉讼请求所依据的事实有责任提供证据加以证明。但本案中，由于被控侵权的软件的源程序及目标程序处于被告的实际掌握之中且被告拒绝提供，现有技术手段下也无法从被控侵权的控制器中获得软件源程序或目标程序，原告实际上无法提供被控侵权软件的源程序或目标程序，进而直接证明两者的源程序或目标程序构成相同或实质性相同。此时应从公平和诚实信用原则出发，合理把握证明标准的尺度，对原告提供的现有证据能否形成高度盖然性优势进行综合判断。从原告提供的现有证据来看，运行安装两者软件的控制器存在相同的系统软件缺陷，在加电运行时存在相同的特征性情况，控制器的使用说明书基本相同，控制器的整体外观和布局基本相同。上述证据能够形成高度盖然性优势，足以使法院相信原告与被告的软件构成实质相同。在原告提供了上述证据证明其诉讼主张的情形下，被告并未能提供相反证据予以反证，依法应当承担举证不能的不利后果。应当认定被控侵权的软件与原告的软件构成实质相同，被告侵犯了原告的著作权。

拓展思考

前述案例入选了最高人民法院指导案例（第 49 号），最高法指出该案例旨在明确计算机软件著作权侵权案件中的举证责任分配问题，判决合理界定了当事人双方的举证责任和转移，有利于明确侵权对比标准，保护著作权人的合法权益。在一审中，原告提出关于本案应适用举证责任倒置，法院则认为实行举证责任倒置必须以法律有明确规定为前提，而在一般侵权诉讼中将证明侵权行为存在的责任倒置给被控侵权行为人，或者由被控侵权人承担其行为不构成侵权的证明责任，缺乏法律依据，没有采纳原告的上述主张。二审判决则没有直接阐述是否适用了举证责任倒置，而是认为基于计算机软件作品的特殊属性，可以根据运行两者软件的硬件在加电运行时存在相同的特征性情况、使用说明书基本相同、硬件的整体外观和布局基本相同等相关事实认定原告证据能够形成"高度盖然性优势"，足以使法院相信原告和被告软件构成实质相同。这一思路同时涉及著作权法中的实质性相似判定问题和民事诉讼法中的举证责任分配问题，其中提出的原告证据的"高度盖然性优势"是否就等同于作品实质性相同的盖然性，乃至计算机软件侵权是否都需要直接证明实质性相似，都是在法律适用中值得进一步探讨的问题。

三、网络技术服务提供者之侵权行为的认定

核心知识点

包括互联网在内的信息网络技术的发展深刻改变了人们的生活，也给著作权法理论与实践带来了诸多新问题。传统上，著作权侵权一般体现为未获得著作权人许可使用作品，直接侵犯著作权中的某一项专有权利的行为。教唆、引诱、帮助他人实施上述侵权行为的现象固然也大量存在，但没有提出太大的理论争议。但在信息网络环境下，有时候教唆、引诱、帮助侵权行为和合理的技术行为之间往往只存在一线之隔，造成了法律适用上的难题。

具体而言，信息网络上的信息传播离不开两类服务，即内容服务和技术服务。后者具体包括信息缓存服务、信息检索与定位服务、信息储存空间服务、信息接入及传输服务等。如果内容服务提供者未经著作权人许可在互联网上传播他人作品，将构成对信息网络传播权的侵犯，其法律后果是明确的。但技术服务的提供者则往往只是不加区别地提供技术、设备方面的服务，对于内容提供者从事的信息网络传播行为的对象事先不一定知情，从技术角度出发，也往往难以苛求服务提供者实现事先主动过滤与迅速的事后主动补救。美国法院在 20 世纪 80 年代的"索尼案"中提出了"技术中立原则"，实践证明该原则的确起到了保护技术发展、兼顾权利人合理利益的作用，该原则也在网络技术服务提供行为是否构成侵权的判定中发挥了指导作用。

我国《著作权法》没有专门就网络技术服务提供者的侵权构成做出规定。《信息网

络传播权保护条例》也只是仿照《著作权法》对侵权行为的具体形态做了列举，例如"通过信息网络擅自向公众提供他人的作品、表演、录音录像制品"，同样存在列举不够充分的问题。在相关法律适用中起关键作用的是《信息网络传播权保护条例》第20条至第23条的规定，这四条分别为四类网络技术服务提供者规定了免于承担赔偿责任的情形。这种立法模式有较明显的借鉴美国《千禧年数字版权法》中"避风港"规则的痕迹。由于上述四条规定在字面上规定的只是免责条件而非侵权构成条件，在行为人的主观过错方面也存在一定的模糊与矛盾之处，一般认为在适用这四条规则时尤其需要结合《民法典》中的有关规定以及民法的基本原理，从行为、结果、因果关系和过错四个方面做具体判断。

典型案例

乐视网信息技术股份有限公司诉杭州在信科技有限公司著作权权属、侵权纠纷案：北京市西城区人民法院（2011）西民初字第20118号民事判决书；北京市第一中级人民法院（2012）一中民终字第4698号民事判决书。

基本案情

原告经合法授权在授权地域和授权期限内享有影视作品《左右》的专有独占性信息网络传播权，诉称其发现被告未经许可在开办的网站上非法传播该剧，要求依法判令被告立即将涉案影视作品从其经营的网站上彻底删除并赔偿经济损失及维权的合理费用。被告辩称：（1）涉案影视作品全部由网友上传，根据避风港原则，其提供的是信息存储空间服务，既没有改变涉案影片内容，也没有从涉案影片获得利益，没有任何收费；（2）原告没有履行通知义务，被告获知原告提起诉讼后主动删除了涉案影片，符合避风港原则，不应当承担赔偿责任；（3）被告只对首页作品有注意审查义务，对海量数据没有事先审查的义务，涉案作品并没有在首页出现，故被告尽了合理审查义务，没有过错，不构成侵权。

裁判摘要

一审裁判摘要

网络用户上传播涉案作品《左右》的行为侵犯了原告的信息网络传播权。因被告实施的并非信息网络传播行为，而仅是提供信息存储空间服务的行为，故判断其行为是否构成侵权关键在于其是否违反了我国现有法律中有关共同侵权行为的规定。被告在设置相关影视作品分类目录的同时，应当意识到网络用户上传到该目录下影视作品绝大多数都是侵权的，对此应负有较高的注意义务，并采取措施避免或予以制止，故在主观上具有过错，不符合《信息网络传播权保护条例》第22条规定的免除赔偿责任的条件。被告作为提供信息存储空间的网络服务提供者帮助他人实施侵权行为，主观上存在过错，应当承担停止侵害、赔偿损失的法律责任。

二审裁判摘要

根据《民法通则》第 130 条和最高法《关于贯彻执行〈中华人民共和国民法通则〉若干问题的意见（试行）》第 148 条的规定，如果网站经营者实施了教唆、帮助网络用户上传涉案电影的行为，则其行为与网络用户的上传行为构成共同侵权行为。上诉人在网站设置"电影"栏目，却未采取相应限制措施，主要目的就在于吸引网络用户上传尚处于保护期内的影视作品全片。鉴于本案现有证据尚无法证明网络用户实施相关上传行为具有其他诱因，故结合网络用户对于影视作品上传行为所具有的侵权性质的认知情况。虽无法认定上诉人的教唆行为系网络用户直接侵权行为的唯一诱因，但却合理认为上述行为在相当程度上直接导致了网络用户上传行为的发生，故上诉人实施的行为构成教唆共同侵权行为。此外，基于上诉人所应具有的认知能力及所负有的注意义务，其应能够认识到用户上传的内容并未获得权利人许可。上诉人在"应知"用户上传行为系侵权行为，却仍为其提供存储空间服务，构成帮助侵权行为。综上所述，上诉人实施的被控侵权行为既构成教唆侵权行为，亦构成帮助侵权行为。

拓展思考

《民法典》第 1169 条规定："教唆、帮助他人实施侵权行为的，应当与行为人承担连带责任"。教唆行为指对他人进行开导、说服，或通过刺激、利诱、怂恿等方法使该他人从事侵权行为。帮助行为指给予他人以帮助，如提供工具或者指导方法，以便使该他人易于实施侵权行为。在前述案例中，涉案网站资源中心设置了影片分类目录，分类目录下方有"最新爱情电影 HOT""最新喜剧电影 HOT"等 4 个排行榜，每个榜单包含 7 部影片。在之前的类似案件中，已有判例根据被告的专业性音乐网站属性，认定其应当知道其搜索、链接的录音制品的合法性（环球唱片有限公司诉北京阿里巴巴信息技术有限公司侵犯录音制作者权案[①]）。因此法院认定虽然上传的影片属于何种分类网络用户有选择权，但不可否认该影视分类目录的设置系网站经营者有意为之。此外，网站经营者不仅并未采取任何限制措施，却反而在其网站中宣传其网站包含"海量的影视"，因此法院认为这一事实在相当程度上可以说明网站经营者不仅知晓网络用户上传到"电影"栏目的内容中绝大多数均属于尚处于保护期内的作品，同时亦希望这一情形发生。最高人民法院在《关于审理侵害信息网络传播权民事纠纷案件适用法律若干问题的规定》第 7 条第 2 款中也已规定："网络服务提供者以言语、推介技术支持、奖励积分等方式诱导、鼓励网络用户实施侵害信息网络传播权行为的，应当认定其构成教唆侵权行为。"

---

① 北京市高级人民法院（2007）高民终字第 1188 号民事判决书。

第二节　技术措施和权利管理信息的保护

一、技术措施

著作权上的技术措施（或者称为技术保护措施），指的是著作权人为对作品的使用进行控制而采取的技术措施。其背景是数字传播技术的发展极大提高了作品复制和传播的速度与效率，同时也使得对作品的违法复制、传播等变得更为便利。著作权人为了保护自身利益，开始对数字化作品施加加密等技术措施，试图以此阻碍作品的非法复制。然而很快就有人出于各种动机对上述技术措施进行破解，有的直接助长了违法复制行为，损害了著作权人的合理利益。因此各国法律都开始将某些避开、破坏技术措施的行为规定为违法行为。我国《著作权法》第53条第1款第6项规定了直接和间接避开、破坏技术措施的侵权行为形态，第50条规定了可以避开技术措施的例外情形。

此外，我国《信息网络传播权保护条例》第26条将技术措施定义为"用于防止、限制未经权利人许可浏览、欣赏作品、表演、录音录像制品的，或者通过信息网络向公众提供作品、表演、录音录像制品的有效技术、装置或者部件"。由此可见，著作权法意义上的技术保护措施分为两类，一类是访问控制技术措施（又称防止未经许可获得作品的技术措施），该类技术措施是通过设置口令等手段限制他人阅读、欣赏文学艺术作品或者运行计算机软件，从而可以起到阻止他人在未支付使用费的情况下阅读、欣赏作品，以促使他人必须为使用作品支付费用。访问控制技术措施本身并不直接保护版权人的专有权利，但它能够通过防止未经许可获得作品，而间接地起到保护作品不受非法复制、发行的作用。另一类技术措施是保护版权人专有权利的技术措施，即防止对作品进行非法复制、发行等的技术措施。版权保护措施的目的在于保护版权法中规定的版权人的专有权利不受侵害，从而起到直接保护版权人专有权利的作用。此外，为上述行为提供规避工具和服务的行为也属于被禁止之列（参见王锦峰等与深圳市沙井沙一股份合作公司振华电子设备厂等侵害计算机软件著作权纠纷上诉案[①]）。

二、权利管理信息

权利管理信息是在作品、表演或制品中加入的用于识别作者、表演者、录音录像制作者的信息及有关作品、表演或制品使用的条款和条件的信息。这些信息附随于复制件中，或者向公众传播时出现。权利管理信息不仅能够昭示作者和相关权利人的身份，还

[①]　广东省高级人民法院（2008）粤高法民三终字第213号民事判决书。

可以构成使用作品之前必须接受的合同条款，促使使用者尊重著作权。我国《著作权法》第 53 条提供了对权利管理信息的保护，涵盖了故意删除或改变权利管理信息的行为，以及知道或者应当知道权利管理信息被改变，仍然向公众提供作品或邻接权对象的行为。

典型案例

北京精雕科技有限公司诉上海奈凯电子科技有限公司侵害计算机软件著作权纠纷案：上海市第一中级人民法院（2006）沪一中民五（知）初字第 134 号民事判决书；上海市高级人民法院（2006）沪高民三（知）终字第 110 号民事判决书。

基本案情

原告诉称其自主开发了精雕 CNC 雕刻系统。该系统的使用通过加工编程计算机和数控控制计算机完成，两台计算机运行两个不同的程序，具体是 JDPaint 软件通过加工编程计算机运行生成 Eng 格式的数据文件，再由运行于数控控制计算机上的控制软件接收该数据文件，将其变成加工指令。原告对上述 JDPaint 软件享有著作权，该软件不公开对外销售，只配备在原告自主生产的数控雕刻机上使用。之后，原告发现被告在其网站上大力宣传其开发的雕铣机数控系统全面支持精雕各种版本的 Eng 文件。被告上述数控系统中的软件能够读取 JDPaint 软件输出的 Eng 格式数据文件，而原告对 Eng 格式采取了加密措施。被告非法破译 Eng 格式的加密措施，开发、销售能够读取 Eng 格式数据文件的数控系统，属于故意避开或者破坏原告为保护软件著作权而采取的技术措施的行为，构成对原告软件著作权的侵犯。被告的行为使得其他数控雕刻机能够非法接收 Eng 文件，导致原告精雕雕刻机销量减少，造成经济损失。故请求法院判令被告立即停止支持精雕 JDPaint 各种版本输出 Eng 格式的数控系统的开发、销售及其他侵权行为，公开赔礼道歉，并赔偿损失。

裁判摘要

Eng 文件是 JDPaint 软件在加工编程计算机上运行所生成的数据文件，是计算机 JDPaint 软件的目标程序经计算机执行产生的结果。该格式数据文件本身不是代码化指令序列、符号化指令序列、符号化语句序列，也无法通过计算机运行和执行，对 Eng 格式文件的破解行为本身也不会直接造成对 JDPaint 软件的非法复制。此外，该文件所记录的数据并非原告精雕公司的 JDPaint 软件所固有，而是软件使用者输入雕刻加工信息而生成的，这些数据不属于 JDPaint 软件的著作权人精雕公司所有。因此，Eng 格式数据文件中包含的数据和文件格式均不属于 JDPaint 软件的程序组成部分，不属于计算机软件著作权的保护范围。《著作权法》和《计算机软件保护条例》中关于技术措施的规定不能被滥用，其主要限制的是针对受保护的软件著作权实施的恶意技术规避行为。著作权人为输出的数据设定特定文件格式，并对该文件格式采取加密措施，限制其他品牌的机器读取以该文件格式保存的数据，从而保证捆绑自己计算机软件的机器拥有市场竞争优势的行为，不属于上述规定所指的著作权人为保护其软件著作权而采取技术措施的行为。他人研发能够读取著作权人设定的特定文件格式的软件的行为，不构成对软件著作权的侵犯。

拓展思考

有学者指出，我国著作权立法虽然规定了不得故意避开和破坏著作权人为保护软件著作权而采取的技术措施，但与外国立法相比仍显粗糙，把故意避开或破坏技术措施的行为一律界定为"侵权"而非"违法"行为，也不甚准确。[1] 美国《千禧年数字版权法》只禁止破解防止未经许可获得作品的技术措施，而不禁止破解保护版权专有权利的技术措施，理由是版权法对专有权利规定了合理使用的例外，破解保护版权专有权利的技术措施可能是出于合理使用的需要，不能一般性地加以禁止。此外，澳大利亚和新西兰立法也不一般性地禁止破解技术措施的行为，原因是立法者考虑到了合理使用的情形及公共利益。我国前述立法一律禁止破解防止未经许可获得作品的技术措施和破解保护版权专有权利的技术措施，实际上把保护水平提到了与欧盟持平的较高水平，在法律适用中需要引起注意。

但需要明确的是，即便在我国立法模式之下，也并不是一切技术措施都受著作权立法保护。在前述案例中，原告对输出文件格式加密的根本目的和真实意图在于建立和巩固 JDPaint 软件与其雕刻机床之间的捆绑关系，所采取的技术措施不属于《著作权法》与《计算机软件保护条例》所规定的"著作权人为保护其软件著作权而采取的技术措施"，而是为获取著作权之外的经济利益而采取的技术措施。因此被告开发能够读取 JDPaint 软件输出的 Eng 格式文件的软件的行为，并不属于故意避开和破坏著作权人为保护软件著作权而采取的技术措施的行为。此外，权利人采取的技术保护措施不能是攻击性的，不能超出制止侵权行为所必需的限度。例如某著名杀毒软件公司曾在其发行的防病毒软件中加入了"逻辑锁"程序，锁死盗版用户的电脑使其无法使用。这种行为不仅不能得到著作权法的保护，甚至自身可能构成违法犯罪。

第三节 著作权侵权诉讼中的保全措施

一、诉前禁令

我国《著作权法》第 56 条第 1 款规定："著作权人或者与著作权有关的权利人有证据证明他人正在实施或者即将实施侵犯其权利、妨碍其实现权利的行为，如不及时

---

[1] 参见王迁：《知识产权法教程》，中国人民大学出版社 2019 年版，第 249 页。

制止将会使其合法权益受到难以弥补的损害的，可以在起诉前依法向人民法院申请采取财产保全、责令作出一定行为或者禁止作出一定行为等措施。"该条规定旨在及时制止著作权侵权人的继续侵权活动，保护著作权人的合法权益。在2012年之前，司法实践中通常按照英美法系的习惯称之为"诉前禁令"。

二、行为保全

2012年《民事诉讼法》修订时在第100条增设了行为保全制度，由此与财产保全一起构成了我国的民事诉讼保全制度。根据《民事诉讼法》第100条的规定，著作权人提出申请的时间不再限于起诉前，法院可以责令申请人提供担保，当事人没有提出申请的，法院在必要时也可以裁定采取保全措施。根据《民事诉讼法》第101条的规定，利害关系人因情况紧急，不立即申请保全将会使其合法权益受到难以弥补的损害的，可以在提起诉讼或者申请仲裁前申请采取保全措施，并应当提供担保。法院接受申请后，必须在四十八小时内作出裁定。保全措施的办理依据还包括《最高人民法院关于审查知识产权纠纷行为保全案件适用法律若干问题的规定》。

典型案例

"钱锺书书信手稿拍卖"诉前禁令案：北京市第二中级人民法院（2013）二中民保字第09727号民事裁定书。

基本案情

钱锺书（已故）与杨季康系夫妻，二人育有一女钱瑗（已故）。钱锺书、杨季康及钱瑗与李国强系朋友关系，三人曾先后致李国强私人书信百余封，该信件本由李国强收存。2013年5月间中贸圣佳公司发布公告表示其将于2013年6月21日下午13：00举行"《也是集》——钱锺书书信手稿"公开拍卖活动，公开拍卖上述私人信件。为进行该拍卖活动，中贸圣佳公司还将于2013年6月8日举行相关研讨会、于2013年6月18日至20日举行预展活动。杨季康认为，钱锺书、杨季康、钱瑗分别对各自创作的书信作品享有著作权。钱锺书去世后，其著作权中的财产权由杨季康继承，其著作权中的署名权、修改权和保护作品完整权由杨季康保护，发表权由杨季康行使；钱瑗去世后，其著作权中的财产权由杨季康与其配偶杨伟成共同继承，其著作权中的署名权、修改权和保护作品完整权由杨季康与杨伟成保护，发表权由杨季康与杨伟成共同行使。中贸圣佳公司及李国强即将实施的活动，将侵害杨季康所享有和继承的著作权，若不及时制止上述行为，将会使杨季康的合法权益受到难以弥补的损害，故向法院提出申请，请求法院责令中贸圣佳公司及李国强立即停止公开拍卖、公开展览、公开宣传杨季康享有著作权的私人信件。

裁判摘要

书信通常具有独创性和可复制性，符合著作权法关于作品的构成要件，可以成为著作权法保护的作品，其著作权应当由作者即发信人享有。根据我国著作权法的相关规定，钱锺书、杨季康、钱瑗分别对各自创作的书信作品享有著作权。杨季康作为钱锺书、钱瑗的继承人，有权主张相关权利。任何人包括收信人及其他合法取得书信手稿的人在对书信手稿进行处分时均不得侵害著作权人的合法权益。中贸圣佳国际拍卖有限公司在权利人明确表示不同意公开书信手稿的情况下，即将实施公开预展、公开拍卖的行为构成对著作权人发表权的侵犯。如不及时制止，将给权利人造成难以弥补的损害。应裁定中贸圣佳国际拍卖有限公司在拍卖、预展及宣传等活动中不得以公开发表、展览、复制、发行、信息网络传播等方式实施侵害钱锺书、杨季康、钱瑗写给李国强的涉案书信手稿著作权的行为。

拓展思考

随着科学技术的发展和信息传播的加快，著作权侵权行为进一步具备了侵权成本低、非法回报高、传播速度快、防范难度大、影响范围难以控制等特点。如果不立即制止持续进行的侵权行为，很有可能在短时间内给权利人造成难以弥补的损害。此外，正常的诉讼周期一般相对较长，而侵权作品马上会进入大范围复制和传播阶段，很可能造成未来判决难以执行，或仅具惩罚性效力，无法在实质上起到真正遏制侵权行为的作用。因此，在侵权案件判决前，及时制止侵权人即将或正在实施的侵权行为，防止权利人损失扩大，对于保护知识产权意义重大。这也是最高人民法院早在《民事诉讼法》增设行为保全制度之前，就先一步在知识产权领域出台一系列诉前行为保全司法解释的原因。

前述案例是《民事诉讼法》于2012年修订实施之后，北京市法院针对侵害著作权行为做出的一起涉及我国知名文化人士、极具社会影响的行为保全裁决。该案积极合理地采取保全措施，准确地把握保全措施的适用条件和程序，既有效保护了著作权人权利，又避免对拍卖公司及相关公众造成不合理影响。保全本质上属于程序事项，受程序法规制。但与此同时，申请的范围则需依据《著作权法》划定，因此正确运用保全措施也离不开实体法的准确适用。

第四节 著作权侵权的民事责任

一、概述

根据我国《著作权法》第52条的规定，实施侵害著作权的行为的，应当根据情况，承担停止侵害、消除影响、赔礼道歉、赔偿损失等民事责任。

二、责任方式的选择

消除影响指侵权人应采取有效方式说明事情真相，消除其侵权行为给著作权人带来的消极影响；赔礼道歉指以可使公众了解的方式承认侵权，向著作权人表示歉意。上述两种民事责任方式重在对著作权人的精神损失进行补偿，因此仅适用于著作人身权被侵犯的场合。对于著作权人的财产权利遭受损害的情形，则主要适用停止侵害和赔偿损失的责任方式。赔偿损失指侵权人以自己的财产抵偿，补偿自己的行为给著作权人造成的损害；停止侵害指责令侵权人立即停止正在实施的侵权行为，以防止侵害扩大，保护著作权人的合法利益。在传统上，由于著作权常被视为一种排他性的"准物权"，某项行为一旦被认定为侵害著作权的行为，法院就会直接判决停止侵害。而近年来国内外的司法动向对这一传统做法提出了质疑。

典型案例

杭州大头儿子文化发展有限公司与央视动画有限公司侵害著作权纠纷上诉案：浙江省杭州市滨江区人民法院（2014）杭滨知初字第634号民事判决书；浙江省杭州市中级人民法院（2015）浙杭知终字第356号民事判决书。

基本案情

1994年，刘泽岱为动画片《大头儿子小头爸爸》（1995年版）创作了"大头儿子"等三个人物形象正面图。动画片美术创作团队在此人物概念设计图基础上，进行了进一步的设计和再创作，最终制作成了符合动画片标准造型的三个主要人物形象的标准设计图以及之后的转面图、比例图等。刘泽岱未再参与之后的创作。1995年版动画片由中央电视台和东方电视台联合摄制，于1995年播出时，在其片尾播放的演职人员列表中载明："人物设计：刘泽岱。"2012年，刘泽岱将自己创作的"大头儿子"等三幅作品的著作权转让给洪亮，2014年洪亮又将上述著作权转让给原告。2013年，被告摄制了动画片《新大头儿子小头爸爸》并在中央电视台、各地方电视台、央视网上进行播放。原告认为被告在未经著作权人许可并支付报酬的情况下，利用上述美术作品形象改编为新人物形象，制作成动画片等行为侵犯了其著作权，故要求被告停止侵权，登报赔礼道歉、消除影响，并赔偿经济损失及合理费用。

裁判摘要

1995年版动画片中三个人物形象包含了刘泽岱原作品的独创性表达元素，央视1995年版动画片美术创作团队根据动画片艺术表现的需要对原初稿进行了艺术加工，没有脱离原作品中三个人物形象的"基本形态"，构成对原作品的演绎。根据著作权法的规定，其在行使演绎作品著作权时不得侵害原作品的著作权。

原创作品应当受到法律保护，他人在此基础上进行改编等创造性劳动必须尊重原作品权利人的合法权益，但也应当鼓励在原创作品基础上的创造性劳动，这样才有利于文艺创作的发展和繁荣。央视及之后的央视动画公司通过对刘泽岱原作品的创造性劳动，制作了两部具有很高知名度和社会影响力的动画片，获得了社会公众的广泛认知，取得了较好的社会效果。如果判决央视动画公司停止播放2013版动画片，将会使一部优秀的作品成为历史，造成社会资源的巨大浪费。确定是否停止侵权行为还应当兼顾公平原则。动画片的制作不仅需要人物造型，还需要表现故事情节的剧本、音乐及配音等创作，仅因其中的人物形象缺失原作者许可就判令停止整部动画片的播放，将使其他创作人员的劳动付诸东流，有违公平原则。因此，应当以提高赔偿额的方式作为停止侵权行为的责任替代方式。

拓展思考

美国联邦最高法院的2006年"eBay"专利案判决在世界范围内引发了在知识产权领域是否能够以提高赔偿额作为停止侵权责任之替代方式的相关讨论。在这个判决中，美国联邦最高法院主张关于是否支持永久禁令请求，必须同时考虑四个因素：权利人遭受不可恢复的损害、金钱赔偿等现有法律手段不足以救济权利人、从平衡当事人利益的角度看衡平救济具有正当性、是否侵害公共利益。上述判决鲜明地指出了一点，那就是在知识产权案件中，侵权责任的具体方式不仅事关权利人利益的保护，也涉及整个社会公共利益的维护。

作品本质上是一种信息，其复制成本几乎为零，从理论角度出发，放任对作品的自由使用反而更有利于社会。法律之所以在作品上创设具有排他性的著作权，制造一种人为的稀缺性，目的在于维护创作者的利益，激励全社会的文化创新。但著作权的排他性如果被绝对化，反而会阻碍对作品的使用，违背社会公共利益。早在2006年，我国就有法院从实际出发，认定禁止使用被控侵权产品不符合社会公共利益，因此判决被告可继续使用被控侵权产品，但应适当支付使用费（广州新白云机场幕墙专利侵权纠纷案①）。最高人民法院在2009年发布的《关于当前经济形势下知识产权审判服务大局若干问题的意见》中也指出，如果停止有关行为会造成当事人之间的重大利益失衡，或者有悖社会公共利益，或者实际上无法执行，可以根据案件具体情况进行利益衡量，不判决停止行为，而采取更充分的赔偿或者经济补偿等替代性措施解决纠纷。

在前述案例中，由于在创作之初投资拍摄的制片厂、电视台以及参与造型的创作

---

① 广东省广州市中级人民法院（2004）穗中法民三知初字第581号民事判决书。

人员等各方对权利义务关系没有清晰的认识和明确的约定，法院需要在时隔多年后重新平衡各种利益关系。该判决在认定侵权成立的前提下，综合考虑了创作背景和本案实际情况，将提高赔偿额作为被告停止侵权责任的替代方式，有利于在保护著作权人的合法权益和鼓励作品创作、传播的公共利益之间实现平衡。

第三编

专 利 权

第九章　专利权的客体

第一节　发明创造的概念

一、发明

核心知识点

根据《专利法》第 2 条第 2 款的规定，发明是指对产品、方法或者其改进所提出的新的技术方案。其中，技术方案是对要解决的技术问题所采取的利用了自然规律的技术手段的集合。技术手段通常是由技术特征来体现的。未采用技术手段解决技术问题，以获得符合自然规律的技术效果的方案，不属于《专利法》第 2 条第 2 款规定的客体。

需要注意的是，在判断一项方案是否属于技术方案时，人们应当从整体上进行客观地分析，并着眼于方案是否实质上采用了技术手段、解决了技术问题并获得了技术效果，即技术方案的技术三要素。通常，上述技术三要素之间相互对应、彼此联系，因此人们只要确定其中一个要素是否具有技术性，即可以得出全部三要素是否具有技术性的结论，进而可以确定整个方案是不是技术方案的结论。

典型案例

"产生收入用的游戏服务器系统和方法"复审请求案：复审委第 51365 号复审决定；北京市第一中级人民法院（2013）一中知行初字第 1910 号行政判决书；北京市高级人民法院（2014）高行终字第 1555 号行政判决书；最高人民法院（2016）最高法行申 1000 号行政裁定。

基本案情

本复审请求涉及申请号为 200710196739.4，名称为"产生收入用的游戏服务器系统和方法"的发明专利申请。经实质审查后，国家知识产权局原实质审查部门于 2011 年 4 月 13 日发出驳回决定，驳回了本发明专利申请，其理由是权利要求 1—19 不符合《专利法》第 2 条第 2 款（原《专利法实施细则》第 2 条第 1 款）的规定。

裁判摘要

复审决定摘要

由本申请说明书内容可知，现有的网络游戏系统中，通过向用户们提供特定游戏的拷贝收取费用或是从广告中收取费用，而不存在从游戏系统中产生收入的方案，本申请为克服所述缺陷，提出一种从游戏系统中产生收入的方案，解决现有的网络游戏系统中只能从向用户们提供特定游戏的拷贝中或是从广告中收取费用的问题。然而，该问题是为解决游戏提供商在提供网络游戏过程中的获取盈利的需求所提出的商业经营管理的问题，即其所解决的不是技术问题；其所采用的手段并未对现有的网络或计算机系统等内部性能带来改进，也未对其构成或功能带来任何技术上的改变，其仅仅是为解决网络游戏过程中的商业经营管理问题所采取的一种商业经营管理的手段，而并非技术手段；该方案所达到的效果也仅仅是借助互联网服务供应商或无线网络供应商，从游戏系统中产生收入的一种商业经营效果，其并非属于技术效果。因此，本申请的方案不属于《专利法》第2条第2款规定的技术方案，是不予专利保护的客体。

一审、二审裁判摘要

从本申请的内容可知，本申请是网络游戏服务提供商借助现有的计算机及网络技术，通过人为制定的游戏数据交互规则和相关游戏费用产生规则来经营网络游戏获取收入的一种管理方法或手段，是一种如何便捷、高效管理网络游戏获取收入的商业运营系统，其本身并未对现有的计算机或网络系统等内部性能带来改进，也未对其构成或功能带来任何技术上的改变，属于商业经营管理方法或手段。由此，本申请并非是为解决技术问题，所采取的手段也并非技术手段，其效果也仅是借助互联网服务供应商或无线网络供应商，从游戏系统中产生收入的一种商业经营效果，也并非技术效果。因此，本申请的方案不属于《专利法》第2条第2款规定的技术方案，是不予专利保护的客体。

再审裁判摘要

涉案申请要解决的问题是满足游戏提供商在提供网络游戏中获取收入的问题，其本质上属于根据人的主观意志设定的规则，实现游戏供应商从游戏系统的用户处产生收入的结果，因此不构成技术问题。此外，本申请利用现有公知计算机或者网络技术设备，所采用的手段并未对现有的网络或者计算机系统等内部性能带来改进，亦未对其构成或功能带来任何技术上的改变，而是通过人为制定的交互规则进行信息传送，并未构成技术手段，而且所获得的效果也仅是借助互联网服务供应商或无线网络供应商，从游戏系统中产生收入的一种商业经营管理和控制的效果，并非是一种技术效果。因此，本申请不属于《专利法》第2条第2款规定的技术方案，不是受专利保护的客体。

拓展思考

本案事实上涉及一项商业方法专利的申请，该类申请通常具有如下特点：以计算机和网络技术为手段，以商业活动所采用的经营模式或者进行商务活动的方法为主题进行专利申请。就该类申请的客体审查而言，我国的审查标准经历了从严格到宽松再到严格的过程。目前，我国强调从申请的整体理解入手，以技术问题为导向，在剔除申请所依赖的公知技术或者系统之外，探究涉案申请的目的是否在于解决一项技术问题，由此采用了相应的技术手段，并达到了一定的技术效果。只有在严格恪守技术三要素的基础上，我们才能在真正的意义上防止近年来知识产权客体不断扩张的倾向，[①]进而将某些问题交由其他法律制度，或者交由市场进行解决。

二、实用新型

核心知识点

根据《专利法》第 2 条第 3 款的规定，实用新型是指对产品的形状、构造或者其结合所提出的适于实用的新的技术方案。由于实用新型也是一种技术方案，因此它同样也应当符合前述关于发明是否属于技术方案的要求。

此外，实用新型的客体审查还需要考虑以下两个方面。第一，实用新型专利只保护产品。与发明专利不同，一切方法以及未经人工制造的自然存在物品不属于实用新型专利保护的客体。其中，上述方法包括产品的制造方法、使用方法、通信方法、处理方法、计算机程序以及将产品用于特定用途等。如果权利要求中既包含形状、构造特征，又包含对方法本身提出的改进，例如含有对产品制造方法、使用方法或计算机程序进行限定的技术特征，则不属于实用新型专利保护的客体。第二，实用新型应当是针对产品的形状和/或构造所提出的改进。一方面，对于产品的形状，无确定形状的产品不能作为实用新型产品的形状特征。另一方面，对于产品的构造，物质的分子结构、组分、金相结构等不属于实用新型专利给予保护的产品的构造。

典型案例

"媒体存取控制多任务/解多任务的使用者设备及基地台"无效请求案：复审委第 22465 号无效决定；北京市第一中级人民法院（2015）一中行（知）初字第 1316 号行政判决书；北京市高级人民法院（2017）京行终 2479 号行政判决书。

基本案情

本无效宣告请求审查决定涉及国家知识产权局于 2007 年 5 月 2 日授权公告的、发明名称为"媒体存取控制多任务/解多任务的使用者设备及基地台"的 200620114808.3 号实用新型专利，专利权人为美商内数位科技公司。针对上述专利权，中兴通讯股份

---

① 参见孙松：《知识产权客体扩张的检视与反思——兼论知识产权的立法体例》，《电子知识产权》2017 年第 9 期，第 28 页。

有限公司于2012年7月2日向复审委提出无效宣告请求。其中，本案的争议焦点在于本专利是否属于实用新型所保护的客体。

裁判摘要

无效决定摘要

本实用新型权利要求1要求保护一种WCDMA的使用者设备，其中虽然限定了该使用者设备包括一媒体存取控制—专用信道等装置，但权利要求1中用以限定增强专用信道传输形式组合选择装置的特征为"其配置以从多个支持增强专用通道传输形式中选择一个增强专用通道传输形式，……所选择的增强专用通道传输形式为一最大支持增强专用通道传输形式，其不超过由所接收的服务许可及所提供的功率偏差所获得的大小"，该特征并非是产品的形状、构造特征，而且这些特征是本实用新型对现有技术做出贡献的实质所在，是体现了本实用新型发明创造构思的方法特征。本专利说明书尽管在第5页最后一段中声明"本实用新型的特征可整合至一集成电路（IC）中，或是配置在一个包含许多互连组件的电路中"，然而本专利的说明书只是笼统地记载了可以采用电路结构的方式实现，并未公开与上述方法特征对应的集成电路具体构造或者互连组件的电路结构，权利要求1实质上包含了对方法本身提出的改进。因此，权利要求1不属于实用新型专利保护的客体，不符合《专利法》第2条第3款的规定。

一审、二审裁判摘要

权利要求1要求保护一种使用设备，其中对该设备的部件"增强专用信道传输形式组合选择装置"进行限定的特征是通信领域常用的功能性的限定，结合说明书附图12给出的相应具体实施方式也可以理解，该选择装置用以实现选择最大的支持增强专用通道传输形式（E-TFC）的功能，不应将其理解为是对方法本身的改进。对于无效决定中指出的两个问题［即（1）说明书仅笼统记载了可以采用的电路结构，并未记载如权利要求所述的具体硬件结构、构成；（2）如果上述特征可以理解成为功能性限定，那么本专利也包含了通过计算机程序实现相应特征的技术方案］，法院认为：第一，被诉决定所指出的上述问题，首先是指说明书所公开的内容与权利要求所要求保护的内容是否匹配的问题，与权利要求是否属于实用新型所保护的客体不相关。第二，对权利要求的功能性限定的理解，在说明书中并没有记载有关软件实现的方式，而本领域技术人员基于说明书附图12及说明书第5页最后一段等的记载，并结合通信领域的惯常使用的技术，能够明确该功能性限定通常采用硬件的方式实现，因此被诉决定将该功能性限定解释为软件实现的方式并据此认定本申请不属于实用新型保护的客体存在不当之处。

拓展思考

在本案中，一、二审法院认为功能性限定不一定包含方法特征，而且本专利的上述技术特征可以由硬件实现，即使说明书对此没有详细记载。然而，通过阅读本专利说明书，基于其发明构思的理解，并站位于本领域技术人员，我们可以认为本实用新型的上述实现方式主要是通过软件程序的形式实现的。即使将上述限定理解为功能性限定，其同样应当可以包括硬件和软件的实现方式。由于本专利涉及数据通道的选择，最合适的方式应当是软件方式，而通过硬件的方式实现起来具有相当的难度，需要本领域人员付出创造性劳动。此外，从公开换保护的角度，本案的发明点仍旧在于所述的方法，因为本专利的相关文件并没有公开与上述方法特征对应的集成电路具体构造或者互连组件的电路结构。因此，一、二审法院的判决值得商榷。

事实上，该案更深层次的问题在于，计算机软件或者商业方法专利能否获得实用新型专利的保护。在当前网络经济方兴未艾之际，市场的竞争者希望通过专利保护其商业模式或者计算机软件。但是，由于发明专利授权程序过长，因此业内人士转而希望通过实用新型对其软件或者商业模式进行快速保护。但是，由于实用新型并不保护新的方法，因此在未改法的前提下，当事人还是只能依赖发明专利对其方法进行保护。

三、外观设计

核心知识点

根据《专利法》第2条第4款的规定，外观设计是指对产品的整体或者局部的形状、图案或者其结合以及色彩与形状、图案的结合所作出的富有美感并适于工业应用的新设计。依据该定义，首先，外观设计必须以产品为载体，不能重复生产的手工艺品、农产品、畜产品、自然物不能作为外观设计的载体。其次，构成外观设计的是产品的外观设计要素或要素的结合，其中包括形状、图案或者其结合以及色彩与形状、图案的结合。产品的色彩不能独立构成外观设计，除非产品色彩变化的本身已形成一种图案。再次，外观设计应当是适于工业应用的富有美感的新设计。适于工业应用，是指该外观设计能应用于产业上并形成批量生产。富有美感，是指在判断是否属于外观设计专利权的保护客体时，关注的是产品的外观给人的视觉感受，而不是产品的功能特性或者技术效果。

典型案例

"花岗岩染色板（中国黑）"无效请求案：复审委第16526号无效决定；北京市第一中级人民法院（2012）一中知行初字第473号行政判决书；北京市高级人民法院（2013）高行终字第868号行政判决书。

基本案情

本无效宣告请求涉及申请号为200830080688.4，发明名称为"花岗岩染色板（中国黑）"的外观设计专利，其申请日为2008年5月6日，授权公告日为2009年7月22

日，专利权人为镇平县遮山镇天和石材厂。针对本专利，镇平老庄镇益佳石材厂于 2010 年 4 月 7 日向复审委提出了无效宣告请求。其中，本案的争议焦点在于本专利是否符合《专利法》第 2 条第 4 款的规定。

裁判摘要

无效决定摘要

根据天然花岗岩石材的常规属性可知，天然花岗岩磨光后会有斑点状花纹，并且由于其中还含有云母晶粒，因而磨光后的花岗岩石板表面还会不规则分布云母小亮点，经过染色后，斑点状花纹和小亮点仍会呈现出来。根据花岗岩的形成过程看，在地质条件、气候条件基本相同或类似地区的矿藏中形成的花岗岩原料在颜色、花纹、主要成分构成等方面应该基本相同或极为相近，一般消费者并不容易察觉原料彼此之间的区别，在对原料经过同样的染色过程后，所得到的花岗岩染色板的外观也基本相同或极为近似、不易区分，应该认为能够满足产业和工业化批量生产的需求，因此，本外观设计专利具备再现性，适于工业应用。综上，请求人认为本专利不符合《专利法》第 2 条第 4 款规定的理由不成立。

一审、二审裁判摘要

根据本专利名称和主视图可知，本外观设计专利产品呈方形，主体颜色为黑色，其中不规则分布小亮点，左侧、中间三处以及右侧靠中间的亮点稍集中，使得这些部位的颜色发白，并且整个染色板具有斜向右下、间距基本一致的直条形细纹。对于上述设计，方形是花岗岩染色板产品领域内司空见惯的几何形状，颜色（黑色）本身未变化而形成图案，该设计中的图案是将自然物花岗岩表面磨光后，经过染色而自动形成的，其上不规则小亮点和细纹的位置和排布均由所使用花岗岩的自然属性所决定，并非设计者通过绘图或其他能够体现设计者的图案设计构思的手段制作。因此，本专利的设计属于以自然物原有图案作为主体的设计，不属于外观设计专利保护的客体。同时，由于特定自然物花岗岩的自然属性是固有的，其上亮点和花纹的位置和排布均不受产品设计者或产品生产者的主观意志所决定，因此以其所呈现图案为主体的设计不具有再现性。即使在矿藏中存在大致相同结构和属性的花岗岩，经磨光染色后形成了大致相同的图案效果，该图案效果也并非基于使用了设计者的外观设计而形成，而是由该石材的自然属性所决定的，因此这并不属于专利法意义上的再现。因此，本专利不符合《专利法》第 2 条第 4 款的规定。

拓展思考

外观设计所保护的工业产品必须是可以通过工业生产方法得以重复制造的，因此无法重复再现的物品无法成为外观设计的保护客体。例如，取决于特定地理条件、不能重复再现的固定建筑物、桥梁（包括特定的山水在内的山水别墅），无法重复再现的纯手工制品，等等。同时，外观设计必须体现出人为设计的因素，完全依赖于自然物属性的图案无法成为外观设计保护的客体。

第二节　不授予专利权的对象

一、根据《专利法》第 5 条第 1 款不授予专利权的客体

核心知识点

《专利法》第 5 条第 1 款规定，对违反法律、社会公德或者妨害公共利益的发明创造，不授予专利权。我国《专利法》之所以做这样的规定，与专利法的立法宗旨密切相关，即专利制度的终极目的在于，通过专利技术的应用，来发展生产力、方便人们的生活以及繁荣社会主义市场经济，进而促进整个社会的进步与发展。因此，《专利法》第 5 条集中体现了专利法与其他法律以及公共利益之间的平衡，其立法初衷应当与专利法促进社会经济发展的终极目标是一致的。

首先，就违反法律的发明创造而言，发明创造与法律相违背的，不能被授予专利权。发明创造并没有违反法律，但是由于其被滥用而违反法律的，则不属此列。如果仅仅是发明创造的产品的生产、销售或使用受到法律的限制或约束，则该产品本身及其制造方法并不属于违反法律的发明创造。

其次，就违反社会公德的发明创造而言，所谓社会公德，是指公众普遍认为是正当的、并被接受的伦理道德观念和行为准则。它的内涵基于一定的文化背景，随着时间的推移和社会的进步不断地发生变化，而且因地域不同而各不相同。当然，我国《专利法》中所称的社会公德主要限于我国境内。

最后，就妨碍公共利益的发明创造而言，所谓妨害公共利益，是指发明创造的实施或使用会给公众或社会造成危害，或者会使国家和社会的正常秩序受到影响。例如，发明创造的实施或使用会严重污染环境、严重浪费能源或资源、破坏生态平衡、危害公众健康，等等。但是，如果发明创造因滥用而可能造成妨害公共利益的，或者发明创造在产生积极效果的同时存在某种缺点的（例如对人体有某种副作用的药品），则不能以妨害公共利益为理由拒绝授予专利权。

典型案例

"含遗体骨灰的雕塑材料及其遗像雕塑制作工艺"复审请求案：复审委第 5313 号复审决定。

基本案情

本复审请求涉及名称为"含遗体骨灰的雕塑材料及其遗像雕塑制作工艺"的

01113689.8 号发明专利申请，申请人为侯巧生。2003 年 7 月 25 日，国家知识产权局原实质审查部门以本申请不符合社会公德为由，对原始申请作出驳回决定。申请人不服上述决定，于 2003 年 10 月 21 日向复审委提出复审请求，其复审理由是本申请不违反社会公德，不属于《专利法》第 5 条所规定的不授予专利权的申请。

裁判摘要

复审决定摘要

《专利法》第 5 条中所指的"社会公德"是中国社会全体公民能够普遍认同的伦理道德观念和必须共同遵守的最简单、最起码的行为准则，属于道德体系中最简单、最起码、最低层次的道德规范。只有当一项发明创造的公开、使用、制造在客观上与这一层次的道德规范相违背，才能被认为违反了《专利法》第 5 条中有关社会公德的规定。本案涉及的是一种含遗体骨灰的雕塑材料，以及运用此雕塑材料制作遗像雕塑的工艺。这种雕塑材料和遗像雕塑制作工艺的公开、使用以及遗像雕塑的制造，在客观上对于树立社会主义的道德风尚不会产生破坏作用。本发明在应用时，表现为一种殡葬形式。这种殡葬形式对于节省土地资源在客观上具有积极意义，也是《公民道德建设实施纲要》中所倡导的。殡葬形式本身应当属于风俗习惯范畴，而风俗习惯相对于社会公德而言，是一个更为具体的范畴。不同的殡葬形式可能会被具有不同风俗习惯的人群所接受。一种殡葬形式可能不符合某些地区人们的风俗习惯，但其不会触及整个社会，更不会对社会公德这一最为基本的道德规范构成影响，因此不能推断其违反了社会公德。

拓展思考

违反社会公德的发明创造，其虽没有违反国家法律，但是对于树立良好的道德风尚不能产生任何积极的作用，相反还会产生一定程度的破坏作用。这里所述的树立良好的道德风尚，依赖于公众的伦理道德观念。伦理道德观念是人类在长期公共生活的实践中产生和逐渐形成的，并随着社会物质文明和精神文明的发展而不断发展，因而具体何为违反社会公德的发明创造在不同时期、不同国家和地区的理解是不一样的，其内涵随着时间的推移和社会的进步不断变化。①

二、根据《专利法》第 25 条第 1 款不授予专利权的客体

核心知识点

《专利法》第 25 条第 1 款规定，对下列各项，不授予专利权：（一）科学发现；

---

① 参见国家知识产权局专利复审委员会：《专利授权其他实质性条件》，知识产权出版社 2011 年版，第 55 页。

（二）智力活动的规则和方法；（三）疾病的诊断和治疗方法；（四）动物和植物品种；（五）原子核变换方法以及用原子核变换方法获得的物质；（六）对平面印刷品的图案、色彩或者二者的结合作出的主要起标识作用的设计。对于第1款第（四）项所列产品的生产方法，可以依照本法规定授予专利权。下面依次对其详述之：

第一，科学发现。科学发现是指对自然界中客观存在的物质、现象、变化过程及其特性和规律的揭示。科学理论是对自然界认识的总结，是更为广义的科学发现，因此它们都属于人们认识的延伸。这些被认识的物质、现象、过程、特性和规律不同于改造客观世界的技术方案，不是专利法意义上的发明创造，因此不能被授予专利权。

第二，智力活动的规则和方法。智力活动，是指人的思维运动，它源于人的思维，经过推理、分析和判断产生出抽象的结果，或者必须经过人的思维运动作为媒介，间接地作用于自然产生结果。由于其没有采用技术手段或者利用自然规律，也未解决技术问题和产生技术效果，因而不构成技术方案。

第三，疾病的诊断和治疗方法。疾病的诊断和治疗方法，是指以有生命的人体或者动物体为直接实施对象，进行识别、确定或消除病因或病灶的过程。出于人道主义的考虑和社会伦理的原因，医生在诊断和治疗过程中应当有选择各种方法和条件的自由。另外，这类方法直接以有生命的人体或动物体为实施对象，无法在产业上利用，不属于专利法意义上的发明创造。因此疾病的诊断和治疗方法不能被授予专利权。

第四，动物和植物品种。通常，动物和植物品种可以通过专利法以外的其他法律法规保护，例如植物新品种可以通过《植物新品种保护条例》给予保护。根据《专利法》第25条第2款的规定，对动物和植物品种的生产方法，可以授予专利权。但这里所说的生产方法是指非生物学的方法。

第五，原子核变换方法以及用原子核变换方法获得的物质。原子核变换方法以及用该方法所获得的物质关系到国家的经济、国防、科研和公共生活的重大利益，不宜为单位或私人垄断，因此不能被授予专利权。

第六，对平面印刷品的图案、色彩或者二者的结合作出的主要起标识作用的设计。首先，根据申请的图片或者照片以及简要说明，确定使用外观设计的产品是否属于平面印刷品。其次，确定所述外观设计是不是针对图案、色彩或者二者的结合而作出的。由于不考虑形状要素，所以任何二维产品的外观设计均可认为是针对图案、色彩或者二者的结合而作出的。再次，确定所述外观设计对于所使用的产品来说是否主要起标识作用。主要起标识作用是指所述外观设计的主要用途在于使公众识别所涉及的产品、服务的来源等。

典型案例

"清除血液中血脂及纤维蛋白原方法"无效请求案：复审委第 6451 号无效决定；北京市第一中级人民法院（2005）一中行初字第 148 号行政判决书；北京市高级人民法院（2005）高行终字第 336 号行政判决书。

基本案情

本无效宣告请求案涉及国家知识产权局于 2001 年 12 月 12 日授权公告、名称为"清除血液中血脂及纤维蛋白原方法"的 96117098.0 号发明专利权，其申请日为 1996 年 9 月 17 日，专利权人为欧阳延。针对本专利，无效请求人提出无效请求，其中理由之一是由于本专利是一种疾病治疗方法，因此本专利不符合《专利法》第 25 条第 1 款。

裁判摘要

复审决定摘要

专利权人在证据 1 中虽然说明本专利能够最终应用于医学治疗，但其专利说明书的全文中均未体现该专利方法处理后的血液将直接回输或者只能回输到人体中，也就是说其直接目的并不是治疗而仅仅是清除血液中血脂及纤维蛋白原。如果一种以人体或者动物体为实施对象的方法本身的目的不是治疗，或者其直接目的不是治疗，则不得依据《专利法》第 25 条第 1 款第（三）项的规定拒绝授予专利权。由于如上所述本专利的直接目的并不是治疗，因此本专利符合《专利法》第 25 条第 1 款的规定。

一审、二审裁判摘要

不能被授予专利权的治疗方法是指以治疗或预防疾病为直接目的、在有生命的人体或动物体上实施的方法。判断本专利是不是疾病的治疗方法应以本专利权利要求所记载的技术方案为依据。本专利权利要求 1 涉及一种清除血液中血脂及纤维蛋白原的方法，该权利要求中记载的是将血液置于离心机上，分离出血浆和血球并再次进行处理的方法。由此可见，权利要求 1 所述的方法是对脱离人体或动物体的血液进行处理，并不是以有生命的人体或动物体为直接实施对象。显然，权利要求 1 的方法不能直接影响人体或动物体本身，也即该方法不是疾病的治疗方法。因此权利要求 1 所要求保护的清除血液中血脂及纤维蛋白原方法不属于《专利法》第 25 条第 1 款第（三）项所述的不授予专利权的客体。

拓展思考

通常，人们设立专利制度的目的是为了保护发明创造的智力活动成果，但出于各种各样的原因，有些智力成果没有被纳入专利保护客体之列。然而，可以获得专利保护与不能获得专利保护的智力成果之间的界限并非完全清晰。例如，尽管看起来发现与发明存在一定的差别，但是发现常常可以导致发明，许多发明都是建立在发现的基础之上。与此同时，一些重大的研究发现往往也耗费了研究人员大量的时间与心血，如果不给予足够的专利保护，似乎也很难对后续的研发提供有效的激励。因此，人们要想在不能授予专利权的发现与能够授予专利权的发明之间划定一条清晰的界限是一件十分困难的事情。总体看来，能够被授予专利权的客体呈现出逐步增大的趋势，其间往往体现了一国对于政治、经济、伦理等多个面向的考量。①

①　参见崔国斌：《专利法：原理与案例》，北京大学出版社第 2012 年版，第 52 页。

第十章　专利权的授权条件

第一节　发明专利、实用新型专利的授权条件

一、实用性

核心知识点

根据《专利法》第22条的规定，授予专利权的发明和实用新型，应当具备新颖性、创造性和实用性。其中，实用性，是指该发明或者实用新型能够在产业上制造或者使用，并且能够产生积极效果。通常，在产业上能够制造或者使用的技术方案，是指符合自然规律、具有技术特征的任何可实施的技术方案。能够产生积极效果，是指发明或者实用新型专利申请在提出申请之日，其产生的经济、技术和社会的效果是所属技术领域的技术人员可以预料到的，并且这些效果应当是积极的和有益的。[①]

事实上，建立专利制度的目的是鼓励发明创造，并促进发明创造的推广应用。由这一目的出发，发明创造不能只停留在理论和思维层面，也不能明显无益并脱离社会的需要，其必须能够在实践中加以应用，并具有一定的积极效果。当然，由于一项技术方案满足"能够在产业上制造或者使用"与"能够产生积极效果"这两项条件的情形还是比较普遍的，因此不符合实用性的案例还是较少的，而且大多集中在了无再现性、违背自然规律、非治疗目的的外科手术方法等几种类型中。

典型案例

"发电机—电动机联动动力装置"复审请求案：复审委第36836号复审决定；北京市第一中级人民法院（2012）一中知行初字第1300号行政判决书；北京市高级人民法院（2013）高行终字第271号行政判决书；最高人民法院（2015）知行字第90号行政裁定。

[①]　参见国家知识产权局专利复审委员会：《专利授权其他实质性条件》，知识产权出版社2011年版，第119页。

基本案情

本复审请求涉及申请号为 200610137229.5，名称为"发电机—电动机联动动力装置"的发明专利申请，申请人为苏平。经实质审查，国家知识产权局原审查部门于 2009 年 9 月 25 日发出驳回决定，驳回了本发明专利申请，其理由之一是权利要求 1 不具备实用性，不符合《专利法》第 22 条第 4 款的规定。

裁判摘要

复审决定摘要

从本申请说明书的相关内容可知，复审请求人声称的技术方案存在的本质缺陷在于，在没有外界能源供应的情况下，由不间断电源——电动机发电机组成的联合体不可能持续运转，即使考虑到超导技术的应用，也不可能替代外界能源供应。复审请求人坚持认为"发电机—电动机的互动机体无须外界提供能源，还有多余电能供其他设备使用"，这显然不符合自然科学界公认的能量守恒定律，本申请的技术方案违背自然规律，无论对权利要求书作出怎样的修改，都不能满足《专利法》第 22 条第 4 款有关实用性的规定。

一审、二审裁判摘要

在电机这一技术领域，发电机是通过电机磁路作为媒介将动能转换成电能，而电动机则是通过电机磁路作为媒介将电能转换成动能，电机磁路的作用仅仅是完成能量转换。原告在说明书中所述的发电机——电动机联动机组，没有外界持续供给能量的情况下，是不可能形成所谓"互动"运转的，亦不可能有多余的电能供给其他设备使用，说明书中存在的上述内容确定了本申请的主题违背能量守恒定律，故而复审委据此认定本申请不具备实用性的结论正确，应当予以支持。

再审裁判摘要

电机技术领域中的一般技术人员通常都能够认识到，发电机是通过电机磁路作为媒介将动能转换成电能，而电动机则是通过电机磁路作为媒介将电能转换成动能，电机磁路的作用仅仅是完成能量转换。复审委和原审法院的上述认定事实正确。苏平关于电能不是由动能转化而来而是由磁能转化而来的认识违背了电机技术领域的基本原理，应当不予认可。本申请说明书中所述的发电机—电动机联动机组在没有外界持续供给能量的情况下，是不可能形成所谓"互动"运转的，亦不可能有多余的电能供给其他设备使用。因此，本申请违背了能量守恒定律，不具备实用性。

拓展思考

在进行实用性审查时，需要注意两点：第一，要注意与说明书充分公开相区别。

简言之，实用性关注的是方案实施的可能性，这种可能性是客观存在的，与专利申请文件如何撰写无关。另外，说明书充分公开则关注于申请文件的撰写，如果申请文件所公开的内容无法使所属技术领域的技术人员实施，那么即使该申请符合实用性的要求，也无法获得授权。[1]

第二，要注意与技术方案是否好用相区别。通常，实用性只关于技术方案本身是否存在不能在产业上实施的固有缺陷，而技术方案是否好用则涉及其他多方面的考量，例如技术方案是否具有创造性，等等。

二、新颖性

核心知识点

根据《专利法》第22条第2款的规定，新颖性是指该发明或者实用新型不属于现有技术；也没有任何单位或者个人就同样的发明或者实用新型在申请日以前向国务院专利行政部门提出过申请，并记载在申请日以后公布的专利申请文件或者公告的专利文件中。根据《专利法》第22条第5款的规定，现有技术是指申请日以前在国内外为公众所知的技术。

被审查的发明或者实用新型专利申请与现有技术或者申请日前由任何单位或者个人向专利局提出申请并在申请日后（含申请日）公布或公告的发明或者实用新型的相关内容相比，如果其技术领域、所解决的技术问题、技术方案和预期效果实质上相同[2]，则认为两者为同样的发明或者实用新型。此外，判断新颖性时，应当将发明或者实用新型专利申请的各项权利要求分别与每一项现有技术或申请在先公布或公告在后的发明或实用新型的相关技术内容单独地进行比较，不得将其与几项现有技术或者申请在先公布或公告在后的发明或者实用新型内容的组合或者与一份对比文件中的多项技术方案的组合进行对比。[3]

典型案例

"电容式触控板的触控图型结构"无效请求案：复审委第21304号无效决定；北京市第一中级人民法院（2013）一中知行初字第3305号行政判决书；北京市高级人民法

---

① 参见任晓兰：《专利行政诉讼案件法律重述与评论》，知识产权出版社2016年版，第32—33页。

② 《商业秘密规定》第13条规定："被诉侵权信息与商业秘密不存在实质性区别的，人民法院可以认定被诉侵权信息与商业秘密构成反不正当竞争法第三十二条第二款所称的实质上相同。人民法院认定是否构成前款所称的实质上相同，可以考虑下列因素：（一）被诉侵权信息与商业秘密的异同程度；（二）所属领域的相关人员在被诉侵权行为发生时是否容易想到被诉侵权信息与商业秘密的区别；（三）被诉侵权信息与商业秘密的用途、使用方式、目的、效果等是否具有实质性差异；（四）公有领域中与商业秘密相关信息的情况；（五）需要考虑的其他因素。

③ 参见国家知识产权局专利复审委员会编著：《现有技术与新颖性》，知识产权出版社2004年版，第344—346页。

院（2014）高行终字第1198号行政判决书；最高人民法院（2015）知行字第158号行政裁定。

基本案情

本专利的专利号为200720142844.5，申请日为2007年4月27日，授权公告日为2008年6月25日，名称为"电容式触控板的触控图型结构"的实用新型专利，专利权人为哀鸿光电科技股份有限公司。其中，无效请求人的无效理由之一是权利要求5—7不具有新颖性。

裁判摘要

无效决定摘要

附件1A-7（附件1A-7：公开号为JP特开昭60—75927A的日本公开特许公报及中文译文，公开日为1985年4月30日）公开了权利要求5的全部技术特征，两者的技术领域相同，采用实质上相同的技术方案解决相同的技术问题，均是解决触控板厚度较厚的技术问题，并取得了相同的技术效果。因此权利要求5相对于附件1A-7不符合《专利法》第22条第2款关于新颖性的规定。同理，权利要求6—7相对于附件1A-7也不符合《专利法》第22条第2款关于新颖性的规定。

一审、二审裁判摘要

一审法院认为，虽然本专利与附件1A-7均涉及与显示设备整合使用的电容式触控板，两者技术领域相同，但是两者所解决的技术问题、技术方案和预期效果并非实质相同，不属于同样的发明或者实用新型。因此，复审委对于新颖性的认定是错误的。

二审法院认为，综合权利要求5和附件1A-7的技术特征可知，权利要求5的导电单元与导线构成的结构与附件1A-7的透明导电线路实质上都是用于传输电信号，附件1A-7公开的技术方案与权利要求5所限定的技术方案实质相同。两者都是运用于电容式触控板图型结构领域，因此具有相同的技术领域。附件1A-7中X、Y方向的两个轴向透明导电线路都设置在透明基板表面，即设置在同一层上，与权利要求5对第一、二轴向导电群组的设置方式相同，能够解决触控板厚度较厚、工艺复杂的技术问题，并实现了以简单的工艺即可完成触控板图型结构制作的技术效果。由此，权利要求5不具有新颖性。同理，权利要求6—7相对于附件1A-7也不符合《专利法》第22条第2款关于新颖性的规定。

再审裁判摘要

在认定权利要求是否具有新颖性时，应当以现有技术是否公开了与权利要求相同或者实质相同的技术方案作为基本标准。关于涉案专利与现有技术的技术领域、技术问题和预期效果，由于涉案专利对于这些方面的描述，一般均属于专利申请人基于主观认识在涉案专利说明书中作出的主观描述。因此，不应当苛求在现有技术中公开与涉案专利完全相同的技术领域、技术问题和预期效果。在二者属于同样的技术领域，且现有技术公开了与权利要求相同或者实质相同的技术方案的情况下，如果本领域技术人员能够合理确定现有技术亦可解决涉案专利声称解决的技术问题，取得同样的预期效果的，应当认定权利要求不具备新颖性。

拓展思考

正确解读申请文件的技术构思是后续新颖性判断的基础和前提，只有正确理解了申请文件的技术构思，才有可能真正对权利要求的新颖性进行客观评判，进而更好地保证在后续司法程序的各个阶段对新颖性评价的一致性和客观性。因此，对于涉案专利针对技术领域、技术方案、技术问题、预期效果等的解读，必须站位于本领域技术人员的角度，不拘泥于文字表述，通过对于本领域现有技术的把握，真正去领会发明创造的实质，从而正确地进行新颖性的判断。

三、创造性

核心知识点

根据《专利法》第 22 条第 3 款的规定，创造性是指与现有技术相比，该发明具有突出的实质性特点和显著的进步，该实用新型具有实质性特点和进步。所谓发明有突出的实质性特点，是指对所属技术领域的技术人员来说，发明相对于现有技术是非显而易见的。所谓发明有显著的进步，是指发明与现有技术相比能够产生有益的技术效果。

在专利审查过程中，"所属技术领域的技术人员"是一个非常重要的概念，尤其是在创造性的判断中。发明是否具备创造性，应当基于所属技术领域的技术人员的知识和能力进行评价。所属技术领域的技术人员，也可称为本领域的技术人员，是指一种假设的"人"，假定他知晓申请日或者优先权日之前发明所属技术领域所有的普通技术知识，能够获知该领域中所有的现有技术，并且具有应用该日期之前常规实验手段的能力，但他不具有创造能力。如果所要解决的技术问题能够促使本领域的技术人员在其他技术领域寻找技术手段，他也应具有从该其他技术领域中获知该申请日或优先权日之前的相关现有技术、普通技术知识和常规实验手段的能力。需要指出的是，设定这一概念的目的，在于统一审查标准，尽量避免裁判者主观因素的影响。

在判断一项发明创造是否具有创造性时，应当认定发明是否具有突出的实质性特点，同时还应当明确发明是否具有显著的进步。通常，在满足有突出的实质性特点的基础上，一项发明大多会具有显著的进步，从而具有创造性。在评价发明是否具备创造性时，不仅要考虑发明的技术方案本身，而且还要考虑发明所属技术领域、所解决的技术问题和所产生的技术效果，将发明作为一个整体看待。与新颖性"单独对比"的审查原则不同，进行创造性评判时，人们通常将一份或者多份现有技术中的不同的技术内容组合在一起对要求保护的发明进行评价。

当判断发明是否具有突出的实质性特点时，就是判断对本领域的技术人员来说，要求保护的发明相对于现有技术是否显而易见。通常，"三步法"会用于判断一项发明创造相对于现有技术是不是显而易见的：（1）确定最接近的现有技术；（2）确定发明的区别特征和发明实际解决的技术问题；（3）判断要求保护的发明对本领域的技术人员来说是否显而易见。判断过程中，要确定的是现有技术整体上是否存在某种技术启示，即现有技术中是否给出将上述区别特征应用到该最接近的现有技术以解决其存在的技术问题（即发明实际解决的技术问题）的启示，这种启示会使本领域的技术人员在面对所述技术问题时，有动机改进该最接近的现有技术并获得要求保护的发明。如果现有技术存在这种技术启示，则发明是显而易见的，不具有突出的实质性特点。

当然，判断发明创造性时还需要考虑的其他一些因素：（1）发明解决了人们一直渴望解决但始终未能获得成功的技术难题；（2）发明克服了技术偏见；（3）发明取得了预料不到的技术效果；（4）发明在商业上获得成功。

典型案例

"可以无障碍进出的汽车费用支付系统与方法"复审请求案：复审委第73531号复审决定；北京知识产权法院（2014）京知行初字第160号行政判决书。

基本案情

本复审请求涉及申请号为201110288822.0，名称为"可以无障碍进出的汽车费用支付系统与方法"的发明专利申请，申请人为张忠义。经实质审查，国家知识产权局原实质审查部门于2013年9月13日发出驳回决定，以权利要求1—2不具备专利法第22条第3款规定的创造性为由驳回了本申请。

裁判摘要

复审决定摘要

第一，权利要求1请求保护一种可以无障碍进出的汽车费用支付系统与方法，对比文件1公开了一种基于移动电子商务的停车行车缴费系统，权利要求1与对比文件1的区别技术特征在于：（1）取卡装置，刷卡装置，进口减速装置，出口减速装置；（2）汽车触发地感前均通过减速装置减速；（3）对于汽车车牌识别失败的汽车则要求通过取卡装置取卡进入；（4）对于识别没有车牌的汽车，直接转入人工收费环节，进行现场刷卡收费；（5）车主开启手机程序后，如果在服务器的实时汽车信息表里具有与车主注册账号绑定的汽车车牌，即通知车主，车主据此决定是否进行扣费授权，此扣费授权将通过手机上运行的该程序反馈到服务器上；（6）在控制电脑与服务器定时进行的信息交换过程中，控制电脑可以实时获得车主的扣费授权；（7）对于识别有车牌的汽车，通过与从服务器获得的扣费授权比对，控制电脑可以甄别该车是否需要现场付费，对于没有扣费授权的汽车则转入人工收费环节。

基于上述区别技术特征，权利要求1相对于对比文件1要解决的技术问题为：（1）如何进行人工收费；（2）如何使得车辆在进出口处减速；（3）对于车牌识别失败的车辆如何处理；（4）对于识别没有车牌的车辆如何处理；（5）如何进行扣费操作；（6）如何获得授权信息；（7）如何甄别车辆是否需要现场付费。

对于区别特征（1），设置取卡装置、刷卡装置，是本领域技术人员进行人工收费时的常规设置装置；在入口和出口处设置减速装置是本领域技术人员为了使车辆在进入或驶离时保证行车安全所采用的惯用手段。对于区别特征（2），汽车触发地感前均通过减速装置减速，是本领域技术人员为了使车辆在进入或驶离时保证行车安全所采用的惯用手段。对于区别特征（3）和（4），对比文件1公开了未成功识别车牌或车牌识别失败的车辆可以进行人工收费，而现有的人工收费主要通过取卡装置和刷卡装置来实现，即在入口处取卡进入、在出口处刷卡收费是人工收费的一种常规设计，因此属于本领域的公知常识。对于区别特征（5），对比文件1公开了（参见说明书第3页第4—5页）：短信平台模块主要完成用户车牌号码与手机号码的绑定，进出入停车场短信提示，下发相关活动信息，用户可以通过短信平台进行相关操作；对比文件1虽然没有公开关于收费授权的内容，但是在进行扣费时，使得用户知晓并征求用户意见确认是否可以对用户的账户进行扣费，并将用户的确认信息进行反馈是本领域技术人员在收费操作时的常规技术手段，本领域技术人员容易想到在通过手机进行支付时采用同样的方式以保证资金支付过程的安全。对于区别特征（6）和（7），获得用户扣费授权信息并在用户没有授权时采用其他收费方式，是本领域技术人员在收费操作时的常规技术手段，而具体的信息交互过程则是手机通过第三方支付时的常规流程设计，属于本领域的惯用手段。

因此，在对比文件1的基础上结合本领域的常规技术手段得到权利要求1的技术方案对本领域技术人员来说是显而易见的，所以权利要求1不具有突出的实质性特点和显著的进步，不符合《专利法》第22条第3款有关创造性的规定。

第二，权利要求2引用权利要求1，并对进信息和出信息做了进一步限定，对比文件1公开了（参见说明书第5页第5行至第6页倒数第1行）：停车时间和费用等信息都会通过短信平台发送至用户的关联手机，其收费也是依据进出时间等信息确定的。而根据计算收费金额时的实际需要，本领域技术人员容易想到将其进出口的地理位置标识等也包含到进信息和出信息中。因此，在权利要求1不具备创造性的基础上，权利要求2也不符合《专利法》第22条第3款有关创造性的规定。

一审裁判摘要

由对比文件1的记载可知，该技术方案中不仅需要识别车牌，亦需要将其与数据库中的信息进行匹配。因此，本申请与对比文件1的区别在于，本申请仅在一种情况下进行人工收费，即车牌识别失败。但对比文件1中在两种情况下需要进行人工收费：车牌识别失败；车牌识别成功，但与数据库信息匹配失败。

在确定区别技术特征的情况下，进一步确定区别技术特征所实际解决的技术问题。因原告的起诉理由与区别技术特征（1）、（2）、（4）无实质关联，故一审法院仅对其他区别技术特征实际解决的技术问题进行分析。

对于实际解决技术问题的认定，需要以整体技术方案为基础，并与对比文件的相关技术特征进行对比分析。如果各区别技术特征之间具有协同作用，则尤其注意不能割裂各技术特征的协同作用。本案中，被诉决定中对于区别技术特征实际解决技术问题的认定未考虑相应区别技术特征之间的协同作用，亦未将其与对比文件进行对照分析，故被诉决定中对实际解决技术问题的认定不够准确。

具体而言，因在整体收费过程中，区别技术特征（3）、（5）—（7）相互协同，故对实际解决技术问题的确定需要综合考虑上述技术特征。具体而言，区别技术特征（3）的存在使得本申请相对于对比文件1缺少一个与数据库信息的匹配过程，因此，其在相当程度上解决了在停车场入口处的拥堵问题。但需要强调的是，本专利整体解决的是停车场收费问题，故在解决进口拥堵的同时，不能忽视后续的付费过程。亦即，本申请在解决入口拥堵的情况下，需要同时兼顾后续的缴费程序。为同时解决上述问题，则需要区别技术特征（5）—（7）的配合，即车主需要开启手机程序完成缴费问题。当然，这一缴费过程亦存在绑定环节，只是这一绑定环节可以是在进入停车场后，而非如对比文件1所限定的必须在进入停车场之前完成绑定过程，从而使得在入口处本申请仅需识别车牌即可，使得区别特征（3）的采用成为可能。不仅如此，这一手机程序的使用，同时使得车主具有了缴费的选择权。综上可知，上述区别技术特征实际解决的技术问题是：在缓解停车场入口拥堵问题的同时兼顾后续缴费程序的顺利进行，且使车主具有是否缴费的选择权。

基于上述技术问题，进一步判断本申请权利要求1的技术方案对本领域技术人员而言是否显而易见。对这一问题的认定，同样应以整体技术方案为基础。将本申请权利要求1与对比文件1相比可以看出，二者之间之所以存在上述区别技术特征（3）、（5）—（7），原因在于二者采用了不同的技术构思。在本申请中，第三方手机程序的应用是技术方案的核心，且强调车主的主动选择性。但在对比文件1的整个收费过程中，并不涉及第三方手机程序的使用，其虽有短信平台的事先绑定，但车主在主动绑定之后的整个后续缴费程序中完全处于被动状态，并无选择权。正是上述技术构思的差别决定了区别技术特征（3）、（5）—（7）的存在。

基于上述分析可知，因上述区别特征是基于两种技术构思的指导，因此判断本申请权利要求 1 是否显而易见，不能回避两种技术构思之间的替换是否显而易见这一问题。本案中，因现有证据无法证明两种技术构思的替换对于本领域技术人员显而易见，故一审法院并不认为本申请权利要求 1 的技术方案对于本领域技术人员显而易见。据此，本申请权利要求 1 具备创造性。相应地，在权利要求 1 具备创造性的情况下，其从属权利要求 2 亦必然具备创造性。

拓展思考

专利申请的创造性判断是这一领域的重点和难点。就其内涵而言，创造性判断是以本领域技术人员的视角，在对发明和现有技术进行客观、整体理解的基础上，比较分析发明的改进，进而在整体现有技术的基础上尝试重构发明，判断现有技术能否促使本领域技术人员有足够动机形成发明创造，从而明确发明创造的显而易见性。

上述具体的实现方式即为"三步法"。"三步法"作为我国创造性的主要判断方法，其精神内涵应该是与全世界通用的创造性判断思路相契合的。在理解"三步法"精神内涵的基础上，客观整体地看待发明，准确把握发明构思对于正确适用"三步法"进行创造性判断具有重要作用。在确定发明构思的过程中，需要从技术问题、技术方案和技术效果三个方面进行全面的考察，综合判断。人们基于申请文件把握发明构思时，需要以本领域技术人员的视角，客观、整体地了解发明创造的前因后果，从技术问题从何而来、技术改进因何为之、技术效果因何而就这几个方面进行全面综合的考虑。

遵循上述原则，在创造性判断时，人们经常容易犯的一个错误就是机械地割裂各个技术特征，从而对一项发明创造存在错误的理解。具体到本案，当发明所要求保护的技术方案与最接近的现有技术相比存在多个区别技术特征时，确定发明实际解决的技术问题应当基于发明整体技术方案进行考虑。因此，当发明所要求保护的技术方案与最接近的现有技术相比存在多个区别技术特征时，需要考虑这些区别技术特征之间是否存在相互关联、相互作用，综合判断它们在发明的整体技术方案中所起的技术效果，从而正确地确定发明实际解决的技术问题。当然，如果多个区别技术特征之间无相互关联、相互作用时，可以分别考虑它们在发明技术方案中所起的作用，并分别确定各自实际解决的技术问题。①

四、充分公开

核心知识点

根据《专利法》第 26 条第 3 款的规定，说明书应当对发明或者实用新型作出清

---

① 参见林甦：《在创造性评述中如何整体把握发明构思》，《中国知识产权报》2017 年 11 月 1 日第 9 版。

楚、完整的说明，以所属技术领域的技术人员能够实现为准。这一条款就是所谓的说明书必须充分公开发明创造内容的条款。

通常，专利制度就是在发明人将其发明向社会公众公开的前提下，国家授予其一定期限独占权的制度。为此，专利申请人必须将其发明创造的内容向社会充分地公开，以达到所属技术领域的技术人员能够实现的程度，否则就不能获得相应的专利权。作为专利文件的重要组成部分，说明书是专利申请人充分公开其发明创造的重要手段和载体。

典型案例

"一种聊天机器人系统"无效请求案：复审委第 21307 号无效决定；北京市第一中级人民法院（2014）一中知行初字第 184 号行政判决书；北京市高级人民法院（2014）高行（知）终字第 2935 号行政判决书。

基本案情

本专利的专利号为 200410053749.9，申请日为 2004 年 8 月 13 日，授权公告日为 2009 年 7 月 22 日，现专利权人为上海智臻网络科技有限公司。针对本专利，苹果电脑贸易（上海）有限公司于 2012 年 11 月 19 日向专利复审委员会提出了无效宣告请求。其中，本案的争议焦点是本专利是否符合《专利法》第 26 条第 3 款的规定。在成立 5 人合议组对该案进行审理后，复审委作出第 21307 号决定，维持本专利有效。随后，该决定为北京市第一中级人民法院的（2014）一中行初字第 184 号行政判决所维持。之后，苹果公司向北京市高级人民法院提起上诉。北京市高级人民法院于 2014 年 10 月 16 日公开审理此案，2015 年 4 月 21 日作出（2014）高行（知）终字第 2935 号行政判决，撤销一审判决和第 21307 号无效决定。

裁判摘要

无效决定摘要

本案涉及的主要焦点问题在于，利用游戏服务器来实现游戏功能是否为说明书所公开。复审委认为，专利说明书第 3 页第 11—14 行记载了聊天机器人本质上是一个或若干个机器人服务器，其中设置有通信模块、过滤器、对话模块、查询模块，其一端连接用户，另一端连接人工智能服务器和/或查询服务器和/或游戏服务器，如本专利附图 1 所示，即实施例中公开了用户通过机器人服务器连接到游戏服务器。另外，本专利说明书第 5 页第 7—9 行记载了在机器人中我们特别倡导互动性，机器人可以实现以下互动游戏（智力闯关、智力问答、24 点、猜数字等）。本领域技术人员由上述记载内容能够实现，用户通过即时通信平台与聊天机器人进行对话，该聊天机器人的另一端连接游戏服务器，根据聊天机器人识别的对话内容，用户就可以利用游戏服务器实现以文字互动为基础的游戏功能，因此本领域技术人员根据说明书的上述记载能够实现本发明利用聊天机器人系统的游戏服务器互动游戏的功能。

一审裁判摘要

游戏功能是在拟人化对话的基础上的附加功能，并不是实现本发明必不可少的技术内容，对于权利要求 1 中限定的游戏服务器，本领域技术人员运用其普通技术知识可以知晓，聊天机器人系统必然对用户语句进行语言分析，将语言分析后将与游戏相关的内容发送至游戏服务器。

二审裁判摘要

实现游戏功能是本专利实现拟人化的一种表现形式，并非拟人化的附加功能。相应地，游戏功能也应当是本专利权利要求 1 所记载的必要技术特征。同时，本专利原专利权人在答复国家知识产权局第一次审查意见通知书时指出，游戏服务器的存在使得权利要求 1 相对于对比文件 1 具有实质性特点，从而导致本专利具备创造性。由此可见，国家知识产权局也是基于该陈述才对本专利进行了授权。因此，如何实现游戏功能是实现本专利不可少的技术特征。然而，说明书仅仅记载了具有一个游戏服务器以及提到实现互动游戏的设想，而对于游戏服务器与聊天机器人的其他部件如何连接完全没有记载，例如没有记载语言分析模块或者装置，更未记载如何对相关的语句进行分析处理后将与游戏相关的内容发送至游戏服务器。根据说明书的记载和教导，本专利的聊天机器人系统，如果用户输入的是和游戏相关的语句，即使其能够由过滤器分析处理，其也只是被过滤器判断为自然语句或格式化语句，而送到人工智能服务器或查询服务器中，而根本不可能送到游戏服务器中。由此可见，本专利说明书未公开如何实现本专利权利要求 1 所限定的游戏功能，违反了《专利法》第 26 条第 3 款的规定。

拓展思考

对于说明书公开而言，"三性"要件尤其是技术贡献，是判断说明书公开时需要考虑的内容。说明书公开的目的在于本领域技术人员在阅读说明书之后，不需付出创造性劳动，就能理解并实施该发明或者实用新型，解决发明或者实用新型所要解决的技术问题，产生其预期的有益效果。① 然而，通常发明或者实用新型所要解决的技术问题会有多个，并且并非为说明书所直接记载的技术问题。此时，只有在专利申请满足了"三性"要件、明确了其技术贡献的情形下，进一步判断说明书是否公开才有意义，例如说明书是否公开了使得专利申请具有创造性的技术特征。

虽然二审法院也是遵循这一思路进行了裁判，但是其对于游戏服务器属于本发明技术贡献的认定值得商榷，因为本发明的主要技术贡献在于通过设置过滤器和人工智

---

① 参见尹新天：《中国专利法详解》，知识产权出版社 2011 年版，第 361 页。

能服务器，基于现有技术而提出了一个新的系统架构。此外，我们应当站位于本领域普通技术人员的立场，去合理地理解与保护一项发明创造，不应当要求申请人必须将发明创造的所有技术细节都——展示，从而加大他们的申请难度。[①]

五、权利要求以说明书为依据

核心知识点

根据《专利法》第 26 条第 4 款的规定，权利要求书应当以说明书为依据，清楚、简要地限定要求专利保护的范围。权利要求书应当以说明书为依据，是指权利要求应当得到说明书的支持。权利要求书中的每一项权利要求所要求保护的技术方案应当是所属技术领域的技术人员能够从说明书充分公开的内容中得到或概括得出的技术方案，并且不得超出说明书公开的范围。

通常，权利要求由说明书记载的一个或者多个实施方式或实施例概括而成，而权利要求的概括应当不超出说明书公开的范围。如果所属技术领域的技术人员可以合理预测说明书给出的实施方式的所有等同替代方式或明显变型方式都具备相同的性能或用途，则应当允许申请人将权利要求的保护范围概括至覆盖其所有的等同替代或明显变型的方式。

典型案例

"散热器的制造方法"的无效请求案：复审委第 11328 号无效决定。

基本案情

本无效宣告请求涉及国家知识产权局于 2006 年 2 月 15 日授权公告的、名称为"散热器的制造方法"的发明专利权，其专利号是 ZL02125517.2，申请日是 2002 年 7 月 17 日，专利权人是胡忠明，后变更为夏世鹏。针对本专利权，山东三德暖通空调设备有限公司于 2007 年 8 月 16 日向复审委提出无效宣告请求，其中理由之一是本专利不符合《专利法》第 26 条第 4 款的规定。

裁判摘要

无效决定摘要

本专利权利要求 1 涉及一种散热器的制造方法，包括板材与管材，其制造方法包括：将板材冲孔后折弯成 U 形材、将管材与板材上的孔组对密封焊接，之后将 U 形材改压制成 D 形管。很显然该权利要求中的"压制"是指对板材施加压力使之弯曲变形

---

① 参见万琦：《说明书公开的若干问题研究——以"小 i 机器人"案为基础》，《知识产权》2015 年第 5 期，第 48 页。

成所需要的形状。对于该"压制"的含义本领域技术人员应理解为适用于对板材加压使之变形成所需要的形状的方法，如冲压、滚压，而不应包含明显不适应于对金属板材加压变形的锻压或轧制等加工方法。本专利说明书公开了采用模具冲压将 U 形材改压制成 D 形管的方法，本领域技术人员根据说明书公开的内容，可以想到其他的等同技术手段，如滚压方法来实现将 U 形材改压制成 D 形管，而滚压的具体方法对于本领域普通技术人员来说是常规手段，根据本专利公开的内容即可以实现。所以，请求人关于本专利权利要求 1 没有以说明书为依据，不符合《专利法》第 26 条第 4 款的规定而无效理由不能成立。

拓展思考

权利要求以说明书为依据的判断与权利要求的理解密不可分。一方面，对于技术方案的理解，应当站在所述技术领域的技术人员的角度。在本案中，虽然所属技术领域的技术人员知晓"压制"的含义为"用压力制造"，包含了使用压力制造的各种方式。由于在本专利中，权利要求限定了制造散热器时压制的结果是将 U 形材改成 D 形管，故所属技术领域的技术人员在面对上述技术问题时，知晓并非所有的"压制"手段都适用，必然会根据"压制"所包含的具体加工手段的特点，选择其中能够完成上述变形的加工方式。并且，说明书中已经给出了利用模具冲压的方式，所属技术领域的技术人员根据自己掌握的普通技术知识，能够得知除了冲压之外还存在其他方式，例如利用滚压工具施加到 U 形材上同样能够将其变形为 D 形管。

另一方面，在理解权利要求的限定术语时，不应该脱离该术语所处的技术环境，孤立、片面地理解，而应当从所属技术领域的技术人员的角度出发，结合包含该技术术语的技术方案以及说明书的内容，恰当地理解该术语的含义。具体到本案，不应当片面地理解权利要求 1 中的"压制"，而应将"将 U 形材改压制成 D 形管"作为一个整体看待，其中的"压制"是将 U 形材变成 D 形材的压制方法，所属技术领域的技术人员知道，前述明显不能实现该功能的"压制"不包含在其保护范围内。

六、保护范围清楚

核心知识点

根据《专利法》第 64 条第 1 款的规定，发明或者实用新型专利权的保护范围以其权利要求的内容为准，说明书及附图可以用于解释权利要求的内容。可见，权利要求对于专利保护范围的确定具有重大意义。由此，权利要求需要满足一系列的条件，例如根据《专利法》第 26 条第 4 款后半部分的规定，权利要求书应当清楚、简要地限定要求专利保护的范围，即专利保护范围应当清楚。

权利要求保护范围清楚的重要意义在于：第一，作为整个专利文件的核心，权利要求保护范围清楚是审查其他可专利性要件的基础；第二，清楚明确的保护范围也是侵权判定的主要依据；第三，清楚明确的保护范围对于社会公众也有公示的作用，从而有利于后续技术人员进一步的研发创新。

当然，对于保护范围是否清楚地把握，权利要求的解释也是必不可少。通常，权利要求的解释是所属本领域的技术人员依托于对现有技术的理解，在专利说明书及附图的基础上，结合专利说明书背景技术、发明所要解决的技术问题以及取得的预期技术效果来综合考虑。

典型案例

"改进的折叠式自行车"无效请求案：复审委第 7055 号无效决定。

基本案情

本无效宣告请求涉及国家知识产权局 2003 年 1 月 29 日授权公告的、名称为"改进的折叠式自行车"的实用新型专利，其专利号为 02219926.8，申请日为 2002 年 4 月 10 日，专利权人是李梅祥。针对上述专利权，李勤于 2004 年 4 月 29 日向复审委提出了无效宣告请求，其中理由之一在于本专利不符合保护范围清楚的要件，即按照权利要求 1 所述内容"所述车架的上梁两端固联短管，其前端短管分别与前叉（16）和前柱固联，其后端短管分别与车座和后柱（7）固联"，短管与上梁两端的固定连接以及短管与前柱、车座及后柱的固定连接无法实现自行车的折叠，"固联"的含义不清楚。

裁判摘要

无效决定摘要

在对技术方案中的术语所代表的含义进行理解时，不能仅仅根据其字面含义进行判断，在存有歧义时则可结合说明书、附图以及所述领域的常识加以正确理解。就本专利的权利要求 1 而言，虽然由字面上看，"固联"表示固定不动的连接，但是根据说明书中所披露的"短管与上梁前后两端的连接处内分别设有轴套，轴套分别由销轴 3 和 5 将其连接在上梁的前后两端内"并结合附图 1、2 及 4 可知，上梁与前柱以及后柱之间的夹角可变，即上梁与前柱以及上梁与后柱可以绕各自的销轴发生相对转动。同时由于短管焊接于上梁之上，故上梁前端短管与前柱是通过轴套借助于销轴彼此相连的。上梁后端短管以及后柱之间同样也是通过轴套借助于销轴彼此相连的。在此，"固联"应理解为只是体现了两个相应部件之间（上梁与前柱以及上梁与后柱）一种相互连接的关系，而不能简单地根据字面将其理解为一种固定不动的具体连接方式。综上所述，复审委认为，虽然权利要求 1 中"固联"这一措辞所表现的部件之间的连接关系确有不妥，但结合说明书的描述可知，上述缺陷并不足以导致权利要求 1 的保护范围不清楚，即本专利权利要求 1 清楚地表述了请求保护的范围。

拓展思考

此案涉及权利要求的解释。就具体的解释方法而言，这些方法包括文义解释、逻辑解释、体系解释、目的解释等。概括而言，在解释权利要求时，人们应当立足于本领域技术人员，以权利要求记载的技术内容为准，根据说明书及附图、现有技术、专利对现有技术所做的贡献等因素合理确定专利权的保护范围。既不能将专利权保护范围拘泥于权利要求书的字面含义，也不能将专利权保护范围扩展至所属技术领域普通技术人员在专利申请日前通过阅读说明书及附图后需要经过创造性劳动才能获得的东西。

本案中，原复审委以所属技术领域的技术人员为主体，综合考虑权利要求书、说明书及附图的相关内容，发现说明书中虽然没有采用直接定义的形式对"固联"一词的含义进行限定，但根据说明书中技术方案对相关部件的其他描述可以认定，本专利中使用"固联"一词仅仅是为了表达两个相应部件之间的相互连接关系，而并非表示其具有固定不动的具体连接方式，因此不能简单地按照字面含义理解"固联"一词。虽然专利权人使用"固联"一词限定部件之间的上述连接关系略有不妥，但是采用"固联"一词限定的技术方案的保护范围仍是清楚的。

七、必要技术特征

核心知识点

根据《专利法实施细则》第 20 条第 2 款的规定，独立权利要求应当从整体上反映发明或者实用新型的技术方案，记载解决技术问题的必要技术特征。其中，必要技术特征是指发明或者实用新型为解决其技术问题所不可缺少的技术特征，其总和足以构成发明或者实用新型的技术方案，使之区别于背景技术中所述的其他技术方案。判断某一技术特征是否为必要技术特征，应当从所要解决的技术问题出发并考虑说明书描述的整体内容，不应简单地将实施例中的技术特征直接认定为必要技术特征。

从立法目的而言，设置必要技术特征条款的主要目的是限制申请人通过减少权利要求中必要技术特征的数量而获得过宽的保护范围。对于这里提及的"技术问题"，其应当与创造性判断中涉及的技术问题相区别。创造性"三步法"的第二步为"确定发明的区别特征和发明实际解决的技术问题"，是指将权利要求请求保护的技术方案与现有技术相比较之后，根据区别技术特征重新确定的发明或者实用新型实际解决的技术问题，这不同于在判断必要技术特征时所确定的发明或者实用新型要解决的技术问题。判断必要技术特征时所要解决的技术问题，是该发明或者实用新型本身提出的技术问题，通常是申请人在申请文件中明确提及或者是通过申请文件的内容可以得知的技术问题，而不是审查过程中通过与现有技术相比较之后确定的技术问题。

典型案例

"流延膜机自动断料收卷、换卷装置"复审请求案：复审委第20022号复审决定；北京市第一中级人民法院（2013）一中知行字第1442号行政判决书；北京市高级人民法院（2013）高行终字第2041号行政判决书；最高人民法院（2015）知行字第56号行政裁定。

基本案情

本无效宣告请求涉及国家知识产权局于2008年4月2日授权公告的、名称为"流延膜机自动断料收卷、换卷装置"的实用新型专利权，申请日是2007年6月5日，专利权人是沙文雄。针对上述专利权，复审委于2009年6月24日作出第13601号无效宣告审查决定，宣告本专利的权利要求1、4、5无效，在权利要求2、3的基础上维持本专利继续有效，双方当事人均未在指定期限内向法院起诉。随后，复审委于2010年4月21日作出第14931号无效宣告审查决定，同样在本专利权利要求2、3的基础上维持该专利权继续有效。针对本专利，东莞市鑫晖达机械制造有限公司于2012年6月28日向复审委提出无效宣告请求，请求宣告权利要求2、3无效。其中，本案的争议焦点为权利要求2、3是否缺少必要技术特征。

裁判摘要

无效决定摘要

权利要求2要求保护一种自动断料收卷、换卷装置，该技术方案记载了换卷机构由气缸以及与气缸连接的收卷轴钩和固定在收卷轴钩的收卷轴组成。其要解决的技术问题为提供一种自动化的换卷机构，从而提高安全性能和生产效率。根据说明书记载的内容可知（参见本专利说明书第4页第7—8行，第5页第3—12行），当需要换卷时，由断料机构将薄膜切断，然后收新的卷轴24从收卷轴钩11上放下，并将其带至原收卷轴14所在位置继续收卷，从而完成自动换卷过程。为了能够使从收卷轴钩11上放下的收卷轴24运动至原收卷轴14所在位置，本专利在断料机构18的一端设置有一槽，槽中可放置收卷轴24，通过该槽可以使收卷轴24随着断料机构18的运动而到达原收卷轴14的位置，从而继续收卷完成自动换卷的目的。由此可见，权利要求2仅限定了实现将收卷轴24自动放下的部件例如气缸、收卷轴钩和固定在收卷轴钩上的收卷轴等，并未限定将新的收卷轴24运动至原收卷轴14所在位置的部件。在整个自动换卷过程中，断料机构18首先运行到断料位置，由气缸27带动收卷轴钩11向下运动，并使得断料机构18的槽位于收卷轴钩11的附近，从而才能够使得新的收卷轴24进入到断料机构18的槽内，并由断料机构18将收卷轴24运动至原收卷位置，才能实现自动换卷，权利要求 2 也未限定上述部件之间的连接关系、位置关系以及动作关系。综上所述，权利要求 2 仅限定了换卷机构由气缸以及与气缸连接的收卷轴钩和固定在收卷轴钩的收卷轴组成，缺少实现将新的收卷轴 24 运动至原收卷轴 14 所在位置的部件以及这些部件之间连接关系、位置关系以及动作关系的技术特征，依据本专利说明书的记载，相对于背景技术而言，这些技术特征是解决本专利所要解决的自动换卷问题不可缺少的。因此，权利要求 2 要求保护的技术方案没有完整记载解决本专利要解决的技术问题的必要技术特征，不符合《专利法实施细则》第 20 条第 2 款的规定。

基于同样的分析，复审委认为权利要求 3 要求保护的技术方案也没有完整记载解决本专利要解决的技术问题的必要技术特征，不符合《专利法实施细则》第 20 条第 2 款的规定。

一审裁判摘要

本案权利要求 2 保护的技术方案所要解决的技术问题是手动换卷导致的人工成本较高、生产效率低的问题。为了解决该技术问题，其采用的技术方案是在权利要求 1 技术方案的基础上设置自动换卷机构，该自动换卷机构由气缸（27）、与气缸（27）连接的收卷轴钩（11）和固定在收卷轴钩（11）上的收卷轴（24）组成。权利要求 2 已经记载了所需的全部组件，即气缸 27、收卷轴钩 11 和固定在收卷轴钩 11 上的收卷轴 24。而对于本领域技术人员而言，在权利要求 1 所要求保护的技术方案的基础上，气缸提供对应组件移动所需的动力，断料机构装在适合的位置切断膜产品，机械手移动换卷都是显而易见的，且其上述部件的工作顺序或流程本身具有一定的逻辑关系；而根据 13601 号决定的认定，权利要求 1 所保护的技术方案为现有技术，故权利要求 2 记载了解决其欲解决技术问题的所有必要技术特征。复审委关于本专利权利要求 2 缺少必要技术特征的认定是错误的，应当予以纠正。基于同样的分析，一审法院认为复审委关于本专利权利要求 3 缺少必要技术特征的认定也是错误的。

二审裁判摘要

在肯定复审委关于权利要求 2 的决定意见的基础上，二审法院进一步认为，没有证据证明本专利权利要求 2 所缺少的技术特征是本领域的技术常识或者本领域技术人员已经掌握的公知常识或惯用手段。因此，复审委认定本专利权利要求 2 要求保护的技术方案没有完整记载解决本专利要解决的技术问题的必要技术特征是正确的。基于同样的分析，二审法院认为复审委关于本专利权利要求 3 缺少必要技术特征的认定也是正确的。

再审裁判摘要

本专利权利要求 2 所要解决的技术问题是提供一种自动化的换卷机构，从而提高安全性能和生产效率。该项权利要求仅记载了换卷装置的组成部件及其连接关系，但并未记载这些部件之间的位置关系、动作关系；且其所载组成部件中，缺少将新收卷轴 24 运动至原收卷轴 14 所在位置的部件。依据本专利说明书的记载，相对于背景技术而言，权利要求 2 所缺少的上述技术特征，尤其是将新收卷轴 24 运动至原收卷轴 14 所在位置的部件，是解决自动换卷问题所不可缺少的。将新收卷轴放置到原收卷轴所在位置，是自动换卷的核心环节。新收卷轴 24 原本位于送料光辊 12 的上方，而原收卷轴 14 位于送料光辊 12 的右下方。在送料光辊正常转动的情况下，如缺少将新收卷轴 24 运动至原收卷轴 14 所在位置，则新收卷轴 24 将无法确定地运动至原收卷轴 14 所在位置，才能完成自动换卷。因此，二审法院的认定并无不当。基于同样的分析，最高院认为二审法院关于权利要求 3 的认定并无不当。

拓展思考

对于本案，有以下几点值得思考：

第一，虽然《专利法实施细则》将是否满足具有必要技术特征的条件施加给了独立权利要求，而非从属权利要求。但是在无效程序中，如果无效请求人同时主张独立权利要求和从属权利要求缺少必要技术特征，由于存在独立权利被无效而从属权利要求成为新的独立权利要求的可能，原复审委审查从属权利要求是否具有必要技术特征并无不当。

第二，在专利能够解决多个技术问题，且多个技术问题之间彼此相互独立，解决各个技术问题的技术特征也彼此相互独立的情况下，独立权利要求中只要记载了能够解决一个或者部分技术问题的必要技术特征，即符合《专利法实施细则》第 20 条第 2 款的规定。但是，对于说明书中明确记载专利技术方案能够同时解决多个技术问题的，独立权利要求中应当记载专利技术方案能够同时解决各个技术问题的所有必要技术特征。

第三，对于必要技术特征条款与得到说明书支持、充分公开条款的关系，一方面，独立权利要求缺少必要技术特征，通常这一情况也会导致权利要求得不到说明书的支持；另一方面，即便在说明书公开充分的情况下，若独立权利要求未能记载全部必要技术特征，该权利要求仍会因缺少必要技术特征而被宣告无效。

第四，对于本案中公知常识的论述，如果专利权人想以此论证其权利要求符合《专利法实施细则》第 20 条第 2 款的规定，除了充分说理之外，其有必要向法院提供足够的证据，由此弥补法官技术知识的不足。

八、单一性

核心知识点

根据《专利法》第 31 条第 1 款的规定，一件发明或者实用新型专利申请应当限于一项发明或者实用新型。属于一个总的发明构思的两项以上的发明或者实用新型，可以作为一件申请提出。该条款就是对发明和实用新型专利申请的单一性要求。

单一性条款设置的主要目的是防止申请人只支付一件专利申请的费用，而获得几项没有关联的且具有不同发明构思的发明或者实用新型专利；另一方面，为了降低申请人的经济负担和提高专利审判工作效率，专利法也允许申请人将技术上密切关联的多项发明或者实用新型合并提出。① 因此，单一性条款约束的是作为同一件申请提出的发明创造的数量，而不是这一件申请的质量。与其他驳回条款相比，不符合单一性条款的规定并不会对公众利益造成直接损害，故单一性的审查仅在专利申请的授权阶段进行，其可以作为驳回专利申请的事由，但是不可作为专利无效的理由。

根据《专利法实施细则》第 34 条的规定，依照《专利法》第 33 条第 1 款的规定，可以作为一件专利申请提出的、属于一个总的发明构思的两项以上的发明或者实用新型，应当在技术上相互关联，包含一个或者多个相同或者相应的特定技术特征，其中特定技术特征是指每一项发明或者实用新型作为整体，对现有技术做出贡献的技术特征。换言之，特定技术特征就是使发明相对于现有技术具有新颖性和创造性的技术特征。

典型案例

"含碳的多相聚集体和其制备方法"复审请求案：复审委第 7654 号复审决定。

基本案情

本复审请求案涉及发明名称为"含碳的多相聚集体和其制备方法"的第 98806373.5 号发明专利申请，申请人为卡伯特公司。2004 年 1 月 9 日，国家知识产权局以独立权利要求 25 与权利要求 1 之间不具备单一性为由驳回了本申请。

裁判摘要

复审决定摘要

权利要求 1 要求保护制备含碳相和含硅物质相的聚集体的方法，权利要求 25 要求保护制备含碳相、金属物质相和任选地含硅物质相的聚集体的方法，在工艺步骤方面非常相近，存在以下相同的技术特征：

a）把第一原料加入多段反应器的第一段；

b）在所说的第一段的下游位置把至少一种后继原料加入所说的多段反应器中；

c）在足以分解或挥发上述原料的温度下，操作所说的反应器以形成聚集体；

d）回收所说的聚集体。

根据请求人的意见陈述，这些工艺步骤的技术特征，特别是多段进料的技术特征，正是本发明对现有技术的贡献所在，因此是相同的特定技术特征。在没有相反证据的

---

① 参见王迁：《知识产权法教程》（第五版），中国人民大学出版社 2016 年版，第 312 页。

情况下，复审委认为，本申请权利要求 1 和 25 在技术上相互关联，包含相同的特定技术特征，因此具有单一性，符合《专利法》第 31 条第 1 款的规定。

拓展思考

本案中，原实质审查部门并没有进行检索就认为权利要求 1 和权利要求 25 之间不具有单一性，其理由在于：权利要求 1 和权利要求 25 的方法所针对的产物并不完全相同，并且这些产物是方法技术方案的重要组成部分，因此这两种方法整体上具有差异而不具备单一性。显然，上述认定偏离了单一性判断的基本原则，即从技术方案的整体出发，判断不同技术方案是否包含了相同或相应的特定技术特征。这里所述的整体考虑是指结合技术方案的技术领域、要解决的技术问题和产生的技术效果去判断何为其特定技术特征，而并不要求技术方案的整体内容或者每个技术特征都是相同的或者相对应的。

由于本案的权利要求 1 和权利要求 25 的制备方法具有相同的工艺步骤特征，这些步骤所体现的多段进料手段正是其技术方案相对于现有技术的改进之处，而本案中的产物（无论是含碳相和含硅物质相的聚集体，还是含碳相、金属物质相和任选地含硅物质相的聚集体）不会对基于这些步骤进行的单一性判断造成实质性影响。由于上述工艺步骤特征并非本领域的公知常识，因此在没有进行检索之前，从技术方案整体考虑，应当认为上述工艺步骤特征是本发明对现有技术做出贡献的特征，即特定技术特征。因此，本申请符合单一性的要求。

当然，对于不明显缺乏单一性的两项以上的发明或者实用新型，通常需要经过检索才能最终确定它们是否符合单一性的要求。此时，在确定特定技术特征时，仍然要坚持对技术方案进行整体分析，避免在审查过程中机械地拆分技术方案，造成对特定技术特征的不正确认定。

九、专利申请文件的修改

核心知识点

根据《专利法》第 33 条的规定，申请人可以对其专利申请文件进行修改，但是对发明和实用新型专利申请文件的修改不得超出原说明书和权利要求书记载的范围，对外观设计专利申请文件的修改不得超出原图片或者照片表示的范围。这里，我们主要讨论发明和实用新型专利申请文件的修改。

原说明书和权利要求书记载的范围包括原说明书和权利要求书文字记载的内容和根据原说明书和权利要求书文字记载的内容以及说明书附图能直接地、毫无疑义地确定的内容。申请人在申请日提交的原说明书和权利要求书记载的范围，是审查上述修改是否符合《专利法》第 33 条规定的依据。

典型案例

"墨盒"无效请求案：复审委第 11291 号无效决定；北京市第一中级人民法院 (2008) 一中知行字第 1030 号行政判决书；北京高级人民法院 (2009) 高行终字第 327 号行政判决书；最高人民法院 (2010) 知行字第 53 号行政裁定。

基本案情

本无效宣告请求涉及国家知识产权局 2004 年 6 月 23 日授权公告的、名称为"墨盒"的 00131800.4 号发明专利，本专利是 99800780.3 号发明专利申请的分案申请，其申请日为 1999 年 5 月 18 日，最早的优先权日为 1998 年 5 月 18 日，专利权人为精工爱普生株式会社。本案中，争议焦点是涉案专利是否符合《专利法》第 33 条的规定。

裁判摘要

无效决定摘要

《专利法》第 33 条所称的原说明书和权利要求书是指申请日提交的说明书和权利要求书，对于分案申请，是指申请日提交的原申请的说明书和权利要求书。对于国际申请，是指原始提交的国际申请的说明书、权利要求书和附图。

本专利是 99800780.3 号发明专利申请的分案申请，而 99800780.3 号发明专利申请是进入中国国家阶段的国际申请（PCT/JP99/02579），即 99800780.3 号发明专利申请的申请文件相当于是 PCT/JP99/02579 号国际申请的中文翻译件。

本专利权利要求 1 和 40 中的"存储装置"以及权利要求 8、12 和 29 中的"记忆装置"均由实质审查阶段修改而来。在申请日提交的 PCT/JP99/02579 号国际申请文件及 99800780.3 号发明专利申请的说明书和权利要求书中并没有"存储装置"和"记忆装置"的文字记载，而仅有"半导体存储装置"的文字记载。因此，判断本专利在实质审查阶段所进行的上述修改是否超范围的关键在于，"存储装置"和"记忆装置"是否属于可根据原说明书和权利要求书中记载的"半导体存储装置"直接且毫无疑义地确定的内容，即对于本领域技术人员来说，"存储装置"和"记忆装置"是否确定无疑就是原说明书和权利要求书中记载的"半导体存储装置"。

通常，"存储装置"是用于保存信息数据的装置，除半导体存储装置外，其还包括磁泡存储装置、铁电存储装置等多种不同的类型。根据原说明书第 1 页第 29—32 行的记载，本发明专利是为了解决拆装墨盒时由于托架与墨盒之间存在间隙使半导体存储装置接触不好，信号可能在不适当的时候充电或施加，数据无法读出或丢失的问题。因此，包括实施例在内的整个说明书都始终在围绕着上述问题描述发明，即包括实施例在内的整个说明书都始终是针对半导体存储装置来描述发明的。同样，原权利要求书要求保护的技术方案中亦针对的是半导体存储装置，原说明书和权利要求书中均不涉及其他类型的存储装置，也不能直接且毫无疑义地得出墨盒装有其他类型的存储装置。因此，"存储装置"并非确定无疑就是原说明书和权利要求书中记载的"半导体存储装置"，本领域技术人员并不能从原说明书和权利要求书记载的"半导体存储装置"直接且毫无疑义地确定出"存储装置"。同理，"记忆装置"也不能从原说明书和权利要求书记载的"半导体存储装置"直接且毫无疑义地确定。专利权人在实质审查程序中将"半导体存储装置"修改为"存储装置"或"记忆装置"超出了原说明书和权利要求书记载的范围。因此，独立权利要求1、8、12、29和40不符合《专利法》第33条的规定。

由于上述独立权利要求中所包含的超出原说明书和权利要求书记载范围的技术特征"存储装置"或"记忆装置"同样也包含在相应的从属权利要求中，因此，相应的从属权利要求也不符合《专利法》第33条的规定。综上所述，权利要求1—40均不符合《专利法》第33条的规定。

一审裁判摘要

本专利权利要求中修改而来的"存储装置"和"记忆装置"是清楚的术语，本领域技术人员公知"存储装置"不限于"半导体存储装置"，"记忆装置"也不等同于"电路板及设置在其上的半导体存储装置"。专利申请人在实质审查阶段将"半导体存储装置"修改为"存储装置"将保护范围扩大到所有类型的存储装置。"记忆装置"在原说明书和权利要求并未记载，本领域技术人员不能从原说明书和权利要求书中直接明确认定"记忆装置"为"电路板及设置在其上的半导体存储装置"。据此，复审委决定的认定并无不当。

二审裁判摘要

技术术语及特征的理解应当以本领域技术人员的角度，考虑该技术术语或者特征所使用的特定语境。通过理解专利文件，"存储装置"可以理解为"半导体存储装置"的简称，因此一审判决和复审委决定对此认定有误。此外，"记忆装置"的修改不同于"存储装置"的修改。本专利原权利要求及说明书中从未有"记忆装置"的记载，该术语系专利申请人新增加的内容。因此，一审判决和复审委决定对此认定正确。

再审裁判摘要

对于所属领域普通技术人员而言，"存储装置"用语应该理解为作为通常含义的泛指而非特指半导体存储装置。对于如何理解"修改不得超出原说明书和权利要求书记载的范围"，其中原说明书和权利要求书记载的范围应该包括如下内容：一是原说明书及其附图和权利要求书以文字或者图形等明确表达的内容；二是所属领域普通技术人员通过综合原说明书及其附图和权利要求书可以直接、明确推导出的内容。只要所推导出的内容对于所属领域普通技术人员是显而易见的，就可认定该内容属于原说明书和权利要求书记载的范围。与上述内容相比，如果修改后的专利申请文件未引入新的技术内容，则可认定对该专利申请文件的修改未超出原说明书和权利要求书记载的范围。因此，修改后的"存储装置"与所属领域普通技术人员综合该原始专利申请公开说明书、权利要求书和附图的记载能够直接、明确推导出的内容相比，并未引入新的技术内容。因此，关于"存储装置"的修改符合《专利法》第33条的规定。

拓展思考

对于修改是否超范围的判断，人们应当站位于本领域技术人员，结合原申请文件的整体内容，由原申请明确记载的内容，直接地、毫无疑义地确定原申请文件的保护范围。只有在此基础上，才能比较修改前后的申请文件是否在保护范围上有出入。

在本案中，最高人民法院认为，原始文件的内容包括原说明书及其附图和权利要求书以文字或者图形等明确表达的内容，以及本领域普通技术人员通过综合原说明书及其附图和权利要求书可以推导出的且显而易见的内容（即包含某些技术特征的等同方式，由于其理念与权利要求是否获得说明书支持相近，因此又被称为"支持论"①）。事实上，该观点值得商榷。

通常，在撰写申请文件时，申请人对于申请日前明显等同的技术方式会有充分的了解，为了能获得更大的保护范围，其可以通过列举或者概括的方式，将上述方式也纳入专利保护范围。如果申请人未将上述内容纳入，则表明其没有将上述等同方式作为其保护范围的意思表示，这也就意味着纳入这些等同方式并非其本意。

以本案为例，综合原说明书及权利要求书的整体记载，申请人在申请日时并没有记载装有除半导体以外的其他存储器的墨盒方案，虽然本领域技术人员综合本专利原说明书及权利要求书和附图，很容易联想到可以用其他存储装置替换半导体存储装置，并推导出该方案同样适应于非半导体存储装置的墨盒，但这部分内容显然不属于申请人在申请日时就有的本意，因此不属于原权利要求书及说明书记载的范围。

第二节　外观设计专利的授权条件

一、相同和实质相同

核心知识点

根据《专利法》第23条第1款的规定，授予专利权的外观设计，应当不属于现有设计；也没有任何单位或者个人就同样的外观设计在申请日以前向国务院专利行政部门提出过申请，并记载在申请日以后公告的专利文件中。不属于现有设计，是指在现

---

① 参见朱理：《专利文件修改超范围的判断标准及其救济方案》，《专利代理》2016年第5期。

有设计中，既没有与涉案专利相同的外观设计，也没有与涉案专利实质相同的外观设计。在涉案专利申请日以前任何单位或者个人向专利局提出并且在申请日以后（含申请日）公告的同样的外观设计专利申请，称为抵触申请。

外观设计相同是指涉案专利与对比设计是相同种类产品的外观设计，并且涉案专利的全部外观设计要素与对比设计的相应设计要素相同，其中外观设计要素是指形状、图案以及色彩。相同种类产品是指用途完全相同的产品。外观设计实质相同的判断仅限于相同或者相近种类的产品外观设计。相近种类的产品是指用途相近的产品。

根据《专利法》第 23 条第 4 款的规定，本法所称现有设计，是指申请日以前在国内外为公众所知的设计。现有设计包括申请日以前在国内外出版物上公开发表过、公开使用过或者以其他方式为公众所知的设计。现有设计中一般消费者所熟知的、只要提到产品名称就能想到的相应设计，称为惯常设计。

在判断外观设计是否符合《专利法》第 23 条第 1、2 款规定时，应当基于涉案专利产品的一般消费者的知识水平和认知能力进行评价。不同种类的产品具有不同的消费者群体。与"本领域技术人员"这一概念类似，"一般消费者"同样是一个法律拟制的概念，其目的同样在于避免外观设计可专利性判断时的主观臆断。

就判断方式而言，相同和实质相同判断以产品的外观作为判断的对象，以单独对比、直接观察为原则，采取整体观察、综合判断的方式进行判断。

典型案例

"润滑油桶"无效请求案：复审委第 16678 号无效决定。

基本案情

本无效宣告请求涉及的是国家知识产权局于 2010 年 7 月 14 日授权公告的200930329504.8 号外观设计专利，使用该外观设计的产品名称为"润滑油桶"（见图10 -1、图 10 -2），申请日是 2009 年 12 月 17 日，专利权人是房体华。针对上述专利权，嘉实多有限公司于 2010 年 9 月 6 日向复审委提出无效宣告请求，其理由是本专利属于现有设计，不符合《专利法》第 23 条第 1 款的规定。

裁判摘要

无效决定摘要

将本专利与对比设计相比较，二者主要不同之处在于，本专利桶口部有盖子，对比设计无盖子，二者在桶口部与桶体弧面相交处的颈部曲率设计不同，二者把手底部与桶体连接处所示把手外边缘宽度不同。除所述不同外，其余设计基本相同。复审委进一步认为，本专利的桶盖为沿桶口部形状依附其上，基本为桶口部形状顺势延伸，对桶口部形状并未带来其他变化，对比设计虽无桶盖部分，但从主后视图可见也有与本专利基本相同的倒三角形设计，桶口部外形与本专利基本相同，二者在该部分的设计极其接近；二者在桶口部与桶体弧面相交处的颈部曲率、把手底部与桶体连接处所示把手外边缘宽度不同仅为局部的极细微差异；除所述不同外，二者所示整体形状及桶体、把手、桶口各部分形状和位置关系基本相同，相对于由此形成的基本相同的整体设计，按照一般消费者施以一般注意力整体观察，上述局部的差异极其细微，容易被忽略。因此，可以认定本专利与对比设计实质相同。

拓展思考

本案涉及外观设计实质相同判断的一种情形，即涉案外观设计专利与对比设计的区别在于施以一般注意力不能察觉到的局部的细微差异。所述"不能察觉到"并不等同于"观察不到"，应当是在"施以一般注意力"并且"整体观察"的前提下，相对于整体视觉效果而言达到容易被一般消费者忽视的程度。

此外，就实质相同判断的"施以一般注意力不能察觉到的局部的细微差异"与明显区别判断的"局部细微变化"之间的区别而言，本质上两者都是对有关差别大小程度的判断，从规定上来看，由于具有"施以一般注意力不能察觉到的"限定，因此可以认为前者相对于后者的变化程度更小。换而言之，就相同的差异最终被认定为局部细微差异，有可能涉案外观设计专利符合《专利法》第23条第1款的规定，但不符合《专利法》第23条第2款的规定。①

主视图　　　　　　　　　　左视图　　　　　　　　　　右视图

俯视图　　　　　　　　　　柳视图

图 10 - 1　本专利附图

---

① 参见吴大章主编：《外观设计专利实质审查标准新讲》，知识产权出版社 2013 年版，第 84 页。

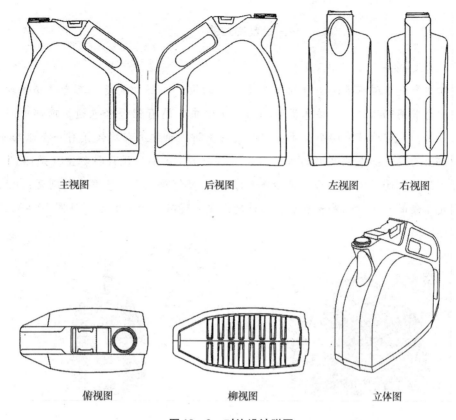

主视图　　　　　　　后视图　　　　　　左视图　　　　右视图

俯视图　　　　　　　柳视图　　　　　　立体图

图 10 - 2　对比设计附图

二、明显区别

核心知识点

根据《专利法》第 23 条第 2 款的规定，授予专利权的外观设计与现有设计或者现有设计特征的组合相比，应当具有明显区别。所谓现有设计特征，是指现有设计的部分设计要素或者其结合，如现有设计的形状、图案、色彩要素或者其结合，或者现有设计的某组成部分的设计，如整体外观设计产品中零部件的设计。

典型案例

"化妆箱（01）"无效请求案：复审委第 17193 号无效决定。

基本案情

本无效宣告请求涉及专利号为 21200930345934. 9 号的外观设计专利，其申请日为 2009 年 12 月 17 日授权公告的、名称为"化妆箱（01）"的专利权人为吴明月。无效请求人以本专利不符合《专利法》第 23 条第 2 款为由提出无效请求。

裁判摘要

无效决定摘要

将涉案专利与现有设计1相比，二者共同的设计特征主要是：二者的箱体均上窄下宽、四角采用圆弧过渡，整体类似梯形，箱体中间均有铝合金包边，顶部中间均为长方形锁扣，底部均设有两个合页和四个圆形支脚，箱体上部均铰接有一个弧形手柄，弧形手柄上均具有一个波浪形的握持部分。二者相互区别的设计特征主要是：（1）现有设计1正、背面两侧边缘的中间部分进行了45度倒角处理，涉案专利则无；（2）涉案专利箱体表面有模仿动物表皮纹理而作的图案，现有设计1则无（见图10-3、10-4、10-5）。

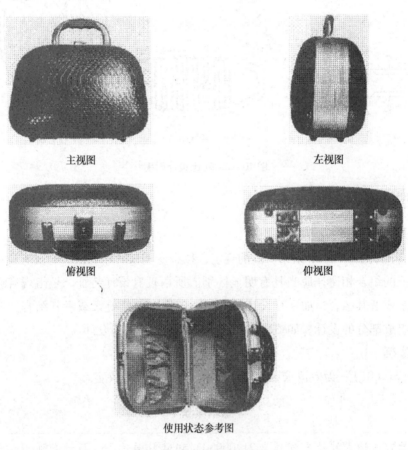

主视图　　　　　　　　　　　　左视图

俯视图　　　　　　　　　　　　仰视图

使用状态参考图

图 10-3　涉案专利附图

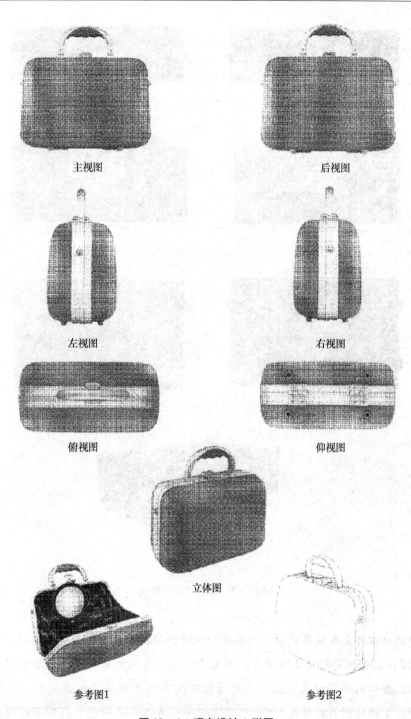

主视图　　　　　　　　　后视图

左视图　　　　　　　　　右视图

俯视图　　　　　　　　　仰视图

立体图

参考图1　　　　　　　　参考图2

图 10 – 4　现有设计 1 附图

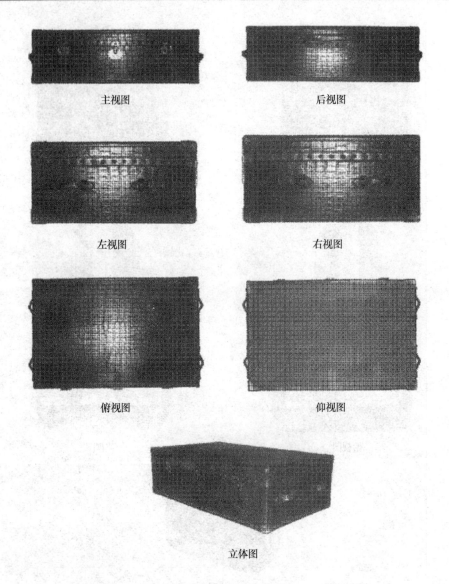

主视图　　　　　　　　　　　后视图

左视图　　　　　　　　　　　右视图

俯视图　　　　　　　　　　　仰视图

立体图

图 10-5　现有设计 2 附图

结合现有设计 1 和现有设计 2 所公开的设计特征，涉案专利与现有设计 1 的区别设计特征（2）已被现有设计 2 所公开，涉案专利与现有设计 2 的纹理均属于模仿动物表皮的纹理，整体的排列方式近似，二者在纹理细部的区别属于细微变化；而涉案专利与现有设计 1 的区别设计特征（1）体现在视觉效果上只是涉案专利侧面的圆弧过渡更为平滑，现有设计 1 的侧面过渡略显突出，相对于二者相同的整体形状，上述区别仍属于细微变化。

现有设计 1 和现有设计 2 与涉案专利的产品种类相同或相近，现有设计 1 公开了一种箱子的形状设计，现有设计 2 则公开了箱包表面的图案设计特征；在箱包领域，在箱包表面上压制一定的纹理或者绘制一定的图案属于一种常见的设计手法，即在相同或相近种类产品的现有设计中存在将现有设计 1 所示箱包形状和现有设计 2 所示箱包纹理设计特征进行组合的启示。因此，可以认定将现有设计 1 和现有设计 2 的设计特征仅作细微变化后组合即可得到涉案专利的外观设计，即涉案专利是将明显存在组合启示的相同、相近种类产品的现有设计特征仅作细微变化后直接拼合而得到的，且这种组合并未产生独特视觉效果。

综上所述，涉案专利与现有设计 1 和现有设计 2 的相应设计特征的组合相比不具有明显区别，其不符合《专利法》第 23 条第 2 款的规定。

拓展思考

实务中，在判断涉案专利与现有设计及其特征的组合相比是否具有明显区别时，人们可以遵循如下步骤进行：首先，确定与涉案专利最为接近的现有设计；其次，确定二者之间的区别，并确定上述区别是否属于明显区别；再次，确定上述区别点是否与其他现有设计所公开的相应设计特征相同，或者仅存在细微差别；最后，确定最接近的现有技术与其他现有设计之间是否存在组合的启示，如果存在将最接近的现有设计与其他现有设计相组合的启示，则通常可以认定涉案专利与现有设计的组合或者其设计特征的组合相比不具有明显区别。

三、权利冲突

核心知识点

根据《专利法》第 23 条第 3 款的规定，授予专利权的外观设计不得与他人在申请日以前已经取得的合法权利相冲突。一项外观设计专利权被认定与他人在申请日（有优先权的，指优先权日）之前已经取得的合法权利相冲突的，应当宣告该项外观设计专利权无效。

典型案例

"食品包装袋"无效请求案：复审委第 14261 号无效决定；北京市第一中级人民法院（2010）一中知行初字第 1242 号行政判决书；北京市高级人民法院（2011）高行终字第 1733 号行政判决书；最高人民法院（2014）知行字第 4 号行政裁定。

基本案情

本无效宣告请求涉及的是 2001 年 5 月 2 日国家知识产权局授权公告的 00333252.7 号外观设计专利权，其名称是"食品包装袋"，申请日是 2000 年 10 月 16 日，专利权人是陈朝晖。针对上述外观设计专利权，河南省正龙食品有限公司于 2009 年 8 月 4 日向专利复审委员会提出无效宣告请求，其中争议焦点是商标申请权是否可以作为在先取得的合法权利，由此适用《专利法》第 23 条第 3 款的规定。

裁判摘要

无效决定摘要

虽然请求人提交了附件 2 与附件 3 证明"白家"注册商标与"白象"注册商标相近似，但上述附件中第 1506193 号注册商标的核准注册日为 2001 年 1 月 14 日，在本专利申请日之后，在判断该商标是否为在先取得的合法权利时，应以其核准注册日而非申请日作为判断基准，因此，附件 1 所述商标不属于《专利法》第 23 条规定的在先权利，请求人据此证明本专利与他人在先取得的合法权利相冲突的主张不能成立。

一审裁判摘要

原告主张本专利与其在先的注册商标专用权构成冲突，故本专利不符合 2001 年《专利法》第 23 条的规定。[①] 鉴于注册商标专用权属于 2001 年《专利法》第 23 条规定的"合法权利"，而原告的该商标亦已被核准注册，故原告上述主张是否成立的关键在于原告的该注册商标专用权相对于本专利是否属于"在先取得"的权利，以及本专利是否与该注册商标专用权相冲突。

1. 原告该注册商标专用权相对于本专利而言是否属于"在先取得"的权利。这一问题认定的关键为，在确定他人的合法权利相对于外观设计专利权而言是否属于"在先取得"的权利时，应当以"专利申请日"为判断标准，还是以专利权的"授权公告日"为判断标准。一审法院认为，应以外观设计专利权的"授权公告日"，而非"专利申请日"作为判断在先权利的时间标准，即，在专利"授权公告日"之前已合法产生的权利或权益构成外观设计专利权的在先权利。

2. 本专利与原告在先的注册商标专用权是否构成权利冲突。判断外观设计专利权是否与在先注册商标专用权产生冲突应依据商标法中有关侵犯注册商标专用权行为的相应规定予以判定。一审法院认为，外观设计专利的正常使用行为在符合以下要件的情况下应被认定为构成与注册商标专用权构成冲突：（1）外观设计专利产品中对于涉案标识的使用系商标意义上的使用，即该标识的使用具有区分商品或服务来源的作用；（2）外观设计专利产品中使用的标识与注册商标相同或相近似；（3）外观设计专利产品所使用的具体商品或服务与注册商标核定使用的商品或服务相同或相类似；（4）外观设计专利产品中对该标识的使用可能使注册商标核定使用商品或服务的相关公众对于商品或服务的提供者产生混淆误认。

首先，对于本专利中"白家"的使用是否属于商标意义上的使用，一审法院认为，

---

① 由于本专利申请日早于 2009 年 10 月 1 日，根据国家知识产权局制定的《实施修改后的专利法的过渡办法》，本案应当适用 2000 修改的《专利法》。但是，关于"权利冲突"部分的规定，2000 版的《专利法》与 2001 版的《专利法》没有太大的差别。

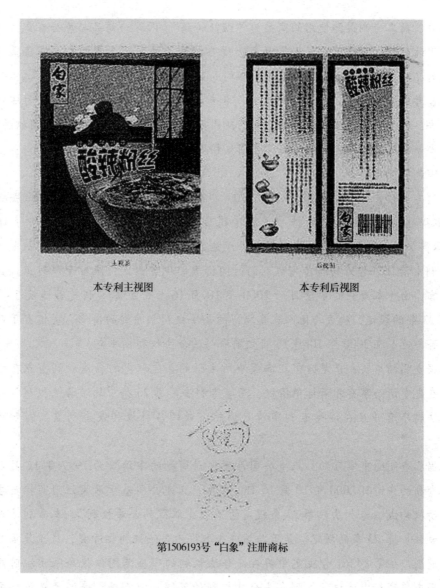

本专利主视图 本专利后视图

第1506193号"白象"注册商标

图 10－6

由本专利附图可以看出，"白家"文字显著标识于产品左上方，因本专利名称为"食品包装袋"，而这一标示方式系包装袋上商标的常用标示方式，故相关公众通常会认为其指代的是该产品的商标，本专利中对于"白家"的使用属于商标意义上的使用行为。

其次，将本专利中使用的"白家"标识与原告的在先注册商标"白象"相比可以看出，二者在文字构成、排列方式及表达形式上均较为近似，故二者属于近似商标（见图10－6）。

再次，虽然本专利名称为"食品包装袋"，但这一产品在实践中通常会附着于某一特定产品，而不会直接向最终消费者销售；鉴于本专利明确且显著地标示有"酸辣粉丝"字样，故本专利最终使用的商品为"酸辣粉丝"。因这一商品与原告在先注册商标核准使用的商品"方便面、挂面、面条"等在功能、用途及消费对象、销售渠道等方面均较为相近，故一审法院认为上述商品构成类似商品。

综合考虑上述因素，一审法院认为，本专利的使用会使相关公众误以为该产品来源于原告，从而产生混淆误认，本专利的使用行为构成对原告注册商标专用权的侵犯，据此，本专利与原告在先的注册商标专用权相冲突。

二审裁判摘要

从《专利法》的相关规定和修改前后《专利法》立法资料文献看，立法机关对"在先取得"的时间起算点均持"专利申请日"的观点。故应以"专利申请日"为"在先取得"的时间起算点，原审判决关于应以外观设计专利权的"授权公告日"而非"专利申请日"作为判断在先权利的时间标准的观点错误，应当予以纠正。具体就本案而言，由于本专利的申请日为2000年10月16日，故本专利是否违反了《专利法》第23条的规定，构成与他人在先取得的合法权利相冲突的情形，关键在于确定本专利是否与他人在2000年10月16日之前取得的合法权利相冲突。

根据查明的事实，正龙公司在本案中所主张的在先取得的合法权利重点在于其基于商标在先申请而享有的商标申请权，而《专利法》第23条中的"合法权利"包括依照法律法规享有并且在涉案专利申请日仍然有效的各种权利或者利益，例如商标申请权。

根据已查明的事实可知，正龙公司涉案注册商标的申请日为1997年12月12日，早于本专利的申请日2000年10月16日，因此，正龙公司基于涉案注册商标而享有的商标申请权构成《专利法》第23条规定的"在先取得的合法权利"。本专利是否违反了《专利法》第23条的规定、是否与该在先取得的合法权利相冲突，属于复审委应当审查的范围。但第14261号决定中将在先合法权利的审查范围仅仅局限于注册商标专用权，而未将商标申请权纳入到在先合法权利的范围加以审查，遗漏了正龙公司复审申请的重要内容，违反了《专利法》第46条关于复审委对宣告专利权无效的请求应当及时审查和作出决定，并通知请求人和专利权人的规定，故依法应予撤销。

再审裁判摘要

在商标申请日早于外观设计专利申请日的情况下，外观设计专利权不会与商标申请权构成权利冲突，商标申请权不能作为2000年《专利法》第23条中规定的在先取得的合法权利。但是，基于商标申请权本身的性质、作用和保护在先权利原则，只要商标申请日在专利申请日之前，且在提起专利无效宣告请求时商标已被核准注册并仍然有效，在先申请的注册商标专用权就可以对抗在后申请的外观设计专利权，用于判断外观设计专利权是否与之相冲突。

拓展思考

事实上，知识产权领域的"权利冲突"这一命题本身就具有一定的瑕疵，其原因在于人们对于知识产权客体以及各具体法律部门相应客体的理解存在偏差。大体上，我们可以将知识产权的客体确定为符号，由此出发，各个知识产权部门法对于符合则会产生不同的规制对象。举例来说，知识产权可以保护一个三角符号，而这三角符号在《著作权法》中可以进一步体现出其认知功能和审美功能，在技术方案中体现出其构造功能和实用功能，在商标法中体现出其指代功能和区分功能，在外观设计法中体现出其表彰功能和广告功能。[①] 正是由于各个法律的目的有所不同，其指向的对象必然会有所差别，尽管在本源上这些对象都源自于同一抽象符号。因此，知识产权领域的"权利冲突"本质上属于一项权利的行使构成对于另一在先权利的侵害。

----

① 参见熊文聪：《知识产权权利冲突：命题的反思与检讨》，《法制与社会发展》2013 年第 3 期。

第十一章　专利权的主体

第一节　发明人（设计人）与专利权人

一、概述

专利权的主体，或称专利权人，即为享有专利权的主体。依照我国《专利法》及《专利法实施细则》的相关规定，专利权并非发明创造（包括外观设计）完成即自动产生，而是需要向专利权行政管理部门（现为国家知识产权局）提出专利申请，当专利申请经审查符合授权条件的即可授权公告，而提起专利申请的主体就成为专利权人。从具体情形来看，专利权人可分为原始取得情形下的专利权人与继受取得情形下的专利权人。在原始取得情形下，专利权人或为发明人，① 或为发明人所在单位，或为其他从发明人或者发明人所在单位受让专利申请权之人。而在继受取得情形下，自然人可通过转让、继承等成为专利权人，而法人或非法人组织则可通过转让、合并或分立等成为专利权人。另外，专利权人有单一与多数之分，在对某一发明创造的专利权人为一人时，即为单一专利权人，其专利权的行使皆需听取该单人之意志；而当专利权人为二人以上时，即属于共有专利权之情形。在行使共有专利权时，首先需要协调多数专利权人之意志与利益。总之，发明人与专利权人并非同一概念，两者外延有所交叉。

二、发明人的定义

核心知识点

在自由发明的情形下，专利申请权首先归属于发明人，发明人可自行提起专利申请，审查通过后即成为该项专利权的主体，或者将专利申请权让与他人，由他人提起专利申请。而在职务发明的情形下，尽管专利申请权归属于发明人所在单位，但发明人仍享有在专利文件中写明自己发明人身份的权利，亦称为署名权。事实上，对任一专利权，不论其专利权归属发生何种变更，发明人都享有该项署名权。当然，如同对作者身份的认定一样，实践中也会发生有关发明人身份认定的争议纠纷。我国《专利

---

① 在没有特殊指明的情形下，下文所指"发明人"皆涵盖了设计人的范围。

法实施细则》第 13 条首先从正面规定了发明人（包括设计人）的定义，即指对发明创造的实质性特点做出创造性贡献的人。① 同时，该条也从反面规定了不属于发明人范围的主体，即在完成发明创造过程中，只负责组织工作的人、为物质技术条件的利用提供方便的人或者从事其他辅助工作的人。从而，《专利法实施细则》第 13 条为解决有关发明人身份争议的纠纷提供了基本的判断规则。

典型案例

董国华诉黄争鸣等发明创造发明人署名权纠纷案：上海市第一中级人民法院（2011）沪一中民五（知）初字第 1 号民事判决书；上海市高级人民法院（2013）沪高民三（知）终字第 30 号民事判决书。

基本案情

涉案专利"复合材料风力机叶片及其制备方法"的技术方案形成于黄争鸣、董国华等人申报国家自然科学基金研究项目期间，其中包含了董国华研发的部队技术方案的相关内容。为此，原告董国华主张其部队技术方案为涉案专利的创造性实质内容；被告黄争鸣认为涉案专利关键技术为喇叭状锥管和中温柔性芯，系其个人研发，与原告无关。

裁判摘要

一审裁判摘要

涉案专利作为一项发明创造，其署名人应当是对该专利技术方案的实质性特点做出创造性贡献的人。其中，所谓实质性特点是指发明创造的设计要点或关键技术特征，体现着该发明创造与已有成果的技术差别；所谓创造性贡献是指创新性的智力劳动。据此而言，只有在发明创造的过程中，对创造出与已有成果的技术差别做出了创新性劳动的人，才是发明创造的发明人或设计人，并依法享有该项发明创造的署名权。庭审中，原告董国华确认喇叭状锥管的连接方式在部队技术方案中没有描述，且不具有可行性。现涉案专利得以授权，正是由于增加了喇叭状锥管连接方式的技术特征。故对涉案专利实质性特点作出创造性贡献的人为黄争鸣。

二审裁判摘要

涉案专利的技术方案与现有的技术方案相比，其实质性特点来源于涉案专利申请文献中权利要求 9 记载的附加技术特征即"连接件由端部法兰和喇叭状锥管构成，锥管靠法兰处的直径最小，叶片端部壳体为倒锥管，与连接件的喇叭状锥管之间构成紧

---

① 自然人无论是否具有行为能力，都可以进行发明创造或设计活动，只要完成了符合专利法要求的发明创造或设计，都属于发明人的范围。王迁：《知识产权法教程》，中国人民大学出版社 2014 年版，第 290 页。

密嵌套"。在一审庭审中，董国华确认其部队技术方案与涉案专利申请文献记载的技术方案更为接近，喇叭状锥管的连接方式在其部队技术方案中没有描述。因此，上诉人董国华对于涉案发明专利的实质性特点并未做出创造性贡献，其要求确认董国华为涉案专利发明人的诉讼请求缺乏事实和法律依据。

拓展思考

在"陈延文等与罗四新等发明创造发明人、设计人署名权纠纷上诉案"中，二审判决从五个方面驳斥了"罗栋梁是涉案专利技术的发明人"这一断定，其中第二个依据直接与《专利法实施细则》第 13 条相关，其他四个依据分别从不同的角度佐证了该二审判决的结论。从案情来看，罗栋梁在涉案发明的研制过程中主要负责制作精确机械图纸的任务，而其他的研制工作主要是在陈延文的主导下设计完成。[①] 在这里，需要判断罗栋梁在整个涉案发明的研发过程中所发挥的角色，即究竟属于对发明创造的实质性特点做出创造性贡献的人，还是属于只负责组织工作的人、为物质技术条件的利用提供方便的人或者从事其他辅助工作的人？很明显，从案情来看，罗栋梁应不属于只负责组织工作的人，也不属于为物质技术条件的利用提供方便的人。从该判决书载明的五个方面的依据来看，最终认定罗栋梁并未对涉案发明创造的实质性特点做出过创造性贡献，而只是从事了辅助性工作。

三、署名权的权利范围

核心知识点

"发明创造是发明人或者设计人的创造性智力劳动成果，要鼓励发明创造，首先就应当贯彻'以人为本'的原则，推崇发明人、设计人的创造性智力劳动，为其'扬名'。"[②] 我国《专利法》第 16 条第 1 款规定规定，发明人或者设计人有权在专利文件中写明自己是发明人或者设计人。从本条的文字表述来看，发明人的署名权似乎仅限定在发明人（包括设计人）有权在专利文件中写明自己是发明人的情形。对于发明人能否在其他情形下行使自己的署名权，本条未作规定。

典型案例

王群诉上海世博会法国馆、中国建筑第八工程局有限公司侵犯发明专利权纠纷上诉案：上海市第一中级人民法院（2010）沪一中民五（知）初字第 40 号民事判决书；上海市高级人民法院（2010）沪高民三（知）终字第 83 号民事判决书。

基本案情

中华人民共和国国家知识产权局于 2006 年 4 月 5 日授予王群名称为"高架立体建

[①] 北京市高级人民法院（2016）京民终 201 民事判决书。
[②] 尹新天：《中国专利法详解（缩编版）》，知识产权出版社 2012 年版，第 147 页。

筑物"的发明专利权，该发明将房子布置在空间支架的四周空间，能在单位建设用地面积上建设较多的建筑面积，节约用地，同时改善居住交流性和舒适度，并且交通工具可直接到达各户门口。法国馆建筑物在其由纵横交错的横梁支撑的坡道表面布置有若干房间，这些房间未占用坡道的四周空间。中建八局系法国馆建筑物的承建单位。万群诉请法院判令被告法国馆停止使用法国馆建筑物，两被告共同在上海世博局的网站上向原告赔礼道歉，共同在法国馆建筑物上标明原告姓名和专利标识，承担连带赔偿责任。

裁判摘要

一审裁判摘要

将房屋单元建设在空间支架的四周空间，即从空间支架表面延伸至其四周，是实现本发明目的的一个重要技术手段。而法国馆建筑物恰恰仅在坡道表面设置有房间，该建造方式不足以实现原告在专利文件中所描述的拓展建筑空间的功能和效果。可见，法国馆建筑物没有全面覆盖原告专利的所有必要的技术特征，因此两被告建造、使用法国馆建筑物的行为不构成对原告专利权的侵犯。

二审裁判摘要

根据《专利法》第17条第1款的规定，发明人有权在专利文件中写明自己是发明人。王群作为涉案专利发明的发明人仅是有权在涉案专利文件中写明自己是发明人，故即使王群关于本案专利侵权的主张能够成立，其要求在法国馆建筑物上标明其姓名的诉求，也不能获得支持。

拓展思考

在本案中，一审判决认为法国馆建筑物没有全面覆盖原告专利的所有必要技术特征，因此两被告建造、使用法国馆建筑物的行为不构成对原告专利权的侵犯。二审判决则认为，即使王群关于本案专利侵权的主张能够成立，其要求在法国馆建筑物上标明其姓名的诉求，也不能获得支持。这就提出了一个问题，即发明人享有的署名权的权利范围，这也会影响到发明人对其署名权的行使。本案二审判决严格依照《专利法》第16条第1款规定的字面含义限定了发明人署名权的权利范围。当然，《专利法》第16条第1款规定的合理性与法院对该条的解释结果还有待司法实践的进一步检验。

第二节 职务发明的权利归属

一、概述

发明创造有职务发明与非职务发明的区分。对于职务发明，依据我国《专利法》

第 6 条的规定，其专利申请权归属于发明人所在单位，专利申请审查通过后，即由单位享有相应职务发明的专利权。由于职务发明的外延范围对于发明人与其所在单位均有重要的利害关系，一方面在立法上需要清晰界定职务发明的范围，提供容易操作的判断标准；另一方面法院在司法实践中需要结合具体案情灵活地适用《专利法》第 6 条所规定的判断标准，避免过于僵化地适用。值得注意的是，在第四次《专利法》的修订中，为了促进职务发明的实施和运用，立法者允许单位依法处置职务发明创造申请专利的权利和专利权，同时也鼓励被授予专利权的单位实行产权激励，采取股权、期权、分红等方式，使发明人或者设计人合理分享创新收益。上述改进为实践中职务发明相关权利的灵活配置提供了法律依据。结合《专利法》第 6 条规定和司法实践，关于职务发明的判定，在实践中引发的争议主要集中在三个方面，即发明人与其所在单位之间劳动关系的确认、执行本单位任务与主要利用本单位的物质技术条件问题的判定。

二、劳动关系的判定

核心知识点

"要判断一项发明创造是职务发明创造还是非职务发明创造，首先需要明确谁是该发明创造的发明定人或设计人，然后根据发明人、设计人与所在单位之间的关系才能予以确定。"[1] 尽管我国《专利法》第 6 条的文字表述中并未明确提及发明人与单位之间存在劳动关系是认定职务发明的必要条件之一，但理论与实践均认同此项必要条件。不过，由于《专利法》与《专利法实施细则》没有直接规定有关发明人与单位之间存在劳动关系的认定标准，[2] 导致在司法实践中缺乏相关规则加以判定，考虑到社会现实情况的复杂性，容易带来适用上的混乱问题。

典型案例

天津南开大学蓖麻工程科技有限公司与张敏专利申请权纠纷案：天津市第一中级人民法院（2009）一中民五初字第 142 号民事判决书；天津市高级人民法院（2011）津高民三终字第 26 号民事判决书；最高人民法院（2011）民申字第 1486 号民事裁定书。

基本案情

原告天津南开大学蓖麻工程科技有限公司（以下简称蓖麻公司）诉称，被告张敏

---

① 尹新天：《中国专利法详解（缩编版）》，知识产权出版社 2012 年版，第 52 页。
② 《专利法实施细则》第 12 条第 2 款也仅仅只是补充规定了"专利法第六条所称本单位，包括临时工作单位"的内容。

受聘于蓖麻公司并参与蓖麻无酚裂解制备癸二酸清洁生产方法的研发工作，然而张敏利用职务之便擅自将科研成果据为己有并申请专利，其行为侵犯了蓖麻公司之合法权益，故诉至法院，请求判令确认"由蓖麻油类化合物制备癸二酸的方法"发明专利申请权属于原告。

裁判摘要

一审、二审裁判摘要

结合本案查明的事实，可以认定本案涉诉的发明创造为职务发明创造，该发明创造申请专利的权利属于蓖麻公司。理由是：第一，通过蓖麻公司提交的课题申报文件、合同以及张敏承认其在蓖麻公司从事前期研发工作的庭审陈述可以认定，张敏在蓖麻公司兼职，蓖麻公司是张敏的临时工作单位；第二，张敏在蓖麻公司从事的工作是蓖麻油提取癸二酸相关课题的研发工作；第三，张敏虽离开了蓖麻公司，但其申请专利的时间尚在其离开单位后一年之内；第四，被告申请的涉诉专利技术与其在蓖麻公司参与研发的技术相关。

再审裁判摘要

虽然张敏申请的专利是用稀释剂方法制备癸二酸，与其此前曾用微波方法制备癸二酸的方法不同，但两者都是蓖麻油类化合物制备癸二酸方法研发过程中的试验，目的都是从蓖麻油中提取癸二酸，属于对同一科研课题的研发。张敏申请专利的发明创造与其在蓖麻公司的研发工作有关，且在离职一年内作出，故应认定张敏申请的200810053917.2号专利系执行本单位的任务所完成的职务发明创造，该发明创造申请专利的权利应属于蓖麻公司。

拓展思考

本案当事人张敏在二审判决后向最高人民法院上诉，最高人民法院经审查认定张敏的申请再审理由不能成立，驳回了张敏的再审申请。[①] 在再审申请中，张敏提出抗辩，认为自己是南开大学的教授，并非蓖麻公司的员工。这项抗辩实际上等于否定了张敏与蓖麻公司之间存在劳动关系的结论。经法院庭审调查确认，本案涉诉技术的研发分为两阶段，第一阶段为微波裂解制备癸二酸的清洁生产方法，该阶段张敏参与了研究。自微波裂解方法失败后，张敏退出第二阶段研制。最高院结合《专利法》第6条与《专利法实施细则》第12条规定，从张敏曾参与涉案技术发明前期研发阶段的事实，认定张敏与蓖麻公司之间存在兼职关系，并就此判定涉案技术发明属于职务发明，

---

① 最高院在裁定书中认为，张敏称其只是因与叶峰相识而为其提供技术支持，没有在蓖麻公司兼职并参与涉案无酚裂解制备癸二酸项目研发的再审理由不能成立；一审和二审判决所认定的张敏系在离开蓖麻公司一年内作出的涉案发明创造的事实是正确的；涉案发明创造是与张敏在蓖麻公司从事的工作任务有关的发明创造。参见最高人民法院（2011）民申字第1486号民事裁定书。

其权利应归属于蓖麻公司。由于立法上没有明确规定有关劳动关系的认定规则，仅从《专利法实施细则》第 12 条第 2 款中的"专利法第六条所称本单位，包括临时工作单位"这一规定，能否从张敏与蓖麻公司之间具有兼职关系推出双方存在劳动关系的结论，值得进一步讨论。[①]

三、执行本单位任务而完成的发明创造

核心知识点

《专利法》第 6 条明确规定发明人执行本单位的任务而完成的发明创造属于职务发明。在司法实践中引发的争议则主要集中于"何谓本单位任务"的问题。依据《专利法实施细则》第 12 条第 1 款的规定，本单位任务包括本职工作、本单位交付的本职工作之外的任务两种情形，在此两种情形下完成的发明创造都属于执行本单位任务而完成的发明创造。另外，发明人在退休、调离原单位后或者劳动、人事关系终止后 1 年内作出的，与其在原单位承担的本职工作或者原单位分配的任务有关的发明创造同样属于执行本单位任务而完成的发明创造的范围。司法实践中则需要结合具体案例对本职工作、交付的本职工作之外的任务等表述的意义作出进一步的解释和说明。[②]

典型案例

上海思曼泰化工科技有限公司与朝阳光达化工有限公司专利申请权权属纠纷上诉案：上海知识产权法院（2015）沪知民初字第 232 号民事判决书；上海市高级人民法院（2016）沪民终 240 号民事判决书。

基本案情

朝阳公司成立于 2007 年 8 月 24 日，是一家专门从事载冷剂研制与生产的国家高新技术企业。2009 年 12 月 25 日，朝阳公司就"盐水缓蚀剂研发"项目进行立项研发，最终于 2011 年 6 月 6 日成功结项。2014 年 1 月，朝阳公司发现思曼泰公司已于 2012 年 6 月 25 日以自己的名义将朝阳公司的上述研发成果向国家知识产权局申请发明专利。据调查得知，思曼泰公司的原法定代表人张某自 2010 年至 2011 年期间在朝阳公司处担任董事长助理，任职期间负责该项目的研发工作并接触到了大量关于盐水缓蚀剂项目的技术信息与文件材料，并与朝阳公司签订过《保密协议》，思曼泰公司正是从张某处

[①] 有观点认为，在借调、兼职、实习等情况下，虽然被借调人员、兼职人员、实习人员的编制工资关系有可能仍在其所在单位，但在工作任务上受借入单位、聘用单位、实习单位支配，所以在执行借入单位、聘用单位、实习单位分配的任务或者主要利用其物质技术条件完成发明创造的情况下，这些单位就是《专利法》第 6 条意义上的"本单位"。参见尹新天：《中国专利法详解（缩编版）》，知识产权出版社 2012 年版，第 54 页。

[②] 相比较而言，"执行本单位任务"标准可以从发明人的本职工作、交付任务、时间等相对客观的因素加以判断，相对比较明确，执行成本较低。参见向波：《职务发明的判定及其权利归属问题研究——兼论〈专利法修改草案〉第 6 条的修改和完善》，《知识产权》2016 年第 9 期。

获得盐水缓蚀剂发明的相关信息并申请发明专利。朝阳公司认为系争专利的申请权应当归朝阳公司所有，故请求判令："抑制碳钢盐水腐蚀的环保高效缓蚀剂及其制备和使用方法"发明专利申请权归朝阳公司所有。

裁判摘要

一审裁判摘要

思曼泰公司的前法定代表人张某与朝阳公司之间曾经存在劳动关系，且其参与了朝阳公司"盐水缓蚀剂研发"项目的研发工作；系争专利的技术主题与朝阳公司研发项目的名称相同，均是盐水缓蚀剂产品，而且系争专利权利要求 1 记载的技术方案与朝阳公司"盐水缓蚀剂研发"项目的实验记录在化学成分与配比上相似，两者在制备方法和使用方法上也相似；系争专利并非是张某离开朝阳公司后一年之后完成；思曼泰公司就其研发系争专利的过程没有提交任何证据加以证明。故系争专利是思曼泰公司的前法定代表人张某在朝阳公司工作时执行朝阳公司的任务所完成的职务发明创造，系争专利的申请权应属于朝阳公司。

二审裁判摘要

一审法院在采纳能反映出系争专利 SMT-BA 系张某于朝阳公司就职时在本职工作中作出的发明创造的一系列相关联在案证据的基础上，适用上述法律依法认定申请系争专利 SMT-BA 的权利属于朝阳公司并无不当，二审法院予以支持。

拓展思考

在具体案例的审理中，法院往往需要结合具体案情来确定"执行本单位任务"的含义。如在"常州市晨迪电器有限公司与常州市凯迪电器股份有限公司专利权权属纠纷上诉案"中，法院认为涉案专利的第一发明人符德胜自 2011 年 4 月至 2013 年 4 月在凯迪公司工作。虽然凯迪公司与符德胜签订的劳动合同中约定符德胜的工作岗位是工程部经理，但凯迪公司陈述符德胜的工作岗位发生过变动，由工程部调入技术部工作，并提供了 2012 年期间符德胜代表凯迪公司技术部签名的部分技术文件予以证实。对此，符德胜也认可其曾在凯迪公司技术部工作的事实。符德胜虽称其不参与技术研发，但从凯迪公司举证的产品图纸可以看出，2011 年至 2013 年，凯迪公司均有在进行推杆产品的技术研发和设计，而符德胜在凯迪公司技术部工作期间，其工作任务包括推杆产品技术图纸的审核。故应当认定符德胜参与凯迪公司的技术研发。故涉案专利系符德胜从凯迪公司离职后 1 年内作出的，且与其在凯迪公司承担的工作任务直接相关，属于专利法规定的职务发明创造，故法院认定涉案专利的专利权应当属于凯迪公司。①

---

① 江苏省高级人民法院（2016）苏民终 779 号民事判决书。

四、主要利用本单位的物质技术条件所完成的发明创造

核心知识点

按照我国《专利法》第6条的规定，主要是利用本单位的物质技术条件所完成的发明创造为职务发明。所谓物质技术条件，是指本单位的资金、设备、零部件、原材料或者不对外公开的技术资料等。从实践来看，发明人在研发过程中是否利用本单位的物质技术条件，此问题依据有关证据不难作出判断，但究竟何谓"主要利用"本单位的物质技术条件则很难给出确定的结论。要确定发明人"主要利用"本单位的物质技术条件完成发明创造，就需要某种判定标准以区分"主要利用"与"非主要利用"本单位的物质技术条件两种情形，而我国《专利法》与《专利法实施细则》都未提供可供操作的判定标准。[①] 在最高院发布的《关于审理技术合同纠纷案件适用法律若干问题的解释》（法释〔2004〕20号）中，第4条给出了"主要利用法人或者其他组织的物质技术条件"的认定规则，既要求职工在技术成果的研究开发过程中，全部或者大部分利用了法人或者其他组织的资金、设备、器材或者原材料等物质条件；还要求这些物质条件对形成该技术成果具有实质性的影响。本条可作为发明人"主要利用"本单位的物质技术条件的参照规则，当然，其中仍有"实质性影响"等关键概念需要给出进一步的解释与说明。

典型案例

武汉船用机械有限责任公司与王汉国专利权权属纠纷再审案：湖北省武汉市中级人民法院（2013）鄂武汉中知初字第03202号民事判决书；湖北省高级人民法院(2014) 鄂民三终字第00405号民事判决；湖北省高级人民法院（2016）鄂民再第12号民事判决书。

基本案情

王汉国系武船公司的员工。2006年，王汉国与武船公司签订了无固定期限的劳动合同。根据合同约定，王汉国的工作岗位是钳工，负责产品装配工作。2011年3月9日，王汉国作为申请人及发明人向国家知识产权局申请了发明专利，并于2012年8月8日获得授权。2013年1月9日，王汉国致函武船公司，承认本案发明的专利权人应当是武船公司。在一审法院主持的质证庭中，王汉国也认可本案发明是职务发明，专利权人是武船公司，但在正式庭审中，王汉国明确否认本案发明属于职务发明。

[①] 考察相关具体案例，法院实际上未能严格区分"主要利用本单位物质技术条件"与"非主要利用本单位技术条件"，其主要原因在于信息成本高、审核难度大。参见向波：《职务发明的判定及其权利归属问题研究——兼论〈专利法修改草案〉第6条的修改和完善》，《知识产权》2016年第9期。

裁判摘要

一审、二审裁判摘要

一审判决认为，根据本案原告武船公司在诉状中的陈述和劳动合同中确定的工作岗位，被告王汉国从事的是钳工工作，主要负责原告单位产品的装配，并不承担任何技术研发工作。而且，原告武船公司也没有提交证据证明，涉案技术是被告王汉国接受原告单位指派研制的。因此，被告王汉国从事与本职工作有关的技术研发，不属于履行原告单位交付的本职工作。至于被告王汉国是否利用了原告单位的物质技术条件，原告武船公司并未提交证据证明，且原告武船公司在庭审中明确主张涉案专利是被告王汉国在本职工作中作出的发明创造。因此，原告武船公司主张涉案专利属于职务发明，缺乏事实依据，其要求确认涉案专利的专利权归其所有的诉讼请求，一审法院没有支持。二审判决基本上维持了一审判决的意见。

再审裁判摘要

本案发明并非王汉国在本职工作中作出，武船公司也未提供充分证据证明系王汉国履行武船公司交付的本职工作之外的任务或主要利用该公司物质技术条件所完成的发明，为鼓励创新，保护发明人的创造性劳动，一、二审判决驳回武船公司的诉讼请求正确，武船公司的再审请求不能成立。

拓展思考

法院在本案再审中参照了《最高人民法院关于审理技术合同纠纷案件适用法律若干问题的解释》第4条规定，认为"主要利用"应主要指以下两种情形：其一，职工在发明创造的研究开发过程中，全部或者大部分利用了单位的资金、设备、器材或者原材料等物质条件，并且这些物质条件对形成该发明创造具有实质性的影响；其二，职工作出的发明创造其实质性内容是在单位尚未公开的技术成果、阶段性技术成果基础上完成的。但对利用单位提供的物质技术条件，已约定返还资金或者交纳使用费的，以及仅是在发明创造完成后利用单位物质技术条件对技术方案进行验证、测试的，不属于前述的主要利用单位的物质技术条件的情形。由于单位对其资金、设备、器材、原材料以及尚未公开的技术成果都有完全的控制权，一般均制定有管理措施，并有相应组织机构予以实施，因此，单位主张发明人主要利用其物质技术条件完成发明创造的，应对"主要利用"的情形负举证责任。① 又如在"吴林祥、陈华南诉翟晓明专利权纠纷案"中，上诉人翟晓明并不否认一匙通公司为涉案发明创造投入了大量的人力、物力和财力，只是认为一匙通公司提供物质技术条件的行为本身并没有产生任何具有实质性、创造性的技术革新，故认为涉案发明创造并非主要利用一匙通公司的物质技

---

① 湖北省高级人民法院（2016）鄂民再12号民事判决书。

术条件完成。二审法院则结合本案具体情况认为，涉案发明创造系由一匙通公司独家研发和实施，且该项目的研发负责人为翟晓明。研发涉案发明创造是一匙通公司的一项主要任务，涉案发明创造的研发完成，主要是利用了一匙通公司的物质技术条件。[①]

第三节　合作发明与委托发明的权利归属

一、概述

除了职务发明，现实中还存在合作发明与委托发明两种特殊类型。为了促进这些发明创造的商业利用，同样也需要在法律上明确该两类发明创造的初始配置。根据《专利法》第8条的规定，关于合作发明，首先依据合作方之间的协议确定其专利申请权的归属主体，如果合作方之间没有对此进行约定时，则由共同完成的单位或者个人享有专利申请权。当就该合作发明的专利申请被批准后，提出专利申请的单位或者个人为专利权人。关于委托发明，首先同样依据委托方与受托方之间的协议确定其专利申请权的归属主体，当委托方与受托方之间没有就委托发明专利申请权的归属进行约定时，就由完成发明创造的一方享有专利申请权。同样，当就该委托发明的专利申请被批准后，提出专利申请的单位或者个人为专利权人。

二、合作发明

核心知识点

合作发明是指"两个以上单位或者个人共同投资、共同参与研究开发工作所完成的发明创造"。[②] 依据我国《专利法》第8条的规定，一般由合作者共同享有该合作发明的专利申请权，当专利申请被批准后，往往也由这些合作者共同享有专利权。在共有人行使合作发明的专利权时，除了需要调整共有人与他人（受让人或被许可人）之间的利益关系以外，还需要协调共有人之间的意志与利益。依据《专利法》第14条的规定，在共有专利权时，首先依据共有人之间的约定确定专利权的行使规则；在没有约定时，共有人可以单独实施或者以普通许可方式许可他人实施该专利，当许可他人实施该专利的，收取的使用费应当在共有人之间分配；在其他情形下，行使共有专利权应当取得全体共有人的同意。本条为共有专利权的行使确立了一般的行为规则。

典型案例

吴登奎与陆丕贤专利权权属纠纷上诉案：上海知识产权法院（2015）沪知民初字

---

① 《中华人民共和国最高人民法院公报》2008年第1期。

② 尹新天：《中国专利法详解（缩编版）》，知识产权出版社2012年版，第67页。

第 435 号民事判决书；上海市高级人民法院（2016）沪民终 436 号民事判决书。

基本案情

涉案发明专利发明人为吴登奎、蔡兴良、陆丕贤，专利权人为陆丕贤、吴登奎。2014 年 4 月 23 日、26 日，该两专利权人向国家知识产权局提出《放弃专利权声明》。2014 年 5 月 19 日，国家知识产权局发出两份《视为未提出通知书》，以经审查上述两份《放弃专利权声明》不符合《专利法实施细则》第 45 条的规定，视为未提出，并陈述了原因："本专利属共有权利，根据《专利法》第十五条的规定，行使共有权利应当取得全体共有人的同意。本专利的专利权人之一吴登奎，于 2014 年 5 月 5 日提交信函，信函中明确签章表示他未在 2014 年 4 月 23 日、2014 年 4 月 26 日的放弃专利声明中签章，故该放弃专利权声明视为未提出。"后吴登奎向法院提起诉讼，请求判令涉案发明的专利权归原告一人所有。

裁判摘要

一审裁判摘要

根据我国《专利法》的相关规定，专利权人的变更不能仅凭个人意思表示生效，而需经国家专利行政部门确认并办理相关手续。根据专利证书以及国家知识产权局相关文件记载，目前涉案专利处于有效状态，专利权人的状态为原告和被告共有，原告所列举的相关事实也并未变更这一法律状态。原告仅以被告具有放弃涉案专利权的意思表示为由要求将涉案专利权判归其一人所有，缺乏事实与法律依据，一审法院不予支持。

二审裁判摘要

专利权之终止或变更须遵循相关法律法规之规定，放弃专利权之意思表示仅系专利权终止之必要条件之一，同理，专利权共有人一方放弃专利权之意思表示亦仅系该专利权变更之必要条件之一。即便专利权共有人愿意放弃专利权，该专利权之实际变更仍须经国家专利行政部门确认并办理相关手续，而非仅凭个人意思表示即可成立。

拓展思考

在本案审理中，吴登奎认为陆丕贤系通过不缴纳专利年费等一系列行为旨在达到无偿享受涉案专利权，并使上海气动成套公司三分厂照常生产、销售涉案专利产品，从中获取利益之目的，此对吴登奎而言系属不公平。对此，法院认为，我国《专利法》对共有人之间如何行使专利权已有相关规定，若上诉人吴登奎认为陆丕贤一方之行为侵害吴登奎作为涉案专利权共有人之合法权益，对其不公平，其可按照前述法律规定或约定之依据向陆丕贤另案主张返还相关专利费用等专利权共有人之相关责任，或依照前述法律规定向上海气动成套公司三分厂主张专利侵权责任，然该些主张均与专利权属争议无涉，即与本案纠纷无关。①

三、委托发明

核心知识点

委托发明，是指"某个单位或个人提出研究开发任务并提供经费和报酬，由其他单位或者个人进行研究开发所完成的发明创造"。② 关键问题则在于其权利的归属。从《专利法》第 8 条规定的内容来看，立法者采取了约定优先的原则，只有在没有约定的情形下，才依据第 8 条规定确定委托发明的权利归属，即委托发明的专利申请权归属于完成发明创造的一方，即受托方。

典型案例

云南泰华食品有限公司诉李泽清专利权属纠纷案：云南省昆明市中级人民法院（2004）昆民六重字第 2 号民事判决书。

基本案情

泰华公司的法定代表人李泽明与被告李泽清系兄弟关系，双方与李泽贵等兄弟同为泰华公司股东，2003 年 3 月 6 日，李泽清通过签订《股权转让协议书》，将自己的股权转让给李泽明和李泽贵，正式退出泰华公司。2001 年 12 月 19 日，被告李泽清委托云南协立专利事务所办理了牛肉干、猪肉松两种包装袋的外观设计专利申请，并交纳了专利代理费、申请费及文件费，其在外观设计专利请求书上写明设计人及申请人均为"李泽清"。国家知识产权局于 2002 年 7 月 17 日授予李泽清两项外观设计专利，刊登在国家知识产权局外观设计专利公报上的该两项专利的视图，系用原告泰华公司的包装袋拍照制成，与本案诉讼中原告泰华公司提交的"云泰食品系列包装设计稿"以及包装袋实物对比，仅用细线条划去泰华公司的注册商标、公司名称、口味、净含量等说明性文字，其整体设计与原告泰华公司所使用的两种产品的包装袋一致。

裁判摘要

泰华公司主张其应当是该两项专利的专利申请人和专利权人的请求，有法律和事实依据，法院予以支持。被告李泽清既不是该两项外观设计图案的设计人，也无充分证据证明其从权利人处合法取得该两项专利的申请权，因此，其取得该两项专利权没有法律依据。判决涉案的两项专利权归泰华公司所有。

拓展思考

本案中，被告李泽清虽然在其申请专利过程中擅自将其本人填写为专利的设计人

---

① 参见上海市高级人民法院（2016）沪民终 436 号民事判决书。

② 尹新天：《中国专利法详解（缩编版）》，知识产权出版社 2012 年版，第 67 页。

和申请人且获得授权，但其并不必然是最终合法的权利人。由于我国外观设计专利的授权审查仅为形式审查，对设计人和申请人的身份并不加以实质审核，因此，其授权有时可能会出现主体上的错误。当他人认为自己应是真正的专利权人，双方发生权属纠纷起诉到法院时，不能因被告持有国家知识产权局颁发的专利证书，就认定其为最终的专利权人，而应当根据专利权取得的条件要求，依法加以审查判断。涉案包装设计作为委托作品，依照我国《专利法》第8条的规定，其专利申请权和申请专利的权利可以由委托合同的当事人双方约定。根据泰华公司与风驰公司的《广告业务合同》和《附加说明》的约定，本案双方当事人争议的两项委托设计图案的设计人为受托人风驰公司，专利申请权和申请专利的权利属于泰华公司。据此，泰华公司主张其应当是该两项专利的专利申请人和专利权人的请求，法院最终予以支持。①

---

① 云南省昆明市中级人民法院（2004）昆民六重字第2号民事判决书。

第十二章 专利权的内容、行使及限制

第一节 专利权的内容

一、概述

专利权的内容，即"专利法为专利权人规定的各项专有权利"。① 不过，专利权人依法享有的这些权项更多在于赋予专利权人阻止他人未经许可而商业性实施其发明创造的法律权利，即专利权人有权禁止他人未经许可而商业性实施专利的各类行为。对于专利权的内容，需要区分不同类型的发明创造加以确定。一方面，发明与实用新型同为技术方案，而外观设计则属于具有美感的产品设计；另一方面，发明包括了产品发明与方法发明，而实用新型又仅限于产品。所以，从逻辑上可以将专利划分为产品专利（包括产品发明专利与实用新型专利）、方法发明专利与外观设计专利。依照我国《专利法》第11条的规定，对于产品专利，任何单位或者个人未经专利权人许可，都不得实施其专利，即不得为生产经营目的制造、使用、许诺销售、销售、进口其专利产品，其中涉及到制造权、使用权、许诺销售权、销售权与进口权；对于方法发明专利，任何单位或者个人未经专利权人许可，不得为生产经营目的使用其专利方法以及使用、许诺销售、销售、进口依照该专利方法直接获得的产品，其中涉及到对于专利方法的使用权，以及对于依照该专利方法直接获得的产品的使用权、许诺销售权、销售权与进口权；另外，对于外观设计专利，任何单位或者个人未经专利权人许可，不得为生产经营目的制造、销售、进口其外观设计专利产品，其中涉及对于外观设计专利的制造权、销售权与进口权。在司法实践中，往往会对当事人所实施行为的性质产生争议，这有赖于司法经验的积累以合理划定各类行为的范围与界限。

二、产品专利的具体权项

（一）制造权
核心知识点

对于产品发明专利与实用新型专利来说，制造权主要是针对他人未经许可而制造

---

① 王迁：《知识产权法教程》，中国人民大学出版社2014年版，第290页。

相应专利产品的行为。制造可以理解为"权利要求中所记载的产品技术方案被实现",[①]
或指"通过机械或者手工方式加工、制作出具有权利要求所记载的全部技术特征"。[②]
在实践中,在涉及他人未经许可制造专利产品的情形下,法院除了要首先判定产品本
身是否包含了权利要求中所记载的全部必要技术特征外,另外还要就被告所实施的行
为是否构成"制造"行为进行认定。就如何判定"一行为是否属于制造专利产品的行
为"这一问题,我国《专利法》《专利法实施细则》以及最高院的相关司法解释都没
有给出具体的判定规则。在 2013 年发布的《北京市高级人民法院专利侵权判定指南》
(以下简称《北京市高院侵权判定指南》)与 2010 年发布的《江苏省高级人民法院侵
犯专利权纠纷案件审理指南》(以下简称《江苏省高院案件审理指南》)列举了几项可
供参考的规则,如前者第 89 条认为"以不同制造方法制造产品的行为(但以方法限定
的产品权利要求除外)""委托他人制造或者在产品上标明'监制'等类似参与行为",
以及"将部件组装成专利产品的行为"都属于制造行为,后者第 6.1 条认为"组装专
利产品的,应当认定为制造。但是产品通常以成套组件的形式对外销售,由销售者或
者使用者自行组装的除外"。由于制造行为是导致其他所有实施行为的"龙头",我国
《专利法》对于制造权提供的是一种"绝对保护"。[③]

典型案例

北京市捷瑞特弹性阻尼体技术研究中心诉北京金自天和缓冲技术有限公司、王菡
夏侵害实用新型专利权纠纷案:北京市第一中级人民法院(2009)一中民初字第 13772
号民事判决书;北京市高级人民法院(2010)高民终字第 1867 号民事判决书;最高人
民法院(2013)民申字第 1146 号民事裁定书。

基本案情

捷瑞特中心是名称为"快进慢出型弹性阻尼体缓冲器"的实用新型专利(简称涉
案专利)的专利权人。捷瑞特中心提交的收条《铁路车辆产品验收合格证》复印件、
《铁路车辆产品编号清单》复印件、《北京市增值税专用发票》、编号为 JTH0903—1234
的 HM-1 型缓冲器弹性胶泥芯体(简称被控侵权产品)证明金自天和公司制造、销售
被控侵权产品侵犯了涉案专利权。一审庭审中,当事人共同确认被控侵权技术方案与
涉案专利相比区别在于:被控侵权产品没有套筒座,被控侵权产品的单向限流装置安
装方式与涉案专利中的相反。捷瑞特中心在庭审结束后提交了套筒座,但该部件没有
编号,亦无其他体现制造者的信息。2004 年 2 月,王菡夏以非法窃取捷瑞特中心的技

---

① 参见《北京市高级人民法院专利侵权判定指南》(2013)第 89 条。
② 参见《江苏省高级人民法院侵犯专利权纠纷案件审理指南》(2010)第 6.1 条。
③ 对于制造者是否应当承担侵权责任,尤其是承担停止侵权行为的责任,与其主观上是否有过错无关。参
见尹新天:《中国专利法详解(缩编版)》,知识产权出版社 2012 年版,第 96—97 页。

术秘密被判处有期徒刑。捷瑞特中心在诉讼中没有提交金自天和公司因侵权行为获利的证据。

裁判摘要

一审、二审裁判摘要

当事人对被控侵权产品是否为金自天和公司制造、销售有争议，因此应当结合当事人提交的证据对争议事实予以认定。捷瑞特中心提交的收条《铁路车辆产品验收合格证》的复印件和《铁路车辆产品编号清单》复印件及被控侵权产品实物并不足以证明被控侵权产品为金自天和公司制造、销售。通过勘验，双方当事人均确认被控侵权产品缺少涉案专利中的必要技术特征——套筒座。捷瑞特中心在庭后补充提交套筒座已超出了举证期限，且补充提交的套筒座并无被控侵权产品的编号，因此，被控侵权产品缺乏涉案专利的必要技术特征，未落入涉案专利权的保护范围。

再审裁判摘要

捷瑞特中心称其提交的被诉侵权产品实物是从齐齐哈尔公司技术中心取得，其提交的"收条"载明其中一只已经由齐齐哈尔轨道交通装备有限责任公司拆解。在一审庭审时，捷瑞特中心称编号为1234的产品实物为其自行拆解后提交给一审法院。捷瑞特中心的上述主张表明，其在取证过程中并未对其取得的被诉侵权产品实物进行封存，且自行进行了拆解，在金自天和公司不认可该产品实物系其制造的情况下，按照谁主张谁举证的原则，捷瑞特中心有责任通过申请被诉侵权产品实物提供方出庭做证等方式进一步举证证明该产品实物的来源及原始状态。由于捷瑞特中心并未履行相应的举证责任，导致本案现有证据尚不足以证明被诉侵权产品实物系由金自天和公司制造，此不利后果依法应由捷瑞特中心承担。

拓展思考

在"北京市捷瑞特弹性阻尼体技术研究中心诉北京金自天和缓冲技术有限公司、王菡夏侵害实用新型专利权纠纷案"中，专利权人一方始终未提供充分的证据证明涉案产品是由金自天和公司制造，由此在一审、二审与再审法院的审理中都未得到法院的认可。[①] 而在"深圳市银星智能科技股份有限公司诉深圳市华欣智能电器有限公司、北京爱琪嘉业科技有限公司侵害实用新型专利权纠纷案"中，爱琪公司曾提出抗辩认为，其系采用贴牌销售方式，将自己的标识贴在华欣公司生产的被诉侵权产品外包装及其他附件上，爱琪公司没有实施专利侵权行为。为证明其主张，爱琪公司提供了其与华欣公司签订的《智能吸尘器产品合作协议》及其《补充协议》等证据。从该合作协议及补充协议约定的内容来看，爱琪公司对两款被诉侵权产品分别提出了具体的技

---

① 最高人民法院（2013）民申字第1146号民事裁定书。

术要求。由此法院反而认定该合作协议证明了在被诉侵权产品的生产过程中，爱琪公司不仅仅是简单的贴牌销售，而是与华欣公司存在深度技术合作关系，双方共同制造被诉侵权产品。而且，《3C 证书查询》显示爱琪公司为本案被诉侵权产品 320i、520i 智能吸尘器以制造商的身份申请了 3C 认证证书，进一步证明了爱琪公司与华欣公司系本两案被诉侵权产品的共同制造者。[①]

（二）许诺销售权

核心知识点

所谓许诺销售，依照《最高人民法院关于审理专利纠纷案件适用法律问题的若干规定》（法释〔2015〕4 号）第 18 条[②]的规定，是指以做广告、在商店橱窗中陈列或者在展销会上展出等方式作出销售商品的意思表示。"据此，即使没有实际进行销售行为，而仅是为了销售专利产品进行广告宣传或产品展示，仍然构成对专利权的侵犯。"[③] 从合同法的角度来说，许诺销售或者是要约邀请，或者构成要约。《北京市高院侵权判定指南》第 98 条第 1 款认为，在销售侵犯他人专利权的产品行为实际发生前，被诉侵权人作出销售侵犯他人专利权产品意思表示的，属于许诺销售；该条第 2 款内容则与最高人民法院上述司法解释中的表述是一致的。在《江苏省高院案件审理指南》中，有关许诺销售的第 6.3 条内容则完全照搬了最高人民法院上述司法解释中的规则。从实践来看，法院往往可以从广告、陈列、展出等事实判定"许诺销售"行为的成立。

典型案例

（美国）伊莱利利公司与甘李药业有限公司发明专利侵权纠纷案：北京市第二中级人民法院（2005）二中民初字第 6026 号民事判决书；北京市高级人民法院（2007）高民终字第 1844 号民事判决书。

基本案情

原告于 1990 年 2 月 8 日向原中华人民共和国专利局申请了名称为"含有胰岛素类似物的药物制剂的制备方法"发明专利。中华人民共和国国家知识产权局经审查后，于 2003 年 3 月 26 日授予原告伊莱利利公司专利权。被告甘李公司向中华人民共和国食品药品监督管理局申报了"双时相重组赖脯胰岛素注射液 75/25"药品注册申请。根据原告掌握的证据，可以推定被告申报的上述药物中的活性成分是原告专利技术方案中

---

① 广东省高级人民法院（2015）粤高法民三终字第 329、330 号民事判决书。

② 我国最高人民法院于 2020 年 12 月 29 日发布了《关于修改〈最高人民法院关于审理侵犯专利权纠纷案件应用法律若干问题的解释（二）〉等十八件知识产权类司法解释的决定》（法释〔2020〕19 号），本条编号原为"第 24 条"，本编相关内容已根据该决定作了相应调整。

③ 王迁：《知识产权法教程》，中国人民大学出版社 2014 年版，第 335 页。

指定的赖脯胰岛素，而且有载体，据此可以判断被告的上述药物落入了原告专利权的保护范围。被告已经取得了临床批件，而且在此之前被告已经通过网络宣传其申请的上述药物，其行为性质属于即发侵权和许诺销售，构成对原告专利权的侵犯。现原告提起诉讼，要求法院判令被告甘李公司停止侵权行为。

裁判摘要

一审裁判摘要

依据本案现有证据，原告伊莱利利公司指控被告甘李公司侵权的涉案申报药物"双时相重组赖脯胰岛素注射液75/25"尚处于药品注册审批阶段，虽然被告甘李公司实施了临床试验和申请生产许可的行为，但其目的是满足国家相关部门对于药品注册行政审批的需要，以检验其生产的涉案药品的安全性和有效性。鉴于被告甘李公司的制造涉案药品的行为并非直接以销售为目的，不属于中华人民共和国专利法所规定的为生产经营目的实施他人专利的行为。另外，鉴于涉案药品尚处于注册审批阶段，并不具备上市条件，因此，被告网站上的相关宣传内容不属于许诺销售行为，也不构成即发侵权。

二审裁判摘要

许诺销售行为发生在实际销售行为之前，其目的是实际销售。专利法禁止许诺销售的目的在于尽可能早地制止专利产品或依照专利方法直接获得的产品的交易，使专利权人在被控侵权产品扩散之前就有可能制止对其发明创造的侵权利用。因此，被控侵权人不但应当具有即将销售侵犯专利权的产品的明确意思表示，而且在作出该意思表示之时其产品应当处于能够销售的状态。本案中，尽管甘李公司在其网站上对其"速秀霖"产品进行宣传，但现有证据不能证明甘李公司所进行的宣传系欲达到销售该产品的目的。因此，甘李公司在其网站上进行宣传的行为不构成许诺销售。

拓展思考

本案中，法院认为甘李公司虽然实施了临床试验和申请生产许可的行为，但其目的是为了满足国家相关部门对于药品注册行政审批的需要，以检验其生产的涉案药品的安全性和有效性。由此，法院认定甘李公司在其网站上对其"速秀霖"产品进行宣传的行为不构成许诺销售。[①] 就许诺销售行为的构成来说，一方面需要广告、陈列、展出等客观事实的存在，另一方面还需要证明行为人的目的在于销售专利侵权产品。一般来说，只有在被许诺销售的产品已经实际存在的情况下，才有可能认定许诺销售行为属于侵犯了专利权的行为。[②]

---

① 北京市高级人民法院（2007）高民终字第1844号民事判决书。

② 参见尹新天：《中国专利法详解（缩编版）》，知识产权出版社2012年版，第103页。

（三）销售权

核心知识点

销售权所规范的销售行为，指他人未经许可而将专利产品的所有权让与他人的行为。"专利权人有为经营目的销售专利产品的专有权利，未经许可以经营目的销售专利产品构成专利侵权"。① 在最高院的相关司法解释中，列举了几项属于销售行为的情形，如《最高人民法院关于审理侵犯专利权纠纷案件应用法律若干问题的解释（二）》（法释〔2016〕1号）第19条规定：产品买卖合同依法成立的，人民法院应当认定属于《专利法》第11条规定的销售；《最高人民法院关于审理侵犯专利权纠纷案件应用法律若干问题的解释》（法释〔2009〕21号）第12条第1款规定：将侵犯发明或者实用新型专利权的产品作为零部件，制造另一产品再予以销售的，人民法院应当认定属于专利法第11条规定的销售行为。由此来看，最高院主要依据买卖合同的成立来认定销售行为的存在。

典型案例

刘鸿彬与北京京联发数控科技有限公司、天威四川硅业有限责任公司侵害实用新型专利权纠纷案：四川省成都市中级人民法院（2012）成民初字第707号民事判决；四川省高级人民法院（2014）川知民终字第29号民事判决书；最高人民法院（2015）民申字第1070号民事裁定书。

基本案情

天威公司未取得刘鸿彬的许可，购买并使用被控侵权产品；京联发公司擅自制造、销售与涉案专利相近似的产品。刘鸿彬认为上述公司严重侵犯刘鸿彬的专利权，给刘鸿彬造成巨大的经济损失。据此，诉请人民法院判令：天威公司停止使用侵犯刘鸿彬实用新型专利权的产品；京联发公司停止生产、销售侵犯刘鸿彬实用新型专利权的产品；天威公司、京联发公司连带赔偿刘鸿彬经济损失30万元及为制止侵权行为支出的合理费用800元，并承担本案诉讼费。

裁判摘要

一审、二审裁判摘要

将涉案专利的权利要求1与被控侵权产品硅芯磨锥机的技术特征相比对，被控侵权产品采用了与涉案专利权利要求1保护内容相同的手段，实现了相同的功能，达到了相同的效果，被控侵权产品已完全覆盖了涉案专利权利要求1的全部必要技术特征，故被控侵权产品已落入涉案专利的权利要求1的保护范围。由于京联发公司于2009年

---

① 王迁：《知识产权法教程》，中国人民大学出版社2014年版，第335页。

10 月 16 日向天威公司出具了被控侵权产品货款 100% 的发票，在刘鸿彬未提供相反证据证明被控侵权产品没有交付给天威公司的情况下，可以认定京联发公司已在 2009 年 10 月 16 日前向天威公司交付了被控侵权产品，即《购销合同》的签订日及被控侵权产品的交付日均在涉案专利的授权公告日 2009 年 10 月 21 日之前，故应当认定京联发公司生产、销售被控侵权产品的行为发生在涉案专利的授权公告日之前。综上，刘鸿彬提出京联发公司销售被控侵权产品的行为在涉案专利授权公告日之前尚未完结的主张不能成立。

再审裁判摘要

《专利法》第 11 条规定的立法目的在于清晰界定专利权的权利范围，划定专利权人与社会公众的权利界限，充分保护专利权人的利益。该条从行为类型入手，规定发明和实用新型专利的权利人拥有制造、使用、许诺销售、销售和进口等五项权能。上述权能同时构成专利权人禁止权的范围，是认定侵权行为的重要尺度。为确保专利权权利范围的清晰性，增强可预见性并预防纠纷发生，销售权能或者说销售侵权行为的认定标准必须清晰明确、简单易行、可操作性强，同时还应尽可能实现许诺销售行为与销售行为之间的无缝衔接，以便覆盖对专利权人利益产生较大影响的有关交易环节和过程，从而更有效地制止销售侵权行为。关于销售行为的认定，一般应当以销售合同成立为标准。本案中，天威公司与京联发公司之间的《购销合同》签订于 2009 年 4 月 10 日，专利法意义上的销售行为在该日已经实施，早于本案专利授权公告日（2009 年 10 月 21 日）。

拓展思考

在涉及侵犯专利权中销售权项的案例纠纷中，法院常常需要判断销售行为的成立及成立时间的问题。"销售行为一般都有一个逐步形成的发展过程，包括提出销售要约、订立买卖合同、交付买卖合同标的物等不同阶段，每一个阶段的时间点不同"。[①]最高人民法院在驳回本案当事人刘鸿彬再审申请的民事裁定书中，对该问题作出了比较详细的解答：对于销售行为的认定标准，至少存在四种选择：合同成立标准、合同生效标准、合同价款支付完成标准、标的物交付或所有权转移标准。综合比较来看，采用标的物交付或所有权转移标准、合同价款支付完成标准或者合同生效标准，都将使得相应行为脱离专利权人的权利范围，过分缩小专利权人的权利空间，大大增加专利权人维权时的取证成本和证明难度。而如果采用合同成立标准，由于合同成立之前当事人以广告、商品展示等方式作出的销售商品的单方意思表示属于许诺销售行为，双方就销售商品的意思表示达成合意属于销售行为，则销售行为与许诺销售行为可以实现密切衔接，使得销售行为与许诺销售行为之间不存在专利权无法覆盖的空间，有

---

① 尹新天：《中国专利法详解（缩编版）》，知识产权出版社 2012 年版，第 105 页。

利于充分保护专利权人的利益。同时，合同成立是双方当事人就销售商品的意思表示达成合意的事实状态，往往通过书面合同等材料体现出来，不需要进一步考察合同的具体条款和履行过程，专利权人获取证据和证明销售行为成立更为容易，取证成本和认定成本均较低。因此，销售行为的认定，一般应当以销售合同成立为标准。[①]

三、方法发明专利的具体权项

（一）使用权

核心知识点

与产品专利权不同，方法发明专利权的内容实际上包含了两方面的权项：第一，针对方法发明本身的使用权；第二，针对依照该专利方法直接获得的产品的使用权、许诺销售权、销售权与进口权。关于方法发明专利中的使用权，其目的在于禁止他人未经许可而商业性（生产经营目的）使用专利方法发明的行为。在实践中，这就需要证明被告在其生产经营过程中确实使用了专利方法发明。当然，由于信息的不对称，专利权人一般很难获得证据证明被告未经许可使用了其专利方法发明。我国《专利法》第66条第1款规定：专利侵权纠纷涉及新产品制造方法的发明专利的，制造同样产品的单位或者个人应当提供其产品制造方法不同于专利方法的证明。依照该款规定，如果专利方法并非新产品制造方法的发明，则仍然要由专利权人举证证明使用行为的存在。

典型案例

广东美的制冷设备有限公司与珠海格力电器股份有限公司侵犯发明专利权纠纷上诉案：广东省珠海市中级人民法院（2009）珠中法民三初字第5号民事判决书；广东省高级人民法院（2011）粤高法民三终字第326号民事判决书。

基本案情

2008年12月1日，格力公司以美的公司制造、销售、许诺销售的多款空调器侵害其专利权，泰锋公司销售该空调器侵权为由提起诉讼，请求判令美的公司立即停止侵权行为，并赔偿格力公司经济损失人民币300万元、因制止侵权所支付的费用人民币190703.70元；判令泰锋公司停止销售侵权产品，并对上述赔偿责任承担连带责任。

裁判摘要

一审裁判摘要

根据涉案发明专利权利要求书记载的内容，涉案发明专利是一种控制空调器按照自定义曲线运行的方法。根据鉴定结论，美的公司型号为 KFR – 26GW/DY – V2（E2）

[①] 参见最高人民法院（2015）民申字第1070号民事裁定书。

空调器在"舒睡模式3"运行方式下的技术方案中的技术特征包含有涉案发明专利权利要求2中记载的全部技术特征。根据《最高人民法院关于审理侵犯专利权纠纷案件应用法律若干问题的解释》第7条第2款的规定，结合该款空调器的使用安装说明书相关说明，一审法院认定美的公司生产的相关型号的空调器产品在"舒睡模式3"运行方式下的技术方案落入涉案发明专利权的保护范围。

二审裁判摘要

就方法专利而言，未经许可的侵权行为包括使用专利方法，以及使用、许诺销售、销售、进口依照该专利方法直接获得的产品两类。美的公司主张，用户是被诉侵权产品"舒睡模式3"的使用者，美的公司实施的是制造行为，而非使用行为，因而未实施侵权行为。二审法院认为，制造具有"舒睡模式3"功能的空调器的行为，包含了使用被诉侵权方法的行为。"舒睡模式3"是一种控制空调器按照自定义曲线运行的方法，美的公司制造的空调器要实现这一功能，就要通过相应的设置、调配步骤，使空调器具备实现按照自定义曲线运行的条件，从而无可避免地使用到控制空调器按照自定义曲线运行的方法，因此美的公司是使用者。

拓展思考

对于方法专利来说，"专利权人的首要权利就是使用该方法的专有权利，他人未经许可为生产经营目的的使用专利方法即构成侵权"。① 《北京市高院侵权判定指南》第93条认为，使用专利方法，是指权利要求记载的专利方法技术方案的每一个步骤均被实现，使用该方法的结果不影响对构成侵犯专利权的认定。而《江苏省高院案件审理指南》没有单独就方法发明专利的使用进行规定，而只是在6.2条有关"使用"的规定中笼统地规定：使用，是指专利技术方案的技术功能得到应用。自然，本条也包括了对于方法发明专利的使用。另外，从上述典型案例的裁判结果来看，使用方法发明专利不限于被告在其制造产品的过程中，如果产品在实现其预期功能的过程中需要使用受到保护的方法发明专利，同样构成方法发明专利的使用行为。

（二）依照该专利方法直接获得的产品

核心知识点

我国《专利法》在有关方法发明专利权内容的条文中，规定方法发明专利权的效力延及依照该专利方法直接获得的产品。针对依照该专利方法直接获得的产品，专利权人可对其享有使用权、许诺销售权、销售权与进口权，这些权项与前述有关产品专利的相应权项可做同一理解，在此不需赘述。但是，对于"依照该专利方法直接获得的产品"这一表述应作何理解，在司法实践中有所争议。《最高人民法院关于审理侵犯专利权纠纷案件应用法律若干问题的解释》（法释〔2009〕21号）第13条规定：对于

---

① 王迁：《知识产权法教程》，中国人民大学出版社2014年版，第337页。

使用专利方法获得的原始产品，应当认定为依照专利方法直接获得的产品。对于将上述原始产品进一步加工、处理而获得后续产品的行为，同样应当认定属于使用依照该专利方法直接获得的产品。不过，在《最高人民法院关于审理侵犯专利权纠纷案件应用法律若干问题的解释（二）》（法释〔2016〕1号）第20条对此作了一定的限缩，该条规定：对于将依照专利方法直接获得的产品进一步加工、处理而获得的后续产品，进行再加工、处理的，应当认定不属于"使用依照该专利方法直接获得的产品"。

典型案例

申请再审人石家庄制药集团欧意药业有限公司与被申请人张喜田、二审上诉人石家庄制药集团华盛制药有限公司、石药集团中奇制药技术（石家庄）有限公司，一审被告吉林省玉顺堂药业有限公司侵犯发明专利权纠纷案：吉林省长春市中级人民法院（2005）长民三初字第36号民事判决书；吉林省高级人民法院（2006）吉民三终字第146号民事判决；最高人民法院（2009）民提字第84号民事判决书。

基本案情

张喜田是涉案发明专利的专利权人，该专利是制造左旋氨氯地平新产品的方法专利。马来酸左旋氨氯地平和马来酸左旋氨氯地平片新药由中奇公司研发，华盛公司生产了马来酸左旋氨氯地平（原料药），欧意公司生产了马来酸左旋氨氯地平片（终端产品，商品名"玄宁"），玉顺堂公司销售了该产品。张喜田认为该产品的生产与销售侵犯其专利权，由此向法院提起诉讼，请求判令相关公司停止侵权，并承担其他法律责任。

裁判摘要

一审、二审裁判摘要

一审判决认为，左旋氨氯地平作为一种化合物，并不能直接供消费者消费，其必须与马来酸、苯磺酸等经成盐工艺成为马来酸左旋氨氯地平、苯磺酸左旋氨氯地平后，才真正成为产品，因此，涉案专利能够延及至被告生产的马来酸左旋氨氯地平及其片剂。二审判决认为，左旋氨氯地平作为一种化合物，本身并不能成为直接供消费者消费的产品。涉案专利为左旋氨氯地平的拆分方法，依照该方法不能直接得到产品，而左旋氨氯地平化合物与马来酸、苯磺酸等经过成盐工艺成为马来酸左旋氨氯地平、苯磺酸左旋氨氯地平后，才真正成为产品，所以上述产品应为依照左旋氨氯地平的拆分方法直接获得的产品。涉案专利能够延及中奇公司、华盛公司、欧意公司生产的马来酸左旋氨氯地平及其片剂。

再审裁判摘要

根据《专利法》第11条的规定，方法专利权的保护范围只能延及依照该专利方法直接获得的产品，即使用专利方法获得的原始产品，而不能延及对原始产品作进一步处理后获得的后续产品。本案中，华盛公司、欧意公司生产的马来酸左旋氨氯地平、马来酸左旋氨氯地平片以及左旋氨氯地平，不属于依照涉案专利方法直接获得的产品，而均属于对上述产品作进一步处理后获得的后续产品。因此，涉案专利权的保护范围不能延及左旋氨氯地平、马来酸左旋氨氯地平及其片剂。

拓展思考

对于"依照该专利方法直接获得的产品"，[①] 本案受理法院实际上就是依照《最高人民法院关于审理侵犯专利权纠纷案件应用法律若干问题的解释（二）》（法释〔2016〕1 号）第 20 条规定进行了限定。在《北京市高院侵权判定指南》中，其第 101 条规定：依照专利方法直接获得的产品，是指将原材料、物品按照方法专利权利要求记载的全部步骤特征进行处理加工，使得原材料、物品在结构上或物理化学特性上产生明显变化后所获得的原始产品。将上述原始产品进一步加工、处理而获得的后续产品，即以该原始产品作为中间部件或原材料，加工、处理成为其他的后续产品，应当认定属于使用依照该专利方法直接获得的产品。对该后续产品的进一步加工、处理，不属于使用依照该专利方法所直接获得的产品的行为。尽管该条文字表达方式与最高人民法院发布的司法解释中的相关规定不尽一致，但涵盖的范围应是一致的。

四、外观设计专利权的具体权项

（一）制造权

核心知识点

尽管外观设计专利权的内容也包含了制造权项，但由于外观设计与发明、实用新型的性质有所不同——前者是对产品的富有美感并适于工业应用的新设计，而后两者都属于技术方案——故对于外观设计专利权中的制造权不能与发明专利权、实用新型专利权中的制造权作同一理解，而需有所区分。关于外观设计专利权中制造权的意义，《专利法》《专利法实施细则》及相关司法解释并没有做出明确的规定。

典型案例

广东雅洁五金有限公司诉杨建忠等侵害外观设计专利权纠纷再审案：河北省石家庄市中级人民法院（2012）石民五初字第 00059 号民事判决书；河北省高级人民法院（2012）冀民三终字第 108 号民事判决书；最高人民法院（2013）民提字第 187 号民事判决书。

---

① 对于"直接获得的产品"的意义，存在两种不同的解释方式：一为狭义解释，指实施授予专利的制造方法最初获得的原始产品；二为广义解释，不仅包括前述原始产品，还包括一定条件下对原始产品做进一步加工、处理后所获得的产品。参见尹新天：《中国专利法详解（缩编版）》，知识产权出版社 2012 年版，第 115 页。

基本案情

　　雅洁公司是涉案专利独占实施许可合同的被许可人，该合同有效期限为 2009 年 10 月 22 日至 2015 年 7 月 1 日。2011 年 10 月 18 日，雅洁公司的委托代理人以普通顾客身份在石家庄市长安装饰材料和平路市场 C 区 40 号"佳家居五金商行"商铺购买包装盒上标有"吉固"字样的门锁一把，河北省石家庄市太行公证处对购买过程进行了公证，并对所购门锁进行了封存。将公证封存的门锁（被诉侵权产品）当庭开封，经比对与涉案专利外观设计无实质性差异，细节上的差异为：被诉侵权产品的面板下部装饰线为 5 条，涉案专利外观设计的面板下部装饰线为 6 条。被诉侵权产品包装上标有"吉固 + JIGU + 图"标识、"广东南海一固五金制品厂"。产品型号 AZ1215—35SNN 多功能。石家庄市长安佳家居五金商行业主卢炳仙 2009 年 7 月 4 日以单价 41 元从杨建忠处购进被诉侵权门锁 20 把。

裁判摘要

　　一审、二审裁判摘要

　　一审判决认为，杨建忠出售被诉侵权门锁给卢炳仙的日期为 2009 年 7 月 4 日，在涉案专利授权公告日 2009 年 9 月 16 日之前。雅洁公司未提供证明杨建忠在涉案专利授权公告日以后制造、销售被诉侵权门锁的证据，且雅洁公司取得专利独占实施许可的日期为 2009 年 10 月 22 日。对于雅洁公司对杨建忠的诉讼请求，不予支持。卢炳仙在涉案专利授权公告日以后销售被诉侵权门锁，构成侵权，因此应当停止销售侵权门锁。二审判决认为，本案的涉案产品是 2009 年 7 月 4 日售出的，早于涉案专利的授权公告日 2009 年 9 月 16 日，故杨建忠的制造、销售行为不构成侵权，在本案中不应承担侵权赔偿责任。

　　再审裁判摘要

　　本案中，侵权产品上标注有"吉固 + JIGU + 图"这一商标，杨建忠是该注册商标的专用权人；雅洁公司提供了初步证据证明杨建忠注册了"温州市鹿城区临江县昌隆五金加工厂"，证明杨建忠有制造侵权产品的能力。在已经确认侵权产品外包装上所标注商标的专用权人杨建忠有能力制造侵权产品，且没有其他证据表明存在他人冒用该商标或者杨建忠曾将该商标许可给他人使用等证明侵权产品的实际制造者并非杨建忠本人的情况下，可以合理推定杨建忠是侵权产品的制造者。此外，卢炳仙提供的合法来源的初步证据也显示是从"温州市昌隆五金厂"购买的侵权产品，且卢炳仙将购买侵权产品的货款付给了杨建忠。而且，在本案一审、二审及再审诉讼过程中，杨建忠经法院多次合法传唤，拒绝签收传票和相关法律文书，拒不到庭，对其是不是"吉固 + JIGU + 图"这一注册商标的专用权人、是否注册有"温州市鹿城区临江县昌隆五金加工厂"、是否实际生产了侵权产品并销售给卢炳仙，没有提出任何异议，其应该承担相应的法律后果。综上，法院根据现有证据认定杨建忠系本案侵权产品的制造者。

拓展思考

《北京市高院侵权判定指南》第 90 条对制造外观设计专利产品含义作了一定的说明，即指专利权人向国务院专利行政部门申请专利时提交的图片或者照片中的该外观专利产品被实现。而在《江苏省高院案件审理指南》第 6.1 条中，则强调外观设计专利产品的制造是指通过机械或者手工方式加工、制作出具有授权外观设计全部要素的产品。总的来说，与发明专利、实用新型专利不同，对于外观设计专利产品制造行为的判断，需要结合反映外观设计呈现形式的照片、图片以及简要文字说明等文件来进行判断。

（二）许诺销售权

核心知识点

对于外观设计专利权中的许诺销售权，其含义应与前述产品专利权中的许诺销售权做相同理解，即可按照《最高人民法院关于审理专利纠纷案件适用法律问题的若干规定》（法释〔2015〕4 号）第 18 条规定进行解释，指以做广告、在商店橱窗中陈列或者在展销会上展出等方式作出销售商品的意思表示。

典型案例

海星客特汽车销售有限公司与天津世之源汽车销售有限公司侵害外观设计专利权纠纷上诉案：天津市第二中级人民法院（2014）二中民三知初字第 23 号民事判决书；天津市高级人民法院（2014）津高民三终字第 0019 号民事判决书。

基本案情

上海星客特公司系"汽车（2008 款客户之星）"外观设计专利的专利权人，该专利于 2007 年 6 月 20 日申请，2008 年 5 月 21 日获得授权公告，专利号为 ZL200730158973.9，年费交纳至 2014 年 6 月 19 日。2014 年 1 月 16 日，天津世之源公司在其经营场所展销利用美国"福特 E350"汽车改造的房车，上海星客特公司对该事实委托天津市北方公证处进行了公证。涉案"汽车（2008 款客户之星）"外观设计专利产品亦为在美国"福特 E350"汽车基础上改装的房车，但上海星客特公司认为天津世之源公司的设计与其专利已构成相似。2014 年 2 月 28 日，案外人上海申昱专用汽车有限公司（以下简称上海申昱公司）向国家知识产权局提出涉案专利的无效宣告申请，国家知识产权局已经受理。

裁判摘要

一审裁判摘要

通过上述整体观察和综合判断，被控产品与涉案专利的外观设计无论是多处具体部位，还是整体视觉效果，均存在实质差异，不构成近似，即被控房车的设计未落入涉案专利权的保护范围，不构成侵权。

二审裁判摘要

根据（2014）津北方证经字第235号公证书内容可以证实，被上诉人天津世之源公司明确作出了销售被诉侵权产品的意思表示，虽然被上诉人天津世之源公司提供了其与案外人上海申昱公司签订的《展厅短期使用协议》以及案外人上海申昱公司出具的《情况说明》，以此证明其没有许诺销售和销售行为，但案外人上海申昱公司是被上诉人天津世之源公司的供货商，两者存在关联关系，原审法院对上述书面材料不予认定是正确的。故被上诉人天津世之源公司在其展厅内作出了销售被诉侵权产品的意思表示，具有经营目的，该行为属于专利法规定的许诺销售行为，且未经上诉人上海星客特公司许可，侵害了上诉人上海星客特公司的涉案外观设计专利权。

拓展思考

本案还涉及外观设计专利侵权判定的具体方法。二审法院认为，外观设计专利是体现在产品外观上的智力劳动成果，可视性的产品整体造型样式和创新点带来的显著视觉效果应当是外观设计专利要保护的内容，因此在确定涉案外观设计专利的保护范围时，主要考虑整体性、可视性以及创新性这三个因素。外观设计专利保护的设计要素为形状、图案和色彩，涉案专利的图片虽然为彩色图片，但是在简要说明中未对保护色彩和图案进行特别说明，本案涉案专利的保护范围不包括产品的色彩和图案，故涉案专利保护范围就是产品形状所形成的整体视觉效果。由此，涉案专利产品在原型车顶部、前部、中部以及后部进行改装和加装了这些富有一定的美感的组件后，在整体外观上与原型车具有较大的区别，同时这些组件中散热器格栅、两个支臂的后视镜、车辆前大灯形状、两侧车窗形状以及后门脚踏平台这些具有一定新颖性的设计特征，凝聚了涉案专利权人新颖的设计构思和创造性的智力劳动，这些部位也是产品中更容易引起一般消费者关注的部位，其体现的设计特征比产品中的其他设计特征在整体上对一般消费者的视觉效果更具有显著影响。[1]

（三）销售权

核心知识点

关于外观设计专利权中的销售权，一方面需要依照《最高人民法院关于审理侵犯专利权纠纷案件应用法律若干问题的解释（二）》（法释〔2016〕1号）第19条规定进行一般性的判定，即产品买卖合同依法成立的，应当认定属于《专利法》第11条规定的销售。另外，《最高人民法院关于审理侵犯专利权纠纷案件应用法律若干问题的解释》（法释〔2009〕21号）第12条第2款作了补充性的规定，即将侵犯外观设计专利

---

① 天津市高级人民法院（2014）津高民三终字第0019号民事判决书。

权的产品作为零部件，制造另一产品并销售的，应当认定属于《专利法》第11条规定的销售行为，但侵犯外观设计专利权的产品在该另一产品中仅具有技术功能的除外。

典型案例

高邮市周巷镇康康超市与广东奥飞动漫文化股份有限公司侵害外观设计专利权纠纷上诉案：江苏省扬州市中级人民法院（2016）苏10民初40号民事判决书；江苏省高级人民法院（2016）苏民终1323号民事判决书。

基本案情

2010年4月15日，奥飞公司及其关联公司广东奥迪动漫玩具有限公司（以下简称奥迪动漫公司）、广州奥飞文化传播有限公司（以下简称奥飞文化公司）向国家知识产权局提出了名称为"玩具刀（修罗炼狱）"的外观设计专利申请，并于2011年3月2日获得授权。2014年4月，奥飞公司发现位于高邮市周巷新河南路的"康康超市"正在销售涉嫌侵权的玩具。随后奥飞公司以侵权为由向法院提起诉讼。

裁判摘要

一审裁判摘要

南京市钟山公证处（2014）宁钟证经内字第1197号公证书可以证明康康超市销售了被诉侵权产品。康康超市辩称涉案证据保全的公证书记载的内容与事实不符，公证程序不合法，但没有提供相反证据证明公证行为违反法律、行政法规的规定并足以影响公证行为中立性、客观性，故对该辩称不予采纳。康康超市作为销售商应当对于其所进、销的产品应负有审慎的注意义务。被诉侵权产品系"三无"产品，康康超市没有尽到合理审查的义务，主观上具有过错，且未提供有效证据证明其销售的被诉侵权产品具有合法来源，故对康康超市关于被诉侵权产品系其购自扬州小商品市场的辩称内容，亦不予采信。

二审裁判摘要

在涉及对购买行为进行保全证据的公证过程中，出于固定交易相对人身份的需求而对出售相关商品的店铺外观进行拍摄系通常做法，且康康超市在一审中已认可公证书所附照片拍摄的店铺外观系其经营的店铺门头。故涉案公证过程未拍摄店铺内的照片，并不影响对交易相对人身份的确定；根据工商管理法规的相关规定，领取营业执照的经营者应当在其经营场所内悬挂营业执照，以表明经营者的身份。康康超市系领取有营业执照的个体工商户，也应当按照工商管理法规的要求，在经营场所内悬挂营业执照。因此，在涉案公证书已明确记载"该店悬挂营业执照，经营者：汤庆兰"的情况下，康康超市仅以其当时未悬挂营业执照为由否认公证购买事实的存在，二审法院对此没有采信。综上，因康康超市不能提供相反证据推翻涉案公证证明，故依照

《民事诉讼法》第 69 条的规定，应当根据涉案公证书的记载内容，认定康康超市销售了被诉侵权产品。

拓展思考

《北京市高院侵权判定指南》第 96 条也涉及了销售外观设计专利产品的行为，即将含有外观设计专利的产品的所有权从卖方有偿转移到买方。其中对于《最高人民法院关于审理侵犯专利权纠纷案件应用法律若干问题的解释》（法释〔2009〕21 号）第 12 条第 2 款中关于"仅具有技术功能"的表述作了进一步解释，指该零部件构成最终产品的内部结构，在最终产品的正常使用中不产生视觉效果，只具有技术功能作用。《江苏省高院案件审理指南》第 6.4 条有关"销售"的规定中，对于外观设计专利产品的销售行为，基本上沿用了上述最高院司法解释中的表述。

第二节　专利申请权、专利权的转让

一、概述

依照我国《专利法》第 10 条的规定，专利申请权和专利权可以转让。"专利申请权与专利权作为一种财产权，权利人应当享有对其进行处分的权利，转让权利是行使其处分权的基本方式之一。"①当中国单位或者个人向外国人转让专利申请权或者专利权时，必须经国务院有关主管部门批准。另外，本条规定还就专利申请权或专利权转让合同的登记、公告问题进行了规定，即转让专利申请权或者专利权的，当事人应当订立书面合同，并向国务院专利行政部门登记，由国务院专利行政部门予以公告。专利申请权或者专利权的转让自登记之日起生效。当然，在理解本条规定时，需要将专利申请权或专利权转让合同的效力与专利申请权或专利权变动的效力区分开来。本条规定的登记程序影响的是专利申请权或专利权的变动效力，采用的是登记生效主义。但即使未经登记，只要双方意思表示达成一致，专利申请权或专利权转让合同经签字盖章后，就予以成立生效。不过，对于中国单位或者个人向外国人转让专利申请权或者专利权的，则要获得国务院有关主管部门的批准后，专利申请权或专利权转让合同才能生效。除了可以通过转让合同使得专利申请权或专利权的归属发生变动外，实践中还可因赠与、继承、法人的合并、分立等情形导致专利申请权或专利权的变动。依照《专利法实施细则》第 14 条的规定，当专利权因转让以外的其他事由发生转移的，当事人应当凭有关证明文件或者法律文书向国务院专利行政部门办理专利权转移手续。

---

① 尹新天：《中国专利法详解（缩编版）》，知识产权出版社 2012 年版，第 82 页。

二、专利申请权的转让

核心知识点

专利申请权的转让应包含两种情形，一是让与人在提起专利申请之前将申请专利的权利转让于他人；二是让与人在提起专利申请后至专利授权公告前将专利申请权转让于他人。尽管我国《专利法》在条文的表述上区分了提起专利申请之前的"申请专利的权利"与提起专利申请后的"专利申请权"，但作为专利权产生之前当事人所享有的权利，二者并无实质性差别，故本小节所表述的专利申请权就包含了上述两种情形。①

典型案例

高迅国际有限公司与深圳市宝安区西乡镇臣田唐锋电器厂等专利权权属纠纷上诉案：广东省深圳市中级人民法院（2004）深中法民三初字第 598 号、598 号民事判决书；广东省高级人民法院（2005）粤高法民三终字第 323 号、324 号民事判决书。

基本案情

2002 年 8 月 23 日，李诚与深圳市千纳专利代理有限公司签订《委托代理协议》，委托深圳市千纳专利代理有限公司代理申请"两杯旅行咖啡壶"和"电子蒸锅"专利事宜，代理费每项 2400 元，合计人民币 4800 元。2002 年 8 月 28 日，深圳市千纳专利代理有限公司以李诚名义向国家知识产权局申请"两杯旅行咖啡壶"外观设计专利，2002 年 9 月 3 日，国家知识产权局发文《专利申请受理通知书》。期间，李诚将该专利申请权转让给了唐锋电器厂。2003 年 5 月 7 日，国家知识产权局授予唐锋电器厂"两杯旅行咖啡壶"外观设计专利权，并予以公告。高迅公司主张上述外观设计专利是其公司完成的设计，并在李诚到高迅公司之前就已经完成，李诚申请该专利只是履行高迅公司交办的任务。由此原、被告双方发生纠纷。

裁判摘要

一审裁判摘要

宏威公司是涉案专利原始权利人，依法享有处分权，其于 2002 年 4 月 16 日出具《声明》内容合法，意思表示明确，李诚因此取得涉案专利的申请权，符合法律规定。

---

① 有学者指出，提起专利申请之前的"申请专利的权利"与提起专利申请后的"专利申请权"两者的权利内容有所差别，前者主要体现在权利人有权决定是否对该发明创造申请专利、何时申请专利、申请何种专利以及向哪些国家申请专利等；后者则主要体现在申请人有权决定是继续进行申请手续还是放弃其专利申请，是自己继续保留该专利申请还是将该专利申请权转让给他人等。尹新天：《中国专利法详解（缩编版）》，知识产权出版社 2012 年版，第 82—83 页。

李诚在专利申请期间，自愿将涉案专利转让给唐锋电器厂，唐锋电器厂因此获得涉案专利权并无不当。李诚申请涉案专利的费用为高迅公司负担，但高迅公司与李诚之间的费用关系，其性质应当属于借贷的债权债务关系。高迅公司不能依据涉案专利申请费用由其承担，就简单地认为涉案专利权归其所有。

二审裁判摘要

根据我国《专利法》第 10 条的规定，专利申请权可以转让，专利申请权的转让自登记之日起生效。由于唐锋电器厂是依据专利申请权的转让关系而取得讼争专利的"专利申请权"，其"专利申请人"的主体资格合法。经过专利审批程序，国家知识产权局直接授予唐锋电器厂涉案外观设计专利权。就专利申请权和专利权作为物权性财产权利的性质而言，唐锋电器厂通过转让关系取得专利申请权，通过专利审批程序取得专利权，这与高迅公司在法律上不存在利害关系。专利申请权转让登记的公示公信效力以及专利权审批程序的正当性，使得唐锋电器厂作为专利权人足以对抗高迅公司的诉讼请求。高迅公司以唐锋电器厂作为被告提出诉讼，不符合法律规定。因此，高迅公司无权向唐锋电器厂追及涉案外观设计专利的所有权。

拓展思考

依照《最高人民法院关于审理技术合同纠纷案件适用法律若干问题的解释》（法释〔2004〕20 号）第 23 条规定，专利申请权转让合同当事人以专利申请被驳回或者被视为撤回为由请求解除合同，该事实发生在依照《专利法》第 10 条第 3 款的规定办理专利申请权转让登记之前的，人民法院应当予以支持；发生在转让登记之后的，不予支持，但当事人另有约定的除外。当专利申请因专利申请权转让合同成立时即存在尚未公开的同样发明创造的在先专利申请被驳回时，当事人依据民法典第 563 条第 1 款第（四）项的规定请求解除合同的，人民法院应当予以支持。

三、专利权转让合同与专利权的变动

核心知识点

如前所述，需要将专利权转让合同的效力问题与专利权变动的效力区别开来。"应当注意，国家知识产权局予以登记和公告的事项是专利申请权或者专利权的转让这一民事法律行为，而不是专利申请权或者专利权转让合同。"[①] 一方面，未向国务院专利行政部门登记，并不影响未经登记专利权转让合同的法律效力。只要专利权转让合同符合有关合同成立、生效的一般要件与特殊要件（如须经审批），未经登记的专利权转让合同仍然具有法律效力。另一方面，在当事人签订专利权转让合同后，即使专利权转让合同成立并生效，并不自动发生专利权的变动，即专利权从让与人移转于受让人。

---

① 尹新天：《中国专利法详解（缩编版）》，知识产权出版社 2012 年版，第 86 页。

只有专利权转让合同向国务院专利行政部门登记后，专利权才发生变动。除此之外，依照《专利法实施细则》第 14 条的规定，当专利权因转让以外的其他事由发生转移的，关于专利权的变动问题，在法律上没有明确规定采用登记生效主义。

典型案例

王春富与深圳明华环保汽车有限公司等专利权权属纠纷上诉案：广东省深圳市中级人民法院（2003）深中法民三初字第 19 号民事判决书；广东省高级人民法院（2004）粤高法民三终字第 155 号民事判决书。

基本案情

1999 年 5 月 25 日，原告王春富向国家知识产权局申请名称为"一种清洁省油多能源复合动力电动车"的实用新型专利，1999 年 9 月 10 日，原告王春富与深圳市明华幕墙有限公司签订专利实施许可合同，双方约定，如果上述专利的申请获得授权，原告王春富许可该公司使用该专利。1999 年 10 月 1 日，原告与深圳明华环保汽车有限公司签订专利权转让协议，双方约定：（1）原告将其拥有的名称为"一种清洁省油多能源复合动力电动车"的实用新型专利权转让给被告；（2）从转让生效之日起被告缴纳该专利维持的各项费用，并负责保护该专利。2000 年 1 月 22 日，国家知识产权局授予原告上述实用新型专利权，后原、被告双方因专利权转让的效力问题发生纠纷。

裁判摘要

一审裁判摘要

关于专利权转让合同是否成立、是否生效，在原告与第二被告签订的书面合同即专利权转让协议中，双方意思表示真实且符合法律规定，原告在庭审中也对该转让协议明确予以确认，应当认定该合同有效，即合同已经成立，原告应当按照合同中的约定履行自己的义务，包括协助第二被告办理专利权著录项目的变更登记手续，将专利权转让给第二被告，以实现合同的目的。本案中，原告与第二被告签订专利权转让协议后，原告就必须承担相应义务。当然，该合同在登记前不具有对抗第三人的效力。国家知识产权局随后凭双方真实意思表示的专利权转让合同进行了登记，该专利权转让已经生效。

二审裁判摘要

根据我国《专利法》第 10 条第 3 款的规定，专利权要发生转让效力，必须满足两个条件：一是书面转让合同，二是国家知识产权局的登记。在本案中，引起专利权转让的原因是上诉人王春富与被上诉人深圳明华环保汽车有限公司在 1999 年 10 月 10 日签订的专利权转让协议，该协议是双方真实意思表示，内容未违反法律的禁止性规定，该协议合法有效。专利权转让协议的效力与国家知识产权局的登记无关，登记是专利权产生转让效力即发生权利变动的生效要件，但不是专利权转让协议的生效要件。根据专利法的规定，专利权转让效力的产生，除须有合法的书面转让协议外，还须登记。因为专利权是一种具有对世性的财产权，专利权的转让不仅涉及当事人双方利益，同时还涉及公众利益和国家知识产权监管，对交易安全和交易秩序均有重大影响，因此，专利权变动应依法进行公示，而且专利权是一种无形财产权，其不能如动产那样采取交付的公示方法，只能采取登记的公示方法。

拓展思考

专利权转让变更登记属于国家专利行政部门的行政行为。在专利权转让协议真实有效的情况下，专利权变更登记是由受让方一方向专利局提出申请即可办理变更登记，还是须转让合同的双方共同向专利局提出申请才能办理，有关办理专利权转让登记的程序、手续诸问题，由专利登记部门依据有关规定审查决定。当事人对于办理转让登记过程中的争议，人民法院在民事诉讼中不予审查。在上述典型案例中，因为转让协议合法有效，国家知识产权局专利局已经办理完毕本案专利权之转让登记手续，变更登记与专利权转让协议的约定相一致，其法律效果便是王春富与深圳明华环保汽车有限公司双方签订的协议中所约定的专利权转让得以完成，也就意味着实现当事人签订合同的目的。

第三节　专利权的许可

一、概述

依照《专利法》第 12 条的规定，基于生产经营目的欲实施他人专利的，当事人应当与专利权人订立实施许可合同，向专利权人支付专利使用费。依照《合同法》有关技术合同的规定，对于专利实施许可合同，其只在该专利权的存续期间内有效。[①] 当专利权有效期限届满或者专利权被宣布无效，专利权人不得就该专利与他人订立专利实施许可合同。专利实施许可合同的让与人应当按照约定许可受让人实施专利，交付实施专利有关的技术资料，提供必要的技术指导。[②] 对于专利实施许可，依照《最高人民法院关于审理技术合同纠纷案件适用法律若干问题的解释》（法释

---

① 专利权人可以允许被许可人在专利权的整个有效期限内以及在专利权效力所及的全部地域内从事各种类型的实施专利行为，也可以对被许可人的实施行为施加种种限制。参见尹新天：《中国专利法详解（缩编版）》，知识产权出版社 2012 年版，第 118—119 页。

② 有学者认为，专利权许可合同具有设立专利许可使用权和确定专利许可使用权内容的双重功能，后者主要体现在专利许可范围的相关约定。参见邱永清：《专利许可合同法律问题研究》，法律出版社 2010 年版，第 59 页。

〔2004〕20 号）第 25 条的规定，可以划分为三种类型：（1）独占实施许可，是指许可人在约定许可实施专利的范围内，将该专利仅许可一个许可人实施，许可人依约定不得实施该专利；（2）排他实施许可，是指许可人在约定许可实施专利的范围内，将该专利仅许可一个许可人实施，但许可人依约定可以自行实施该专利；（3）普通实施许可，是指许可人在约定许可实施专利的范围内许可他人实施该专利，并且可以自行实施该专利。当事人对专利实施许可方式没有约定或者约定不明确的，认定为普通实施许可。一般来说，被许可人无权允许合同规定以外的任何单位或者个人实施该专利。专利实施许可合同约定受让人可以再许可他人实施专利的，除另有约定外，该再许可为普通实施许可。

另外，除了双方通过意思表示而达成的专利许可以外，在第四次《专利法》的修订中，立法者还专门设置了"专利实施的特别许可"一章，其中包括三种情形：一是指定许可，即对国家利益或者公共利益具有重大意义的国有企业事业单位的发明专利，国务院有关主管部门和省、自治区、直辖市人民政府报经国务院批准，可以决定在批准的范围内推广应用，允许指定的单位实施；二是开放许可，即专利权人自愿以书面方式向国务院专利行政部门声明愿意许可任何单位或者个人实施其专利，并明确许可使用费支付方式、标准的，由国务院专利行政部门予以公告，实行开放许可；三是强制许可，即在符合专利法规定的条件下，国务院专利行政部门根据具备实施条件的单位或者个人的申请，可以给予实施发明专利或者实用新型专利的强制许可。尽管上述三种特别许可并非当事人之间直接通过意思表示一致而达成，但依据《专利法》的规定，被许可人都需要向专利权人支付相应的许可使用费。

二、专利权转让与专利权许可的区分

核心知识点

专利权转让与专利权许可属于专利权人行使其权利的两种不同情形。除此之外，放弃专利权也属于专利权人行使自身权利的特殊情形。从法律效果上看，专利权转让会发生一定地域范围内专利权的主体变动，即专利权会从作为让与人的专利权人转移至受让人，原专利权人不再是相关专利的权利人，而受让人则成为新的专利权人。至于专利权能否部分转让其专利权，《专利法》与《专利法实施细则》未作规定，但从意思自治的角度来说，对于此种让与部分份额专利权的行为也应在允许的范围之内，由此可导致专利权的共有。相比较而言，专利权许可则不发生专利权的变动，被许可人可依据专利权实施许可合同的约定获得独占、排他或者普通的实施许可的权利，但也需按照约定向专利权人支付专利许可使用费。

典型案例

上诉人华纪平、合肥安迪华进出口有限公司与被上诉人上海斯博汀贸易有限公司、如东县丰利机械厂有限公司、南通天龙塑业有限公司侵犯专利权纠纷案：江苏省高级人民法院（2005）苏民三初字第 0006 号民事判决书；最高人民法院（2007）民三终字第 3 号民事判决书。

基本案情

华纪平系哑铃套组手提箱实用新型专利的专利权人。2000 年 10 月 20 日，华纪平就该专利向我国海关总署进行备案。2001 年 7 月 12 日，该专利经国家知识产权局专利局检索咨询中心检索反映，现有文献不影响本专利的新颖性、创造性。在取得专利权后，华纪平就开始对该专利实施生产，并与第一被告斯博汀公司及其法国股东有着长期的贸易往来。自 2005 年 1 月以来，斯博汀公司及其法国股东突然与原告中断本案所涉专利产品的贸易，但斯博汀公司的法国股东在欧洲市场仍源源不断地销售与原告专利相同的由第二、第三被告所提供的产品。由于三被告的侵权行为，导致原告专利产品的欧洲市场丧失殆尽，并给原告造成不可估量的经济损失，故请求法院判令被告承担相应民事责任。

裁判摘要

一审裁判摘要

涉案被控侵权哑铃套组手提箱系由斯博汀公司委托丰利公司制造完成，双方之间属于法律规定的加工承揽关系，故应认定双方共同实施了侵犯两原告涉案专利权的行为，依法应当承担相应的民事责任。此外，两原告没有提供证据证明天龙公司实施了侵权行为，故其要求天龙公司承担侵权责任，缺乏事实和法律依据，不予支持。

二审裁判摘要

因涉案专利权归属明确且经两次无效宣告程序均维持有效，而各方当事人均认可原审法院有关被控侵权产品与涉案专利的技术对比结论，被控侵权人均已明确放弃现有技术抗辩，又不存在其他不侵权抗辩事由，故本院亦认定斯博汀公司和丰利公司构成对涉案专利权的侵犯。

拓展思考

在本案的二审判决书中，最高人民法院认为，一个产品事实上可能同时存在多种知识产权，而且可能有不同的知识产权权利人，尤其是在定牌加工的情况下，产品的专利权与商标权分属不同主体实属正常。对于既没有付出创造性劳动又不存在权利转让的对价或者权利继受的事实，仅凭个别词句的表面意思就想获得知识产权，既没有明确的法律依据，也不符合交易习惯以及诚实信用原则。涉案专利在 1999 年就已经获得授权，且至今专利证书上记载的专利权人仍是华纪平，而斯博汀公司与专利权人担任法定代表人的罗尔斯公司所签订的上述合同在后，在斯博汀公司不能举证证明其为了受让该专利权而付出相应的对价，亦未另行提起权属诉讼的情况下，不能得出涉案专利权应当属于斯博汀公司的结论。因此，本案中，华纪平系合法的专利权人，安迪华公司系合法的专利实施被许可人，华纪平和安迪华公司有权针对涉案专利权主张权利。在实践中，有时当事人会将专利权转让行为与专利权许可行为相混淆，当双方就合同的目的与内容存在不同认识，需要结合合同的相关条文及辅助证据确定当事人的真实意思。[①]

三、专利权实施许可合同的成立与生效

核心知识点

我国《专利法》第 12 条规定并未对专利权实施许可合同的成立与生效问题做出特别的规定，故可依据我国《民法典》有关法律行为成立与生效、合同成立与生效的相关规定来进行判断。一般来说，只要满足法律行为成立、生效要件，当事人意思表示达成一致，或者说要约经承诺后，当事人之间的专利权实施许可合同就予以成立、生效。专利权实施许可合同"主要涉及双方当事人的利益，而不直接涉及公众的利益"，因此，"专利实施许可合同自合同成立之日起生效，无需向国家知识产权局登记和公告"。[②] 不过，依照《专利法实施细则》第 14 条第 2 款规定，专利权人与他人订立的专利实施许可合同，应当自合同生效之日起 3 个月内向国务院专利行政部门备案。由于本款条文并未对备案对于专利实施许可合同的效力影响作出规定，可认为备案对于专利实施许可合同的效力不产生影响。

典型案例

范俊杰与吉林市亿辰工贸有限公司侵害实用新型专利权纠纷申请案：吉林省长春市中级人民法院（2012）长民三重字第 6 号民事判决书；吉林省高级人民法院（2013）吉民三知终字第 15 号民事判决书；最高人民法院（2013）民提字第 223 号民事判决书。

基本案情

范俊杰为"棘齿防盗螺栓及紧固工具"实用新型专利的专利权人，其发现宏运公司承建的营城子到梅河口高速公路建设项目交通安全设施工程 01 标段施工过程中，亿辰公司擅自向宏运公司销售了侵犯涉案专利的产品。请求法院判令：（1）亿辰公司停止侵权行为；（2）亿辰公司赔偿其因侵犯专利权而造成的经济损失 547360 元人民币；（3）诉讼费、公证费、律师费由亿辰公司承担。亿辰公司则辩称，范俊杰已经同意他

---

① 最高人民法院（2007）民三终字第 3 号民事判决书。

② 参见尹新天：《中国专利法详解（缩编版）》，知识产权出版社 2012 年版，第 121 页。

人使用涉案专利，权利已经用尽，按照《专利法》第69条第1项的规定，亿辰公司属于合法使用，不应承担责任。

裁判摘要

一审裁判摘要

范俊杰提供图纸的行为不是专利权人销售专利产品的行为。亿辰公司提供的证据及范俊杰的自认只能证明范俊杰向吉林省公路勘测设计院提供相关图纸，无法证明范俊杰向设计院或者宏运公司销售过图纸，也无法证明范俊杰从提供图纸的行为中取得相应的报酬，且涉案专利及相应技术方案已经向社会公开，该领域一般技术人员通过阅读权利要求及技术方案可以绘出相应图纸或者制造出产品。宏运公司与亿辰公司签订供货合同，提供图纸也只是提供所需产品的技术标准、图样等，不能推断出宏运公司许可亿辰公司以侵权手段取得所需产品。

二审裁判摘要

范俊杰作为涉案专利的权利人，却将其专利技术提供给设计院，将其享有专利权的产品，以图纸的形式对外公开进行设计，并要求将该产品用于重点工程营梅高速公路的护栏上。因而，使得宏运公司作为营梅高速公路交通工程01标段的需方与亿辰公司签订《供货合同》，亿辰公司也依其合同约定的规格、数量及合同后附载明为设计院的图纸向宏运公司提供了被诉侵权产品。上述过程可以看出，范俊杰虽享有该项技术的专利权，但范俊杰并未依照法律规定对其专利技术加以保护，而是无偿地将其专利技术提供给公路设计部门，公路设计部门也未将其权利归属披露给第三方，因而，亿辰公司并无过错，范俊杰的行为属于许可使用行为，故亿辰公司并不构成侵权。

再审裁判摘要

本案中，根据范俊杰和设计院的陈述，范俊杰确实曾向设计院提供涉案专利图纸进行推广，设计院也是在范俊杰所提供图纸的基础上作了《供货合同》所附图纸的设计，但由于设计院本身并不涉及专利产品的制造、销售和使用，范俊杰也未与设计院签订实施许可合同，未要求或者主张支付使用费，设计院甚至主张范俊杰从未告知涉及专利技术，因此从范俊杰的上述推广行为中并不能得出范俊杰许可设计院实施其专利的意思表示，更无法得出范俊杰许可设计方案的具体实施者宏运公司、亿辰公司实施涉案专利的意思表示。范俊杰和设计院均认为范俊杰的本意是希望设计院将其专利技术纳入设计方案中，然后通过设计方案具体实施者购买其专利产品或者依法获得其实施许可而获利。设计方案的实施者宏运公司、亿辰公司等仍需从专利权人或者经其许可的主体处购买专利产品，或者依法获得专利权人的实施许可。二审法院将范俊杰向设计院提供专利图纸的行为认定为许可行为没有法律依据。

拓展思考

本案涉及专利实施许可合同的成立问题。二审判决认为范俊杰虽享有该项技术的专利权，但范俊杰并未依照法律规定对其专利技术加以保护，而是无偿地将其专利技术提供给公路设计部门，公路设计部门也未将其权利归属披露给第三方，从而得出范俊杰的行为属于许可使用行为的结论。但该结论明显不符合我国民法典有关法律行为成立与生效、合同成立与生效的相关规则。而再审判决则认为，从范俊杰的上述推广行为中并不能得出范俊杰许可设计院实施其专利的意思表示，更无法得出范俊杰许可设计方案的具体实施者宏运公司、亿辰公司实施涉案专利的意思表示。① 本案历经一审、二审、再审，其中的焦点问题之一就是专利权实施许可合同是否成立、生效。本案例提醒我们，对于专利制度及其在司法适用中出现的诸多问题，我们可以从民法制度及相关理论中得到一些合理的解答。

第四节 专利权的限制

一、概述

值得注意的是，通过法律保护专利权的目的并不仅仅在于保护专利权人的利益。② 基于诚信原则、权利不得滥用原则以及公共政策等因素的考量，各国专利制度一般还会针对特定的情形对专利权人的权利范围给予某种限制。我国《专利法》第 75 条规定了"不视为侵犯专利权"的五种情形：第一，专利权的用尽，即专利产品或者依照专利方法直接获得的产品，由专利权人或者经其许可的单位、个人售出后，使用、许诺销售、销售、进口该产品；第二，先用权，即在专利申请日前已经制造相同产品、使用相同方法或者已做好制造、使用的必要准备，并且仅在原有范围内继续制造、使用；第三，临时过境，即临时通过中国领陆、领水、领空的外国运输工具，依照其所属国同中国签订的协议或者共同参加的国际条约，或者依照互惠原则，为运输工具自身需要而在其装置和设备中使用有关专利；第四，科学研究与实验，即专为科学研究和实验而使用有关专利；第五，提供行政审批信息，即为提供行政审批所需要的信息，制造、使用、进口专利药品或者专利医疗器械的，以及专门为其制造、进口专利药品或者专利医疗器械。从专利权人行使权利的角度来说，上述"不视为侵犯专利权"的五种情形构成了对专利权人所享有的专利权的限制。

---

① 参见最高人民法院（2013）民提字第 223 号民事判决书。
② 依据我国《专利法》第 1 条，除了保护专利权人的合法权益，《专利法》还应实现鼓励发明创造、推动发明创造的应用、提高创新能力、促进科学技术进步和经济社会发展等公共目标。

二、先用权

核心知识点

当他人在专利申请日前已经制造相同产品、使用相同方法或者已经做好制造、使用的必要准备，并且仅在原有范围内继续制造、使用，依据该事实，他人可以此对抗专利权人提出的请求。就此而言，也可理解为他人在上述情形下被赋予了某项权利，此即为先用权。我国早在1984年颁布的《专利法》中，第62条第3项就规定了先用权。关于先用权的构成要件，从《专利法》第75条第2项规定的内容来看，可以从以下四个方面进行界定：（2）主体要件，即为非专利权人的自然人、法人或非法人组织，一般多为从事生产经营业务的企业；（2）行为要件，即该主体已经制造相同产品、使用相同方法或者已经做好制造、使用的必要准备；[①]（3）时间要件，即该行为只能发生在相关专利的申请日之前。如发生在专利申请日之后，则不满足该时间要件；（4）限度要件，即该主体只能在原有范围内继续制造、使用。如果超出了原有的范围，则可能构成侵权行为。

典型案例

江西银涛药业有限公司与被申请人陕西汉王药业有限公司、一审被告西安保赛医药有限公司侵犯专利权纠纷案：陕西省西安市中级人民法院（2010）西民四初字第43号民事判决书；陕西省高级人民法院（2011）陕民三终字第21号民事判决书；最高人民法院（2011）民申字第1490号民事裁定书。

基本案情

2010年，汉王公司认为银涛公司生产和销售、保赛公司销售的"强力定眩胶囊"产品，其处方、工艺、剂型以及主治功能等与汉王公司"一种具有降压、降脂、定眩、定风作用的中药组合物及其制备方法和其用途"发明专利所保护的范围相同，请求法院判令保赛公司承担相应民事责任。

裁判摘要

一审、二审裁判摘要

被诉侵权药品"强力定眩胶囊"与汉王公司涉案专利权利要求1、6、23的技术特征相同。对于银涛公司主张的先用权抗辩问题，江西药监局向其颁发的"药品注册申

---

① 先用权人所实施的制造、使用行为应属于非公开方式进行的制造、使用行为。如属公开的制造、使用，则可能使得被授权的相关专利不满足新颖性的条件而被宣告无效。参见王迁：《知识产权法教程》，中国人民大学出版社2014年版，第342页。

请受理通知书"能够证明该药品注册申请已经被受理，是否能够得到批准有待审查。而银涛公司于2009年3月13日才取得被诉侵权药品的注册批件，国家药监局2009年3月13日后才允许银涛公司生产被诉侵权药品。同时，银涛公司提供其他证据以证明其已购买实施发明创造所必需的主要设备，但其提供的购买设备的合同、使用说明书、增值税专用发票，均无原件，汉王公司不予认可，其公司也不能证明这些设备系为被诉侵权药品"强力定眩胶囊"所购买。因此，银涛公司的主张不符合先用权抗辩的有关规定，其关于先用权抗辩的理由不能成立。

再审裁判摘要

先用权抗辩是否成立的关键在于，被诉侵权人在专利申请日前是否已经实施专利或者为实施专利做好了技术或者物质上的必要准备，如已经完成实施发明创造所必需的主要技术图纸或者工艺文件；已经制造或者购买实施发明创造所必需的主要设备或者原材料。药品生产批件是药品监管的行政审批事项，与先用权抗辩的认定没有关系，其是否取得药品生产批件，对先用权抗辩是否成立不产生影响。本案中，通过2005年6月16日江西省食品药品监督管理局向其出具的"强力定眩胶囊"药品注册申请受理通知书，以及银涛公司申请药品注册时所报送的《"强力定眩胶囊"申报资料项目》资料、江西省药检所《药品注册检验报告表》及附件、《药品生产许可证》和《药品GMP证书》等证据，表明在涉案专利的申请日2006年9月27日前，银涛公司已经完成了生产"强力定眩胶囊"的工艺文件和设备，符合"已经做好制造、使用的必要准备"的条件。

拓展思考

"先用权"限制是基于公平原则而被提出并予以规定，在判定先用权的构成要件时也应以公平原则作为指导。[①] 依照《最高人民法院关于审理侵犯专利权纠纷案件应用法律若干问题的解释》（法释〔2009〕21号）第15条的规定，被诉侵权人以非法获得的技术或者设计主张先用权抗辩的，人民法院不应予以支持。对于以下两种情形：已经完成实施发明创造所必需的主要技术图纸或者工艺文件、已经制造或者购买实施发明创造所必需的主要设备或者原材料，应当认定属于"已经做好制造、使用的必要准备"。所谓的"原有范围"，既包括专利申请日前已有的生产规模，也包括利用已有的生产设备或者根据已有的生产准备可以达到的生产规模。如果先用权人在专利申请日后将其已经实施或做好实施必要准备的技术或设计转让或者许可他人实施，被诉侵权人主张该实施行为属于在原有范围内继续实施的，人民法院不予支持，但该技术或设计与原有企业一并转让或者承继的除外。

---

① 从先用权在专利制度体系所处的位置与价值取向来看，先用权仅在于豁免先用者侵犯他人专利权的责任。参见尹新天：《中国专利法详解（缩编版）》，知识产权出版社2012年版，第618—619页。

三、提供行政审批所需信息

核心知识点

当非专利权人为提供行政审批所需要的信息，制造、使用、进口专利药品或者专利医疗器械的，以及专门为其制造、进口专利药品或者专利医疗器械，同样属于"不侵犯专利权"的情形。本项规定乃是 2008 年我国修订《专利法》时，借鉴美国、加拿大、澳大利亚等国 Bolar 例外规则。关于此项限制情形的构成要件，可从以下三个方面进行界定：（1）主体要件，即为非专利权人的法人或非法人组织，一般为从事药品、医疗器械生产经营业务的企业；（2）目的要件，即只能限于为提供行政审批所需要的信息；（3）行为要件，即该主体制造、使用、进口专利药品或者专利医疗器械，以及由其他企业专门为其制造、进口专利药品或者专利医疗器械。北京市高院发布的《专利侵权判定指南》中，第 124 条对"行政审批所需要的信息"给出了可做参考的解释，即为《中华人民共和国药品管理法》《中华人民共和国药品管理法实施条例》以及《药品注册管理办法》等相关药品管理法律法规、部门规章等规定的实验资料、研究报告、科技文献等相关材料。

典型案例

三共株式会社、上海三共制药有限公司与北京万生药业有限责任公司发明专利侵权纠纷案：北京市第二中级人民法院（2006）二中民初字第 04134 号民事判决书。

基本案情

原告三共株式会社和三共制药公司主张，申请新药注册在临床试验阶段，申请人应当向临床试验单位提供申请人自己制备的临床试验药物；在申请新药生产阶段，国家药监局应对生产情况及条件进行现场核查，抽取连续 3 个生产批号的产品。据此，可以证明被告为申请新药注册已经生产了"奥美沙坦酯片"。而将奥美沙坦与药用辅料混合制成片剂的行为落入涉案专利的保护范围，因此两原告认为被告万生公司在申请新药注册和生产许可的过程中生产了大量"奥美沙坦酯片"产品，侵犯了涉案专利权，并给两原告造成了经济损失，故诉至法院，请求判令被告停止使用涉案专利方法制造"奥美沙坦酯片"，并赔偿其经济损失及诉讼支出等。

裁判摘要

本案被告万生公司虽然为实现进行临床试验和申请生产许可的目的使用涉案专利方法制造了涉案药品，但其制造行为是为了满足国家相关部门对于药品注册行政审批的需要，以检验其生产的涉案药品的安全性和有效性。被告万生公司制造涉案药品的行为并非直接以销售为目的，不属于我国《专利法》所规定的为生产经营目的实施专利的行为，且涉案药品尚处于注册审批阶段无法上市，未影响专利权人的合法权利，未给专利权人带来经济利益的损失。

拓展思考

在药品或者医疗设备专利权的保护期届满之后，其他厂商就可生产此类药品及医疗器械，能够降低市场价格与医疗成本，有利于维护公共健康。但是，依照我国《药品管理法》及其他相关法律，新药品、医疗器械的上市都必须事先经过国家药品监督管理部门的审批程序。因此，如果不允许其他厂商在专利权保护期间届满之前为行政审批而实施专利权的话，就会大大拖延此类药品进入市场的时间，这等于变相地延长了专利权的保护期，不利于维护公众利益。故《专利法》第 69 条第 5 项规定了该项限制。

第十三章　专利权的宣告无效及终止

第一节　专利权的宣告无效

一、概述

依据我国《专利法》第45—47条规定了有关专利权宣告无效的请求、审查和决定及其效力。自国务院专利行政部门公告授予专利权之日起，任何单位或者个人认为该专利权的授予不符合专利法有关规定，可以请求国务院专利行政部门宣告该专利权无效。[①] 从《专利法实施细则》第65条第2款规定来看，无效宣告请求的理由主要涉及专利权客体（发明、实用新型、外观设计）的定义、排除范围及其构成要件、专利申请文件的规范要求、单一性原则等方面的问题。在受理后，国务院专利行政部门对宣告专利权无效的请求应当及时审查和作出决定，并通知请求人和专利权人。宣告专利权无效的决定，由国务院专利行政部门登记和公告。对国务院专利行政部门宣告专利权无效或者维持专利权的决定不服的，可以自收到通知之日起三个月内向人民法院起诉。人民法院应当通知无效宣告请求程序的对方当事人作为第三人参加诉讼。当专利权被宣告无效且发生效力后，宣告无效的专利权视为自始即不存在。为了维护交易安全及合理的社会秩序，在某些情形下，宣告专利无效的决定不具有追溯力。

二、专利权宣告无效的审查和决定

核心知识点

国务院专利行政部门在受理无效宣告请求后，应当将专利权无效宣告请求书和有关文件的副本送交专利权人，要求其在指定的期限内陈述意见。专利权人和无效宣告请求人应当在指定期限内答复国务院专利行政部门发出的转送文件通知书或者无效宣告请求审查通知书。期满未答复的，不影响国务院专利行政部门审理。在无效宣告请

[①] 关于提起专利无效宣告请求的时间点，从《专利法》第45条规定来看，自专利授权公告之日起，任何单位或个人就可提出无效宣告请求。不过，该条并没有规定提起专利无效宣告请求的截止时间，这就意味着即使专利权因期限届满或其他原因终止后，他人仍然可以就此终止专利提出无效宣告请求。参见尹新天：《中国专利法详解（缩编版）》，知识产权出版社2012年版，第355页。

求的审查过程中，发明或者实用新型专利的专利权人可以修改其权利要求书，但是不得扩大原专利的保护范围。发明或者实用新型专利的专利权人不得修改专利说明书和附图，外观设计专利的专利权人不得修改图片、照片和简要说明。国务院专利行政部门根据当事人的请求或者案情需要，可以决定对无效宣告请求进行口头审理。国务院专利行政部门对无效宣告的请求作出决定前，无效宣告请求人可以撤回其请求。国务院专利行政部门作出决定之前，无效宣告请求人撤回其请求或者其无效宣告请求被视为撤回的，无效宣告请求审查程序终止。但是，国务院专利行政部门认为根据已进行的审查工作能够作出宣告专利权无效或者部分无效的决定的，不终止审查程序。

典型案例

国家知识产权局专利复审委员会与王伟耀等实用新型专利权无效纠纷再审案：北京市第一中级人民法院（2012）一中知行初字第3616号行政判决书；北京市高级人民法院（2013）高行终字第530号行政判决书；最高人民法院（2013）知行字第92号行政裁定书。

基本案情

原告王伟耀诉称，专利复审委员会作出的第18967号决定使用合议组依职权引入的新的证据结合方式评价本专利创造性在审查程序上严重违法。第18967号决定使用合议组依职权引用的新的证据结合方式即文件3、2及公知常识的结合评价本专利创造性，超越了专利法及其实施细则、审查指南等法律法规的规定，审查程序严重违法。另外，第18967号决定事实认定错误。第18967号决定对涉案专利权利要求1—4相对于合议组自行引入的对比文件3、2及公知常识的结合不具备创造性的评述存在事实认定错误。请求法院撤销专利复审委员会作出的决定。

裁判摘要

一审、二审裁判摘要

本案中，福田雷沃公司作为申请人在专利复审委员会组织的口头审理中，明确放弃对比文件3结合公知常识评价本专利创造性的理由。而专利复审委员会依职权引入本专利权利要求1—4相对于对比文件3、2及公知常识不具备创造性的理由，不属于专利复审委员会可以依职权审查的具体情形或与上述列举具体情形性质相近的情形。专利复审委员会依职权引入的无效理由属于超越职权的行政行为。在复审程序中，福田雷沃公司明确放弃的是对比文件3结合公知常识评价本专利创造性的理由，并没有放弃对本专利宣告的请求，故福田雷沃公司放弃部分理由的行为不等同于其撤回部分无效宣告请求，不适用《专利法实施细则》第72条第2款规定。王伟耀的意见陈述亦不必然构成专利复审委员会依职权进行审理的合法理由。同时，专利复审委员会亦不能超越职权对福田雷沃公司的不当认识进行修正，从而损害王伟耀的利益。

再审裁判摘要

本案中，福田雷沃公司并未提出过本专利相对于对比文件3、对比文件2和公知常识的结合不具有创造性的无效宣告理由，且在口头审理中明确放弃对比文件3结合公知常识评价本专利创造性的无效宣告理由。在请求人未提出且明确放弃对比文件3的情形下，专利复审委员会主动引入请求人放弃的证据并引入请求人未提出的证据组合方式，这种做法并不属于《专利审查指南》规定的可以依职权审查的范围。专利复审委员会主动引入诉争无效宣告理由进行审查并据此宣告本专利无效，缺乏相应的法律依据。至于听证原则是在符合请求原则或者依职权审查原则之下的程序要求，不能因给予当事人陈述意见的机会就使得本没有法律依据的主动审查行为合法化。

拓展思考

《专利法》第45条规定，无效宣告审查程序是基于当事人的请求而启动。请求原则作为无效宣告审查程序的基本原则，不仅要求无效宣告审查程序必须由请求人启动，而且在无效宣告审查程序中，通常仅针对当事人提交的无效宣告请求的范围、理由和提交的证据进行审查，国务院专利行政部门不承担全面审查专利有效性的义务。请求原则还意味着请求人有权处分自己的请求，可以放弃全部或者部分无效宣告理由及证据。对于请求人放弃的无效宣告理由和证据，在没有法律依据的情况下，通常国务院专利行政部门不应再作审查。《专利审查指南》规定了依职权审查原则，并对国务院专利行政部门可以依职权审查的具体情形作了列举规定。这些依职权审查的情形是请求原则的例外，一方面赋予国务院专利行政部门依职权审查的职权，给予公众相应的预期，另一方面也限定了国务院专利行政部门可以依职权审查情形的范围。

三、专利权被宣告无效的法律效力

核心知识点

依照《专利法》第47条的规定，宣告无效的专利权视为自始即不存在。不过，为了维护交易安全及合理的社会秩序，宣告专利权无效的决定，对在宣告专利权无效前人民法院作出并已执行的专利侵权的判决、调解书，已经履行或者强制执行的专利侵权纠纷处理决定，以及已经履行的专利实施许可合同和专利权转让合同，不具有追溯力。但是因专利权人的恶意给他人造成的损失，应当给予赔偿。当不返还专利侵权赔偿金、专利使用费、专利权转让费，明显违反公平原则的，应当全部或者部分返还。

典型案例

申请再审人陕西东明农业科技有限公司与被申请人陕西秦丰农机（集团）有限公司侵害实用新型专利权纠纷案：陕西省西安市中级人民法院作出（2008）西民四初字

第 18 号民事判决书；陕西省高级人民法院（2009）陕民三终字第 52 号民事判决书；最高人民法院（2012）民提字第 10 号民事判决书。

基本案情

原告秦丰公司向法院提起诉讼，称其于 2004 年 12 月购买取得实用新型专利（以下简称本案专利）。2007 年年初在市场上发现一审被告东明公司生产的 1YG —7.5 型遥控微耕机侵犯本案专利权。秦丰公司向东明公司发出律师函，要求停止侵权，但东明公司未予停止，仍进行大量生产和销售，并在媒体上进行宣传。东明公司的产品已通过农业部推广鉴定，2007 年已经具备生产 3000 台的能力，给秦丰公司造成巨大损害。故请求法院判令被告东明公司承担相应民事责任。涉案实用新型专利先后被三次提起宣告无效的程序。2008 年 9 月 27 日专利复审委员会作出第 12379 号无效宣告请求审查决定，宣告本案专利权利要求 1、4、5、6 无效，在权利要求 2、3 的基础上维持有效。[①] 2011 年 3 月 15 日，专利复审委员会作出第 16225 号无效宣告请求审查决定，宣告秦丰公司的本案专利权全部无效。

裁判摘要

一审、二审裁判摘要

专利复审委员会第 12379 号无效宣告请求审查决定宣告本案专利权利要求 1、4、5、6 无效，在权利要求 2、3 的基础上维持本案专利有效。本案中，东明公司认可其制造、销售的产品与秦丰公司本案技术特征完全相同，但主张是依据现有技术制造，并提交了已过保护期的 ZL92223888.X 号实用新型专利说明书和 ZL93242720.0 号实用新型专利说明书作为证据。由于东明公司的产品是否系依据该两份文献制造，需要东明公司进一步举证，东明公司也申请进行司法鉴定，但在指定的期限内未预交鉴定费用。因此，对东明公司主张其产品是根据自由公知技术制造的辩称理由不予采信。东明公司未经专利权人许可为生产经营目的制造、销售本案专利产品的行为，已构成侵权。

再审裁判摘要

宣告专利权无效的时间点应以无效宣告请求审查决定的决定日（作出日）为准。本案中，宣告本案专利权无效的第 16225 号决定的决定日是 2011 年 3 月 15 日，该决定在行政诉讼程序中得到维持，并已确定发生法律效力。原一、二审判决执行完毕日是

---

① 2009 年 6 月 22 日，陕西金之诚包装材料有限公司向专利复审委员会提出宣告本案专利权无效的请求。2010 年 1 月 21 日，专利复审委员会作出第 14443 号无效宣告请求审查决定，在已生效的第 12379 号无效宣告审查决定维持有效的、授权公告的权利要求 2、3 的基础上维持本案专利权有效。

2011 年 3 月 16 日，而本案专利权被宣告无效的时间应为 2011 年 3 月 15 日。在该日之前，人民法院作出的专利侵权判决并未执行完毕，故本案不属于 2008 年修正的《专利法》第 47 条第 2 款规定的不具有追溯力的情形。由于出现了本案专利权被宣告无效这一新的事实和证据，原一、二审判决认定侵权成立的权利基础已不复存在，应予撤销。秦丰公司基于原一、二审判决的执行而获得的利益，应予返还。

拓展思考

《专利法》第 47 条区分不同情况，反复从不同角度出发规定宣告专利权无效的决定所产生的影响，其目的是为了在保障专利权人的合法权益和公众的合法权益之间以及在维持正常的社会经济秩序、具有可操作性与公平合理之间寻求平衡。[①] 一方面，赋予专利无效宣告请求审查决定对专利权被宣告无效后尚未执行或者履行完毕的专利侵权判决、调解书、专利侵权纠纷处理决定、专利实施许可合同、专利权转让合同等以追溯力，保障被指控的专利侵权人、专利被许可人以及被转让人的正当利益，防止专利权人借无效专利获得不当利益。另一方面，对于已经执行或者履行完毕的专利侵权判决、调解书、专利侵权纠纷处理决定、专利实施许可合同、专利权转让合同，专利无效宣告审查请求决定没有追溯力，维持已经形成并稳定化的社会秩序。由于宣告无效的专利权视为自始即不存在，以该专利权为基础的专利侵权判决、调解书、专利侵权纠纷处理决定、专利实施许可合同、专利权转让合同等所确定的利益本不应由专利权人获得。因此，《专利法》第 47 条第 2 款的规定以专利无效宣告请求审查决定有追溯力为原则，以无追溯力为例外。

第二节 专利权的终止

一、概述

专利权的终止，也可称为专利权的消灭，是基于法定事由的发生而导致专利权不再具有法律效力。一方面，基于专利权人利益与公众利益的考量和平衡，专利权并不是永久存在的财产权利。依照《专利法》第 42 条第 1 款规定，当专利被授权公告以后，发明专利权自申请日起满 20 年、实用新型专利权自申请日起满 10 年、外观设计专利权自申请日起满 15 年即为消灭。另一方面，基于其他法定事由，专利权也可能在保护期限届满之前予以终止。依据《专利法》第 44 条的规定，没有按照规定缴纳年费或者专利权人以书面声明放弃其专利权，均可导致专利权在期限届满前终止。不论是发明专利权，还是实用新型专利权、外观设计专利权，当因法定事由的发生而消灭后，

---

① 尹新天：《中国专利法详解（缩编版）》，知识产权出版社 2012 年版，第 378 页。

原先受到专利权保护的发明创造（发明、实用新型和外观设计）则进入公共领域，任何民事主体皆可自由利用。

二、因期间届满而终止

核心知识点

依据我国《专利法》第 42 条第 1 款规定，发明专利权的期限为 20 年，实用新型专利权的期限为 10 年，外观设计专利权的期限为 15 年，均自申请日起计算。专利制度一方面要实现鼓励发明创造、提高创新能力、促进科学技术进步等社会目标，对于专利权的保护期限不宜太短。另一方面，专利制度还要推动发明创造的应用、促进经济社会发展和维护社会公共利益，专利权的保护期限又不能太长。① 应该说，我国《专利法》第 42 条第 1 款规定的各类专利的保护期限较好地平衡了各方的利益诉求。

典型案例

深圳市顺电连锁股份有限公司等与东莞欧陆电子有限公司侵害实用新型专利权纠纷上诉案：广东省深圳市中级人民法院（2016）粤 03 民初 261 号民事判决书；广东省高级人民法院（2016）粤民终 1717 号民事判决书。

基本案情

欧陆公司于 2006 年 11 月 7 日向国家知识产权局申请专利名称为"多国型转接器"的实用新型专利，2007 年 11 月 28 日获得授权。欧陆公司指控顺电公司、高博公司以制造、销售的方式侵犯其实用新型专利权。顺电公司、高博公司确认该被控侵权产品系其销售给欧陆公司，但是其并没有实施制造行为，其销售的被控侵权产品有合法来源。

裁判摘要

一审裁判摘要

顺电公司、高博公司未经欧陆公司允许，以制造、销售的方式实施了侵害涉案实用新型专利权的行为，依法应承担赔偿经济损失的责任。由于没有证据证明欧陆公司因侵权遭受的损失或者顺电公司、高博公司因侵权获得的利益数额，且欧陆公司在庭审时请求法院适用酌情判定原则，故原审法院将考虑欧陆公司在本案中请求赔偿损失数额为人民币 30 万元、涉案专利权的类别、顺电公司、高博公司侵权行为性质和情节、被控侵权产品本身的价值以及欧陆公司为调查、制止侵权行为支付的合理费用等因素酌情确定赔偿数额为人民币 10 万元。

---

① 参见尹新天：《中国专利法详解（缩编版）》，知识产权出版社 2012 年版，第 349 页。

二审裁判摘要

根据《专利法》第 42 条的规定，实用新型专利权的期限为十年，自申请日起计算。《专利法实施细则》第 5 条规定，专利法中的各种期限的第一日不计算在期限内。期限以年或者月计算的，以其最后一月的相应日为期限届满日；该月无相应日的，以该月最后一日为期限届满日；期限届满日是法定休假日的，以休假日后的第一个工作日为期限届满日。本案中，涉案实用新型专利权的申请日是 2006 年 11 月 7 日，其期限已于 2016 年 11 月 7 日届满，因此原审判决第一项顺电公司、高博公司立即停止以制造、销售的方式侵害欧陆公司涉案专利权的行为不再适用。

拓展思考

我国《专利法》在 1992 年修改之前，发明专利权的保护期限规定为 15 年；实用新型和外观设计专利权的保护期限规定为 5 年，届满可以申请续展 3 年。经过《专利法》1992 年的修改，才将发明专利权的期限延长为二十年，实用新型专利权和外观设计专利权的期限则延长为十年。而在 2020 年我国《专利法》的第 4 次修订中，为了进一步提升我国的工业设计水平，立法者进一步延长了外观设计专利权的保护期限。另外，在第四次《专利法》的修订中，立法者增加了"期限补偿"制度。依据《专利法》（2020 年）第 42 条第 2 款和第 3 款规定，国务院专利行政部门在以下两种情形下可以应专利权人的请求给予专利权期限补偿：一是自发明专利申请日起满四年，且自实质审查请求之日起满三年后授予发明专利权，在授权过程中出现不合理的延迟，但由申请人自身原因引起的除外；二是为补偿新药上市审评审批占用的时间，对在中国获得上市许可的新药相关发明专利，但补偿期限不超过五年，新药批准上市后总有效专利权期限不应超过十四年。不过，对于期限补偿制度的实际效果，还有待于实践的进一步检验。

三、因欠缴年费而终止

核心知识点

按照《专利法》第 44 条的规定，专利权人没有按照规定缴纳年费可导致专利权在期限届满前终止。依据《专利法实施细则》第 98 条、第 100 条的规定，授予专利权当年以后的年费应当在上一年度期满前缴纳。专利权人未缴纳或者未缴足的，国务院专利行政部门应当通知专利权人自应当缴纳年费期满之日起 6 个月内补缴，同时缴纳滞纳金；滞纳金的金额按照每超过规定的缴费时间 1 个月，加收当年全额年费的 5% 计算；期满未缴纳的，专利权自应当缴纳年费期满之日起终止。申请人或者专利权人缴纳本细则规定的各种费用有困难的，可以按照规定向国务院专利行政部门提出减缴或者缓缴的请求。减缴或者缓缴的办法由国务院财政部门会同国务院价格管理部门、国务院专利行政部门规定。

典型案例

谢新林与叶根木等著作权侵权纠纷上诉案：浙江省海宁市人民法院（2013）嘉海知初字第 10 号民事判决书；浙江省嘉兴市中级人民法院（2013）浙嘉知终字第 5 号民事判决书。

基本案情

2001 年 9 月 12 日案外人谢瑞林将食品包装袋（老谢榨菜）向国家知识产权局申请外观设计专利，并取得外观设计专利，2006 年 2 月 15 日该外观设计专利权因未缴年费而终止。同年 8 月 30 日，案外人谢瑞林与谢新林所经营的桐乡市屠甸晏城酱制品厂签订著作权转让合同，约定谢瑞林将老谢榨菜食品包装袋作品的著作财产权无偿转让给桐乡市屠甸晏城酱制品厂。2012 年 12 月 12 日，谢新林向叶根木经营的临安市根木酱菜批发部购买一箱标有"海宁市明扬食品有限公司"生产的榨菜。该榨菜包装袋印有"老谢榨菜"文字拼音组合及相关图片。2013 年 3 月 12 日，谢新林以叶根木、明扬公司对被控侵权的食品包装袋图案的使用行为侵犯了其著作权为由，向法院提起诉讼。

裁判摘要

一审裁判摘要

谢新林对涉案图案的著作权受到转让人权利状态的约束，而叶根木、明扬公司对涉案图案的使用行为，符合对已失效外观设计的利用。谢新林仅以著作权的保护方式要求叶根木、明扬公司对其在榨菜食品包装袋上使用涉案图案的这一行为承担侵权责任，依据上述分析，可知叶根木、明扬公司的使用方式并未落入谢新林就涉案图案著作权享有的保护范围内，因此，谢新林要求叶根木、明扬公司承担侵权责任的请求无法律依据。

二审裁判摘要

本案中，涉案外观设计专利已于 2006 年 2 月 15 日因未缴纳年费而终止。因此，社会公众有理由相信该专利已经进入公有领域，可以自由利用。因著作权自作品创作完成之日起即产生，故公众无法得知其对已经进入公有领域的专利的利用是否会受到著作权人的追究，这显然有损社会公众的信赖利益，亦与专利法之宗旨相悖。被控侵权的食品包装袋图案使用在榨菜食品的包装袋上，与涉案外观设计专利产品相同，经比对，两者在整体视觉效果上并无差异，谢新林亦认为两者相同。叶根木、明扬公司对被控侵权的食品包装袋图案的使用行为，属于对已经进入公有领域的涉案外观设计专利的实施。受让人谢新林在受让外观设计专利中的外观设计图片的著作权时，已经知道该外观设计专利权已经终止，理应知道其对受让权利的行使应当受到专利制度的限制。因此，即便谢瑞林对该专利图片享有著作权，且该著作权尚在保护期内，谢新林亦不得以此为由阻碍他人对已经进入公有领域的自由技术的实施。

拓展思考

"鼓励发明创造，推动发明创造的应用"是我国专利法的立法宗旨之一。通过专利权的授予，专利权人享有独占实施其专利，并禁止他人未经许可实施其专利的权利，亦应当承担向公众公开其专利及缴纳年费的义务。在专利权因保护期届满或其他原因如专利权人怠于履行缴纳年费义务、自愿放弃其专利权而导致终止后，该专利便进入公有领域，成为社会公众均可以自由利用的公共财富。

第十四章　专利权的保护

第一节　专利权的保护范围

一、概述

专利权的转让、许可及保护，都需要准确地界定专利权的保护范围，同时也为其他主体及社会公众划定行为界限。不过，依照当前的专利制度，专利权所保护的技术方案或产品设计往往需要通过特定的专利文件呈现出来。对于发明、实用新型专利而言，主要依据权利要求来界定二者的保护范围；对于外观设计专利而言，则主要依据相关的图片或照片来界定其保护范围。总的来说，界定专利权保护范围的问题相当于"书面游戏"，相关主体都在围绕着书面文件里的文字、图片或照片的解释问题而绞尽脑汁。但是，在依据相关专利文件确定专利权的保护范围时，值得注意的事实是专利权的保护范围在某种程度上是不确定的。[①]

我国《专利法》第 64 条是确定专利权保护范围的基本规则。依照该规则，对于发明或者实用新型专利权，其保护范围以其权利要求的内容为准，说明书及附图可以用于解释权利要求的内容；对于外观设计专利权，其保护范围以表示在图片或者照片中的该产品的外观设计为准，简要说明可以用于解释图片或者照片所表示的该产品的外观设计。从本条规定确定的解释方法来看，一般认为我国是采纳了折中主义的解释方法，[②] 较好地平衡了专利权人与社会公众之间的利益冲突。最高院发布的相关司法解释，如《最高人民法院关于审理侵犯专利权纠纷案件应用法律若干问题的解释》（法释〔2009〕21 号）、《最高人民法院关于审理侵犯专利权纠纷案件应用法律若干问题的解释（二)》（法释〔2016〕1 号）、《最高人民法院关于审理专利纠纷案件适用法律问题

[①]　有学者指出，专利权保护范围的不确定性与专利权对象的非物质性、专利文件的模糊性与抽象性、专利审查的主观性与有限性等因素相关。参见高莉：《专利权利要求解释规则研究》，知识产权出版社 2015 年版，第 33—35 页。

[②]　在专利权保护范围的确定方式上，学术界普遍认为世界上曾经有过两种具有代表性的学说：一种是以英美为代表的"周边限定论"，另一种是以德国为代表的"中心限定论"。另外就是在 1977 年生效的《欧洲专利公约》第 69 条第 1 款规定的"折中主义"。参见尹新天：《中国专利法详解（缩编版）》，知识产权出版社 2012 年版，第 431—432 页。

的若干规定》（法释〔2015〕4 号），也对有关专利权保护范围的确定问题给出了更具体的操作规则。

二、发明与实用新型专利权利要求的解释

（一）准确界定专利权的保护范围

核心知识点

专利制度是以发明人向社会公开其发明创造的技术方案，以换取法律对该技术方案在所属法域及一定期限内的垄断性保护，从而保护并激励技术创新、促进整个社会技术进步的制度。专利通过专利文件向公众公开其所保护的技术方案，而在发明和实用新型的专利文件中，权利要求书作为专利权的权利依据，用于限定专利技术方案的具体保护范围，在所有专利文件中占据最为重要的法律地位。权利要求书是发明和实用新型专利的申请人以文字的方式向社会公众就其专利的权利保护范围进行的公示；同时在侵权诉讼过程中，权利要求文字所限定的技术方案又是专利权人证明其权利范围并据以起诉的权利依据。[1] 作为专利权交易与保护的前提，首先需要专利权人或代其撰写专利申请文件的专利代理人能够准确地将技术方案的内容描述出来，而描述的同时就意味着限定。如果在权利要求中使用的字、词含义过宽，从而使得法院无法限定专利权的保护范围，在实践中就无法给予法律上的保护。依照《最高人民法院关于审理侵犯专利权纠纷案件应用法律若干问题的解释（二）》（法释〔2016〕1 号）的相关规定，人民法院在确定专利权的保护范围时，独立权利要求的前序部分、特征部分以及从属权利要求的引用部分、限定部分记载的技术特征均有限定作用。而且，人民法院可以运用与涉案专利存在分案申请关系的其他专利及其专利审查档案[2]、生效的专利授权确权裁判文书解释涉案专利的权利要求。

典型案例

指导案例 55 号：申请再审人柏万清与被申请人难寻中心、添香公司侵害实用新型专利权纠纷案。

基本案情

原告柏万清系名称为"防电磁污染服"实用新型专利的专利权人。2010 年 5 月 28 日，成都难寻物品营销服务中心销售了由上海添香实业有限公司生产的添香牌防辐射

---

① 上海市高级人民法院（2017）沪民终 23 号民事判决书。

② 专利审查档案，包括专利审查、复审、无效程序中专利申请人或者专利权人提交的书面材料，国务院专利行政部门制作的审查意见通知书、会晤记录、口头审理记录、生效的专利复审请求审查决定书和专利权无效宣告请求审查决定书等。参见《最高人民法院关于审理侵犯专利权纠纷案件应用法律若干问题的解释（二）》（法释〔2016〕1 号）第 6 条第 2 款。

服上装，该产品售价 490 元。7 月 19 日，柏万清以成都难寻物品营销服务中心销售、上海添香实业有限公司生产的添香牌防辐射服上装（以下简称被诉侵权产品）侵犯涉案专利权为由，向四川省成都市中级人民法院提起民事诉讼，请求判令成都难寻物品营销服务中心立即停止销售被控侵权产品；上海添香实业有限公司停止生产、销售被控侵权产品，并赔偿经济损失 100 万元。

裁判摘要

本案中，涉案专利权利要求 1 的技术特征 C 中的"导磁率高"的具体范围难以确定。首先，磁导率有绝对磁导率与相对磁导率之分，根据具体条件的不同还涉及起始磁导率 μ_i、最大磁导率 μ_m 等概念。不同概念的含义不同，计算方式也不尽相同。磁导率并非常数，磁场强度 H 发生变化时，即可观察到磁导率的变化。但是在涉案专利说明书中，既没有记载导磁率在涉案专利技术方案中是指相对磁导率还是绝对磁导率或者其他概念，又没有记载导磁率高的具体范围，也没有记载包括磁场强度 H 等在内的计算导磁率的客观条件。本领域技术人员根据涉案专利说明书，难以确定涉案专利中所称的导磁率高的具体含义；其次，从柏万清提交的相关证据来看，虽能证明有些现有技术中确实采用了高磁导率、高导磁率等表述，但根据技术领域以及磁场强度的不同，所谓高导磁率的含义十分宽泛，从 80Gs/Oe 至 83.5×104Gs/Oe 均被柏万清称为高导磁率。柏万清提供的证据并不能证明在涉案专利所属技术领域中，本领域技术人员对于高导磁率的含义或者范围有着相对统一的认识；最后，柏万清主张根据具体使用环境的不同，本领域技术人员可以确定具体的安全下限，从而确定所需的导磁率。该主张实际上是将能够实现防辐射目的的所有情形均纳入涉案专利权的保护范围，保护范围过于宽泛，亦缺乏事实和法律依据。综上所述，根据涉案专利说明书以及柏万清提供的有关证据，不能准确确定权利要求 1 的保护范围，无法将被诉侵权产品与之进行有实质意义的侵权对比。

拓展思考

《专利法》第 26 条第 4 款规定："权利要求书应当以说明书为依据，清楚、简要地限定要求专利保护的范围。"第 64 条第 1 款规定："发明或者实用新型专利权的保护范围以其权利要求的内容为准，说明书及附图可以用于解释权利要求的内容。"可见，准确界定专利权的保护范围，是认定被诉侵权技术方案是否构成侵权的前提条件。如果权利要求书的撰写存在明显瑕疵，结合涉案专利说明书、附图、本领域的公知常识以及相关现有技术等，仍然不能确定权利要求中技术术语的具体含义，无法准确确定专利权的保护范围的，则无法将被诉侵权技术方案与之进行有意义的侵权对比。因此，对于保护范围明显不清楚的专利权，不能认定被诉侵权技术方案构成侵权。如在"尚亨中诉昆明恒兴包装材料有限责任公司侵害发明专利权纠纷"中，受理法院同样不能依据现有的专利文件确定涉案专利方法的保护范围。涉案专利权利要求与说明书之间存在显而易见的冲突和缺陷，权利要求未得到说明书的有效支持，权利要求存在不确定性。这种不确定性为尚亨中在诉讼中随意解释其专利方法制造了不合理空间，也为准确界定涉案专利方法保护范围以及依照该保护范围比对专利方法与其他技术方法的异同制造了现实障碍。[①]

（二）权利要求的解释方法

1. 产品权利要求

核心知识点

根据描述的内容，权利要求可分为产品权利要求与方法权利要求。[②] 由于发明专利可分为产品发明专利与方法发明专利，且实用新型专利仅涉及产品的形状、构造或二者结合产品，故此处所述的产品权利要求既包含产品发明专利的权利要求，也包含了实用新型专利的权利要求。当然，产品发明涵盖的范围明显超出了实用新型的范围，产品发明专利权利要求的描述方式显然比实用新型专利权利要求更为多样化。依照《专利审查指南》的相关规则，产品权利要求适用于产品发明或者实用新型，通常应当用产品的结构特征来描述。

典型案例

申请再审人株式会社岛野与被申请人日骋公司侵犯发明专利权纠纷案：浙江省宁波市中级人民法院（2004）甬民二初字第240号民事判决书；浙江省高级人民法院（2009）浙民再字第135号民事判决书；最高人民法院（2012）民提字第1号民事判决书。

基本案情

株式会社岛野于2004年8月27日起诉至中华人民共和国浙江省宁波市中级人民法院称，其是ZL94102612.4号发明专利的专利权人。自2003年起，在中国内地市场上发现日骋公司生产销售的RD－HG－30A、RD－HG－40A型自行车后拨链器侵犯了株式会社岛野的上述专利权，请求人民法院判令：（1）日骋公司立即停止制造和销售侵权产品；（2）日骋公司立即销毁所有剩余侵权产品、侵权产品宣传资料以及制造侵权产品的专用模具，并删除互联网上有关侵权产品的广告；（3）赔偿株式会社岛野经济损失30万元。

---

① 参见云南省高级人民法院（2014）云高民三终字第67号民事判决书。

② 所谓产品权利要求，指专利申请的主题或者保护的对象是产品的权利要求；而方法权利要求则指专利申请的主题或者保护的对象是方法的权利要求。参见杨志敏：《专利权保护范围研究——专利权行使与对抗的理论与实践》，四川大学出版社2013年版，第39页。

裁判摘要

一审、二审裁判摘要

被诉侵权产品因尚未被安装在自行车上，对其安装后是否会具备"所述自行车车架具有形成在自行车车架的后叉端（51）的换挡器安装延伸部（14）上的连接结构（14a）"这一必要技术特征及安装方式是否如本案专利权利要求所述并不清楚，因此该被诉侵权产品是否构成侵权的比对条件尚不具备。本案专利包括结构特征和安装特征两部分，但被诉侵权产品仅具备本案专利的结构特征，日骋公司没有进行安装行为，该被诉侵权产品也可以按本案专利限定外的其他方式进行安装，故日骋公司的行为不构成专利侵权。

再审裁判摘要

凡是写入权利要求的技术特征，均应理解为专利技术方案不可缺少的必要技术特征，对专利保护范围具有限定作用，在确定专利保护范围时必须加以考虑。已经写入权利要求的使用环境特征属于权利要求的必要技术特征，对于权利要求的保护范围具有限定作用。本案专利的保护主题是"自行车后换挡器支架"，但是权利要求1在描述该后换挡器支架的结构特征的同时，也限定了该后换挡器支架所用以连接的后换挡器以及自行车车架的具体结构。这些关于后换挡器支架所连接的后换挡器及自行车车架的特征实际上限定了后换挡器支架所使用的背景和条件，属于使用环境特征，对于权利要求1所保护的后换挡器支架具有限定作用。株式会社岛野关于本案专利权利要求中出现的使用环境特征不构成本案专利的必要技术特征，不影响权利要求的保护范围的申请再审理由不能成立，不予支持。

拓展思考

关于产品权利要求解释的其他问题，最高院在其审理的其他案件中也做出了进一步的阐释。如在"申请再审人徐永伟与被申请人宁波市华拓太阳能科技有限公司侵犯发明专利权纠纷案"的再审判决中，最高人民法院认为，权利要求的作用在于界定专利权的权利边界，说明书及附图主要用于清楚、完整地描述专利技术方案，使本领域技术人员能够理解和实施该专利。而教导本领域技术人员实施专利的最好方式之一是提供实施例，但实施例只是发明的例示，因为专利法不要求也不可能要求说明书列举实施发明的所有具体方式。因此，运用说明书及附图解释权利要求时，不应当以说明书及附图的例示性描述限制专利权的保护范围。否则，就会不合理地限制专利权的保护范围，有违鼓励发明创造的立法本意。① 而在"上海摩的露可锁具制造厂与上海固坚锁业有限公司侵害实用新型专利权纠纷案"中，最高人民法院还认为，为了满足描述新的专利技术方案的客观需要，应当允许专利申请人在撰写专利申请文件时使用自行

---

① 最高人民法院（2011）民提字第64号民事判决书。

创设的技术术语。在确定自行创设的技术术语的含义时，应当综合考虑权利要求书、说明书、附图中记载的与该技术术语相关的技术内容。权利要求书、说明书中对该技术术语进行了清楚、明确的定义或者解释的，一般可依据该定义或者解释来确定其含义。权利要求书、说明书中未能对该技术术语进行清楚、明确的定义或者解释的，则应当结合说明书、附图中记载的与该技术术语有关的背景技术、技术问题、发明目的、技术方案、技术效果等内容，查明该技术术语相关的工作方式、功能、效果，以确定其在涉案专利整体技术方案中的含义。[①]

2. 方法权利要求

核心知识点

方法权利要求，即是关于制造方法、使用方法、通信方法、处理方法以及将产品用于特定用途的方法等发明专利的权利要求。依照《专利审查指南》的相关规则，方法权利要求适用于方法发明，通常应当用工艺过程、操作条件、步骤或者流程等技术特征来描述。关于方法权利要求的解释问题，依照《最高人民法院关于审理侵犯专利权纠纷案件应用法律若干问题的解释（二）》（法释〔2016〕1号）第11条规定，方法权利要求未明确记载技术步骤的先后顺序，但本领域普通技术人员阅读权利要求书、说明书及附图后直接、明确地认为该技术步骤应当按照特定顺序实施的，人民法院应当认定该步骤顺序对于专利权的保护范围具有限定作用。

典型案例

OBE–工厂·翁玛赫特与鲍姆盖特纳有限公司与浙江康华眼镜有限公司侵犯发明专利权纠纷案：北京市第一中级人民法院（2002）一中民初字第5048号民事判决书；北京市高级人民法院（2006）高民终字第1367号民事判决书；最高人民法院（2008）民申字第980号民事裁定书。

基本案情

OBE–工厂·翁玛赫特与鲍姆盖特纳有限公司（以下简称OBE公司）是名称为"弹簧铰链的制造方法"的发明专利的专利权人，其起诉至北京市第一中级人民法院称，浙江康华眼镜有限公司（以下简称康华公司）未经其许可，擅自为生产经营目的实施了侵犯涉案专利权的行为，请求法院判令康华公司停止侵权、赔偿其经济损失。

裁判摘要

一审裁判摘要

将涉案专利权利要求1与康华公司的加工方法对比可以看出，康华公司加工铰接

件的方法与权利要求 1 的保护范围无明显差异，涉案专利的权利要求 1 为四个步骤，康华公司的加工步骤亦为四个，在将铰接件从金属带材上冲下后，模锻、打孔的顺序虽然可调，但顺序的调整并未产生新的效果。综上所述，康华公司加工生产铰接件的方法与涉案专利权利要求 1 所保护的方法等同，落入了涉案专利权利要求 1 的保护范围，康华公司应承担停止侵权、赔偿损失等民事责任。

二审裁判摘要

根据涉案专利说明书的记载，涉案专利技术方案是在各步骤先后顺延的情况下实现的，这既是涉案专利的发明目的，又是涉案专利方法的特征和效果的体现。步骤变化无法实现涉案专利方法的技术效果和技术目的。被控侵权方法包括以下步骤：（1）金属带材；（2）冲下铰接件；（3）砸圆；（4）打孔。该加工方法是首先将铰接件与金属带料分离，采取传统机械加工工艺中的冲裁、锻压和冲孔设备逐一完成，其中砸圆和打孔的顺序可调。由此可见，这与专利方案所采取的各步骤先后顺延的方法不同，被控侵权方法与专利方法既不相同也不等同，没有落入涉案专利权的保护范围。

再审裁判摘要

本案中，从涉案专利说明书记载的内容看，虽然冲压步骤与冲孔步骤的顺序是可以调换的，但是，根据权利人在实质审查程序中提交的意见陈述书以及在侵权诉讼中提交的有关书面意见陈述可知，在实际加工过程中，一旦确定了二者的顺序，二者的顺序就只能依次进行。综上所述，权利要求 1 中的四个步骤应当按照供料步骤、切割步骤、冲压步骤或冲孔步骤的顺序依次实施，各个步骤之间具有特定的实施顺序。因此，在决定涉案专利的保护范围时，需要将其实施步骤考虑在内。

拓展思考

方法专利通常是通过方法步骤的组合以及一定的步骤顺序达到方法发明所要达到的目的。因此，大多数情况下，方法专利权利要求中的各个步骤或者某些步骤，必须按照特定的顺序方能实施。如果以其他的顺序实施各步骤，或者在技术上不具有可行性，或者无法解决方法专利所要解决的技术问题，实现所要达到的技术效果，对于存在特定的步骤顺序的方法发明，步骤本身以及步骤之间的顺序均属于方法专利的必要技术特征，应对专利权的保护范围起到限定作用。值得注意的是，需要考虑顺序的步骤应该属于具有逻辑关系、有着特定顺序的步骤，而不是可以随意调换顺序的步骤。不进行特定顺序的判断，将会不合适地缩小专利的保护范围。如在"陈顺弟与浙江乐雪儿家居用品有限公司、何建华及第三人温士丹侵害发明专利权纠纷案"中，最高人民法院在其再审判决中认为，方法发明专利的权利要求是包括有时间过程的活动，如制造方法、使用方法、通信方法、处理方法等权利要求。涉及产品制造方法的发明专利通常是通过方法步骤的组合以及一定的步骤顺序来实现的。方法专利的步骤顺序是否对专利权的保护范围起到限定作用，从而导致在步骤互换中限制等同原则的适用，关键要看这些步骤是否必须以特定的顺序实施以及这种互换是否会带来技术功能或者技术效果上的实质性差异。[①]

三、外观设计专利权保护范围的确定

核心知识点

由于外观设计并非技术方案，对于外观设计专利权保护范围的确定不涉及权利要求的解释问题，而主要依据外观设计专利文件中呈现外观设计的图片或照片加以确定。需要注意的是，"外观设计必须以产品为载体，外观设计专利权保护的对象是涉及"。[②]依据《专利法》第 64 条第 2 款的规定，外观设计专利权的保护范围以表示在图片或者照片中的该产品的外观设计为准，简要说明可以用于解释图片或者照片所表示的该产品的外观设计。从某个角度来说，通过图片或照片确定外观设计专利权保护范围要比依据权利要求确定发明专利权与实用新型专利权的保护范围难度更大一些。

典型案例

马培德公司与阳江市邦立贸易有限公司、阳江市伊利达刀剪有限公司侵害外观设计专利权纠纷案：广东省广州市中级人民法院（2010）穗中法民三初字第 165 号民事判决书；广东省高级人民法院（2011）粤高法民三终字第 164 号民事判决书；最高人民法院（2013）民申字第 29 号民事裁定书。

基本案情

马培德公司于 2004 年 2 月 6 日，向国家知识产权局申请了一款名称为"剪刀"的外观设计专利，并于 2004 年 9 月 1 日获得授权。2010 年 3 月，马培德公司发现邦立公司、伊利达公司共同生产、销售了与其专利产品极为相似的产品，随后向法院起诉，要求上述两家公司承担相应民事责任。

裁判摘要

一审、二审裁判摘要

在本案中以一般消费者的知识水平及认知能力来判断，被诉侵权产品的不同设计特征已经达到使被诉侵权设计与授权外观设计在整体视觉效果上产生实质性差异的程度，故两者既不相同也不近似。本案被诉侵权产品是带有彩色图案的剪刀。这是一个不可分割的整体。彩色图案是附着在剪刀本体之上的，不能脱离后者单独存在。因此，剪刀本体与彩色图案之间的关系并非零部件与零部件之间的关系。有鉴于此，邦立公

---

① 最高人民法院（2013）民提字第 225 号民事判决书。

② 张鹏、徐晓雁：《外观设计专利制度原理与实务》，知识产权出版社 2015 年版，第 328 页。

司、伊利达公司的行为并不属于将侵犯外观设计专利权的产品作为零部件，制造另一产品并销售的行为。

再审裁判摘要

首先，正确界定外观设计专利权的保护范围，是进行外观设计专利侵权判断的基础。形状、图案、色彩是构成产品外观设计的三项基本设计要素，因此，在确定外观设计专利权的保护范围以及侵权判断时，应当以图片或者照片中的形状、图案、色彩设计要素为基本依据。其次，色彩要素不能脱离形状、图案单独存在，必须依附于产品形状、图案存在，色彩变化本身也可形成图案。简要说明中未明确请求保护色彩的，不应以图片、照片中的色彩限定外观设计专利权的保护范围。但产品上明暗、深浅变化形成图案的，应当视为图案设计要素，不应将其归入色彩设计要素。最后，在与外观设计专利产品相同或者相近种类产品上，采用与外观设计专利相同或者近似的外观设计的，人民法院应当认定被诉侵权产品落入《专利法》第59条（现为第64条）第2款规定的外观设计专利权的保护范围。被诉侵权产品在采用与外观设计专利相同或者相近似的外观设计之余，还附加有其他图案、色彩设计要素的，如果这些附加的设计要素属于额外增加的设计要素，则对侵权判断一般不具有实质性影响。否则，他人即可通过在外观设计专利上简单增加图案、色彩等方式，轻易规避专利侵权。这无疑有悖于专利法鼓励发明创造，促进科技进步和创新的立法本意。

拓展思考

在指导案例85号（高仪股份公司诉浙江健龙卫浴有限公司侵害外观设计专利权纠纷案）中，最高院认为，外观设计专利制度的立法目的在于保护具有美感的创新性工业设计方案，一项外观设计应当具有区别于现有设计的可识别性创新设计才能获得专利授权，该创新设计即是授权外观设计的设计特征。对于已有产品，获得专利权的外观设计一般会具有现有设计的部分内容，同时具有与现有设计不相同也不近似的设计内容，正是这部分设计内容使得该授权外观设计具有创新性。对于该部分设计内容的描述即构成授权外观设计的设计特征，其体现了授权外观设计不同于现有设计的创新内容，也体现了设计人对现有设计的创造性贡献。由于设计特征的存在，一般消费者容易将授权外观设计区别于现有设计，因此，其对外观设计产品的整体视觉效果具有显著影响。对于设计特征的认定，一般来说，专利权人可能将设计特征记载在简要说明中，也可能会在专利授权确权或者侵权程序中对设计特征作出相应陈述。根据"谁主张谁举证"的证据规则，专利权人应当对其所主张的设计特征进行举证。[①]

[①] 最高人民法院（2015）民提字第23号民事判决书。

第二节　专利侵权的判定

一、概述

在有关专利侵权的纠纷案例中，法官首先需要依据相关规则及具体方法确定专利权的保护范围，然后再判断被控侵权事物（产品、方法或设计）是否落入到专利权的保护范围之中。对于发明专利及实用新型专利而言，如果能够确定被控侵权事物（产品或方法）包含了专利权利要求中的所有必要技术特征，就可以得出被控侵权事物落入了发明专利或实用新型专利的保护范围，如果不存在排除侵权的法定事由，则可以判定被告实施了侵犯发明专利权或实用新型专利权的行为。对于外观设计专利权，则需要判断被诉侵权设计与外观设计是否相同或者近似，法院应当根据授权外观设计、被诉侵权设计的设计特征，以外观设计的整体视觉效果进行综合判断。

二、发明、实用新型专利侵权的判定

（一）全面覆盖原则

核心知识点

依照《最高人民法院关于审理侵犯专利权纠纷案件应用法律若干问题的解释》（法释〔2009〕21号）第7条的规定，人民法院判定被诉侵权技术方案是否落入专利权的保护范围，应当审查权利人主张的权利要求所记载的全部技术特征。被诉侵权技术方案包含与权利要求记载的全部技术特征相同或者等同的技术特征的，人民法院应当认定其落入专利权的保护范围；被诉侵权技术方案的技术特征与权利要求记载的全部技术特征相比，缺少权利要求记载的一个以上的技术特征，或者有一个以上技术特征不相同也不等同的，人民法院应当认定其没有落入专利权的保护范围。该种判定专利侵权的方法即为全面覆盖原则。[①] 在相同侵权的情形下，被控侵权技术方案包含了与涉案专利权利要求中每一个必要技术特征相同的技术特征；而在等同侵权的情形下，同样要符合全面覆盖原则的要求，只不过被控侵权技术方案中存在一个或几个技术特征，其并不与涉案专利权利要求中相应技术特征构成相同的关系，而是等同的关系。

典型案例

西安奥克自动化仪表有限公司与被告上海辉博自动化仪表有限公司请求确认不侵

[①]　全面覆盖原则并不意味着被控侵权技术方案包含的技术特征完全与涉案专利权利要求中的必要技术特征的数量相等。当被控侵权技术方案中的技术特征涵盖了涉案专利权利要求中的所有必要技术特征，同时还具有涉案专利权利要求所不具备的技术特征时，同样满足全面覆盖原则的要求。可参见尹新天：《中国专利法详解（缩编版）》，知识产权出版社2012年版，第463页。

犯专利权纠纷案：上海市第一中级人民法院（2007）沪一中民五（知）初字第192号民事判决书；上海市高级人民法院（2008）沪高民三（知）终字第58号民事判决书。

基本案情

奥克公司诉称，名称为"利用 γ 射线测量物位的方法"的发明专利的原专利权人为郭云昌，经专利权转移后，转移给辉博公司。因原、被告属同一行业，业务范围相近，奥克公司生产的核料位计产品与辉博公司在市场上产生了竞争。辉博公司在用户中宣称奥克公司的产品侵犯了其专利权，如用户使用奥克公司的产品，辉博公司会对用户起诉，很多用户因此不敢使用奥克公司的产品。奥克公司认为，辉博公司的专利是一个方法专利，奥克公司的产品与辉博公司的专利不属于同一个类型，不存在侵权，而辉博公司的行为使奥克公司产品的销量受到严重影响。因此，奥克公司请求法院确认其不侵犯辉博公司的专利权。

裁判摘要

一审裁判摘要

利用 γ 射线测量物位的原理属于公知技术范畴，人人皆可自由使用，而奥克公司核料位计产品实现对物料的非接触式测量的技术方案与辉博公司的方法专利不同，故奥克公司生产、销售的 MRD－AZY 无放射源核料位计所使用的测量物位的方法并未落入辉博公司发明专利权的保护范围，依法不构成对辉博公司上述专利权的侵犯。

二审裁判摘要

判断奥克公司产品的使用方法是否侵犯辉博公司的专利权，应当将奥克公司产品使用方法的技术特征与辉博公司专利权利要求的技术特征进行比较，如果奥克公司产品使用方法包含与辉博公司专利权利要求的全部技术特征相同的技术特征，或者奥克公司产品使用方法的某个或某些技术特征虽与辉博公司专利权利要求的对应技术特征不同但构成等同，则奥克公司产品使用方法落入辉博公司专利权的保护范围，构成对辉博公司专利权的侵犯。否则，奥克公司产品使用方法不构成对辉博公司专利权的侵犯。

拓展思考

在适用全面覆盖原则进行专利侵权判定时，应当以专利权利要求记载的技术方案的全部技术特征，包括前序部分和特征部分写明的技术特征，与被控侵权产品的技术特征进行对比。当然，即使被控侵权技术方案覆盖了专利权利要求中的所有必要技术特征，如果存在其他的事由，如涉案专利权被宣告无效、被告使用的是现有技术等，则被告的行为仍然不构成侵权行为。如在"南京特能电子有限公司与台州市路桥天能电子电器厂等侵害实用新型专利权纠纷上诉案"中，一审法院认为，根据涉案专利权利要求1中的表述，"蓄电池"相对于其他部件而言具有相对独立的构造，属于涉案专利权利要求 1 前序部分写明的必要技术特征。被控侵权产品缺少涉案专利权利要求记载的"蓄电池"这一技术特征，其未落入涉案专利权的保护范围。二审法院则认为，特能公司不能在申请专利时强调了"蓄电池"的存在，而在主张侵权对比时淡化"蓄电池"的概念，随意将专利权利要求中的特征予以忽略，由此扩大专利权的保护范围。①

（二）等同侵权

1. 等同特征

核心知识点

我国《专利法》并无关于等同侵权的法律规定，在最高人民法院发布的《关于审理专利纠纷案件适用法律问题的若干规定》（法释〔2015〕4 号）中，第 13 条在有关权利要求的解释规则中引入了等同特征的概念。依据该条规定，《专利法》第 59 条第 1 款所称的"发明或者实用新型专利权的保护范围以其权利要求的内容为准，说明书及附图可以用于解释权利要求的内容"，是指专利权的保护范围应当以权利要求记载的全部技术特征所确定的范围为准，也包括与该技术特征相等同的特征所确定的范围。所谓等同特征，是指与所记载的技术特征以基本相同的手段，实现基本相同的功能，达到基本相同的效果，并且本领域普通技术人员在被诉侵权行为发生时无须经过创造性劳动就能够联想到的特征。尽管该条规定形式上指涉权利要求的解释方法，但最高人民法院却通过"等同特征"这个概念实际引入了等同侵权的判定规则。②

典型案例

案例一：指导案例 84 号：礼来公司诉常州华生制药有限公司侵害发明专利权纠纷案。

基本案情

2013 年 7 月 25 日，礼来公司（又称伊莱利利公司）向江苏省高级人民法院（以下简称江苏高院）诉称，礼来公司拥有涉案 91103346.7 号方法发明专利权，涉案专利方法制备的药物奥氮平为新产品。常州华生制药有限公司（以下简称华生公司）使用落入涉案专利权保护范围的制备方法生产药物奥氮平并面向市场销售，侵害了礼来公司的涉案方法发明专利权。为此，礼来公司提起本案诉讼，请求法院判令华生公司承担相应法律责任。

---

① 江苏省高级人民法院（2016）苏民终 308 号民事判决书。

② 如果在专利侵权纠纷案件中严格按照权利要求的内容确定专利权的保护范围，过分拘泥于权利要求的文字含义，反而不利于对专利权人提供有效和充分的法律保护。参见尹新天：《中国专利法详解（缩编版）》，知识产权出版社 2012 年版，第 464 页。应该说，等同侵权主要是基于司法实践中有效保护专利权的目的而逐渐发展起来的。

裁判摘要

本案中，就华生公司奥氮平制备工艺的反应路线和涉案方法专利的区别而言，首先，苄基保护的三环还原物中间体与未加苄基保护的三环还原物中间体为不同的化合物，两者在化学反应特性上存在差异。相应地，涉案专利的方法中不存在取代反应前后的加苄基和脱苄基反应步骤。因此，两个技术方案在反应中间物和反应步骤上的差异较大；其次，由于增加了加苄基和脱苄基步骤，华生公司的奥氮平制备工艺在终产物收率方面会有所减损，而涉案专利由于不存在加苄基保护步骤和脱苄基步骤，收率不会因此而下降。故两个技术方案的技术效果如收率高低等方面存在较大差异；最后，尽管对所述三环还原物中的氨基进行苄基保护以减少副反应是化学合成领域的公知常识，但是这种改变是实质性的，加苄基保护的三环还原物中间体的反应特性发生了改变，增加反应步骤也使收率下降。而且加苄基保护为公知常识仅说明华生公司的奥氮平制备工艺相对于涉案专利方法改进有限，但并不意味着两者所采用的技术手段是基本相同的。综上，华生公司的奥氮平制备工艺在三环还原物中间体是否为苄基化中间体以及由此增加的苄基化反应步骤和脱苄基步骤方面，与涉案专利方法是不同的，相应的技术特征也不属于基本相同的技术手段，达到的技术效果存在较大差异，未构成等同特征。因此，华生公司奥氮平制备工艺未落入涉案专利权保护范围。

案例二：宁波市东方机芯总厂与江阴金铃五金制品有限公司侵犯专利权纠纷案：江苏省高级人民法院（1999）苏知终字第 9 号民事判决书；最高人民法院（2001）民三提字第 1 号民事判决书。

基本案情

1995 年 7 月 1 日，机芯总厂（原宁波市江东东方机芯厂）获得了中国专利局授予的"机芯奏鸣装置音板的成键方法及其设备"发明专利权，专利号为 92102458.4，并于 1995 年 8 月 9 日公告。该发明专利的独立权利要求是：一种机械奏鸣装置音板成键加工设备，它包括有在平板型金属盲板上切割出梳状缝隙的割刀和将被加工的金属盲板夹持的固定装置。其发明目的在于推出一种纯机械的导切法的加工方法和专用设备，使盲板的成键加工变得十分简单，设备和加工成本降低，音板的质量却得以提高。江阴金铃五金制品有限公司（以下称金铃公司）自 1995 年机芯总厂专利权公告后也开始生产机械奏鸣装置的设备并生产八音琴音片，与专利技术相比，被控侵权产品缺少金属盲板被夹持在开有梳缝的导向板上的技术特征，即它的限位装置不是在盲板下，而是位于磨轮一侧。机芯总厂以金铃公司侵犯其专利权为由，向江苏省南京市中级人民法院提起诉讼。

裁判摘要

一审、二审裁判摘要

被控侵权产品中的限位装置与专利技术的导向板不属于等同技术的替代。同时，由于专利说明书中已明确将盲板不固定在导向板上而是呈悬臂状腾空地接受旋转刀片的割入加工排除在权利要求之外。所以，被控侵权产品未落入专利权保护范围，金铃公司未侵犯机芯总厂的专利权。

再审裁判摘要

被控侵权产品和方法以将专利中固定盲板和导向为一体的导向板一个技术特征，分解成分别进行固定盲板和导向的防震限位板和工件拖板两个技术特征相替换，属于与专利权利要求中的必要技术特征以基本相同的手段，实现基本相同的功能，达到基本相同的效果的等同物，落入了机芯总厂专利权的保护范围，构成侵犯专利权。

拓展思考

在确定专利权的保护范围时，既不能将专利权保护范围仅限于权利要求书严格的字面含义上，也不能将权利要求书作为一种可以随意发挥的技术指导。确定专利权的保护范围，应当以权利要求书的实质内容为基准，在权利要求书不清楚时，可以借助说明书和附图予以澄清，对专利权的保护可以延伸到本领域普通技术人员在阅读了专利说明书和附图后，无须经过创造性劳动就能联想到的等同特征的范围。既要明确受保护的专利技术方案，又要明确社会公众可以自由利用技术进行发明创造的空间，把对专利权人提供合理的保护和对社会公众提供足够的法律确定性结合起来。根据这一原则，发明或者实用新型专利权的保护范围不仅包括权利要求书中明确记载的必要技术特征所确定的范围，而且也包括与该必要技术特征相等同的特征所确定的范围。从等同特征的定义可知，对于等同特征的判断主要集中在方式和效果，即如果使用者没有采用他人的专利技术，即使达到相同的效果，也不会被认定为侵权。而如果使用者采用了他人的专利技术，而没有达到相同的效果，仍然不会被认定为侵权。因此，在判断被诉侵权产品的技术特征与专利技术特征是否等同时，不仅要考虑被诉侵权产品的技术特征是否属于本领域的普通技术人员无须经过创造性劳动就能够联想到的技术特征，还要考虑被诉侵权产品的技术特征与专利技术特征相比，是否属于基本相同的技术手段，实现基本相同的功能，达到基本相同的效果，只有以上两个方面的条件同时具备，才能够认定二者属于等同的技术特征。

2. 禁反悔原则

核心知识点

禁反悔原则属于英美法中的衡平法原则。在专利制度中，当专利权人为了避免因在先技术而被拒绝授权从而对权利要求作出修改，或者是为了取得专利授权而进行的限制性陈述，专利权人在主张权利时，不得通过等同特征的方式将原已放弃的内容再置入专利权的保护范围。① 在最高人民法院发布的《关于审理侵犯专利权纠纷案件应用法律若干问题的解释》（法释〔2009〕21 号）中，第 6 条规定引入了禁反悔原则，即专利申请人、专利权人在专利授权或者无效宣告程序中，通过对权利要求书、说明书的修改或者意见陈述而放弃的技术方案，权利人在侵犯专利权纠纷案件中又将其纳入专利权保护范围的，人民法院不予支持。

典型案例

沈其衡与上海盛懋交通设施工程有限公司申请侵犯实用新型专利权纠纷再审案：上海市第一中级人民法院（2006）沪一中民五（知）初字第 281 号民事判决书；上海市高级人民法院（2007）沪高民三（知）终字第 51 号民事判决书；最高人民法院（2009）民申字第 239 号民事裁定书。

基本案情

2000 年 12 月 18 日，沈其衡向国家知识产权局申请了名称为"汽车地桩锁"的实用新型专利（简称涉案专利），2001 年 11 月 21 日被授予专利权，专利权人为沈其衡。2006 年 9 月 26 日，沈其衡向法院起诉称，上海盛懋交通设施工程有限公司生产、销售的汽车车位锁的结构特征覆盖了涉案专利的必要技术特征，落入了涉案专利权的保护范围，盛懋公司的行为已构成侵权。请求判令盛懋公司停止侵权，赔偿经济损失 20 万元。

裁判摘要

一审、二审裁判摘要

专利权人在专利权授权审查程序、专利权无效宣告审查程序和随后的司法审查程序中对有关技术特征进行的说明，以及专利复审委员会和相应司法审查中法院的认定，也是解释专利权利要求的重要依据。法院在认定等同侵权时，应该依职权根据案件事实审查是否适用禁反悔原则，将等同侵权限定在恰当的范围内。根据禁反悔原则，沈其衡亦不能以等同为由主张专利侵权成立。由于上述技术特征既不相同，也不能主张等同，故被控侵权产品的技术特征未覆盖权利要求 1 记载的全部技术特征，未落入涉案专利权的保护范围。

再审裁判摘要

禁反悔原则是对认定等同侵权的限制。现行法律以及司法解释对人民法院是否可以主动适用等同原则未作规定，为了维持专利权人与被控侵权人以及社会公众之间的利益平衡，亦不应对人民法院主动适用禁反悔原则予以限制。因此，在认定是否构成

---

① 参见闫文军：《专利权的保护范围——权利要求解释和等同原则适用》，法律出版社 2007 年版，第 135 页。

等同侵权时，即使被控侵权人没有主张适用禁反悔原则，人民法院也可以根据业已查明的事实，通过适用禁反悔原则对等同范围予以必要的限制，以合理地确定专利权的保护范围。因此，二审法院对禁反悔原则的适用并无不当。

拓展思考

在判断是否构成侵犯专利权时，专利权人对专利权利要求的解释应当前后一致。不应允许专利权人为了获得专利权，在专利申请过程中对专利权利要求的保护范围进行狭义或较窄的解释，而在侵权诉讼中为了证明他人侵权，又对专利权利要求的保护范围进行广义或者较宽的解释。禁反悔原则是指在专利审批或无效程序中，专利权人为确定其专利具备专利性，通过书面声明或者修改专利文件的方式，对专利权利要求的保护范围作了限制或部分放弃，并因此获得了专利权。在侵犯专利权诉讼中，法院适用等同原则确定专利权的保护范围时，应当禁止专利权人将已被限制、排除或者已经放弃的内容重新纳入专利权保护范围。在"北京实益拓展科技有限责任公司与陕西三安科技发展有限责任公司确认不侵犯专利权纠纷案"中，二审法院认为，适用禁反悔原则应符合的条件是：专利权人对有关技术特征所做的限制承诺或放弃必须是明示的，且已被记录在专利文档中；限制承诺或者放弃保护的技术内容，必须对专利权的授予产生了实质性作用；适用该原则以当事人提出请求为前提。① 关于最后一项条件，从最高人民法院在上述典型案例的民事裁定中表达的意见来看，人民法院可以主动适用禁反悔原则。

3. 捐献原则

核心知识点

发明和实用新型专利的申请人或其专利代理人在撰写权利要求时，应当审慎斟酌写入权利要求中的文字，以便正确界定专利技术方案的保护范围，而在获得专利授权后亦应依据其被授权之权利要求主张其权利。若因权利要求撰写不当，导致本应写入权利要求的技术特征未体现在权利要求中，由此而产生的不利后果应由专利权人自己承担。专利侵权诉讼中的捐献原则即与此种情形相关。在最高人民法院发布的《关于审理侵犯专利权纠纷案件应用法律若干问题的解释》（法释〔2009〕21号）中，第5条规定了有关捐献原则的内容，即对于仅在说明书或者附图中描述而在权利要求中未记载的技术方案，权利人在侵犯专利权纠纷案件中将其纳入专利权保护范围的，人民法院不予支持。

典型案例

陈顺弟与浙江乐雪儿家居用品有限公司、何建华及第三人温士丹侵害发明专利权纠纷案：辽宁省沈阳市中级人民法院（2010）沈中民四初字第389号民事判决书；辽

---

① 陕西省高级人民法院（2009）陕民三终字12号民事判决书。

宁省高级人民法院（2011）辽民三终字第 27 号民事判决书；最高人民法院（2013）民提字第 225 号民事判决书。

基本案情

2010 年 9 月 17 日，陈顺弟以乐雪儿公司生产、销售，何建华销售和许诺销售的布塑热水袋侵犯了其"布塑热水袋的加工方法"发明专利权为由，向辽宁省沈阳市中级人民法院提起诉讼，请求判令：（1）何建华立即停止销售侵权产品，乐雪儿公司立即停止制造、销售侵权产品，并销毁侵权产品及模具；（2）何建华赔偿陈顺弟经济损失 50 万元，乐雪儿公司赔偿陈顺弟经济损失 100 万元（含陈顺弟为制止侵权行为而支出的合理费用）；（3）由乐雪儿公司和何建华承担本案诉讼费用。

裁判摘要

一审、二审裁判摘要

被诉侵权方法所具备的技术特征完全覆盖了涉案专利权利要求的全部必要技术特征。乐雪儿公司明知陈顺弟拥有涉案专利权，仍使用涉案专利方法进行生产，并销售依照涉案专利方法直接获得的产品，侵犯了涉案专利权，应承担停止侵权、赔偿损失的法律责任。

再审裁判摘要

涉案专利说明书在第 3 页中明确记载了第 10、11 步的步骤可以调换，而这一调换后的步骤并未体现在权利要求中，因此调换后的步骤不能纳入涉案专利权的保护范围，乐雪儿公司关于第 10、11 步的步骤调换方案应适用捐献原则的主张依法有据，本院予以支持。

拓展思考

在最高人民法院发布的再审判决书中，对捐献原则的法理基础作了比较详细的阐释。一般来说，准确确定专利权的保护范围不仅是为专利权人提供有效法律保护的需要，也是尊重权利要求的公示和划界作用，维护社会公众信赖利益的需要。在权利要求解释中确立捐献原则，就是对专利的保护功能和公示功能进行利益衡量的产物。该规则的含义是，对于在专利说明书中记载而未反映在权利要求中的技术方案，不能包括在权利要求的保护范围之内。对于在说明书中披露而未写入权利要求的技术方案，如果不适用捐献原则，虽然对专利权人的保护是较为充分的，但这一方面会给专利申请人规避对较宽范围的权利要求的审查提供便利，另一方面会降低权利要求的划界作用，使专利权保护范围的确定成为一件过于灵活和不确定的事情，增加了公众预测专利权保护范围的难度，不利于专利公示作用的发挥以及公众利益的维护。[①] 依照《最高

---

① 参见最高人民法院（2013）民提字第 225 号民事判决书。

人民法院关于审理侵犯专利权纠纷案件应用法律若干问题的解释》（法释〔2009〕21号）第 5 条规定，如果本领域技术人员通过阅读说明书可以理解披露但未要求保护的技术方案是被专利权人作为权利要求中技术特征的另一种选择而被特定化，则这种技术方案就视为捐献给社会。

三、外观设计专利侵权的判定

由于外观设计并非如发明、实用新型这样的技术方案，而是富有美感的产品设计。故在判定外观设计专利侵权行为时，并不能遵照前述的全面覆盖原则。依照《最高人民法院关于审理侵犯专利权纠纷案件应用法律若干问题的解释》（法释〔2009〕21号）第 8 条的规定，在与外观设计专利产品相同或者相近种类产品上，采用与授权外观设计相同或者近似的外观设计的，人民法院应当认定被诉侵权设计落入《专利法》第 59条第 2 款规定的外观设计专利权的保护范围。可见，在判定外观设计专利侵权行为时，需要从两个要件来加以判断：第一，被控侵权产品与外观设计专利产品属于相同或者相近种类的产品；第二，被控侵权设计与授权外观设计属于相同或者近似的产品设计。如此，当满足上述两个要件时，就可认定被控侵权设计落入了外观设计专利权的保护范围。

（一）产品种类相同或相近的判断

核心知识点

在判定外观设计专利侵权行为的两个要件中，第一个要件需要确定被控侵权产品与外观设计专利产品是否属于相同或者相近种类的产品。与第二个要件即"被控侵权设计与授权外观设计属于相同或者近似的产品设计"相比，法院在判定第一个要件时相对会更容易一些，在司法实践中法院会首先判定该要件是否成立。依照《最高人民法院关于审理侵犯专利权纠纷案件应用法律若干问题的解释》（法释〔2009〕21 号）第 9 条的规定，人民法院应当根据外观设计产品的用途，认定产品种类是否相同或者相近。确定产品的用途，可以参考外观设计的简要说明、国际外观设计分类表、产品的功能以及产品销售、实际使用的情况等因素。可以看出，产品用途是判定第一个要件的主要标准，但法院在进行判断时要参考多方面的因素，如简要说明、国际外观设计分类表、产品的功能以及产品销售、实际使用的情况等。

典型案例

申请再审人弓箭国际与被申请人义乌市兰之韵玻璃工艺品厂侵犯外观设计专利权纠纷案：浙江省宁波市中级人民法院（2009）浙甬知初字第 78 号民事判决书；浙江省高级人民法院（2010）浙知终字第 153 号民事判决书；最高人民法院（2012）民申字第 41 号民事裁定书。

基本案情

2003 年 11 月 10 日，法国弓箭玻璃器皿国际实业公司向中华人民共和国国家知识产权局申请了一种名称为"餐具用贴纸（柠檬）"的外观设计专利，于 2004 年 5 月 11 日获得授权并公告。2006 年 12 月 27 日，上述专利权人变更为弓箭国际。2009 年 3 月 18 日，深圳市鑫辉达贸易有限公司（以下简称鑫辉达公司）向中华人民共和国宁波海关申报出口一批厨房用玻璃水杯，因涉嫌侵犯弓箭国际多个外观设计专利权，宁波海关于同年 3 月 24 日扣留了该批玻璃杯。另有 15 箱 630 个青苹果图案也涉嫌侵犯弓箭国际另一名称为"餐具用贴纸（十四）"的外观设计专利权。经查明，鑫辉达公司被宁波海关所扣留的该批玻璃杯系兰之韵厂所生产并销售给鑫辉达公司。弓箭国际以兰之韵厂和鑫辉达公司的行为侵犯其涉案专利权为由向法院提起诉讼。

裁判摘要

一审裁判摘要

被控侵权产品的外观设计与弓箭国际专利相近似，故被控侵权产品落入了弓箭国际专利权保护范围。兰之韵厂未经专利权人同意，生产、销售与专利设计相近似的产品，侵犯了弓箭国际的外观设计专利权，应承担侵权的民事责任。弓箭国际要求兰之韵厂停止侵权、赔偿损失的诉请，应予支持。鑫辉达公司未经专利权人同意，销售与专利设计相近似的产品，侵犯了弓箭国际的外观设计专利权，也应承担侵权的民事责任。

二审裁判摘要

经勘验可以认定本案被控侵权产品上的图案并非使用贴纸一次形成，故本案被控侵权产品仅为餐具，主要是用于存放饮料、食物；而涉案专利产品名称为"餐具用贴纸"，主要是用于美化和装饰餐具。两者无论是在国际外观设计分类表中的分类，还是销售渠道和实际使用情况均不同，故应认定两者属于不同种类的产品，因此无须比对即可认定不构成侵权。

再审裁判摘要

涉案专利产品是"餐具用贴纸"，其用途是美化和装饰餐具，具有独立存在的产品形态，可以作为产品单独销售。被诉侵权产品是玻璃杯，其用途是存放饮料或食物等。虽然被诉侵权产品上印刷有与涉案外观设计相近的图案，但该图案为油墨印刷而成，不能脱离玻璃杯单独存在，不具有独立的产品形态，也不能作为产品单独销售。被诉侵权产品和涉案专利产品用途不同，不属于相同种类产品，也不属于相近种类产品。因此，被诉侵权产品的外观设计未落入涉案外观设计专利权的保护范围。

拓展思考

现行《专利法》第 64 条第 2 款规定了"外观设计专利权的保护范围以表示在图片或者照片中的该产品的外观设计为准"。因此，在确定外观设计专利权的保护范围时，产品的种类以及外观设计均是需要考虑的因素，只有在相同或相近种类的产品外观设计之间，才能进行相同或相似的比较判断。在第 85 号指导案例（高仪股份公司诉浙江健龙卫浴有限公司侵害外观设计专利权纠纷案）中，被控侵权产品与外观设计专利产品都是淋浴喷头产品，显然属于同类产品。从该指导案例的裁判理由来看，重点是对被控侵权产品设计与授权外观设计是否属于相同或者近似的产品设计进行阐释。[①] 又如在"东莞市华瀚儿童用品有限公司与广东省知识产权局专利行政处理纠纷案"中，二审法院认为，虽然涉案外观设计专利的名称是三轮车，划入的专利类别是"自行车和摩托车类"，但专利的名称和外观设计专利授权时对外观设计专利产品所作的分类仅能作为确定专利保护范围的参考依据，而不是唯一依据。从表示在专利图片中的涉案外观设计专利产品尤其是通过使用状态图来看，该产品是一种童车使用的车架。上诉人制造、销售的被控侵权童车车架与涉案外观设计专利产品在产品用途、功能上具有同一性，在普通消费者实际使用中，两种应属同类产品。[②] 再如"福建省晋江市青阳维多利食品有限公司与漳州市越远食品有限公司侵害外观设计专利权纠纷再审案"，最高人民法院在其驳回再审申请的裁定书中，强调外观设计不能脱离其产品而单独存在，但外观设计专利的保护客体并非产品本身，也并非脱离外观设计专利限定的产品类别抽象出来的设计方案。如果在与外观设计专利产品相同或者相近种类产品上，被诉侵权产品采用了与授权外观设计相同或者近似的外观设计的，则应当认定为落入了该外观设计专利权的保护范围。确定是否属于相同或相近种类产品的依据是产品是否具有相同或相近用途，尽管涉案外观设计专利产品的类别是《国际外观设计分类表》第 11 类装饰类中的"11—02"，但并不意味着其他具有装饰用途的产品不属于涉案专利相近种类的产品。[③]

（二）设计相同或者近似的判断

核心知识点

在判定外观设计专利侵权行为时，法院在判断第二个要件是否成立时需要在比较被控侵权设计与授权外观设计的设计特征的基础上得出结论。依照《最高人民法院关于审理侵犯专利权纠纷案件应用法律若干问题的解释》（法释〔2009〕21 号）第 10 条、第 11 条与《最高人民法院关于审理侵犯专利权纠纷案件应用法律若干问题的解释（二）》（法释〔2016〕1 号）第 14 条的规定，人民法院应当以外观设计专利产品的一

---

① 最高人民法院（2015）民提字第 23 号民事判决书。
② 广东省高级人民法院（2008）粤高法行终字第 35 号行政判决书。
③ 最高人民法院（2013）民申字第 1658 号民事裁定书。

般消费者的知识水平和认知能力，判断外观设计是否相同或者近似。在认定一般消费者对于外观设计所具有的知识水平和认知能力时，一般应当考虑被诉侵权行为发生时授权外观设计所属相同或者相近种类产品的设计空间。设计空间较大的，可以认定一般消费者通常不容易注意到不同设计之间的较小区别；设计空间较小的，可以认定一般消费者通常更容易注意到不同设计之间的较小区别。而在认定外观设计是否相同或者近似时，应当根据授权外观设计、被诉侵权设计的设计特征，以外观设计的整体视觉效果进行综合判断；对于主要由技术功能决定的设计特征以及对整体视觉效果不产生影响的产品的材料、内部结构等特征，应当不予考虑。法院在进行判断时，需要注意通常对外观设计的整体视觉效果更具有影响的设计特征，如产品正常使用时容易被直接观察到的部位，或者授权外观设计区别于现有设计的设计特征。如果被诉侵权设计与授权外观设计在整体视觉效果上无差异的，人民法院应当认定两者相同；在整体视觉效果上无实质性差异的，应当认定两者近似。

典型案例

申请再审人国家知识产权局专利复审委员会、浙江今飞机械集团有限公司与被申请人浙江万丰摩轮有限公司专利无效行政纠纷案：北京市第一中级人民法院（2009）一中知行初字第 2719 号行政判决书；北京市高级人民法院（2010）高行终字第 467 号行政判决书；最高人民法院（2010）行提字第 5 号行政判决书。

基本案情

万丰公司不服专利复审委员会于 2009 年 7 月 23 日作出的第 13657 号无效宣告请求审查决定（以下简称第 13657 号无效决定），在法定期限内向北京市第一中级人民法院提起行政诉讼称：（1）第 13657 号无效决定对消费群体范围认定错误；（2）第 13657 号无效决定对受功能限定的产品的判断方式错误；（3）专利复审委员会对产品外观描述不清或不完整，本专利外观设计与附件 13 公开的产品外观相比，既不相同也不近似，消费者不会产生混淆，专利复审委员会认为两者属于相近似的结论错误。综上所述，万丰公司认为，专利复审委员会在第 13657 号无效决定中认定事实错误，适用法律不当，请求人民法院依法予以撤销。

裁判摘要

一审裁判摘要

本案中，涉案外观设计专利和在先设计存在多方面的区别，在设计空间有限的车轮产品上，已经对整体视觉效果产生了显著的影响，在该产品消费者所具有的较高分辨能力下，足以排除混淆。专利复审委员会认定涉案外观设计专利与在先设计属于相近似的外观设计根据不足，其基于以上认定作出的第 13657 号无效决定主要证据不足，应予撤销。

二审裁判摘要

在判断外观设计是否相同或者相近似时，应当基于相关产品的一般消费者的知识水平和认知能力进行评价，而不能从专业人员的角度进行判断。因此，在判断本专利与在先设计是否相同或近似时，应当以对摩托车车轮产品具有常识性了解的一般消费者为判断主体。本案中，摩托车车轮的一般消费者应当是对摩托车车轮具有常识性了解的人，既包括组装商、维修商也包括一般购买者、使用者，而不能局限于具有一定摩托车零部件专业知识的摩托车组装商或维修商。在判断外观设计是否近似时，应以表示在图片或者照片中的该产品的外观设计为准，采用整体观察、综合判断的方法进行对比。将涉案专利与在先设计相对比，二者均由轮辋、辐条和轮毂组成，二者主要存在多方面的差别。考虑到摩托车车轮产品在功能方面的限定，上述差别足以对设计的整体视觉效果产生显著影响。因此，本专利与在先设计不属于近似的外观设计。

再审裁判摘要

问题的关键在于具体界定一般消费者的知识水平和认知能力。这就必然要针对具体的外观设计产品，考虑该外观设计产品的同类和相近类产品的购买者和使用者群体，从而对该外观设计产品的一般消费者的知识水平和认知能力作出具体界定。对于摩托车车轮产品的外观设计而言，由于摩托车车轮是摩托车主要的外部可视部件，在确定其一般消费者的知识水平和认知能力时，不仅要考虑摩托车的组装商和维修商的知识水平和认知能力，也要考虑摩托车的一般购买者和使用者的知识水平和认知能力。

拓展思考

关于"外观设计是否相同或者近似的判断，以外观设计的整体视觉效果为基础进行。如果被诉侵权设计与授权外观设计在整体视觉效果上无差异的，人民法院应当认定两者相同；在整体视觉效果上无差异的，应当认定两者近似"。[①] 在"珠海格力电器股份有限公司与广东美的电器股份有限公司、国家知识产权局专利复审委员会外观设计专利权无效行政纠纷申请再审案"中，最高人民法院在该案的再审判决中认为，在审理侵犯外观专利权纠纷的案件中，在对比外观设计专利与对比设计时应当采用整体观察、综合判断的方式。所谓整体观察、综合判断是指由涉案专利与对比设计的整体来判断，而不从外观设计的部分或者局部出发得出判断结论。[②] 另外，在"上海星客特汽车销售有限公司与天津世之源汽车销售有限公司侵害外观设计专利权纠纷上诉案"中，二审法院从四个方面论证被诉侵权设计与涉案专利外观设计是否构成相同或者近似，提供了一个更好的参照文本。在认定本案中被诉侵权产品与涉案专利产品均为汽车属于相同种类产品的前提

---

① 张鹏、徐晓雁：《外观设计专利制度原理与实务》，知识产权出版社 2015 年版，第 348 页。
② 最高人民法院（2011）行提字第 1 号行政判决书。

下，该案二审法院认为，根据相关司法解释规定，将被诉侵权设计与涉案专利外观设计进行相同或者近似比对时主要考虑以下几个方面：第一，关于涉案专利产品一般消费者的知识水平和认知能力。根据上述司法解释规定，界定一般消费者的知识水平与认知能力，应当考虑涉案专利同类产品的购买者群体；第二，关于涉案专利产品的设计空间。判断被诉侵权设计与涉案专利外观设计是否相同或者近似时，应当考虑涉案专利产品的设计空间；第三，还要考虑涉案专利外观设计与被诉侵权设计之间区别设计特征在整体视觉效果中的影响；第四，通常情况下，产品外观设计的主视部分、创新部分以及容易被观察的部位在整体视觉效果上更具有显著影响。①

第三节 专利侵权抗辩

一、概述

专利制度并非单纯只保护专利权人的利益，而是要在专利权人、企业、潜在竞争者及社会公众之间保持一种动态的利益均衡。对于专利权人的保护，往往是通过法律赋予其一定期限的财产权利，并辅以有效的权利救济机制；而对于其他主体的利益维护，则是通过专利信息的公开、专利权的限制以及对于专利权人提出的侵权主张的抗辩予以实现的。当然，在一定意义上也可以把有关专利权的各种限制理解为其他主体可用以对抗专利权人权利主张的抗辩，这部分内容已在之前的章节进行了介绍，本节不再重复。除了专利权的限制以外，我国专利制度还明确规定了专利侵权诉讼中的两项抗辩事由，即现有技术（设计）抗辩与合法来源抗辩。其中现有技术（设计）抗辩使得被告无须再通过提起冗长的宣告专利无效程序，而可以直接通过行使该项抗辩来维护自身的正当利益，同时也节省了诉讼成本。合法来源抗辩则目的在于限制合法经营者所承担的侵权责任，消除或降低因他人实施专利侵权行为而带来的法律风险。

二、现有技术（设计）抗辩

（一）现有技术抗辩②
核心知识点

所谓现有技术抗辩，或称为公知技术抗辩，是指"在侵犯专利权纠纷案件中，被告主张被控侵权物（包括被控产品或被控方法）采用的是现有技术，因而其行为不侵

---

① 天津市高级人民法院（2014）津高民三终字第0019号民事判决书。
② 现有技术，是指申请日以前在国内外为公众所知的技术。参见《专利法》第22条第5款规定。

犯原告所主张的专利的一种抗辩方式"。① 依照我国《专利法》第67条的规定，专利侵权纠纷中，被控侵权人有证据证明其实施的技术属于现有技术的，不构成侵犯专利权。《最高人民法院关于审理侵犯专利权纠纷案件应用法律若干问题的解释（二）》（法释〔2016〕1号）第22条规定，对于被诉侵权人主张的现有技术抗辩，人民法院应当依照专利申请日时施行的专利法界定现有技术。而依照《最高人民法院关于审理侵犯专利权纠纷案件应用法律若干问题的解释》（法释〔2009〕21号）第14条第1款的规定，被诉落入专利权保护范围的全部技术特征，与一项现有技术方案中的相应技术特征相同或者无实质性差异的，人民法院应当认定被诉侵权人实施的技术属于《专利法》第62条规定的现有技术。

典型案例

北京东方京宁建材科技有限公司与北京锐创伟业房地产开发有限公司、北京锐创伟业科技发展有限公司、北京睿达华通化工材料技术有限责任公司侵犯实用新型专利权纠纷案：北京市第二中级人民法院（2008）二中民初字第120号民事判决书；北京市高级人民法院（2008）高民终字第1165号民事判决书。

基本案情

徐炎是"一种带硬质加强层的轻质发泡材料填充件"实用新型专利的权利人。徐炎已将上述专利权许可东方京宁公司实施。在锐创伟业房地产公司准备开发、建设的"中关村电子城西区（望京科技创业园）E6/E7地块研发中心"项目中，选择使用了由睿达华通公司制造、销售的"轻质发泡材料建材"。徐炎认为上述产品属于侵犯其专利权的产品，故向法院提起专利侵权诉讼。

裁判摘要

一审裁判摘要

睿达华通公司提供的对比文件1的申请日早于本专利的申请日，该证据构成本专利的在先技术。本案被控侵权产品属于公知技术，睿达华通公司制造、销售该产品的行为不构成对本专利的侵犯。

二审裁判摘要

将被控侵权产品与对比文件1所揭示的B技术方案进行比较：首先，可以看到被控侵权产品的a特征与B技术方案的A特征是相同的，各方当事人对此亦无异议；其次，被控侵权产品b特征为本体四周缠绕有胶带，c特征为胶带与本体之一面之间是水泥浆和

---

① 北京市第一中级人民法院知识产权庭编著：《侵犯专利权抗辩事由》，知识产权出版社2011年版，第22页。

网格状纤维布的组合体，两者共同构成 B 技术方案所揭示的隔离层。显然，本领域的普通技术人员无须付出创造性劳动即可由对比文件 1 公开的 B 技术方案得出被控侵权物所使用的技术方案。基于上述理由，本院判定被控侵权物使用的技术方案系公知技术。

拓展思考

在侵犯发明或实用新型专利权诉讼中，当被控侵权人主张现有技术抗辩时，既可在先判定被控侵权技术与专利技术相同或等同的基础上进一步判定被控侵权技术是否属于现有技术，也可先行判定被控侵权技术是否属于现有技术。当然，由于第一种方法需要经过两次比对，而第二种方法只需要经过一次比对，相比较而言，应该说第二种方法更为节省成本。只要判定被控侵权技术使用的是现有技术，就可判定侵权不成立，而无须进一步判定被控侵权技术与专利技术是否构成相同或等同。另外，在"陈顺弟与浙江乐雪儿家居用品有限公司、何建华、温士丹侵害发明专利权纠纷提审案"中，最高院认为："乐雪儿公司用于主张现有技术抗辩的另一实用新型专利的申请日虽早于涉案专利申请日，但授权公告日晚于涉案专利申请日，故不构成现有技术，但依法构成抵触申请。由于抵触申请能够破坏对比专利技术方案的新颖性，故在被诉侵权人以实施抵触申请中的技术方案主张其不构成专利侵权时，应该被允许，并可以参照现有技术抗辩的审查判断标准予以评判。乐雪儿公司虽主张未公开的技术特征是本领域的公知常识和惯用手段，但并未举证证明。因此，另一实用新型专利并未完全公开被诉侵权产品的加工方法，乐雪儿公司以此来主张现有技术抗辩不能成立。"[1]

（二）现有设计抗辩

核心知识点

现有设计[2]抗辩与现有技术抗辩的含义类似。依照《专利法》第 67 条的规定，专利侵权纠纷中，被控侵权人有证据证明其实施的设计属于现有设计的，不构成侵犯专利权。《最高人民法院关于审理侵犯专利权纠纷案件应用法律若干问题的解释（二）》（法释〔2016〕1 号）第 22 条规定，对于被诉侵权人主张的现有设计抗辩，人民法院应当依照专利申请日时施行的专利法界定现有设计。《最高人民法院关于审理侵犯专利权纠纷案件应用法律若干问题的解释》（法释〔2009〕21 号）第 14 条第 2 款规定，被诉侵权设计与一个现有设计相同或者无实质性差异的，人民法院应当认定被诉侵权人实施的设计属于《专利法》第 67 条规定的现有设计。

典型案例

株式会社普利司通与浙江杭廷顿公牛橡胶有限公司、北京邦立信轮胎有限公司侵害外观设计专利权纠纷申请再审案：北京市第二中级人民法院（2007）二中民初字第

---

① 最高人民法院（2013）民提字第 225 号民事判决书。

② 现有设计，是指申请日以前在国内外为公众所知的设计。参见《专利法》第 23 条第 4 款规定。

391 号民事判决书；北京市高级人民法院（2007）高民终字第 1552 号民事判决书；最高人民法院（2010）民提字第 189 号民事判决书。

基本案情

2000 年 12 月 27 日，株式会社普利司通依法向中华人民共和国国家知识产权局（以下简称国家知识产权局）申请名称为"机动车轮胎"的外观设计专利，并获得了授权。现普利司通发现杭廷顿公司未经其许可，制造、销售与其上述专利外观相近似的 BT98 型轮胎，该行为侵犯了其上述专利权。邦立信公司作为销售商，未经普利司通许可销售了杭廷顿公司制造的 BT98 型轮胎，亦构成对普利司通上述专利权的侵犯。故，请求判令杭廷顿公司停止制造、销售花纹编号为 BT98 的全部规格的轮胎的行为，在普利司通监督下销毁侵权模具和现存侵权产品，从销售商处收回并销毁未售出的侵权产品，判令杭廷顿公司赔偿普利司通经济损失及为调查和制止侵权行为所支付的费用、代理费等共计人民币 30 万元，判令邦立信公司停止销售 BT98 型轮胎。

裁判摘要

一审裁判摘要

杭廷顿公司提出了现有设计抗辩主张。在具体运用现有设计抗辩原则时，只需对被控侵权产品与被控侵权人举证的现有设计是否构成相同或者等同作出判断。在进行外观设计近似性判断时，应当以普通消费者的审美观察能力为标准，进行整体观察与综合判定，既要从二者的主要设计部分进行比较，又要进行整体比较。结合整体比较后，二者仍构成相近似的外观设计。因此，杭廷顿公司提出的现有设计抗辩成立，其行为不构成对普利司通的"机动车轮胎"外观设计专利权的侵犯，邦立信公司销售涉案 BT98 型轮胎的行为亦不构成侵权。

二审裁判摘要

在判断外观设计是否相同或者相近似时，应当基于一般消费者的知识水平和认知能力进行评价。由于一般消费者在整体观察、综合判断的方式下不会注意到产品的形状、图案以及色彩上的微小变化，因此被控侵权产品与现有设计在整体上具有的六点细微区别不足以对汽车轮胎尤其是其主胎面的整体视觉效果产生显著影响，被控侵权产品与现有设计构成相近似的外观设计。

再审裁判摘要

判断被控侵权人的现有设计抗辩是否成立，当然首先应将被控侵权产品的设计与一项现有设计相对比，确定两者是否相同或者无实质性差异。如果被控侵权产品的设计与一个现有设计相同，则可以直接确定被控侵权人所实施的设计属于现有设计，不落入涉案外观设计专利保护范围。而在被控侵权产品设计与现有设计并非相同的情况下，为了保证对外观设计专利侵权判定作出准确的结论，应以现有设计为坐标，将被控侵权产品设计、现有设计和外观设计专利三者分别进行对比，然后作出综合判断。在这个过程中，既要注意被控侵权产品设计与现有设计的异同以及对整体视觉效果的影响，又要注意外观设计专利与现有设计的区别及其对整体视觉效果的影响力，考虑被控侵权产品的设计是否利用了外观设计专利与现有设计的区别点，在此基础上对被控侵权产品设计与现有设计是否无实质性差异作出判断。原审判决在被控侵权产品的设计与现有设计并不相同的情况下仅对二者进行对比即作出现有设计抗辩成立的结论，该侵权对比判断方法有所失当，应予纠正。

拓展思考

根据《专利法》第 23 条的规定，授予专利权的外观设计，应当同现有设计不相同和不相近似，因而专利权人只能就其相对于现有设计的创新性贡献申请专利并获得保护，不能把已经进入公有领域或者属于他人的创新性贡献的部分纳入其保护范围。因此，如果被控侵权人能够证明其实施的设计属于涉案专利申请日前的现有设计，就意味着其实施行为未落入涉案外观设计专利权的保护范围。在我国现行法律实行专利有效性判定程序和专利侵权判定程序分别独立进行的模式下，如果不允许被控侵权人在专利侵权民事诉讼中主张现有设计抗辩，在被控侵权产品属于现有设计的情况下依然认定构成侵犯涉案专利权，则会导致外观设计专利权的保护范围与专利权人的创新性贡献不相适应。因此，允许被控侵权人在外观设计专利侵权民事诉讼中提出现有设计抗辩，是我国专利法所规定的外观设计专利权授权条件及保护范围确定的应有之义。

三、合法来源抗辩

核心知识点

《专利法》第 77 条规定了有关"合法来源抗辩"的内容，即为生产经营目的使用、许诺销售或者销售不知道是未经专利权人许可而制造并售出的专利侵权产品，能证明该产品合法来源的，不承担赔偿责任。从该条规定来看，合法来源抗辩的构成要件包括以下几项内容：第一，仅限于为生产经营目的使用、许诺销售或者销售专利侵权产品，而不包括制造、进口行为；第二，行为人主观属于善意，即不知道是未经专利权人许可而制造并售出的专利侵权产品。所谓不知道，是指实际不知道且不应当知道[①]；第三，产品来源合法，即通过合法的销售渠道、通常的买卖合同等正常商业方式取得产品。对于合法来源，使用者、许诺销售者或者销售者应当提供符合交易习惯的相关

---

① 《最高人民法院关于审理侵犯专利权纠纷案件应用法律若干问题的解释（二）》（法释〔2016〕1 号）第 25 条第 2 款。

证据。① 如果满足上述要件，被告即可以此主张不承担赔偿责任。依照《最高人民法院关于审理侵犯专利权纠纷案件应用法律若干问题的解释（二）》（法释〔2016〕1 号）第 25 条第 1 款的规定，为生产经营目的使用、许诺销售或者销售不知道是未经专利权人许可而制造并售出的专利侵权产品，且举证证明该产品合法来源的，对于权利人请求停止上述使用、许诺销售、销售行为的主张，人民法院应予支持，但被诉侵权产品的使用者举证证明其已支付该产品的合理对价的除外。

典型案例

广东雅洁五金有限公司诉杨建忠等侵害外观设计专利权纠纷再审案：河北省高级人民法院（2012）冀民三终字第 108 号民事判决书；最高人民法院（2013）民提字第 187 号民事判决书。

基本案情

2012 年 2 月 10 日，雅洁公司以杨建忠和卢炳仙侵犯其外观设计专利权为由，向法院提起本案诉讼，请求法院判令：（1）各被告立即停止生产和销售专利侵权产品的违法行为，并立即销毁与侵权行为有关的被诉产品；（2）各被告连带赔偿雅洁公司经济损失人民币 15 万元。

裁判摘要

一审、二审裁判摘要

杨建忠出售被诉侵权门锁给卢炳仙的日期为 2009 年 7 月 4 日，在涉案专利授权公告日 2009 年 9 月 16 日之前。雅洁公司未提供证明杨建忠在涉案专利授权公告日以后制造、销售被诉侵权门锁的证据，且雅洁公司取得专利独占实施许可的日期为 2009 年 10 月 22 日。故杨建忠的制造、销售行为不构成侵权，在本案中不应承担侵权赔偿责任。卢炳仙在涉案专利授权公告日以后销售被诉侵权门锁，构成侵权，因此应当停止销售侵权门锁。本案无证据证明卢炳仙知道或者应当知道所售产品涉及侵权，其所售产品有合法来源，卢炳仙依法不承担赔偿责任。

再审裁判摘要

对于侵权产品合法来源证据的审查应当从严把握，特别要注重对证据的真实性、证明力、与侵权产品的关联性、同一性的审查。本案中，卢炳仙主张其销售的侵权产品有合法来源，为此提供了发货清单和交通银行个人存款回单。但发货清单只是传真件，且其上没有任何主体签名或盖章，卢炳仙也未提交相应的购货合同予以佐

---

① 《最高人民法院关于审理侵犯专利权纠纷案件应用法律若干问题的解释（二）》（法释〔2016〕1 号）第 25 条第 3 款。

证。交通银行个人存款回单不但没有显示付款人的姓名，且付款金额与发货清单上的金额也不相符。卢炳仙虽辩称该金额相对应的发货除了涉案发货清单上所列货品，还有其他的发货，但其并未就存在的其他货物及货款数额进行举证。因此，卢炳仙提供的证据并不能真实有效地证明其所销售的侵权产品的合法来源，其合法来源抗辩不成立。

拓展思考

在"广东雅洁五金有限公司诉杨建忠等侵害外观设计专利权纠纷再审案"中，最高院还就"合法来源抗辩"的举证责任问题发表了意见。侵权产品的使用者、销售者与制造者所承担的法律责任有所不同，所负担的举证责任亦不同。侵权产品的使用者、销售者承担的举证责任，并不因为发现了真正的制造者而得以免除或减轻。首先，合法来源抗辩是法律赋予善意的侵权产品使用者、销售者的一种权利，根据"谁主张、谁举证"的一般举证责任分配原则，侵权产品的使用者、销售者在行使合法来源抗辩权时，应负担举证责任，其应该举出合法获取侵权产品的证据，如购货发票或收据，以及付款凭证等。其次，对于这种特殊情况下侵权产品使用者、销售者的举证责任，也应该与存在多个中间销售环节时侵权产品使用者、销售者的举证责任相一致。最后，这样分配举证责任，既可以规范流通环节的市场秩序，也可以防止侵权产品使用者、销售者与他人串通，以提供虚假合法来源证据的方式逃避赔偿责任。①

第四节 专利侵权的法律责任

一、民事责任

专利权属于民事权利，当他人实施侵犯专利权的行为且不存在法定免责事由时，专利权人可要求其承担民事责任。在第四次《专利法》的修订中，为与《民法典》总则编有关诉讼时效的规则相对应，立法者将侵犯专利权的诉讼时效调整为三年，自专利权人或者利害关系人知道或者应当知道侵权行为以及侵权人之日起计算。发明专利申请公布后至专利权授予前使用该发明未支付适当使用费的，专利权人要求支付使用费的诉讼时效也调整为三年，自专利权人知道或者应当知道他人使用其发明之日起计算，但是，专利权人于专利权授予之日前即已知道或者应当知道的，自专利权授予之日起计算。具体来说，侵犯专利权的民事责任主要有停止侵权、损害赔偿等形式。由于专利权属于财产权，一般不需要通过赔礼道歉的责任形式来消除或减轻专利权人在人身利益上的不利影响。我国《专利法》第 72 条规定了专利权人

---

① 参见最高人民法院（2013）民提字第 187 号民事判决书。

可在起诉前向人民法院申请采取责令停止有关行为的措施，第 71 条则规定了有关专利侵权损害赔偿的计算方法。相比较而言，在专利侵权诉讼中损害赔偿的计算问题是一大难点。

（一）专利侵权损害赔偿的计算方法

核心知识点

依照《专利法》第 71 条的规定，侵犯专利权的赔偿数额按照权利人因被侵权所受到的实际损失、侵权人因侵权所获得的利益来加以确定。当权利人的损失或者侵权人获得的利益均难以确定时，还可参照该专利许可使用费的倍数合理确定损害赔偿的数额。在本次《专利法》的修订中，为了加强专利权的法律保护，进一步遏制侵犯专利权的行为，立法者还增加了惩罚性赔偿的规定，即对故意侵犯专利权，情节严重的，可以在按照上述方法确定数额的一倍以上五倍以下确定赔偿数额。如果权利人的损失、侵权人获得的利益和专利许可使用费均难以确定，人民法院可以根据案件具体情况在法定数额范围内确定赔偿数额，此即为法定赔偿，或称为酌定赔偿。立法者在本次《专利法》的修订中进一步提升了法定赔偿的数额上下限，即三万元以上五百万元以下。为了鼓励专利权人主张权利，法院还可要求被告补偿专利权人为制止侵权行为所支付的合理开支。如果权利人的损失、侵权人获得的利益和专利许可使用费均难以确定，人民法院可以根据案件具体情况在法定数额范围内确定赔偿数额，此即为法定赔偿，或称为酌定赔偿。当然，关于专利侵权损害赔偿的计算问题，实践中由于专利权人不能充分掌握有关侵权行为的相关信息，一般难以举证证明实际损失的数额，而被告往往会隐匿真实证据或者捏造虚假的信息，从而消除或减轻承担的赔偿责任。对于该问题，依照《最高人民法院关于审理侵犯专利权纠纷案件应用法律若干问题的解释（二）》（法释〔2016〕1 号）第 27 条的规定，在权利人已经提供侵权人所获利益的初步证据，而与专利侵权行为相关的账簿、资料主要由侵权人掌握的情况下，人民法院可以责令侵权人提供该账簿、资料；侵权人无正当理由拒不提供或者提供虚假的账簿、资料的，人民法院可以根据权利人的主张和提供的证据认定侵权人因侵权所获得的利益。

典型案例

上诉人华纪平、合肥安迪华进出口有限公司与被上诉人上海斯博汀贸易有限公司、如东县丰利机械厂有限公司、南通天龙塑业有限公司侵犯专利权纠纷案：江苏省高级人民法院（2005）苏民三初字第 0006 号民事判决书；最高人民法院（2007）民三终字第 3 号民事判决书。

基本案情

原审原告华纪平、安迪华公司于 2005 年 12 月 6 日以斯博汀公司、丰利公司、天龙公司为共同被告向江苏省高级人民法院起诉称：华纪平系哑铃套组手提箱实用新型专利的专利权人。2000年10月20日，华纪平就该专利向我国海关总署进行备案。在取得专利权后，华纪平就开始对该专利实施生产，并与第一被告斯博汀公司及其法国股东有着长期的贸易往来。自2005年1月以来，斯博汀公司及其法国股东突然与原告中断本案所涉专利产品的贸易，但斯博汀公司的法国股东在欧洲市场仍源源不断地销售与原告专利相同的由第二、第三被告所提供的产品。由于三被告的侵权行为，导致原告专利产品的欧洲市场丧失殆尽，并给原告造成不可估量的经济损失，故请求法院判令三被告承担相应法律责任。

裁判摘要

一审裁判摘要

由于侵犯专利权不涉及权利人商誉等人身权利，而赔礼道歉一般适用于侵犯他人名誉权、商誉权等人身权利场合，故两原告要求被告承担赔礼道歉的民事责任缺乏法律依据，不予支持。本案中，因两原告提供了斯博汀公司和丰利公司的侵权数量及专利产品的利润情况，故依法应以两原告的损失确定赔偿数额。对此损失，斯博汀公司和丰利公司应当承担连带赔偿责任。两原告虽主张以双方专利实施许可合同约定的500万元专利许可使用费作为计算赔偿额的依据，但由于两原告之间在签订许可合同时具有利害关系，即华纪平系安迪华公司的股东和法定代表人，且安迪华公司提供的相关财务账册也反映该500万元许可使用费并没有实际支付，故不应当作为确定本案赔偿数额的依据。

二审裁判摘要

原审法院在当事人均不能准确举证证明相关专利产品或者侵权产品利润率的情况下，根据侵权人自认的使用涉案专利手提箱的哑铃产品的利润率，结合权利人当时主张的自己产品的利润率，同时考虑专利产品和侵权产品本身的价值和作为市场销售的哑铃产品的包装对整体产品销售利润的贡献作用，确定涉案专利包装箱的合理利润率为涉案哑铃产品销售价的15%，虽然相对较高，但考虑到侵权人的主观过错明显，该酌定的利润率并无明显不妥，本院无须予以变更，各上诉人有关利润率计算的上诉理由本院均不予支持。

拓展思考

最高人民法院在其发布的相关司法解释中进一步规定了计算专利侵权损害赔偿数额的具体方法。如依据《最高人民法院关于审理专利纠纷案件适用法律问题的若干规定》（法释〔2015〕4号）第14条的规定，"权利人因被侵权所受到的实际损失"可以根据专利权人的专利产品因侵权所造成销售量减少的总数乘以每件专利产品的合理利润所得之积计算；"侵权人因侵权所获得的利益"可以根据该侵权产品在市场上销售的总数乘以每件侵权产品的合理利润所得之积计算。① 该司法解释第 21 条则规定，权利人的损失或者侵权人获得的利益难以确定，有专利许可使用费可以参照的，可以根据专利权的类型、侵权行为的性质和情节、专利许可的性质、范围、时间等因素，参照该专利许可使用费的倍数合理确定赔偿数额。

（二）法定赔偿

核心知识点

所谓法定赔偿，依照《专利法》第 71 条第 2 款的规定，如果权利人的损失、侵权人获得的利益和专利许可使用费均难以确定，人民法院可以根据专利权的类型、侵权行为的性质和情节等因素，确定给予三万元以上五百万元以下的赔偿。"在实际操作过程中，法院还是要专利权人对自己损失的大小进行举证，只是对证据证明力要求有所降低。"② 另外，《最高人民法院关于审理专利纠纷案件适用法律问题的若干规定》（法释〔2015〕4 号）第 15 条规定，没有专利许可使用费可以参照或者专利许可使用费明显不合理的，可以根据专利权的类型、侵权行为的性质和情节等因素，依照法定赔偿的方式确定赔偿数额。

典型案例

三九企业集团兰考葡萄酒业有限公司蛋白食品分公司与江西江中食疗科技有限公司侵害外观设计专利权纠纷申请案：江西省南昌市中级人民法院（2014）洪民三初字第 13 号民事判决书；江西省高级人民法院（2016）赣民终 2 号民事判决书；最高人民法院（2016）最高法民申 2540 号民事裁定书。

基本案情

2013 年 8 月 12 日，江中集团向国家知识产权局申请名称为"包装盒（猴菇酥性饼干 15 天装）"的外观设计专利，于 2014 年 1 月 8 日获得授权。江中集团与江中食疗公司两次签订实施许可合同，其中约定合同双方任何一方发现第三方侵犯许可方的专利权时，双方均可追究第三方侵权责任。三九酒业公司自称于 2014 年元旦前后开始生产被诉侵权产品；三九酒业蛋白分公司自称于 2014 年 4 月停止使用被诉侵权产品包装，江中食疗公司认可三九酒业蛋白分公司约于 2014 年 7 月停止使用被诉侵权产品包装。江中食疗公司请求法院判令四被告承担相应民事责任。

---

① 依照《最高人民法院关于审理侵犯专利权纠纷案件应用法律若干问题的解释》（法释〔2009〕21 号）第 16 条规定，人民法院依据专利法第 65 条第 1 款的规定确定侵权人因侵权所获得的利益，应当限于侵权人因侵犯专利权行为所获得的利益；因其他权利所产生的利益，应当合理扣除。侵犯发明、实用新型专利权的产品系另一产品的零部件的，人民法院应当根据该零部件本身的价值及其实现成品利润中的作用等因素合理确定赔偿数额。侵犯外观设计专利权的产品为包装物的，人民法院应当按照包装物本身的价值及其在实现被包装产品利润中的作用等因素合理确定赔偿数额。

② 崔国斌：《专利法：原理与案例》（第二版），北京大学出版社 2016 年版，第 888 页。

裁判摘要

一审、二审裁判摘要

结合涉案专利独占实施许可费的金额、侵权人侵权行为的性质、主观恶意程度、侵权时间长短及影响、生产、销售侵权商品的数量、价格、涉案产品包装对涉案产品利润所起的作用、江中食疗公司为制止侵权所支付的合理开支等各方面的因素，酌定三九酒业蛋白分公司赔偿江中食疗公司损失人民币 80 万元，三九酒业公司应对其分公司三九酒业蛋白分公司承担连带赔偿责任。

再审裁判摘要

一审、二审法院在实际损失、侵权获利以及专利许可使用费用均难以确定的情况下，适用法定赔偿的方式确定本案赔偿数额的做法正确。但在确定具体赔偿数额的过程中，未准确参考相关因素，如将没有证据证明实际发生的专利许可使用费纳入法定赔偿的参考因素，并认定被控侵权产品包装对产品利润的取得起主要作用，均有不当之处。但是考虑到江中食疗公司在涉案专利产品的营销推广中投入了较多费用，取得较好的市场销售量，在相关公众中具有较高的知名度，三九酒业蛋白分公司的侵权行为客观上挤占了涉案专利产品的市场发展空间，给江中食疗公司造成较大经济损失。故一审、二审法院确定的 80 万元赔偿数额适中，可予维持。

拓展思考

在专利侵权纠纷案件中，当法院决定通过适用法定赔偿的方式来补偿权利人或利害关系人的利益损失时，仍然需要参照多方面的因素来确定合理的赔偿数额。关于参照因素，《专利法》第 71 条第 2 款与《最高人民法院关于审理专利纠纷案件适用法律问题的若干规定》（法释〔2015〕4 号）第 15 条的规定只提及专利权的类型、侵权行为的性质和情节等因素。而在司法实践中，法院往往还会参照其他因素以确定赔偿数额，如主观恶意程度、侵权时间长短及影响、生产、销售侵权商品的数量、价格等。当然，对于这些参照因素在法院确定赔偿数额时的影响权重，我国专利制度并没有给出具体的指导规则，更多依靠法官的直觉认识来加以把握。

二、行政责任

核心知识点

依照《专利法》第 68 条的规定，对于假冒专利的违法行为，除依法承担民事责任外，还应承担相应的行政责任，即由管理专利工作的部门责令改正并予公告，没收违法所得，可以并处违法所得五倍以下的罚款；没有违法所得或者违法所得在五万元以下的，可以处二十五万元以下的罚款。依照《专利法实施细则》第 64 条的规定，假冒专利的行为包括虚假标注专利标识、未经许可标注他人专利号、销售上述产品、伪造或者变造专利证书、专利文件或者专利申请文件等行为。在 2015 年国家知识产权局发布的《专利行政执法办法》对假冒专利行为的查处及行政责任的追究作出了更为具体的规定。

典型案例

西峡龙成特种材料有限公司与榆林市知识产权局、陕西煤业化工集团神木天元化工有限公司专利侵权纠纷行政处理案：陕西省西安市中级人民法院（2015）西中行初字第 00267 号行政判决书；陕西省高级人民法院（2016）陕行终第 94 号行政判决书；最高人民法院（2017）最高法行再第 84 号行政判决书。

基本案情

2015 年 6 月 10 日，西峡公司以天元公司制造、使用的煤炭分质转化利用设备侵犯其"内煤外热式煤物质分解设备"实用新型专利权为由，请求榆林市知识产权局行政处理，责令天元公司停止上述侵权行为。

裁判摘要

一审裁判摘要

在榆林市知识产权局对技术特征进行比对过程中，西峡公司、天元公司对于涉案专利的密封窑体与被诉侵权设备的夹套、涉案专利的煤物质推进分解管道与被诉侵权设备的回转窑体两组技术特征是否构成等同存在争议，对于其余技术特征均无争议。涉案专利的煤物质推进分解管道与被诉侵权设备的回转窑体不构成等同特征，被诉行政决定认定事实清楚、证据确凿，适用法律正确，程序合法。

二审裁判摘要

行政执法人员在系统内调度，属于行政机关内部行为，不违反内部交流制度。榆林局鉴于现有工作人员欠缺，经请示陕西省知识产权局后，抽调宝鸡市知识产权局工作人员参与案件处理。而且，口头审理时已将合议组成员告知当事人，西峡公司未提出异议。因此，被诉行政决定的作出未违反法定程序。涉案专利的密封窑体与被诉侵权设备的夹套，涉案专利的煤物质推进分解管道与被诉侵权设备的回转窑体，均不构成等同特征，被诉行政决定认定天元公司不构成专利侵权，认定事实清楚，证据确凿，适用法律正确。

再审裁判摘要

被诉行政决定违反法定程序、适用法律错误，一、二审判决对于本案争议的实体和程序问题的认定亦存在错误，依法应予一并撤销。基于我国现行专利法律制度的实际状况，西峡公司与天元公司之间的专利侵权纠纷，通过民事诉讼可以得到更加切实有效的解决。为服判息诉之考虑，本院向西峡公司释明，征询其是否就涉案专利侵权纠纷另行选择向人民法院提起民事诉讼。西峡公司向本院提交书面意见，坚持要求榆林局依法重新作出行政决定。

拓展思考

关于本案行政处理决定的合法性，最高院在其再审判决书中从三个方面作出了进一步的阐释：首先，对于专利侵权的判断处理，需要严格、规范的纠纷解决程序予以保障。但是，合议组成员艾龙在已经被明确变更为冯学良的情况下，却又在被诉行政决定书上署名，实质上等于"审理者未裁决、裁决者未审理"。上述重大的、基本的程序事项构成对法定程序的重大且明显违反，显然不属于榆林局所称"行政行为程序轻微违法，无须撤销行政行为"之情形。其次，本案的被诉行政行为是，榆林局对于专利侵权纠纷的行政处理。该行政处理系以榆林局的名义作出，并由五人合议组具体实施。原则上，作出被诉行政决定的榆林局合议组应由该局具有专利行政执法资格的工作人员组成。榆林局在本案中并未提交调苟红东参与涉案纠纷处理的任何正式公文。再次，在本案中，榆林局虽主张在口头审理时将苟红东的具体身份以及参与合议组的理由告知过当事人，但其提交的证据并不能证明该项主张。需要特别指出的是，合议组成员艾龙变更为冯学良后又在被诉行政决定书上署名，已经构成对法定程序的严重违反，不受行政相对人主观认知的影响，也不因行政相对人不持异议而改变。西峡公司在本案再审中对该问题提出异议及请求，并无不当。①

三、刑事责任

核心知识点

依据《专利法》第68条的规定，当假冒专利的行为构成犯罪时，应当依法追究行为人的刑事责任。《刑法》（2017）第216条规定，假冒他人专利，情节严重的，处三年以下有期徒刑或者拘役，并处或者单处罚金。依照我国最高人民法院、最高人民检察院联合发布的《关于办理侵犯知识产权刑事案件具体应用法律若干问题的解释》（法释〔2004〕19号）第10条规定，假冒专利的行为包括以下四种情形：第一，未经许可，在其制造或者销售的产品、产品的包装上标注他人专利号；第二，未经许可，在广告或者其他宣传材料中使用他人的专利号，使人将所涉及的技术误认为是他人专利技术；第三，未经许可，在合同中使用他人的专利号，使人将合同涉及的技术误认为是他人专利技术；第四，伪造或者变造他人的专利证书、专利文件或者专利申请文件。而依照该司法解释第4条规定，非法经营数额在20万元以上或者违法所得数额在10万元以上；给专利权人造成直接经济损失50万元以上；假冒两项以上他人专利，非法经营数额在10万元以上或者违法所得数额在5万元以上等情形属于"情节严重"的假冒

---

① 最高人民法院（2017）最高法行再84号行政判决书。

专利行为，应追究其刑事责任。

典型案例

周小波假冒专利案：山东省阳谷县人民法院（2000）阳刑初字第 33 号刑事附带民事判决书；山东省聊城市中级人民法院（2000）聊刑经终字第 7 号刑事裁定书。

基本案情

阳谷县人民检察院指控，1999 年 5—9 月，被告人周小波未经涉案实用新型专利权人卢恩光许可，擅自组织生产侵犯该专利权的乐凯牌双层艺术玻璃口杯，并分别销至河北、江西、成都等地，共销售 3168 只，非法经营额 282366.52 元。公诉机关认为被告人的行为已构成假冒专利罪，请求依照《中华人民共和国刑法》第 216 条之规定处罚。

裁判摘要

一审裁判摘要

被告人在生产、销售乐凯口杯前即明知卢恩光具有专利权，被告人具有假冒专利罪的主观要件。被告人在专利保护期内，未经专利权人许可，为生产经营目的非法制造、销售侵犯他人专利权的乐凯口杯，属假冒专利行为。被告人生产、销售乐凯口杯 3168 只，非法经营额 282366.52 元，非法获利 76446.52 元，属假冒专利情节严重，被告人具备假冒专利罪的客观要件。被告人的行为，严重侵犯了国家的专利管理制度和他人的专利专有权，构成假冒专利罪，对被告人应予刑罚。

二审裁判摘要

上诉人周小波明知卢恩光具有专利，且在保护期内，未经专利权人许可，为生产经营目的非法制造、销售侵犯他人专利权的乐凯口杯，属假冒专利行为，上诉人销售乐凯口杯 3168 只，非法经营额 282366.52 元，非法获利 76446.52 元，属假冒专利情节严重，严重侵犯了国家的专利管理制度和他人的专利专有权，构成假冒专利罪，应予刑罚。

拓展思考

本案二审法院还从以下四个方面对被告人实施行为的性质作了具体的分析：第一，假冒专利罪主观方面的特征是故意。就该案而言，上诉人周小波主观认识因素的内容是其明知其假冒专利的行为会发生侵犯专利权人的合法权益，损害国家专利管理制度的社会结果；第二，上诉人周小波合法注册成立了乐凯保温制品厂，并与河北天元实业有限公司就"乐凯"商标的使用达成协议，以及从滕州定作结构及外形同"诺亚"口杯相一致的杯体的一系列行为，正说明了上诉人周小波是采用典型的不正当竞争方法，在技术方案、技术指标、外形及结构上模仿"诺亚"专利产品，并在仿造的产品上标注自己的"乐凯"商标，达到以假乱真的效果，其行为的实质就是假冒专利产品的行为方式之一；第三，鉴定书虽然只是咨询性质，不属直接具有法律效力的文书，但该鉴定书对上诉人周小波生产、销售的乐凯口杯是否属侵犯卢恩光专利权行为的表述是科学严谨的，符合专利法的规定，与本案查证的其他证据相结合，起到了证明案件事实的作用，故该鉴定可以作为证据使用；第四，阳谷县人民法院对该案依法具有管辖权，理由为阳谷县属犯罪结果发生地。[①]

①　山东省聊城市中级人民法院（2000）聊刑经终字第7号刑事裁定书。

第四编

商标权

第十五章　商标权的客体

第一节　商标的概念和功能

一、商标受保护的前提——不违背商标权人意志的使用才能获得法律保护

核心知识点

商标是用以区分某种商品或者服务的不同提供者的标识。根据我国《商标法》第 8 条的规定，商标是指"任何能够将自然人、法人或者其他组织的商品与他人的商品区别开的标志"，其构成要素包括文字、图形、字母、数字、三维标志、颜色组合和声音，以及上述要素的组合。商标法是私法，自然要遵循意思自治原则的要求，商标权的取得、存续和消灭均与商标权人的意思自治有关。商标的使用，是商标权人意思自治的集中体现，商标的全部价值源于商业活动中的使用。在商业实践中，消费者经常会用简称或代称指代某一商标，这种"商标俗称"能否被认定为第 49 条第 2 款中"撤三"制度下的"使用"，商标权人能否禁止"商标俗称"的注册和使用行为，对于商标权人而言是非常重要的。《最高人民法院关于审理商标授权确权行政案件若干问题的规定》①（以下简称《授权确权若干规定》）第 26 条第 1 款规定："商标权人自行使用、他人经许可使用以及其他不违背商标权人意志的使用，均可认定为商标法第 49 条第 2 款所称的使用。""以及其他"的连接词表明"商标权人自行使用、他人经许可使用"均为"不违背商标权人意志的使用"，换言之，"不违背商标权人意志的使用"才属于对商标的连续使用。按照反对解释的结果，他人未经商标权人许可的使用和商标权人明确否认的"商标俗称"的使用，均不构成"撤三"制度中连续使用的证据。

典型案例

索尼爱立信移动通信产品（中国）有限公司与国家工商行政管理总局商标评审委

---

① 最高人民法院 2017 年 1 月 10 日法释〔2017〕2 号。另外，本编相关内容已根据 2020 年 12 月 23 日最高人民法院审判委员会第 1823 次会议通过的《最高人民法院关于修改〈最高人民法院关于审理侵犯专利权纠纷案件应用法律若干问题的解释（二）〉等十八件知识产权类司法解释的决定》做相应修正。

员会、刘建佳商标争议行政纠纷案：北京市第一中级人民法院（2008）一中行初字第196 号行政判决书；北京市高级人民法院（2008）高行终字第 717 号行政判决书；最高人民法院（2010）知行字第 48 号驳回再审申请通知书。

基本案情

2004 年"索爱"商标被核准注册，商标权人为刘建佳，核定使用商品为第 9 类影碟机、扩音器、扬声器音箱、电话机等商品。2005 年，索尼爱立信（中国）公司向商标评审委员会提起对争议商标撤销注册的申请。

裁判摘要

无论是作为未注册商标的简称，还是作为企业名称或知名商品特有名称的简称，其受法律保护的前提是，对该标识主张权利的人必须有实际使用该标识的行为，且该标识已能够识别其商品来源。在本案争议商标申请日前，没有证据证明索尼爱立信公司将争议商标用作其产品来源的标识，亦未有证据证明其有将该争议商标用来标识其产品来源的意图。相反，根据法院查明的事实，直至 2007 年 10 月、12 月，在争议商标已经被核准注册三年之后，索尼爱立信集团副总裁兼中国区主管卢健生仍多次声明"索爱"并不能代表"索尼爱立信"，认为"索尼爱立信"被非正式简称为"索爱"不可以接受。鉴此，最高人民法院认为，在争议商标申请日前，索尼爱立信公司并无将争议商标作为其商业标识使用的意图和行为，相关媒体对其手机产品的相关报道不能为其创设受法律保护的民事权益，因此索尼爱立信公司关于争议商标的注册损害其在先权利的再审理由不能成立。

拓展思考

本案一审裁判与二审、再审裁判反差极大，最终裁判表明了商业标识受到商标法保护的前提，是对该标识主张权利的人必须有实际使用该标识的行为，且该标识已经能够识别其商品来源。一审法院认为，"索爱"已被广大消费者和媒体认可并使用，具有了区分不同商品来源、标志产品质量的作用，这些实际使用效果、影响自然及于索尼爱立信通信公司和索尼爱立信公司，其实质即等同于他们的使用。因此，尽管索尼爱立信公司认可其没有将"索爱"作为其未注册商标进行宣传，但消费者的认可和媒体的宣传共同作用，已经达到了索尼爱立信公司自己使用"索爱"商标的实际效果，故"索爱"实质上已经成为该公司在中国使用的商标。二审法院则强调被抢注的商标是指他人已经使用并有一定影响的商标，被抢注的商标应当由被抢注人自己在商业活动中进行了使用，索尼爱立信公司不但未将"索爱"作为商标进行商业性的使用，高管更是明确否认"索爱"与"索尼爱立信"之间具有对应关系，一审法院的认定缺乏法律依据。通过该案的最终裁决，最高人民法院明确只有通过对商业标识主张权利的人自身的实际使用行为和实际的识别效果才能获得商标法的保护。《授权确权若干规定》第 26 条第 1 款盖棺论定，明确违背商标权人意志的标识使用行为，亦即"商标俗称"的使用，不能被认定为商标权人的使用行为，商标权人只能就不违背其意志的标识使用行为所产生的正当利益享有权利。

二、商标的功能

（一）商标的来源识别功能

核心知识点

商标的主要功能包括来源识别功能、品质保证功能和广告及竞争功能。作为法律创制的产物，商标必然要承载特定的制度想象的价值追求，具备相应的功能，侵权行为成立的实质，是商标功能无法正常实现。所谓来源识别功能（origin function），是指商标可以区分某一商品或服务的不同提供者。现代社会中生产、销售同类商品或者提供同类服务的经营者数量越来越多，没有商标作指引，消费者将彻底陷入选择困难，因此，来源识别功能就成为商标的基本功能。《商标法》第 57 条侵犯注册商标专用权的行为列举中，第（一）、（二）、（三）、（四）和（六）项均为因妨碍来源识别功能的实现而构成侵权行为。特别是第（二）项，"未经商标注册人的许可，在同一种商品上使用与其注册商标近似的商标，或者在类似商品上使用与其注册商标相同或者近似的商标"，只在"容易导致混淆的"情况下才构成侵权，突出来源识别功能的保护是商标权救济的关键。在市场营销过程中，各级代理商、经销商通常会在广告宣传等活动中使用商标标识，这种未经许可的使用行为目的在于实现商标所指示的商品的销售，商标的来源识别功能正常实现，商标权人的利益不受损害。所以，即便是未经许可，未妨碍来源识别功能的使用行为不构成侵犯商标权。

典型案例

申请再审人四川省宜宾五粮液集团有限公司与被申请人济南天源通海酒业有限公司侵犯商标专用权及不正当纠纷案：山东省高级人民法院（2011）鲁民三终字第 205 号民事判决书；最高人民法院（2012）民申字第 887 号驳回再审申请裁定书。

基本案情

五粮液公司是五粮液文字、图形和拼音注册商标的权利人，上述商标核定使用商品均为 33 类的含酒精饮料（不包括啤酒）、酒、酒精饮料（啤酒除外）。上海锦绣前程酒业有限公司为宜宾五粮液酒类销售有限责任公司（由宜宾五粮液股份有限公司与四川省宜宾五粮液集团有限公司共同出资设立）的全国经销商，依据天源通海公司和锦绣前程公司签订的购销协议，天源通海公司成为五粮液锦绣前程系列酒山东省营运商。天源通海公司在招商广告、连锁店加盟手册、授权经销合同书中均使用了五粮液图形和文字商标，五粮液公司以上述使用行为侵犯商标权且构成不正当竞争为由提起诉讼。

裁判摘要

天源通海公司是五粮液公司生产的"锦绣前程"系列酒的山东运营商，其在上述经营活动中使用五粮液文字、图形和拼音商标虽未经五粮液公司许可，但其使用上述商标的意图是指明"锦绣前程"系列酒是五粮液公司所生产、其为五粮液公司"锦绣前程"系列酒的山东运营商，且五粮液三字既是五粮液公司的商标亦为五粮液公司的字号，"锦绣前程"系列酒本身标注五粮液图形商标。同时，天源通海公司在经营活动中使用涉案商标是为了更好地宣传推广和销售"锦绣前程"系列酒，亦无主观恶意，这种使用行为并没有破坏商标识别商品来源的主要功能，未侵犯五粮液公司的涉案商标专用权。

拓展思考

最高人民法院指出，授权经销商为指明其授权身份、宣传推广商标权人的商品而善意使用商标，未破坏商标的识别功能的，不构成侵犯商标权。此即学理研究中所说的商标指示性合理使用，指第三人为了标明商品或者服务的用途，使公众了解与产品有关的真实信息，善意使用他人商标的行为。我国《商标法》并未从立法层面确立商标的指示性合理使用制度，因此司法实践中对商标指示性合理使用的判断标准一直存在争议。本案中，法院通过对被告的主观意图、使用方式以及是否会影响来源识别功能的实现之客观结果三个方面对使用他人商标进行宣传、推广和销售的行为性质界定划清了界限。天源通海公司对五粮液图形及文字商标的使用虽未经五粮液公司的许可，但使用的目的在于说明所销售商品的基本信息，服务于有合法来源的"锦绣前程"五粮液系列酒的宣传、推广和销售，并不存在侵权的主观恶意，消费者不会对贴附有五粮液商标的"锦绣前程"系列酒产生任何错误认识，没有使相关公众将天源通海公司与五粮液公司的关系产生错误的联想，根本不影响来源识别功能的正常发挥。因此，天源通海公司的正当使用行为，虽未经许可，但不侵犯五粮液公司的商标权。最高人民法院在再审申请人杭州奥普卫厨科技有限公司与被申请人浙江现代新能源有限公司、浙江凌普电器有限公司、杨艳侵犯商标权纠纷案[1]中指出，商标法所要保护的，是商标所具有的识别和区分商品及服务来源的功能，而并非仅以注册行为所固化的商标标识本身。商标标识本身的近似不是认定侵权行为是否成立的决定性因素，如果使用行为并未损害涉案商标的识别和区分功能，也未因此而导致市场混淆的后果，该种使用行为即不在商标法所禁止的范围之中。

---

[1] 最高人民法院（2016）最高法民再216号民事判决书。

（二）广告及竞争功能

核心知识点

随着社会经济生活的发展，商标的广告及竞争功能获得了越来越多的承认。商标应当具备显著特征，符号组合往往比商号本身简单，易于呼叫、记忆，在广告中突出商标可以强化商标的宣传效果。商标是消除信息不对称的重要工具。所谓信息不对称（asymmetric information），是指在市场经济活动中，各类人员对有关信息的了解是有差异的；掌握信息比较充分的人员，往往处于比较有利的地位，而信息贫乏的人员，则处于比较不利的地位。商标可以消除销售过程中消费者与经营者之间的信息不对称，便利和促进消费者完成消费决策，消费者凭借商标形成对特定经营者商品质量、价格的固定认识，迅速有效地找到自己想要购买的商品；与此同时，生产商也可以借助商标锁定目标消费者，减少不必要的推广费用，获得竞争上的优势。因此，商标发挥着广告及竞争功能。广告与竞争功能发挥的前提，是贴附商标的商品能够被消费者接触到。购买他人商品后未经其许可擅自更换商标或去除商标并出售的行为阻断了商标权人和消费者间的联系，排除了通过该批次商品建立商誉的可能性，妨碍了广告及竞争功能的正常发挥，商标权人的利益受到损害，故而反向假冒行为被认定为侵权行为。

典型案例

如皋市印刷机械厂诉轶德公司侵犯商标专用权纠纷案：《最高人民法院公报》2004年第10期。

基本案情

原告印刷机械厂系从事印刷机械生产及销售的企业，1991年12月20日受让取得南通市矿山机械厂用于印刷机械的"银雉"商标后，将该商标标识和产品技术参数、该厂厂名一起制作成产品铭牌，固定在其生产的胶印机上。被告轶德公司于1997年7月注册设立，经营范围为印刷机械的组装、修理和销售。该公司自2001年以来，多次购买他人使用过的"银雉"牌旧印刷机械，除去机械铭牌，经修理后重新喷涂，以无标识的形式销售给用户。

裁判摘要

注册商标中的商品商标，作为商标权人与商标使用者之间的纽带，只有附在核准使用的商品上随着商品流通，才能增强商品的知名度和竞争力，使商品使用者认知商品生产者及其商品的全部价值，增加商品的市场交易机会，满足商标权人实现其最大经济利益的目的。所以，商品商标与商品具有不可分离的属性，商标权人有权在商品的任何流通环节，要求保护商品商标的完整性，保障其经济利益。在商品流通过程中拆除原有商标的行为，显然割断了商标权人和商品使用者的联系，不仅使商品使用者无从知道商品的实际生产者，从而剥夺公众对商品生产者及商品商标认知的权利，还终结了该商品所具有的市场扩张属性，直接侵犯了商标权人所享有的商标专用权，并最终损害商标权人的经济利益。

拓展思考

本案涉及未经商标注册人同意去除其注册商标标识并将该商品又投入市场的行为性质判断。《商标法》仅规定了未经同意更换注册商标并投入市场的行为属于侵权行为，[①] 对于去除注册商标标识后直接出售的行为缺少明确的处理依据。未经同意更换或去除注册商标并投入市场的行为，学理上通常称之为反向假冒。商标的反向假冒是指经营者合法取得贴附他人注册商标的商品后，未经该商标权人同意，擅自更换或去除其注册商标标识，并将更换商标或去除商标后的商品又投入市场的行为。对于擅自更换注册商标标识并出售的行为，学者称之为显性反向假冒，擅自去除注册商标标识并出售的行为称之为隐性反向假冒[②]。显性反向假冒行为发生的时间点在商品流通过程中尚未到达消费者之前，商标更换行为未经商标权人同意，商标更换行为使得消费者不能通过贴附于商品之上的商标意识到真正的生产者的存在，商标权人的商誉无从建立，广告及竞争功能无从发挥。因此，显性反向假冒行为属于侵犯商标权的行为。未经许可去除注册商标标识后直接出售的隐性反向假冒行为，与更换注册商标的显性反向假冒行为在本质上是一致的，均切断了商标权人与相关公众之间的联系，商标的信誉无从建立，商标不能作为竞争工具助益商业经营，商标的广告及竞争功能的实现受到影响，商标权人的利益遭受损害。归根结底，对广告及竞争功能的实现造成妨碍的行为，构成侵犯商标权的行为。

第二节　商标的显著性

一、固有显著性的认定

核心知识点

商标的首要功能是来源识别功能，识别相同或类似商品的不同提供者。为发挥来源识别功能，商标必须具备显著性，能与已有的商标相区分。正如学者所言："商标法显著性之有无，以及显著性之强弱，将影响及商标之可注册性以及其受保护之范围。"[③]《商标法》第9条第1款规定："申请注册的商标，应当有显著特征，便于识别，并不

---

① 参见 2001 年《商标法》第 52 条第（四）项、2013 年《商标法》第 57 条第（五）项。

② 参见张玉敏、王法强：《论商标反向假冒的性质——兼谈商标的使用权》，《知识产权》2004 年第 1 期。

③ 曾陈明汝：《商标法原理》，中国人民大学出版社 2003 年版，第 131 页。

得与他人在先取得的合法权利相冲突。"本条中的"有显著特征"和"便于识别"，应当视为同一个条件，是"显著性"的不同侧面："有显著特征"的着眼点在于商标符号组合本身的物理构成，"便于识别"的着眼点在于使用于特定商品或服务上的实际效果。商标，是使用在特定商品或服务之上的标识，它不仅仅是一个符号，不能只从物理符号的角度来单纯地分析商标显著性问题，而应该结合所适用的商品或服务类别，考虑相关公众的实际消费过程，如此方才可能得出关于显著性的客观结论。依显著性的来源不同，我们可以将显著性分为固有显著性（inherent distinctiveness）和获得显著性（acquired distinctiveness），申请注册商标只要具有固有显著性或者获得显著性的一种，就应当被核准注册。固有显著性，旨在强调该标识的符号组合本身自始即能与已有的商标相区分。固有显著性，是从商标标识与其所使用的商品或服务类别间的关联程度来评价的，关联程度的高低与显著性成反比。

典型案例

再审申请人四川省川南干妈食品有限公司与被申请人贵阳南明老干妈风味食品有限责任公司、一审被告国家工商行政管理总局商标评审委员会商标争议行政纠纷案：北京市高级人民法院（2012）高行终字第 493 号行政判决书；最高人民法院（2013）知行字第 1 号行政裁定书

基本案情

"老干妈"系列商标由老干妈公司提出注册申请并先后被商标局核准注册，"川南干妈"商标（争议商标）由川南干妈公司提出注册申请并获准注册。老干妈公司以两商标高度近似，且用于类似商品、构成近似商标为由，向商标评审委员会对争议商标提出撤销注册申请，后商评委作出维持争议商标的裁定。

裁判摘要

争议商标为"川南干妈"，其中的"干妈"与其核定使用的调味类商品并无关联，将这种普通称谓注册、使用在与其含义并无关联的商品上，属于显著性较强的任意性商标。争议商标中的"川南"表示川南干妈公司所在地域为四川南部，"川南"作为商标的组成部分，显著性不强。

在商标近似判断过程中，应当将争议商标与五件引证商标逐一进行比对。引证商标一包括不同字体的"老干妈"和"老干妈及图"标志，引证商标二为"陶华碧老干妈及图"标志，其核心均是"老干妈"，而且老干妈公司率先在调味品、辣椒酱等商品上使用"老干妈"标志并获得一定知名度。二审法院认为，争议商标的显著部分为"干妈"，其与上述五件包含"老干妈"的引证商标共存容易使相关公众误认为使用争议商标的商品与老干妈公司存在特定联系，从而容易导致混淆误认，应予以撤销。

最高院裁定驳回川南干妈公司的再审申请。

拓展思考

我国《商标法》既在第 9 条中正面规定了申请注册的商标应当具备显著性，又在第 11 条中反面排除了不具有显著性的情形。《商标法》第 11 条第 1 款规定："下列标志不得作为商标注册：（一）仅有本商品的通用名称、图形、型号的；（二）仅直接表示商品的质量、主要原料、功能、用途、重量、数量及其他特点的；（三）其他缺乏显著特征的。"可以选作商标物理组成的符号形式非常多，商标申请人既可以选择具有特定含义的符号或符号组合作为商标，也可以选择不具有特定含义的臆造的符号或符号组合作为商标，对于后者，当然具备显著性。人物的称谓一般情况下不构成商品的通用名称、图形、型号，因此，将人物称谓申请注册商标，通常都会满足显著性的要求。从本案的裁判结果可以看出，将人物的普通称谓申请注册商标，显著性的判断只在个案中有意义，如果将人物普通称谓使用在与该称谓完全不相干的商品上，并非直接表示商品的质量、主要原料等性征，那么应当认定该申请注册的商标具有较强的显著性。除此之外，争议商标的组成部分含有已经注册的商标，尤其当已注册商标不构成争议商标的主要组成部分时，该事实本身不能支持整个商标不与他人注册商标构成近似，仍应个案认定。

二、获得显著性的认定

核心知识点

获得显著性，是指不具有固有显著性的标识，通过长期使用而为相关公众所知悉，相关公众能够凭借该标识将相关商品或服务与某个提供者间建立特定的联系。《商标法》第 11 条第 2 款规定："前款所列标志经过使用取得显著特征，并便于识别的，可以作为商标注册。"该条内容即为获得显著性的规定。部分缺乏固有显著性特征的标识获得商标法保护的前提是通过使用获得显著性。获得显著性源于商标所使用标识的第一含义，而通过使用获得显著性是在第二含义上使用商标标识。作为商标含义的"第二含义"不是标识本来的含义，而是该标识本义之外的另一种含义，特指某种意旨，仅存在于标识和商品的联系之间。实际上，使用是商标制度的价值基础，从本质上看，无论是何种标识，其之所以能够作为商标受到保护的根本原因，是因为该标识通过使用而为相关公众所知悉，显著性源于使用。正如一些学者所指出的，商标没有使用就不能具备区分商品来源的功能，也不能积累商誉，注册制模式下，标志不经使用而仅仅通过注册就获得商标权是法律对固有显著性商标的固有显著性进行的拟制，主要是出于减少制度实施成本的考虑。[①] 获得显著性也是显著性的重要来源。

---

① 参见文学：《商标使用与商标保护研究》，法律出版社 2008 年版，第 21 页。

典型案例

西安小肥羊烤肉馆诉国家工商行政管理总局商标评审委员会商标行政纠纷案：北京市第一中级人民法院（2005）一中行初字第 181 号行政判决书；北京市高级人民法院（2006）高行终字第 94 号行政判决书。

基本案情

内蒙古小肥羊公司于 2001 年 12 月 18 日申请注册第 3043421 号"小肥羊及图"组合商标，后经国家工商行政管理总局商标局初步审定公告。西安小肥羊烤肉馆提出异议后，商标局驳回了其异议申请。西安小肥羊烤肉馆不服，请求商评委复审，后裁定准予"小肥羊及图"商标注册。

裁判摘要

"小肥羊"文字在一定程度上确实表示了"涮羊肉"这一餐饮服务行业的内容和特点，故包头市小肥羊酒店于 1999 年 12 月 14 日在第 42 类上申请"小肥羊及图"、西安小肥羊烤肉馆于 2000 年 10 月 23 日在第 42 类上申请"小肥羊及图"商标，商标局对于"小肥羊"文字均不予批准。这就是说，"小肥羊"文字作为商标缺乏固有显著性，因此，西安小肥羊烤肉馆关于内蒙古小肥羊公司违反《商标法》第 31 条规定，抢先注册其在先使用并具有一定影响的未注册商标的主张不能成立，但这并不排除"小肥羊"文字可以通过使用和宣传获得"第二含义"和显著性。实际上，内蒙古小肥羊公司自 2001 年 7 月成立后，采用了连锁加盟的经营方式，服务的规模和范围急剧扩张，2001 年度即被评为中国餐饮百强企业，2002 年度又位列中国餐饮百强企业第二名，至争议商标于 2003 年审定公告时，在全国具有了很高的知名度，从而使"小肥羊"文字标识通过内蒙古小肥羊公司大规模的使用与宣传，已经获得了显著性，并且便于识别，应当准予作为商标注册。

拓展思考

"小肥羊"案是我国描述性商标通过使用而获得显著性的典型案例。由于实践中这种实例较少，无论是商标局、商评委还是法院，均未形成关于获得显著性判断与证明的一般规则。小肥羊本身是"小肥羊"火锅的原料之一，属于《商标法》第 12 条第 1 款第（二）项中直接表示商标的主要原料的描述性商标，从而不具有固有显著性。通过后来内蒙古小肥羊公司大规模的使用和宣传行为，"小肥羊"已经成了一种与四川火锅、北京火锅相区分的火锅类型，获得了显著性，消费者也对此产生了清晰的认知，可以作为商标注册。正如《商标法》第 12 条第 2 款所言，"前款所列标志经过使用取得显著特征，并便于识别的，可以作为商标注册"。北京高院在裁判中特别指出，商标局在针对三个"小肥羊"商标注册申请进行审查时并未采取双重标准，而是根据不同商业主体使用商标的不同情况进行商标显著性的判断，换言之，获得显著性的判断应当结合商标使用的具体情形，做个案判断。《授权确权若干规定》第 7 条对司法经验进行了总结："人民法院审查诉争商标是否具有显著特征，应当根据商标所指定使用商品的相关公众的通常认识，判断该商标整体上是否具有显著特征。商标标志中含有描述性要素，但不影响其整体具有显著特征的；或者描述性标志以独特方式加以表现，相关公众能够以其识别商品来源的，应当认定其具有显著特征。"

三、三维标志申请注册商标时显著性的判断

核心知识点

商标的基本作用在于区分商品、服务的不同来源，具有显著性是识别功能发挥的前提，也是商标受法律保护的基础要求。按显著性的强弱，可分为固有显著性和通过使用获得显著性。我国《商标法》第 11 条第 1 款规定："下列标志不得作为商标注册：（一）仅有本商品的通用名称、图形、型号的；（二）仅直接表示商品的质量、主要原料、功能、用途、重量、数量及其他特点的；（三）其他缺乏显著特征的。"按照体系解释的要求，前两项规定中的标志之所以不得作为商标注册，根本原因在于"缺乏显著特征"，即缺乏固有显著性。显著性判断的主体是且只能是消费者，对于缺乏固有显著性的标志，如果通过长期的营销活动消费者能够实际区分，那么该标志就获得了显著性，能够作为商标注册。正是基于上述考虑，《商标法》第 11 条第 2 款规定："前款所列标志经过使用取得显著特征，并便于识别的，可以作为商标注册。"三维标志在我国也可以作为商标申请注册。审查商标是否具有显著性特征，要结合诉争商标指定使用商品或服务的相关公众的通常认识，从整体上对商标是否具有显著特征进行审查判断。对于以商品包装形式体现的三维标志，设计上的独特性并不当然地等同于商标的显著性，而仍应当以其能否区分商品来源作为固有显著性的判断标准。

典型案例

再审申请人意大利爱马仕公司（HERMES ITALIE S. P. A）与被申请人国家工商行政管理总局商标评审委员会商标驳回复审行政纠纷案：北京市第一中级人民法院（2008）一中行初字第 323 号行政判决书；北京市高级人民法院（2009）高行终字第 635 号行政判决书；最高人民法院（2012）知行字第 68 号行政裁定书。

基本案情

爱马仕公司提出国际注册第 798099 号"立体图形"商标注册申请，申请商标由包体上的翻盖、由包背面穿出的两条平行皮带及开关挂锁组成，商标评审委员会经审查后认为不具备显著性，驳回申请。

裁判摘要

以商品部分外观的三维形状申请注册的，在通常情况下，这种三维形状不能脱离商品本身而单独使用，故相关公众更易将其视为商品的组成部分，除非这种三维形状的商品外观作为商标，其自身具有区别于同类商品外观的显著特征，或者有充分的证据证明，通过使用，相关公众已经能够将这种商品外观与特定的商品提供者联系起来，否则难以认定此三维形状具有显著性。结合相关公众的通常认识，申请商标所包含的经过一定变形的皮包翻盖、皮带和金属部件均是包类商品上运用较多的设计元素，将这几种设计元素组合在一起的设计方式并未使其产生明显区别于同类其他商品外观的显著特征。仅从该三维标识本身来看，申请商标并不具有内在显著性，爱马仕公司在诉讼过程中提交的证据也难以证明申请商标通过使用而获得显著性。

拓展思考

在三叶草密封端钮案中，[①] 二审法院认为，申请人关于其申请注册商标的三维标志上的"三叶草"图案具有独特创意、能够与同行业经营者的同种商品区分开的上诉理由，仅能说明该三维标志本身可能会受到著作权法或专利法的保护，但不能作为其申请注册商标具有显著特征的理由，因为显著特征要求的并非是对商品的区分，而是对商品的不同提供者的区分。此后的芬达瓶案[②]和雀巢方形瓶案[③]中，法院在裁判中重申了这一态度。对于三维标志申请商标注册时显著性的审查判断，《授权确权若干规定》第9条中对司法裁判的经验进行了很好的总结。该条规定："仅以商品自身形状或者自身形状的一部分作为三维标志申请注册商标，相关公众一般情况下不易将其识别为指示商品来源标志的，该三维标志不具有作为商标的显著特征。该形状系申请人所独创或者最早使用并不能当然导致其具有作为商标的显著特征。第一款所称标志经过长期或者广泛使用，相关公众能够通过该标志识别商品来源的，可以认定该标志具有显著特征。"根据本条规定，三维标志本身的独创性与显著特征的认定之间没有必然联系，前者强调标志本身，后者强调与商品结合之后的整体效果，遵循不同的判断规则。

---

① 北京市第一中级人民法院（2009）一中行初字第71号行政判决书，北京市高级人民法院（2010）高行终字第131号行政判决书。

② 北京市第一中级人民法院（2010）一中知行初字第2664号行政判决书，北京市高级人民法院（2011）高行终字第348号行政判决书。

③ 北京市第一中级人民法院（2012）一中知行初字第269号行政判决书，北京市高级人民法院（2012）高行终字第1750号行政判决书；最高人民法院（2014）知行字第21号行政裁定书。

第十六章　商标权的取得

第一节　商标注册的绝对禁止条件

一、违反《商标法》第10条、禁止作为商标使用的标志

（一）对含有国名的标志申请注册为商标的审查判断

核心知识点

为维护公共利益不受侵害，维护正常的市场秩序，《商标法》第10条规定了不得作为商标使用的标识，涉及国家尊严和公共秩序，其中第1款第（一）项是维护我国国家尊严而禁止使用的标识。按照《商标审查及审理标准》第一部分第3条第（一）项的规定，有下列情形之一的不构成与我国的国家名称相同或者近似，除此之外包含我国国家名称的商标一律不予注册并禁止使用："1. 描述的是客观存在的事物，不会使公众误认的；2. 商标含有与我国国家名称相同或者近似的文字，但其整体是报纸、期刊、杂志名称或者依法登记的企事业单位名称的；3. 我国申请人商标所含我国国名与其他具备显著特征的标志相互独立，国名仅起表示申请人所属国作用的。""相同或者近似"，是指商标标志整体上与国家名称等相同或者近似，[①] 包含国家名称的商标在整体上并不与我国国家名称相同或者近似时则不能依据《商标法》第10条第1款第（一）项驳回注册申请。对于含有中华人民共和国的国家名称等，但整体上并不相同或者不相近似的标志，如果该标志作为商标注册可能导致损害国家尊严的，人民法院可以认定属于《商标法》第10条第1款第（八）项规定的情形，构成"具有其他不良影响"的标志，不得作为商标使用。

典型案例

国家工商行政管理总局商标评审委员会与劲牌有限公司商标驳回复审行政纠纷案：北京市第一中级人民法院（2009）一中行初字第441号行政判决书；北京市高级人民法院（2009）高行终字第829号行政判决书；最高人民法院（2010）行提字第4号行政判决书。

---

① 《最高人民法院关于审理商标授权确权案件若干问题的规定》第3条第1款。

基本案情

劲牌有限公司向商标局申请在第33类商品上注册"中国劲酒"商标，后被商标局驳回，理由是申请商标内含我国国名，违反《商标法》第10条第1款第（一）项，不得作为商标使用，不宜注册。

裁判摘要

一审、二审裁判摘要

申请商标为"中国劲酒"文字及方章图形共同构成的组合商标。其中文字"劲"字字体为行书体，与其他三字字体不同，字型苍劲有力，明显突出于方章左侧，且明显大于其他三个字，是申请商标的显著识别部分。方章图案中的"中国酒"三字，字体明显有别于"劲"字，虽然包含有中国国名，但该国名部分更容易使消费者理解为仅起商标申请人所属国的作用。因此，商评委的驳回决定认定事实不清，主要证据不足，判决予以撤销。

再审裁判摘要

《商标法》第10条第1款第（一）项规定，同中华人民共和国的国家名称相同或者近似的标志不得作为商标使用。此处所称同中华人民共和国的国家名称相同或者近似，是指该标志作为整体同我国国家名称相同或者近似。如果该标志含有与我国国家名称相同或者近似的文字，且其与其他要素相结合，作为一个整体已不再与我国国家名称构成相同或者近似的，则不宜认定为同中华人民共和国国家名称相同或者近似的标志。本案中，申请商标可清晰识别为"中国""劲""酒"三部分，虽然其中含有我国国家名称"中国"，但其整体上并未与我国国家名称相同或者近似，因此申请商标并未构成同中华人民共和国国家名称相同或者近似的标志，商标评审委员会驳回申请商标的注册申请不妥，最高人民法院予以纠正。

拓展思考

争议商标"中国劲酒"涉及违反《商标法》第10条第1款第（一）项的规定，即商标中含有我国国家名称。《商标审查及审理标准》规定了三种例外情形，除此之外，包含我国国家名称的商标一律不予注册并禁止使用。商评委在诉讼程序中坚持认为，申请商标含有"中国"二字，且在视觉效果上已形成一个整体，"中国"二字成为商标中密不可分的组成部分，不属于《商标审查及审理标准》中所指的与其他显著特征相对独立，仅起表示申请人所属国作用的情况，而本案商标注册申请人的企业名称是"劲牌有限公司"，并不属于能够使用"中国"字样的公司，在商标标志中将"中国"与企业字号合用，已构成对我国国家名称的不当使用。最高人民法院则在判决中指出，"中国劲酒"商标不符合前两个条件，但其中"劲"字和"中国酒"三字字体、大小均不相同且被突出使用，具有显著性特征，商标整体不会使人误认为该商标与中国国家名称相似。因此，"中国劲酒"商标实际上符合第三种例外情形，国名仅起表示申请人所属国作用。最高人民法院的裁判表明，如果商标含有与我国国家名称相同或者近似的文字，但文字部分与其他要素结合后作为一个整体不再和我国国家名称相同或者近似的，不能认定为同中华人民共和国国家名称相同或者近似的标志。

（二）带有欺骗性，容易使公众对商品的质量等特点或者产地产生误认的标志

核心知识点

对于带有欺骗性，容易使公众对商品的质量等特点或者产地产生误认的标志，2013 年《商标法》第 10 条第 1 款第（七）项规定不得作为商标使用，2019 年《商标法》对此未作修改。而在 2001 年《商标法》第 10 条第 1 款第（七）项中，该条款被表述为"夸大宣传并带有欺骗性"。商标具有广告及竞争功能，它是重要的市场竞争工具。在广告宣传的过程中，企业对商品进行夸大宣传这一行为本身并不具有任何可责难性，可责难的是夸大宣传的结果和性质，只有当夸大宣传的结果导致公众在消费选择时产生误认、行为具有欺骗性时这种行为才应当受到否定评价。因此，2013 年《商标法》修订时将该条款作了更改，将"夸大宣传"从《商标法》中删除，使之更符合商业逻辑与市场实际。按照现行《商标法》第 10 条第 1 款第（七）项，此类标志被禁用的要件有二：其一，标志的符号组合本身具有欺骗性，是以虚构事实等方面向相关公众传达了不真实或并非全部真实的信息；其二，标志的使用容易使相关公众产生误认，相关公众可能会基于对标志所传达信息的错误认识而作出消费选择。欺骗性标志的认定，要以相关公众对于申请注册的标志的认知为依据，涉案标志的符号含义仅仅是认定的必要前提之一，如果按照日常生活经验或者相关公众的通常认识等并不足以引入误解的，则该标志就不属于禁用标志。

典型案例

李守军诉商标评审委员会商标申请驳回复审行政案：北京市第一中级人民法院（2014）一中知行初字第 2842 号行政判决书；北京市高级人民法院（2014）高行（知）终字第 2851 号行政判决书。

基本案情

2011 年 9 月 30 日，李守军向商标局提出第 10028666 号"天下第一虎及图"（指定颜色）商标的注册申请，指定使用在第 39 类服务上。2012 年 10 月 11 日，商标局以申请商标中含有"天下第一"，使用在指定服务上"夸大宣传了指定服务项目"为由，驳回了申请商标的注册申请。李守军不服商标局的驳回通知，向商标评审委员会提出复审申请，后被驳回。

裁判摘要

一审裁判摘要

申请商标并未损害社会主义道德风尚和公共利益及公共秩序，不属于具有"其他不良影响"的情形。申请商标所包含的虎形塑像虽为"最大的锻铜雕塑"，但李守军并未提交该雕塑经过大量宣传和使用在全国范围内已获得较高知名度的证据，因此仅能认定该雕塑为一地方性人文景观，并不为相关公众广泛知晓。申请商标存在夸大宣传的情形，并具有一定的欺骗性，申请商标应属于2001年修正的《商标法》第10条第1款第（七）项所指不得作为商标使用的标志。综上，第101016号决定虽然适用法律错误，但结论正确。

二审裁判摘要

申请商标属于具有"其他不良影响"而非"夸大宣传并带有欺骗性"的情形，原审判决虽然适用法律错误，但裁判结论正确。

拓展思考

"天下第一"之类的最高级形容词通常不宜作为商标标志的物理构成要素进行使用，注册更在禁止之列，如此才可避免此类标志在使用过程中导致相关公众产生混淆误认，同时也可以防止商标注册人通过注册行为抬高自己而贬低同业竞争者。对于包含"天下第一"之类的最高级形容词的商标不能获得注册，商标行政主管机关和两级法院的结论是一致的，但是在具体条款的适用上，存在明显的分歧。商标局和一审法院认为此类商标属于违反2001年修正的《商标法》第10条第1款第（七）项的"夸大宣传并具有欺骗性"的情形，而商标评审委员会和二审法院则认为此类商标属于违反2001年修正的《商标法》第10条第1款第（八）项的"具有其他不良影响"的情形。无论是旧法还是新法，该条款强调的都是具有"欺骗性"效果和结果的标志，不得作为商标使用。对于那些容易使公众对商品的质量等特点产生误认的欺骗性标志，当然可以适用该项规定，认定其不得作为商标使用并禁止其注册；但是，对于那些有相关证据证明并不存在欺骗性的标志，则难以适用该项规定。本案中，申请注册的商标中虎形塑像被上海大世界基尼斯总部认定为"最大的锻铜雕塑"，"天下第一虎"的称谓有充分的事实依据，认定申请商标具有"欺骗性"显然与事实不符，因此，商标评审委员会和一审判决适用"欺骗性"条款对申请商标予以驳回并不准确。特别要指出的是，本案中的最高级形容词形容的是老虎，并非所指定使用的旅游服务，最高级形容词与所指定的商品或者服务的某个特征无关，在老虎上是否使用最高级别形容词与该商标能否获得注册之间本质上是没有因果关系的。判定是否有害于社会主义道德风尚或者有其他不良影响时，应当考虑社会背景、政治背景、历史背景、文化传统、民族风俗、宗教政策等因素，并应考虑商标的物理构成和所指定使用的商品或者服务类别。

（三）"有害于社会主义道德风尚或者有其他不良影响"的标志

1. "社会主义道德风尚""不良影响"与公序良俗原则

核心知识点

《商标法》第 1 款第（八）项规定，"有害于社会主义道德风尚或者有其他不良影响"的标志不得作为商标使用。"社会主义道德风尚"和"有不良影响"都不是严格的法律术语，其实指为民法上的公序良俗原则。《授权确权若干规定》第 5 条第 1 款指出："商标标识或者其构成要素可能对我国社会公共利益和公共秩序产生消极、负面影响的，人民法院可以认定其属于商标法第 10 条第 1 款第（八）项规定的'其他不良影响'。"按照反对解释的原理，如果有关标识的注册所损害的只是特定主体的民事利益，则不能穿凿附会为本款所保障的社会公共利益或公共秩序通过本条款进行救济，一则是因为利益的性质完全不同，二则是因为特定主体的民事利益另有救济方式，无须重复保护。公序良俗原则是民法的基本原则，凝聚了社会公众的价值共识，是立法活动的出发点与目的地，立法者通过设置行为底线的方式来影响法律行为的效力，进而影响民事主体的行为选择，最终助益于符合公序良俗原则要求的社会秩序的构建。因此，作为禁止性原则，违反公序良俗原则的标志不得作为商标使用，这一弹性条款的存在确保了商标法的灵活性。

典型案例

创博亚太科技（山东）有限公司与国家工商行政管理工总局商标评审委员会、第三人张新河商标异议复审行政纠纷案：北京市知识产权法院（2014）京知行初字第 67 号行政判决书；北京市高级人民法院（2015）高行知终字第 1538 号行政判决书。

基本案情

2010 年 11 月 12 日，创博亚太公司向商标局提出第 8840949 号"微信"商标的注册申请，指定使用在第 38 类"信息传送、电话业务、电话通讯、移动电话通讯"等服务上。2011 年 8 月 27 日，被异议商标经商标局初步审定公告。在法定异议期内，张新河对被异议商标提出异议，商标局作出裁定，被异议商标不予核准注册。创博亚太公司不服该裁定，向商标评审委员会申请复审，后商评委裁定被异议商标不予核准注册。

裁判摘要

一审裁判摘要

"微信"在信息传送等服务市场上已经具有很高的知名度和影响力，广大消费者对"微信"所指代的信息传送等服务的性质、内容和来源已经形成明确的认知。在这种情况下，如果核准被异议商标注册，不仅会使广大消费者对"微信"所指代的信息传送等服务的性质、内容和来源产生错误认知，也会对已经形成的稳定的市场秩序造成消极影响。先申请原则是我国商标注册制度的一般原则，但在尊重"在先申请"这个事实状态的同时，对商标注册申请核准与否还应当考虑公共利益和已经形成的稳定市场秩序。当商标申请人的利益与公共利益发生冲突时，应当结合具体情况进行合理的利益平衡。本案中，一方面是商标申请人基于申请行为产生的对特定符号的先占利益和未来对特定符号的使用可能产生的期待利益，另一方面是庞大的微信用户群体已经形成的稳定认知和改变这种稳定认知可能造成的较大社会成本，鉴于此，选择保护不特定多数公众的现实利益具有更大的合理性。因此，商标评审委员会认定被异议商标的申请注册构成《商标法》第10条第1款第（八）项所禁止的情形并无不当。

二审裁判摘要

根据《商标法》第10条第1款第（八）项的规定，有害于社会主义道德风尚或者有其他不良影响的标志不得作为商标使用。审查判断有关标志是否构成具有其他不良影响的情形时，应当考虑该标志或者其构成要素是否可能对我国政治、经济、文化、宗教、民族等社会公共利益和公共秩序产生消极、负面影响。如果有关标志的注册仅损害特定民事权益，由于商标法已经另行规定了救济方式和相应程序，不宜认定其属于具有其他不良影响的情形。本案中，被异议商标由中文"微信"二字构成，现有证据不足以证明该商标标志或者其构成要素有可能会对我国政治、经济、文化、宗教、民族等社会公共利益和公共秩序产生消极、负面影响。因此，就标志本身或者其构成要素而言，不能认定被异议商标具有"其他不良影响"。通常情况下，商标注册申请行为不是《商标法》第10条第1款第（八）项的调整对象，不属于"其他不良影响"的考虑因素。虽然本案被异议商标的申请注册并未违反《商标法》第10条第1款第（八）项的规定，但被异议商标在指定使用服务上缺乏商标注册所必须具备的显著特征，其注册申请违反了《商标法》第1条第1款第（二）项的规定，被异议商标依法不应予以核准注册。

拓展思考

商标法上公序良俗条款的规定非常模糊，司法适用中有较大的不确定性。本案的一审裁判结果引发了极大的争议。支持者认为，禁用条款虽然与政治（组织）直接挂钩，而普通的商标则与商业经济有关，但它们与商标保护在机理上一脉相承，都是为了防止混淆误认。[①] 混淆侵犯了相关公众的利益，故而，商标法中相关公众的利益完全有资格成为公共利益。[②] 反对者则认为，公序良俗条款所保护的内涵不同于混淆，混淆

---

① 参见邓宏光：《商标授权确认程序中的公共利益与不良影响：以"微信"案为例》，《知识产权》2015年第4期。

② 参见李扬：《"公共利益"是否真的下出了"荒谬的蛋"？——评微信商标案一审判决》，《知识产权》2015年第4期。

完全可以交由其他条款如第 8 条显著性条款来调整。① 二审裁判明确表示，如果有关标志的注册仅损害特定民事权益，由于商标法已经另行规定了救济方式和相应程序，不宜认定其属于具有其他不良影响的情形。显然，二审裁判将相关公众可能造成混淆这一情形彻底排除在了公序良俗条款的保护范围之外。同时，二审裁判还纠正了一审裁判的一个明显的逻辑与法理错误，重申"不良影响"属于绝对禁止事项。由于具有"其他不良影响"属于商标注册的绝对禁止事项，一旦认定某一标志具有"其他不良影响"，即意味着不仅该标志在所有的商品和服务类别上都不得作为商标使用，更不得作为商标注册。在《商标法》第 10 条第 1 款第（八）项未作例外规定的情况下，任何主体均不得将具有"其他不良影响"的标志作为商标使用和注册。因此，对于某一标志是否具有"其他不良影响"，在认定时必须持相当慎重的态度。而一审裁判的思路是"微信"由创博亚太使用或注册则产生"不良影响"，由腾讯公司使用或注册则不产生"不良影响"，"不良影响"的认定因公司而异，这是非常荒谬的。

2. "其他不良影响"的认定

核心知识点

我国《商标法》第 10 条第 1 款第（八）项中"社会主义道德风尚"和"有不良影响"都不是严格的法律术语，依据体系解释和目的解释的要求，对于该条款应以民法上的"公序良俗"概念来解释和适用。对于如何认定有关标志是否构成具有"其他不良影响"，《授权确权若干规定》第 5 条中作了明确规定。商标标志或者其构成要素可能对我国社会公共利益和公共秩序产生消极、负面影响的，人民法院可以认定其属于《商标法》第 10 条第 1 款第（八）项规定的"其他不良影响"；将政治、经济、文化、宗教、民族等领域公众人物姓名等申请注册为商标，属于前款所指的"其他不良影响"。因此，将在相关行业具有一定知名度和影响力的知名人物姓名作为商标注册在该行业相关商品上，易使相关消费者将该商品的品质特点与该行业相关知名商品生产工艺相联系，从而误导消费者的，可以认定为具有"其他不良影响"。需要注意的是，本条所针对的，只是相关领域公众人物姓名等对象，对于非公众人物姓名等对象而言，只能作为《商标法》第 32 条中"在先权利"获得救济。

典型案例

贵州美酒河酿酒有限公司与国家工商行政管理工总局商标评审委员会、李长寿商标争议行政纠纷案：北京市高级人民法院（2010）高行终字第 1503 号行政判决书；最高人民法院（2012）知行字第 11 号驳回再审申请裁定书。

---

① 参见孔祥俊：《论商标法的体系性适用——在〈商标法〉第 8 条的基础上展开》，《知识产权》2015 年第 6 期。

基本案情

李兴发生前系茅台酒厂副厂长，为茅台酒的酿造工艺做出一定的贡献，在酒行业具有一定的知名度和影响力。2005 年贵州美酒河公司获准注册"李兴发"，核定使用商品为第 33 类的"酒精饮料（啤酒除外）"。后李兴发之子李长寿以争议商标侵犯其父姓名权并造成不良影响为由向商评委提出撤销申请，商评委裁定撤销争议商标的注册。

裁判摘要

根据《最高人民法院关于审理商标授权确权行政案件若干问题的意见》第 3 条的规定，人民法院在审查判断有关标志是否构成具有其他不良影响的情形时，应当考虑该标志或者其构成要素是否可能对我国政治、经济、文化、宗教、民族等社会公共利益和公共秩序产生消极、负面影响。本案中争议商标由"李兴发"文字及图组成，将李兴发的姓名作为商标注册在"酒精饮料（啤酒除外）"商品上，易使相关消费者将商品的品质特点与李兴发本人或茅台酒的生产工艺相联系，从而误导消费者，并造成不良影响。因此，争议商标的注册违反了《商标法》第 10 条第 1 款第（八）项之规定，应予撤销。

拓展思考

本案的争议焦点之一是争议商标的注册是否构成 2001 年《商标法》第 31 条所指"申请商标注册不得损害他人现有的在先权利"的情形。"他人现有的在先权利"是指他人享有的除商标权以外的其他在先权利，包括姓名权。本案中，李兴发之子李长寿是以争议商标侵犯其父姓名权并造成不良影响为由向商标评审委员会提出撤销申请的。商标评审委员会在撤销争议商标注册的裁定中明确指出他人的姓名权中的"他人"是指在世的自然人，因李兴发已死亡，李长寿主张争议商标的注册损害李兴发在先姓名权的主张缺乏事实依据，不予支持。本案的另一关键问题是争议商标是否属于《商标法》第 10 条第 1 款第（八）项"具有其他不良影响"的情形。不良影响的判定应综合考虑社会背景、历史背景、文化传统等因素，并应考虑指定的商品或服务。本案争议商标本身的文字内容和商标的图文组合虽不致产生有害于社会主义道德风尚的后果或者具有其他不良社会影响，但将在酒行业具有一定知名度和影响力的李兴发的姓名作为商标注册在"酒精饮料（啤酒除外）"商品上，容易使相关消费者将商品的品质特点与李兴发本人或茅台酒的生产工艺相联系，从而误导消费者，造成不良影响，属于"具有其他不良影响"的情形。

3. 宗教感情与宗教信仰

核心知识点

判断有关标识是否构成具有其他不良影响的情形时，应当考虑该标志或者其构成要素是否可能对我国政治、经济、文化、宗教、民族等社会公共利益和公共秩序产生消极、负面影响。宗教是客观存在的社会现象，有其历史背景和文化根源，在可以预见的未来，宗教还将在人类社会中存在并扮演着重要的角色。因此，为避免因宗教问题引发的文化冲突、政治冲突乃至军事冲突，宗教感情应属于公序良俗的组成部分，伤害宗教感情的标志不能被使用于商标上，更不能被注册为商标。对具有宗教含义的商标，一般可以该商标的注册有害于宗教感情、宗教信仰或者民间信仰为由，认定其具有"其他不良影响"。判断商标是否具有宗教含义，应当结合当事人提交的证据、宗教人士的认知以及该宗教的历史渊源和社会现实综合予以认定。

典型案例

泰山石膏股份有限公司、山东万佳建材有限公司与国家工商行政管理总局商标评审委员会商标争议行政纠纷再审案：北京市第一中级人民法院（2014）一中知行初字第6325号行政判决书；北京市高级人民法院（2014）高行（知）终字第3390号行政判决书；最高人民法院（2015）知行字第62号行政裁定书；最高人民法院（2016）最高法行再21号行政判决书。

基本案情

第3011175号"泰山大帝"商标（即争议商标）于2010年4月14日经核准转让予万佳公司。泰山石膏公司于2013年5月17日向商标评审委员会提出争议申请，其主要理由为：争议商标有害于宗教信仰、宗教感情或者民间信仰，容易使公众对商品的质量等特点或者提供者的资质产生误认。

裁判摘要

一审、二审裁判摘要

一审法院认为，"泰山大帝"为道教众神之一，万佳公司将"泰山大帝"申请注册为商标并进行使用，容易伤害宗教人士、道教信众的宗教感情，构成《商标法》第10条第1款第（八）项规定的情形，应予撤销。二审法院认为，一审法院及商标评审委员会认定"泰山大帝"为道教山东泰山地区独有的神灵名称缺乏依据，应予纠正。

再审裁判摘要

判断有关标志是否构成具有其他不良影响的情形时，应当考虑该标志或者其构成要素是否可能对我国政治、经济、文化、宗教、民族等社会公共利益和公共秩序产生消极、负面影响。如果某标志具有宗教含义，不论相关公众是否能够普遍认知，该标志是否已经使用并具有一定知名度，通常可以认为该标志的注册有害于宗教感情、宗教信仰或者民间信仰，具有不良影响。本案中判断"泰山大帝"是否系道教神灵的称谓，是否具有宗教含义，不仅需考量本案当事人所提交的相关证据，也需考量相关宗教机构人士的认知以及道教在中国民间信众广泛的历史渊源和社会现实。"泰山大帝"的称谓系客观存在，具有宗教含义，将"泰山大帝"作为商标加以注册和使用可能会对宗教信仰、宗教感情或者民间信仰造成伤害，从而造成不良影响，属于《商标法》第10条第1款第（八）项规定的情形，应予撤销。

拓展思考

本案一、二审和再审中人民法院对于"泰山大帝"是否为道教神灵称谓的结论大相径庭，根本原因在于判断的标准不一。二审法院认为"泰山大帝"不属于道教神灵称谓的理由之一是国家官方记载中未记载"东岳大帝"或"泰山神"称为"泰山大帝"。再审法院则强调是否具有宗教含义的判断，要综合考量当事人所提交的证据、相关宗教机构人士的认知及历史渊源和社会现实，是否在官方记载中明确只是考量因素之一而非必备要件，道教神灵的称谓不能仅限于国家官方记载。泰安市民族与宗教事务局、泰安市道教协会出具的"泰山大帝"系道教神灵称谓的证明属于相关宗教人士的认知，部分书籍、新闻报道和论文中提及"东岳大帝"或"泰山神"称为"泰山大帝"，道教在我国具有悠久历史的事实也决定了道教神灵的称谓不能只以官方记载为准。根据相关证据和宗教界机构人士的认知表明，"泰山大神"均指向"泰山神"或"东岳大帝"，而不是指向其他道教神灵，"泰山大帝"的称谓具有宗教含义，注册与使用行为可能会对宗教信仰、宗教感情或者民间信仰造成伤害，从而造成不良影响。最高人民法院的判决明确了伤害宗教感情属于"具有其他不良影响"，也明确了宗教人物、角色认定的判断标准和考量因素。

（四）县级以上行政区划的地名或者公众知晓的外国地名不得作为商标的规定

核心知识点

地名商标，是指仅由地名构成或包含地名的商标。《商标法》第10条第2款规定："县级以上行政区划的地名或者公众知晓的外国地名，不得作为商标。但是，地名具有其他含义或者作为集体商标、证明商标组成部分的除外；已经注册的使用地名的商标继续有效。"禁止地名商标注册的原因主要有以下两点：其一，防止消费者对商品或服务的产地来源发生误认；其二，防止地名被个别经营者独占，妨碍其他同业竞争者的正常市场行为。县级以上行政区划的地名以我国民政部编辑出版的《中华人民共和国行政区划简册》为准。县级以上行政区划地名包括全称、简称以及县级以上的省、自治区、直辖市、省会城市、计划单列市、著名的旅游城市的拼音形式。公众知晓的外国地名，是指我国公众知晓的我国以外的其他国家和地区的地名，包括全称、简称、外文名称和通用的中文译名。商标的文字构成和我国县级以上行政区划的地名或者公众知晓的外国地名不同，但字形、读音近似足以使公众误认为是该地名，从而发生商品产地误认的，属于不得使用的情形。由县级以上行政区划的地名或者公众知晓的外国地名和其他要素组成的商标标志，如果整体上具有区别于地名的含义，不在禁用之列。①

典型案例

浙江省食品有限公司诉国家工商行政管理总局商标局商标管理行政批复上诉案：北京市第一中级人民法院（2004）一中行初字第653号行政判决书；北京市高级人民法院（2005）高行终字第00162号行政判决书。

基本案情

"金华火腿"商标是浙江食品的注册商标。金华火腿已获得原产地域产品保护，"金华火腿"属地理标志。商标局依浙江省工商行政管理局的请示，作出《关于"金华火腿"字样正当使用问题的批复》（商标案字〔2004〕第64号）。浙江食品不服该批复，向北京市第一中级人民法院提起行政诉讼。

裁判摘要

浙江食品的注册商标为"金华火腿"，其中"火腿"是商品的通用名称，"金华"是地名，所以他人对"金华""火腿"有权依法正当使用；"金华火腿"作为地理标志，具有标示产品来源于原产地域，并以此标示产品的特定质量、信誉或者其他特征的功能，符合该地理标志使用条件者对"金华火腿"字样的使用，是基于该地理标志的上述功能，其使用具有正当目的，排除侵权的故意。商标局批复对"金华火腿"字样正当使用的方式也提出了要求，以在实际使用中使之与浙江食品的注册商标有所区别，这与《商标法》保护注册商标专用权的原则并无冲突，是合法的。

拓展思考

我国《商标法》对含地名商标的注册申请作了明确规定，县级以上行政区划的地名或者公众知晓的外国地名不得作为商标。同时，还规定了例外情形，兼顾了历史原因导致的注册商标与地理标志之间的冲突解决。按照第10条第2款第2句和第16条第1款的规定，已经注册的使用地名的商标继续有效，已经善意取得注册的含商品的地理标志的商标继续有效。显然，含商品的地理标志的注册商标继续有效的前提是善意取得注册，而含地名商标继续有效的前提并未强调是否为善意。需要注意的是，尽管含地名商标因其已经注册而产生注册商标专用权，但这种专用权的排他效力是受到限制的，不能排除该地名范围内同类商品经营者基于正当目的使用"地名+商品"，更不能禁止他人以地理标志的方式使用其注册商标的文字部分。在使用过程中，使用人也要遵循正当使用的要求，要与商标权人的注册商标有所区别。

① 参见《授权确权若干规定》第6条。

商标局在批复中确认"金华特产火腿""××（商标）金华火腿"和"金华××（商标）火腿"属于《商标法实施条例》第49条所述的正当使用方式，指明了他人正当使用时的具体要求，兼顾商标权人、地理标志使用人和社会公众的利益，是合理、合法的。

此外，对于地名商标的禁用规定是否要严格按照行政区划来界定，也有不同声音。有学者认为，"地名本质上是描述性标志，除了那些具有欺骗性质的标志之外，地名商标并非禁用标志，而仅仅是禁止注册的标志……我国《商标法》的上述规定仅仅是官本位的体现……"，① 故而应当"在地名注册中采用单纯的'第二含义'标准和是否就产地、来源等误导公众的标准，而将行政区划的级别作为具体个案考量的其中一个判断要素"。②

二、违反《商标法》第11条、缺乏显著特征的商标

（一）通用标识不得作为商标注册

核心知识点

《商标法》第11条第1款规定："下列标志不得作为商标注册：（一）仅有本商品的通用名称、图形、型号的；（二）仅直接表示商品的质量、主要原料、功能、用途、重量、数量及其他特点的；（三）其他缺乏显著特征的。"该条款所指的各类标志，本质上都属于缺乏显著特征的标志。通用标识是指"在某一类商品或服务上普遍使用的用于指称其名称、图形或型号的标志"，③ 即第11条第1款中的各类标志。通用标识是同业竞争者普遍使用的用于指称某类商品或服务的标志，无法发挥识别功能，因此不能作为商标注册。《授权确权若干规定》第10条第1款规定："诉争商标属于法定的商品名称或者约定俗成的商品名称的，人民法院应当认定其属于商标法第11条第1款第（一）项所指的通用名称。依据法律规定或者国家标准、行业标准属于商品通用名称的，应当认定为通用名称。相关公众普遍认为某一名称能够指代一类商品的，应当认定为约定俗成的通用名称。被专业工具书、辞典等列为商品名称的，可以作为认定约定俗成的通用名称的参考。"需要注意的是，国家标准和行业标准只是证明力较强而非绝对，如果有相反证据，可以否定国家标准和行业标准中认定的通用名称。该条第2款规定："约定俗成的通用名称一般以全国范围内相关公众的通常认识为判断标准。对于由于历史传统、风土人情、地理环境等原因形成的相关市场固定的商品，在该相关市场内通用的称谓，人民法院可以认定为通用名称"。

① 王太平：《商标法：原理与案例》，北京大学出版社2015年版，第115页。

② 杜颖：《商标法》，北京大学出版社2016年版，第33页。

③ 冯术杰：《商标法原理与应用》，中国人民大学出版社2017年版，第66页。

典型案例

西南药业股份有限公司与国家工商行政管理总局商标评审委员会、拜耳消费者护理股份有限公司商标行政纠纷案：北京市高级人民法院（2006）高行终字第 248 号行政判决书；北京市高级人民法院（2007）高行监字第 291 号驳回再审申请通知书；最高人民法院（2007）行监字第 111—1 号驳回再审申请通知书。

基本案情

罗须公司经国家商标局核准于 2000 年 10 月 14 日注册了"散利痛"商标。2001 年 4 月 16 日，西南药业公司以"散利痛"系药品通用名称为由，请求商标评审委员会撤销该商标。经审查，2005 年商标评审委员会作出维持注册的裁定。二审判决后，拜耳公司依法受让了"散利痛"商标并向最高人民法院提交了参加本案再审诉讼的声明，罗须公司也向最高人民法院申请不再以自己的名义参加再审诉讼，并同意拜耳公司承继罗须公司在该案中的全部诉讼权利和义务。

裁判摘要

一审、二审裁判摘要

通用名称包括法定的通用名称和约定俗成的通用名称，被列入地方药品标准的名称原则上应认定为通用名称，但如该国家药品标准修改后则不宜仍将其认定为法定的通用名称；判定其是不是通用名称的标准应当是其不否是已为同行业经营者约定俗成、普遍使用的表示某类商品的名词。

再审裁判摘要

"散利痛"虽因列入四川、上海地方药品标准而成为该药品的通用名称，但 2001 年 10 月 31 日以后，因相关国家药品标准的修订不再是法定的通用名称，商评委根据作出评审裁定前同行业对该名称的实际使用情况等事实，认定"散利痛"具有显著性并维持其注册的裁定并无不当，原审法院维持其裁定的裁判结果正确。

拓展思考

实践中对于何种地域范围通用才能认定构成通用名称曾有不同认识。一种观点认为全国通用才能认定，另一种观点认为部分地域通用的也不能注册。我国地域辽阔，通用名称的情形复杂，认定标准不宜"一刀切"，对于具有地域性特点的商品通用名称，认定时需要对相关公众的范围进行限制。在山东鲁锦实业有限公司诉甄城县鲁锦工艺品有限责任公司、济宁礼之邦家纺有限公司侵犯注册商标专用权及不正当竞争纠纷案中，山东高院在判决中指出，"鲁锦"是具有地域性特点的棉纺织品的通用名称；对于具有地域性特点的商品通用名称，判断其广泛性应以特定产区及相关公众为标准，而不应以全国为标准；我国其他省份的手工棉纺织品不叫"鲁锦"，并不影响"鲁锦"

专指山东地区特有的民间手工棉纺织品这一事实。^①而在再审申请人山西沁州黄小米（集团）有限公司与被申请人山西沁州檀山皇小米发展有限公司、山西沁县檀山皇小米基地有限公司确认不侵害商标权及侵害商标权纠纷案中，最高人民法院认为，因历史传统、风土人情、地理环境等原因形成的相关市场较为固定的商品，其在该相关市场内的通用称谓可以认定为通用名称；注册商标权人不能因其在该商品市场推广中的贡献主张对该商品的通用名称享有商标权，无权禁止他人使用该通用名称来表明商品品种来源^②。该案的裁判规则被《授权确权若干规定》第11条第2款确认。

（二）仅直接表示商品的质量、主要原料、功能、用途、重量、数量及其他特点的标志不得作为商标注册

核心知识点

《商标法》第11条第1款第（二）项中"仅直接表示商品的质量、主要原料、功能、用途、重量、数量及其他特点的"标识即为描述性标识。描述性标识是同业经营者所必需的标识，相关公众无法据此识别商品提供者，固有显著性和获得显著性均无由产生。除此之外，一些标识中含有间接描述商品特征的要素，这一类暗示性商标能否获得注册，则需要个案判断。含有描述性要素的标识，是否具备显著性，从而可以作为商标获准注册，需要根据描述性要素所发挥的作用分类判断。《授权确权若干规定》第7条规定："商标标志中含有描述性要素，但不影响其整体具有显著特征的；或者描述性标志以独特方式加以表现，相关公众能够以其识别商品来源的，应当认定其具有显著特征。"第11条规定："商标标志只是或者主要是描述、说明所使用商品的质量、主要原料、功能、用途、重量、数量、产地等的，人民法院应当认定其属于商标法第11条第1款第（二）项规定的情形。商标标志或者其构成要素暗示商品的特点，但不影响其识别商品来源功能的，不属于该项所规定的情形。"含有描述性要素的商标，显著性较低，能否获得商标注册需要个案判断。描述性商标，不具备显著性，不能获得商标注册。暗示性商标，相关公众需要经过思考或者联想之后才能发现该标识对商品或者服务特征的描述，思考或联想行为的存在使得这一类标识常常具备固有显著性，可以作为商标获准注册。对于使用时间较长，已经建立起一定的市场声誉，相关公众能够以其识别商品来源，并不仅仅直接表示商品质量、主要原料等特征的商标，应当认为其具备显著特征。

典型案例

申请再审人长沙沩山茶业有限公司与被申请人国家工商行政管理总局商标评审委员会、湖南宁乡沩山湘沩名茶厂等商标行政纠纷案：北京市第一中级人民法院（2007）

---

①　参见山东省高级人民法院（2009）鲁民三终字第34号民事判决书。

②　参见最高人民法院（2013）民申字第1642号驳回再审申请裁定书。

一中行初字第 647 号行政判决书；北京市高级人民法院（2007）高行终字第 583 号行政判决书；最高人民法院（2011）行提字第 7 号行政判决书。

基本案情

案外人湖南省宁乡县茶叶公司于 2001 年被核准注册"沩山牌及图"商标，后转让给沩山茶叶公司。2004 年湘沩名茶厂等六公司以"沩山毛尖"为茶叶商品的通用名称，争议商标的注册违反《商标法》第 11 条第 1 款、第 41 条第 1 款的规定为由申请撤销争议商标，后商评委裁定撤销争议商标的注册。

裁判摘要

一审、二审裁判摘要

一审判决认为，本案现有证据能够证明湖南省宁乡县沩山乡自古产茶，沩山乡独特的地理和自然环境决定了沩山茶的品质特点，争议商标由沩山牌文字及图组成，一般消费者会将文字部分作为商标的主要识别部分和呼叫对象，故其整体亦不具有显著性。遂判决维持商评委的裁定。北京高级人民法院二审判决驳回上诉，维持一审判决。

再审裁判摘要

根据《商标法》第 11 条第 1 款第（二）、（三）项之规定，"仅仅直接表示商品的质量、主要原料、功能、用途、重量、数量及其他特点的""缺乏显著特征的"标志不得作为商标注册。判断争议商标是否应当依据上述法律规定予以撤销时，应当根据争议商标指定使用商品的相关公众的通常认识，从整体上对商标是否具有显著特征进行判断，不能因为争议商标含有描述性文字就认为其整体缺乏显著性。鉴于本案争议商标使用时间较长，已经建立一定的市场声誉，相关公众能够以其识别商品来源，并不仅仅直接表示商品的质量、主要原料、功能、用途、重量、数量及其他特点，商标评审委员会、原审法院以争议商标含有沩山文字就认为其整体缺乏显著性，属于认定事实错误，应予纠正。

拓展思考

在申请再审人佳选企业服务公司与被申请人国家工商行政管理总局商标评审委员会商标驳回复审行政纠纷案[①]中，最高人民法院针对含有描述性外国文字要素的商标其显著性判断作出了进一步的阐释。商评委认为，"BEST BUY"使用在指定服务项目上仅仅直接表示了服务的品质和特点，缺乏作为商标应有的显著特征。北京一中院一审和北京高院二审均认为，相对于图形部分，文字部分更易为消费者所关注，是该商标

---

① 北京市第一中级人民法院（2009）一中行初字第 388 号行政判决书；北京市高级人民法院（2010）高行终字第 861 号行政判决书；最高人民法院（2011）行提字第 9 号行政判决书。

的显著识别部分，"BEST""BUY"属于英文中较常用的词汇，中国消费者对于上述单词含义的认知度较高，组合在一起也未形成其他新的含义，使用于指定服务项目，直接表明了服务的品质和特点，缺乏显著性。最高人民法院认为，在审理商标授权确权行政案件时，应当根据诉争商标指定使用商品的相关公众的通常认识，从整体上对商标是否具有显著特征进行审查判断，如果商标标识中含有的描述性要素不影响商标整体上具有显著特征，相关公众能够以其识别商品来源的，应当认定其具有显著特征。该案中申请商标由英文单词"BEST"和"BUY"以及黄色的标签方框构成，虽然其中的"BEST"和"BUY"对于指定使用的服务具有一定的描述性，但是加上标签图形和鲜艳的黄色，整体上具有显著特征，便于识别。该案中商评委和一、二审法院对申请商标的显著性没有进行整体判断，认定申请商标不具有显著性的结论错误，最高人民法院进行了纠正。

三、违反《商标法》第 12 条、禁止注册为商标的三维标志

核心知识点

《商标法》要求申请注册商标的三维标志不仅应与平面标志同样具备商标应具有的显著性，同时还附加了技术功能性和美学功能性的要求，即三维标志只有在不属于由技术功能或者美学功能所决定的标志的情况下，才可以作为商标注册。该法第 12 条规定："以三维标志申请注册商标的，仅由商品自身的性质产生的形状、为获得技术效果而需有的商品形状或者使商品具有实质性价值的形状，不得注册。"按照该条规定，三维标志申请注册商标有三项限制条件：其一，仅由商品自身的性质产生的形状，即为实现商品固有的功能和用途所必须采用的或者通常采用的形状，不得注册为商标。其二，为获得技术效果而需有的商品形状，即为使商品具备特定的功能，或者使商品固有的功能更容易地实现所必须使用的形状，不得注册为商标。其三，为使商品具有实质性价值的形状，即为使商品的外观和造型影响到商品价值所使用的形状，不得注册为商标。

典型案例

开平味事达调味品有限公司请求宣告雀巢产品有限公司国际注册商标无效行政纠纷案：北京市第一中级人民法院（2012）一中知行初字第 269 号行政判决书；北京市高级人民法院（2012）高行终字第 1750 号行政判决书；最高人民法院（2014）知行字第 21 号。

基本案情

涉案争议商标为指定颜色的方形瓶，该商标核定使用商品为食用调味品，注册商标专用权人为雀巢公司。针对争议商标，味事达公司向商标评审委员会提出撤销申请，后商评委裁定维持争议商标的注册。

裁判摘要

关于争议商标是否具有固有显著性的问题。雀巢公司认为涉案瓶型经过特殊设计，且有指定颜色，是雀巢公司独创，已使用 100 多年，具有当然的显著性。作为商品包装的三维标志，由于其具有实用因素，其在设计上具有一定的独特性并不当然表明其具有作为商标所需的显著性，应当以相关公众的一般认识，判断其是否能区别产品的来源。本案中，争议商标指定使用的"调味品"是普通消费者熟悉的日常用品，在争议商标申请领土延伸保护之前，市场上已存在与争议商标瓶型近似的同类商品的包装，且由于 2001 年修改前的商标法并未有三维标志可申请注册商标的相关规定，故相关公众不会将其作为区分不同商品来源的标志，一、二审法院认为争议商标不具有固有的显著性是正确的。

拓展思考

三维标志通常包含如下三种使用方式：用作商品自身的形状；用作商品的包装；用作商品或服务的装饰。上述三种使用方式中，三维标志用作商品本身的形状或包装时容易让消费者产生将该三维标志确信为商品的包装或者商品本身的形状的认知，直接表示了商品的相关特点，对于消费者而言，该三维标志并不具备商标应有的显著性。即便是作为商品或者服务装饰而使用的三维标志，消费者也未必会将该三维标志认知为商标，还需根据行业惯例进行具体判断。在本案中，争议商标指定使用商品为食用调味品，将该三维标志使用在此类商品上，相关公众当然会认为该标志属于该商品的包装物，通常情形下不会产生该三维标志指代、识别具体商品的提供者的认识。因此，对于雀巢公司的"方形瓶"三维标志，因其具备技术功能性而被排除在注册范围之外。

第二节　商标注册的相对禁止条件

一、违反《商标法》第 13 条、抢注他人驰名商标

核心知识点

驰名商标是指在中国境内为相关公众所熟知的商标。"驰名商标保护的目的在于适当扩张具有较高知名度的商标的保护范围和保护强度，不是评定或者授予荣誉称号。"[①]按照《商标法》第 13 条的规定，未在中国注册的驰名商标可以在所使用的相同或者类似类别上禁止他人注册相同或近似的商标，在中国注册的驰名商标可以得到跨类保护，

---

① 最高人民法院《印发〈关于充分发挥知识产权审判职能作用　推动社会主义文化大发展大繁荣和促进经济自主协调发展若干问题的意见〉的通知》（法发〔2011〕第 18 号）。

在不相同或者不相类似的商品上禁止他人注册相同或者近似的商标。商标实行被动保护原则，商标局、商标评审委员会、人民法院等不得主动适用商标法的有关保护驰名商标的规定，只在当事人提出保护其驰名商标的请求后，才可以适用相关的规定，对商标是否驰名作出认定，进而决定是否进行扩大保护。最高人民法院要求在司法实践中应当"坚持事实认定、个案认定、被动认定、因需认定等司法原则"，"依法慎重认定驰名商标"。①《商标法》第 14 条规定，认定驰名商标应当考虑下列因素：（一）相关公众对该商标的知晓程度；（二）该商标使用的持续时间；（三）该商标的任何宣传工作的持续时间、程度和地理范围；（四）该商标作为驰名商标受保护的记录；（五）该商标驰名的其他因素。驰名商标在相关公众中具有更高的知名度，因此也经常成为抢注的对象。

典型案例

再审申请人山西三维集团股份有限公司与被申请人李学国、国家工商行政管理总局商标评审委员会商标争议行政纠纷案：北京市高级人民法院（2012）高行终字第1437 号行政判决书；最高人民法院（2013）知行字第 15 号行政裁定书。

基本案情

争议商标为"三维及图"商标，由潍坊市坊子区三维电子厂注册，核定使用在第1 类商品：建筑密封胶。该商标于 2007 年转让至李学国名下。引证商标为"SANWEI及图"商标，申请注册人为山西维尼纶厂，核定使用在第 1 类商品：纤维用聚乙烯醇等上。该商标于 1996 年转让至三维集团名下。2009 年，三维集团向商标评审委员会提出撤销争议商标注册的申请，后商评委裁定撤销争议商标。

裁判摘要

在商标侵权及不正当竞争纠纷案件中，应当以被控侵权行为发生时或者被控企业名称注册时，作为判断商标是否驰名的时间点；对于商标评审程序和诉讼程序中的商标争议，应当以争议商标申请注册日为判断商标是否驰名的时间点。本案中，三维集团公司提交了一系列证据旨在证明引证商标在争议商标申请注册日前已经构成驰名商标，但其提交的部分证据形成在争议商标申请注册日之后，且其提交的证据中如三维集团公司的前身山西维尼纶厂销售、利税、行业证明、销售区域、广告投入、名牌产品证书等提及的商标大部分为"三维"而非引证商标"SANWEI及图"，其提交的湖南省常德市中级人民法院（2008）常民三初字第 8 号民事判决认定的驰名商标为第

---

① 最高人民法院《印发〈关于贯彻实施国家知识产权战略若干问题的意见〉的通知》（法发〔2009〕16号）。

1688106 号"SANWEI 三维及图"商标，亦非本案中的引证商标。故依据驰名商标判断标准，三维集团公司提交的证据只能证明引证商标在争议商标申请注册日前有一定知名度，一、二审法院认定其并未达到驰名商标的程度并无不妥。三维集团公司关于引证商标构成驰名商标且判断驰名商标的时间点为李学国实施侵害行为之时而非争议商标申请注册日之前的再审理由无事实和法律依据，本院不予支持。

拓展思考

认定驰名商标需要遵循按需认定、个案认定的原则，即使争议商标与引证商标是使用在相同或者类似商品上的近似商标，也要考虑案件综合情况判断是否需要适用驰名商标的扩大保护。在商标授权确权纠纷中，判断是否构成驰名商标的时间点为争议商标申请注册日；在商标侵权及不正当竞争纠纷案件中，应当以被控侵权行为发生时或者被控企业名称注册时，作为判断商标是否驰名的时间点。驰名商标的认定只具有个案效力，因此，认定的情况不写入判决书的主文。商标是否驰名是对当事人提交的全部证据进行综合判断后得出的结论，不能孤立地看相关的证据，也不能机械地要求必须提供哪一类的证据，需要根据案件具体情况、所涉及的商品特点等进行具体分析判断。[①] 判断商标是否构成驰名需要综合考虑多种因素，这些因素并非需要完全考虑，如果要求获得驰名商标保护的当事人提交的主要证据存在瑕疵，即使还有其他辅助证据，也难以认定构成驰名。[②] 在"苹果图形"商标异议复审行政纠纷案中，最高人民法院指出，在对被异议商标是否复制、模仿驰名商标进行判断时，如果在申请注册被异议商标之前，被异议人在同类别商品上已经拥有近似的注册商标，法院应该比较被异议商标与被异议人自己的注册商标、他人的驰名商标之间的近似程度；被异议商标与被异议人已经在同类别商品上注册的商标近似程度较高，不宜认定被异议商标构成对他人驰名商标的复制、模仿。[③]

二、违反《商标法》第 15 条、违背诚实信用原则抢注特定关系人的商标

核心知识点

商标是商品经济的产物，而商品经济的前提则是信任，商标的注册与使用都不得

①　申请再审人北京华夏长城高级润滑油有限责任公司与被申请人国家工商行政管理总局商标评审委员会、原审第三人日产自动车株式会社商标争议行政纠纷案：北京市高级人民法院（2010）高行终字第 599 号行政判决书；最高人民法院（2011）知行字第 45 号驳回再审申请裁定书。

②　漳州市万事顺贸易有限公司与商标评审委员会、第三人福建康之味食品工业有限公司商标争议行政纠纷案：北京市第一中级人民法院（2013）一中知行初字第 2788 号行政判决书；北京市高级人民法院（2014）高行终字第 60 号行政判决书。

③　参见德士活有限公司与国家工商行政管理总局商标评审委员会第三人广东苹果实业有限公司商标争议行政纠纷案：北京市第一中级人民法院（2004）一中行初字第 973 号行政判决书；北京市高级人民法院（2005）高行终字第 402 号行政判决书；最高人民法院（2009）行提字第 3 号行政判决书。

违反诚实信用原则。《商标法》第 15 条以维护特定信任关系的方式，实现了诚实信用原则的追求。该条规定："未经授权，代理人或者代表人以自己的名义将被代理人或者被代表人的商标进行注册，被代理人或者被代表人提出异议的，不予注册并禁止使用。就同一种商品或者类似商品申请注册的商标与他人在先使用的未注册商标相同或者近似，申请人与该他人具有前款规定以外的合同、业务往来关系或者其他关系而明知该他人商标存在，该他人提出异议的，不予注册。"本条第 2 款是 2013 年修法后增加的，旨在扩大适用范围，将商业运营所赖以展开的前提——特定信任关系也予以调整。需要注意的是，该条第 1 款和第 2 款在适用时存在较大区别：第一，法律效果不同，第 1 款赋予被抢注人异议权、无效宣告权和禁止使用权，第 2 款仅赋予被抢注人异议权。从逻辑上看，第 2 款情形中的特定主体仍然有权提出无效宣告。第二，适用范围不同，后者适用范围更广，二者不重叠。第三，适用前提不同，前者并不要求争议商标在先使用，后者则明确要求必须有在先使用。第四，主观要件不同，前者对主观要件没有特别的规定，后者则要求抢注人"明知"被抢注人使用该商标。

典型案例

再审申请人雷博公司与被申请人商标评审委员会、家园公司商标争议行政纠纷案：北京市第一中级人民法院（2011）一中知行初字第 366 号行政判决；北京市高级人民法院（2012）高行终字第 686 号行政判决；最高人民法院（2014）行提字第 3 号行政判决书。

基本案情

2001 年 8 月，雷博公司的两个实际创始人爱德华·雷门和博杨曾就创办新公司进行过磋商。双方就共同创建未来的公司达成了基本一致的意见，只是对未来公司的部分细节问题没有形成明确的一致意见。双方曾谈及公司名称使用"LehmanBrown"，并形成了未来公司要将公司品牌申请注册为商标的共识。博杨还专门设计了"Lehman-Brown"标志样式及含有该标志的信头纸。2001 年 11 月 7 日，爱德华·雷门提出争议商标"LehmanBrown"的注册申请，申请注册的商品类别为第 35 类。经双方交涉，爱德华·雷门于 2001 年 11 月 16 日出具承诺函，认可其以自己名义申请了争议商标，并可不撤回地同意，一旦上述商标获得注册，会将该商标转让给新公司。后爱德华·雷门单方将争议商标转让给家园公司。雷博公司向商标评审委员会提出撤销注册申请，后商标评审委员会作出维持争议商标的注册决定。

裁判摘要

一审、二审裁判摘要

一审法院认为，雷博公司提交的证据不能证明在本案争议商标注册申请日之前，该公司已经实际商业使用了与争议商标相同或近似的标志，且使用范围与争议商标核定使用服务相同或者类似。据此判决维持商评委的裁定。

二审法院认为，雷博公司不能证明其对争议商标享有任何在先权利，遂判决驳回上诉，维持原判。

再审裁判摘要

适用《商标法》第15条需要具备如下条件：商标申请人与异议人之间构成代表或者代理关系；争议商标系被代理人或者被代表人的商标；争议商标核定使用的商品或者服务与被代理人或者被代表人提供的商品或者服务类似；代表人或者代理人违反诚信原则，未经授权擅自以自己名义将争议商标进行注册。代理或者代表关系是一种具有信赖性的特殊法律关系。基于这种特殊的法律关系，代理人或者代表人对于被代理人或者被代表人负有特殊的忠诚和勤勉义务，必须恪尽职守，秉承最大限度有利于被代理人或者被代表人的利益之原则行事。《商标法》第15条系针对代理或者代表关系这种特殊法律关系，基于诚实信用原则而设立的对被代理人或者被代表人的商标予以特殊保护的制度，并不一概要求该商标已经在先使用。只要特定商标应归于被代理人或者被代表人，代理人或者代表人即应善尽忠诚和勤勉义务，不得擅自以自己名义进行注册。被代理人或者被代表人是否已经将该商标投入商业使用，并非《商标法》第15条的适用条件。作为正在创建中的雷博公司的代表人，爱德华·雷门对雷博公司负有善尽忠诚和勤勉义务，应该最大限度地维护雷博公司的利益。爱德华·雷门在其与博杨就筹建中的雷博公司的名称、商号以及将公司品牌申请商标等事宜已经达成一致，雷博公司将使用"LehmanBrown"作为名称和商号的情况下，依然将争议商标以个人名义进行注册，违反了代表人的忠诚和勤勉义务，损害了正在筹建中的雷博公司的利益。爱德华·雷门在此过程中一直存在隐瞒事实的行为，且争议商标的转让进一步增大了危及雷博公司利益的可能性。

拓展思考

特定信任关系的维护对于商业道德的维系与商业秩序的重建至关重要，《商标法》第15条发挥了并将继续发挥着重要的作用。所以，什么是特定信任关系，就成为不得不明确的问题。对于特定信任关系的主体，《授权确权若干规定》作了进一步界定。按照该规定第15条第1款，"经销、代理等销售代理关系意义上的代理人、代表人"，也属于《商标法》第15条第1款中的"代理人、代表人"。该规定第15条第2款则指出："在为建立代理或者代表关系的磋商阶段，前款规定的代理人或者代表人将被代理人或者被代表人的商标申请注册的，人民法院适用商标法第15条第1款的规定进行审理。"对于特定信任关系，《授权确权若干规定》第15条第3款名之为"特定身份关系"，将商标申请人与代理人或者代表人之间存在亲属关系等特定身份关系而发生的注册行为定性为恶意抢注行为，不予注册并禁止使用。对于《商标法》第15条第2款中的"其他关系",《授权确权若干规定》第16条进行了列举:"(一)商标申请人与在先使用人之间具有亲属关系; (二)商标申请人与在先使用人之间具有劳动关系; (三)商标申请人与在先使用人营业地址邻近; (四)商标申请人与在先使用人曾就达成代理、代表关系进行过磋商,但未形成代理、代表关系; (五)商标申请人与在先使用人曾就达成合同、业务往来关系进行过磋商,但未达成合同、业务往来关系。"一言以蔽之,上述细化规定均为诚实信用原则在商标法律实践中的展开。

三、违反《商标法》第16条、注册虚假地理标志

核心知识点

地理标志,"是指标示某商品来源于某地区,该商品的特定质量、信誉或者其他特征,主要由该地区的自然因素或者人文因素所决定的标志"[1]。地理标志反映了特定地理环境与产品之间的关系,代表着产品的特定品质与信誉,其核心构成要素是客观存在的"地理名称",而非商标注册所力图追求的臆造、虚构的词汇。地理标志所指示的信息具有客观性的特征,相关公众根据地理标志所指示的内容进行消费选择,因此,对于使用地理标志的商品而言,必须来源于地理标志所标示的地区,否则就可能导致该标志被禁止使用。根据《商标法》第16条第1款和第45条第2款的规定,商标中有商品的地理标志,而该商品并非来源于该标志所标示的地区,误导公众的,不予注册并禁止使用;已经注册的商标,自商标注册之日起五年内,商标所有人或者利害关系人可以请求商评委裁定撤销该注册商标。因此,地理标志利益相关方可以有效利用商标争议程序制止他人抢注地理标志的行为。在我国,地理标志可以作为证明商标或者集体商标申请注册。

典型案例

第3023790号"湘莲 XIANGLIAN 及图"商标争议案[2]。

基本案情

争议商标由建宁县文鑫莲业有限公司于2001年11月26日提出注册申请,2003年1月7日获得核准注册,核定使用商品为第29类莲子、果冻、肉等。后经商标局核准,注册人名义变更为被申请人福建文鑫莲业食品有限公司。申请人湘潭县湘莲协会请求依据《商标法》第11条第1款、第16条第1款、第31条的规定,撤销争议商标。

裁判摘要

根据申请人提交的证据及《中国土特名产辞典》的记载,"湘莲"广布于湖南,

---

① 《商标法》第16条第2款。

② http://www.cicn.com.cn/zggsb/2015 - 01/22/cms65937article.shtml,2018年6月20日访问。

尤其是洞庭湖地区，产品具有颗粒圆大、色白如凝脂、肉质饱满、汤色青、香气浓、味鲜美等特点，所含蛋白质、脂肪、矿物质等营养成分有别于其他地区所产莲子。上述品质特点主要是由湘莲所在地区的气温、雨量、湿度、日照、土壤、水利等自然条件和栽培方式决定的。"湘莲"称谓自南朝沿用至今，早已形成与其产地湖南相对应的关系，符合《商标法》第16条第2款规定的地理标志的认定条件，可以认定为莲子商品的一种地理标志。争议商标由"湘莲"文字、对应的拼音及图形组成，文字"湘莲"为该商标的主要认读和呼叫部分。被申请人地处福建，在申请注册争议商标前已与湖南莲商具有湘莲购销往来，其明知湘莲为莲子商品的地理标志，仍将其注册为集体商标、证明商标以外的商标，易导致相关公众对该商标所标示的产品性质、来源产生误认，属于《商标法》第16条第1款禁止的情形，争议商标在莲子及类似商品上的注册应予撤销。

拓展思考

本案为商标评审委员会在商标争议案件中认定地理标志的首个案例。地理标志在没有被注册为证明商标或集体商标的情况下，也能成为商标法所保护的对象。在本案中，福建文鑫莲业食品有限公司以"湘莲"还未被注册为地理标志为由，主张争议商标未损害地理标志相关权利人的利益。商评委则在明确了未注册的地理标志也可以在商标争议程序中获得保护。地理标志之所以能够在未注册的情况系仍然能够受到商标法的保护，根本原因在于它的事实属性：表述的是完全客观的信息。地理标志作为一种自然和人文资源，是一种历史的客观存在，商标法律法规仅是对地理标志这种客观事实提供一种确认和保护。《商标法》第16条对地理标志提供保护，立法目的是避免误导相关公众。地理标志之所以能对消费者产生吸引力，并不在于标记本身，而是因为使用地理标志的产品具有特定品质，因此地理标志的保护范围不能脱离其赖以知名的产品。如果在于地理标志产品相同或者类似商品上注册或使用地理标志，相关公众当然会对来源产生误认，此种注册或使用行为应予禁止。"如果诉争商标指定使用的商品与地理标志产品并非相同商品，而地理标志利害关系人能够证明诉争商标使用在该产品上仍然容易导致相关公众误认为该产品来源于该地区并因此具有特定的质量、信誉或者其他特征的，人民法院予以支持。"① 如果诉争商标使用在不相同或者不相类似商品上，不易导致误认的，则应维持注册。在湘莲XIANGLIAN及图商标争议案中，商评委就以避免误导相关公众为原则，合理界定了地理标志的保护范围，将在莲子及其类似商品上的注册予以撤销，而在非类似商品上的注册予以维持。

---

① 《授权确权若干规定》第17条第1款。

四、违反《商标法》第 32 条、申请注册商标损害他人现有的在先权利

（一）姓名权

核心知识点

《商标法》第 32 条规定："申请商标注册不得损害他人现有的在先权利，也不得以不正当手段抢先注册他人已经使用并有一定影响的商标。"该条属于典型的概括性规定。在先权利，包括姓名权、肖像权、商号权等等，"已经使用并有一定影响的商标"则指的是知名度高于普通商标但尚未达到驰名商标要求的未注册商标。《授权确权若干规定》第 18 条规定："商标法第 32 条规定的在先权利，包括当事人在诉争商标申请日之前享有的民事权利或者其他应予保护的合法权益。诉争商标核准注册时在先权利已经不存在的，不影响诉争商标的注册。"第 20 条专门强调了姓名权的保护："当事人主张诉争商标损害其姓名权，如果相关公众认为该商标标志指代了该自然人，容易认为标记有该商标的商品系经过该自然人许可或者与该自然人存在特定联系的，人民法院应当认定该商标损害了该自然人的姓名权。当事人以其笔名、艺名、译名等特定名称主张姓名权，该特定名称具有一定的知名度，与该自然人建立了稳定的对应关系，相关公众以其指代该自然人的，人民法院予以支持。"该规定为司法实践提供了明确的指引。

典型案例

再审申请人迈克尔·杰弗里·乔丹与被申请人国家工商行政管理总局商标评审委员会、一审第三人乔丹体育股份有限公司商标争议行政纠纷案：北京市第一中级人民法院（2014）一中行（知）初字第 9163 号行政判决书；北京市高级人民法院（2015）高行（知）终字第 1915 号行政判决书；最高人民法院（2016）最高法行再 27 号行政判决书。

基本案情

"乔丹"商标由乔丹公司于 2012 年 3 月 28 日获准注册，核定使用在国际分类第 28 类的"体育活动器械、游泳池（娱乐用）、旱冰鞋、圣诞树装饰品（灯饰和糖果除外）"商品上。2012 年 10 月 31 日，乔丹以争议商标的注册损害了其在先权利等为由，提出撤销申请，后商评委裁定维持争议商标的注册。

裁判摘要

最高人民法院认为，《商标法》（2001 年修正）第 31 条规定："申请商标注册不得损害他人现有的在先权利。"对于《商标法》已有特别规定的在先权利，应当根据《商标法》的特别规定予以保护。对于《商标法》虽无特别规定，但根据《民法通则》

《侵权责任法》和其他法律的规定应予保护，并且在争议商标申请日之前已由民事主体依法享有的民事权利或者民事权益，应当根据该概括性规定给予保护。《民法通则》第99条第1款、《侵权责任法》第2条第2款均明确规定，自然人依法享有姓名权。故姓名权可以构成《商标法》（2001年修正）第31条规定的"在先权利"。争议商标的注册损害他人在先姓名权的，应当认定该争议商标的注册违反《商标法》（2001年修正）第31条的规定。姓名被用于指代、称呼、区分特定的自然人，姓名权是自然人对其姓名享有的重要人身权。随着我国社会主义市场经济不断发展，具有一定知名度的自然人将其姓名进行商业化利用，通过合同等方式为特定商品、服务代言并获得经济利益的现象已经日益普遍。在适用《商标法》（2001年修正）第31条的规定对他人的在先姓名权予以保护时，不仅涉及对自然人人格尊严的保护，而且涉及对自然人姓名，尤其是知名人物姓名所蕴含的经济利益的保护。未经许可擅自将他人享有在先姓名权的姓名注册为商标，容易导致相关公众误认为标记有该商标的商品或者服务与该自然人存在代言、许可等特定联系的，应当认定该商标的注册损害他人的在先姓名权，违反《商标法》（2001年修正）第31条的规定。

拓展思考

在乔丹案中，最高人民法院还指出，自然人可就其未主动使用的特定名称获得姓名权的保护，这也是一大突破。首先，"使用"是姓名权人享有的权利内容之一，并非其承担的义务，更不是姓名权人"禁止他人干涉、盗用、假冒"、主张保护其姓名权的法定前提条件。其次，在适用"在先权利"条款保护他人在先姓名权时，相关公众是否容易误认为标记有争议商标的商品或者服务与该自然人存在代言、许可等特定联系，是认定争议商标的注册是否损害该自然人姓名权的重要因素。自然人就特定名称主张姓名权保护的，该特定名称应当符合三项条件：其一，该特定名称在我国具有一定的知名度、为相关公众所知悉；其二，相关公众使用该特定名称指代该自然人；其三，该特定名称已经与该自然人之间建立了稳定的对应关系。因此，在符合上述有关姓名权保护的三项条件的情况下，自然人有权根据"在先权利"条款，就其并未主动使用的特定名称获得姓名权的保护。最后，对于在我国具有一定知名度的外国人，其本人或者利害关系人可能并未在我国境内主动使用其姓名；或者由于便于称呼、语言习惯、文化差异等原因，我国相关公众、新闻媒体所熟悉和使用的"姓名"与其主动使用的姓名并不完全相同。外国人外文姓名的中文译名如果符合前述三项条件，可以依法主张姓名权的保护。

（二）著作权

核心知识点

著作权人对其作品拥有发表、署名、修改和保护作品完整权四项人身权利和复制、发行、展览、改编等财产权利，未经许可将他人的作品申请注册为商标和使用行为均构成侵犯著作权的行为。作品获得保护的前提是具有独创性，优秀的、具有较高知名度的作品经常被抢注商标。在维权的过程中，著作权权属的证明对于著作权人而言至关重要。我国《著作权法》第11条规定："著作权属于作者，本法另有规定的除外。创作作品的公民是作者。由法人或者其他组织主持，代表法人或者其他组织意志创作，并由法人或者其他组织承担责任的作品，法人或者其他组织视为作者。如无相反证明，在作品上署名的公民、法人或者其他组织为作者。"因此，在著作权原始取得的情况下，自然人著作权人需要提供证据证明自己创作了作品，法人著作权人需要证明是法人作品；在继受取得著作权的情况下，著作权人均需提供著作权转让协议或继承（自然人）或承继（法人）的证据，并且要提供证明原始权利归属的证据。《授权确权若干规定》第19条第2、3款规定："商标标志构成受著作权法保护的作品的，当事人提供的涉及商标标志的设计底稿、原件、取得权利的合同、诉争商标申请日之前的著作权登记证书等，均可以作为证明著作权归属的初步证据。商标公告、商标注册证等可以作为确定商标申请人为有权主张商标标志著作权的利害关系人的初步证据。"

典型案例

美商 NBA 产物股份有限公司请求对黄为东商标不予注册异议复审案：北京市第一中级人民法院（2012）一中知行初字第3818号行政判决书；北京市高级人民法院（2013）高行终字第343号行政判决书。

基本案情

被异议商标由黄为东于2005年提出注册申请，商标局经审查对被异议商标指定使用在茶等商品上的注册申请予以初步审定。NBA 公司对被异议商标提出异议，认为侵犯了 NBA 公司的在先著作权，后商标局裁定被异议商标不予核准注册。黄为东不服，向商标评审委员会申请复审，后商评委裁定被异议商标不予核准注册。

裁判摘要

《商标法》第30条规定："对初步审定的商标，自公告之日起3个月内，任何人均可以提出异议。公告期满无异议的，予以核准注册，发给商标注册证，并予公告。"因此，因被异议商标的申请注册损害在先著作权而提出异议的主体，并不限于在先著作权人，对与在先作品具有利害关系的人甚至是任何人，均可依据《商标法》的上述规定提出异议。根据众所周知的事实，"公牛图形"是美国全国篮球联赛芝加哥公牛队的队徽，作为《著作权法》意义上的作品，其著作权不可能归属于本案被异议商标的申请注册人黄为东。而经过对比可知，被异议商标标志与作为美国全国篮球联赛芝加哥公牛队队徽的"公牛图形"相比，除有无英文"CHICAGO BULLS"的差异外，二者的图形部分在构图方式、表现手法、整体效果等方面均极为近似，因此，被异议商标与

"公牛图形"已构成实质性相似。黄为东向商标评审委员会提交的部分含有"牛头"要素的商标档案也进一步印证了本案"公牛图形"的独创性和被异议商标与该图形的实质性相似。在未提交证据证明已获得"公牛图形"著作权人许可的情况下，黄为东将与众所周知的美国全国篮球联赛芝加哥公牛队队徽"公牛图形"构成实质性相似的被异议商标标志作为商标加以申请注册，无疑损害了该作品作者享有的在先著作权，属于《商标法》第31条规定的"损害他人现有的在先权利"的情形，依法不应予以核准。

拓展思考

本案是适用 2001 年《商标法》第 31 条（即 2013 年和 2019 年《商标法》第 32 条）的规定保护在先著作权的典型案例。在商标法中，在先著作权获得法律保护的要件有三：其一，争议商标与他人在先享有著作权的作品相同或者实质性相似；其二，争议商标注册申请人或使用人接触过或者有可能接触到他人享有著作权的作品；其三，争议商标注册申请人的注册行为或使用行为未征得著作权人的同意。而在本案中，NBA 公司及商标评审委员会并未提供充分证据对具体行政行为认定的著作权归属加以证明，因此，根据《著作权法》第 11 条的规定，在本案中单纯依靠行政裁定不足以认定 NBA 公司对芝加哥公牛队队徽或"公牛图形"享有在先著作权。第 11 条中所指的"署名"，是表明作者身份的署名，向公众传达的意思是署名者系作品创作者。商标公告、商标注册证等商标注册文件中载明的商标申请人及商标注册人的信息仅仅表明商标申请权或注册商标专用权的归属，其不属于《著作权法》意义上在作品中表明作者身份的署名行为。因此，不能单纯依据 NBA 公司申请注册相关注册商标的行为直接认定 NBA 公司对芝加哥公牛队队徽或"公牛图形"享有在先著作权。尽管不能在商标法中适用前述"署名推定权利归属"的规则，但商标注册公告仍然对商标注册人是商标权所有人或被许可人的事实具有很强的证明力。

（三）商号权

核心知识点

《最高人民法院关于审理不正当竞争民事案件应用法律若干问题的解释》第 6 条第 1 款规定："具有一定的市场知名度，为相关公众所知悉的企业名称中的字号，可以认定为反不正当竞争法第 5 条第（三）项规定的'企业名称'。"因此，在中国境内具有一定市场知名度、为相关公众所知悉的企业名称中的字号，即商号，也可以作为企业名称权的一种特殊情况对待，作为 2001 年《商标法》第 31 条、2013 年与 2019 年《商标法》第 32 条所规定的"在先权利"受到保护。企业名称，是重要的商业标识之一，可以用于区别不同的商事主体。企业名称应当由以下部分组成：商号、行业或者经营特点、组织形式。企业名称应当冠以企业所在地行政区划名称。商号是企业名称的核心部分，商号权属于"在先权利"。在企业名称的使用过程中，简称或被企业自己使用，或被相关公众使用，当相关公众将该简称与原企业名称建立稳定的联系时，该简称实际上起到了商号的作用。为此，《授权确权若干规定》第 21 条规定："当事人主张的字号具有一定的市场知名度，他人未经许可申请注册与该字号相同或者近似的商标，容易导致相关公众对商品来源产生混淆，当事人以此主张构成在先权益的，人民法院予以支持。当事人以具有一定市场知名度并已与企业建立稳定对应关系的企业名称的简称为依据提出主张的，适用前款规定。"

典型案例

再审申请人帕克无形资产有限责任公司与被申请人中华人民共和国国家工商行政管理总局商标评审委员会、第三人戴均欢商标异议复审行政纠纷案：北京市第一中级人民法院（2012）一中知行初字第 1769 号行政判决书；北京市高级人民法院（2012）高行终字第 1920 号行政判决书；最高人民法院（2014）行提字第 9 号行政判决书。

基本案情

戴均欢于 2004 年申请注册"派克汉尼汾 PARKERHANNIFIN"商标，经初步审定公告后，帕克公司提出异议申请，商标局裁定被异议商标核准注册，帕克公司又提出复审申请，后商评委裁定核准注册被异议商标。

裁判摘要

中国境内具有一定市场知名度、为相关公众所知悉的企业名称中的字号，可以作为企业名称权的一种特殊情况对待，作为《商标法》第 31 条所规定的"在先权利"受到保护。本案中，"Parker Hannifin"是两个名称的组合，其中 Parker 是派克公司的创始人的名字，Hannifin 是其合并公司的名称，这种因为公司并购后以两家公司名称组合的字号有其特别的历史背景，作为商业标记具有较强的显著性。"派克汉尼汾"是其惯用音译，通过派克汉尼汾公司及其关联公司的使用及相关宣传报道，已成为"Parker Hannifin"对应音译。在被异议商标申请日之前，通过派克汉尼汾公司及其关联公司的使用，"派克汉尼汾"已经成为在中国大陆地区具有一定市场知名度的字号，可以作为"在先权利"予以保护。

拓展思考

本案争议焦点之一，是"派克汉尼汾"中英文名称是不是派克汉尼汾公司及其子公司在先使用并且具有一定知名度的字号。本案中被异议商标为"派克汉尼汾 PARK-ERHANNIFIN"，与派克汉尼汾公司及其关联公司中英文字号完全相同，指定使用在与派克汉尼汾公司及其关联公司生产的产品类似产品上。由于戴均欢所从事的行业与派克汉尼汾公司及其关联公司生产经营的产品有密切关系，其应当知道派克汉尼汾字号的知名度情况，仍将与该中英文字号完全相同的文字申请注册为商标，难以认定巧合，具有明显的攀附派克汉尼汾公司及其关联公司字号商誉的恶意，侵犯了该公司的在先字号权，不应予以核准注册。

除外国企业字号的对应音译外，司法实践中还对具有一定知名度并和有关企业存在唯一对应关系的企业名称的简称也予以保护。如在"潍柴 WEICHAI 商标异议复审案"① 中，法院认定在被异议商标申请日之前，潍柴控股公司的前身潍坊柴油机厂早就已将"潍柴"作为企业名称简称使用，在被异议商标申请注册前相关公众已将"潍柴"与潍坊柴油机厂相联系，在潍坊柴油机厂变更为潍柴控股公司后，潍柴控股公司继受取得了"潍柴"作为企业名称简称与自身的联系，此种简称应当受到保护。《授权确权若干规定》第21条将上述司法实践经验整理成规范："当事人主张的字号具有一定的市场知名度，他人未经许可申请注册与该字号相同或者近似的商标，容易导致相关公众对商品来源产生混淆，当事人以此主张构成在先权益的，人民法院予以支持。当事人以具有一定市场知名度并已与企业建立稳定对应关系的企业名称的简称为依据提出主张的，适用前款规定。"

五、不得违反《商标法》第32条、抢注他人在先使用并有一定影响的商标

核心知识点

2001年《商标法》第31条、2013年和2019年《商标法》第32条规定："申请商标注册不得损害他人在先取得的合法权利，也不得以不正当手段抢先注册他人已经使用并有一定影响的商标。"本条后半句的法理基础是诚实信用原则，立法目的在于为已经使用并有一定影响的未注册商标提供保护，以期制止恶意抢注行为，弥补不强调必须提交使用和意图使用证据的注册制度的不足。2019年《商标法》第四次修订时，立法者特意在第4条中增加了如下规定："不以使用为目的的恶意商标注册申请，应当予以驳回。""以不正当手段抢先注册"即为主观上的"恶意"，在明知或应知某一商标被他人在先使用且有一定影响的情况下，仍然将相同或近似商标申请注册在相同或类似商品上，以达到攀附他人未注册商标商誉等不正当目的。"恶意"的判断至少应当综合考虑以下因素：（1）商业合作关系的存在；（2）重合的销售区域和渠道；（3）现存或既往的雇佣关系；（4）注册后使用过程中的误导宣传；（5）注册后的商标转让、许可使用洽谈、商业合作洽谈或诉讼威胁；（6）在先商标符号组合的独创性程度；（7）基于其他特定信任关系而知晓在先商标使用但未注册的事实；（8）其他可以认定为恶意的情形。

---

① 参见上诉人潍柴控股集团有限公司、上诉人国家工商行政管理总局商标评审委员会因商标异议复审行政纠纷案：北京市第一中级人民法院（2010）一中知行初字第2468号行政判决书；北京市高级人民法院（2011）高行终字第137号行政判决书。

典型案例

张学礼请求宣告王玉霞"天皮糖张 tian pi tang zhang 及图"商标无效行政纠纷案：北京市第一中级人民法院（2010）一中知行初字第 3340 号行政判决书；北京市高级人民法院（2011）高行终字第 30 号行政判决书。

基本案情

第 3522359 号"天皮糖张 tian pi tang zhang 及图"商标（简称争议商标）由王玉霞向国家工商行政管理总局商标局（简称商标局）申请注册，2004 年 10 月 7 日争议商标获准注册，核定使用的商品为第 30 类的"糖果、软糖、皮糖、米花糖、糖粘、酥糖"商品。2005 年 3 月 23 日，张学礼向商标评审委员会提出撤销争议商标的申请。2010 年 8 月 2 日，商标评审委员会作出商评字〔2010〕第 18111 号《关于第 3522359 号"天皮糖张 tianpitangzhang 及图"商标争议裁定书》，该裁定依据《商标法》第 31 条、第 41 条第 2 款和第 43 条的规定，裁定：争议商标予以撤销。王玉霞不服第 18111 号裁定，向北京一中院提起诉讼。

裁判摘要

本案争议焦点为王玉霞使用"天皮糖张"商标是否合理，注册行为是否构成"以不正当手段抢先注册他人在先使用并有一定影响的商标"。争议商标与张学礼在先使用并有一定影响的"皮糖张"商标构成使用在相同或类似商品上的近似商标，二者在市场上的共存容易造成相关公众的混淆误认。王玉霞作为张学礼的前儿媳，明知"皮糖张"在先使用的事实，抢先申请注册争议商标的行为违反了《商标法》第 31 条的规定，商评委裁定撤销该注册商标并无不当。

拓展思考

道高一尺，魔高一丈，实践中恶意抢注者的"不正当手段"层出不穷，很难在成文法中穷尽列举，"不正当手段"的解释就成为适用 2001 年《商标法》第 31 条的难点。"不正当手段"本身弹性极大，如果没有其他条文加以限制的话，该条的适用就很难摆脱裁判标准和结果不一致的质疑与指责。因此，2013 年《商标法》修改后在第 7 条第 1 款中增加了诚实信用原则，通过划定市场主体行为底线的方式来确定行为标准，以违背诚实信用原则的方式抢注他人在先使用并有一定影响的商标，均构成"不正当手段"。2013 年《商标法》第 32 条中"在先使用并有一定影响的商标"，指的是有一定影响力但尚未达到驰名商标程度的未注册商标，所以，该条的后半句是未注册商标的救济依据。本案中，争议商标的文字部分完整包含了"皮糖张"，两者极为近似，其核定使用的商品与"皮糖张"所使用的商品从功能、用途、消费对象等方面亦属相同或类似。王玉霞是张学礼的前儿媳，对"皮糖张"商标的使用应属于明知，注册争议商标具有明显的主观故意，构成"以不正当手段抢先注册他人已经使用并有一定影响的商标"的行为，应予撤销。王玉霞主张其使用和注册行为合理，依据为张学礼、张宽、张琦之间的《协议书》《协议书备忘录》及其与张宽的婚姻关系，但作为被许可使用人，她在没有获得许可人明确授权的情况下抢先注册与被许可使用的商标相近似的商标，主观上的恶意非常明显，构成"以不正当手段抢先注册他人在先使用并有一定影响的商标"，抗辩理由不成立。

第三节　商标的权利取得

一、自愿注册原则下对未注册商标的法律保护

核心知识点

在商标权取得问题上，我国《商标法》实行自愿注册原则、申请在先原则和诚实信用原则，申请人提出商标注册申请时不要求提供使用证据或者说明有使用意图，这一规则缺失为恶意抢注留下了制度的后门。在商标授权程序中，未注册商标可以获得反抢注保护，前提和基础是该商标已经实际使用并能够识别商品和服务的来源。《商标法》第13、15、32条中规定了对未注册商标提供保护的基本类型，可以依据第33条的规定向商标局提出异议，依据第45条的规定向商标评审委员会请求宣告注册商标无效。其中，第13条第2款规定了未注册的驰名商标的反抢注保护，第15条规定了禁止代理人或者代表人以及因其他特定关系而明知该他人商标存在实施抢注行为，第32条规定了禁止抢注他人在先使用并有一定影响的商标。同时，《商标法》第59条第3款还规定，商标注册人申请商标注册前，他人已经在同一种商品或者类似商品上先于商标注册人使用与注册商标相同或者近似并有一定影响的商标的，注册商标专用权人无权禁止该使用人在原使用范围内继续使用该商标，但可以要求其附加适当区别标识。按照该条规定，注册商标专用权的效力受到限制，未注册商标属于在先取得的法益，有其存在的正当性。

典型案例

申请再审人辉瑞有限公司、辉瑞制药有限公司与被申请人上海东方制药有限公司破产清算组、原审被告北京健康新概念大药房有限公司、广州威尔曼药业有限公司不正当竞争及侵犯未注册驰名商标权纠纷案：北京市高级人民法院（2007）高民终字第1684号民事判决书；最高人民法院（2009）民申字第313号民事裁定书。

基本案情

1997年，辉瑞公司的"VOAGRA"文字商标在中国获得注册，2001年经核准转让

给辉瑞产品有限公司。1998 年 9 月 29 日，《健康报》报道伟哥（VIAGRA）是枸橼酸西地那非尔的商品名，1998 年 10 月 16 日至 2003 年 9 月 28 日，《海口晚报》等二十几家报刊的 26 份报道摘录中多将 "VIAGRA" 称为 "伟哥"，将 "伟哥"（VIAGRA）的生产者称为辉瑞公司或辉瑞制药厂，报道的主要内容对 "VIAGRA" 的药效、销售情况、副作用的介绍以及评论。《新时代汉英大词典》2000 版第 1601 页和 2002 版第 1232 页对 "伟哥" 词条的解释为：伟哥，也称 "威尔刚""万艾可"，用于治疗男性功能障碍的美国药品商标。2005 年 3 月 17 日，中国国际贸易促进会专利商标事务所的代理人邱宏彦在新概念公司经公证购买了 "伟哥" 药品 4 盒。该 "伟哥" 产品系东方公司生产，新概念公司销售，东方公司系经威尔曼公司授权使用 "伟哥" 商标。

裁判摘要

最高人民法院认为，根据本案查明的事实，1998 年 9 月 29 日《健康报》等七篇报道、珠海出版社出版的 "伟哥报告——蓝色精灵 Viagra" 以及《海口晚报》等 26 份媒体的报道中虽然多将 "伟哥" 与 "Viagra" 相对应，但因上述报道均系媒体所为而并非两申请再审人所为，并非两申请再审人对自己商标的宣传，且媒体的报道均是对 "伟哥" 的药效、销售情况、副作用的一些介绍、评论性文章。辉瑞制药公司也明确声明 "万艾可" 为其正式商品名，并承认其在中国内地未使用过 "伟哥" 商标。故媒体在宣传中将 "Viagra" 称为 "伟哥"，亦不能确定为反映了两申请再审人当时将 "伟哥" 作为商标的真实意思。故申请再审人所提供的证据不足以证明 "伟哥" 为未注册商标。

拓展思考

未注册商标，是否能由商标使用人之外的指称而产生，实践中有争议，本案凸显了这一点。辉瑞公司得以主张权利的依据，是国家药监局的文件和媒体报道中对 "伟哥" 的使用，均非出于自身意愿的使用，也非辉瑞公司自身的使用。对于这一类商标的 "俗称"，是否将之定性为未注册商标，主要取决于被指称商标的商标权人的意思表示。如果被指称商标的商标权人明确表示反对，或并未积极承认该种指称，那么商标 "俗称" 不能被认定为未注册商标；如果被指称商标的商标权人认可这种指称，那么商标 "俗称" 应当被认定为未注册商标。

商标的价值源于使用，未注册商标通过使用产生价值，在自愿注册原则的逻辑下，当然能够获得法律的保护。反过来，已经获得注册的商标，如果没有实际使用，消费者就无法将其与特定商品或者服务联系在一起，商誉无从产生，更谈不到损害赔偿。因此，《商标法》第 64 条明确规定，注册商标专用权人不能举证证明此前三年内实际使用过该注册商标，也不能证明因侵权行为受到其他损失的，被控侵权人不承担赔偿责任。该条也可以充当在先使用人对抗在后注册人，特别是恶意抢注人的抗辩事由。

二、诚实信用原则在商标权利取得中的作用

核心知识点

2013 年修订后的《商标法》第 7 条第 1 款首次引入"诚实信用原则"，主要用于解决恶意抢注问题："申请注册和使用商标，应当遵循诚实信用原则"。从该条中"应当"的条文表述来看，诚实信用原则能够用于规范商标的申请注册与使用行为，在申请注册和使用过程中违反该原则会导致商标法的否定评价。除该条外，第 19 条和第 68 条中也明确使用了"诚实信用"的表述，在第 13、15、32 条等条文中都有具体体现。设计、选择所要注册的商标时，申请人应具有不侵害他人合法利益的主观认识，在先利益的避让属于理性人应当具备的诚信态度，但注意义务的设定应具体考量预见可能性与制度成本。根据条文间的相互关系，他人已经使用并有一定影响力的商标并非驰名商标，有一定知名度但影响力小于驰名商标，相关公众对该商标的知晓程度、该商标使用的持续时间、该商标的任何宣传工作的持续时间、程度和地理范围[①]等均小于驰名商标，所能获得的保护也要弱于驰名商标。因此，对于这一类商标，只在其影响力所及范围内对注册人、申请人课加注意义务，在先使用人可以在所使用的商品或服务类别上禁止他人恶意注册。

典型案例

再审申请人深圳歌力思服饰有限公司（以下简称歌力思公司）、再审申请人王碎永及一审被告杭州银泰世纪百货有限公司侵犯商标权纠纷案：浙江省杭州市中级人民法院（2012）浙杭知初字第 362 号民事判决书；浙江省高级人民法院（2013）浙知终字第 222 号民事判决书；最高人民法院（2014）民提字第 24 号。

基本案情

深圳歌力思服饰设计有限公司（以下简称歌力思设计公司）成立于 1996 年，是本案歌力思公司的股东之一，第 1348583 号"歌力思"商标由歌力思设计公司提出注册申请，核定使用于第 25 类的服装等商品上，核准注册时间为 1999 年 12 月，现商标权人为歌力思公司。第 4225104 号"ELLASSAY"商标的注册人为歌力思公司，核定使用在第 18 类的钱包、手提包等商品上。第 4157840 号"歌力思"商标核准注册于 2011年 6 月，注册人王碎永，核定使用商品为第 18 类的钱包、手提包等。2012 年 3 月 7日，王碎永以歌力思公司及杭州银泰公司生产、销售皮包的行为侵犯自己的商标权为由，提起民事诉讼。

---

① 上述区分标准参考了《商标法》第 14 条中驰名商标认定的考虑因素。

裁判摘要

最高人民法院认为，歌力思公司拥有合法的在先权利基础。歌力思公司在本案中的使用行为系基于合法的权利基础，使用方式和行为性质均具有正当性。王碎永取得和行使"歌力思"商标权的行为难谓正当。王碎永以非善意取得的商标权对歌力思公司的正当使用行为提起的侵权之诉，构成权利滥用。

拓展思考

作为民法中的帝王原则，诚实信用原则在《商标法》中也有适用的空间，商标权的取得必须符合诚实信用原则的要求，可依据诉争双方间的特定信任关系、所处地域、从事生产经营活动的领域、贴附商标的商品或服务的销售范围、商标符号组合的显著性等完成过错的推定。王碎永取得"歌力思"商标的行为违背了诚实信用原则的要求，并无正当性，而一、二审法院根本没有考虑歌力思公司对歌力思商标在先使用和王碎永有较大可能性事先知悉歌力思公司使用该商标的事实，认定歌力思公司侵害王碎永对"歌力思"的注册商标专用权，明显错误。歌力思公司拥有合法的在先权利基础，经过长期使用和广泛宣传，作为企业字号和注册商标的"歌力思"已经具有了较高的市场知名度，歌力思公司据此就该标识享有合法的在先权利。"歌力思"属于无固有含义的臆造词，具有较强的显著性，依常理判断，在完全没有接触或知悉的情况下，因巧合而出现雷同注册的可能性较低。歌力思公司地处广东省深圳市，王碎永曾长期在广东省广州市经营皮革商行，作为地域接近、经营范围关联程度较高的商品经营者，王碎永对"歌力思"字号及商标完全不了解的可能性较低。在上述情况下，王碎永仍然在关联商品上申请注册"歌力思"商标，明显违背诚实信用原则的要求。王碎永以非善意取得的商标权对歌力思公司的正当使用行为提起的侵权之诉，属于权利滥用，以此为基础的诉讼请求不应得到法律的支持。

第十七章 标权的消灭[*]

第一节 注册商标的撤销[**]

一、注册商标成为商品通用名称导致的撤销

核心知识点

《商标法》第49条第2款规定，注册商标成为其核定使用的商品的通用名称的，任何单位或者个人可以向商标局申请撤销该注册商标。该条款是2013年修改《商标法》时引入的。通用名称缺乏显著性，故而不能作为商标注册。对于因嗣后的使用行为导致注册商标成为本商品通用名称的，任何人都可以提出撤销之诉。通用名称的产生来源有二：法定的商品名称和约定俗成的商品名称。《授权确权若干规定》第10条第1款规定："诉争商标属于法定的商品名称或者约定俗成的商品名称的，人民法院应当认定其属于商标法第11条第1款第（一）项所指的通用名称。依据法律规定或者国家标准、行业标准属于商品通用名称的，应当认定为通用名称。相关公众普遍认为某一名称能够指代一类商品的，应当认定为约定俗成的通用名称。被专业工具书、辞典等列为商品名称的，可以作为认定约定俗成的通用名称的参考。"第2款则对约定俗成的通用名称作了界定："约定俗成的通用名称一般以全国范围内相关公众的通常认识为判断标准。对于由于历史传统、风土人情、地理环境等原因形成的相关市场固定的商品，在该相关市场内通用的称谓，人民法院可以认定为通用名称。"

典型案例

澄迈万昌苦丁茶场与国家工商行政管理总局商标评审委员会、第三人海南省茶叶协会第3140227号"兰贵人"商标争议行政纠纷案：北京市第一中级人民法院（2008）一中行初字第1141号行政判决书；北京市高级人民法院（2009）高行终字第330号行政判决书。

---

[*] 商标权的终止分为三种情形：注销、撤销和无效。因商标注销规定非常简单，实践中也无适用争议，本处略去注销部分内容。

[**] 商标权的撤销分为三种情形：因违规使用而导致撤销（第49条第1款）、因注册商标变成本商品通用名称而导致撤销（第49条第2款）和因连续三年停止使用而导致撤销（第49条第2款），其中因违规使用导致撤销情形非常罕见，本书不再赘述。

基本案情

万昌茶场于 2003 年 5 月 28 日获得争议商标的注册，核定使用商品为第 30 类茶、茶饮料、茶叶代用品、冰茶、咖啡、糕点、调味品等。2003 年 7 月 15 日，海南省茶叶协会委托代理人以争议商标缺乏必要的显著性和识别特征、万昌茶场申请注册争议商标是一种不正当的注册行为、侵害了相关行业人的利益为由，依据《商标法》第 11、41 条和《反不正当竞争法》的有关规定向商评委提出撤销争议商标的申请。商评委裁定争议商标在茶、茶叶代用品、冰茶、茶饮料商品上的注册予以撤销，在其余商品上的注册予以维持，北京一中院和北京高院维持了该裁定。

裁判摘要

双方的争议焦点是"兰贵人"是否已经成为茶叶商品上一种约定俗成的通用名称，是否能够起到识别商品来源的作用。综合海南省茶叶协会和万昌茶场的相关证据，可以认定"兰贵人"最初是 20 世纪 90 年代从台湾地区引进的人参乌龙茶的另一名称。在争议商标申请注册的 2002 年 4 月之前，我国境内南方五省茶叶产区已经开始大量使用"兰贵人"作为添香加味拼配茶的统称来使用。经过十年左右的生产，"兰贵人"已经成为上述茶产区相关公众广泛认知的再加工茶类。

拓展思考

《商标法》第 9 条规定，申请注册的商标应当具有显著特征。显著性是商标的生命线，经营者不能不重视。然而，在实际的运营过程中，商标权人广告宣传不当、商标管理不善、维权不积极等原因均可能导致该注册商标逐渐失去显著特征，演化为该类商品的通用名称。当注册商标不再能发挥识别功能时，该商标也就无法继续扮演商标的角色，撤销就成为减轻制度负累的当然选择。通用名称不能作为注册商标的原因在于显著性的丧失，因此，通用名称的判断主体是相关公众，非相关公众的认识没必要也不应当纳入考量范围内。特别是对一些地域性较强的商品，相关地域内的相关公众就足以构成中国《商标法》法语内的相关公众的全体。所以，在通用名称的认定中，兰贵人案所涉及的南方五省内的相关公众，即为判定主体，不必引入全国范围内的公众。《授权确权若干规定》第 10 条第 4 款规定："人民法院审查判断诉争商标是否属于通用名称，一般以商标申请日时的事实状态为准。核准注册时事实状态发生变化的，以核准注册时的事实状态判断其是否属于通用名称。"在金骏眉案中，① 北京高院经审查认定，"金骏眉"商标在申请注册的时候不是法定的通用名称，也不是约定俗成的通用名称，但在二审时"金骏

---

① 参见北京市第一中级人民法院（2013）一中知行初字第 894 号行政判决书；北京市高级人民法院（2013）高行终字第 1767 号行政判决书。

眉"已经作为一种特定红茶的通用名称存在。基于上述认定，北京高院对商评委作出的认定进行纠正，确认"金骏眉"属于特定种类的红茶的通用名称。

二、连续三年停止使用导致的撤销

核心知识点

《商标法》第49条第2款规定："注册商标成为其核定使用的商品的通用名称或者没有正当理由连续三年不使用的，任何单位或者个人可以向商标局申请撤销该注册商标。"连续三年停止使用导致商标被撤销的制度，又被称为"撤三"制度。"撤三"制度的创设，旨在督促商标注册人尽快使用商标，防止符号圈地。"撤三"制度的适用中，需要注意以下几个问题：第一，任何单位或者个人都可以向商标局申请撤销，申请主体上没有任何限制，商标局不能主动撤销此类商标。第二，撤销的前提是无正当理由不使用。所谓正当理由，按照《授权确权若干规定》第26条第4款的规定，是指"商标权人有真实使用商标的意图，并且有实际使用的必要准备，但因其他客观原因尚未实际使用注册商标"。第三，"撤三"的时间要求必须是连续不间断的三年期间经过。第四，三年期间没有任何出现过任何本条款意义上的商标"使用"行为。《授权确权若干规定》第26条第1—3款对"使用"作了界定："商标权人自行使用、他人经许可使用以及其他不违背商标权人意志的使用，均可认定为商标法第49条第2款所称的使用。实际使用的商标标志与核准注册的商标标志有细微差别，但未改变其显著特征的，可以视为注册商标的使用。没有实际使用注册商标，仅有转让或者许可行为；或者仅是公布商标注册信息、声明享有注册商标专用权的，不认定为商标使用。"

典型案例

申请再审人法国卡斯特兄弟股份有限公司与被申请人国家工商行政管理总局商标评审委员会、李道之商标撤销复审纠纷案：北京市第一中级人民法院（2008）一中行初字第40号行政判决书；北京市高级人民法院（2008）高行终字第509号行政判决书；最高人民法院（2010）知行字第55号驳回再审申请裁定书。

基本案情

温州五金交电化工（集团）公司酒类分公司于1998年9月7日申请注册"卡斯特"商标，后被核准注册，指定使用在第33类"果酒（含酒精）"等商品上。2002年经核准转让给李道之。2005年7月，卡斯代尔·弗雷尔股份有限公司（卡斯特公司前身）以连续3年停止使用为由，向商标局申请撤销争议商标。商标局以李道之未在法定期间内提交其使用争议商标的证据材料为由，决定撤销争议商标。李道之不服商标局决定，向商标评审委员会申请复审，请求维持争议商标，后商评委维持了争议商标的注册。

裁判摘要

最高人民法院认为，注册商标长期搁置不用，该商标不仅不会发挥商标的功能和作用，而且还会妨碍他人注册、使用，从而影响商标制度的良好运转。应当注意的是，注册商标连续三年停止使用导致撤销的条款的立法目的在于激活商标资源，清理闲置商标，撤销只是手段，不是目的。因此只要在商业活动中公开、真实地使用了注册商标，且注册商标的使用行为本身没有违反商标法律规定，则注册商标权利人已经尽到法律规定的使用义务，不宜认定注册商标违反该项规定。本案中李道之所提交的证据可以证明获得其授权许可的班提公司在商业活动中对争议商标进行公开、真实地使用，争议商标不属于连续三年停止使用导致撤销的情形。至于班提公司在使用争议商标有关的其他经营活动中是否违反进口、销售等方面的法律规定，并非该条款所要规范和调整的问题。

拓展思考

在撤销连续三年不使用商标行政案件中，对于违反法律、行政法规规定的商标使用是否能够认定为商标使用行为，最高人民法院曾在"康王"商标行政案件中持否定态度，在本案裁定中则持肯定态度。[①] 在再审申请人成超与被申请人通用磨坊食品亚洲有限公司（以下简称通用公司）、一审被告国家工商行政管理总局商标评审委员会（以下简称商评委）商标撤销复审行政纠纷案中，[②] 最高人民法院则在判决中对商标的实际使用作了解释，指出仅为维持注册商标的存在而进行的象征性使用不构成商标的实际使用。北京一中院一审认为，成超在指定期限内对"湾仔码头"进行了真实的商业使用，于是判决撤销商评委的决定。北京高院二审则认为，成超提供的使用证据多为意在维持"湾仔码头"注册的单次、象征性使用，不能认定为商标法意义上的使用，观点截然相反。2002 年修订的《商标法实施条例》第 3 条规定，商标的使用，包括将商标用于商品、商品包装或者容器以及商品交易文书上，或者将商标用于广告宣传、展览以及其他商业活动中。

最高人民法院认为，商标标识的价值在于能够识别商品或者服务的来源，2001 年修正的《商标法》第 44 条规定撤销不使用商标的目的在于促使商标的实际使用，发挥商标的实际效用，防止浪费商标资源。商标的使用，不仅包括商标权人自用，也包括许可他人使用以及其他不违背商标权人意志的使用。没有实际使用注册商标，仅有转让、许可行为，或者仅有商标注册信息的公布或者对其注册商标享有专有权的声明等，

---

① 参见孔祥俊：《商标法适用的基本问题》，中国法制出版社 2010 年版，第 206 页。

② 参见北京市第一中级人民法院（2013）一中知行初字第 2541 号行政判决书；北京市高级人民法院（2014）高知终字第 1934 号行政判决书；最高人民法院（2015）知行字第 181 号。

不能认定为商标使用。判断商标是否实际使用，需要判断商标注册人是否有真实的使用意图和实际的使用行为，仅为维持注册商标的存在而进行的象征性使用，不构成商标的实际使用。

第二节　注册商标的无效

一、违反绝对拒绝注册理由的无效宣告

核心知识点

2013 年《商标法》第 44 条第 1 款、2001 年《商标法》第 41 条第 1 款规定："已经注册的商标，违反该法第 10 条、第 11 条、第 12 条规定的，或者是以欺骗或者其他不正当手段取得注册的，由商标局宣告该注册商标无效；其他单位或者个人可以请求商标评审委员会宣告该注册商标无效。"而在 2019 年《商标法》的修订中，又将违反第 19 条第 4 款的注册商标纳入第 44 条无效宣告的对象。《商标法》第 10 条指向禁止作为商标使用的标志，第 11 条指向缺乏显著特征的标志，第 12 条指向具备功能性的三维标志，第 19 条第 4 款指向商标代理机构的违规注册行为，均为绝对拒绝注册理由，违反这四条将导致注册商标无效。除此之外，还有"以欺骗或者其他不正当手段取得注册"这一兜底性条款，需要解释说明。以"不正当手段取得注册"条款适用的前提是注册行为损害了不特定主体的权益、破坏了公平竞争的市场秩序，保护的是以个人利益面目为表象的公共利益。在耐克国际有限公司与商评委等商标争议行政纠纷案判决中，[1] 北京高院认为第 44 条规定中所指的"其他不正当手段"系指欺骗手段以外扰乱商标注册秩序、损害公共利益、不当占用公共资源或者以其他方式谋取不正当利益的手段，由此被侵害的主体属于不确定的公共群体。如果只是抢注个别主体的单个商标，此时损害的是特定主体的利益，不能被认定为以"其他不正当手段取得注册"，只能依据第 45 条提起无效宣告程序。对于该条中"其他不正当手段"的认定，《授权确权若干规定》第 24 条有明确解释："以欺骗手段以外的其他方式扰乱商标注册秩序、损害公共利益、不正当占用公共资源或者谋取不正当利益。""不正当手段"表述较为模糊，用意即在于充当制止商标抢注行为的兜底条款，《授权确权若干规定》第 24 条中的具体化并不属于完全封闭的解释。

典型案例

再审申请人李隆丰与被申请人中华人民共和国国家工商行政管理总局商标评审委员会、一审第三人三亚市海棠湾管理委员会商标争议行政纠纷案：北京市第一中级人

---

① 北京市高级人民法院（2013）高行终字第 76 号行政判决书。

民法院（2011）一中知行初字第2752号行政判决书；北京市高级人民法院（2012）高行终字第582号行政判决书；最高人民法院（2013）知行字第41、42号行政裁定书。

基本案情

2005年李隆丰在第36类和第43类注册了"海棠湾"商标，海棠湾管委会向商评委申请撤销上述商标，后商评委裁定撤销上述商标。

裁判摘要

最高人民法院认为，审查判断诉争商标是否属于该条款规定的"以其他不正当手段取得注册"的情形，要考虑是否属于欺骗手段以外的扰乱商标注册秩序、损害公共利益、不正当占用公共资源或者以其他方式谋取不正当利益的手段。《商标法》第4条规定，自然人、法人或者其他组织对其生产、制造、加工、拣选或者经销的商品或者提供的服务，需要取得商标专用权的，应当向商标局申请商标注册。从该条规定的精神来看，民事主体申请注册商标，应该有使用的真实意图，以满足自己的商标使用需求为目的，其申请注册商标行为应具有合理性或正当性。李隆丰利用政府部门宣传推广海棠湾休闲度假区及其开放项目所产生的巨大影响力，抢先申请注册多个"海棠湾"商标的行为，以及没有合理理由大量注册囤积其他商标的行为，并无真实使用意图，不具备注册商标应有的正当性，属于不正当占用公共资源、扰乱商标注册秩序的行为。

拓展思考

商标抢注是目前我国商标实践中较为突出的一类不正常现象，本案所反映出的欠缺真实使用意图、大量申请、囤积注册商标的行为具有一定的普遍性。该案中，李隆丰在不同类别商品或服务上申请注册了"香水湾""椰林湾"等与海南地名、景点有关的商标三十余件，且多件商标有转让记录。不但如此，李隆丰还曾与海棠湾管委会取得联系，希望以高价转让"海棠湾"商标。李隆丰也未能提供其使用"海棠湾"等商标的有关证据。在本案的处理过程中，最高人民法院通过援引《商标法》第4条的规定，指明了商标法关于申请商标注册的立法本意，并以此认定缺乏真实的使用意图、申请注册商标的行为不具有正当性、大量囤积商标的行为属于扰乱商标注册秩序、损害公共利益、不正当占用公共资源的行为，足以认定李隆丰申请注册争议商标的行为构成以"不正当手段取得注册"，应依照2001年《商标法》第41条第1款规定予以撤销。本案的判决结果对于遏制商标抢注的相关法律适用具有指导作用。类似的，在"蜡笔小新"商标无效案中，① 法院考虑到诚益公司具有大批量、规模性"抢注"他人

---

① 北京市第一中级人民法院（2011）一中知行初字第1229号行政判决；北京市高级人民法院（2011）高行终字第1427号行政判决书。

商标并转卖牟利的行为，情节恶劣，扰乱了商标注册管理秩序及公共秩序，损害了公共利益，构成"以其他不正当手段取得注册"的情形。上述裁判表明，申请注册商标的数量、核准注册后与在先权利人的磋商、使用情形等都是认定是否属于"不正当手段取得注册"的考量因素。

二、违反相对拒绝注册理由的无效宣告

（一）提起无效宣告的时间

核心知识点

对于违反相对拒绝注册理由提起无效宣告的时间，2013 年与 2019 年《商标法》第45 条、2001 年《商标法》第 41 条第 2 款有明确规定。2013 年《商标法》第 45 条第 1款规定："已经注册的商标，违反本法第 13 条第 2 款和第 3 款、第 15 条、第 16 条第 1款、第 30 条、第 31 条、第 32 条规定的，自商标注册之日起五年内，在先权利人或者利害关系人可以请求商标评审委员会宣告该注册商标无效。对恶意注册的，驰名商标所有人不受五年的时间限制。"从法条可以得知，针对违反相对拒绝注册理由提起无效宣告的主体，只能是在先权利人或者利害关系人，其他人不能越俎代庖。这是因为违反相对拒绝注册理由的注册行为，侵害的都是特定人的利益。在提起无效宣告的时间上，违反相对拒绝注册理由也不同于违反绝对拒绝注册理由，有五年的时间限制，如此设置的目的在于督促权利人或者利害关系人尽可能早地提出相应请求，避免躺在权利上睡眠，稳定社会经济秩序。对于驰名商标，则赋予了不同的时间规定，恶意注册时不受五年时间的限制，如此设置的理由在于驰名商标的社会影响力大，同时还会涉及消费者的合法权益，所以需要突破一般的时间限制。根据《授权确权若干规定》第25 条的规定，引证商标知名度高、诉争商标申请人没有正当理由的，人民法院可以推定其注册构成"恶意注册"。

典型案例

四川绵竹剑南春酒厂有限公司请求宣告深圳市宝松利实业有限公司"锦竹 JINZHU及图"商标无效行政纠纷案：北京市第一中级人民法院（2012）一中知行初字第 3359号行政判决书。

基本案情

"锦竹 JINZHU 及图"商标（即争议商标）由四川省璧山县酒厂注册，核定使用在第 33 类酒商品上，后转让予宝松利公司。"绵竹及图"（引证商标）由四川省绵竹县酒厂最先申请注册，指定使用在第 33 类酒商品上，后主体变更为四川绵竹剑南春酒厂有限公司。2010 年四川绵竹剑南春酒厂对争议商标提出撤销申请，商标评审委员会审理后裁定撤销争议商标的注册。

裁判摘要

2001 年《商标法》第 41 条第 2 款规定，对恶意注册的，请求宣告无效时驰名商标所有人不受五年时间的限制。在案证据可以证明，在争议商标申请注册日之前，引证商标已经构成《商标法》第 14 条所述的驰名商标。本案中，争议商标文字"锦竹"和引证商标文字"绵竹"在字形和视觉效果上极为近似。争议商标原申请人与引证商标权利人同处四川省，对争议商标的知名度应当知晓，其仍将与引证商标相近的争议商标加以注册，已经能够表明其模仿、攀附引证商标的故意。其次，虽然争议商标注册时间较早，但其核准注册后几经转让，争议商标原权利人四川省绵竹绵窖酒厂和现权利人深圳市宝松利实业有限公司利用"锦竹"和"绵竹"文字字形近似，多次模仿剑南春公司绵竹大曲酒包装装潢并被当地工商行政管理机关予以处罚，该行为进一步在市场上造成混淆，已产生不良市场效果。故，从争议商标的转让情况以及不同时期权利人的行为来看，可以证明争议商标申请注册之时即非善意，现在争议商标已经成为宝松利公司及其他具有不良企图的人模仿驰名商标"绵竹"的工具，且四川省绵竹绵窖酒厂和宝松利公司的不正当竞争行为在实际上加大了相关公众的混淆误认，损害了剑南春公司的合法权益。

拓展思考

根据《商标法》第 45 条第 1 款的规定，违反相对拒绝注册事由的无效宣告程序，应当在五年内提出，这五年时间限制属性究竟为何，立法上并不明确。在埃尔梅斯国际与中华人民共和国工商行政管理总局商标评审委员会商标争议行政纠纷上诉案中，[①]北京法院在判决中指出上述期间属于除斥期间，与民事诉讼中的诉讼时效期间性质并不相同，因此埃尔梅斯国际关于商标评审委员会不应主动审查其撤销争议商标注册的申请是否超过五年的上诉理由，缺乏法律依据，法院不予支持。诉讼时效经过，权利人不行使其权利，将导致胜诉权丧失；除斥期间是法定权利存续期间，除斥期间经过，将导致权利本身消灭。诉讼时效的适用对象是请求权，除斥期间的适用对象的形成权。诉讼时效可以适用中止、中断、延长的，除斥期间为法定期间，不会因权利人的客观情况变化而相应变化。诉讼时效当事人不主动提出，法院不可以依职权主动审查；除斥期间是否经过，法院可依职权主动审查。因此，对于《商标法》第 45 条规定的五年除斥期间，法院可依职权主动审查，该期间也不会发生任何变动。这也就提醒了权利人，在维护自身权利时一定要注意时间节点，五年除斥期间一旦经过，申请宣告注册商标无效的权利即告消灭。

---

① 北京市第一中级人民法院（2010）一中知行初字第 846 号行政判决书；北京市高级人民法院（2012）高行终字第 708 号行政判决书。

（二）无效宣告的事由和依据《商标法》第 15 条请求无效宣告时该条规定的"代理人或者代表人"之范围确定

核心知识点

《商标法》第 45 条第 1 款对违反相对拒绝注册理由提起无效宣告程序作了规定。按照该条，违反相对拒绝注册理由分为以下 6 大类：抢注他人驰名商标（第 13 条第 2、3 款）、特定关系人恶意抢注（第 15 条）、注册虚假地理标志（第 16 条第 1 款）、重复授权（第 30 条）、抵触申请（第 31 条）和损害他人在先权利及抢注他人已经使用并有一定影响的商标（第 32 条）。《授权确权若干规定》第 15 条中对"代理人或者代表人"的范围作了进一步解释。对于已经通过合同方式确立特定关系的双方主体而言，"经销、代理等销售代理关系意义上的代理人、代表人"也落入"代理人或者代表人"的范围。对于尚处于为建立代理或者代表关系的磋商阶段、尚未通过合同方式确立权利义务关系的双方主体而言，《商标法》第 15 条第 1 款也适用。合同义务和先合同义务之外，商标申请人与代理人或者代表人之间存在亲属关系等特定身份关系的，可以推定其商标注册行为系与该代理人或者代表人恶意串通，人民法院适用《商标法》第 15 条第 1 款的规定进行审理。[①]《授权确权若干规定》第 16 条中对《商标法》第 15 条第 2 款中"其他关系"作了如下列举："（一）商标申请人与在先使用人之间具有亲属关系；（二）商标申请人与在先使用人之间具有劳动关系；（三）商标申请人与在先使用人营业地址邻近；（四）商标申请人与在先使用人曾就达成代理、代表关系进行过磋商，但未形成代理、代表关系；（五）商标申请人与在先使用人曾就达成合同、业务往来关系进行过磋商，但未达成合同、业务往来关系。"《商标法》第 15 条的立法目的在于维护诚实信用原则，并不一概要求该商标已经在先使用，最高人民法院在再审申请人香港雷博有限公司因与被申请人中华人民共和国国家工商行政管理总局商标评审委员会、家园有限公司商标争议行政纠纷案中指出，[②] 只要特定商标应归于被代理人或者被代表人，代理人或者代表人即应善尽忠诚和勤勉义务，不得擅自以自己名义进行注册。

典型案例

重庆正通药业有限公司、国家工商行政管理工总局商标评审委员会与四川华蜀动物药业有限公司商标行政纠纷案：北京市第一中级人民法院（2005）一中行初字第 437 号行政判决书；北京市高级人民法院（2006）高行终字第 93 号行政判决书；最高人民法院（2007）行提字第 2 号行政判决书。

---

① 《授权确权若干规定》第 15 条第 3 款。
② 北京市第一中级人民法院（2011）一中知行初字第 365 号行政判决书；北京市高级人民法院（2012）高行终字第 690 号行政判决书；最高人民法院（2014）行提字第 3 号行政判决书。

基本案情

"头孢西林"作为商品名称是由正通公司单独于 2002 年 4 月 20 日向国家有关主管机关提出申请并在 5 月 28 日获得审批。同年 7 月 27 日，正通公司与华蜀公司签订《关于专销"头孢西林"产品的协议书》。2002 年 9 月 12 日，华蜀公司向商标局提出争议商标"头孢西林 TOUBAOXILIN"的注册申请，并于 2004 年 2 月 7 日被核准注册，核定使用商品为第 5 类兽医用制剂等。2004 年 3 月 31 日，正通公司（当时的重庆正通动物药业有限公司）以争议商标违反《商标法》第 10 条、第 11 条第 1 款第（一）项、第 15 条及第 31 条为由，向商评委提起撤销争议商标的申请，后商评委裁定撤销争议商标。

裁判摘要

最高人民法院认为，《商标法》第 15 条规定，未经授权，代理人或者代表人以自己的名义将被代理人或者被代表人的商标进行注册，被代理人或者被代表人提出异议的，不予注册并禁止使用。由于本案中当事人及一审、二审判决对"代理人"的含义具有不同的理解和认定，为消除分歧，正确适用法律，可以通过该条规定的立法过程、立法意图以及参照相关国际条约的规定等确定其含义。《商标法》第 15 条的规定既是为了履行《巴黎公约》第 6 条之七规定的条约义务，又是为了禁止代理人或者代表人恶意注册他人商标的行为。据该条约的权威注释、有关成员国的通常做法和我国相关行政执法的一贯态度，《巴黎公约》第 6 条之七的"代理人"和"代表人"应当做广义的解释，包括总经销、总代理等特殊销售关系意义上的代理人或者代表人。参照最高人民法院《关于审理国际贸易行政案件若干问题的规定》第 9 条关于"人民法院在审理国际贸易行政案件所适用的法律、行政法规的具体条文存在两种以上的合理解释，其中有一种解释与中华人民共和国缔结或者参加的国际条约的有关规定相一致的，应当选择与国际条约的有关规定相一致的解释，但中华人民共和国声明保留的条款除外"的规定，《巴黎公约》第 6 条之七规定的"代理人"的含义，可以作为解释我国《商标法》第 15 条规定的重要参考依据。根据以上立法过程、立法意图、巴黎公约的规定以及参照上述司法解释精神，为制止因特殊经销关系而知悉或使用他人商标的销售代理人或者代表人违背诚实信用原则、抢注他人注册商标的行为，《商标法》第 15 条规定的代理人应当做广义的解释，不只限于接受商标注册申请人或者商标注册人委托、在委托权限范围内代理商标注册事务等事宜的商标代理人、代表人，而且还包括总经销（独家经销）、总代理（独家代理）等特殊销售代理关系意义上的代理人、代表人。

拓展思考

本案判决的法律意义在于澄清了《商标法》第 15 条中"代理人或者代表人"的含

义。此前，北京高院在二审裁判中将"代理人或者代表人"做狭窄解释，仅限于《民法通则》《合同法》中严格意义上的代理，限定为商标代理人。最高院在再审裁判中根据《商标法》的立法过程、立法意图、《巴黎公约》第 6 条之七的规定以及最高院相关司法解释的精神，认为应当对"代理人或者代表人"做广义的解释，不但包括接受商标注册申请人或者商标注册人委托、在委托权限内代理商标注册等事宜的商标代理人、代表人，还包括总经销（独家经销）、总代理（独家代理）等特殊销售代理关系意义上的代理人、代表人。《授权确权若干规定》第 15 条第 1 款吸纳了裁判的有效经验，将"代理人或者代表人"确定为"商标代理人、代表人或者经销、代理等销售代理关系意义上的代理人、代表人"，突破之处在于不限于特殊销售代理关系，扩展至一般意义上的销售代理关系。在再审申请人新东阳企业（集团）有限公司与被申请人新东阳股份有限公司、原审被告国家工商行政管理总局商标评审委员会商标异议复审行政纠纷案[①]中，最高人民法院指出，与代理人或者代表人有串通合谋抢注商标行为的人，可以视为代理人或者代表人；判断是否构成串通合谋抢注行为，可以视情况根据商标注册申请人与代理人或者代表人的特定身份关系进行推定。上述成熟经验最终被规定到了《授权确权若干规定》第 15 条中。

（三）长期停止使用的商业标识不能作为有一定影响的未注册商标或在先权利予以保护

核心知识点

现行《商标法》第 32 条中"在先使用并有一定影响的商标"中的"在先使用"，旨在突出其正当性，使用时间在前，"在先使用"判断的时间点为申请日。"有一定影响"，旨在确定第三人的注意义务，如果在先使用的未注册商标没有产生"一定影响"，缺少知名度和影响力，第三人在选择申请注册商标的符号组合时便无从了解和避让，自然不承担相应的注意义务。该条款中实际上还隐藏了一个限制条件，即主张权利的未注册商标在申请日前持续使用。商标的基本功能是来源识别功能，如果长期不使用，理性消费者无法就某一标识和特定商品或者服务建立起稳定联系，商标的来源识别功能无从发挥。对于品质保证功能、广告及竞争功能而言，商标的持续使用也是其实现的事实基础。商标长期停止使用，应当具备的功能无法实现，在先使用人丧失了主张权利的正当性基础，他人对相同标识的使用和注册不构成侵权。需要注意的是，判断长期停止使用的时间节点为申请日，如果申请日之后原来的在先使用人或者其利害关系人又开始使用的，仍然不构成"在先使用并有一定影响的商标"，可以提起异议和无效宣告程序的未注册商标必须是申请日前持续使用的商标。

---

① 北京市第一中级人民法院（2011）一中知行初字第 1167 号行政判决书；北京市高级人民法院（2012）高行终字第 1193 号行政判决书，最高人民法院（2013）知行字第 97 号行政裁定书。

典型案例

再审申请人余晓华与国家工商行政管理总局商标评审委员会、第三人成都同德福合川桃片食品有限公司商标争议行政纠纷案：北京市高级人民法院（2011）高行终字第 375 号行政判决书；最高人民法院（2013）知行字第 80 号行政裁定书。

基本案情

"同德福 TONGDEFU 及图"商标由合川县桃片厂温江分厂于 1997 年 8 月 4 日提出注册申请，1998 年 10 月 14 日经核准注册在第 30 类桃片（糕点）等商品上。2000 年该商标注册人名义经商标局核准变更为成都同德福公司。2003 年 4 月 24 日余晓华以争议商标违反《商标法》第 31 条、第 41 条规定为由，申请撤销争议商标，后商评委裁定维持注册。

裁判摘要

最高人民法院认为，《商标法》第 31 条所称的"他人在先使用并有一定影响的商标"，是指已经使用了一定的时间、因一定的销售量、广告宣传等而在一定范围的相关公众中具有知名度，从而被视为区分商品来源的未注册商业标志。这里所称的"有一定影响"，应当是一种基于持续使用行为而产生的法律效果，争议商标的申请日是判断在先商标是否有一定影响的时间节点。"同德福"商号确曾在余晓华先辈的经营下获得了较好的发展，但自 1956 年起至争议商标的申请日，作为一个商业标识的"同德福"停止使用近半个世纪的时间。在这种情况下，即使余氏家族曾将在先将"同德福"作为商业标识使用，但至争议商标的申请日，因长期停止使用，"同德福"已经不具备《商标法》第 31 条所规定的未注册商标的知名度和影响力，不构成"在先使用并有一定影响的商标"。

拓展思考

商标，因使用而产生价值，因不再使用而失去价值，使用的事实状态决定了商标能否获得保护。无论是先前使用过的商标，还是从未使用过的商标，我国商标法都不鼓励"符号圈地"，使用才是商标获得保护的法理基础。本案中，"同德福"虽曾在 20 世纪 20 年代至 50 年代期间于四川地区就桃片商品上积累了一定的商誉，形成了较高的知名度，但在 1956 年公私合营以后至争议商标的申请日间，该商业标识已经连续停止使用 45 年。知名度和影响力的判断主体是相关公众，所有的消费者都具有时代性，将近半个世纪停止使用的事实决定了相关公众不能对"同德福"有清晰、明确的认识，"同德福"的知名度和影响力不复存在。因此，长期停止使用的"同德福"商业标识不能作为有一定影响的未注册商标受到保护。

对于余晓华后来的使用行为，我们也需要准确定性。余晓华自 2002 年起又开始使用"同德福"作为字号，成立了同德福桃片厂，但该行为的发生已经晚于争议商标的申请日。在成都同德福公司已经在先注册并实际使用争议商标，余晓华对此又不享有任何在先权益的情况下，不能以其在后的使用行为对抗第三人已经合法形成的注册商标专用权。也就是说，余晓华对"同德福"的使用行为本身也属于侵权。

（四）依据《商标法》第32条，请求对"以不正当手段抢先注册他人已经使用并有一定影响的商标"宣告无效的适用及其例外

核心知识点

《商标法》第32条规定申请商标注册不得以不正当手段抢先注册他人已经使用并有一定影响的商标，何种情形构成本条规定的"不正当手段"，实践中存在一些困惑，原因主要在于很难从诉争商标注册人申请注册行为本身判断是否采用了不正当手段，"不正当"从何而来。《授权确权若干规定》第23条第1款规定："在先使用人主张商标申请人以不正当手段抢先注册其在先使用并有一定影响的商标的，如果在先使用商标已经有一定影响，而商标申请人明知或者应知该商标，即可推定其构成'以不正当手段抢先注册'。"推定当然可以被推翻，该款后一句即指出："但商标申请人举证证明其没有利用在先使用商标商誉的恶意的除外。"以《商标法》第32条为依据提起无效宣告程序，另一要件是该商标已有一定影响，当在先使用人举证证明其在先商标有一定的持续使用时间、区域、销售量或者广告宣传的，人民法院可以认定有一定影响。[①]对于以不正当手段抢先注册他人在先使用并有一定影响的商标的，只能在商标注册之日起五年内请求宣告无效，只能向商评委提出，只能由在先权利人或者利害关系人提出，有严格的条件限制。

典型案例

再审申请人抚顺博格环保科技有限公司与国家工商行政管理总局商标评审委员会、营口玻璃纤维有限公司商标争议行政纠纷案：北京市第一中级人民法院（2009）一中行初字第8号行政判决书；北京市高级人民法院（2009）高行终字第1275号行政判决书；最高人民法院（2013）行提字第11号。

基本案情

"氟美斯FMS"商标由抚顺市工业用布厂提出注册申请，2002年8月21日年被核准注册，核定使用商品为第24类。2006年5月7日经商标局核准，争议商标被转让给抚顺博格公司。2002年12月30日，营口玻纤公司向商评委提出撤销争议商标的申请，后商评委裁定撤销争议商标的注册。

---

① 《授权确权若干规定》第23条第2款。

裁判摘要

一审裁判摘要

在抚顺博格公司与营口玻纤公司都使用争议商标的情况下，本案已经没有适用《商标法》第31条的必要，根据商标注册的先申请原则，抚顺博格公司申请注册争议商标并无不当。据此判决撤销商评委裁定。

二审裁判摘要

营口玻纤公司在先使用了"氟美斯FMS"商标并在相关公众中已经具有一定影响，抚顺市工业用布厂申请注册争议商标属于《商标法》第31条规定的"以不正当手段抢先注册他人已经使用并有一定影响的商标"的情形，商评委的裁定并无不当。据此判决撤销一审判决，维持商评委的裁定。

再审裁判摘要

虽然在一般情况下，商标申请人明知他人在先使用并有并有一定影响的商标而申请注册即可推定其具有利用他人商标商誉获利的意图。但是，本案事实显示，抚顺博格公司申请注册争议商标并不具有抢占营口玻纤公司在先使用并有一定影响的商标商誉的恶意。本案中抚顺博格公司独立申请注册争议商标并不侵犯营口玻纤公司的合法权益，亦不违反诚实信用原则，不应依据《商标法》第31条的规定予以撤销。

拓展思考

在本案的裁判中，最高人民法院认为，依据2001年《商标法》第31条主张争议商标应予撤销的当事人，应证明其在争议商标申请日之前，已经在相同或者类似产品上使用了与争议商标相同或者近似的商标，并且在相关公众中具有了一定影响，同时争议商标申请人申请注册争议商标具有抢占其商标声誉的恶意。也就是说，他人商标在先使用并有一定影响只是要件之一，在后注册人的恶意也是抢注认定的必备要件。商标注册申请人明知他人在先使用并有一定影响的商标而申请注册可以推定注册申请人有抢注的恶意，但这种推定完全可以通过相反证据推翻。抚顺博格公司前身抚顺市工业用布厂与营口玻纤公司几乎同时使用"氟美斯FMS"商标，且在争议商标申请日前其销售规模大于营口玻纤公司，不存在违背诚实信用原则、恶意抢注的可能性。

本案的另一个争议点在于抚顺博格公司独自申请注册争议商标是否侵犯营口玻纤公司的合法权益。本案争议商标申请日前，营口玻纤公司和抚顺市工业用布厂同时在市场上销售"氟美斯FMS"商品且相互知晓，但双方对标识的归属并无特别约定。《商标法》实行先申请原则，其立法价值取向不同于《著作权法》和《专利法》，在缺乏其他法律或者合同依据的情况下，不能通过类比"创作作品的人为作者""对发明的技术方案做出实质性贡献的人为发明人"的规定的方式，得出"共同使用商标者应为共有商标权人"的结论。因此，抚顺博格公司独立申请注册争议商标的行为并不侵犯玻纤公司的合法权益，不应依据2001年《商标法》第31条规定予以撤销。

第十八章 商标权的内容和行使

第一节 商标权的内容

一、注册商标专用权

核心知识点

在我国商标权的取得采注册制，核准注册以后，申请人获得注册商标专用权。未注册商标仅仅能够依《商标法》上的特殊规定以及《反不正当竞争法》获得有限的保护，法律并未赋予未注册商标以权利。因此，在我国，商标权是权利人对注册商标使用享有的排他性权利。商标权的内容可以被划分为积极的使用权和消极的禁止权两大方面。从积极使用权的角度来看，注册商标专用权的范围，以核准注册的商标和核定使用的商品或者服务为限。[①] 商标权人在使用注册商标过程中不得擅自改变商标的显著特征，也不得超出核定商品或者服务种类使用注册商标。不规范使用注册商标不构成合法的商标使用，同时可能导致侵犯他人商标权。从消极禁止侵权的角度来看，商标权人有权禁止他人未经许可在相同类似商品或者服务上使用相同近似商标可能导致混淆的行为。

典型案例

洲际伟大品牌有限公司、江苏统业保健食品有限公司与泰州市竞龙营养品厂等侵害商标权及不正当竞争纠纷案：沈阳市中级人民法院（2011）沈中民四初字第106号民事判决书；辽宁省高级人民法院（2012）辽民三终字第101号民事判决书；最高人民法院（2014）民提第61号民事判决书。

基本案情

洲际公司是第6511408号"果珍"等商标的注册专用权人，核准商品为第32类的果子粉等。2004年3月，竞龙厂核准注册了"新果珍"商标，核定使用的商品为第30类非医用营养颗粒（晶）等。此后，竞龙厂许可统业公司在其生产的"甜橙味即溶营

---

① 《商标法》第56条。

养晶"上使用"新果珍"商标。为此，洲际公司以统业公司的上述行为侵犯了其注册商标专用权为由提起诉讼。2006 年 10 月，商标局认定统业公司生产的即溶营养晶商品不属于第 30 类的非医用营养颗粒（晶），而是应属于第 32 类的果子晶、果子粉。

裁判摘要

"新果珍"商标核定使用的商品为第 30 类的非医用营养颗粒等，而本案被诉侵权产品事实上属于第 32 类商品。统业公司并未在其获得许可的注册商标核定使用的商品类别上使用该注册商标，而是超出核定商品的范围使用该注册商标，落入了洲际公司第 6511408 号"果珍"注册商标专用权的保护范围，构成商标侵权。竞龙厂与统业公司共同实施了侵权行为，应就给商标权人造成的损失承担连带责任。

拓展思考

在商标侵权的场合，被控侵权人往往会以其享有注册商标专用权为由进行抗辩。对于此种抗辩，首先需要考察其实际生产或者销售的商品是否超出核定范围。商标专用权的范围仅仅限定在核定使用的商品或者服务范围内，超出该范围使用商标的行为不受法律保护。实践中还存在被控侵权人规范使用其注册商标，生产或者销售的商品并未超出注册商标的核定使用范围的情形，按照相关司法解释的规定，此种争议需要先通过行政程序解决。① 但是，被控侵权人是否超出核定范围在未经审理前难以确定。在"爱国者数码科技有限公司、爱国者电子科技有限公司诉飞毛腿电源（深圳）有限公司等侵害商标权纠纷案"中，北京知识产权法院指出，只要无法当然确认被诉侵权人对于注册商标的使用系在核定使用范围内的，基于对注册商标的使用产生的侵权诉讼均应属于可以受理的情形，至于其是否实际属于核定使用范围内的使用行为，则需要在案件受理后对该问题进一步进行实体审理并做出最终判断。②

二、商标共有权的行使

核心知识点

两个以上的自然人、法人或者其他组织可以共同向商标局申请注册同一商标，共同享有和行使该注册商标专用权。③ 但是，关于共有情形下商标权的行使问题，例如商标的许可、转让、质押、异议及评审请求的提出、侵权诉讼的提出等，《商标法》中没有明确规定。

---

① 《最高人民法院关于审理注册商标、企业名称与在先权利冲突的民事纠纷案件若干问题的规定》第 1 条第 2 款。
② 北京知识产权法院（2015）京知民初字第 709 号民事判决书。
③ 《商标法》第 5 条。

典型案例

张某某与沧州田霸农机有限公司、朱某某侵害商标权纠纷案：沧州市中级人民法院（2014）沧民初字第 95 号民事判决书；河北省高级人民法院（2015）冀民三终字第 79 号民事判决书；最高人民法院（2015）民申字第 3640 号民事裁定书。[①]

基本案情

2009 年 4 月，张某某与朱某某成立了科丰公司。2010 年 9 月，科丰公司获准注册"田霸"商标。2012 年 3 月，科丰公司将"田霸"注册商标转让给田霸公司。2012 年 5 月，张某某与朱某某就科丰公司的清算达成调解协议，约定原科丰公司所有的"田霸"注册商标归双方共同所有。2013 年 1 月，张某某以田霸公司为被告、朱某某为第三人起诉，要求确认科丰公司与田霸公司之间转让"田霸"牌注册商标的行为无效；确认张某某与第三人朱某某系"田霸"商标的共有人。在前述商标转让行为被确认无效后，张某某要求确认朱某某将"田霸"许可给田霸公司的行为无效。

裁判摘要

在朱某某擅自将"田霸"商标转让至田霸公司名下行为无效的前提下，可以认定"田霸"商标由张某某和朱某某共同所有。在商标权共有的情况下，商标权的行使应遵循当事人意思自治原则，由共有人协商一致行使；不能协商一致，又无正当理由的，任何一方共有人不得阻止其他共有人以普通许可的方式许可他人使用该商标。朱某某作为"田霸"商标的共有人将涉案商标许可给田霸公司使用合同有效，商标许可合同是否备案并不影响商标许可行为的效力。

拓展思考

上述案件的意义在于明确了共有状态下商标权的行使规则。从促进商标使用的角度，商标权共有人单独以普通许可方式许可他人使用商标，一般不会影响其他共有人利益，该种许可方式原则上应当允许；商标权共有人如果单独以排他许可或者独占许可的方式许可他人使用该商标，则对其他共有人的利益影响较大，原则上应禁止。上述原则的基本精神在《著作权法》和《专利法》中均有体现，而与《物权法》中关于共有的规定有所区别。此外，在设定质权、异议和评审请求的提出以及侵权诉讼等方面商标共有权行使的特殊问题仍然值得探讨。[②]

---

① 本案判决书发布于《最高人民法院公报》2017 年第 4 期。
② 汪泽：《论共有商标权的行使特殊性》，《法律适用》2002 年第 10 期。

第二节　注册商标的转让

一、转让的基本规则

核心知识点

在我国，商标权的转让实行自由转让原则，并没有采取要求商标连同营业或者商誉一并转让的原则。[①] 但是禁止产生容易导致混淆或者有其他不良影响的商标权转让。[②] 同时，在同一种商品上注册的近似的商标，或者在类似商品上注册的相同或者近似的商标，应当一并转让。对于违反上述要求的商标权转让申请，商标行政管理部门将不予核准。申请转让集体商标、证明商标的，受让人应当具备相应的主体资格，并符合商标法、实施条例和《集体商标、证明商标注册和管理办法》的规定。[③]

典型案例

张某某与洛阳牡丹宴酒业有限公司股东出资（商标权）纠纷案：洛阳市中级人民法院（2008）洛民五初字第33号民事判决书；河南省高级人民法院（2009）豫法民三终字第34号民事判决书。

基本案情

2007年6月，徐某与张某某签订协议共同组建牡丹宴酒业公司，约定张某某以第902001号"牡丹宴"注册商标入股。张某某于2007年10月以转让人的身份向国家商标局申请将"牡丹宴"转让至受让人牡丹宴酒业公司名下。2008年2月，国家商标局向牡丹宴酒业公司签发了《转让申请改正通知书》，要求张某某注册的第240876号"牡丹仙"商标一并转让。此后，徐某与张某某就商标转让问题一直未能达成协议。牡丹宴酒业公司提起诉讼要求张某某转让"牡丹宴"和"牡丹仙"两个商标。张某某则以协议仅仅约定以"牡丹宴"商标进行出资为由，拒绝一并转让"牡丹仙"商标。

裁判摘要

张某某应当按合同约定，将"牡丹宴"商标权转移至牡丹宴酒业公司名下。但是因张某某所有"牡丹宴"商标与"牡丹仙"商标为同一所有权人，应根据国家商标局

---

① 关于商标转让规则的基本理论，参见彭学龙：《商标转让的理论构建与制度设计》，《法律科学》2011年第3期。

② 《商标法》第41条第3款。

③ 《集体商标、证明商标注册和管理办法》第16条第1款。

具体要求办理"牡丹宴"商标权的转移手续，全面履行合同约定的出资义务。

拓展思考

商标的一并转让规则属于强制性规定，但是关于违反上述规定的商标转让合同效力如何，则是需要进行讨论的问题。[①] 上述案例中，法院认为违反一并转让规则的商标转让合同仍为有效。从法律的基本原理来看，商标的一并转让规则虽然属于强制性规定，但是并非效力性规定，而是管理性规定。违反该规定的，商标行政管理部门有权责令限期改正，限期未予改正的则不予核准。因此，违反商标一并转让规则并不影响商标转让合同的效力。但需要注意的是，商标转让合同的生效与商标权的取得并不相同，不予核准则意味着商标转让不发生效力，受让人在核准前尚未取得商标权。

二、转让的生效

核心知识点

与大多数国家和地区采登记对抗主义不同，我国商标权转让则采登记生效主义。转让注册商标的，转让人和受让人应当签订转让协议，并共同向商标局提出申请。[②] 商标行政管理部门对转让申请进行核准后予以公告，受让人自公告之日起享有注册商标专用权。[③] 商标行政管理部门对核准的内容包括：主体资格、是否一并转让以及是否可能导致容易导致混淆或者有其他不良影响等。商标未一并转让的，限期改正；期满未改正的，则视为放弃该转让申请。[④] 商标权利人发现其商标未经同意已经被他人转让的，可以向人民法院提起民事诉讼；商标局依据人民法院的裁判对该商标转让作出决定。[⑤]

典型案例

案例一：南京金箔集团金宝园艺器具有限公司诉南京尚诚家庭用品有限公司商标转让纠纷案：南京市中级人民法院（2005）宁民三初字第 24 号民事判决书；江苏省高级人民法院（2006）苏民三终字第 0055 号民事判决书。

基本案情

金宝公司是第 3114221 号"时尚园丁"图文组合商标的注册人。2004 年 5 月，金宝公司监事、主办会计陶某某以金宝公司和尚诚公司联系人的身份向国家商标局提交

[①] 关于该问题的争论，参见王娟：《近似商标转让制度模式的选择与重构》，《知识产权》2017 年第 2 期。

[②] 《商标法》第 42 条第 1 款前段。

[③] 《商标法》第 42 条第 4 款。

[④] 《商标法实施条例》第 32 条第 2 款后段。

[⑤] 《关于申请转让商标有关问题的规定》第 6 条。

转让上述注册商标的申请书，载明转让人为金宝公司，受让人为尚诚公司。2004 年 6 月，国家商标局作出"转让申请受理通知书"。金宝公司认为陶某某未经公司授权擅自使用作废公章与尚诚公司签订商标转让协议的行为侵害了其合法权益，要求法院认定该协议无效。尚诚公司认为已经办理了转让手续，转让应为合法有效。

裁判摘要

金宝园艺公司既没有明确表示愿意将本案商标转让给尚诚公司，也没有作出将本案商标转让给尚诚公司的实际行为。在向国家商标局提交转让注册商标申请书之前，双方没有签订商标转让协议。陶某某以金宝园艺公司的名义转让注册商标的行为，不能代表金宝园艺公司。未经商标专用权人许可擅自转让其注册商标的行为，是对原商标专用权人合法财产的侵犯，原商标专用权人有权提出确认商标专用权转让行为无效的民事诉讼。陶某某以金宝园艺公司的名义转让商标的行为对金宝园艺公司不发生法律效力。

案例二：桦懋国际贸易有限公司与国家工商行政管理总局商标局、第三人上海环邦塑胶制品有限公司、上海环茂工贸有限公司商标核准转让行政纠纷案：北京市第一中级人民法院（2006）一中行初字第 267 号行政裁定书；北京市高级人民法院（2007）高行终字第 275 号行政裁定书。①

基本案情

桦懋公司系第 807327 号苹果图形的商标注册人。2005 年 10 月，原告办理续展时发现该商标已被转让。国家商标局于 2002 年 2 月就该商标由桦懋公司转让给环邦公司进行了公告（第 1 次转让）；于 2005 年 6 月就该商标由环邦公司转让给环茂公司进行了公告（第 2 次转让）。桦懋公司认为上述两次转让均未经其许可，请求判令撤销上述两次核准涉案商标转让的行政行为。国家商标局辩称，桦懋公司就第 1 次转让提起诉讼已过诉讼时效，桦懋公司对第 2 次转让没有诉讼主体资格，且两次核准商标转让的行为均符合法律规定。第三人环茂工贸公司则主张，其应取得涉案商标权系善意取得。

裁判摘要

商标转让公告是向社会公众发出的，《商标公告》关于商标转让的记载并不能推定原告知道或者应当知道被告核准了商标转让，桦懋公司提起诉讼尚未超过核准之

---

① 本案发布于《人民司法·案例》2008 年第 2 期。

日起 5 年,① 法院应予受理。② 桦懋公司系涉案商标的权利人，在其并不知情的情况下，国家商标局对该商标的两次转让予以核准公告，损害了商标权人的利益。桦懋公司与国家商标局的具体行政行为有法律上利害关系，具有诉讼主体资格。环邦公司提交的《转让注册商标申请书》缺少桦懋公司印章，法定代表人签名亦系伪造。国家商标局没有尽到形式审查义务，对第 1 次转让予以核准公告不具备合法性，应予撤销。由于第 1 次转让不合法，环邦公司转让涉案商标没有合法权利基础，被告核准第 2 次转让亦应予撤销。

拓展思考

商标转让协议是民事合同，商标转让的核准不是行政审批，公告仅仅起到公示作用，对于商标转让协议的成立和生效不发生实质影响。因此，无权代理或者无权代表商标所有人进行商标转让，并在商标转让已经核准时商标转让亦不发生效力。在"张某某与沧州田霸农机有限公司、朱某某侵害商标权纠纷案"中，最高人民法院认为，未经股东会同意，以公司的名义转让公司商标，违反了公司法的规定，且受让人不属于善意第三人，即使商标转让已经登记，商标的转让行为亦为无效。③

关于商标转让中受让人能否主张善意取得，在司法实践中亦存在否定观点。在"陈某等与青岛海洋焊接材料有限公司等商标专用权权属及商标权转让合同纠纷案"中，北京市第二中级人民法院认为，未获股东会或者董事会同意擅自转让商标的，转让行为无效。④ 亦有观点认为，擅自转让商标权人注册商标的行为是商标侵权行为，受让人不能因此取得商标权，受让人通过正常商业交易再将该注册商标转让给第三人并经核准公告的，第三人亦不能因此取得该商标权。⑤

第三节　注册商标的使用许可

一、商标许可的类型

核心知识点

商标许可使用，是指商标注册人允许他人在约定的期间、地域和以约定的方式使

---

① 根据《最高人民法院关于执行〈中华人民共和国行政诉讼法〉若干问题的解释》第 41 条的规定，不知道行政机关作出的具体行政行为内容的，起诉期限为行政相对人知道或者应当知道该具体行政行为内容之日起 2 年内，对于其他具体行政行为从作出之日起超过 5 年提起诉讼的，法院不予受理。

② 在实践中，关于提起上述行政诉讼的期限的计算存在不同意见。在"李某某与商标局第三人杨某某不服核准商标转让行为行政纠纷案"中，北京市高级人民法院认为，商标公告是法定的一种送达方式，具有对世效力，商标转让核准行为自商标公告之日起即应认定已经送达给包括转让人在内的不特定社会公众，转让人自该日起即应当知道核准行为。北京市高级人民法院（2014）高行终字第 1515 号行政裁定书。

③ 最高人民法院（2015）民申字第 3640 号民事裁定书。

④ 北京市第二中级人民法院（2008）二中民终字第 1064 号民事判决书。

⑤ 2006 年《北京市高级人民法院关于审理商标民事纠纷案件若干问题的解答》第 40 条。

用其注册商标的行为。一般来讲，商标许可包括独占使用许可、排他使用许可和普通使用许可三种基本类型。所谓独占使用许可，是指仅许可一个被许可人使用，商标注册人不得使用该注册商标；排他使用许可，是指仅许可一个被许可人使用，商标注册人可以使用该注册商标但不得另行许可他人使用该注册商标；普通使用许可，则是指许可他人使用其注册商标，并可自行使用该注册商标和许可他人使用其注册商标。① 三类商标许可中，被许可人的诉讼地位存在较大区别。独占使用许可合同的被许可人可以向法院提起诉讼；排他使用许可合同的被许可人可以和商标注册人共同起诉，也可以在商标注册人不起诉的情况下，自行提起诉讼；普通使用许可合同的被许可人则只能在经商标注册人明确授权时提起诉讼。②

典型案例

天津开发区泰盛贸易有限公司与北京业宏达经贸有限公司、广州睿翔春皮具有限公司商标许可使用合同纠纷案：北京市第二中级人民法院（2011）二中民初字第 19534 号民事判决书；北京市高级人民法院（2012）高民终字第 917 号民事判决书；最高人民法院（2012）民申字第 1501 号民事裁定书。

基本案情

2007 年 3 月，沃尔西公司与业宏达公司签订协议，约定沃尔西公司授权业宏达公司在中国大陆、香港、澳门地区独占使用"wolsey"系列文字及图形商标。2007 年 4 月，业宏达公司与泰盛公司签订《再许可授权协议》，约定业宏达公司授权泰盛公司在中国大陆独家使用第 1802 类商品上的"wolsey"等商标。经查，涉案合同约定的第 3730891 号"wolsey"商标系沃尔西公司于 2010 年 9 月获得注册，核定使用的商品并不包括第 1802 类箱包皮具。业宏达公司以泰盛公司、睿翔春公司拒不支付商标许可费为由诉至法院，请求解除授权协议并支付商标使用费。业宏达公司则以沃尔西公司不享有"wolsey"商标在第 1802 类商品上的注册商标专用权，无权收取商标使用费为由进行抗辩。

裁判摘要

一审、二审裁判摘要

《再许可授权协议》系业宏达公司与泰盛公司的真实意思表示，且未违反我国法律及行政法规的强制性规定，合法有效。第 3730891 号"wolsey"注册商标核定使用的商品并不包括协议约定的第 1802 类皮具商品，使泰盛公司签订合同目的不能实现。业宏达公司此行为已构成根本违约，应承担相应的违约责任。

---

① 《最高人民法院关于审理商标民事纠纷案件适用法律若干问题的解释》第 3 条。
② 《最高人民法院关于审理商标民事纠纷案件适用法律若干问题的解释》第 4 条第 2 款。

再审裁判摘要

由于法律法规对许可他人尚未获得注册的商标未作禁止许可的规定，商标许可合同当事人对商标是否应该获得注册亦没有明确约定，一方不得以许可使用的商标未获得注册构成欺诈为由主张许可合同无效。当然，业宏达公司须对其违约行为承担相应的违约责任。

拓展思考

在实践中，可能会出现许可人超出核准使用的商品或者服务的范围许可他人使用商标的情形。上述判决认为，超出核准范围的商标许可合同仍然有效，只是许可人须对被许可人承担违约责任。超出核准范围的商标许可显然属于无权处分。按照原《合同法》第51条，无权处分的合同应当处于效力待定的状态，在经权利人追认后可以发生效力。《民法典》合同编通则部分取消了关于无权处分的一般规定，仅仅在买卖合同一章规定，因出卖人未取得处分权致使标的物所有权不能转移的，买受人可以解除合同并请求出卖人承担违约责任。[①] 因此，上述情形在实践中如何处理需要进一步探讨。

二、商标许可合同的生效

核心知识点

签订商标使用许可合同的，许可人应当监督被许可人使用其注册商标的商品质量。被许可人应当保证使用该注册商标的商品质量。[②] 经许可使用他人注册商标的，必须在使用该注册商标的商品上标明被许可人的名称和商品产地。[③] 许可他人使用其注册商标的，许可人应当将其商标使用许可报商标局备案，由商标局公告，商标使用许可未经备案不得对抗善意第三人。[④] 除当事人另有约定的，商标使用许可合同未经备案的，不影响该许可合同的效力。[⑤] 此外，除非另有约定，注册商标的转让亦不影响转让前已经生效的商标使用许可合同的效力。[⑥]

典型案例

上海帕弗洛文化用品有限公司诉上海艺想文化用品有限公司、毕加索国际企业股份有限公司商标使用许可合同纠纷案：上海市第一中级人民法院（2012）沪一中民五（知）初字第250号民事判决书；上海市高级人民法院（2014）沪高民三（知）终字第117号民事判决书。

---

① 《民法典》第597条。
② 《商标法》第43条第1款。
③ 《商标法》第43条第2款。
④ 《商标法》第43条第3款。
⑤ 《最高人民法院关于审理商标民事纠纷案件适用法律若干问题的解释》第19条。
⑥ 《最高人民法院关于审理商标民事纠纷案件适用法律若干问题的解释》第20条。

基本案情

毕加索公司于 2003 年 5 月获核准注册第 2001022 号 "PIMIO 及图" 商标。此后，毕加索公司授权帕弗洛公司在中国大陆地区使用系争商标（在先许可合同）。2009 年 3 月，商标局向毕加索公司发出商标使用合同备案通知书。2012 年 1 月，毕加索公司与帕弗洛公司签订商标使用许可合同备案提前终止协议。2012 年 3 月，商标局发布商标公告，提前终止许可合同备案，提前终止日期为 2012 年 1 月 1 日。2012 年 2 月，毕加索公司与艺想公司就涉案商标签订商标独占使用许可合同（在后许可合同）。帕弗洛公司请求法院判令上述许可合同无效。

裁判摘要

在先许可合同终止备案不等于终止授权，该合同仍属有效；而在后许可合同不存在侵害他人利益的情形，应属有效合同。在后商标使用许可合同相对人明知商标权人和在先商标使用许可合同相对人未解除在先商标独占使用许可合同，仍和商标权人签订许可合同，导致先后两个独占许可合同的许可期间存在重叠。由于在先许可合同未备案，不发生对抗善意第三人的效力。但是，在后被许可人知晓在先许可关系的存在，不属于善意第三人。因此，在先许可人可以对抗在后许可人。

拓展思考

在实践中，商标重复授权的情形十分普遍。在我国，商标许可使用权的取得采登记对抗主义。然而，实践中还可能存在前后两个商标许可合同均未备案的情况，此时保护在先被许可人还是认可其平等地位则颇有争议。[①] 需要对商标许可使用合同的生效与商标许可使用权的取得进行区分。一般而言，就同一商标签订多份独占许可使用合同的，各许可合同均为有效，其中已经备案的商标许可合同的被许可人可以对抗在后的被许可人。当然，在后被许可人知道在先许可合同存在的，不属于善意第三人，即使在先许可合同尚未备案，亦可以对抗在后被许可人。另外，关于在后许可经过备案，而在先许可未备案，在后许可人可否对抗在先被许可人的问题，一种观点主张，善意第三人可以继续使用，并不因其备案导致在先被许可使用权的消灭。[②]

---

① 凌宗亮：《商标使用许可备案的对抗效力——兼谈新〈商标法〉第四十三条第三款的理解与适用》，《中华商标》2014 年第 6 期。

② 董美根：《注册商标使用许可备案对抗效力研究》，《电子知识产权》2017 年第 7 期。

第十九章　商标权的保护

第一节　商标侵权的判定

一、概说

通常来讲，商标侵权是指未经商标注册人许可在相同或者类似商品上使用相同或者近似商标的行为。按照《商标法》的规定，商标侵权的主要表现形式为在同种商品上使用与其注册商标相同商标的行为；[①] 以及在同种商品上使用与其注册商标近似的商标，或者在类似商品上使用与其注册商标相同或者近似的商标，容易导致混淆的行为。[②] 因此，商标侵权的构成要件可以归纳为以下两个方面：其一，存在未经许可的商标使用行为；其二，可能导致混淆。需要注意的是，在商品类别和标识双相同的场合下，《商标法》并未要求考虑是否容易导致混淆的问题。2009 年《最高人民法院关于当前经济形势下知识产权审判服务大局若干问题的意见》指出，"未经商标注册人许可，在同一种商品上使用与其注册商标相同的商标的，除构成正当合理使用的情形外，认定侵权行为时不需要考虑混淆因素"。但是，《TRIPs 协议》第 16 条第 1 款后段则规定，"在对相同货物或服务使用相同标记的情况下，应推定存在混淆的可能性"。如何理解上述规定，不但涉及法律解释技术，同时关乎对商标功能的认识这一根本问题。此外，《商标法》对于已注册的驰名商标提供了不以混淆为要件的跨类保护。

二、商标使用

核心知识点

商标侵权主要表现为一种未经许可使用商标的行为。商标侵权中的商标使用，是指在商业标识意义上使用相同或者近似商标的行为，即将被控侵权标识作为区别商品或者服务来源的标识来使用。一般来讲，并非用于识别或者区分商品或者服务来源而

---

① 《商标法》第 57 条第（一）项。
② 《商标法》第 57 条第（二）项。

使用商标标识的行为，并不会导致消费者对商品或者服务的来源产生混淆，不致影响商标指示商品或者服务来源功能的实现，因此也就不构成商标侵权意义上的使用行为。从形式上看，商标使用包括将商标用于商品、商品包装或者容器以及商品交易文书上，以及将商标用于广告宣传、展览或者其他商业活动中。[①] 在同一种商品或者类似商品上将与他人注册商标相同或者近似的标志作为商品名称或者商品装潢使用，起到识别来源作用从而可能误导公众的，亦属于商标侵权行为。[②] 近年来，在涉及涉外定牌加工商标侵权的系列案件中，商标使用的含义得到了详细的讨论。

典型案例

案例一：辉瑞产品有限公司与上海东方制药有限公司破产清算组侵害商标权纠纷案：北京市第一中级人民法院（2005）一中民初字第 11350 号民事判决书；北京市高级人民法院民事判决书（2007）高民终字第 1687 号民事判决书；最高人民法院（2009）民申字第 268 号民事判决书。

基本案情

辉瑞产品公司为菱形和蓝色相结合的立体商标的注册商标权人。辉瑞产品公司许可辉瑞制药公司使用该商标。新概念公司销售的一种声称可以治疗男性勃起功能障碍的药片与辉瑞产品公司获得注册的立体商标图样相同。该药片是由东方公司在威尔曼公司的监督指导下制造的。此外，威尔曼公司还在其互联网网页上展示该立体商标。辉瑞产品公司认为东方公司等三公司的上述行为侵犯其注册商标专用权。据此，请求法院判令被告等承担商标侵权责任。

裁判摘要

一审裁判摘要

涉案商标的立体形状为锐角角度较大的菱形，颜色为较深的蓝色，而被控侵权产品的立体形状为锐角角度较小近似指南针形的菱形，颜色为浅蓝色。尽管二者在立体形状和颜色上确实存在一定差别，但是在相关公众施以一般注意力的情况下，不易予以区分。因此，被控侵权产品与涉案立体商标构成近似。东方公司的行为构成对辉瑞产品公司涉案立体商标权的侵犯。

二审、再审裁判摘要

即便被控侵权药片的外部形态与辉瑞产品公司的涉案立体商标相同或相近似，但

---

① 《商标法》第 48 条。关于商标权维持中的使用要求与商标侵权中使用的含义是否相同，在理论和实务中均存在争议。参见李士林：《商标使用：商标侵权先决条件的检视与设定》，《法律科学》2016 年第 5 期。
② 《商标法实施条例》第 76 条。

是包装于不透明材料内的药片并不能起到标明其来源和生产者的作用，消费者在购买该药品时不会与辉瑞产品公司的涉案立体商标相混淆，亦不会认为该药品与辉瑞产品公司、辉瑞制药公司存在某种联系进而产生误认。故东方公司的行为不构成对辉瑞产品公司涉案立体商标权的侵犯。

案例二：本田技研工业株式会社与重庆恒胜鑫泰贸易公司、恒胜集团公司侵犯商标权纠纷案：云南省德宏傣族景颇族自治州中级人民法院（2016）云31民初52号民事判决书；云南省高级人民法院（2017）云民终800号民事判决书；最高人民法院（2019）最高法民再138号民事判决书。

基本案情

本田株式会社在中国取得了"HONDA"等三个商标的注册商标专用权，核定商品类别为第12类车辆等。2016年，云南瑞丽海关查获一批申报出口至缅甸的摩托车，带有"HONDAKIT"标识，生产者为恒胜鑫泰公司，系恒胜集团公司的子公司。本田株式会社提起商标侵权诉讼。恒胜鑫泰公司、恒胜集团公司辩称，其行为系受美华公司授权的定牌加工行为，不构成商标侵权。经查，"HONDAKIT"商标在缅甸的注册人系美华公司董事，该批货物系由美华公司授权委托恒胜集团公司加工生产。

裁判摘要

一审裁判摘要

恒胜鑫泰公司、恒胜集团公司提交证据无法确认其行为系受美华公司授权的定牌加工行为。二被告生产和销售的涉案商品，在使用"HONDAKIT"文字及图形时突出"HONDA"的文字部分，与本田株式会社的"HONDA"商标构成近似商标，容易导致混淆，构成商标侵权。

二审裁判摘要

恒胜鑫泰公司、恒胜集团公司所实施的行为是涉外定牌加工行为。恒胜鑫泰公司、恒胜集团公司办理出口的涉案商品全部出口至缅甸，不进入中国市场参与商业活动，中国境内的相关公众不可能接触到该产品，这种使用行为不可能在中国境内起到识别商品来源的作用，并非商标法意义上的商标使用行为，因此不构成侵权。

再审裁判摘要

商标使用行为应当做整体解释，不应该割裂开来只看某个环节，在生产制造或者加工的产品上以标注方式或者其他方式使用商标，只要具备区别商品来源的可能性，就应当认定为属于商标使用。涉案商品虽全部销往国外，但是中国相关公众仍然有接触的可能性，① 从而具备区别商品来源的可能性，因此被控行为属于商标使用。被告通过突出使用"HONDA"的方式已经与本田株式会的商标构成近似商标，容易导致相关公众混淆，构成商标侵权。

拓展思考

在实践中，商标使用的方式多种多样，应当以能否发挥识别商品或者服务来源的功能作为被控侵权行为是否构成商标使用行为的最终判断标准。在"喜盈门公司与百威英博公司等侵害商标权及不正当竞争纠纷案"中，最高人民法院指出，通过回收商标所有人或者合法授权人使用的带有他人商标的商品包装或者容器，再次用于被控侵权人自身商品或者服务的行为，目的在于利用他人商标标示仿冒他人商品或者服务，亦构成商标使用。② 在"上海梅思泰克生态科技有限公司与无锡安固斯建筑科技有限公司侵害商标权纠纷案"中，江苏省无锡市中级人民法院认为，将他人的注册商标设置为搜索关键词，并向搜索引擎网站购买、使用竞价排名服务，客观上利用了该注册商标进行广告宣传，属于商标使用行为，侵犯了他人商标专用权。③ 然而，在"北京百度网讯科技有限公司等与新会江裕信息产业有限公司不正当竞争纠纷案"中，北京市高级人民法院则指出，在搜索引擎竞价排名过程中，作为关键词出现的商标所发挥的来源识别功能并未受到影响，且推广链接及后续转跳的网页中并未出现涉案商标，相关公众不会对商品来源产生混淆误认。④ 在使用与他人注册商标相同或者近似的电视节目名称是否构成商标侵权的案件中，争议问题亦在于电视节目名称的使用是否构成商标使用。⑤ 在"江苏省广播电视总台、深圳市珍爱网信息技术有限公司与金某某侵害商标权纠纷案"中，一审法院认为电视节目名称的使用不构成商标使用，而二审和再审法院则认为电视节目名称的使用构成商标使用，但是对具体服务类别的认定得出了不同的结论。⑥

涉外定牌加工行为是否构成对权利人在中国取得商标权的侵害，是近年来商标侵权案件中的热点与难点。⑦ 在"浦江亚环锁业有限公司与莱斯防盗产品国际有限公司侵

---

① 最高人民法院认为，相关公众接触到被控侵权商品的可能性表现为：运输者可能接触涉案商标，销售到国外的商品可能回流回国从而被消费者接触，以及国内消费者在国外旅游时可能接触到涉案商品。最高人民法院（2019）最高法民再138号民事判决书。

② 最高人民法院（2014）民申字第1182号民事裁定书。

③ 江苏省无锡市中级人民法院（2009）锡知民初字第71号民事判决书。

④ 北京市高级人民法院（2018）京民再177号民事判决书。但是法院认为，该行为势必使广告者借助网络用户对他人产品的认知提高自己网站的访问率，挤占他人的市场利益，降低其竞争优势，因此构成不正当竞争。

⑤ 参见彭学龙、郭威：《论节目名称的标题性与商标性使用——评"非诚勿扰"案》，《知识产权》2016年第1期。

⑥ 广东省高级人民法院（2016）粤民再447号民事判决书。

⑦ 参见刘维等：《涉外定牌加工类案裁判的回顾与展望——评江苏省高级人民法院"东风"案判决》，《中华商标》2017年第5期。

害商标权纠纷案"中，最高人民法院认为，由于被控侵权商品不在中国市场销售，被控侵权标识不会在我国领域内发挥识别功能，不具有使我国相关公众对商品来源产生混淆误认的可能，涉外定牌中受托方在加工过程中仅仅实施了物理贴附行为，并不能被认定为是商标意义上的使用行为。[①] 在前述"HONDA"案中，二审法院沿用了上述观点，但是最高人民法院则在再审判决中改变了上述看法。就该类案件的处理思路而言，目前除了关于定牌加工是否属于商标使用、是否可能导致混淆的争议以外，还有一种主张加工人需要对定作人是否享有注册商标专用权承担审查义务的观点。《北京市高级人民法院关于审理商标民事纠纷案件若干问题的解答》规定，承揽人未尽到注意义务加工侵犯注册商标专用权的商品的，应当与定作人承担共同侵权责任。在"江苏常佳金峰动力机械有限公司与上海柴油机股份有限公司侵害商标权纠纷案"中，最高人民法院在坚持涉外定牌加工不属于商标使用观点的同时指出，涉外定牌加工合同受托人仅需对委托方的商标权利状态进行审查，否定了二审法院对被告于明知涉案商标为驰名商标仍然接受境外委托、未尽到合理注意与避让义务，实质性损害了原告利益，构成商标侵权的认定。[②]

三、容易导致混淆

（一）混淆的概念

核心知识点

混淆是商标侵权的结果要件和核心标准。当然，商标侵权并不以相关公众的实际混淆为要件，被控侵权标识的使用仅仅具有混淆的可能性已足以构成商标侵权。[③] 所谓混淆，既包括相关公众对于涉案商品或者服务的来源发生误认，即将被控侵权商品或者服务误认为来源于商标所有人，亦包括对被控侵权人与商标所有人的商品或者服务之间存在许可、赞助、参股等特定联系发生误认。[④] 所谓相关公众，是指与商标所标识的某类商品或者服务有关的消费者和与前述商品或者服务的营销有密切关系的其他经营者。[⑤] 除了传统的混淆之外，我国司法实践逐渐承认了反向混淆原则。按照反向混淆原则，相关公众将商标权人的商品误认为被诉侵权人的商品，或者误认商标权人与被诉侵权人有某种联系的亦构成商标侵权。反向混淆的理论基础

---

① 最高人民法院（2014）民提字第 38 号民事判决书。

② 最高人民法院（2016）最高法民再 339 号民事判决书。对该类案件的讨论，还涉及商标保护地域性原则的问题，即是否应当保护中国商标权人在外国的合法权益。

③ 关于混淆可能性，美国法强调仅仅有可能（possible）构成混淆并不足以构成商标侵权，只有在混淆具有较大可能性（probable）时，即被控侵权行为足以导致相当大数量的购买者混淆时，商标侵权方能成立。See Streetwise Maps, Inc. v. Van Dam, Inc., 159 F. 3d 739, 743 (2d Cir. 1998).

④ 参见彭学龙：《商标混淆类型分析与我国商标侵权制度的完善》，《法学》2008 年第 5 期。

⑤ 《最高人民法院关于审理商标民事纠纷案件适用法律若干问题的解释》第 8 条。

在于，商标侵权人妨碍了商标的识别来源作用的发挥，影响了注册商标专用权的正常行使。①

典型案例

曹晓冬与云南下关沱茶（集团）股份有限公司侵害商标权纠纷案：昆明市中级人民法院（2016）云01民初246号民事判决书；云南省高级人民法院（2016）云民终738号民事判决书；最高人民法院（2017）最高法民再273号民事判决书。

基本案情

原告曹某某是第5492697号"金戈铁马及图"商标的注册人，该商标核定使用商品为第30类茶等。2014年（农历马年），被告下关沱茶公司在其生产的金印系列茶类产品包装上使用了"甲午金戈铁马铁饼"字样，其中"甲午"及"铁饼"较小，而"金戈铁马"四字较大，且位于茶饼包装的显著位置，在"金戈铁马"四字旁边还配有一匹呈现奔跑状态马的图案。同时，被告在其生产的上述茶饼的包装上均标注有"松鹤延年"注册商标和"下关沱茶"字样，并在内外包装上标注有被告下关沱茶公司名称。原告以被告在其生产、销售的产品上使用"金戈铁马"标志侵犯其注册商标专用权为由提起诉讼。被告辩称，"甲午金戈铁马铁饼"只是被告生产的系列商品的名称，并不是作为商标使用。

裁判摘要

一审裁判摘要

原告的注册商标系文字与图形组合商标，而被告仅使用了简体中文的"金戈铁马"字样。然而，文字"金戈铁马"在原告商标构成元素中更为显著，被告突出使用"金戈铁马"四字，虽然字体不同，但是读音和字意相同，两者构成近似。"金戈铁马"注册商标已形成一定的市场份额，具有一定的消费群体，被告突出使用"金戈铁马"标志，容易导致相关公众混淆，构成商标侵权。

二审裁判摘要

虽然被告使用的"金戈铁马"标志与涉案商标在读音和含义上没有区别，但是排列、构图、字形字体不同，导致二者在视觉效果方面存在明显区别。被控侵权商品的外包装明确标注了被告的公司名称，并在正面用显著的红色印有"下关沱茶"商标，相关公众不会产生混淆。"下关沱茶"商标较本案诉争商标具有更高的知名度，被诉侵权商品没有必要攀附涉案商标。被告在其商品的包装装潢上使用"金戈铁马"字样，不构成商标侵权。

---

① 参见杜颖：《商标反向混淆构成要件理论及其适用》，《法学》2008年第10期。

再审裁判摘要

涉案注册商标虽是文字与图形组合商标，但文字"金戈铁马"在商标构成元素中更为显著，下关沱茶公司突出使用"金戈铁马"四字，虽然字体不一样，但是读音和字意相同，两者构成近似，使用在同一种茶叶商品上易使相关公众产生混淆，将实质性损害涉案注册商标识别商品来源功能的发挥，对涉案注册商标专用权造成损害。

拓展思考

近年来，我国法院在司法实践中逐渐拓展了混淆原则的适用范围，出现了若干适用反向混淆、初始兴趣混淆和售后混淆原则的案例。在"周某某与新百伦贸易（中国）公司等侵害商标权纠纷案"中，广东省高级人民法院适用了反向混淆原则，认为新百伦公司将"新百伦"与具有较高知名度的"New Balance""NB"等组合使用，使"新百伦"与"New Balance"紧密联系，足以使相关公众将"新百伦"与新百伦公司的特定商品产生联系，误以为该标识就是新百伦公司的商标，阻止了注册商标权人使用自己注册商标的权利，损害了涉案注册商标专用权。[①] 在"沃力森公司与八百客公司等侵犯商标权纠纷案"中，北京市第一中级人民法院适用了初始兴趣混淆原则，认为就被告以"xtools"为关键词在百度网站进行推广的行为而言，对这一关键词进行搜索的网络用户在看到被控侵权页面时，可能认为被控侵权行为的实施者即为涉案商标的所有人。[②] 在"古乔古希股份公司诉江苏森达集团侵犯商标权纠纷案"中，上海市浦东新区法院适用了售后混淆原则，认为被控侵权产品使用"GG 图形"将导致其他人对购买者实际消费品牌的误认。[③] 从法律适用的角度来看，初始兴趣混淆和售后混淆原则的引入面临对"相关公众"进行解释的难题。更为重要的是，新型混淆原则的引入导致了商标权的扩张，在本质上脱离了以降低消费者搜寻成本为基础的传统商标法理论框架，这种趋势的正当性值得关注。[④]

（二）认定混淆的考量因素

1. 概说

在认定是否容易导致混淆时，应当以相关公众对商品或者服务的一般认识进行判断。除了需要考虑被控侵权标识与涉案商标是否相同近似、商品或者服务是否相同类似两大方面因素之外，还需要考察涉案商标的显著性和知名度、被控侵权人的主观状态、诉争标识的实际使用状况等因素，结合相关公众的认知状态进行综合判定。

---

① 广东省高级人民法院（2015）粤高法民三终字第 444 号民事判决书。
② 北京市第一中级人民法院（2010）一中民终字第 2779 号民事判决书。
③ 上海市浦东新区人民法院（2007）浦民三（知）初字第 78 号民事判决书。
④ 参见冯晓青：《商标权扩张及其利益平衡机制探讨》，《思想战线》2006 年第 2 期。

2. 商标标识相同近似

核心知识点

所谓商标相同，是指被控侵权商品或者服务上使用的标识与涉案注册商标在视觉上基本无差别。[①] 所谓商标近似，则是指文字的字形、读音、含义或者图形的构图及颜色，或者其各要素组合后的整体结构相似，或者其立体形状、颜色组合近似。[②] 在认定商标标识相同近似的过程中，应以相关公众的一般注意力为标准。坚持隔离观察、整体对比的原则；在进行整体对比的过程中，同时可以考虑将商标中发挥主要识别作用的部分抽出来做重点比对。[③]

典型案例

湖南省华光机械实业有限公司、湖南省嘉禾县华光钢锄厂与湖南省嘉禾县锻造厂、郴州市伊斯达实业有限责任公司侵犯商标权纠纷案：湖南省高级人民法院（2007）湘高法民三终字第 44 号民事判决书；最高人民法院（2010）民提字第 27 号民事判决书。

基本案情

嘉禾县锻造厂于 2001 年申请注册了"雉鸡及图"商标，核定使用商品第 8 类锄头等。此后，嘉禾县锻造厂将上述商标许可给伊斯达公司使用。华光钢锄厂于 1999 年开始使用"银鸡"及图商标。华光钢锄厂于 2000 年申请注册了"银鸡 YINJI"商标，核定使用商品第 8 类锄头等。华光钢锄厂、华光机械公司在其生产的钢锄上使用了"银鸡"和鸡（鸡尾朝右，鸡头向左并反向向右）图案。2007 年 1 月，嘉禾县锻造厂、伊斯达公司以华光钢锄厂、华光机械公司生产和出口的"银鸡"牌钢锄侵犯其"雉鸡"牌注册商标专用权为由提起诉讼。

裁判摘要

一审、二审裁判摘要

华光钢锄厂、华光机械公司使用的"银鸡"及图商标与嘉禾县锻造厂的"雉鸡"及图注册商标在视觉上基本无差别，容易使相关公众对商品的来源产生误认或者认为其来源与嘉禾县锻造厂注册商标的商品有特定的联系，侵犯了嘉禾县锻造厂注册商标专用权。

再审裁判摘要

两者鸡图形从视觉上看有明显不同，"雉鸡""银鸡"文字在视觉及呼叫上亦有明

---

① 《最高人民法院关于审理商标民事纠纷案件适用法律若干问题的解释》第 9 条第 1 款。
② 《最高人民法院关于审理商标民事纠纷案件适用法律若干问题的解释》第 9 条第 2 款。
③ 《最高人民法院关于审理商标民事纠纷案件适用法律若干问题的解释》第 10 条。

显区别，从整体上比较与嘉禾县锻造厂的注册商标有明显的区别。嘉禾锻造厂未提交其"雄鸡及图"注册商标在1999年以前具有较高知名度的相关证据，在此之前华光钢锄厂已经在其生产、销售的钢锄上使用了银鸡中英文和鸡图案商标。华光钢锄厂、华光机械公司和嘉禾县锻造厂、伊斯达公司虽然处于同一地区，双方的锄头等产品均多数销往国外市场，相关公众已经将两者的商标区别开来，已经形成了各自稳定的市场。因此，华光钢锄厂、华光机械公司并不构成商标侵权。

拓展思考

1982年《商标法》制定以来，我国在立法上并没有在商标侵权中明确引入混淆标准，而是强调标识本身是否相同近似这一要件。直至2002年，最高人民法院通过司法解释的方式在商标近似的认定中引入了混淆标准。[①] 因此，所谓的商标相同近似即指混淆性的相同近似。除了考察标识本身是否相似以外，司法实践中法院通常还会考察涉案商标的显著性和知名度，以是否可能导致相关公众混淆作为商标近似的最终判断标准。在"山东泰和世纪投资有限公司、济南红河饮料制剂经营部与云南城投置业股份有限公司侵犯商标权纠纷案"中，最高人民法院指出，"红河"作为地名，其固有显著性不强，亦没有证据证明"红河"商标经过使用获得显著性；而被控侵权的"红河红"商标经过云南红河公司大规模地持续性使用，已经具有一定的市场知名度，已形成识别商品的显著含义，应当认为已与"红河"商标产生整体性区别，不构成与"红河"近似的商标。[②] 2013年《商标法》第三次修改过程中才在立法上确立了混淆作为商标侵权最终标准的地位，理顺了商标相同近似与混淆之间的关系，商标相同近似仅仅是认定混淆的考量因素之一。[③]

3. 商品或者服务相同类似

核心知识点

混淆可能性认定的另一个重要因素是被控侵权商品或者服务是否与涉案商标核定使用的商品或者服务类别相同或者类似。商品或者服务的相同类似同样需要以相关公众的一般认识，结合市场实际情况进行综合判断。需要说明的是，在商标侵权案件中判断商品或者服务是否相同类似的过程中，《商标注册用商品和服务国际分类》和《类似商品和服务区分表》仅仅起到参考作用。[④] 一般而言，类似商品的判断，需要综合考察商品功能、用途、生产部门、销售渠道、消费对象等因素进行具体判断；类似服务的判断，需要考虑服务的目的、内容、方式、对象等方面因素进行具体判断；商品与

---

① 《最高人民法院关于审理商标民事纠纷案件适用法律若干问题的解释》第9条、第11条。
② 最高人民法院（2008）民提字第52号民事判决书。
③ 参见王太平：《商标侵权的判断标准：相似性与混淆可能性之关系》，《法学研究》2014年第6期。
④ 《最高人民法院关于审理商标民事纠纷案件适用法律若干问题的解释》第12条。

服务类似的判断，则需要关注二者之间是否存在特定联系进行具体判断。①

典型案例

钜强（广州）机械有限公司与林某某侵害商标权纠纷案：福州市中级人民法院（2012）榕民初字第 632 号民事判决书福建省高级人民法院（2013）闽民终字第 548 号民事判决书；最高人民法院（2015）民提字第 49 号民事判决书。

基本案情

林某某是第 1752465 号"钜钢 STEELKING"、第 8173544 号"钜钢"和第 8173498 号"STEELKING"注册商标的所有人，核定使用商品均为第七类注塑机等商品。钜钢公司第 583755 号"钜钢"（繁体）第 583756 号"图及 KingSteel"注册商标的所有人，核定使用商品为第七类的制鞋机械。钜钢公司将上述两个上商标许可给钜强公司使用。林某某发现晋江市梅岭新天地 B03 的店铺销售带有"图及 KingSteel"标识的制鞋用发泡成型机等产品，以钜强公司侵害其注册商标专用权提起诉讼。钜强公司则认为其生产的被诉侵权产品主要功能是用来制鞋，属于制鞋机械，使用"钜钢否（繁体）"、"图及 KingSteel"注册商标未超出核定使用范围，属于合法使用。

裁判摘要

一审、二审裁判摘要

钜强公司的被诉侵权产品上使用的标识与林某某的注册商标构成近似商标；钜强公司的被诉侵权产品为制鞋机械，与林某某注册商标核定使用的商品同属第七类，与注塑机、塑料注射成型机在功能、用途、生产部门、销售渠道、消费对象等方面基本相同，可以认定为相同商品。钜强公司侵犯了林某某的商标权。

再审裁判摘要

就制鞋工业而言，各类鞋用射出发泡成型机、射出成型机等已成为制鞋企业必备的机械设备；根据相关行业标准，各类鞋用射出发泡成型机、射出成型机等亦被归为制鞋机械。二审法院未充分考虑制鞋工业发展的客观实际和国家相关行业标准，仅依据《商标注册用商品和服务国际分类》《类似商品和服务区分表》，认定被控侵权产品不属于制鞋机械不当。在已认定鞋用注塑机属于制鞋机械的情况下，钜强公司在鞋用注塑机等产品上使用"图及 KingSteel"注册商标，是对该商标的正当使用，不构成对林某某的"钜钢 STEELKING"注册商标专用权的侵害。

拓展思考

近年来，司法实践中结合实际市场情况突破《类似商品和服务区分表》认定商品

---

① 《最高人民法院关于审理商标民事纠纷案件适用法律若干问题的解释》第 11 条。

或者服务构成近似的案例越来越多。在"菏泽汇源罐头食品有限公司与北京汇源食品饮料有限公司侵害商标权及不正当竞争纠纷案"一案中，最高人民法院认为，认定尽管涉案注册商标核定使用的商品为第32类果汁饮料类，而被诉侵权商品是属于第29类罐头，但是从相关公众的一般认识来看，饮料与罐头均属于日常消费品，并且本案中的水果罐头和果汁饮料在原材料、销售渠道、消费对象等方面具有关联性，被控侵权水果罐头与涉案商标核定使用的果汁饮料构成类似商品。[1] 在"高速地产与钓鱼台美高梅酒店管理有限公司侵害商标权纠纷案"中，江苏省高级人民法院认定，高速地产在网站及其售楼现场、楼盘的宣传书等处以"钓鱼台别墅""姑蘇釣魚臺"文字广为宣传的行为，构成对钓鱼台公司核定的服务类别为不动产管理、建筑的"釣魚臺"注册商标的侵害。[2]

随着现代商业实践的复杂化，对于商品或者服务进行正确归类的难度也逐渐增大，确定被控侵权商品或者服务所属类别往往成为案件争议的焦点。在"江苏省广播电视总台、深圳市珍爱网信息技术有限公司与金某某侵害商标权纠纷案"中，二审法院认定"非诚勿扰"节目与涉案注册商标所核定的交友、婚姻介绍服务相同，进而适用了反向混淆原则认定侵权成立；再审法院则认为"非诚勿扰"系使用在电视文娱节目上，与涉案商标核定使用的服务类别不构成相同类似，从而否定了侵权成立的结论。[3]

在互联网环境下，传统行业不断整合，通过应用软件提供服务已成为普遍的经营方式，此类案件中服务类别的认定成为司法实践中的热点问题。例如，在"广州市睿驰计算机科技有限公司与北京小桔科技有限公司侵害商标权纠纷案"中，原告在注册了"嘀嘀"和"滴滴"商标，核定使用的类别是第35类商业管理、替他人推销以及第38类信息传递等，被告则是"滴滴打车"软件的运营商。北京市海淀区人民法院认为，不能将网络和通信服务的使用者与提供者混为一谈，不应仅因形式上使用了基于互联网和移动通信业务产生的应用程序，就机械地将其归为此类服务，而是需要从服务的整体进行综合性判断。在本案中，"滴滴打车"服务并不直接提供源于电信技术支持类服务，在服务方式、对象和内容上均与原告商标核定使用的项目区别明显，不构成相同或者类似服务。[4]

4. 涉案商标的显著性和知名度

核心知识点

商标的显著性和知名度决定了市场上相关公众对涉案的认知程度，是影响商标权

---

[1]　最高人民法院（2015）民三终字第7号民事判决书。
[2]　江苏省高级人民法院（2016）苏民终1167号民事判决书。
[3]　广东省高级人民法院（2016）粤民再447号民事判决书。
[4]　北京市海淀区人民法院（2014）海民（知）初字第21033号民事判决书。

利范围的重要因素。一般而言，商标的固有显著性越高，相关公众的认知程度就可能更高；显著性较弱但是通过长期使用亦可以获得一定的知名度。涉案商标的显著性和知名度越高，混淆的可能性就越强。对于缺乏显著性和知名度的商标，即使被控侵权产品构成相同近似商品，所使用的标识亦构成相同近似商标，发生混淆的可能性亦很小，因为涉案商标的指示来源功能尚未建立起来，在市场上相关公众不会将涉案商标与商标所有人联系在一起。在商标显著性和知名度的判定中，可以考虑商标本身的显著性、商品销售和广告宣传情况等因素进行综合判断。

典型案例

杭州奥普卫厨科技有限公司与浙江现代新能源有限公司、浙江凌普电器有限公司及杨某侵害商标权纠纷案：苏州市中级人民法院（2010）苏中知民初字第 0312 号一审民事判决书；江苏省高级人民法院（2011）苏知民终字第 0143 号二审民事判决书；最高人民法院（2016）最高法民再 216 号民事判决书。

基本案情

2002 年 3 月，新能源公司获准注册第 1737521 号"aopu 奥普"商标，核定使用的商品为第 6 类"金属建筑材料、家具用金属附件"。其后，新能源公司将上述商标许可给凌普公司使用。2009 年，凌普公司在杨某的经营场所中发现标有"AUPU 奥普"商标的金属吊顶，生产者为奥普卫厨公司。遂向法院提起诉讼。

裁判摘要

一审裁判摘要

被控侵权标识与涉案商标构成近似；涉案产品集成吊顶是一种包含电器和金属建筑材料的组合体，与涉案商标核定使用的商品构成类似，可能导致混淆，因此商标侵权成立。

二审裁判摘要

奥普公司的电器类商标具有较高的知名度，消费者将奥普公司的被控金属扣板误认为来源于新能源公司的可能性较小。但将新能源公司生产销售的金属扣板误认为来源于奥普公司或认为二者之间存在某种关联的可能性较大，会降低或者消灭涉案注册商标在消费者心目中的影响，妨碍新能源公司合法行使涉案商标专用权，对其合法利益造成损害。

再审裁判摘要

商标权的保护强度，应与商标的显著性和知名度相适应。奥普公司的"奥普"系列商标已经在与"金属建筑材料"关联程度很高的浴霸等电器商品上具有较高知名度。被诉侵权产品的销售地点为奥普公司的正规销售门店，该门店之上突出标注了奥普公司的字号及注册商标。一般消费者凭借上述信息，已足以实现对商品来源的清晰区分，亦不会产生攀附新能源公司商业信誉的损害后果。

拓展思考

近年来司法实践中，混淆可能性的认定中对涉案商标显著性和知名度的强调关注，改变了机械地考察商品或者服务相同类似和商标标识相同近似的做法，使得商标侵权认定标准更加符合市场实际。在"山东齐鲁众合科技有限公司与齐鲁证券有限公司南京太平路证券营业部侵害商标权纠纷案"中，最高人民法院认为，由于齐鲁众合公司并不从事证券业务，在该行业没有知名度，因此被控侵权标识的使用不会导致混淆。[①] 但是，强调对涉案商标显著性和知名度的考察同时，带来了一个值得思考的问题，即如何处理传统混淆原则（或者正向混淆原则）与反向混淆原则的适用关系，因为反向混淆原则恰恰是为了解决涉案商标尚未发挥识别功能时商标权的保护问题的。[②] 在上述"奥普"案中，二审法院适用了反向混淆原则，再审法院则否定了反向混淆的适用性，转而以涉案商标缺乏显著性和知名度为由否定了混淆的可能性。但是在该案中，法院并没有对传统混淆原则与反向混淆原则的适用关系问题给出明确的指引。

5. 其他考量因素

核心知识点

除了标识是否相同近似、商品或者服务是否相同类似、涉案商标的显著性与知名度等因素以外，在司法实践中，判断混淆可能性的常见其他考量因素还包括被控侵权人是否具有攀附涉案商标商誉的主观恶意、涉案商标和被控侵权标识的实际使用状况和市场认知情况等。

典型案例

（法国）拉科斯特公司与（新加坡）鳄鱼国际公司等侵害商标权纠纷案：北京市高级人民法院（2000）高民初字第29号民事判决书；最高人民法院（2009）民三终字第3号民事判决书。

基本案情

拉科斯特公司于1933年在法国注册了"鳄鱼图形"商标。1980年至1999年，拉科斯特公司在中国注册了系列"LACOSTE及鳄鱼图形"商标，分别核定使用在第25类和第18类相关商品上。拉科斯特公司产品于1984年正式进入中国。鳄鱼国际公司前身系新加坡利生民公司。利生民公司于1951年在新加坡注册了"crocodile及鳄鱼图

① 最高人民法院（2011）民申字第222号驳回再审申请裁定书。
② 参见黄武双：《反向混淆理论与规则视角下的"非诚勿扰"案》，《知识产权》2016年第1期。

形"商标。鳄鱼国际公司于 1993 年、1994 年在中国申请注册"CARTELO 及鳄鱼图形"商标，使用商品分别为第 25 类和第 18 类，该两商标已经于 2007 年依生效判决核准注册。2000 年 5 月，拉科斯特公司以鳄鱼国际公司侵犯其注册商标权为由提起诉讼。

裁判摘要

一审裁判摘要

鳄鱼国际公司在主观上并无利用拉科斯特公司的品牌声誉，造成消费者混淆的故意；鳄鱼国际公司的系列商标标识经过在中国大陆市场上大规模、长时间的使用，已经建立起特定的商誉。而且，被诉侵权产品标示的并非仅为"鳄鱼图形"，还标有"CARTELO"及"CARTELO 及鳄鱼图形"，这些作为一个整体，使得被诉侵权产品具有了整体识别性，能够有效地与其他标有鳄鱼形象的商品相区别，不会导致消费者混淆。

二审裁判摘要

认定涉案标识是否构成侵权，不仅需要比对标识本身的近似性，还必须综合考量被告的主观意图、双方共存和使用的历史与现状等因素，结合市场实际状况进行综合判断。鳄鱼国际公司进入中国市场后使用相关商标，主要是对已有商标的沿用。从相关国际市场看，双方在亚洲部分国家和地区已经形成长期共存的市场格局。双方在中国市场亦已拥有各自的相关公众，在市场上已形成客观的划分，成为可区别的标识。鳄鱼国际公司使用的被诉标识与拉科斯特公司请求保护的注册商标不构成混淆性近似，不足以对涉案商标造成损害。

拓展思考

上述"鳄鱼"案确立的规则是，如果被控侵权产品与原告商品已经形成各自的市场格局，不会导致相关公众混淆，即可以认定被告不构成侵权。在"烟台张裕卡斯特酒庄有限公司与上海卡斯特酒业有限公司、李某某确认不侵犯商标权纠纷案"中，山东省高级人民法院亦认为，张裕卡斯特是葡萄酒生产企业；而李某某及上海卡斯特所经营的葡萄酒均依赖于进口，二者商品已经形成各自的市场区分，相关公众不会因二者均带有"卡斯特"字样而发生混淆。[①]

事实上，涉案商标的使用情况与被控侵权人的主观状态均两个因素均与涉案商标的显著性和知名度这一因素有关。涉案商标的使用是其获得知名度的重要证据，而涉案商标越具有知名度，被控侵权人在主观上越可能具有攀附商誉的恶意。例如，在"泸州千年酒业有限公司、四川诸葛酿酒有限公司、四川诸葛亮酒业有限公司与四川江口醇酒业（集团）有限公司及周某、言某某侵害商标权纠纷案"中，最高人民法院认

---

① 山东省高级人民法院（2013）鲁民三终字第 155 号民事判决书。

为，虽然被诉侵权标识"诸葛酿"与涉案注册商标"诸葛亮"在读音和文字上构成近似，但是涉案注册商标本身显著性较弱、尚无证据证明其经使用获得较高知名度，而"诸葛酿"酒在涉案商标注册前已经获得较高知名度，因此不会导致混淆。① 因此，上述因素的独立性问题需要进一步探讨。

另一个争议问题在于，被控侵权人的主观心态是否应当被作为判断混淆的考量因素。关于此点在司法实践中存在不同意见。在"金华山松工程机械有限公司与山东源根石油化工有限公司、王某某侵害商标权及商业诋毁纠纷案"中，最高人民法院认为，认定商标侵权行为通常不考虑被控侵权人的主观状态；② 而在"北京大宝化妆品有限公司与北京市大宝日用化学制品厂、深圳市碧桂园化工有限公司侵害商标权和不正当竞争纠纷案"中，最高人民法院明确指出，商标侵权的判定应以被告是否在被控侵权产品上突出使用涉案商标、是否具有恶意为基础。③

四、驰名商标的特殊保护

核心知识点

《商标法》对于被认定为驰名商标的注册商标和未注册商标提供了特别保护。对于已注册的驰名商标，商标权的范围被扩展至不相同或者不相类似商品之上。法律明确禁止在不相同或者不相类似商品上使用复制、模仿或者翻译的他人已经在中国注册的驰名商标，误导公众，致使该驰名商标注册人的利益可能受到损害的行为。④ 所谓致使该驰名商标注册人的利益可能受到损害，是指足以使相关公众认为被诉商标与驰名商标具有相当程度的联系，而减弱驰名商标的显著性、贬损驰名商标的市场声誉，以及不正当利用驰名商标的市场声誉的行为。⑤ 对于未注册的驰名商标，则可以获得与普通注册商标相同的保护，即禁止在相同或者类似商品上使用复制、模仿或者翻译的他人驰名商标，容易导致混淆的行为。⑥ 在我国，对于驰名商标采取个案认定被动保护的原则。商标所有人在诉讼中主张驰名商标保护的，需要主动提出主张并提供相关证据，法院则将其作为处理涉及商标案件需要认定的事实进行认定。⑦ 可以作为证明商标驰名的证据包括：使用该商标的商品的市场份额、销售区域、利税等，该商标的持续使用时间，该商标的宣传或者促销活动的方式、持续时间、程度、资金投入和地域范围，

---

① 最高人民法院（2007）民三监字第37—1号民事裁定书。
② 最高人民法院（2012）民申字第1505号民事裁定书。
③ 最高人民法院（2012）民提字第166号民事判决书。
④ 《商标法》第13条第3款。
⑤ 《最高人民法院关于审理涉及驰名商标保护的民事纠纷案件应用法律若干问题的解释》第9条第2款。
⑥ 《商标法》第13条第2款。参见"商务印书馆有限公司与华语教学出版社有限责任公司侵害商标权及不正当竞争纠纷案"，北京知识产权法院（2016）京73民初277号民事判决书。
⑦ 《商标法》第14条。

该商标曾被作为驰名商标受保护的记录，该商标享有的市场声誉等。①

典型案例

贵州永红食品有限公司与贵阳南明老干妈风味食品有限责任公司、北京欧尚超市有限公司侵害商标权及不正当竞争纠纷案：北京知识产权法院（2016）京 73 民初 108 号民事判决书；北京市高级人民法院（2017）京民终 28 号民事判决书。

基本案情

老干妈公司系第 2021191 号"老干妈"商标的注册人，核定使用商品为第 30 类的豆豉、辣椒酱（调味）等，该商标曾多次被商标局、商标评审委员会和法院认定为驰名商标。永红公司自 2014 年开始购入老干妈公司生产的"老干妈"牌豆豉作为调料生产牛肉棒，部分商品上标有"老干妈味"字样，除此以外，其牛肉棒还有"原味""麻辣""香辣""黑胡椒"等口味。2015 年，老干妈公司从欧尚超市处购买到永红公司生产的标有"老干妈味"字样的牛肉棒，以永红公司和欧尚超市侵犯其注册商标专用权为由提起诉讼。永红公司以涉案商品包装使用"老干妈"字样是为了对商品添加老干妈豆豉油进行描述，并非商标使用进行抗辩。

裁判摘要

永红公司虽然是将"老干妈"作为商品的口味名称使用，但是标注于涉案商品包装正面，属于对涉案商标的复制，能够起到识别商品来源的作用，属于商标使用行为。虽然涉案商品确实添加有"老干妈"牌豆豉，但是"老干妈"并非食品行业的常用原料，也不是日用食品行业对商品口味的常见表述方式，永红公司对"老干妈"字样的使用不属于正当使用。涉案牛肉棒商品与豆豉、辣椒酱（调味）等商品虽然在原料、用途等方面存在差异，但是均属日用食品，在销售渠道和消费群体方面存在一定重合。涉案商标为驰名商标，永红公司在商品上使用"老干妈"字样的行为，足以使相关公众直接联想到涉案商标，破坏该商标与干妈公司所生产的豆豉、辣椒酱（调味）等商品之间的密切联系和对应关系，减弱该商标作为驰名商标的显著性。永红公司明知涉案商标具有较高知名度，仍然使用"老干妈"字样，意图利用该商标的市场声誉吸引相关公众的注意力，获取不正当经济利益，侵犯了老干妈公司的商标权。

拓展思考

对于已注册的驰名商标，司法解释明确地引入了淡化原则，既禁止弱化驰名商标显著性的行为，亦禁止丑化驰名商标形象的行为。但是从《商标法》上的条文表述上看，驰名商标的保护亦以"误导公众"为要件。由此带来了驰名商标保护中是否还需

---

① 《最高人民法院关于审理涉及驰名商标保护的民事纠纷案件应用法律若干问题的解释》第 5 条。

要讨论混淆的问题。① 关于该问题，司法实践中存在不同观点。在上述案例中，两审法院均没有提及混淆问题，而是直接适用了淡化原则。而在"捷豹路虎有限公司与广州市奋力食品有限公司、万明政侵害商标权纠纷案"中，广东省高级人民法院指出，奋力公司在果汁、饮料等商品上使用"路虎"商标虽虽然与路虎公司涉案商标核定使用的"陆地机动车辆"等商品类别不同，但是由于涉案商标构成驰名商标，相关公众容易误以奋力公司与路虎公司之间具有许可、控股、投资、合作等相当程度的联系，削弱了涉案商标作为驰名商标所具有的显著性，从而构成商标侵权。② 该判决虽然最终落脚于淡化原则，但是在分析过程中却糅合了典型的混淆原则的适用思路。

此外，与商标行政案件中关于驰名商标保护范围的讨论相似，关于跨类保护的限度问题亦是驰名商标保护中的难点问题。应当明确，所谓的跨类保护并非全类别保护。驰名商标的保护强度需要结合商标的知名度、被控标识使用情况等因素综合加以确定。例如，在"沃尔玛百货有限公司与童小菊、深圳市家之宝家私灯饰精品有限公司商标侵权及不正当竞争案"中，深圳市中级人民法院指出，就已有他人注册相同文字的商标专用权的领域，驰名商标的权利应该在该类别中受到限制。③

第二节 商标侵权的其他类型

一、概说

除未经许可使用商标的行为之外，《商标法》上列举了其他几类商标侵权行为。例如，销售侵犯注册商标专用权的商品，伪造、擅自制造他人注册商标标识或者销售伪造、擅自制造的注册商标标识，未经商标注册人同意，更换其注册商标并将该更换商标的商品又投入市场，帮助他人实施侵犯商标专用权行为等。除此之外，还包括企业名称侵权、域名侵权等。其中，反向假冒侵权已经在本书第十五章第一节进行了介绍，本节不再赘述。

二、销售侵权

核心知识点

销售侵犯注册商标专用权的商品的行为构成商标侵权。所谓侵犯注册商标专用权的商品，是指未经许可使用他人商标的行为。但是，被控侵权人不知道其销售的商品

① 参见李友根：《"淡化理论"在商标案件裁判中的影响分析——对 100 份驰名商标案件判决书的整理与研究》，《法商研究》2008 年第 3 期。
② 广东省高级人民法院（2017）粤民终 633 号民事判决书。
③ 广东省深圳市中级人民法院（2004）深中法民三初字第 143 号民事判决书。

为侵犯注册商标专用权的商品，且能够证明该商品是自己合法取得并说明提供者的，不承担赔偿责任。① 因此，即使被控侵权人能够证明其销售的商品为侵犯注册商标专用权的商品，但是无法提供涉案侵权产品合法来源的，亦不能免除赔偿责任。所谓不知道，包括实际上不知道或者不应当知道其销售的商品是侵权商品，即主观上没有过错。② 所谓合法取得，包括能够提供供货单位合法签章的供货清单和货款收据且经查证属实或者供货单位认可的，供销双方签订的进货合同且经查证已真实履行的，合法进货发票且发票记载事项与涉案商品对应的，以及其他能够证明合法取得涉案商品的情形。③

典型案例

山东银座商城股份有限公司与贵州茅台酒股份有限公司侵害商标权纠纷案：济南市中级人民法院（2014）济民三初字第 747 号民事判决书；山东省高级人民法院（2015）鲁民三终字第 70 号民事判决书。

基本案情

茅台股份公司为第 3159141 号"贵州茅台"、第 3159143 号"图形"、第 284519 号"茅台"、第 3029843 号"MOUTAI"的注册商标的独占被许可人，上述商标核定使用商品均为第 33 类酒精饮料、酒（饮料）等。2010 年 12 月，银座商城公司与北京盛泉京丰商贸有限公司签订购销合同，约定乙方向甲方提供包括上述"茅台"等品牌的商品。2011 年 12 月，济南市公安局高新分局在银座配送公司扣押贵州茅台酒 1668 瓶，经鉴定为假冒产品，被控侵权产品的外包装上标有"贵州茅台酒"字样、"图形"标识和茅台股份公司的企业名称等企业信息。上述商品系银座股份公司购买并用于销售。茅台股份公司以银座股份公司销售侵犯注册商标专用权的商品为由提起诉讼。银座股份公司则主张上述商品系购买自盛泉公司、具有合法来源，并提供了酒类流通随附单、验收单等证明其已经履行了合理的注意义务，应当免除赔偿责任。

裁判摘要

对于注册商标知名度较高、销售商经营规模较大的情形，销售商对其经销的商品应当负有较高的审查义务。被控侵权商品属于我国知名白酒产品，价格高于市场同类白酒；银座商城公司属于全国知名大型百货连锁企业之一，对其经营的茅台酒是否来源于商标权人或者其授权经销商负有较高的审查义务。根据本案查明的事实，银座商

---

① 《商标法》第 64 条第 2 款。
② 最高人民法院（2013）民提字第 187 号民事判决书。
③ 《商标法实施条例》第 79 条。

城公司轻信了供应商的承诺，并未对被控侵权茅台酒的来源渠道进行审查，从而放任了被控侵权茅台酒进入市场零售环节，银座商城公司对此具有主观过错，应承担赔偿责任。

拓展思考

在司法实践中，对于被控侵权的销售商是否知道其销售的是否为侵犯注册商标专用权的商品，法院通常会结合被控侵权商品的知名度、销售商的经营规模以及销售商应尽到的合理注意义务等因素进行综合考量。上述"茅台"案确立了如下标准，即涉案商标知名度越高、销售商经营规模越大，其注意义务的标准就越高，甚至可能要求其对销售商品是否侵犯注册商标专用权承担一定的审查义务。当然，在确定销售商合理注意义务的程度时，还要考虑被控侵权行为的类型这一因素。在前述"老干妈"案中，虽然涉案商标具有极高的知名度，但是由于被控侵权行为属于商标淡化行为，法院并对销售商并未课以较高的注意义务。

三、帮助侵权

核心知识点

根据《商标法》的规定，故意为侵犯他人商标专用权行为提供便利条件，帮助他人实施侵犯商标专用权行为的构成商标侵权。[①] 帮助侵权的主观要件是故意，即明知他人从事商标侵权行为仍然为其提供便利条件。所谓为侵犯他人商标专用权行为提供便利条件，主要包括为侵犯他人商标专用权提供仓储、运输、邮寄、印制、隐匿、经营场所、网络商品交易平台等。[②] 然而在涉及网络交易平台的商标侵权案件中，司法实践中法院则通常适用《侵权责任法》关于网络服务提供者侵权责任的规定，[③] 关注网络交易平台的是否履行了注意义务以及是否采取了必要措施制止用户的商标侵权行为。需要注意的是，上述规则在主观要件上与《商标法》上规定的帮助侵权行为存在本质区别，为强化网络交易平台的商标侵权责任提供了空间。

典型案例

衣念（上海）时装贸易有限公司与浙江淘宝网络有限公司、杜某某侵害商标权纠纷案：上海市浦东新区人民法院（2010）浦民三（知）初字第426号民事判决书；上海市第一中级人民法院（2011）沪一中民五（知）终字第40号民事判决书。

基本案情

原告衣念公司获得依兰德有限公司授权，在中国大陆独占使用第1326011号

---

① 《商标法》第57条第（六）项。
② 《商标法实施条例》第75条。
③ 《侵权责任法》第36条。

"TEENIE WEENIE 及图"等注册商标。2009 年以来，原告对淘宝网上涉嫌侵权商品进行了筛查，并向被告淘宝公司发送书面通知函及商标权属证明材料，要求被告删除侵权商品信息并提供卖家信息。被告对上述投诉进行审核后，删除了其认为构成侵权的商品信息，并告知被告卖家身份信息。对于提出异议的并提供商品合法来源初步证据的卖家，被告会将卖家的异议转交给原告。在上述投诉中，包含了原告于 2009 年 9 月至 11 月期间针对被告杜某某的 7 次投诉。被告在接到衣念公司投诉后即删除了杜某某发布的商品信息，杜某某并未就此提出异议。直至 2010 年 9 月，被告才对杜某某进行扣分等处罚。原告起诉要求本案被告承担损害赔偿责任。

裁判摘要

商标权人不断地向淘宝发出侵权通知的事实，足以认定淘宝知道其平台上普遍存在着侵犯原告商标权行为；被告删除侵权信息的做法无法有效地减少网络交易平台上侵权行为的发生，对于网络交易平台上不断出现的侵权行为，商标权人仍然需要不断地发出侵权通知，对于商标权人，长期大量的投诉所采取的仅做删除链接的处理方式见效并不明显，单纯地删除侵权信息不构成"必要措施"。淘宝公司在知道杜某某多次发布侵权商品信息的情况下，未严格执行其管理规则，依然放任、纵容杜某某的侵权行为，构成故意为杜某某销售侵权商品提供便利条件，构成帮助侵权，应承担连带赔偿责任。

拓展思考

在司法实践中，大部分法院认为网络交易平台在签订服务合同过程中对网络用户的经营资质进行审查即已经尽到了合理注意义务，并将商标权人的通知作为认定网络交易平台具体知道侵权存在的唯一手段，从而免除了主动发现商标侵权的审查义务，使得网络交易平台进入"避风港"。[①] 例如，在"广州顺丰速运有限公司与李某某、浙江淘宝网络有限公司侵害商标权纠纷案"中，杭州市余杭区人民法院即认为，李某某发布在淘宝网上的涉案商品信息不存在明显违法或侵权的行为，淘宝公司在收到顺丰公司通知后，对侵权链接进行了处理、回复，淘宝公司不存在明知或应知侵权行为存在而不采取措施的情形，不构成侵权，顺丰公司要求淘宝公司主动彻查及删除其他可能存在的侵害顺丰公司注册商标专用权链接的主张并无法律依据或合同依据。[②] 上述做法沿用了网络服务提供者著作权侵权的审理思路，但是在网络交易平台在提供网络服务的同时亦作为市场提供者的场合是否适用，是否以及在多大程度上应当承担管理义务等问题均值得进一步探讨。在上述"依念"案中，两级法院在一定程度上强化了网络交易平台的商标侵权责任。类似的，在"探索传播有限责任公司诉中山市探索户外

---

① 参见朱冬：《网络交易平台商标侵权中避风港规则的适用及其限制》，《知识产权》2016 年第 7 期。
② 浙江省杭州市余杭区人民法院（2015）杭余知初字第 304 号民事判决书。

用品有限公司、北京京东叁佰陆度电子商务有限公司侵害商标权案"中，北京知识产权法院亦指出，网络交易平台设置的品牌旗舰店入驻商家资格的审查规则仅要求提交商标申请受理通知，不能视为尽到了合理注意义务，应当承担帮助侵权责任。[1]

四、企业名称侵权

核心知识点

企业名称是在商事活动中用来标示商主体身份的商业标识，其核心部分是字号。从理论上讲，企业名称权和商标权有各自的权利范围。但是，商标与企业名称均属商业标识的范畴，在实践中二者的冲突十分常见。主要涉及以下两种情形：一种情形是将与他人注册商标相同或者相近似的文字作为企业的字号在相同或者类似商品上突出使用的，实际上是将字号作为商标使用，容易导致相关公众产生误认的，这种使用已经超出企业名称权的范围，属于商标侵权行为；[2] 另一种情形则是将他人注册商标、未注册的驰名商标作为企业名称中的字号使用，误导公众的，这种情形实际上是并不是在标示商品或者服务来源的意义上使用商标，而是在企业名称的意义上使用商标标识，应当构成不正当竞争。[3]

典型案例

成都同德福合川桃片食品有限公司诉重庆市合川区同德福桃片有限公司、余某某侵害商标权及不正当竞争纠纷案：重庆市第一中级人民法院（2013）渝一中法民初字第00273号民事判决书；重庆市高级人民法院于（2013）渝高法民终字00292号民事判决书。[4]

基本案情

成都同德福公司是第1215206号"同德福TONGDEFU及图"商标的所有人，该核定使用范围为第30类，即糕点、桃片（糕点）等商品。2011年5月6日，重庆同德福公司成立，经营范围为糕点（烘烤类糕点、熟粉类糕点）生产，其多种产品外包装使用了"老字号【同德福】商号，始创于清光绪二十三年（1898年）历史悠久"等介绍同德福斋铺历史及获奖情况的内容。成都同德福公司认为，重庆同德福公司在其字号及生产的桃片外包装上突出使用了"同德福"字样，侵害了涉案注册商标专用权并构成不正当竞争。重庆同德福公司则认为，同德福为具有较高知名度的老字号，独特技艺代代相传。"同德福"第四代传人余某某继承祖业先后注册重庆同德福公司是善意的。

---

[1]　北京知识产权法院（2015）京知民初字第1227号民事判决书。
[2]　《最高人民法院关于审理商标民事纠纷案件适用法律若干问题的解释》第1条第（一）项。
[3]　《商标法》第58条。
[4]　本案为最高人民法院发布的第58号指导案例。

裁判摘要

"同德福"第四代传人余某某继承祖业，先后注册重庆同德福公司是善意的，不构成不正当竞争。从重庆同德福公司产品的外包装来看，重庆同德福公司使用的是企业全称，标注于外包装正面底部，"同德福"三字位于企业全称之中，与整体保持一致，没有以简称等形式单独突出使用，也没有为突出显示而采取任何变化，且整体文字大小、字形、颜色与其他部分相比不突出。因此，重庆同德福公司在产品外包装上标注企业名称的行为系规范使用，不构成突出使用字号，也不构成侵犯商标权。

拓展思考

在处理涉及商标与企业名称冲突类的相关案件中，通常需要考虑相关公众的混淆误认、保护在先权利、当事人是否善意等因素。有疑问的是，在该类案件中混淆误认是否应限于相同或者类似商品或者服务的范围内。在"腾讯科技（深圳）有限公司与安徽微信保健品有限公司侵害商标权纠纷案"中，合肥市中级人民法院认为，微信公司作为后成立的食品饮料类企业，在选择其企业名称中的字号时应对腾讯公司的即时通讯服务名称"微信""微信及图"商标中的文字部分进行合理避让，避免相关公众误认为其与腾讯公司存在许可使用、关联企业等特定联系。[1]

除此以外，对于我国司法实践中存在很多涉及老字号的商业标识冲突案件，还需要考虑历史因素。上述"同德福"案确立了以下规则，即与"老字号"具有历史渊源的个人或企业在未违反诚实信用原则的前提下，将"老字号"注册为个体工商户字号或企业名称，未引人误认且未突出使用该字号的，不构成不正当竞争或者侵犯注册商标专用权。

在企业名称侵犯商标权案件中，被控侵权人需要承担停止侵害的民事责任。是否判决被告变更企业名称，需要根据案件的具体情况进行判断。在"王将饺子（大连）餐饮有限公司与李某某侵害商标权纠纷案"中，最高人民法院确认，如果企业名称的注册使用并不违法，只是因突出使用其中的字号而侵犯注册商标专用权的，不宜判决停止使用或者变更企业名称，只需判决被告规范使用企业名称、停止突出使用行为即足以制止被告的侵权行为。[2]

五、域名侵权

核心知识点

域名是用于在数据传输时标识计算机电子方位的技术手段。但是，域名同时又可能具有商业标识的属性，能够起到识别商品或者服务来源的功能，近年来将他人商标

---

① 安徽省合肥市中级人民法院（2017）皖 01 民初 526 号民事判决书。
② 最高人民法院（2010）民提字第 15 号民事判决书。

抢注为域名的情形十分多见。域名纠纷可以诉诸域名管理机构按照各自的争议管理办法进行解决，亦可以向法院提起诉讼。① 将他人注册商标作为域名使用，并通过该域名进行相关商品交易电子商务的行为构成商标侵权，容易使相关公众产生误认的，属于商标侵权行为。② 但是，将他人注册商标抢注为域名后，并没有从事交易的行为，我国司法解释专门规定，恶意注册域名后自己并不使用也未准备使用，而通过高价转让该域名获取不正当利益或者有意阻止权利人注册该域名的，构成不正当竞争行为。③ 域名注册、使用等行为构成商标侵权或者不正当竞争的，可以判令侵权行为人停止侵权、注销域名，或者依权利人的请求判令由权利人注册使用该域名；给权利人造成实际损害的，可以判令侵权行为人赔偿损失。④

典型案例

曾某某与梦工厂动画影片公司网络域名权属、侵权纠纷案：厦门市思明区人民法院（2015）思民初字第 4746 号民事判决书。

基本案情

梦工厂公司成立于 1995 年，1997 年以来，在中国大陆地区成功注册了包含 "DREAMWORKS" "ORIENTAL DREAMWORKS" "梦工厂" "梦工场" 等系列商标。2011 年，曾某某通过域名注册服务商易名公司注册取得 orientaldreamworks. com、shanghaidreamworks. com 两个域名。2013 年，梦工厂公司在协商未果的情况下，向 WIPO 仲裁中心提出投诉。WIPO 仲裁中心裁决曾某某将涉案域名转让至梦工厂公司。收到裁决后，曾某某就其与梦工厂公司关于涉案两个域名的争议向厦门市中级人民法院提起确认不侵权之诉，请求确认其注册持有涉案两个域名不侵犯梦工厂公司的商标权，厦门市中级人民法院受理后将本案移送域名注册商易名公司所在地法院即厦门市思明区人民法院审理。在思明法院审理期间，梦工厂提起管辖权异议，并提出反诉请求，要求判决曾某某停止侵权，并将涉案两个域名转移归其所有。

裁判摘要

梦工厂公司对 "dreamworks" 企业名称、包含涉案域名主要识别部分 "dreamworks" 及中译文 "梦工厂" "梦工场" 的商标进行了广泛的使用和宣传，具有合法的在先权益。曾某某域名注册前未取得相关合法在先权益，域名注册后长时间内未使用

---

① 目前，互联网名称与数字地址分配机构（ICANN）和中国互联网络信息中心（CNNIC）均制定了自己的域名争议解决办法。

② 《最高人民法院关于审理商标民事纠纷案件适用法律若干问题的解释》第 1 条第（三）项。

③ 《最高人民法院关于审理涉及计算机网络域名民事纠纷案件适用法律若干问题的解释》第 5 条。

④ 《最高人民法院关于审理涉及计算机网络域名民事纠纷案件适用法律若干问题的解释》第 8 条。

并欲高价出售，同时也未充分使用域名使其具有一定的知名度而足以与梦工厂公司的在先权益进行区分，其行为侵犯了梦工厂动画公司的合法权益。

拓展思考

将他人商标抢注为域名是商标保护领域的新问题。由于商标侵权规则的固有限制，对于不实际使用或者不在相同类似商品或者服务上使用商标的情形，法律上设定了专门规则规制上述行为。但是，上述规则已经脱离了商标侵权的范畴，本质上是对商标权的扩张保护。

利用域名侵犯商标权诉讼的难点之一，在于案件的地域管辖问题。根据《民事诉讼法》和相关司法解释的规定，涉及域名的侵权纠纷案件，由侵权行为地或者被告住所地的法院管辖；对难以确定侵权行为地和被告住所地的，原告发现该域名的计算机终端等设备所在地可以视为侵权行为地。① 在实践中，域名案件的侵权行为地是难以确定的。在前述"梦工厂"案中，厦门市思明区人民法院以涉案域名的注册服务机构所在地为侵权行为地裁定驳回了梦工厂公司的管辖权异议。②

第三节　商标侵权抗辩

一、概说

商标侵权抗辩，有的教材称为商标权的例外，③ 主要涉及描述性使用、叙述性使用、在先使用、权利用尽等情形。其中，商标的描述性使用和叙述性使用在美国又被称为商标的合理使用。然而，上述情形仅仅是从反面澄清哪些行为不属于商标使用，本质上并未落入商标权的保护范围。④ 因此，将上述情形称为商标权的例外似乎并不合适。本书则采取商标侵权抗辩的表述，强调被控侵权人可以从以上几个方面入手，否定商标权人的侵权主张。对于抢注他人标识取得专用权的商标注册人提起的侵权诉讼，为了遏制商标囤积、鼓励商标使用，最高人民法院在前述"歌力思"案中确立了以违反诚实信用原则和禁止权利滥用为由否定商标侵权主张的规则。⑤ 因此，商标权人构成

---

① 《最高人民法院关于审理涉及计算机网络域名民事纠纷案件适用法律若干问题的解释》第2条第1款。

② 厦门市思明区人民法院（2015）思民初字第4746号民事裁定书。

③ 参见黄晖：《商标法》（第二版），法律出版社2016年版，第155页。

④ 参见熊文聪：《商标合理使用：一个概念的检讨与澄清——以美国法的变迁为线索》，《法学家》2013年第5期。

⑤ 亦参见"优衣库商贸有限公司与广州市指南针会展服务有限公司、广州中唯企业管理咨询服务有限公司、优衣库商贸有限公司上海月星环球港店侵害商标权纠纷案"，最高人民法院（2018）最高法民再396号民事判决书。在该案中，最高人民法院指出，指南针公司、中唯公司以不正当方式取得商标权后，意图将该商标高价转让给优衣库公司，在未能成功转让该商标后以基本相同的事实提起系列诉讼，借用司法资源以商标权谋取不正当利益，主观恶意明显，明显违反诚实信用原则，对其不予保护。

权利滥用也可以作为商标侵权的抗辩事由。关于此点，本书第十六章第三节已有论述，在此不再赘述。

二、描述性使用

（一）概说

所谓描述性使用，是指将商标作为商品或者服务本身的名称，或者用于描述商品或者服务的特点、地域来源。描述性使用并非将商标标识作为指示商品或者服务来源的标记，因此不构成商标侵权意义上的商标使用。关于描述性使用，《商标法》明确规定，注册商标中含有的本商品的通用名称、图形、型号，或者直接表示商品的质量、主要原料、功能、用途、重量、数量及其他特点，或者含有的地名时，注册商标专用权人无权禁止他人正当使用；[1] 对于三维标志注册商标中含有的商品自身的性质产生的形状、为获得技术效果而需有的商品形状或者使商品具有实质性价值的形状，注册商标专用权人亦无权禁止他人正当使用。[2]

（二）通用名称

核心知识点

所谓通用名称，是指法定的或者约定俗成的某一种类商品或者服务的名称。通用名称不具有显著性，无法起到识别商品或者服务来源的作用。当注册商标具有描述性时，其他生产者出于说明或者客观描述商品或者服务的目的，不构成侵权意义上的商标使用，不会导致相关公众将其视为商标而发生混淆，构成正当使用。通用名称抗辩的难点在于通用名称的证明。依据法律规定或者国家标准、行业标准属于商品或者服务的名称，为法定的通用名称；相关公众普遍认为某一名称能够指代一类商品或者服务的名称，为约定俗成的通用名称。对于约定俗成的通用名称，一般以全国范围内相关公众的通常认识为判断标准；对于由于历史传统、风土人情、地理环境等原因形成的相关市场固定的商品，在该相关市场内通用的称谓，亦可以认定为通用名称。

典型案例

山东鲁锦实业有限公司诉鄄城县鲁锦工艺品有限责任公司、济宁礼之邦家纺有限公司侵害商标权及不正当竞争纠纷案：济宁市中级人民法院（2007）济民五初字第6号民事判决书；山东省高级人民法院（2009）鲁民三终字第34号民事判决书。[3]

基本案情

山东鲁锦公司是第 1345914 号的"鲁锦"文字商标和第 1665032 号的"Lj + LU-

---

① 《商标法》第 59 条第 1 款。
② 《商标法》第 59 条第 2 款。
③ 本案为最高人民法院发布的第 46 号指导案例。

JIN" 的组合商标的商标所有人，上述两个商标分别核定使用在第 25 类服装、鞋、帽类和第 24 类纺织物、棉织品等商品上。"鲁锦"牌系列产品，特别是"鲁锦"牌服装在国内享有一定的知名度。2007 年 3 月，山东鲁锦公司从礼之邦鲁锦专卖店购买到由鄄城鲁锦公司的商品，该商品上的标签、包装盒、包装袋及店堂门面上均带有"鲁锦"字样。在该店门面上"鲁锦"已被突出放大使用，其出具的发票上加盖的印章为礼之邦公司公章。山东鲁锦公司以鄄城鲁锦公司大量生产、销售标有"鲁锦"字样的商品，侵犯其注册商标专用权为由提起诉讼。鄄城鲁锦公司辩称，"鲁锦"已成为通用名称，其在商品上使用属于正当使用，不构成商标侵权。

裁判摘要

一审裁判摘要

鄄城鲁锦公司构成商标侵权，应当停止在其生产、销售的第 25 类服装类系列商品上使用"鲁锦"作为其商品名称或者商品装潢的行为，并赔偿鲁锦公司经济损失。

二审裁判摘要

据媒体报道、地方史料、专业工具书籍等证据可以认定，"鲁锦"是 20 世纪 80 年代中期以来山东地区特别是鲁西南地区民间纯棉手工纺织品的通用名称。判断其广泛性应以特定产区及相关公众为标准，而不应以全国为标准。其他省份的手工棉纺织品不叫"鲁锦"，并不影响"鲁锦"专指山东地区特有的民间手工棉纺织品这一事实。鄄城鲁锦公司在其生产的涉案产品的包装盒、包装袋上使用"鲁锦"两字，仅是为了表明其产品采用鲁锦面料，其生产技艺具备鲁锦特点，并非作为商业标识使用，属于正当使用。鉴于"鲁锦"是注册商标，鄄城鲁锦公司在使用"鲁锦"字样以标明其产品面料性质的同时，应在其产品包装上突出使用自己的商标，以显著区别商品来源。

拓展思考

关于认定通用名称的地域范围标准，原则上应当以全国范围为限，只有在相关市场固定的商品这一特定情形中，才可以考虑适用地域标准。在"福州米厂与五常市金福泰农业股份有限公司、福建新华都综合百货有限公司福州金山大景城分店、福建新华都综合百货有限公司侵害商标权纠纷案"中，最高人民法院认为，涉案商品在全国范围内销售的事实表明不应适用地域范围标准。①

通用名称抗辩应仅仅限定于说明或者客观描述商品特点的行为，应当以善意方式在必要的范围内予以标注，超出该范围的则可能构成商标侵权。在"漳州片仔癀药业股份有限公司与漳州市宏宁家化有限公司侵害商标权纠纷案"中，最高人民法院认为，"片仔癀"作为一种中药名称，商标权人无权禁止他人在含有片仔癀成分的药品上使用

---

① 最高人民法院（2016）最高法民再 374 号民事判决书。

该通用名称，但是宏宁公司在其商品上突出地使用"片仔癀"字样，采用的字体亦与涉案商标基本一致，在涉案商标具有较高知名度的情况下可能造成混淆，不构成正当使用。① 在"山西沁州黄小米（集团）有限公司与山西沁州檀山皇小米发展有限公司、山西沁县檀山皇小米基地有限公司确认不侵害商标权、侵害商标权纠纷案"中，最高人民法院认为，"沁州黄"是一种谷物品种的通用名称，尽管沁州黄公司的"沁州"注册商标虽然具有较高知名度，但是被控侵权人在产品上使用"沁州黄"字样的同时，显著地标明了自己的商标，仅仅是为了表明其小米的品种来源，属于正当使用。②

（三）地名

核心知识点

生产者在商品上为标明实际产地而使用地名的，即使与相同或者类似商品上含有地名的商标相同或者近似，亦不会导致相关公众混淆的，属于正当使用。《商标法》对于地名商标的注册规定了较为严格的限制。③ 当包含地名的商标经过长期使用取得第二含义，具有识别商品或者服务来源功能时，被控侵权人在商品或者服务上突出使用该地名，可能导致相关公众混淆的，则不构成正当使用。

典型案例

灌南县预算外资金管理局、两相和公司诉陶某商标侵权纠纷案：江苏省高级人民法院二审判决书。

基本案情

预算外资金管理局是"汤沟"图形商标的所有人，该商标核准使用在第33类酒类商品上。预算外资金管理局授权两相和公司使用上述商标。"汤沟"商标在白酒市场上具有很大的影响力。预算外资金管理局和两相和公司认为，陶某经营的灌南县汤沟曲酒厂未经许可，在其生产的酒类商品上突出使用"汤沟"字样，侵犯了涉案商标的注册商标专用权。陶某辩称，"汤沟"是县级以下行政区划的地名，以白酒业闻名于世，其悠久的酒业文化资源为汤沟人所共有。陶某注册设立汤沟曲酒厂并在商品包装上使用自己的企业名称的宣传，并未侵犯涉案注册商标专用权。

裁判摘要

一审裁判摘要

"汤沟"系地名，以生产白酒享有盛名，且历史悠久，知名度显然高于"汤沟"

---

① 最高人民法院（2009）民申字第1310号民事裁定书。
② 最高人民法院（2013）民申字第1642号民事裁定书。
③ 《商标法》第10条第2款、第16条。

注册商标。陶某在自己产品的包装上以红底金字显示"汤沟"文字，涉案"汤沟"图形商标有明显区别，是突出其产品的产地，是对地名的正当使用，且在产品包装上同时使用自有的"珍汤"商标，不会使相关公众对产品来源产生混淆。

二审裁判摘要

由于"汤沟"图形商标经过长期使用已经获得了较高的知名度，陶某生产的商品包装上除标注其厂址外，还在显著位置突出使用了"汤沟"字样，而其自己的"珍汤"商标则被放在不显著的位置，消费者在看到被控侵权产品上的"汤沟"字样，首先会将其作为涉案商标看待，容易导致混淆，因此构成商标侵权。

拓展思考

在司法实践中，对以使用地名为由对商标侵权进行抗辩逐渐形成了如下规则，即对他人注册商标中地名的使用是出于善意，为了表明产地或者地理来源，不会使相关公众产生混淆的，属于正当使用；但是如果并非出于善意使用他人含有地名的商标，主要目的是攀附他人已具有较高知名度的地名商标的商誉，容易导致相关公众产生混淆的，则构成商标侵权。在具体判断被控侵权人是否出于善意使用地名时，可以考虑使用地名的目的和方式、商标和地名的知名度、相关商品或服务的分类情况、相关公众在选择此类商品或服务时的注意程度以及地名使用的具体环境等因素进行综合判断。①

（四）描述商品或者服务的特性

核心知识点

除了使用通用名称和地名两种描述性使用的典型情形以外，其他为描述商品或者服务特点而使用他人商标标识的，例如对成分、质量、功能、用途等的描述，均可能构成正当性使用。对于描述商品或者服务特点抗辩是否成立，亦需要结合使用目的、使用方式、主观状态、相关公众是否产生混淆等方面进行综合判断。

典型案例

茂志公司与梦工场公司、派拉蒙公司、中影公司、华影天映公司侵害商标权纠纷案：北京市第二中级人民法院（2011）二中民初字第 10236 号民事判决书；北京市高级人民法院（2013）高民终字第 3027 号民事判决书；最高人民法院（2014）民申字第 1033 号民事裁定书。

基本案情

2008 年，梦工场公司制作的《功夫熊猫》电影在我国公映，并自 2005 年起就在

---

① 《最高人民法院关于对南京金兰湾房地产开发公司与南京利源物业发展有限公司侵犯商标专用权纠纷一案请示的答复》（〔2003〕民三他字第 10 号）。

新闻报道、海报等宣传材料中以"功夫熊猫"作为电影名称对上述电影进行了持续宣传。茂志公司是第 6353409 号"功夫熊猫"及图注册商标的所有人，该商标核准使用的服务类别为第 41 类电影制作等。被申请人梦工厂公司制作完成相关电影后，将其"dreamworks"标识显著地使用于其电影、电影海报及其他宣传材料中，用以表明其电影制作服务来源是"dreamworks"。由于《功夫熊猫 2》使用"功夫熊猫"字样是对前述《功夫熊猫》电影的延续，且该"功夫熊猫"表示的是该电影的名称，用以概括说明电影内容的表达主题，属于描述性使用，而并非用以区分电影的来源。

裁判摘要

最高人民法院认为，梦工场公司制作的《功夫熊猫》电影在涉案商标获准注册前的 2008 年就已经在我国公映。《功夫熊猫 2》使用"功夫熊猫"字样是对前述《功夫熊猫》电影的延续，《功夫熊猫 2》使用"功夫熊猫"表示的是该电影的名称，用以概括说明电影内容的表达主题，属于描述性使用，而并非用以区分电影的来源，涉案行为并非商标意义上的使用，不构成商标侵权。

拓展思考

在司法实践中，关于描述性使用的案例很多。在"阳江市金辉煌日化有限公司与广州丽信化妆品有限公司申请侵犯商标权纠纷"案中，最高人民法院认为，丽信公司对于青苹果的使用意图系表明产品的成分和香型特点。[①] 在"冯某与西安曲江阅江楼餐饮娱乐文化有限公司侵害商标权纠纷案"中，最高人民法院指出，使用"阅江楼"文字的主要目的在于客观描述并指示其经营场所所在地。[②] 在"天津狗不理集团有限公司诉济南市大观园商场天丰园饭店侵犯商标专用权纠纷案"中，山东省高级人民法院认为，天丰园饭店使用"狗不理猪肉灌汤包"乃是作为商品名称善意使用的。[③] 在"盛焕华诉北京世纪卓越信息技术有限公司、延边教育出版社侵害商标权纠纷案"中，江苏省高级人民法院认为，作为《课时详解随堂通》图书名称的一部分，将"随堂通"作为关键词系向相关公众说明该图书本身的内容特点。[④] 在"光明乳业股份有限公司与美食达人股份有限公司、上海易买得超市有限公司侵害商标权纠纷案"中，上海知识产权法院认为，光明公司在被控侵权产品上使用 85℃ 仅仅是为了向公众说明采取了巴氏杀菌工艺，是对温度表达方式的正当使用。[⑤]

① 最高人民法院（2009）民申字第 959 号民事判决书。
② 最高人民法院（2017）最高法民申 4920 号民事裁定书。
③ 山东省高级人民法院（2007）鲁民三终字第 70 号民事判决书。
④ 江苏省高级人民法院（2012）苏知民终字第 0124 号民事判决书。
⑤ 上海知识产权法院（2018）沪 73 民终 289 号民事判决书。

三、指示性使用

核心知识点

尽管我国《商标法》中并未对指示性使用作出明确规定，但是在司法实践中已经承认指示性使用构成对商标侵权的有效抗辩事由。所谓指示性使用，是指经营者在商业活动中使用他人注册商标来客观说明自己商品或者服务来源的行为。[①] 指示性使用的目的在于标示商品或者服务的真实来源，而非使相关公众对商品或者服务的来源发生混淆，从而抢夺商标权人商品或者服务的潜在消费者。

典型案例

案例一：维多利亚的秘密商店品牌管理公司与上海麦司投资管理有限公司侵害商标权及不正当竞争纠纷案：上海市第一中级人民法院（2014）沪一中民五（知）初字第 33 号民事判决书；上海市高级人民法院（2014）沪高民三（知）终字第 104 号民事判决书。

基本案情

原告维多利亚公司在第 35 类广告宣传等和第 25 类服装等上分别注册了"VICTORIA'S SECRET"和"维多利亚的秘密"共计四个商标。被告麦司公司在其经营的店铺招牌、员工胸牌、VIP 卡、时装展览等处使用"VICTORIA'S SECRET"商标，通过专卖店形式销售商品，对外宣称其店铺为"VICTORIA'S SECRET"或者"维多利亚的秘密"的直营店等，并且在宣传和推广活动中使用"VICTORIA'S SECRET"和"维多利亚的秘密"商标。原告以被告侵犯其商标专用权为由提起诉讼，被告则以指示性使用进行抗辩。

裁判摘要

由于被告所销售的并非假冒商品，商标权人当然无权禁止他人在销售商品过程中对其商品商标的指示性使用。但是如果被告使用涉案商标的行为超出了指示商品来源所必需的范围，则会对相关的服务商标构成侵权。被告在店铺大门招牌、店内墙面、货柜等处使用"VICTORIA'S SECRET"标识，并对外宣称其门店为维多利亚的秘密直营店等行为，已经超出指示所销售商品来源所必要的范围，可能导致相关公众误认为销售服务系商标权人提供或者与商标权人存在商标许可等关联关系，构成对"VICTORIA'S SECRET"服务商标专用权的侵害。被告在网络广告宣传过程中使用"VICTORIA'S SECRET""维多利亚的秘密"标识，目的是利用涉案商标开展产品销售相关

[①]　参见李雨峰、刁青山：《商标指示性使用研究》，《法律适用》2012 年第 11 期。

的招商加盟业务，系在与涉案服务商标同类的服务上使用与涉案服务商标相同的商标，亦构成商标侵权。

案例二：河北大午酒业有限公司、山东大众报业集团鲁中传媒发展有限公司侵害商标权纠纷案：淄博市人民法院（2015）淄民三初字第195号民事判决书；山东省高级人民法院（2016）鲁民终811号民事判决书；最高人民法院（2017）最高法民再99号民事判决书。

基本案情

五粮液公司是第160922号"五粮液及图"注册商标、第9828847号"五粮"注册商标的独占被许可人，上述商标核准使用的商品为第33类酒等。2015年5月，五粮液公司在晨报商城购买"大午粮液"一瓶，该酒外包装盒上有书法体呈竖行排列的"大午粮液"四个大的红色字体，字体上方有相对较小的"大午"注册商标，标注的生产厂家为"河北大午酒业有限公司"。淘宝网上出售"大午粮液"的店铺使用"孙氏家酒大午粮液打造老百姓喝得起的五粮液"宣传用语。在《鲁中晨报》对"大午粮液"的广告宣传中使用"五粮品质百姓价格""咱喝得起的五粮佳酿"等用语。五粮液公司以上述行为侵犯其注册商标专用权为由提起诉讼。

裁判摘要

一审、二审裁判摘要

大午酒业使用的"大午粮液"标识在文字构成和读音上"五粮液及图"商标构成近似，构成商标侵权；大午酒业、鲁中传媒公司未经许可，在报纸广告宣传、展示中使用"五粮"标识，可能导致混淆，构成商标侵权。

再审裁判摘要

大午酒业使用的"大午粮液"标识，与"五粮液"商标字数、字形、含义、视觉效果均不相同，不会使相关公众产生混淆；广告宣传中虽然使用了"五粮液""五粮"标识，具有与五粮液公司产品的品质和价格进行对比、突出大午粮液白酒质优价廉的意图，但是均同时突出宣传"孙氏家酒大午粮液"或者有较为突出的"河北大午集团酒业有限公司"字样，足以表明商品来源，不致相关公众对商品来源混淆误认或者认为其来源与五粮液公司产品有特定联系，不构成商标侵权。

拓展思考

尽管《商标法》中没有对商标的指示性使用进行明确规定，司法实践中已经承认在提供配件或者维修服务中使用他人商标的，构成指示性使用可以作为商标侵权抗辩。在"五粮液公司与天源通海公司侵犯商标专用权及不正当竞争纠纷案"中，最高人民法院认为，授权经销商为指明其授权身份、宣传推广商标权人的商品而善意使用，没有破坏识别功能，不构成侵犯商标权。① 在"迈安德公司与牧羊集团公司侵害注册商标专用权案"中，最高人民法院认为，集团公司成员企业为彰显其身份而在经营活动中合理规范使用集团标识，不构成侵犯商标权。②

一般来讲，正品的转售并不破坏商标的指示来源功能，原则上亦构成指示性使用。但是，在实践中有些法院认为对商品进行分装销售的行为构成侵权。在"不二家（杭州）食品有限公司与钱某某、浙江淘宝网络有限公司侵害商标权纠纷案"中，钱某某未经许可将不二家公司的糖果擅自分装到带有涉案商标的包装盒进行销售，浙江省杭州市余杭区人民法院认为，尽管被告的行为并未导致混淆，但是被告的分装行为不能达到美化商品、提升商品价值的作用，反而会降低相关公众对涉案商标所指向的商品信誉，损害了涉案商标的信誉承载功能，构成商标侵权。③

另一个可能涉及指示性使用的典型情形是比较广告。比较广告最突出的特点是，借助与他人的商品或者服务进行对比或比较，以说明或者凸显自身商品或者服务的特征、品质或者质量等。从比较法的角度来看，各个国家和地区对比较广告的态度不尽相同，均设定了详细规则。④ 关于在比较广告中使用他人商标是否侵犯他人商标权的问题，《商标法》中没有明确规定。在上述"五粮液"案中，最高人民法院确立了比较广告一般不会侵害涉案商标识别来源功能的基本原则。但是从商标的广告宣传功能出发，比较广告恰恰是一种利用涉案商标商誉的行为。比较广告是否可能构成"不正当利用驰名商标的市场声誉"或者商业诋毁行为，这些问题均需要进一步的探讨。⑤

四、在先使用

核心知识点

对于商标注册人申请商标注册前，他人已经在同一种商品或者类似商品上先于商标注册人使用与注册商标相同或者近似并有一定影响的商标的，注册商标专用权人无权禁止该使用人在原使用范围内继续使用该商标，但可以要求其附加适当区别标识。⑥在先使用抗辩的制度目标在于缓解商标注册制度与商标实际使用之间的矛盾，在一定程度上对为注册商标的使用给予保护。在先使用抗辩的构成要件有四：第一，使用时间早于商标注册申请日；第二，使用时间亦早于商标注册人；第三，使用在相同类似商品上并具有一定影响；第四，仅能在原有范围内继续使用。

---

① 最高人民法院（2012）民申字第 887 号民事判决书。
② 最高人民法院（2012）民提字第 61 号民事判决书。
③ 浙江省杭州市余杭区人民法院（2015）杭余知初字第 416 号民事判决书。
④ 参见杨祝顺：《欧美比较广告的商标法规制及其启示》，《知识产权》2016 年第 10 期。
⑤ 参见黄武双：《不法比较广告的法律规制》，《中外法学》2017 年第 6 期。
⑥ 《商标法》第 59 条第 2 款。

典型案例

宁波广天赛克思液压有限公司与邵某某侵害商标权纠纷案：宁波市中级人民法院（2012）浙甬知初字第 41 号民事判决书；浙江省高级人民法院（2012）浙知终字第 306 号民事判决书；最高人民法院（2014）民提字第 168 号民事判决书。

基本案情

邵某某于 2009 年 3 月取得第 5154071 号"赛克思 saikesi"商标的注册商标专用权，核定使用商品为第 7 类液压泵等。邵某某以广天赛克思公司使用与涉案商标相同的文字作为企业字号，并在与涉案商标核定使用商品相同的商品上突出使用涉案商标，构成侵害商标权为由提起诉讼，要求广天赛克思公司停止侵权并赔偿损失。广天赛克思公司则以其具有合法的在先商号权、涉案商标已经连续三年未实际使用等理由进行抗辩。

裁判摘要

一审裁判摘要

广天赛克斯公司的前身赛克思厂成立于 1997 年，在长期使用过程中，"赛克思""SAIKESI""saikesi"在客观上已具有一定的知名度，具有合法在先权利。涉案商标自核准注册已满三年，但是尚未实际投入使用，也不具有知名度，广天赛克思公司使用中文"赛克思""SAIKESI""saikesi"字样的行为不会使相关公众对广天赛克思公司商品的来源产生混淆和误认，广天赛克思公司也不具有攀附涉案商标声誉的主观恶意，并未侵害涉案商标的注册商标专用权。

二审裁判摘要

尽管广天赛克思公司对"赛克思""SAIKESI""saikesi"等标识的使用属在先使用，但由于我国实行的是商标注册制度，商标一旦获准注册，不论该商标实际使用的情况如何，均应受法律保护。广天赛克思公司提供的证据不足以证明上述标识在邵某某申请涉案商标注册时已经驰名或已具有一定的影响，在未注册商标层面对上述标识难以予以保护。

再审裁判摘要

广天赛克思公司享有合法的在先字号权和域名权，在涉案商标注册申请日前对其合法拥有的商标、企业字号中文、拼音以及企业名称简称的中文、拼音的使用不具有恶意；在涉案商标申请注册日后，广天赛克思公司经过长期使用，已经使得"赛克思""SAIKESI""saikesi"等标识具有较高的知名度，即便邵某某对涉案商标享有商标专用权，但是其商标专用权的排斥力因该商标不具知名度而应受到一定的限制，亦无权禁止广天赛克思公司在原有的范围内继续使用。

拓展思考

如何认定使用涉案标识是否超出原有范围是实践中的难点问题。是否需要对使用的主体、使用的地域、使用方式以及使用的规模等进行限制，关乎保障在先使用者合法权益与维护商标注册制度之间的平衡问题。在"北京中创东方教育科技有限公司与北京市海淀区启航考试培训学校侵害商标权纠纷案"中，北京知识产权法院认为，"启航考研"系使用在考研等教育培训上，该服务内容与被上诉人启航考试学校在先使用的服务内容并无不同，该行为中所涉及的商标及服务仍在原有范围内；原有范围不受在先使用规模的限制，启航考试学校在经营活动中对于"启航考研"的后续使用行为无论是否超出在先使用时的规模，均属于原有范围内；启航公司在网站宣传等经营活动中对于"启航考研"的使用均仅是为启航考试学校提供宣传推广的行为，并未超出原有范围。①

五、商标权用尽

核心知识点

商标权用尽，又称商标权穷竭，是指经商标权人合法授权的商品首次销售后，他人在对上述商品进行转售的，不构成商标侵权。② 尽管《商标法》中并没有明确规定商标权用尽，从司法实践来看，商标权用尽已是商标侵权中的一种重要的抗辩事由。由于立法和司法解释没有规定，商标权用尽的构成要件问题尚存争议。需要注意的是，商标权用尽仅仅适用于合法获得商品的转售，如果是将旧商品翻新后再次出售则属于商标侵权行为。③

典型案例

维多利亚的秘密商店品牌管理有限公司与上海锦天服饰有限公司侵害商标权及不正当竞争纠纷案：上海市第二中级人民法院（2012）沪二中民五（知）初字第86号民事判决书。

基本案情

维多利亚的秘密公司是"VICTORIA'S SECRET"商标的所有权人，并将"VICTORIA'S SECRET"商标许可给其母公司LBI公司使用。锦天公司在其专柜销售了带有"VICTORIA'S SECRET"商标的内衣服饰。经查，这些内衣服饰系被告委托案外人宁波亿泰公司代理自美国进口，上述被控侵权商品系来源于LBI公司。维多利亚的秘密公司以锦天公司侵犯商标权为由提起诉讼。

---

① 北京知识产权法院（2015）京知民终字第588号民事判决书。
② 参见马强：《商标权权利穷竭研究》，《现代法学》2000年第1期。
③ 参见李士林：《回收利用中的商标权穷竭》，《云南大学学报（法学版）》2010年第1期。

裁判摘要

被告销售的商品是从 LBI 公司处购买并通过正规渠道进口的正牌商品，并非假冒商品，被告在销售商品的过程中在商品吊牌、衣架、包装袋、宣传册上使用原告涉案注册商标的行为不会造成相关公众对商品来源的混淆误认。被告向零售商销售被控侵权商品的行为不构成侵害原告的注册商标专用权。

拓展思考

对商标平行进口的态度，取决于商标权用尽范围标准的选择：采用国内用尽说则通常会得出反对平行进口的结论；采用国际用尽说则通常会得出赞同平行进口的结论。[①]《TRIPs 协议》允许各成员国自行制定权利用尽的政策，[②] 导致各国对该问题的态度不一。目前我国商标法的立法和司法实践对于上述问题并未给出直接的回答。上述"维多利亚的秘密"案实际上是采用了国际用尽标准，肯定了平行进口的合法性。在司法实践中，关于平行进口的处理还有另外一种思路，即从是否损害商标功能入手进行分析。在"法国大酒库股份公司因与慕醒国际贸易（天津）有限公司侵害商标权纠纷案"中，天津市高级人民法院认为，只要进口商品没有经过任何加工、改动，仅仅以原有的包装销售，依法合理标注相关信息，不会导致消费者的混淆误认，其行为就不构成对商标权的侵害。[③] 上述思路适用于国内外商标权为同一主体享有的情形，对于国内外商标分属不同主体的情形，似乎再难以得出不构成侵权的结论。

第四节　商标侵权的法律责任

一、民事责任

（一）概说

侵害注册商标专用权的民事责任包括停止侵害、排除妨碍、损害赔偿、消除影响等民事责任。除此以外，侵权人还可能受到民事制裁，包括罚款、收缴侵权商品、伪造的商标标识和专门用于生产侵权商品的材料、工具、设备等财物。[④]《商标法》进一步规定，根据权利人的请求，法院可以责令销毁假冒注册商标的商品，销毁主要用于制造假冒注册商标的商品的材料、工具，且不予补偿；在特殊情况下，法院可以责令

---

① 参见黄晖：《论商标权利用尽及商品平行进口》，《中华商标》1999 年第 2 期。

② 《TRIPs 协议》第 6 条规定："就本协定的任何规定而言，在遵守第 2 条和第 4 条规定的前提下，本协定的任何规定不得用于处理知识产权用尽问题。"

③ 天津市高级人民法院（2013）津高民三终字第 0024 号判决。

④ 《最高人民法院关于审理商标民事纠纷案件适用法律若干问题的解释》第 21 条第 1 款。

禁止前述材料、工具进入商业渠道，且不予补偿。① 对于假冒注册商标的商品，法律禁止在仅去除假冒注册商标后进入商业渠道。② 如前文所述，被控侵权的销售商不知道其销售的为侵权产品，并且能够证明其销售的侵权商品有合法来源的，被控侵权人不承担赔偿责任。此外，注册商标专用权人请求赔偿，被控侵权人以注册商标专用权人未使用注册商标提出抗辩的，法院可以要求注册商标专用权人提供此前三年内实际使用该注册商标的证据。注册商标专用权人不能证明此前三年内实际使用过该注册商标，也不能证明因侵权行为受到其他损失的，被控侵权人不承担赔偿责任。③ 但是，侵权人应该承担停止侵害的民事责任，并赔偿权利人的制止侵权的合理开支。此外，对意恶意侵犯商标专用权，情节严重的，可以适用惩罚性赔偿，即在按照实际损失、侵权获利或者许可费倍数确定数额的一倍以上五倍以下确定赔偿数额。④

（二）损害赔偿数额的计算

核心知识点

侵犯商标专用权的赔偿数额，按照因被侵权所受到的实际损失确定；实际损失难以确定的，可以按照侵权人因侵权所获得的利益确定；权利人的损失或者侵权人获得的利益难以确定的，参照该商标许可使用费的倍数合理确定。⑤ 以上难以确定的，可以由法院根据侵权行为的情节判决给予 500 万元以下的赔偿。⑥ 根据相关司法解释，赔偿数额的具体计算方式可以由权利人选择。⑦ 因被侵权所受到的损失，可以根据权利人因侵权所造成商品销售减少量或者侵权商品销售量与该注册商标商品的单位利润乘积计算。⑧ 侵权所获得的利益，则可以根据侵权商品销售量与该商品单位利润乘积计算；该商品单位利润无法查明的，可以按照注册商标商品的单位利润计算。⑨ 在权利人已经尽力举证，而与侵权行为相关的账簿、资料主要由侵权人掌握的情况下，赋予法院责令侵权人提供与侵权行为相关的账簿、资料的权利；侵权人不提供或者提供虚假的账簿、资料的，法院可以参考权利人的主张和提供的证据判定赔偿数额。⑩适用法定赔偿的方法确定赔偿数额时，应当考虑侵权行为的性质、期间、后果，商标的声誉，商标使用

---

① 《商标法》第 64 条第 4 款。
② 《商标法》第 64 条第 5 款。
③ 《商标法》第 64 条第 1 款。关于该问题的讨论，参见彭学龙：《论连续不使用之注册商标请求权限制》，《法学评论》2018 年第 6 期。
④ 《商标法》第 63 条第 1 款后段。
⑤ 《商标法》第 63 条第 1 款前段。
⑥ 《商标法》第 63 条第 3 款。关于商标侵权法定赔偿的上限，2001 年《商标法》规定为 50 万元，2013 年修改为 300 万元，2019 年则修改为 500 万元。
⑦ 《最高人民法院关于审理商标民事纠纷案件适用法律若干问题的解释》第 13 条。
⑧ 《最高人民法院关于审理商标民事纠纷案件适用法律若干问题的解释》第 15 条。
⑨ 《最高人民法院关于审理商标民事纠纷案件适用法律若干问题的解释》第 14 条。
⑩ 《商标法》第 63 条第 2 款。

许可费的数额，商标使用许可的种类、时间、范围及制止侵权行为的合理开支等因素综合确定。[①] 对于难以证明实际损失或者侵权获利的具体数额，但是有证据证明上述数额明显超过法定赔偿最高限额的，可以综合全案的证据情况，在法定赔偿最高限额以上合理确定赔偿数额。[②] 制止侵权行为所支付的合理开支，包括权利人或者委托代理人对侵权行为进行调查、取证的合理费用，法院根据当事人的诉讼请求和案件具体情况，可以将符合国家有关部门规定的律师费用计算在赔偿范围内。[③]

典型案例

卢某某、梁某与安徽采蝶轩蛋糕集团有限公司等商标侵权纠纷案：合肥市中级人民法院（2012）合民三初字第 00163 号民事判决书；安徽省高级人民法院（2013）皖民三终字第 00072 号民事判决书；最高人民法院（2015）民提字第 38 号民事判决书。

基本案情

原告卢某某、梁某是"采蝶轩及图"系列注册商标的所有人，上述商标核定使用的商品或者服务为第 30 类蛋糕、糕点等、第 43 类餐馆等。原告发现被告和巴莉甜甜公司擅自在其店面、宣传广告和产品上使用"采蝶轩"字样和"采蝶轩及图"商标。为此，原告向法院提起诉讼，要求被告承担商标侵权责任。

裁判摘要

一审、二审裁判摘要

"采蝶轩"属于在先使用的有一定影响的非注册商标，将"采蝶轩"标识作为商品商标使用，不会造成混淆；采蝶轩服务公司在第 35 类上受让取得的"采蝶轩"服务商标，核定使用的类别与涉案商标不同，不构成侵权。

再审裁判摘要

面包店的服务类别属于第 43 类，采蝶轩服务公司在面包店铺门头上使用"采蝶轩"标识，不是对于其注册在第 35 类的"推销（替他人）"的服务商标的使用，不能构成正当使用；采蝶轩集团公司在与涉案商标相同或类似的商品和服务上使用"采蝶轩集团"字样，采蝶轩服务公司在商品上突出使用"合肥采蝶轩"字样，不是对企业名称的规范使用，容易导致混淆，构成侵权。

关于损害赔偿数额的计算，梁某、卢某某主张按照其销售收入与中山市采蝶轩食品有限公司的销售利润率的乘积计算侵权获利。再审法院指出，销售收入与生产经营

---

① 《最高人民法院关于审理商标民事纠纷案件适用法律若干问题的解释》第 16 条第 2 款。
② 《最高人民法院关于当前经济形势下知识产权审判服务大局若干问题的意见》。
③ 《最高人民法院关于审理商标民事纠纷案件适用法律若干问题的解释》第 17 条。

规模、广告宣传、商品质量等密切相关，而不仅仅来源于对商标的使用及其知名度。当事人主张以全部销售收入与销售利润率为基础计算侵权获利的，不应予以支持。

拓展思考

商标侵权中实际损失的认定，需要权利人证明侵权产品与损失之间存在因果关系。但是在实践中，因果关系的存在通常难以证明。在"沈阳唐氏生物科技有限公司与广州方凡生物科技有限公司等侵害商标权纠纷案"中，沈阳市中级人民法院指出，原告提供的淘宝交易记录虽然能够证明原告销量明显下滑，但是原告的下滑销量与被告的同期销量差距很大，难以认定原告销量下滑完全根源于被告行为，故权利人的损失难以确定。①

关于侵权获利的计算，按照司法解释的规定，可以将注册商标商品的单位利润推定为侵权产品的单位利润。然而在实践中，侵权获利与商标权人的获利情况并不具有对应性。上述"采蝶轩"案所确立的规则是，当商标权人商品的单位利润与侵权产品的单位利润不具有可比性时，不能以商标权人的获利水平来计算侵权获利。此外，侵权获利计算中的又一难点问题在于采用何种利润标准，实践中有销售利润、营业利润和净利润等不同概念。不同概念的选择可能导致最终计算得出的侵权获利数额存在差异。在"雅马哈发动机株式会社与浙江华田工业有限公司、台州华田摩托车销售有限公司等侵害商标权纠纷案"中，最高人民法院指出，对侵权获利的计算，一般以侵权人的营业利润计算，对于完全以侵权为业的侵权人，可以按照销售利润计算。②

二、行政责任

核心知识点

在我国，对商标侵权行为的救济采取双轨制，即商标权人不但可以通过诉讼的方式对商标侵权行为寻求救济，亦可以请求工商行政管理部门处理商标侵权纠纷。③ 工商行政管理部门亦可以依职权查处商标侵权行为。④ 商行政管理部门认定侵权行为成立的，可以责令侵权人立即停止侵权行为，没收、销毁侵权商品和主要用于制造侵权商品、伪造注册商标标识的工具，并对侵权人处以罚款；⑤ 对赔偿数额的争议，当事人可以请求工商行政管理部门进行调解。⑥ 在查处商标侵权案件过程中，对商标权属存在争议或者权利人同时向人民法院提起商标侵权诉讼的，工商行政管理部门可以中止案件

---

① 辽宁省沈阳市中级人民法院（2016）辽 01 民初 525 号民事判决书。
② 最高人民法院（2006）民三终字第 1 号民事判决书。
③ 《商标法》第 60 条第 1 款。
④ 《商标法》第 61 条前段。
⑤ 《商标法》第 60 条第 2 款。
⑥ 《商标法》第 60 条第 3 款前段。

的查处;① 涉嫌犯罪的，应当及时移送司法机关依法处理。② 不服行政处罚决定的，可以提起行政诉讼。此外，对恶意申请商标注册的，根据情节给予警告、罚款等行政处罚；对恶意提起商标诉讼的，由人民法院依法给予处罚。③

典型案例

苏州鼎盛食品公司不服苏州市工商局商标侵权行政处罚案：苏州市中级人民法院（2011）苏中知行初字第 0001 号行政判决书；江苏省高级人民法院（2011）苏知行终字第 0004 号行政判决书。

基本案情

鼎盛公司是系列"艾维尔 I Will"注册商标的所有人，核定使用商品为第 30 类蛋糕、面包、月饼等。东华公司是"乐活 LOHAS"注册商标的所有人，核定使用商品为第 30 类糕点等，该商标尚未实际使用。2009 年 9 月，苏州工商局接到举报，查明鼎盛公司生产销售的月饼中有一款使用"乐活 LOHAS"商标，案发时该款月饼已销售 10200 盒，货值为 1213800 元。2010 年 6 月，苏州工商局作出行政处罚决定，责令停止侵权行为并罚款人民币 50 万元。鼎盛公司申请行政复议。苏州市人民政府维持了处罚决定。鼎盛公司不服，向法院提起行政诉讼。

裁判摘要

一审裁判摘要

爱维尔品牌具有相对较强的知名度，鼎盛公司大量使用涉案标识会使相关公众在"乐活 LOHAS"与"爱维尔 I Will"之间建立起某种关联，割裂东华公司与"乐活 LO-HAS"商标的联系。鼎盛公司的行为构成商标侵权，苏州市工商局作出的处罚决定符合法律规定。

二审裁判摘要

虽然鼎盛公司的行为构成商标侵权，但是处罚决定并未考虑到在涉案商标核准之前，鼎盛公司就进行了相应的包装设计并委托生产；涉案注册商标尚未实际使用，鼎盛公司的侵权行为未造成实际损害后果；鼎盛公司仅是在中秋月饼的促销活动中使用标识，并未进行大量的宣传等情节。责令停止侵权行为即足以达到保护注册商标专用权和保障相关公众利益的行政执法目的，罚款处罚的决定使行政处罚的结果与违法行为的社会危害程度之间明显不适当，属于显失公正的行政处罚。

---

① 《商标法》第 62 条第 3 款。
② 《商标法》第 61 条后段。
③ 《商标法》第 68 条第 4 款。

拓展思考

商标行政执法过程中，工商行政部门可以对商标侵权进行行政处罚；对于赔偿数额则可以进行调解。不服行政处罚决定的，受处罚人可以提起行政诉讼；而调解书生效后不履行的，当事人可以提起民事诉讼。[①] 对于行政处罚决定，法院可以从合法性和合理性的角度进行审查。在"乐活"案中，二审法院明确指出，工商行政机关对商标侵权行为进行处罚时应当遵循《行政处罚法》所确立的"过罚相当原则"，[②] 对于明显缺乏合理性的行政处罚应予纠正，而处罚是否具有合理性，需要结合商标法的基本目标进行分析。该案涉及反向混淆的问题，实际上体现了对反向混淆进行规制的审慎态度。

三、刑事责任

核心知识点

《刑法》规定了三个与侵犯商标权有关的罪名，即假冒注册商标罪、销售假冒注册商标的商品罪和非法制造、销售非法制造的注册商标标识罪。所谓假冒注册商标罪，是指未经注册商标所有人许可，在同一种商品上使用与其注册商标相同的商标，情节严重的行为。[③] 所谓销售假冒注册商标的商品罪，是指销售明知是假冒注册商标的商品，销售金额数额较大的行为。[④] 销售金额，是指销售假冒注册商标的商品后所得和应得的全部违法收入。[⑤] 所谓非法制造、销售非法制造的注册商标标识罪，是指伪造、擅自制造他人注册商标标识或者销售伪造、擅自制造的注册商标标识，情节严重的行为。[⑥]

典型案例

郭某某等假冒注册商标罪案：宿迁中院（2015）宿中知刑初字第 0004 号刑事判决书。[⑦]

基本案情

被告郭某某等在未经三星（中国）投资公司授权许可的情况下，从深圳市华强北

---

① 《商标法》第 60 条第 3 款后段。

② 《行政处罚法》第 4 条。

③ 《刑法》第 213 条。

④ 《刑法》第 214 条。参见"李某某、巫某非法制造注册商标标识罪案"，广东省深圳市中级人民法院（2018）粤 03 刑终 655 号刑事判决书。

⑤ 《最高人民法院、最高人民检察院关于办理侵犯知识产权刑事案件具体应用法律若干问题的解释》第 9 条第 1 款。

⑥ 《刑法》第 215 条。

⑦ 本案为最高人民法院颁布的第 87 号指导案例。

远望数码城、深圳福田区通天地手机市场批发假冒的三星 I8552 手机裸机及配件进行组装，并通过"三星数码专柜"在淘宝网上以"正品行货"进行宣传、销售。截至 2014 年 6 月，该网店共计组装、销售假冒三星 I8552 手机 20000 余部，非法经营额 2000 余万元，非法获利 200 余万元。被告郭某某等对假冒三星注册商标的犯罪事实予以供认，但辩称淘宝销售记录存在刷信誉的非真实交易，对假冒三星注册商标的手机数量、非法经营额及非法获利数额提出异议。

裁判摘要

淘宝交易记录中包含刷信誉的虚假交易部分，但是根据三被告人在公安机关的多次供述、公安机关查获的送货单、支付宝向被告人郭某银行账户付款记录、郭某银行账户对外付款记录、"三星数码专柜"淘宝记录、快递公司电脑系统记录、公安机关现场扣押的笔记等证据，可以认定公诉机关关于三被告人共计销售假冒的三星手机销售金额 2000 余万元，非法获利 200 余万元的指控能够成立。

拓展思考

上述案例确立的基本规则是，假冒注册商标犯罪的非法经营数额、违法所得数额，应当综合被告人供述、证人证言、被害人陈述、网络销售电子数据、被告人银行账户往来记录、送货单、快递公司电脑系统记录、被告人等所作记账等证据认定，被告人辩称网络销售记录存在刷信誉的不真实交易，但无证据证实的，对其辩解不予采纳。对于未出售的部分商品，可能构成犯罪未遂，该部分商品的货值金额如何认定，构成了司法实践中的难点问题。① 在"杨某某销售假冒注册商标的商品案"中，法院参照司法解释中关于"非法经营数额"的计算方法，制造、储存、运输和未销售的侵权产品的价值，按照标价或者已经查清的侵权产品的实际销售平均价格计算，侵权产品没有标价或者无法查清实际销售价格的，按照被侵权产品的市场中间价格计算。② 而在"朱某销售假冒注册商标的商品案"中，法院则参照司法解释关于销售伪劣商品罪中货值金额的认定方法，主张无法查明其销售金额的，就应当依照这一规定对其销售金额或者货值金额依法认定。③

---

① 参见刘宪权、张巍：《销售假冒注册商标的商品罪停止形态研究》，《法学杂志》2012 年第 4 期。
② 最高人民法院刑事审判一、二、三、四、五庭审编：《刑事审判参考》（总第 58 集），法律出版社 2008 年版，第 11 页以下。
③ 最高人民法院刑事审判一、二、三、四、五庭审编：《刑事审判参考》（总第 21 集），法律出版社 2001 年版，第 7 页以下。

第五编

其他知识产权

第二十章　反不正当竞争

第一节　商业标志的反不正当竞争

一、概述

在市场经营活动中，经营者应当通过提升商品服务质量、着力技术研发、合理开展宣传活动等提升企业和商品的知名度、影响力。一方面，经营者在自身品牌建设中的投入和获得的成果应当受到法律保护；反之，对于不愿通过合法途径提升自身影响而是采取"搭便车""傍名牌"等方式借用他人品牌影响力攫取经济利益的经营行为，应予禁止。侵害注册商标专用权之外的其他足以引人误认为是他人商品或者与他人存在特定联系的行为，此前称之为"仿冒行为"。行为人刻意复制、模仿他人商业标识，容易引发相关公众误认，侵害其他经营者及消费者的合法权益，妨害公平竞争的市场经营秩序，是《反不正当竞争法》重点规制的对象。2018 年修订后的《反不正当竞争法》第 6 条以专条对此进行了规定，并将此类行为统称为"混淆行为"。

《反不正当竞争法》明确禁止的混淆行为有三类，一是擅自使用与他人有一定影响的商品名称、包装、装潢等相同或者近似的标识，引人误认为是他人商品或者与他人存在特定联系；二是擅自使用他人有一定影响的企业名称（包括简称、字号等）、社会组织名称（包括简称等）、姓名（包括笔名、艺名、译名等），引人误认为是他人商品或者与他人存在特定联系；三是擅自使用他人有一定影响的域名主体部分、网站名称、网页等，引人误认为是他人商品或者与他人存在特定联系。

二、实施混淆行为的主体和方式

核心知识点

实施混淆行为的主体是市场经营者，即从事商品生产、经营或者提供服务的自然人、法人、非法人组织，其侵害的对象是"竞争对手"，因此混淆行为的实施行为主体应当是与被侵害方存在直接或间接的竞争关系的、从事经营活动的市场经营者。

经营者实施混淆行为的方式是擅自以足以引起混淆的方式使用他人商业标识。首先，"擅自"使用是指未经相关商业标识的权利人同意而使用其标识。其次，擅自使用是以直接或间接地营利为目的的使用，具体包括生产、销售、许诺销售等多种行为方式，该行为应当具有市场经营的性质，市场经营者购买与其经营的商品相同或类似的商品后自用的，由于其不致产生混淆的后果，故一般不宜认定为混淆行为中的使用。再次，擅自使用行为不限于在商品标识、商主体标识、网络活动标识等同一类别内部的使用。即经营者未经允许将他人的商品名称等商品标识用作自己的商品标识属于擅自使用，经营者将他人的商品名称用作自己的字号等商主体标识使用或是作为网站名称、域名等网络活动标识使用，亦可能构成混淆行为。

　　经营者擅自使用他人商业标识的行为，应当具有足以混淆的后果，方可认定构成混淆行为。此种混淆应当为混淆之可能性，不要求必须有实际混淆发生。混淆的后果分为两种，即来源混淆和关联关系混淆。来源混淆，也称为直接混淆，即相关公众未能通过商业标识正确地将来源于不同经营者的商品服务区分开①，对商品服务的提供者产生错误认识，将甲企业提供的商品服务误认为来自乙企业。关联关系混淆是指虽然相关公众对于商品服务的提供者未产生误认，但误认为两个经营者之间存在某种特定联系，如商业标识的许可使用、冠名、参股控股、赞助等关系。判断是否具有混淆可能性，可以参考商标法的判断方法，即对于在相同商品、服务上使用相同商业标识的，一般应当认定为具有混淆可能性；在相同商品、服务上使用与近似的商业标识，或者在类似商品、服务上使用相同或者近似的商业标识，则应当根据具体案件情况综合考虑商品服务的所属领域、商业标识的近似程度、商业标识知名度、相关公众注意力程度、行为人的主观恶意等因素进行判断。

　　典型案例

　　兰建军、杭州小拇指汽车维修科技股份有限公司（简称杭州小拇指公司）诉天津市小拇指汽车维修服务有限公司（简称天津小拇指公司）等侵害商标权及不正当竞争纠纷案②：天津市第二中级人民法院（2012）二中民三知初字第 47 号民事判决书；天津市高级人民法院（2012）津高民三终字第 0046 号民事判决书。

基本案情

　　杭州小拇指公司成立于 2004 年，经营范围为汽车玻璃修补、汽车油漆修复、汽车配件等。杭州小拇指公司多次获得中国连锁经营协会颁发的中国特许经营连锁 120 强证书，2009 年"小拇指汽车维修服务"被浙江省质量技术监督局认定为浙江服务名牌。天津小拇指公司成立于 2008 那年，经营范围为小型客车整车修理等，该公司在从事汽车维修及通过网站招商加盟中，多处使用了 标识。杭州小拇指公

　　①　王迁：《知识产权法教程》（第五版），中国人民大学出版社 2016 年版，第 502 页。
　　②　本案为最高人民法院发布的第 30 号指导性案例。

司请求判令天津小拇指公司停止使用"小拇指"字号经营，停止商标侵权及不正当竞争行为，并赔偿经济损失。

裁判摘要

一审裁判摘要

杭州小拇指公司营业执照中记载其没有任何许可经营项目，并且不能提交其从事汽车维修行业的相关许可证，故其无证据证明自己为合法的汽车维修行业经营者。因此，杭州小拇指公司与天津小拇指公司在汽车维修行业并不存在具体的竞争关系，故杭州小拇指公司诉称的天津小拇指公司存在不正当竞争行为不能成立。

二审裁判摘要

杭州小拇指公司本身不具备从事机动车维修的资质，也并未实际从事汽车维修业务，但从其所从事的汽车玻璃修补、汽车油漆快速修复等技术开发活动，以及经授权许可使用的注册商标核定服务项目所包含的车辆保养和维修等可以认定，杭州小拇指公司通过将其拥有的企业标识、注册商标、专利、专有技术等经营资源许可其直营店或加盟店使用，使其成为"小拇指"品牌的运营商，以商业特许经营的方式从事与汽车维修相关的经营活动。因此，杭州小拇指公司是汽车维修市场的相关经营者，与天津小拇指公司之间存在竞争关系，杭州小拇指公司有权提起本案不正当竞争之诉。

拓展思考

司法裁判中，是否存在竞争关系是认定构成不正当竞争的首要条件，只有在经营者之间存在竞争关系的前提下，方存在进一步判断是否构成混淆行为等不正当竞争行为的可能性。上述案例中，一审、二审法院的分歧即在于此，一审法院因认定二者不存在竞争关系而驳回了原告有关不正当竞争的诉讼请求，二审法院肯定了原、被告之间竞争关系的存在。目前，在法律规范层面上，并未对如何判断竞争关系做明确规定，主流观点是具有竞争关系的经营者应当做广义理解，竞争关系的存在并不要求经营者必须从事同行业经营，只要经营者的行为存在不当获取他人竞争优势、市场份额、交易机会的可能性即可。经营的商品或服务具备相似功能，可以相互替代，存在面向相同客户群体的可能性或者存在争夺消费者注意力、购买力等商业利益冲突的，均可能形成竞争关系[1]。是否符合商业诋毁的主体条件，是否具有竞争关系，是一个个案判断的问题，在通常观念中可能毫无关联的双方，根据个案情况分析，其可能具有竞争关系。例如，通常情况下，咖啡经营者与鲜花经营者可能并无竞争关系，但在德国联邦高等法院审理的案件中，法院认为，被告咖啡商所做的"用 Onko 牌咖啡作为赠品替代

---

① 王瑞贺主编：《中华人民共和国反不正当竞争法释义》，法律出版社 2018 年版，第 39—40 页。

鲜花"的广告，具有争夺鲜花经营者客源的意图①，进而认定双方存在竞争关系。

三、被混淆的对象

（一）三类标识

《反不正当竞争法》第 6 条保护的商业标识分为三类：与商品有关的商业标识、与表明商主体有关的商业标识以及网络经营活动中使用的标识。

1. 商品标识

核心知识点

商品标识，包括商品或服务的名称、包装、装潢等。根据《关于禁止仿冒知名商品特有的名称、包装、装潢的不正当竞争行为的若干规定》第 3 条的规定，商品包装是指为识别商品以及方便携带、储运而使用在商品上的辅助物和容器。装潢是指为识别与美化商品而在商品或者其包装上附加的文字、图案、色彩及其排列组合。结合市场经营中的现实情况以及司法实践经验，装潢不仅包含对商品本身的装饰，经营场所的整体装潢、营业人员的服务方式和服饰装饰风格，如果是该经营者所特有的、具有识别性的，也可以认定为装潢。

作为被混淆对象的商品标识应当具有一定的显著性，能够发挥识别商品服务来源的作用，最高人民法院即在判决书中指出："所谓知名商品的特有包装装潢，是指知名商品之上具有区别商品来源的显著特征的包装装潢形式。"② 商品的通用名称、图形、型号，直接表示商品质量、原料、功能、用途、重量、数量及其特点的商品名称，由商品自身性质产生的形状、为获得技术效果而需要的商品形状、使商品具有实质性价值的形状等缺乏显著性的商品名称、包装、装潢，由于其难以导致混淆的后果，除非其通过使用而获得显著性，否则应当予以排除。

典型案例

案例一：意大利费列罗公司（简称费列罗公司）诉蒙特莎（张家港）食品有限公司（简称蒙特莎公司）、天津经济技术开发区正元行销有限公司不正当竞争纠纷案③：天津市第二中级人民法院（2003）二中民三初字第 63 号民事判决书；天津市高级人民法院（2005）津高民三终字第 36 号民事判决书；最高人民法院（2006）民三提字第 3 号民事判决书。

基本案情

费列罗公司的巧克力产品使用的包装、装潢的主要特征是：（1）每一粒球状巧克

---

①　郑友德、杨国云：《现代反不正当竞争法中"竞争关系"之界定》，《法商研究》2002 年第 6 期。

②　参见最高人民法院（2015）民三终字第 2 号民事判决书。

③　本案为最高人民法院指导性案例 47 号。

力用金色纸质包装；（2）在金色球状包装上配以印有"FERRERO ROCHER"商标的椭圆形金边标签作为装潢；（3）每一粒金球状巧克力均有咖啡色纸质底托作为装潢；（4）若干形状的塑料透明包装，以呈现金球状内包装；（5）塑料透明包装上使用椭圆形金边图案作为装潢，椭圆形内配有产品图案和商标，并由商标处延伸出红金颜色的缓带状图案。蒙特莎公司生产、销售的被控侵权巧克力包装、装潢为：每粒金莎TRESOR DORE巧克力呈球状并均由金色锡纸包装；在每粒金球状包装顶部均配以印有"金莎 TRESOR DORE"商标的椭圆形金边标签；每粒金球状巧克力均配有底面平滑无褶皱、侧面带波浪褶皱的呈碗装的咖啡色纸质底托；外包装为透明塑料纸或塑料盒；外包装正中处使用椭圆金边图案，内配产品图案及金莎 TRESOR DORE 商标，并由此延伸出红金色缓带。费列罗公司的"FERRERO ROCHER"巧克力与蒙特莎公司生产、销售的巧克力产品在包装、装潢上构成近似。费列罗公司请求判令蒙特莎公司停止生产销售与其包装、装潢近似的巧克力产品并赔偿经济损失。

裁判摘要

最高人民法院认为，盛装或者保护商品的容器等包装，以及在商品或者其包装上附加的文字、图案、色彩及其排列组合所构成的装潢，在其能够区别商品来源时，即属于反不正当竞争法保护的特有包装、装潢。费列罗巧克力所使用的包装、装潢其构成要素在文字、图形、色彩、形状、大小等方面的排列组合具有独特性，形成了显著的整体形象，且与商品功能性无关，经过长时间使用和大量宣传，足以使相关公众将上述包装、装潢整体形象与费列罗巧克力商品联系起来，具有识别商品来源的作用，经营者对此不能做足以引起市场混淆、误认的全面模仿。蒙特莎公司在其巧克力商品上使用的包装、装潢与费列罗巧克力的特有包装、装潢在视觉上非常近似，即使二者存在价格、质量、口味、消费层次等方面的差异和厂商名称、商标不同等因素，也未免使相关公众易于误认金莎 TRESOR DORE 巧克力与费列罗巧克力存在某种经济上的联系，蒙特莎公司的行为构成不正当竞争。

案例二：山东烟台酿酒有限公司（简称烟台酿酒公司）与烟台市中圆酒业有限责任公司（简称中圆公司）擅自使用知名商品特有名称、包装、装潢纠纷案：烟台市中级人民法院（2013）烟民三初字第 205 号民事判决书；山东省高级人民法院（2014）鲁民终字第 30 号民事判决书；最高人民法院（2014）民申字第 1866 号裁定书。

基本案情

烟台酿酒公司自 1993 年开始使用印有"烟台古酿"字样的商品包装，于 1994 年 1 月销售"烟台古酿"白酒，并在广播电视台、报纸、候车亭灯箱、公交车车体、建筑物楼顶等多个媒体上发布过广告宣传其产品。1997 年"鱼光牌烟台古酿"被评为烟台名牌产品，2007 年"烟台古酿"系列白酒被评为山东历史文化名酒。2011 年"烟台古酿"产品被认定为山东名牌产品。中圆公司将"烟台古酿""烟台金古酿""烟台银古酿"作为其生产的白酒商品名称使用，并投放市场进行销售。烟台酿酒公司诉请中圆公司立即停止侵害烟台酿酒公司的"烟台古酿"知名商品特有名称权益的不正当竞争行为并赔偿经济损失。

裁判摘要

最高人民法院认为，烟台酿酒公司生产的"烟台古酿"白酒为知名商品，"烟台古酿"四个字中，"烟台"为县级以上行政区划的地名，"古酿"系指酒的酿造方法，虽然两个词单独使用均不具备区别商品来源的显著特征，但是，经过连续 20 余年的使用、宣传和销售，"烟台古酿"已经成为山东省相关市场上的知名商品，"烟台古酿"四个字在相关消费者心中已经作为具体的酒产品名称与烟台酿酒公司建立起紧密联系，取得区别于同类商品的特定含义，成为识别商品来源的重要标识，具备了区别商品出处的显著特征。"烟台古酿"构成知名商品的特有名称。"烟台古酿"四个字作为涉案知名商品的特有名称，其中，"烟台"二字系地名，"古酿"二字系表示酒产品酿造方法和特点的词汇，故他人因客观叙述酒类产品而正当使用"烟台"或"古酿"两个词，不构成不正当竞争。判断中圆公司对"烟台古酿"四个字的使用是描述其酒类产品的正当使用行为还是擅自使用知名商品特有名称的不正当竞争行为，应当依据其使用方法和目的进行综合判断。本案中，中圆公司在被诉侵权产品的瓶贴及内外包装盒的正面显著位置，分别使用了"烟台古酿""烟台金古酿"和"烟台银古酿"，"烟台古酿"四字均显著突出，而其中的"金""银"等字体明显较小，且与整体装潢的底色相近，足以造成被诉侵权产品与烟台酿酒公司的"烟台古酿"白酒的混淆，使相关市场的消费者将被诉侵权产品误认为涉案知名商品。故中圆公司对"烟台古酿"四个字的使用超出了对其商品酿造方法和商品产地进行客观叙述的正当使用范畴。

拓展思考

反不正当竞争法保护的商品标识，应当具有识别商品、服务来源的功能，其核心在于"识别性"。对于商品名称中包含的行政区划名称，该类商品的通用名称、描述性词汇等不具有识别功能和显著性特征的部分，任何经营者都不能垄断该词汇的使用，故反不正当竞争法对此并不予以保护。若上述词汇经过使用获得了显著性，或者上述词汇的组合具有显著性，能够发挥识别功能，则成为反不正当竞争法的保护对象。但应当注意的是，对于描述性词汇、通用名称等自身显著性较低的词汇，即便经营者通过使用使相关商品名称获得了显著性，亦不得禁止其他经营者对该词汇的合理使用，对此，应综合被控侵权人对该词汇的使用方法、使用目的等因素综合判断。

商品包装、装潢中所使用的该类商品的通用或者必备的包装、装潢，如包裹巧克力的锡箔纸，盛装饮料的易拉罐，因其一般不具有识别功能，故并不为法律所禁止；反之，对于商品包装、装潢中个性要素和通用要素的全面模仿，则因其影响了识别功能的发挥，存在导致混淆的可能性，从而构成反不正当竞争法所禁止的混淆行为。

2. 商主体标识

核心知识点

商主体标识，包括姓名、笔名、艺名、译名，企业或社会组织的名称、简称，企业字号等，用于表明市场经营者身份，识别不同商品、服务的提供者的标识。

典型案例

天津中国青年旅行社与天津国青国际旅行社有限公司擅自使用他人企业名称纠纷案[①]：天津市第二中级人民法院（2011）二中民三知初字第 135 号民事判决书；天津市高级人民法院（2012）津高民三终字第 3 号民事判决书。

基本案情

天津中国青年旅行社成立于 1986 年 11 月 1 日，2007 年，《今晚报》等媒体在报道天津中国青年旅行社承办的活动中就已经开始以"天津青旅"的简称指代天津中国青年旅行社。天津中国青年旅行社亦在给客户的报价单、与客户签订的旅游合同、与其他同行业经营者合作文件、发票等资料、承办的若干届"盛世婚典"活动以及经营场所各门店招牌上等日常经营活动中使用"天津青旅"作为企业的简称。2010 年年底，天津中国青年旅行社发现通过 Google 搜索引擎分别搜索"天津中国青年旅行社"或"天津青旅"，在搜索结果的第一名并标注赞助商链接的位置，分别显示"天津中国青年旅行社网上营业厅 www.lechuyou.com 天津国青网上在线营业厅"或"天津青旅 网上营业厅 www.lechuyou.com 天津国青网上在线营业厅"，点击链接后进入网页是标称天津国青 国青国际旅行社乐出游网的网站。天津中国青年旅行社诉请判令天津国青国际旅行社有限公司停止非法使用其企业名称全称及"天津青旅"简称的不正当竞争行为并赔偿经济损失。

裁判摘要

天津中国青年旅行社于 1986 年开始经营境内、外旅游业务，其企业名称及"天津青旅"的企业简称经过多年的经营、使用和宣传，已享有较高知名度。"天津青旅"作为企业简称，已与天津中国青年旅行社之间建立起稳定的关联关系，具有识别经营主体的商业标识意义。对于具有一定市场知名度、并为相关公众所熟知、已实际具有商

---

① 本案为最高人民法院指导案例第 29 号。

号作用的企业名称的简称，可以根据《中华人民共和国反不正当竞争法》的规定，依法予以保护。

拓展思考

企业名称、字号等商业标识，是市场经营者为了将自己企业与他人企业相区别而使用的标记，其具有区分市场经营者或商品服务提供者、保障商品服务质量、进行广告宣传推广、便利对市场经营者管理等功能。具体到《反不正当竞争法》第 6 条混淆行为的语境下，其立法目的主要是对第一项功能即识别性的保护。在反不正当竞争法修订之前，立法的保护对象主要涉及商标、企业名称、字号等，对企业名称的简称并未明文予以保护。但在实践中，确有对一些企业名称简称进行保护的必要，因为就识别性而言，这些简称发挥的作用与企业名称、字号是相同的，因此，实际具有识别作用的企业名称简称应当给予与企业名称相同的保护，其关键是权利人通过在商业活动中使用该企业名称简称，已经将特定简称与其自身之间建立起了稳定的关联关系，并为相关公众广泛知悉和认可，使该简称具有了与企业名称相同的作为商业标识的功能和价值。

3. 网络活动标识

核心知识点

网络活动标识，包括域名主体部分、网站名称、网页等。域名代表了经营者在网络上独有的位置，域名、网站、网页等是企业商品或服务内容、形象、商誉等要素的综合体现，具有宣传和识别商品服务来源的功能，仿冒域名、网站名称、网页整体风格或内容等，同样可能造成混淆的法律后果。

典型案例

上海柏丽居货运代理有限公司（简称柏丽居公司）与毕丽萍、上海孚睿吉商务咨询有限公司（简称孚睿吉公司）不正当竞争纠纷案：上海市高级人民法院（2008）沪民三（知）终字第 174 号民事判决书。

基本案情

柏丽居公司成立于 2001 年，经营货物代理等业务，注册有 www. bridgerelo. com 的域名。孚睿吉公司成立于 2007 年，经营货运代理等业务，法定代表人为毕丽萍。2007 年 12 月，毕丽萍注册 bridgerelo. com. cn 的域名，并与孚睿吉公司共同使用该域名，且该网站的网页内容等与柏丽居公司网站基本相同。柏丽居公司主张孚睿吉公司、毕丽萍仿冒其域名及网站内容，系不正当竞争行为。

裁判摘要

孚睿吉公司、毕丽萍明知已经存在 bridgerelo. com 域名，为了商业目的注册诉争域名并将其用于宣传、推广孚睿吉公司货运代理等业务，这些业务与柏丽居公司经营业务相同，可能使相关网络用户对柏丽居公司与孚睿吉公司之间的关系以及孚睿吉公司提供的服务来源产生混淆，误导网络用户访问其诉争网站。

拓展思考

域名是网络用户在互联网上的名称和地址，域名与商标、商号类似，是有文字含义的商业性标记，体现了相当的创造性和识别性[1]。由于域名具有在网络上识别经营主体的功能，故仿冒域名可能导致相关公众误认的后果，为反不正当竞争法所禁止。

（二）"具有一定影响的"标识

核心知识点

商品标识、商主体标识、网络活动标识等均属于商业标识，其作用与注册商标类似，均为区别商品服务来源、识别商品服务提供者，只是注册商标是因注册行为而获得法律保护，而商品标识、商主体标识、网络活动标识则是因经营者的使用行为在市场上产生一定影响、获得一定知名度，进而具有了识别来源的功能，方才获得受法律保护的基础。也就是说，注册商标外的其他商业标识只有其具有实际的市场影响力时，才能发挥识别来源的作用，才可能导致混淆，因此，具有一定影响力和知名度是反不正当竞争保护商业标识的前提条件[2]。

此前，1993 年《反不正当竞争法》对于仿冒混淆行为的判断标准是"知名"，本次修法中借鉴了商标法的表述，将混淆对象的标准统一为"有一定影响"，虽然法律用语有所调整，但在具体判断标准上，二者并无实质性区别，仍然可以参考此前判断"知名"的标准，对商业标识是否"有一定影响"作出判断。根据《最高人民法院关于审理不正当竞争民事案件应用法律若干问题的解释》第 1 条的规定，是否具有一定影响，应当考虑商品的销售时间、销售区域、销售额和销售对象，进行任何宣传的持续时间、程度和地域范围，作为知名商品受保护的情况等因素，进行综合判断。对于是否具有影响力，应当由权利人进行举证，通常有一些基本证据证明即可，要求不能太苛[3]。

1. 使用时间

商业标识只有通过在经营中使用才能够凝聚其影响力和知名度，这个积累过程需要以一定的使用时间作为基础。经营者在市场上使用被仿冒的企业名称、姓名、域名等标识从事经营活动或者在市场上销售使用被仿冒的名称、包装、装潢的商品、服务

---

[1]　吴汉东、宋晓明主编：《人民法院知识产权案例裁判要旨通纂》，北京大学出版社 2016 年版，第 792 页。

[2]　孔祥俊：《新修订反不正当竞争法释评》，《中国工商报》2017 年 11 月 16 日第 5 版。

[3]　孔祥俊：《反不正当竞争法的创新性适用》，中国法制出版社 2014 年版，第 275 页。

的时间越长，相关标识的影响力可能就越大。在使用时间的衡量上，要结合商品服务的所属领域、性质、质量等，综合判断。

2. 使用地域范围

首先，有一定影响力应当是在中国境内具有影响力、为相关公众知悉，即经营者必须在中国市场上使用了相关的商业标识，仅在境外市场从事经营活动的，不符合地域范围的要求。在意大利费列罗公司诉蒙特莎（张家港）食品有限公司不正当竞争纠纷案中，最高人民法院纠正了二审法院"反不正当竞争法所指的知名商品，不能理解为仅指中国大陆知名商品"这一观点，强调商品知名应当是在中国境内为相关公众知悉，而商品在国际上知名只是作为判断商品知名的考虑因素之一。其次，不要求相关商业标识的使用范围覆盖全国，在一定地域范围内具有一定影响力即可。对于具有一定影响的商业标识的保护主要集中在其具有影响力的地域内，即如果权利人的商业标识在经营者实施混淆行为的地域范围内具有影响力，则认定构成不正当竞争行为当无疑问，但对于权利人的商业标识尚未在经营者实施混淆行为的地域内使用或者虽有使用但尚未形成足以达到混淆后果的影响力的，也不宜一概不予保护，还应当考虑行为人的主观因素——在商业标识具有影响力的地域范围外，如果其他经营者恶意使用相关商业标识，由于这种行为可能恶意阻碍他人进入潜在市场，也可以认定构成不正当竞争行为；反之，行为人不知道他人在先存在具有一定影响的商业标识，在不同地域使用相同或近似标识，则构成善意使用，不应受到追究，但从规范市场秩序的角度出发，可以要求行为人附加区别性标识。① 行为人应对其构成善意使用承担举证责任。

3. 销售额、销售对象

销售额能够在一定程度上反映使用相关商业标识的商品或服务的市场占有率、受相关公众欢迎程度，销售额越高则其知名度和影响力可能越大。销售对象即相关公众，判断商业标识是否具有影响力，应当以相关公众的认知程度作为判断标准，并不要求该标识在其他领域的群体中也广为知悉、知名。

4. 宣传的持续时间、程度和地域范围

对于企业或企业经营的特定商品或服务的宣传，是提高影响力和知名度的重要方式，合理的宣传行为甚至比优质的商品或服务本身更加直接和快速地提升相关商业标识的影响力，故权利人可以通过提供其在一定地域、时间内进行宣传活动的证据以佐证其具有影响力。

典型案例

案例一：福建省乔丹体育用品有限公司（简称乔丹公司）诉晋江市阳新体育用品

---

① 孔祥俊：《反不正当竞争法的创新性适用》，中国法制出版社 2014 年版，第 276—278 页。

有限公司（简称阳新公司）不正当竞争纠纷案①：福建省高级人民法院（2002）闽知初字第 2 号民事判决书；最高人民法院（2002）民三终字第 9 号民事判决书。

基本案情

乔丹公司前身是福建省晋江市陈埭溪边日用品二厂。乔丹公司生产的运动鞋外包装鞋盒的装潢以红色和白色为基本色调；鞋盒上盖装潢以白色为基本色调，在鞋盒上盖中部醒目地印有一个黑框红底的圆圈，圆圈内有一个白色的运动员运球体态速写，球在运动员右手，圆圈内下方有"QIAODAN"字样（该图案以下简称圆圈图案），鞋盒上盖四边均有该圆圈图案，鞋盒上盖用黑色黑体字标明"乔丹（r）"以及运动鞋名称及相应的英文名称；鞋盒下座装潢以红色为基本色调，并在四周用白色黑体字标明"乔丹（r）"以及运动鞋名称及相应的英文名称；鞋盒底部印有"北京乔丹体育用品公司（福建公司）"以及圆圈图案、地址、电话、网址等。乔丹公司在运动鞋上使用的挂牌是椭圆形的，以红色为基本色调，上面印有圆圈图案和篮球图案。乔丹公司在诉讼中提供的包装塑料袋是以红色和白色为基本色调，上面印有圆圈图案以及"北京—乔丹""QIAODAN""北京乔丹体育用品公司"字样。阳新公司生产、销售的运动鞋所使用鞋盒的装潢也是以红色和白色为基本色调；鞋盒上盖装潢以白色为基本色调，在鞋盒上盖中部醒目地印有一个黑框红底的圆圈，圆圈内有一个白色的运动员运球体态速写，球在运动员左手，鞋盒上盖四边均有该圆圈图案，鞋盒上盖用黑色黑体字印上"香港乔丹（国际）鞋业公司监制"及相应的英文字样；鞋盒下座装潢以红色为基本色调，并在四周用白色黑体字分别印有"阳新体育用品有限公司制造""香港乔丹（国际）鞋业公司监制""运动、休闲鞋系列"以及相应的英文；鞋盒底部印有监制单位、制造商、地址、电话以及晋江阳新的圆圈图案。晋江阳新的运动鞋挂牌是长方形，以红色和黑色为基本色调，上面有运动员打保龄球的圆形图案。晋江阳新生产的运动鞋在上海、江苏、浙江、云南、辽宁、湖北、江西、河南等地销售。乔丹公司请求判决阳新公司停止仿冒其商品包装、装潢的不正当竞争行为并赔偿经济损失。

裁判摘要

一审裁判摘要

乔丹公司生产的乔丹牌运动鞋在相关消费者中有一定的知名度，具有良好的商品声誉，其合法取得的运动鞋鞋盒的装潢从 1998 年开始一直使用，可认定为知名商品特有的装潢，应受法律保护。

---

① 本案为 2008 年 100 件全国知识产权司法保护典型案例。

二审裁判摘要

阳新公司与乔丹公司同为制鞋企业，所生产、销售的鞋类产品也基本相同，属于同业竞争者，双方住所地也均在晋江市。阳新公司显然应当知道乔丹公司已经在先使用的鞋盒装潢，其在主观上有明显的仿冒故意。因此，本案可以认定乔丹公司在先使用的鞋盒所包装的运动鞋产品为知名商品，其鞋盒装潢亦为其知名商品的特有装潢。从时间因素上考虑，两年多的持续经营也足以使被经营产品在一定的范围内知名。溪边二厂的注册资金虽然只有 13.6 万元，但这并不能当然成为其所生产产品就不会知名的障碍，况且企业的生产经营规模并不总是与其注册资本随时、完全相对应。乔丹公司在一审中确未提交有关其产品产销量、广告投放量和有关部门的认定等方面的证据，在二审中提交的有关广告宣传和所获荣誉的证据也由于证据形成的时间与本案缺乏关联性或者其真实性存在疑问等而不能被采信，但产销量、广告宣传和获得的荣誉以及有关部门的认定等仅是认定知名商品的重要参考因素，并非在个案中必须一一加以证明。只要经营者主观上存在过错，其产品装潢与他人在先使用在产品上的装潢构成近似并足以造成混淆或者误认的，即可认定该在先产品为知名商品。

拓展思考

"具有一定影响"的标识的判断，应当综合考虑多种因素，但对于标识使用时间、宣传力度、销售情况等相关因素在个案中并不需要逐一举证和裁量，对于同行业经营者而言，一般可以合理推定其对同地域的经营者具有一定了解，这种了解在认定诉争商业标识在该行业经营者中"具有一定影响"时应当予以重点关注。

案例二：中粮集团有限公司（简称中粮集团）诉桐城市中粮福润肉业有限公司（简称中粮福润公司）、安徽海一郎食品有限公司（简称海一郎公司）不正当竞争纠纷案①：安徽省安庆市中级人民法院（2014）宜民三初字第 70 号民事判决书；安徽省高级人民法院（2015）皖民三终字第 65 号民事判决书。

基本案情

中粮集团前身成立于 1983 年，2007 年企业名称变更为现名称。经营范围为：粮食收购、批发预包装食品，进出口业务等。1998 年，第 1185323 号"中粮"商标核准注册，核定使用商品第 29 类（包含加工过的猪肉），该商标注册人于 2008 年变更为中粮集团。2009 年，中粮集团在第 29 类（包含猪肉食品）经核准注册第 5669057 号"中粮"商标。2005 年，中粮集团在第 35 类进出口代理服务上注册的"中粮"商标被国家商标局认定为驰名商标。中粮福润公司于 2009 年设立，经营范围为禽类屠宰初加工、冷鲜肉初加工、农产品收购等。中粮公司主张中粮福润公司未经许可在企业名称

---

① 本案为 2015 年度中国法院 50 件典型知识产权案例。

中使用"中粮"字样，使他人误以为中粮福润公司与中粮公司存在关联关系，请求判令中粮福润公司变更企业名称并赔偿经济损失。

裁判摘要

一审裁判摘要

中粮集团经营范围为粮食收购、批发预包装食品等，中粮福润公司经营范围为禽类屠宰初加工等，两者经营范围不同。其次，中粮福润公司现有企业名称是依法定程序核准注册，字号为"中粮福润"，"中粮"仅是其字号的一部分。两家企业名称的行政区划、经营特点均不同，二者不相同、不近似。故中粮福润公司的行为不构成擅自使用他人企业名称。

二审裁判摘要

首先，"中粮"是中粮集团的字号，经过中粮集团长期宣传和使用，"中粮"系列商标和"中粮"字号在农产品领域具有很高知名度，为相关公众知悉，在农产品市场上形成了固定的联系，相关公众通常会习惯性地联系或联想，使其对于其他含有"中粮"字样的经营农产品的企业名称具有强大的排斥力，应当给予范围更宽和强度更大的法律保护。中粮福润公司于2009年登记设立，中粮集团对于"中粮"文字使用在先，享有在此案注册商标专用权和企业名称权。其次，在现代汉语中，"中""粮"二字原非固定搭配，是由于"中粮"商标和字号的使用使两个独立文字形成新组合，且由于长期、较高的使用频率形成了呼叫习惯，使"中粮"文字具有较高识别力。中粮福润公司在注册企业名称时使用"中粮"文字没有正当、合理理由。最后，"中粮"文字构成中粮福润公司企业名称中的核心文字。中粮福润公司字号由"中粮福润"四字组成，但因"中粮"商标和字号具有较高知名度和显著性，使得中粮福润公司字号中最具识别力的文字是"中粮"二字，"中粮"文字构成中粮福润公司企业名称中最具有标识作用的部分，最容易使相关公众将其与产品涟源联系起来，认为中粮福润公司与中粮集团产品在来源上具有特定联系，从而产生市场混淆。综上，中粮福润公司在选择企业名称时应当主动避让"中粮"商标和字号，中粮福润公司具有攀附中粮集团商誉的意图，构成擅自使用他人企业名称，引人误认是他人商品，应当承担变更企业名称、赔偿经济损失的法律责任。

拓展思考

商业标识的显著性可以作为判断其是否"具有一定影响"的辅助考量因素，因为通过使用获得较高显著性的商业标识相较于显著性低的标识，其识别性更强，相关公众影响往往更为深刻，在面对近似标识时更容易产生联想以致混淆。

案例三：意大利费列罗公司（简称费列罗公司）诉蒙特莎（张家港）食品有限公司（简称蒙特莎公司）、天津经济技术开发区正元行销有限公司不正当竞争纠纷案①：天津市第二中级人民法院（2003）二中民三初字第 63 号民事判决书；天津市高级人民法院（2005）津高民三终字第 36 号民事判决书；最高人民法院（2006）民三提字第 3 号民事判决书。

基本案情

费列罗公司生产的费列罗巧克力在我国香港、台湾地区名称为"金莎"巧克力，并分别于 1990 年、1993 年在台湾和香港地区注册"金莎"商标。1984 年，费列罗巧克力进入国内市场。1986 年，费列罗公司在中国注册"FERRERO ROCHER"和图形（椭圆花边图案）以及其组合的系列商标，并在中国境内销售的巧克力上使用。费列罗公司自 1993 年开始，在国内加大费列罗巧克力宣传力度，2000 年，其"FERRERO ROCHER"商标被国家工商行政管理部门列入全国重点商标保护名录。蒙特莎公司于 1991 年成立，"金莎"商标于 1991 年核准注册，商标权人张家港市乳品一厂，蒙特莎公司于 2004 年经核准受让取得该商标。费列罗公司的"FERRERO ROCHER"巧克力与蒙特莎公司生产、销售的巧克力产品在包装、装潢上构成近似。费列罗公司请求判令蒙特莎公司停止生产销售与其包装、装潢近似的巧克力产品并赔偿经济损失。

裁判摘要

一审裁判摘要

在费列罗公司、蒙特莎公司的巧克力产品均为我国知名商品的情况下，二者商品知名的时间先后及知名度的高低应当作为普通消费者能否误认的因素。"金莎"巧克力自 90 年代中期发展为全国知名商品，费列罗巧克力从 1993 年以后以广东、上海、北京为主要宣传、销售市场，并以此三地为核心逐步扩展销售范围，近几年成为国内知名商品，其知名的时间要晚于"金莎"巧克力。"金莎"巧克力产品经常出现在市场销售占有率排行榜前列，而排行榜中从未出现费列罗巧克力，足以说明"金莎"巧克力知名度高于费列罗巧克力。由于"金莎"巧克力的知名度高、知名持续时间长，使其相对于其他品牌的巧克力产生较强的区别性特征，产品外观的显著性日益提高，在此情况下不会使消费者将蒙特莎公司的"金莎"巧克力误认为费列罗巧克力。再者，当事人双方对自己商品的商标及产地来源极为注重，对巧克力产品的质量、价格、口味及消费层次的不同需要，使双方产品拥有自己的消费群体，"FERRERO ROCHER"商标与"金莎"商标均处于各自产品包装的显著位置，消费者能从巧克力的商标及生产厂家等不同之处进行分辨，以购买自己所需要的产品，近似的装潢已经不能成为消费者选择的障碍，因此尽管二者产品装潢近似，亦不足以使消费者产生误认。

① 本案为最高人民法院指导性案例 47 号。

二审裁判摘要

反不正当竞争法所指的知名商品，不能理解为仅指中国大陆知名商品。费列罗巧克力在进入中国大陆市场销售前，已经在巧克力市场知名并为相关公众知晓。FERRE-RO ROCHER 系列巧克力产品包装装潢具有显著的视觉特征和效果，且该产品自 1984 年已经开始在中国大陆公开销售。对此，蒙特莎公司及案外人张家港市乳品一厂作为同业经营者，按其商业知识和经验，应当知悉。费列罗巧克力包装、装潢为整体设计，表达了特定含义，形成特有的包装装潢形式。"金莎 TRESOR DORE" 巧克力产品使用了与费列罗巧克力产品基本相同的包装装潢，鉴于蒙特莎公司不能证明自己独立设计或在先使用了该包装装潢，可以推定其擅自使用了费列罗巧克力特有的包装装潢。知名商品应当是诚实经营成果，因此在法律上不能把利用不正当竞争行为获取的经营成果，作为产品知名度的评价依据。显然，由于在先采取不正当竞争手段排斥竞争对方的产品进入市场，导致购买者不能买到或淡化竞争对方产品的结果，比造成购买者误认更为严重，而本案即属于这种情况。"金莎 TRESOR DORE" 巧克力产品擅自使用费列罗巧克力特有的包装装潢，是对费列罗公司的商品及商业活动造成混乱的不正当竞争行为。

再审裁判摘要

在国际已知名的商品，我国法律对其特有名称、包装、装潢的保护，仍应以在中国境内为相关公众知悉为必要。其所主张的商品或服务具有知名度，通常系由在中国境内生产、销售或者从事其他经营活动而产生。认定知名商品，应当考虑该商品的销售时间、销售区域、销售额和销售对象，进行宣传的持续时间、程度和地域范围，作为知名商品受保护的情况等因素，进行综合判断；也不排除适当考虑国外已知名的因素。根据费列罗巧克力进入中国市场的时间、销售情况以及费列罗公司进行的多种宣传活动，其属于在中国境内相关市场中具有较高知名度的知名商品。

拓展思考

判断商业标识是否"具有一定影响"应当以中国境内的相关公众为判断主体，但对于商业标识在域外"具有一定影响"的，也可以作为"具有一定影响"的辅助考量因素。

第二节　商业诋毁的反不正当竞争

一、概述

《中华人民共和国反不正当竞争法》第 11 条中禁止的商业诋毁行为，是指市场经营者编造、传播虚假信息或者误导性信息，损害竞争对手商业信誉、商品声誉的行为。实施商业诋毁行为的主体是经营者，即从事商品生产、经营或者提供服务的自然人、法人、非法人组织，其侵害的对象是"竞争对手"，因此商业诋毁的行为主体应当是与被侵害方具有竞争关系的、从事经营活动的市场经营者。商业诋毁的行为主体一般应当排除非市场经营者，消费者、媒体、行业管理组织等由于其并不从事经营活动，不具有通过诋毁行为获取竞争优势的目的，一般不宜适用反不正当竞争法进行调整，而是适用名誉权侵权的规定处理更为妥当。商业诋毁行为的构成不要求行为人在主观上具有故意或过失，其主观上是否具有过错、是否属恶意侵权，只是认定侵权责任、损害赔偿金额时应当考虑的情节，并不影响侵权行为成立的认定。

二、商业诋毁行为的表现形式

核心知识点

商业诋毁行为是编造、传播损害其他经营者商业信誉、商品商誉信息的行为，判断是否构成商业诋毁行为，应当把握两个方面：一是实施了信息"传播"行为。商业诋毁行为侵害的是竞争对手的商誉，同时也影响了相关公众的正确认知、损害市场竞争秩序，如果经营者仅编造信息但未进行传播，不会造成上述损害，故"传播"行为是构成商业诋毁的关键。经营者编造并传播虚假信息或误导性信息的，构成商业诋毁，经营者仅传播虚假信息或误导性信息，也可以构成商业诋毁。商业诋毁对于信息传播的范围、受众的数量并无要求，不限于向不特定的多数人或是社会公众传播，只要该传播行为足以损害竞争对手的商业信誉、商品声誉即可。传播范围的大小、接受信息者的多寡只是侵权具体情节问题，不影响侵权行为构成。二是传播的信息具有虚假性或者误导性，即信息本身是否违背客观事实或者信息是否会导致信息接收者产生与客观事实不符的错误认识。具体行为方式主要表现为三种：一是对已有事实进行歪曲、篡改，二是缺乏事实依据地凭空捏造虚假事实，三是制造、传播误导性事实。前两种行为方式所涉及的事实是虚假事实，而第三种情形下则并非一定是虚假陈述，对于真实信息进行引人误解的不全面、不完整的片面宣传，足以造成不真实、不客观的宣传效果的，也可以构成商业诋毁。

典型案例

腾讯科技（深圳）有限公司、深圳市腾讯计算机系统有限公司与北京奇虎科技有限公司、北京三际无限网络科技有限公司、奇智软件（北京）有限公司不正当竞争纠纷案：广东省高级人民法院（2011）粤高法民三初字第 1 号民事判决书；最高人民法院（2013）民三终字第 5 号民事判决书。

基本案情

奇虎公司、奇智公司在 www. 360. cn 的网站上提供"扣扣保镖"软件下载，并宣称"在 QQ 的运行过程中，会扫描您电脑里的文件（腾讯称之为安全扫描），为避免您的隐私泄露，您可以禁止 QQ 扫描您的文件"，在其扣扣保镖简介中称扣扣保镖"能自动阻止 QQ 聊天程序对电脑硬盘隐私文件的强制性查看"，安装运行扣扣保镖后，显示"体检得分4分，QQ 存在严重的健康问题"，当用户按照扣扣保镖的提示进行相应操作后，则显示"上次体检得分为 100 分，QQ 很健康！"。

裁判摘要

最高人民法院认为，关于"虚伪事实"是否包括片面陈述真实的事实而容易引人误解的情形。认定是否构成商业诋毁其根本要件是相关经营者之行为是否以误导方式对竞争对手的商业信誉或者商品声誉造成了损害。就片面陈述真实的事实而贬损他人商誉的情形而言，如本案中奇虎公司、奇智公司宣称"在 QQ 的运行过程中，会扫描您电脑里的文件（腾讯称之为安全扫描），为避免您的隐私泄露，您可以禁止 QQ 扫描您的文件"，该宣称由于其片面性和不准确性，同虚假宣传一样容易引人误解，足以导致相关消费者对相关商品产生错误认识，进而影响消费者的决定，并对竞争对手的商品声誉或者商业信誉产生负面影响，损害竞争者的利益。换言之，即使某一事实是真实的，但由于对其进行了片面的引人误解的宣传，仍会对竞争者的商业信誉或者商品声誉造成损害，因此亦属于反不正当竞争法予以规范的应有之义……综上，经营者对于他人的产品、服务或者其他经营活动并非不能评论或者批评，但评论或者批评必须有正当目的，必须客观、真实、公允和中立，不能误导公众和损人商誉。经营者为竞争目的对他人进行商业评论或者批评，尤其要善尽谨慎注意义务。奇虎公司、奇智公司无事实依据地宣称 QQ 软件会对用户电脑硬盘隐私文件强制性查看，并且以自己的标准对 QQ 软件进行评判并宣传 QQ 存在严重的健康问题，造成了用户对 QQ 软件及其服务的恐慌及负面评价，使相关消费者对 QQ 软件的安全性产生怀疑，影响了消费者的判断，并容易导致相关用户弃用 QQ 软件及其服务或者选用扣扣保镖保护其 QQ 软件。这种评论已超出正当商业评价、评论的范畴，突破了法律界限。据此，一审法院认定其行为构成商业诋毁并无不当。

拓展思考

1993 年的反不正当竞争法在表述商业诋毁行为时仅涉及传播虚伪信息，2018 年修法中，在总结实践经验的基础上，增加了对"误导性信息"的规制。上述案例即全面分析了误导性信息构成商业诋毁的原理。误导性信息由于强调部分事实、回避其他事实，同样存在导致相关公众误解、损害其他经营者商誉的可能性，属于商业诋毁行为。

三、商业诋毁行为的损害结果

认定构成商业诋毁行为，不要求受害人证明其因商业诋毁行为遭受了具体的、实际已经产生的损害，只要商业诋毁行为具有损害经营者商业信誉、商品声誉的可能性即可。

典型案例

上海某机电设备有限公司（简称机电公司）与上海某设备成套设计研究院（简称成套院）、上海某电力设备有限公司（简称电力公司）商业诋毁纠纷案：上海市第一中级人民法院（2010）沪一中民五（知）终字第296号民事判决书。

基本案情

成套院在发给5家客户的《告用户书》中称：机电公司假借成套院和电力公司关联企业的名义推销其仿制的假冒伪劣给煤机备件，致使一些用户上当受骗，敬请用户注意防范。附件中还详细列举了机电公司"伪盗"备件与正品的外观不同之处。

裁判摘要①

反不正当竞争法保护的是经营者的商业信誉和商品声誉不受他人的诋毁和损害，维护公平竞争的市场环境。若将散布的对象限定在多数的公众，将不利于权利人主张自身权利。"散布"对象的多少只能构成商业诋毁危害结果的考量因素，不能构成商业诋毁行为是否成立的判断因素。本案中，成套院、电力公司虽然仅向五家客户发出了《告用户书》，但并不影响其承担消除影响责任的范围，原因在于，首先，"散布"的对象应当是与所涉虚假陈述相关的主体，而不应简单地理解为向社会公众传播。其次，成套院、电力公司没有证据证明因为其散布范围小，而使得机电公司的损失有所减少。最后，本案所涉行业的客户专业性较强，客户范围本身就相对较小。成套院、电力公司构成对机电公司的商业诋毁行为。

拓展思考

虚假信息传播范围的大小不影响商业诋毁行为的认定，因为即使虚假信息传播范围小亦存在导致他人商誉受损的可能性。因此，只要被控侵权人编造、传播虚假性、误导性信息，可能导致他人商誉损害即可，传播范围的大小仅影响侵权责任承担，但不是侵权行为成立的考量因素。

第三节　网络中的反不正当竞争

一、流量劫持行为

核心知识点

在互联网时代，流量为王已成为竞争法则，很多竞争行为无论正当与否，其最终

---

① 吴汉东、宋晓明主编：《人民法院知识产权案例裁判要旨通纂》，北京大学出版社2016年版，第878—879页。

目的往往是争夺互联网中的流量。流量是网络用户访问网络服务时产生的数据交互量，主要表现为用户点击量、浏览量、下载量、活跃用户量。在内容免费时代，流量就是互联网行业的利益支柱。流量大小和高低关系着网络服务的排名、交易机会、关注度、行业声誉、网站估值等。流量劫持的本质就是通过技术手段或商业模式进行技术接触使得本应属于他人的网络流量被迫流入特定对象且具有不正当性的情形。

2017 年新修订的《反不正当竞争法》增设了互联网不正当竞争条款，对互联网不正当竞争行为进行了明确规定。该法第 12 条第 2 款规定：经营者不得利用技术手段，通过影响用户选择或者其他方式，实施下列妨碍、破坏其他经营者合法提供的网络产品或者服务正常运行的行为：（一）未经其他经营者同意，在其合法提供的网络产品或者服务中，插入链接、强制进行目标跳转；（二）误导、欺骗、强迫用户修改、关闭、卸载其他经营者合法提供的网络产品或者服务……这两种情况可以成为规制流量劫持行为的法律依据。强制进行目标跳转属于流量劫持，误导、欺骗、强迫用户修改、关闭、卸载其他经营者合法提供的网络产品或者服务也可以构成流量劫持。

典型案例

浙江淘宝网络有限公司诉上海载和网络科技有限公司、载信软件（上海）有限公司不正当竞争纠纷案：上海知识产权法院（2017）沪 73 民终 198 号民事判决书。

基本案情

载信公司开发的"帮 5 淘"购物助手于 2012 年 9 月在载和公司的"帮 5 买"网站上线。"帮 5 淘"购物助手是一个比价软件，利用搜索引擎对全网商品进行搜索，并进行横向价格对比、纵向价格对比及帮购服务。用户在安装、运行此软件后登录淘宝网时，淘宝网的页面中就插入了"帮 5 淘"的功能键和广告位图片，首先商品网页顶部插入"帮 5 淘"推荐的类似商品图片。除此之外，还在淘宝页面插入"帮 5 买"搜索框、收藏按钮、购物车等功能区，这些图片和功能位占据了淘宝页面的广告位。在商品详情页位置，插入推荐商品图片、价格走势标识、横向各个网站的目标商品价格。最为关键的是在原购买按钮附近插入减价按钮，一般显示"立减 1 元""现金立减"，用户在点击该按钮后，就会跳转至"帮 5 买"网站，并在登录后完成商品交易流程，消费者支付的款项进入载和公司账户，并未直接进入淘宝网平台，之后再由载和公司的员工在淘宝网下单购买目标货物，最后载和公司让对应的淘宝网商家向用户发货。

裁判摘要

一审法院首先分析了淘宝公司的"免费平台＋收费推广"的商业模式，并肯定了该商业模式系淘宝公司付出较大成本取得的，应当得到保护，由该商业模式带来的经济利益和竞争优势也应当得到保护。其次，法院分析了该行为对淘宝公司造成的损失为导致用户黏性的降低，降低其作为购物优先入口的优势，用户黏性的降低正是其损失。最后，对"帮5淘"购物助手的行为是否具有正当性进行了分析，法院认为"帮5淘"未经许可，在淘宝网页面关键位置插入减价按钮，以价格补贴的方式引导原先选择在淘宝网购物的用户改在"帮5买"网站获得购物服务，减损了淘宝网作为购物入口优先选择的优势，破坏了其用户黏性，造成消费者对原被告间关系的误认。该行为的本质系利用原告竞争优势，以对原告造成实质性损害的方式谋求自身交易机会，违反了购物助手领域公认的商业道德，构成不正当竞争。据此判决两被告共同赔偿原告经济损失100万元及合理开支10万元，并消除影响。判决后，被告提起上诉。二审法院判决驳回上诉，维持原判。

拓展思考

本案涉及流量劫持行为的特征。因为互联网竞争行为不断变化、层出不穷，流量的争夺日益白热化，相应的流量劫持行为也会日益演化、不断更新，因此很难用一个清晰的概念对流量劫持的外延和内涵进行界定。但流量劫持主要有四个特性：截获他人"将得流量"，本案中淘宝网作为购物的入口，交易流量原本属于淘宝公司；流量进入其他特定对象，本案中最终淘宝的流量被引导至"帮5买"网站；劫持者与被劫持者之间存在技术接触，本案中存在插入链接的技术接触行为；具有不正当性，流量劫持对竞争的负向效果大于正向效果，不属于正当竞争的范畴。

1. 流量劫持行为的分类

核心知识点

因为流量的重要性，流量的争夺已经与互联网企业的技术、经营融为一体，流量劫持的方式也日益增多。依据流量劫持不正当性的严重程度进行分类，可以将流量劫持分为黑色流量劫持和灰色流量劫持，前者必然构成不正当竞争甚至违法犯罪，后者是否具有正当性需要综合多种因素进行考量。

（1）黑色流量劫持

依据目前已有的技术方式，黑色流量劫持主要有两种技术。①通过域名劫持网络流量，用户登录网站时需要在地址栏输入网址，此时发出了一个HTTP请求，DNS需要对其进行域名解析。DNS劫持就是修改用户路由器DNS设置，将原本要登录的目标域名恶意解析成其他地址，将用户引导到其他网站，因此这种劫持也叫域名劫持。②通过用户端插件或代码修改数据。其技术原理也是在用户计算机内存中对目标程序指令所调用的运行数据进行动态修改，只是它针对的客体不是计算机软件，而是他人的网页内容。① 用户使用浏览器访问某网站的过程中，被他人安装插件或隐藏代码，使得页

---

① 宋亚辉：《网络干扰行为的竞争法规制——"非公益必要不干扰原则"的检讨与修正》，《法商研究》2017年第4期。

面内容被修改或强行插入各种广告，而且这些广告具有虚假性，点击这些广告会被引导到其他不相关的网站。

以上两种流量劫持方式故意侵犯消费者的知情权和选择权，强行将用户引导至无关网站，严重损害目标网站的利益，这种流量劫持行为性质严重，甚至会泄露个人信息、影响网络安全，情节严重会构成破坏计算机信息系统罪。

（2）灰色流量劫持

灰色流量劫持是指其引导流量的技术和方式具有一定的正当性，对消费者具有一定的正向价值，但也会对产业引发一定的负向价值，而且最终结果仍是劫持本属于他人的将得流量。这类流量劫持行为是否具有不正当性应当进行综合判断和多因素考量，不能仅仅依据技术方式简单得出结论。此类流量劫持主要有：①比价软件流量劫持；②输入法搜索候选流量劫持；③应用市场 APP 下载流量劫持；④安全软件流量劫持；⑤导航网站流量劫持等。这几种流量劫持因为具有技术创新、方便消费者、清除安全隐患等正向价值，因此对其进行定性要进行复杂的价值考量和伦理判断。

典型案例

北京华丽文化产业投资发展有限公司诉淘宝（中国）软件有限公司、杭州阿里科技有限公司网络服务合同纠纷一案：杭州市余杭区人民法院（2015）杭余民初字第171号民事判决书。

基本案情

华丽公司在阿里科技公司的阿里妈妈网站注册淘宝客账号，并利用被许可使用的淘宝客推广软件为淘宝商进行推广。后淘宝公司研发的反作弊系统发现原告的推广行为存在明显异常，在推广过程中有流量劫持行为，最终淘宝网对华丽公司作出处罚并封闭账号。华丽公司起诉淘宝公司违反网络服务合同。

裁判摘要

法院认为华丽公司与淘宝签订了《淘宝客规范》，根据该规范第12条之规定，淘宝客违反规范任一条款，淘宝可对违规性质、严重程度进行独立判定，并处以任一处理或几项违规处理的组合。故根据双方协议约定，淘宝软件公司可对华丽公司是否违规作出判定。淘宝软件公司因华丽公司劫持流量的违规行为对其进行处罚符合合同约定，最终驳回了华丽公司的诉讼请求。

拓展思考

淘宝网上淘宝客的违规行为，淘宝客是帮助淘宝商家进行推广并收取费用的特殊群体，淘宝客很有可能使用病毒、木马、恶意插件、非必要软件捆绑、域名劫持、篡改用户信息等方式截取正常的流量。为防止上述行为，阿里巴巴公司开发了反作弊系统，可以对有上述行为的商家进行处罚或断开链接。淘宝客的不当推广行为大都属于黑色流量劫持，不需要进行复杂的利益衡量，因此依据合同可以让淘宝对这类行为作出判断。

2. 流量劫持正当性判断的考量因素

核心知识点

流量劫持行为认定十分复杂，应采用多因素考量法和利益衡量原则进行综合认定。

（1）"将得流量"是认定流量劫持的前提。"将得流量"是指按照用户使用习惯和互联网商业惯例，互联网产品或服务的提供者因其提供的产品或服务行为即将获得的准流量。将得流量的认定应当考虑下列因素：被劫持者已经提供或部分提供了互联网产品或服务；依据用户的使用习惯、心理预期以及互联网行业惯例，"将得流量"应流入被劫持者。

2. 客观上，流量引导行为具有不正当性。一方面应当考察正当技术接触行为的合理边界，超出合理边界则具有不正当性。另一方面应考察是否存在针对不同主体，实施干扰程度不一的区别对待。实践中，有些技术接触行为是专门针对某些竞争对手而研发的，对特定对象市场优势的限制性干扰会降低该特定对象参与公平市场竞争的机会。若存在区别对待和技术歧视，则流量引导行为具有不正当性。

3. 是否保护真正的技术创新。互联网领域之所以发展迅速、更迭频繁，是因为其具有较强的创新能力。真正的技术创新能够促进社会进步、经济发展和消费者生活水平的提升。因此，保护真正的技术创新亦是互联网行业的重要秩序规则。但会有一些灰色流量劫持行为打着技术创新的幌子，进行不正当竞争。应注意区分技术进步、科技创新与不正当竞争的界线，而不是仅有某些技术上的进步即应认为属于自由竞争和创新。[①]

4. 是否保护消费者的合法利益。从世界各国的立法情况来看，保障消费者选择权或保护消费者权益通常是反不正当竞争法的终极目标，力求实现消费者福利的最大化。[②] 我国《反不正当竞争法》修改之后，在立法宗旨中增加了保护消费者的合法利益。因此消费者的合法利益是在规制流量劫持行为时的价值追求。首先，要保护消费者的知情权和选择权。很多流量劫持行为，是在用户不知情的情况下进行流量引导，并且不给用户选择的机会。其次，要保护消费者的长远利益而非短期利益。

典型案例

案例一：百度公司诉搜狗输入法不正当竞争案：北京知识产权法院（2015）京知民终字第 2200 号民事判决书、北京知识产权法院（2015）京知民终字第 557 号民事判决书。

---

① 参见王艳芳：《〈反不正当竞争法〉在互联网不正当竞争案件中的适用》，《法律适用》2014 年第 7 期。

② 参见张素伦：《互联网不正当竞争行为的判定应引入消费者权益因素》，《电子知识产权》2014 年第 4 期。

基本案情

搜狗的行为主要有两种：一种是借助搜狗输入法进行流量劫持，一种行为是借助搜狗浏览器进行流量劫持。用户在安装搜狗输入法后，在百度搜索引擎的搜索框中使用搜狗输入法输入关键词，此时尚未点击搜索，仅仅输入关键词或关键字，搜狗输入法利用其搜索候选功能，在搜索栏下方自动弹出与搜索关键词相关词汇的下拉菜单，此下拉菜单属于搜狗，覆盖和隐藏了百度搜索引擎的下拉菜单，点击下拉菜单中的任何词，网页会自动跳转到搜狗公司经营的搜狗搜索结果页面。百度公司认为，搜狗公司的行为，故意仿冒、混淆搜索框和搜索结果，搭便车以劫持百度公司流量，对百度搜索引擎具有针对性，构成不正当竞争。

裁判摘要

法院首先肯定了输入法与搜索引擎相结合的技术具有创新性，两者的结合可以有效降低用户搜寻的时间成本、提高用户的搜索效率、提升用户体验。之后从用户的使用习惯和心理预期、用户的知情权与选择权、输入法经营自主权的边界、行业惯例四个方面分析搜狗输入法的行为是否具有正当性。搜狗的行为改变了用户已有使用百度搜索的心理预期、搜狗的设置方式更侧重于诱使用户点击输入框中的搜索候选词；在搜索来源上未进行明确区分以至易发生混淆；市场上已经基本形成了搜索功能需要点击放大镜图标或谷歌图标才能启动的行业惯例，因此搜狗公司利用输入法搜索候选功能吸引用户使用、体验搜狗公司所经营的搜索业务以争取更多市场份额的行为构成不正当竞争。

在搜狗浏览器案中，百度公司发现当用户启动搜狗手机浏览器软件，将搜索栏的搜索引擎设置为百度搜索并输入关键词时，下拉提示框中的显著位置被放置多条指向搜狗网的下拉提示词，引导用户使用搜狗网经营的信息服务。最终法院认为：首先，浏览器的顶部栏与单纯的搜索栏不同，顶部栏设置成导向搜狗网的搜索推荐词和垂直结果并不会引发流量劫持；其次，将百度搜索栏，设置成搜狗网的垂直结果和搜索推荐词，会引起混淆，构成不正当竞争行为。

案例二：2345 网址导航网站诉金山安全软件案不正当竞争案：上海市浦东新区人民法院（2016）沪 0115 民初 5555 号民事判决书。

基本案情

原告 2345 网站导航网站提供网站导航服务，被告金山毒霸软件提供安全软件。金山软件通过"垃圾清理"、金山毒霸的升级程序中的"一键清理""一键云查杀""开启安全网址导航，反之误入恶意网站"弹窗中的"一键开启"按钮，使得用户浏览器中设定的 2345 网址导航主页变更为金山公司自己的毒霸网址大全。并且在金山毒霸在变更网址导航网站时进行了区别对待，在猎豹浏览器和搜狗浏览器中未采取相同的技术措施。

裁判摘要

法院判决首先分析了网址导航经营者的商业模式为"提供链接服务 + 收取广告费"，因此流量是其生存根本。之后法院分析安全软件具有优先权限，但应当谨慎行使。金山软件未尊重用户的知情权和自主选择权，设置虚假弹窗和恐吓性弹窗，并针对不同主体实施区别对待。最终法院认定金山毒霸软件变更网络用户浏览器主页的过程中，超出合理限度实施了干预其他软件运行，不正当地损害了原告的合法权益，为自己获取非法利益，构成不正当竞争行为。

拓展思考

从上述案件可以总结出，流量劫持行为必然有引导、覆盖、插入标识、风险评价、比价等技术接触行为。一方面，在互联网领域，竞争伦理标准以盈利和效率为价值导向，不同于生活道德标准。另一方面，在互联网竞争空间狭窄、依附巨头开展业务模式主导的情形下，流量的争夺必不可少。因此，互联网竞争并不是互相独立、互不干扰的竞争。只有超过了正当边界的流量引导行为才具有不正当性。

二、浏览器屏蔽广告

随着互联网企业竞争的加剧，浏览器之间的对流量的竞争也日益激烈。许多浏览器纷纷打出抢票、屏蔽广告等吸引性功能，吸引用户下载安装浏览器。与此同时，浏览器屏蔽视频网站广告的纠纷也日益增多。

（一）被屏蔽广告的分类

核心知识点

被屏蔽广告根据其自身的性质可以分为恶意广告和非恶意广告。

1. 恶意广告。恶意广告是指带有恶意属性的违反消费者意愿明显降低消费体验，并有可能造成信息泄露和信息网络安全的点缀型网页广告、弹窗广告、漂浮广告等。这些广告或有高亮显示、闪烁显示严重干扰正常的点准网页浏览，或强制性违反消费者意愿不能进行关闭。这些恶意广告具有降低用户体验、占用宽带流量、影响网络下载速度，部分广告还携带有恶意插件和木马病毒，很容易引发用户电脑被黑客攻击。因此浏览器屏蔽此类点缀型网页广告、弹窗广告、漂浮广告具有正当性，屏蔽携带有恶意插件和木马病毒是基于维护公共利益和信息网络安全，维护正当的网络秩序，从而在根本上保护消费者利益。

2. 非恶意广告。非恶意广告，是指基于正常的技术手段和有限强制性，并不会影响用户信息网络安全的广告。非恶意广告主要有贴片广告和百度的链接推广。贴片广告是在视频播放开头、结尾或片中将广告投放至其中，利用视频缓冲时间进行广告的播放，这种广告又被称为流媒体广告或者片头广告。大部分的视频网站，都采用在视频播放之前进行广告播放，基本上都属于贴片广告。对非恶意广告的屏蔽就需要是否具有正当性则需要进行综合考量。一方面，消费者不愿意在观看视频之前等待漫长的广告，屏蔽广告可以满足消费者的利益；另一方面，贴片广告是视频网站的利润来源，贴片广告被强制性的不加区分的屏蔽之后，强硬砍断了视频网站的利润渠道，与此同时，以此为代价增加浏览器自身的流量。因此屏蔽非恶意广告是否具有正当性应当进行慎重的考虑。

浏览器屏蔽弹窗广告、漂浮广告等恶意广告具有正当性，屏蔽过多、过长、过滥的贴片广告也具有正当性，但不加区分地屏蔽视频网站贴片广告是否具有正当性则要进行慎重考虑。

典型案例

优酷网诉猎豹浏览器不正当竞争纠纷案：北京市海淀区人民法院（2013）海民初字第13155号民事判决书。

基本案情

猎豹浏览器通过一系列技术措施，向终端用户提供"页面广告过滤"功能。广告过滤功能默认是关闭的，需要用户主动开启才发生作用。当用户打开该功能后，优酷网原本投放的视频广告会被过滤。

裁判摘要

第一，"广告+免费视频节目"模式背后具有可受法律保护之利益，该模式下的贴片广告不是恶意广告。第二，扩大用户数量、维持用户忠诚度对互联网企业而言，均意味着赢得市场交易机会，获取交易利润，因此双方之间存在竞争关系。第三，开发经营带有此项功能的猎豹浏览器也存在损害优酷网合法权益的主观过错，因此不符合技术中立原则。即便设置让用户主动选择启用的方式并不能改变该软件本身性质，仍不符合技术中立原则。第四，屏蔽广告功能不是商业惯例。公平、自由的竞争环境有利于互联网企业获得最大限度的发展空间这种发展空间的边界应为"互不干扰"。最终法院认为浏览器屏蔽广告功能不仅不是技术上无法避免的，反而是金山网络公司作为宣传亮点为吸引更多用户使用猎豹浏览器而刻意为之，主观过错明显，其行为破坏了优酷网完整的视频服务，进而挑战合一公司基础商业模式，因此构成不正当竞争。

拓展思考

浏览器屏蔽弹窗广告、漂浮广告等恶意广告具有正当性，屏蔽非恶意广告则可能构成不正当竞争，那么恶意广告和非恶意广告的区分标准是什么？在区分时应当注意把握以下三个因素：是否有利于网络安全、判断标准是否符合互联网行业惯例、是否有利于消费者利益。

（二）浏览器屏蔽广告的正当性分析

核心知识点

浏览器屏蔽广告行为是否具有正当性是一个比较复杂的问题。2018 年以前，此类案件的裁判规则较为明晰，法院均认为视频网站"免费＋广告"的商业模式背后的合法利益应当得到保护，通常认定浏览器或路由器屏蔽广告构成不正当竞争。但 2018 年，北京朝阳法院和广州黄埔法院做出两份判决认定浏览器屏蔽广告属于正当竞争的范畴，导致浏览器屏蔽广告行为再一次掀起争论的高潮。除此之外，还有法院采用折中路线，认定屏蔽广告行为构成侵权但不判决赔偿数额。

分析浏览器屏蔽广告行为是否具有正当性应当考量以下因素：（1）被屏蔽广告的性质，通常浏览器屏蔽弹窗广告、漂浮广告等恶意广告具有正当性。（2）是否预留了创新空间。司法应当为互联网技术的创新和商业模式的创新预留较为充足的空间，树立鼓励创新、保护创新者利益、促进新兴产业发展的保护理念。（3）考虑消费者的短期利益与长远利益。短期内，屏蔽广告提升了用户的体验，但长此以往，必然迫使视频网站采用"付费会员＋无广告"的模式。视频网站的广告收入被砍断，但是视频网站的版权成本和运营成本并没有降低，为了生存，其只能选择会员付费模式，最终导致互联网上的免费视频越来越少。在这个过程中，消费者可能会支付更多的对价，本应由广告商承担的对价转移到了消费者身上。（4）在破坏"免费＋广告"模式时，浏览器是否提供了替代性产品或网络服务。（5）是否有助于社会整体福利的增加。即综合考量浏览器与视频网站技术博弈产生的资源损耗、对视频行业的影响、对广告行业的影响等因素，最终做出判断。

典型案例

案例一：爱奇艺公司诉极科极客公司不正当竞争案：北京知识产权法院（2014）京知民终字第 79 号民事判决书。

基本案情

极科极客公司是一家生产和经营路由器的公司，其在销售的"极路由"路由器中安装"屏蔽视频广告"插件，用户选择开启该功能后，可以屏蔽视频网站的片前广告。爱奇艺公司便起诉极科极客公司构成不正当竞争。

裁判摘要

第一，二者在各自的最终的核心利益，即网络用户的争夺方面，会产生直接影响，因此，双方构成竞争关系。第二，免费视频加广告的经营模式是爱奇艺获取合法利益的表现形式，具有正当性，极科极客公司不应当以影响其他经营者正当合法的经营模式为代价获取自身利益。第三，法院也分析了商业模式具有动态性。作为视频分享网站的经营者，其他经营者可以以自身视频分享网站影片更为丰富、广告时长和频率更少为竞争手段，甚至可以在变更为其他盈利方式的情况下全部取消广告，以争取更多的网民访问，从而建立其经营优势。在此情况下，即使因为访问用户减少而"被动"地改变经营模式，也属于市场的正常竞争。但是，如果其他经营者采用恶意破坏经营模式上的某一链条的手段，达到增加自身网络用户的目的，其行为就应被法律所禁止。第四，从表面上看，消费者可以跳过广告，是受益的。但失去了广告收入这一主要盈利点的爱奇艺公司等视频网站必将难以支付高额的版权支出，网络用户将会失去该经营模式的消费体验，广大网民的利益必将受到影响。

案例二：腾讯公司诉世界之窗浏览器不正当竞争案：北京市朝阳区人民法院（2017）京 0105 民初 70786 号民事判决书。

基本案情

世界之窗浏览器中设置了广告过滤功能，可以有效屏蔽视频网站在播放影片时的片头广告和暂停广告，影响了腾讯视频网站。于是腾讯公司起诉世界之窗浏览器构成不正当竞争。

裁判摘要

第一，法院在理念层面认为竞争天然就具有"损人利己"性，评判该行为是否具有正当性时，应主要考虑是否扰乱"市场竞争秩序"，且屏蔽广告的浏览器并没有针对原告作出针对性的区别性的技术对待。第二，法院又分析了浏览器具有广告过滤功能是浏览器行业的惯例和共同的经营模式，从行业惯例的角度肯定了这一功能的普遍性。第三，该浏览器默认屏蔽广告功能关闭，尊重了网络用户的自主选择权。第四，在认定竞争行为正当与否时，还要考虑整个社会公众的利益，网络用户对具有广告屏蔽功能的浏览器具有现实需求。而且，网络用户对浏览器广告屏蔽功能的使用，虽造成广告收入的减少，但此种减少仅损害竞争对手的部分利益尚未对影响竞争对手的生存，对其造成根本性损害。因此带有屏蔽广告功能的浏览器，并不构成不正当竞争。

案例三：芒果 TV 诉青岛软媒网络科技有限公司不正当竞争案：山东省高级人民法院（2017）鲁民终 1877 号民事判决书。

基本案情

原告为芒果 TV 网站，被告为"旗鱼浏览器"经营者，"旗鱼浏览器"具有安装

AdblockPlus 插件的功能，该插件可以通过技术手段屏蔽快乐公司网站片头广告、暂停广告及去除会员广告功能按钮的行为。

裁判摘要

法院最终认定两者之间具有竞争关系，超出了技术中立的范围，构成不正当竞争。但快乐公司在本案一审中明确表示其无法证明观看快乐公司网站视频时该浏览器的实际使用量以及用户对过滤广告功能的选择量。虽然快乐公司主张其因软媒公司的行为致使其广告利益受损，其损失巨大，但其未能提交任何证据证明。所以，由于快乐公司未能举证证明其因软媒公司的行为受到实际经济损失，软媒公司不必赔偿快乐公司经济损失。

拓展思考

目前司法对浏览器屏蔽广告行为的定性，仍然存在分歧，主要有三种观点：构成不正当竞争；属于正当竞争；构成不正当竞争，但不承担赔偿责任。虽然对此类行为的最终认识观点不一，但考察浏览器屏蔽广告行为是否具有正当性的分析框架则观点较为统一，即应当坚持多因素分析法和利益衡量法。

第二十一章 商业秘密权

第一节 商业秘密的概念和范围

一、商业秘密的定义

核心知识点

商业秘密（Trade Secret）一词源于英国，现已被广泛使用。虽然《TRIPs 协议》使用"未披露信息"替代"商业秘密"一词，但两者并没有实质上的差异。在我国，商业秘密概念最早出现在 1991 年的《民事诉讼法》中①，1993 年的《反不正当竞争法》对商业秘密进行了界定，该法第 10 条第 3 款规定："商业秘密是指不为公众所知悉、能为权利人带来经济利益、具有实用性并经权利人采取保密措施的技术信息和经营信息。"此定义明确了商业秘密的本质属性——特定的信息②；抽象出了商业秘密质的规定性——商业秘密的构成要件；划分出了商业秘密的范围——技术信息和经营信息。2017 年《反不正当竞争法》第一次修正，在总结国内理论研究成果和司法实践经验的基础上对商业秘密的定义进行了修改完善，修正后第 9 条第 3 款规定："商业秘密是指不为公众所知悉、具有商业价值并经权利人采取相应保密措施的技术信息和经营信息。"这次修正有两点引人注意：一是突出强调商业秘密应具有商业价值性，可为权利人赢得市场竞争优势；二是突出强调权利人采取的保密措施应与商业秘密自身特点相适应，要具有针对性和合理性。2019 年《反不正当竞争法》第二次修正，对商业秘密的定义进一步完善后第 9 条第 4 款规定："商业秘密是指不为公众所知悉、具有商业价值并经权利人采取相应保密措施的技术信息、经营信息等商业信息。"将商业秘密限定在商业信息的范畴，但不再从范围上限定商业秘密的表现类型。从商业秘密定义的几次修正可以看出，随着全球化趋势的不断发展，随着我国对外开放步伐的不断加快，随着国际国内商业和贸易活动的不断增加，以及由此引发的商业利益纠纷的不断增多

---

① 1991 年《民事诉讼法》第 66 条规定："对涉及国家秘密、商业秘密和个人隐私的证据应当保密。"第 120 条第 2 款规定："……对涉及商业秘密的案件，当事人申请不公开审理的，可以不公开审理。"

② 商业秘密作为商业信息，依附于载体存在。载体包括以下几类：纸介质载体，如文件、图纸等；电磁介质载体，如磁盘、U 盘等；光介质载体，如光盘、电波等。通常产品、设备等不是载体。

和司法实践的日益丰富，我们对商业秘密的认识不断深化，对商业秘密概念界定越来越清晰，对其内涵和外延的把握越来越准确，对其中蕴含的法理的阐释越来越辩证。

典型案例

北京一得阁墨业有限责任公司诉高辛茂、北京传人文化艺术有限公司侵害商业秘密纠纷案：北京市第一中级人民法院（2003）一中民初字第 9031 号民事判决书；北京市高级人民法院（2005）高民终字第 440 号民事判决书；北京市高级人民法院（2008）高民监字第 828 号民事裁定书；高级人民法院（2011）民监字第 414 号民事裁定书。

基本案情

一得阁墨业公司生产"北京墨汁""一得阁墨汁""中华墨汁"，后两种墨汁配方被列为北京市国家秘密技术项目。高辛茂是公司的高级管理人员，负责管理企业技术研发工作。传人公司成立于 2002 年，主营墨汁产品，主打产品为"国画墨汁"、"书法墨汁"、"习作墨汁"。高辛茂是公司的最大股东，其妻是公司的法人代表。2003 年一得阁公司解除与高辛茂之间的劳动关系。一得阁认为传人公司的上述三种产品和自己生产的"北京墨汁""一得阁墨汁""中华墨汁"在产品品质和效果表现上相同或实质相似，侵犯其商业秘密，向法院提起了诉讼，要求判令两被告停止使用一得阁公司的商业秘密，停止生产和销售墨汁产品并赔偿损失。

裁判摘要

一审、二审判决认为一得阁公司的"北京墨汁""一得阁墨汁""中华墨汁"的配方属于商业秘密，同时也属于公司秘密。高辛茂虽未与公司签订保守商业秘密的协议，但作为公司高级管理人员有法定的保守公司秘密的义务和竞业限制的义务，最高人民法院更是从保护国家秘密的角度论证了其承担的保密义务。高辛茂在职期间违反上述义务担任与一得阁公司具有同类竞争业务的传人公司的股东，由于传人公司无法举证自己生产的与原告相同的墨汁产品的配方是自行研制开发或有其他合法来源，根据常理，可以推定高辛茂不可避免地将其工作期间掌握的商业秘密披露给传人公司，传人公司使用该商业秘密生产品质和效果相同或实质相似的墨汁产品与高辛茂共同侵犯了一得阁公司的商业秘密，应当承担相应的侵权责任。

拓展思考

本案涉及商业秘密、公司秘密①与国家秘密②的关系。三者都是具有一定价值并需

---

① 公司秘密的概念出现在《公司法》第 148 条。
② 《保守国家秘密法》第 2 条规定："国家秘密是关系国家的安全和利益，依照法定程序确定的，在一定时间内只限于一定范围的人员知悉的事项。"

要保密的信息，尽管在构成要件、表现形式、保护期限与适用法律方面存在差异，但在某些领域由于特定信息可同时满足商业秘密、公司秘密与国家秘密的保护要求，又存在竞合现象。

公司秘密的范围除包括商业秘密外，还包括不符合商业秘密构成要件的人事秘密、财务秘密、薪酬秘密等。[①] 公司的董事和高级管理人员有保守公司秘密（包括商业秘密）的法定义务和竞业限制义务。

商业秘密与国家秘密在某些秘密事项上存在重合和交叉。《保守国家秘密法》第9条规定的国家秘密范围里包括国民经济和社会发展中的秘密事项和科学技术中的秘密事项，经营者可以考虑将涉及上述内容的商业秘密向国家有关部门申请确认为国家秘密。国家秘密关系国家安全和利益，具有公权色彩，由国家相关部门经法定程序审核确认，并随之确定密级、保护期限和承担保密义务人的范围。商业秘密关系经营者的市场竞争优势，属于私权，由经营者自行主张权利、决定保护期限和保密义务人的范围。

二、商业秘密的范围

核心知识点

《反不正当竞争法》第二次修正前国内学者对商业秘密范围存在认识上的分歧。一种是赞同修正前的《反不正当竞争法》把商业秘密范围划分为技术信息和经营信息的意见，在作为商业秘密的信息中，除了技术信息，就是经营信息，也即经营信息是技术信息以外的信息。[②] 另一种是反对意见，技术信息和经营信息是商业秘密的主要部分，但商业秘密还可以有其他内容。[③] 比如，"故事主题、情节构思、特殊的训练方法等文学、艺术、教育、旅游、医疗卫生等方面的信息不能归入到技术信息和经营信息中去。"[④] 《反不正当竞争法》第二次修正时采纳了此意见，将实务中不能明确归类到技术信息或经营信息范畴中的其他商业信息都纳入调整范围。总之，只要符合法定构成要件，任何不违背宪法、法律、行政法规、公序良俗的特定商业信息都可以作为商业秘密加以保护。

随着国家创新驱动战略的实施，科技创新、制度创新与管理创新不断深入发展，特别是"互联网＋"行动计划更是促进了以云计算、物联网、大数据，人工智能为代表的新一代信息技术与现代制造业、服务业的融合创新，新的产业业态不断涌现，商

---

① 张黎：《〈中华全国律师协会律师办理商业秘密法律业务操作指引〉解释》，北京大学出版社2017年版，第46页。

② 孔祥俊：《商业秘密保护法原理》，中国法制出版社1999年版，第133页。

③ 张玉瑞：《商业秘密法学》，中国法制出版社1999年版，第49页。

④ 张耕等著：《商业秘密法》，厦门大学出版社2012年版，第23页。

业秘密的媒介形式和表现形式也日益丰富。为此，《最高人民法院关于审理侵犯商业秘密民事案件适用法律若干问题的规定》（以下简称《商业秘密规定》）第1条对技术信息和经营信息的典型表现形式进行了列举，以助于法院实现司法认定的同一性。与技术有关的结构、原料、组分、配方、材料、样品、样式、植物新品种繁殖材料、工艺、方法或其步骤、算法、数据、计算机程序及其有关文档信息，人民法院可以认定构成反不正当竞争法第9条第4款所称的技术信息。与经营活动有关的创意、管理、销售、财务、计划、样本、招投标材料、客户信息、数据等信息，人民法院可以认定构成反不正当竞争法第9条第4款所称的经营信息。

经营者的技术信息、经营信息等商业信息如果同时具备内容上的可专利性、表达上的独创性、形式上的显著性等特征，还可以纳入专利权、著作权、商标权等保护范围。经营者应当根据自身的经营特点、企业发展阶段以及国内外市场竞争形势等适时地选择适合的知识产权保护制度，并有效发挥不同制度的功能作用，构建起全方位的知识产权保护体系，并通过有效的知识产权管理获得市场竞争优势。

第二节　商业秘密的构成要件

根据《反不正当竞争法》第9条第4款的规定，特定商业信息构成商业秘密需要具备三个要件①：不为公众所知悉；具有商业价值；权利人采取了相应保密措施。

一、不为公众所知悉

核心知识点

《商业秘密规定》第3条规定，如果"权利人请求保护的信息在被诉侵权行为发生时不为所属领域的相关人员普遍知悉和容易获得"，应当认定为"不为公众所知悉"。具体认定时应注意以下四点：（1）认定不为公众所知悉的时间点为"被诉侵权行为发生时"。（2）不是要求信息持有人之外的所有人不知悉，而是要求信息所属领域相关人员不知悉，不知悉具有相对性。"所属领域"，一般以生产要素组合为特征的经济活动来判定；"相关人员"，是指不承担信息保密义务的自然人、法人或者非法人组织。（3）不是所属领域相关人员个别人不知悉，而是普遍不知悉。（4）不容易获得，是指信息所属领域相关人员不能轻易通过合法方式获得，即不排除上述人员通过独立研发获得相同或实质相似的信息，也就是说相同的商业秘密可以并存，商业秘密不具有权利的

---

① 由于我国学者对商业秘密构成要件的概括存在分歧（详见张耕等《商业秘密法》，厦门大学出版社2012年版，第6页以下），本书根据法条表述概括构成要件。

唯一性。

商业秘密侵权诉讼中，被告举证证明下列情形之一的，可以认定原告信息不具有"不为公众所知悉"性：（1）该信息在所属领域属于一般常识或者行业惯例；（2）该信息仅涉及产品的尺寸、结构、材料、部件的简单组合等内容，所属领域的相关人员通过观察上市产品即可直接获得；（3）该信息已经在公开出版物或者其他媒体上公开披露；（4）该信息已经通过公开的报告会、展览会等方式公开；（5）所属领域的相关人员从其他公开渠道可以获得该信息。

典型案例

案例一：中国青年旅行总社诉中国旅行总社利用其原工作人员擅自带走的客户档案进行经营活动侵犯商业秘密纠纷案。[①]

基本案情

原告中国青年旅行总社多年来已经与北欧国家的五家旅行社建立了良好的业务关系，1994 年已经商定原告接待该五家旅行社组织的 151 个来华旅游团队。1994 年 7 月到 8 月间，原告欧美部的 10 余名业务骨干分别以出国留学、探亲、陪读等各种虚假事由离社，带着工作中使用、保管的客户档案加入到被告中国旅行总社，被告将这些人组建为欧美二部，并利用他们手中的客户档案经营原属原告的业务，导致原告遭受重大损失。原告起诉请求法院判令被告赔偿损失。

裁判摘要

法院审理认为：原告拥有的客户档案不光记录了国外旅行社的地址、电话等一般客户信息，还包括国外 151 个旅游团队的来华时间、旅游景点、住宿标准及价格等具体的信息。原告在获得这些具体客户信息过程中付出了劳动和代价，这些具体信息不为公众所知悉。被告辩称是从公开途径获得的上述信息，不符合事实。

案例二：模德模具（苏州工业园区）有限公司诉白峰、天津格泰模具有限公司侵犯经营秘密纠纷：天津市第一中级人民法院（2011）一中民五初字第 86 号民事判决书；天津市高级人民法院（2012）津高民三终字第 0032 号民事判决书。

基本案情

模德模具公司诉称其在苏州工业园区从事设计、生产、加工、销售各类模具蚀纹产品业务，并与案外人天津国丰模具公司形成长期稳定的交易关系。2007 年白峰担任

---

① 最高人民法院中国应用法学研究所编：《人民法院案例选·知识产权卷4》（分类重排本），人民法院出版社 2017 年版，第 2251 页以下。

公司总经理，负责产品销售、生产研发工作，工作期间掌握了公司的客户信息。2010年5月白峰辞职，10月即在天津注册成立格泰模具公司，从事与原告完全相同的经营业务，并开始跟国丰模具公司进行业务沟通和接触，其特定项目的需求及费用负担等与模德公司的相关客户信息没有差异，白峰未经允许，将在原公司工作期间掌握的客户信息披露给格泰公司，和公司一起侵犯了模德公司的经营秘密。

裁判摘要

法院审理认为：虽然模德公司主张的商业秘密为单个客户信息，但在双方交易中模德公司获得了该客户除公司名称、地址等一般公知信息外，包括模具蚀纹加工业务的报价、特定项目的需求及费用负担、客户交易习惯等深度信息。交易时间的长短和客户数量的多少并非是认定客户信息秘密性成立的必要要件。白峰在担任模德公司经理期间，有机会接触客户信息，在其离职后违背与原公司约定的保密义务，向格泰公司披露并允许其使用模德公司的客户信息，两者共同侵犯模德公司的经营秘密，应当承担停止侵害并赔偿损失的责任。

拓展思考

侵犯客户信息是目前商业秘密侵权诉讼中数量最多的一类案件。《商业秘密规定》第1条第3款规定，客户信息包括客户的名称、地址、联系方式以及交易习惯、意向、内容等信息。第2条第1款规定："当事人仅以与特定客户保持长期稳定交易关系为由，主张该特定客户属于商业秘密的，人民法院不支持。"依据上述规定，客户信息满足以下条件可以认定为"不为公众所知悉"：（1）客户信息在被诉侵权行为发生时具有特定性。客户信息是具有合法主体资格的特定客户的经营信息。商业秘密属于知识产权范畴，客体具有特定性是知识产权作为支配权的必然要求。（2）客户信息在被诉侵权行为发生时具有特殊性。特殊性要求客户信息应具备客户交易习惯、交易意向等深度信息，这些特殊信息区别于客户名称、地址等一般公知信息，是客户信息的秘密点，也是其商业价值所在。（3）客户信息在被诉侵权行为发生时具有相对稳定性。稳定性是客户信息特定化的要求，经营者与客户之间具有稳定的交易关系是经营者能够持续获得并积累客户深度信息的基础。（4）客户信息在被诉侵权行为发生时不易获得。在竞争的市场环境下，经营者寻找、选定和争取客户（客户特定化过程）并与之形成稳定的交易关系（客户特殊信息的积累过程），需要付出努力和代价，他人非经同样的努力不易通过正当方式获得相同的客户信息。不易获得不能简单地以交易关系的时间长短、客户数量的多寡而定，即便是未实际发生交易的潜在客户，其不为公众知悉的信息也能因具有商业价值而构成商业秘密；即便是单一的客户，因其具有深度信息也一样可以成为商业秘密获得保护。

二、具有商业价值

核心知识点

对比《反不正当竞争法》2017 年修正前后对商业秘密的界定，表述变化的地方之一就在此要件。修正前为"……，能为权利人带来经济利益具有实用性……"，修正后改为"……，具有商业价值……"。《商业秘密规定》第 7 条规定："权利人请求保护的信息因不为公众所知悉而具有现实的或者潜在的商业价值的，可以认定为具有商业价值。生产经营活动中形成的阶段性成果符合上述规定的，可以认定该成果具有商业价值。"该条将商业秘密的价值性认定与商业秘密的不为公众所知悉性紧密联系在一起，并将价值判断融入到生产经营的全过程进行考量。另外，商业秘密的价值性不能简单用货币金额来衡量，不必须是已经付诸实现的价值；在发生侵权行为时，不一定直接表现为权利人的经济损失，常常表现为权利人竞争优势的丧失，所以能带来竞争优势是价值性的本质体现。①

典型案例

案例一：王者安诉卫生部国际交流与合作中心、李洪山、原晋林侵犯商业秘密纠纷案：北京市第一中级人民法院（2012）一中民初字第 7457 号民事判决书；北京市高级人民法院（2013）高民终字第 77 号民事判决书；最高人民法院（2013）民申字第 1238 号民事裁定书。

基本案情

王者安诉称其在作为卫生部国际交流与合作中心分配制度改革小组成员期间，利用自己十多年人力资源管理的经验，对中心薪酬管理问题进行分析研究，独立完成涉案《岗位工资管理细则》、《绩效工资管理细则》、《奖金管理细则》，并对三细则采取了保密措施。中心主任李洪山以非法手段骗取三细则方案，并将方案给自己的岗位竞争对手原晋林使用，直接导致自己丧失岗位竞争优势。三个细则与其他改革方案一起经过讨论修改后作为《卫生部国际交流与合作中心分配制度改革办法》的组成部分已被中心付诸实施。王者安认为卫生部国际交流与合作中心、李洪山、原晋林侵犯其商业秘密，应当赔偿其损失。

裁判摘要

再审法院认为：涉案细则不属于经营主体的经营信息，王者安主张利用涉案细则可获得工作岗位竞争优势属于单位内部的职位竞争，不属于反不正当竞争法规范的市

---

① 张耕等：《商业秘密法》，厦门大学出版社 2012 年版，第 15 页。

场经营主体之间的竞争范围，因此三被申请人未侵害申请人的利益。

案例二：北京片石坊有限公司诉台海出版社、南京快乐文化传播有限公司、南京快乐文化传播有限公司第一分公司侵害商业秘密纠纷：北京市第二中级人民法院（2012）二中民初字第7846号民事判决书；北京市高级人民法院（2013）高民终字第34号民事判决书。

基本案情

2009年原告片石坊公司策划和创意了《邓小平答外国元首和记者问》的图书意向，并与案外人温乐群签订著作权转让合同，取得该书稿著作权。后与被告台海出版社洽商出版事宜，因有关部门不同意出版，未果。2010年台海出版社出版《邓小平与外国首脑及记者会谈录》一书，并与被告南京快乐文化传播公司签订包销协议。片石坊公司认为两被告侵犯了自己对《邓小平答外国元首和记者问》一书拥有的策划创意、编排体例、内容选取和实施方案等信息在内的商业秘密，向法院起诉判令两被告停止出版、发行《邓小平与外国首脑及记者会谈录》一书，并赔偿损失。

裁判摘要

两审法院均认为：片石坊公司将国家领导人邓小平会见外国元首和接见中外记者等内容作为图书选题、选择相关素材进行汇编，该书的策划创意、编排体例及内容选取等信息具有不为公众所知悉性，片石坊公司从选题策划开始到与台海出版社洽商出版事宜未果之时止，一直对上述信息采取了有效的保密措施，台海出版社出版、发行与《邓小平答外国元首和记者问》具有相似策划创意、内容选取的《邓小平与外国首脑及记者会谈录》，表明《邓问》一书的策划创意、编排体例以及内容选取等信息具有商业价值。

拓展思考

不具有市场属性的信息，不能在市场竞争中实现价值、体现影响力的信息，尽管不为公众所知悉，尽管采取了保密措施，尽管也给信息持有人带来了某些经济利益，仍然不构成商业秘密。

商业价值有现实价值和潜在价值之分。判断一项信息是否具有商业价值，不能仅从信息持有人是否实际获得经济效益考虑。在片石书坊公司诉台海出版社侵害商业秘密纠纷案中，体现原告图书选题、策划创意的《邓小平答外国元首和记者问》一书没有出版，上述信息的商业价值对于原告来说并没有变成现实价值，被告台海出版社模仿原告的图书创意、编排体例等出版《邓小平与外国首脑及记者会谈录》一书，降低了自己的出版成本，强化了自己在市场竞争中的地位，并获得利益，这恰恰证明原告不为公众所知悉的信息具有潜在的商业价值。

信息持有人投入的成本是认定信息具有商业价值时考量的重要因素，但不能片面地作为唯一因素。在中国青年旅行总社诉中国旅行总社侵犯商业秘密案中，原告获得客户特殊信息过程中投入大量人力、物力的证据是法院认定客户信息具有商业价值的有力佐证，但权利人还应当对该信息可能带来的经济利益和竞争优势做必要的说明。

三、权利人采取了相应保密措施

核心知识点

《商业秘密规定》第 5 条规定，权利人为防止商业秘密泄露，在被诉侵权行为发生以前采取的合理保密措施，应当认定为权利人采取了相应保密措施。人民法院应当根据商业秘密及其载体的性质、商业秘密的商业价值、保密措施的可识别程度、保密措施与商业秘密的对应程度以及权利人的保密意愿等因素，认定权利人是否采取了相应的保密措施。

商业秘密侵权纠纷诉讼中，原告举证证明的下列情形，在正常情况下足以防止涉密信息泄露的，法院应当认定权利人采取了保密措施：（1）签订保密协议或者在合同中约定保密义务的；（2）通过章程、培训、规章制度、书面告知等方式，对能够接触、获取商业秘密的员工、前员工、供应商、客户、来访者等提出保密要求的；（3）对涉密的厂房、车间等生产经营场所限制来访者或者进行区分管理的；（4）以标记、分类、隔离、加密、封存、限制能够接触或者获取的人员范围等方式，对商业秘密及其载体进行区分和管理的；（5）对能够接触、获取商业秘密的计算机设备、电子设备、网络设备、存储设备、软件等，采取禁止或者限制使用、访问、存储、复制等措施的；（6）要求离职员工登记、返还、清除、销毁其接触或者获取的商业秘密及其载体，继续承担保密义务的；（7）采取其他合理保密措施的。

典型案例

南京长城信息系统有限公司诉刘剑宁离职后违反保密协议利用掌握的客户信息为他人签订合同侵犯商业秘密案。[①]

基本案情

被告受雇于原告从事营销工作。双方签订保守商业秘密协议，被告承诺在公司工作期间及离职以后承担保守原告客户信息的义务，违反保密义务造成原告损失的，除赔偿损失外，还要向原告支付 5 万元违约金。保密协议中包含竞业限制条款，约定被告在离开原告一年内不得从事与原告同类产品的销售业务。被告离职后将原告的客户信息披露

---

① 最高人民法院中国应用法学研究所编：《人民法院案例选·知识产权卷 4》（分类重排本），人民法院出版社 2017 年版，第 2311 页以下。

给邹某并和邹某一起将与原告同类的产品销售给原告的客户，导致原告损失。原告诉请法院判令被告停止违约、侵权行为，支付违约金并赔偿原告经济损失。

裁判摘要

一审裁判摘要

原告的客户信息属于商业秘密，保密协议有效，被告违反保密协议向他人披露了原告的商业秘密。根据原被告双方的约定，判令被告停止侵害原告商业秘密的行为；被告在离职一年内不得从事与原告同类产品的销售业务；向原告支付 5 万元违约金。[①]

二审裁判摘要

双方保密协议中竞业限制的条款因没有约定原告应当向被告支付补偿金而违反法律规定，应认定无效。故二审在维持一审其他判项的基础上，撤销了一审判决中"被告在离职一年内不得从事与原告同类产品的销售业务"部分的判项。

拓展思考

针对员工离职、跳槽可能带来的商业秘密泄露问题，单位通常采取签订保守商业秘密协议[②]或者竞业限制[③]协议的方式来应对，这也是商业秘密权利人保密措施的重要环节，也是在侵犯商业秘密的诉讼中权利人证明采取了保密措施的证据。《劳动合同法》第 23 条规定："用人单位与劳动者可以在劳动合同中约定保守用人单位的商业秘密和与知识产权相关的保密协议。对负有保密义务的劳动者，用人单位可以在劳动合同或者保密协议中与劳动者约定竞业限制条款，并约定在解除或者终止劳动合同后在竞业限制期限内给予劳动者经济补偿。……"第 24 条规定："竞业限制的人员限于用人单位的高级管理人员、高级技术人员和其他负有保密义务的人员。竞业限制的范围、地域、期限由用人单位与劳动者约定，竞业限制的约定不得违反法律、法规的规定。在解除或者终止劳动合同后，前款规定的人员到与本单位生产或者经营同类产品、从事同类业务的有竞争关系的其他用人单位，或者自己开业生产或者经营同类产品、从事同类业务的竞业限制期限，不得超过二年。"竞业限制协议附属于劳动合同，其存在的前提条件是单位有商业秘密。因竞业限制协议限制了员工的择业自由，还应约定竞业限制的合理期限和经济补偿内容，否则协议会被认定无效。比如在以大数据、人工智能等技术为核心竞争力的高新技术领域，知识更新速度迅速，约定两年限制期间明显不利于人才流动，也与信息社会合作共赢的发展理念相违背。

实务中，在没有竞业限制协议或者协议无效的情形下，商业秘密权利人也没有证

---

① 损失已经另案赔偿，本案不再支持。
② 保守商业秘密协议除了附属于劳动协议的，还包括单位与员工之外的人签订的保密协议。
③ 竞业限制包括约定的竞业限制、法定的竞业限制。约定的竞业限制按照双方的协议来履行，法定的竞业限制按照《公司法》《合伙企业法》等法律规定来履行。

据证明前员工和前员工所在的与自己存在竞争关系的单位有实际侵权行为时，也有法院适用"不可避免披露原则"推定他们存在共同侵权，并将证明自己不侵权的责任分配给前员工和其所在单位承担。这样做固然是强化对商业秘密保护的需要，但是如果适用不得当，也会限制劳动者的平等就业权和自由择业权，甚至危及其谋生的权利。商业秘密的保护程度越高，越需要法院慎重权衡纠纷涉及的各种利益关系，慎重裁判。

第三节　商业秘密侵权的判定与责任承担

一、概述

商业秘密和商业秘密侵权行为的认定是判断商业秘密侵权责任是否构成的前提条件。《反不正当竞争法》第9条列举了五类侵犯商业秘密的行为：（1）以盗窃、贿赂、欺诈、胁迫、电子侵入①或者其他不正当手段获取权利人的商业秘密；（2）披露、使用或者允许他人使用以上述手段获取的权利人的商业秘密；（3）违反保密义务②或者违反权利人有关保护商业秘密的要求，披露、使用或者允许他人使用其所掌握的商业秘密；（4）教唆、引诱、帮助他人违反保密义务或者违反权利人有关保护商业秘密的要求，获取、披露、使用或者允许他人使用其所掌握的商业秘密；（5）第三人明知或者应知商业秘密权利人的员工、前员工③或者其他单位、个人实施上述违法行为，仍获取、披露、使用或者允许他人使用该商业秘密。④

二、商业秘密和商业秘密侵权行为的认定

核心知识点

在侵犯商业秘密的民事审判程序中，商业秘密权利人提供初步证据，证明其已经对所主张的商业秘密采取保密措施，且合理表明商业秘密被侵犯，涉嫌侵权人应当证明权利人所主张的商业秘密不属于本法规定的商业秘密。商业秘密权利人提供初步证据合理表明商业秘密被侵犯，涉嫌侵权人应当证明其不存在侵犯商业秘密的行为。在

---

① 2019年《反不正当竞争法》第二次修正，适应目前商业秘密载体数据化的存储趋势，新增对"电子侵入"手段侵犯商业秘密行为的规制。

② 《商业秘密规定》第10条："当事人根据法律规定或者合同约定所承担的保密义务，人民法院应当认定属于反不正当竞争法第九条第一款所称的保密义务。当事人未在合同中约定的保密义务，但根据诚实信用原则以及合同的性质、目的、缔约过程、交易习惯等，被侵权人知道或者应当知道其获取的信息属于权利人的商业秘密，人民法院应当认定被诉侵权人对其获取的商业秘密承担保密义务。"

③ 《商业秘密规定》第11条规定："法人、非法人组织的经营、管理人员以及具有劳动关系的其他人员，人民法院可以认定为反不正当竞争法第九条第三款所称的员工、前员工。"

④ 2019年《反不正当竞争法》第二次修正，新增对"间接侵权"行为的规制，为特殊情况下权利人仅起诉间接侵权人承担责任明确了依据。

双方举证质证和法庭辩论过程中存在着经营者商业利益、社会公共利益、客户自由流动利益和员工自由择业利益的冲突，法官需要谨慎平衡这些利益关系，最终对原告的信息是否构成商业秘密，被告是否实施了侵犯商业秘密的行为作出认定，并最终判定被告的侵权责任是否成立。

典型案例

案例一：宜兴市清新粉体机械有限公司诉宜兴市宏达通用设备有限公司、陆锁根侵害商业技术秘密纠纷案：江苏省无锡市中级人民法院（2005）锡知初字第20号民事判决书；江苏省高级人民法院（2005）苏民三终字第119号民事判决书。

基本案情

原告拥有GTM、STJ、TDJ等系列新型气流粉碎机的生产技术，通过与员工签订保密协议的形式对上述技术加以保密。被告陆锁根原为原告的总经理，后被为原告生产配套产品的被告宏达公司高薪聘用。被告对原告GTM、STJ、TDJ等系列气流粉碎机新产品的图纸进行转换，绘制与自己公司相对应系列型号的产品图纸，并组织生产和销售，给原告造成了经济损失。原告诉请法院判令被告停止侵犯商业秘密的行为、停止销售侵权产品并赔偿损失。

裁判摘要

原告应当在举证期限内明确其商业秘密的内容，只有明确了秘密点的具体指向和内容，被告才能有针对性地答辩，原被告才能进行充分的质证，法院才能根据质证后的证据综合判定涉案技术信息是否属于商业秘密，才能去进一步认定被告的行为是否构成侵权。由于原告以防止二次泄密为由，始终拒绝提供证明技术信息秘密点的关键证据，出具的其他证据无法证明涉案商业秘密的内容，故一审判决驳回原告诉讼请求，二审驳回上诉，维持原判。

案例二：北京力美达生物工程有限公司诉霸州市通用机械总厂等违反保密义务为他人加工制作同类产品商业秘密侵权案。[①]

基本案情

原告自主研制系列热熔胶涂布机制作技术，与被告通用机械厂签订定做合同，约定通用机械厂不得再给第二家加工此种系列产品，双方同时签订保密协议。通用机械厂违反协议约定为欣耘公司定做生产相同产品，在欣耘公司提供的图纸错误的情况下，按照

---

① 最高人民法院中国应用法学研究所编：《人民法院案例选·知识产权卷4》（分类重排本），人民法院出版社2017年版，第2256页以下。

原告的图纸为欣耘公司组装产品，该产品已经市场销售。原告认为被告以不正当手段获取、使用自己的技术秘密，诉请法院判令被告停止侵害、停止销售产品并赔偿损失。

裁判摘要

诉讼中，被告欣耘公司辩称，原告通过展览、销售和发表学术论文的形式已经将热熔胶涂布机制作技术公开，具有一般技术常识的人，可以通过公开的信息研制与原告类似的产品，也可以拆卸产品获得其工艺构造，所以原告的产品设计和工艺流程不属于商业秘密。我方的技术有合法来源，生产销售不构成侵权。法院审理认为：原告热熔胶涂布机制作技术完整的固定于图纸和加工装配工艺中，原告发布的广告、说明书和学术论文并没有反映上述完整的技术方案，原告技术不属于公知信息。原告产品属于比较直观的机械产品，非保密义务人通过合法途径取得产品后进行反向工程获得该产品制作技术的行为，不构成侵权。但是根据鉴定机构的鉴定意见，被告的图纸并非根据对原告产品反向工程后绘制，根据被告提供的图纸生产不出类似原告的产品，事实上被告产品是另一被告通用机械厂按照原告图纸进行加工，所以被告技术有合法来源的抗辩不成立。

案例三：吉尔生化（上海）有限公司诉希施生物科技（上海）有限公司等侵害商业秘密纠纷案：上海浦东新区人民法院（2013）浦民三（知）初字第 455 号民事判决书；上海市第一中级人民法院（2014）沪一中民五（知）终字第 74 号民事判决书。

基本案情

原告是处于国际领先水平的氨基酸和多肽产品的制造商和供应商。被告朱国基曾是原告国际销售副总裁，双方签订保守客户信息的保密协议。朱后来跳槽到与原告有竞争关系的希施公司担任总经理，朱利用手中掌握的原告客户信息发送跳槽邮件，向原告客户推荐被告希施公司产品，不正当地增加了希施公司的交易机会。原告诉请法院判令被告停止侵害并赔偿损失。

裁判摘要

原告的客户信息含有客户类型、交易习惯、交易需求等特殊信息，原告获得上述信息付出了大量的人力和物力，且采取了有效的保密措施，被告辩称原告客户信息可以从公开检索渠道获得与事实不符，故认定原告客户信息属于商业秘密。被告朱国基作为原告前高级管理人员有机会接触原告客户信息，跳槽担任被告希施公司的总经理后，希施公司接触、交易的客户与原告相同。因此，推定被告以不正当手段获取、使用原告的客户信息。被告辩称自己的客户信息虽与原告相同，但属于自己独立开发或客户自愿进行交易，因被告不能举证证明，抗辩不能成立。故认定两被告侵害原告商业秘密的行为成立。

拓展思考

《反不正当竞争法》第二次修正前，在侵犯商业秘密行为的认定上存在以下争议问题：

1. 商业秘密权利人的员工、前员工诉讼地位的争议。一种意见认为侵犯商业秘密的被告应限定在"经营者"的范围内，原告的员工、前员工不属于《反不正当竞争法》规范的经营者，不应列为被告，应定位为无独立请求权的第三人①；另一种意见认为依据《反不正当竞争法》第9条第2款的文义，第1款所列侵犯商业秘密的行为人中包括原告的员工、前员工，可以列他们为被告。

2. "不为公众所知悉"要件举证责任分配的争议。第一种意见认为，应当依据"谁主张，谁举证"的规则，由原告进行举证；第二种意见认为，因"不为公众所知悉"属于消极事实，对该事实的证明应当采用举证责任倒置规则，由被告加以证明；第三种意见是在裁判文书中不强调举证责任的具体分配，而是直接针对案件证据的情况对是否构成商业秘密进行认定。②

3. 对于"不正当手段"和第三人"明知""应知"的证明是否适用"事实推定"的争议。一种意见认为，由于被告实施的"不正当手段"和第三人的主观心态具有隐蔽性，原告客观上难以完成举证责任，所以采纳"相同（实质相似）＋接触－合法来源"的证明方法，只要原告证明被告信息与原告商业秘密相同或实质相似，被告有接触原告商业秘密的可能性，就推定被告存在采取不正当手段的事实或者"明知""应知"，如果被告不能举证证明其信息有合法来源，就可以认定被告的违法事实和过错。另一种意见认为，原告需要直接举证证明被告的"不正当手段"和"明知""应知"，否则要承担败诉的风险。

2019年修正的《反不正当竞争法》对上述争议问题进行了以下回应：

1. 非经营者的诉讼地位问题。第9条新增的第2款规定："经营者以外的其他自然人、法人和非法人组织实施前款规定所列的违法行为，视为侵犯商业秘密。"商业秘密属于知识产权，侵犯商业秘密的行为首先是侵权行为，然后再判断其是否构成不正当竞争行为。民法并没有对侵权行为的主体做任何限定，承认非经营者是侵权责任主体，并在诉讼中直接列为被告，并没有任何学理障碍。其实，该款另有重大意义，规定扩大了行政处罚的主体范围③，增强了对商业秘密权利人的保护力度，并且行政查处过程

---

① 陶钧：《商业秘密司法保护的困境与路径设计》，《中国专利与商标》2018年第3期。

② 同上。

③ 2019年第二次修正的《反不正当竞争法》第21条规定："经营者以及其他自然人、法人和非法人组织违反本法第九条规定侵犯商业秘密的，由监督检查部门责令停止违法行为，没收违法所得，处十万元以上一百万元以下的罚款；情节严重的，处五十万元以上五百万元以下的罚款。"

也为权利人进行侵权诉讼提供了证据上的支持。

2. "不为公众所知悉"要件和侵权行为举证责任的分配问题。新增的第 32 条第 1 款规定："在侵犯商业秘密的民事审判程序中，商业秘密权利人提供初步证据，证明其已经对所主张的商业秘密采取保密措施，且合理表明商业秘密被侵犯，涉嫌侵权人应当证明权利人所主张的商业秘密不属于本法规定的商业秘密。"第 2 款规定："商业秘密权利人提供初步证据合理表明商业秘密被侵犯，且提供以下证据之一的，涉嫌侵权人应当证明其不存在侵犯商业秘密的行为：（一）有证据表明涉嫌侵权人有渠道或者机会获取商业秘密①，且其使用的信息与该商业秘密实质上相同②；（二）有证据表明商业秘密已经被涉嫌侵权人披露、使用或者有被披露、使用的风险；（三）有其他证据表明商业秘密被涉嫌侵权人侵犯。"根据第 32 条的规定，在商业秘密权利人举证证明拥有商业秘密、已经采取保密措施、合理表明商业秘密被接触和侵权或者有被侵犯的危险后，对于其主张的信息是否构成商业秘密和侵权是否成立的证明责任就转移给了侵权人。通过对举证责任的重新分配，权利人只需承担相对容易的举证责任即可获得优势诉讼地位，这将有助于权利人成功维权。第 32 条通过变动影响双方权利义务关系的举证规则从制度操作的微观层面加强对商业秘密权利人的保护，这也是法制创新适应新时代国家创新发展的必然要求。

商业秘密侵权行为的认定过程也是法官平衡各种利益关系的过程。第一，商业秘密权利人的利益与自由使用信息的公共利益之间的平衡。信息的公开及自由传播是促进科技创新与经济发展的一个前提条件。但如果不保护信息创造者的利益，不给予其对信息一定期限内的专有权利，信息供给减少会影响到信息的利用。为了平衡上述利益关系，在被告以原告信息是公知信息进行抗辩时，法院需要仔细审查以下两种情形下的抗辩：（1）以原告信息中存在部分公知信息提出整体公知抗辩（如案例二、案例三）。构成商业秘密的信息应当是非公知的信息，但这并不意味着组成整体信息的任何单元都是非公知的，由众多的公知信息经过创新性劳动组合而成的信息，也同样可以构成商业秘密。（2）以原告疏忽泄密，提出公知抗辩③。如：在美国烟花公司诉蒲瑞弥

---

① 《商业秘密规定》第 12 条规定："人民法院认定员工、前员工是否有渠道或者机会获取商业秘密，可以考虑与其有关的下列因素：（一）职务、职责、权限；（二）承担的本职工作或者单位分配的任务；（三）参与和商业秘密有关的生产经营活动的具体情形；（四）是否保管、使用、存储、复制、控制或者以其他方式接触、获取商业秘密及其载体；（五）需要考虑的其他因素。

② 《商业秘密规定》第 13 条："被诉侵权信息与商业秘密不存在实质性区别的，人民法院可以认定被诉侵权信息与商业秘密构成反不正当竞争法第三十二条第二款所称的实质上相同。人民法院认定是否构成前款所称的实质上相同，可以考虑下列因素：（一）被诉侵权信息与商业秘密的异同程度；（二）所属领域的相关人员在被诉侵权行为发生时是否容易想到被诉侵权信息与商业秘密的区别；（三）被诉侵权信息与商业秘密的用途、使用方式、目的、效果等是否具有实质性差异；（四）公有领域中与商业秘密相关信息的情况；（五）需要考虑的其他因素。

③ "有学者认为这种意外的疏忽导致的是商业秘密的泄露，而不是公开。"参见张玉瑞：《商业秘密法学》，中国法制出版社 1999 年版，第 177 页。

公司案中，原告起诉被告侵占商业秘密，在诉讼中发生了原告无意中将全部客户名单错寄给 11 位客户的事件，被告遂提出客户名单已经公开，不再是商业秘密的抗辩。法院审理认为客户名单是原告因疏忽大意泄露的，原告举证证明已经采取有效措施阻止信息进一步泄露，公司仍然存在竞争优势，客户名单的商业秘密属性没有发生改变，因此法院驳回了被告即时判决的申请。①

第二，商业秘密权利人的利益与合法取得相同信息的人的利益的平衡。当原告诉称被告信息与自己的信息相同时，被告可以相同信息有合法来源进行抗辩而否定行为的违法性。法院对以下两种抗辩应当认真审查：（1）被告自行开发。为此被告需提供完整体现其信息的载体以及自己获得信息付出努力和代价的证据加以证明。（2）通过反向工程获得（如案例二）。《商业秘密规定》第 14 条第 2 款规定："反向工程是指通过技术手段对公开渠道取得的产品进行拆卸、测绘、分析等而获得该产品的有关技术信息。"被诉侵权人以不正当手段获取权利人的商业秘密后，又以反向工程为由主张不侵权的，人民法院不应当支持。

第三，商业秘密权利人的利益与客户自由流动的公共利益的平衡。在自由竞争的市场领域，经营者和客户之间始终是双向选择关系，客户有权自由选择交易对象。诉讼中被告一旦以"客户自愿"抗辩侵权（如案例三），依据意思自治原则，应当由原告举证推翻该抗辩，而不是由被告举证来证明存在客户自愿的情形。② 原告用来推翻被告抗辩的事实有两类：（1）前员工对原告客户存在引诱行为③。引诱行为一般存在于离职声明中。前员工有权在离职后向与其接触过的原告客户发表离职声明或者在客户与其联系时告知其已经离职的信息，如果其表述只是如下内容，"我是原告的职员某某，我已经离职到某企业（与原告存在竞争关系）工作，后续业务请和谁联系"等信息，而没有带有争取业务意图的诚挚请求、劝说、邀请等引诱内容，客户与原告终止交易关系和前员工自营企业、与他人合作企业或者前员工的新雇主进行磋商、交易的，可以认定为客户自愿。（2）前员工和原告之间签订了竞业限制协议。如果原告与前员工签订了竞业限制协议，在协议有效的情形下，协议约定期限内被告提出客户自愿抗辩的，法院应当根据案件具体事实决定是否采纳。

第四，商业秘密权利人的利益与其前员工自由择业利益的平衡。诉讼中，前员工以有权自由支配在原工作岗位中积累的一般知识、经验和技能为由提出侵权抗辩的，应当谨慎处理。前员工对于自己在受雇期间学习到的或与客户联络交往过程中所积累

---

① 彭学龙：《从美国最新判例看客户名单商业秘密属性的认定》，《知识产权》2003 年第 1 期。
② 《商业秘密规定》第 2 条第 2 款规定："客户基于对员工个人的信赖而与员工所在单位进行交易，该员工离职后，能够证明客户自愿与自己或者其所在的新单位进行市场交易的，应当认定没有采用不正当手段。"该款将证明客户自愿的举证责任分配给被告，与意思自治的本质要求不符。
③ 刘肖：《美国商业秘密引诱规则对我国的启示》，华东政法大学，2013 年。

的一般知识、技能和经验可以自由地使用，这是劳动者享有的宪法性权利。企业的商业秘密受法律保护，禁止任何人以不正当手段获取和使用，这是维护市场竞争秩序和保护投资者利益的必然要求。[1] 员工履行职务中对客户信息日积月累，熟记于心，与其个人的一般知识、技能或者经验，有时很难区分，如果原告不能证明前员工披露或者使用的一般知识属于商业秘密的范畴，法院应当认定前员工的抗辩成立；如果原告证明前员工披露或者使用的一般知识属于商业秘密的范畴，法院不应轻易认定抗辩不成立，还需进一步将商业秘密与前员工离职后使用的信息进行确认与比对，以确定原告商业秘密的范围。法院既要保护商业秘密，维护权利人的合法利益，防止他人非法获取、披露或者使用商业秘密，又要兼顾前员工个人生存和发展的需求，在利益权衡之后作出最终的认定。

三、侵犯商业秘密的民事责任

核心知识点

商业秘密侵权责任主要有停止侵害和赔偿损失两种形式。

停止侵害包括停止对商业秘密的使用、扩散，责令保密等。《商业秘密规定》第17条规定，人民法院对于侵犯商业秘密的行为判决停止侵害的民事责任时，停止侵害的时间一般持续到该商业秘密已为公众知悉为止。如果据前款规定判决停止侵害的时间明显不合理的，可以在依法保护权利人该项商业秘密竞争优势的情况下，判决侵权人在一定期限内或者范围内停止使用该商业秘密。对于善意的第三人，自知悉其前手的违法行为后，欲继续使用商业秘密，应当经权利人的同意，并支付使用费用。

赔偿责任的成立需要满足一般侵权损害赔偿责任构成的四个要件：有侵犯商业秘密的行为；有损害事实；行为人有过错；侵权行为与损害事实之间存在责任成立和责任范围的因果关系。一般情况下补偿性损害赔偿数额的确定有两种方式：侵权人因侵权所获得的利益；权利人被侵权所受到的损失。因侵权行为导致商业秘密已为公众所知悉的，应当根据该项商业秘密的商业价值确定损害赔偿额。商业秘密的商业价值，根据其研究开发成本、实施该项商业秘密的收益、可得利益、可保持竞争优势的时间等因素确定。如果经营者恶意实施侵犯商业秘密行为，情节严重的，还可以适用惩罚性赔偿，可以在按照上述方式确定的赔偿额的一倍以上五倍以下确定赔偿数额。[2] 上述两种方式都难以确定的，由人民法院根据侵权行为的情节判决给予五百万元以下的赔偿。

---

[1]　张今：《客户名单侵权纠纷的疑难问题探析》，《法学杂志》2011年第3期。
[2]　继《商标法》规定惩罚性赔偿之后，商业秘密侵权也引入惩罚性赔偿制度。通过该制度的适用可以逐步对恶意实施侵权行为，情节严重的侵权情形类型化。

第二十二章　集成电路布图设计权

第一节　集成电路布图设计权概述

一、集成电路布图设计

集成电路也叫芯片，是一种综合技术成果，包括布图设计与工业技术两大组成部分。集成电路是现代工业的"粮食"，手机、电脑、家电、汽车、高铁等各种电子产品都离不开集成电路。没有集成电路产业支撑，信息社会就会失去根基。集成电路布图设计（layout design）是指一种体现集成电路中各种电子元件（包括有源元件和无源元件)① 以及连接这些电子元件的导线的三维配置的图形。具体地说，就是将电子线路中的各个元器件及其连线合理分配在一层或多层平面图形上，然后将多层平面图按一定顺序逐次叠加，并使其互联，构成一个三维的图形结构。集成电路布图设计是为制造集成电路产品而设计出来的一种中间品。它以图形的方式存在，但单纯的布图设计图形并不能实现电子功能，只有利用工艺技术将其固化在特定的半导体材料比如硅中，才可能产生特定的电子功能。

二、集成电路布图设计权

集成电路布图设计权，是指权利主体对集成电路布图设计进行复制和商业利用的权利。每一种特定的集成电路一定有其自己特定的布图设计；反之，每一套布图设计一定对应于特定的集成电路产品。这就是为什么可以通过对集成电路布图设计的保护进而实现对特定集成电路产品的保护。

三、集成电路布图设计特别法保护的必要性

特别法保护模式是由集成电路布图设计的特征决定的。集成电路布图者着重于集成电路的集成度，也就是让单块芯片上所容纳的组件越多越好。集成度越高，所容纳

---

① 有源元件：是指在电子线路中起开关、整流、放大等作用的元件，如二极管、三极管等。无源元件：是指在电子线路中起阻抗、阻容、耦合等作用的元件，如电阻、电容、电线等。

的组件数目越多，技术也越困难。由于集成电路布图设计的主旨在于提高集成度及降低能耗，因此难以达到专利法的新颖性和创造性要求。即使个别的集成电路布图真的达到了新颖性和创造性的要求，专利权的保护也是没有意义的。因为专利的申请过程往往要延续几年之久，而集成电路产品的商业寿命却只有一两年或者几个月，早在获得专利授权之前，相关的集成电路产品的市场价值就已经终结。

著作权法只保护思想的表达，不保护思想本身，也不保护产品的功能性和实用性的成分。集成电路布图设计不能与实用性和功能性分离开来，因而不能作为作品受到保护。同时，著作权法中有禁止为商业目的复制他人作品的规定，如果授予集成电路布图设计著作权，就会致使集成电路在后续改进和研发中所进行的反向工程复制现有布图设计不被允许，这无疑会阻碍集成电路行业的创新发展。

美国于1984年通过《半导体芯片保护法》的颁行开创了知识产权特别法保护集成电路布图设计的先河。该做法不仅对日本、瑞典、英国、德国、荷兰等国的知识产权立法产生了影响，而且影响了《与贸易有关的知识产权协议》的相关规定，对集成电路布图设计进行知识产权特别法的保护成为 TRIPs 成员国的基本义务。

第二节　集成电路布图设计权的制度规则

一、集成电路布图设计权的主体

核心知识点

主体资格方面，布图设计制度与著作权规定相同，即由自然人创作的布图设计，该自然人是创作人；由法人或者非法人组织主持，代表法人或者非法人组织意志创作，并由法人或者非法人组织承担责任的布图设计，该法人或者非法人组织视.为创作人。如果布图设计由多人共同完成，则布图设计权由参加创作的人共同享有。上述创作人、共同权利人、雇主、委托人，为权利原始主体；该类权利人可通过继承、转让等方式将权利移转于他人，后者可称为权利继受主体。

二、集成电路布图设计权产生的条件

核心知识点

集成电路布图设计权的产生，通常应当具备以下条件：

第一，该布图设计必须投入商业实施。集成电路作为一种工业产品，只有通过商业实施才能实现其价值。这一点与著作权法的要求不同。

第二，受保护的布图设计必须固化到集成电路芯片中。这一要求在其本质上仍为一种技术方案，而这种方案的功效只有被固化到芯片中才能得以实现。因此，这一条

件可以将那些因不具有实用性而未曾实施的设计排除在保护范围之外。

第三，受保护的布图设计应当具有独创性。布图设计的独创性具有两层含义：一方面，该布图设计必须是其创作人自己智力创造的结果，而不是简单复制他人的布图设计，或者只是对他人的布图设计进行简单的修改；另一方面，该布图设计应具备一定的先进性。该布图设计在创作完成时在创作人当中以及在集成电路行业当中，具有一定的先进性，不能是常用的、显而易见或者为人所熟知的。对于那些含有常用的、显而易见成分的布图设计，只有当其作为一个整体具有独创性时，才能受到法律保护。

第四，受保护的布图设计必须办理登记手续。世界各国已颁布的有关集成电路布图设计的法律中多有这一要求。在我国，未经登记的布图设计不受法律保护。根据《集成电路布图设计保护条例》第 16 条①和《集成电路布图设计保护条例实施细则》（以下简称《实施细则》）第 14 条②的规定，集成电路布图设计权利人在申请布图设计登记时，复制件或纸质图样是必须提交的，图样的电子版本是可以提交的，样品是进入商业利用的情况下必须提交的。存在的问题是，当发生布图设计专有权侵权纠纷时，选择哪种载体所呈现的版图来确定涉案布图设计的保护范围，司法实践中做法不一。

典型案例

案例一：钜泉光电科技（上海）股份有限公司诉深圳市锐能微科技有限公司、上海雅创电子零件有限公司侵害集成电路布图设计专有权纠纷案：上海市第一中级人民法院（2010）沪一中民五（知）初字第 51 号民事判决书；上海市高级人民法院（2014）沪高民三（知）终字第 12 号民事判决书。

基本案情

2008 年 3 月 1 日，钜泉公司完成了名称为"ATT7021AU"的布图设计创作，并进行布图设计登记。原告主张其集成电路布图设计中具有独创性的共有十个部分。被告锐能微公司未经原告许可，复制原告受保护的布图设计，并与被告雅创公司为商业目的销售含有该布图设计的集成电路即 RN8209G 芯片和 RN8209 芯片。经鉴定：（1）RN8209、RN8209G 与原告主张的独创点 5（数字地轨与模拟地轨衔接的布局）相

---

① 《集成电路布图设计保护条例》第 16 条："申请布图设计登记，应当提交：（一）布图设计登记申请表；（二）布图设计的复制件或者图样；（三）布图设计已投入商业利用的，提交含有该布图设计的集成电路样品；（四）国务院知识产权行政部门规定的其他材料。"

② 《集成电路布图设计保护条例实施细则》第 14 条："按照条例第十六条规定提交的布图设计的复制件或者图样应当符合下列要求：（一）复制件或者图样的纸件应当至少放大到用该布图设计生产的集成电路的 20 倍以上；申请人可以同时提供该复制件或者图样的电子版本；提交电子版本的复制件或者图样的，应当包含该布图设计的全部信息，并注明文件的数据格式；（二）复制件或者图样有多张纸件的，应当顺序编号并附具目录；（三）复制件或者图样的纸件应当使用 A4 纸格式；如果大于 A4 纸的，应当折叠成 A4 纸格式；（四）复制件或者图样可以附具简单的文字说明，说明该集成电路布图设计的结构、技术、功能和其他需要说明的事项。"

同；（2）RN8209、RN8209G 与原告主张的独创点 7（模拟数字转换电路的布图）中的第二区段独立升压器电路的布图相同。

裁判摘要

一审裁判摘要

钜泉公司 ATT7021AU 集成电路中独创点 5 和独创点 7 不属于常规设计，具有独创性。两被告制造、销售的 RN8209、RN8209G 芯片中包含了原告独创点 5 和独创点 7 享有的布图设计专有权，且锐能微公司的个别员工原先在原告处从事研发等工作，有接触原告集成电路布图设计的可能和机会，因此，被告锐能微公司未经原告许可，复制原告 ATT7021AU 集成电路中具有独创性的独创点部分用于制造 RN8209、RN8209G 集成电路并进行销售，其行为侵犯了原告 ATT7021AU 布图设计专有权。雅创公司销售的涉案集成电路系锐能微公司制造，在钜泉公司未能举证两者系共同侵权的前提下，雅创公司不知道也没有合理理由应当知道涉案集成电路中含有非法复制的布图设计，故其行为不应视为侵权。

二审裁判摘要

第一，关于原告集成电路布图设计的独创性。原告应当对独创性承担举证责任，但是原告没有必要也不可能穷尽所有的相关常规布图设计来证明其主张保护的布图设计属于非常规设计。只要原告提供的证据以及所作的说明可以证明其主张保护的布图设计不属于常规设计的，则应该认为原告已经完成了初步的举证责任。此时，被告主张相关布图设计是常规设计的，只要能够提供一份相同或者实质性相似的常规布图设计，就足以推翻原告关于非常规设计的主张。本案中，被告锐能微公司提供的证据不足以否定原告集成电路布图设计中的独创点 5 和独创点 7。第二，关于相同或者实质性相似的判断标准。由于集成电路布图设计的创新空间有限，在布图设计侵权判定中对于两个布图设计构成相同或者实质性相似的认定应采用较为严格的标准，如果在侵权判断中对"实质性相似"不作严格限制，整个制度将完全向权利人倾斜，造成权利人与竞争者之间利益严重失衡，阻碍竞争者在借鉴在先设计基础上的后续改进。然而在严格的判断标准下，被告锐能微公司被控芯片的布图设计仍与原告布图设计中的独创点 5 和独创点 7 中的部分构成实质性相似。第三，关于受保护的布图设计的范围。受保护的布图设计中任何具有独创性的部分均受法律保护，而不论其在整个布图设计中的大小或者所起的作用。考虑到被确认侵权的两部分布图设计在被控芯片中不起核心和主要作用，并且所占的布图面积较小，以及锐能微公司通过直接复制原告相应布图所节约的研发投入和缩短的研发时间，一审酌情判决被告锐能微公司赔偿原告经济损失 320 万元，并无不当。

拓展思考

在侵权判断中，对于被复制的部分在占整体布图设计的比例以及重要性上是否有所限制？《集成电路布图设计保护条例》中采用的措辞是"任何"[①]，对此进行文义解释，应理解为：只要是布图设计中具有独创性的部分，无论该部分占整个布图设计的比例以及该部分是否属于整个布图设计的核心部分，都应受到集成电路布图设计专有权的保护，即"非比例标准"。在本案中，法院采用这种对于集成电路布图设计非常彻底的保护标准，既是遵循了对"任何"二字的文义解释，也是从集成电路布图设计的技术特点、《集成电路布图设计保护条例》立法目的两方面进行的考虑。本案中，被认定实质性相似的两个部分虽然都不是核心部分，但是数模地轨衔接布图起到高抗干扰、高静电保护的作用，而独立升压器电路布图则是电压计数电路的必要部分。缺少这两部分，原被告的产品均有可能失去其商业优势。因此布图单元核心与否、占比大小并不是其受法律保护的理由，而其中所蕴含的设计者有价值的智力成果、所体现的技术价值、市场价值，才是法律予以保护的基础。

案例二：昂宝电子（上海）有限公司与南京智浦芯联电子科技有限公司、深圳赛灵贸易有限公司、深圳市梓坤嘉科技有限公司侵害集成电路布图设计专有权纠纷案：江苏省南京市中级人民法院（2013）宁知民初字第 42 号民事判决；江苏省高级人民法院（2013）苏知民终字第 0182 号民事判决书；最高人民法院（2015）最高法民申字第 785 号民事裁定书。

基本案情

2009 年 11 月 19 日，昂宝公司获得名称为 OB2535/6/8 的集成电路布图设计登记证书。该布图设计在登记时已经投入商业使用。昂宝公司在登记时提交了集成电路样品及部分纸质图样。纸质图样共有两层：图样一 Metal - 1 和图样二 Metal - 2，该两层均为金属层图样。昂宝公司以南京芯联公司和深圳赛灵公司直接复制并商业利用了本案布图设计，深圳梓坤嘉公司商业利用了本案布图设计为由，提起诉讼。

裁判摘要

一审裁判摘要

昂宝公司提交的布图设计图样，只有两层金属层图样，无法确定包含有源元件在内的各种元件与互连线路的具体内容。如果公众不能通过公开的图样，而只能通过商

[①] 《集成电路布图设计保护条例》第 30 条第 1 款："除本条例另有规定的外，未经布图设计权利人许可，有下列行为之一的，行为人必须立即停止侵权，并承担赔偿责任：（一）复制受保护的布图设计的全部或者其中任何具有独创性的部分的；（二）为商业目的进口、销售或者以其他方式提供受保护的布图设计、含有该布图设计的集成电路或者含有该集成电路的物品的。"

业利用的集成电路产品获得相关布图设计，势必与保护布图设计的法律宗旨相违背，也会导致布图设计的保护范围出现不确定性。在无法确定本案布图设计专有权保护范围的情况下，亦无法将被诉侵权的布图设计与之进行侵权对比。遂判决驳回昂宝公司的诉讼请求。

二审裁判摘要

登记对于布图设计专有权的确立具有公示性。对于登记时未投入商业利用的布图设计，因登记时不提交样品，应以复制件或者图样确定专有权的保护内容；而对于登记时已投入商业利用的布图设计，则专有权的保护内容应当以申请登记时提交的复制件或图样为准，必要时样品可以作为辅助参考。涉案布图设计在登记时已投入商业利用，上诉人昂宝公司在向国家知识产权局登记时，提交了集成电路样品，但其提交的图样仅包含单独两层金属层，并不包含任何一个有源元件。虽然涉案布图设计已获得专有权并仍处于有效状态，但由于不能以样品反推涉案两层金属层图样符合布图设计定义的基本要求，因此，亦不能依据昂宝公司登记时提交的样品来确定涉案布图设计的保护内容，否则，将变相鼓励布图设计申请人只提交样品，而对于应给予社会公众查阅的内容不予公开，这显然是不符合《集成电路布图设计保护条例》以公开换保护的基本价值取向。因此，昂宝公司的上诉请求及理由缺乏事实和法律依据，不能成立，其上诉请求应予驳回。

再审裁判摘要

根据《集成电路布图设计保护条例》第16条的规定，申请布图设计登记时，应当提交布图设计的复制件或者图样。布图设计已投入商业利用的，应当提交含有该布图设计的集成电路样品。同时，根据《实施细则》第39条的规定，在布图设计登记公告后，公众可以请求查阅该布图设计的复制件或者图样的纸件。由此可知，无论布图设计在登记时是否已经投入商业利用，对布图设计的复制件或图样的提交要求均没有差异。因此，如果法院在相关诉讼程序中忽略复制件或图样的法律地位，直接依据样品确定布图设计保护内容，极有可能引发轻视复制件或图样法律地位的错误倾向，也将使现行法律关于登记时应当提交申请资料的相关规定无法落实。此外，也会使公众可以通过查阅方式获知布图设计的制度设计目的落空。因此，昂宝公司所称布图设计的复制件或者图样无法精确表示布图设计的保护内容，而应以登记时提交的样品确定布图设计保护范围的相关主张，缺乏充分的事实和法律依据。

拓展思考

在"昂宝"案中，法院主张应以布图设计的复制件或者图样为标准判断保护范围，而在"华润矽威科技（上海）有限公司诉南京源之峰科技有限公司侵犯集成电路布图设计专有权纠纷案"中，法院认为，原告在将涉案布图设计申请保护时提交了布图设计图样和集成电路样品，并以此获得授权，故该图样或样品均可用来确定涉案布图设计专有权的保护范围。[1] 此外，在其他个别案件中，通过布图设计复制件或者图样来确定保护范围的难度较高。例如在"深圳天微电子诉深圳明微电子案"[2] 中，由于纸张大小及将布图设计分割打印等原因，无法通过所提交的图样完整清晰地了解该布图设计的内容，法院最后通过集成电路样品确定了该案集成电路布图设计权的保护范围。法院不同的裁判规则，损害了司法公正。当布图设计的复制件或者图样不完整或不够清晰时，样品在确定保护范围时与图样具有同等的效力，还是只仅仅具有补充效力，有待相关法律进一步明确。有学者指出，当纸质图样上呈现的版图，能够清晰完整地呈现布图设计全部细节时，应优先采用纸质图样为准；随着集成电路技术的进步，传统意义上的纸质图样已经无法清楚完整地展示芯片内部版图的全部细节，以 0.35 微米技术为例，至少要放大 1000 倍才可能看清楚芯片内部的层次和具体细节，在登记时让申请人提交一个放大到 1000 倍以上的纸质图样，则申请成本过高，实践中也没有申请人这样做。况且，如果采用纳米技术，对纸质图样的放大倍数要求会更高。因此，当纸质图样不够清晰时，可以考虑以样品为准，经过专业机构剖片后，提取出来的版图能够准确地呈现布图设计的全部细节，在此基础上进行侵权比对，才能够使侵权判定结果公平公正。[3]

三、集成电路布图设计权的内容

核心知识点

集成电路布图设计权的内容主要包括复制权和商业实施权两部分。

第一，"复制权"是指权利人依法通过光学的、电子学的方式或其他方式来复制其受保护的布图设计的权利。集成电路布图设计的复制实际上是重新制作含有该布图设计的集成电路。对布图设计的复制，大致采取以下几个步骤：将含有布图设计的半导体芯片通过化学方法把半导体材料溶解，使体现在上面的布图设计暴露出来，然后用特制的照相机将各个涂层上的布图设计拍摄下来进行放大处理，再按照片输入计算机中进行处理（可能不做任何改动，也可能进行修改），然后制成布图设计的掩膜版（平面的），再按照集成电路的制作过程将版图体现在集成电路上，成为布图设计。因此，我国《集成电路布图设计保护条例》将"复制"定义为"重新制作布图设计或者含有该布图设计的集成电路的行为"。

第二，"商业实施权"是指布图设计权人可以自己或者授权他人将其受保护的布图设计投入商业实施。关于"商业实施权"的效力范围，曾经在国际上存在重大分歧。

---

[1] 江苏省南京市中级人民法院（2009）宁民三初字第 435 号民事判决书。

[2] 深圳市中级人民法院（2009）深中法民三初字第 184 号民事判决书。

[3] 曹志明、王志超：《集成电路布图设计专有权保护相关问题研究——国内首例侵权纠纷行政裁决案件引发的思考》，《知识产权》2018 年第 7 期。

美、日为代表的发达国家极力主张商业实施权的效力范围包括三个层次，即从布图设计本身（第一层次），延伸到采用该布图设计制造的集成电路（第二层次），乃至使用受保护集成电路的产品（第三层次）；而广大的发展中国家则主张商业实施权的效力范围只包括两个层次，即从布图设计只延伸到采用该布图设计制造的集成电路（第二层次）。争论的结果是美、日为代表的三层次说取代了发展中国家的两层次说，并在《TRIPs 协议》中得到确认。① 考虑到在反向工程、善意侵权等权利限制条款约束的情况下，即使保护范围延及第三层次也不至于给我国集成电路产业造成重大障碍，各方面意见逐步倾向于我国也应将保护范围延及第三层次，以便与《TRIPs 协议》保持一致。我国《集成电路布图设计保护条例》对"商业实施权"的定义是"为商业目的进口、销售或者以其他方式提供受保护的布图设计、含有该布图设计的集成电路或者含有该集成电路的物品的行为"。

四、集成电路布图设计权的保护期

由于集成电路技术发展迅猛，布图设计的有效生命周期比较短，因此集成电路布图设计保护期没有必要规定得很长。《关于集成电路的知识产权条约》规定，集成电路布图设计的保护期一般不得低于 8 年。《TRIPs 协议》关于集成电路布图设计的保护期规定为 10 年。我国《集成电路布图设计保护条例》第 12 条规定，布图设计专有权的保护期为 10 年，自布图设计登记申请之日或者在世界任何地方首次投入商业利用之日起计算，以较前日期为准。但是，无论是否登记或者投入商业利用，布图设计自创作完成之日起 15 年后，不再受《集成电路布图设计保护条例》保护。

第三节　集成电路布图设计权的限制

权利限制是知识产权制度的基本构成。我国在对集成电路布图设计提供权利保护的同时，还规定了对集成电路布图设计权的法定限制，主要包括以下几点：

一、反向工程

反向工程在集成电路工业领域是指利用各种特殊手段将集成电路布图设计复制出来，并从中分析出布图设计的结构、功能和制造工艺。目前，大多数国家的集成电路

---

① 《TRIPs 协议》第 36 条："……缔约方对于下述未经权利主体同意而从事的行为视为非法：为工业目的而进口、销售或散布受保护的布图设计或由这种受保护的布图设计所构成的集成电路，或由这种集成电路所构成的物品，只要该集成电路中仍含有非法制造的布图设计。"

法律都承认反向工程的合法性。由于半导体芯片产品的特性，不经过特殊的手段，他人是很难了解其中的布图设计内容的，如果不允许反向工程，则可能引起技术开发者在某些领域的垄断，因此在集成电路行业中进行反向工程是很普遍的现象。

二、合理使用

我国《集成电路布图设计保护条例》规定的合理使用包括与两种情形：其中第23条第1项规定，为个人目的而复制受保护的布图设计以及单纯为评价、分析、研究、教学等目的而复制受保护的布图设计。在上述情形下，可以不经权利人许可，不向其支付报酬。

三、首次销售

我国《集成电路布图设计保护条例》第24条规定，受保护的布图设计，含有该布图设计的集成电路或者含有该集成电路的物品，由布图设计权利人或者经其许可投放市场后，他人再次商业使用的，可以不经布图设计权利人许可，也不向其支付报酬。换言之，集成电路布图设计权利人对该具体产品的商业利用已穷竭，任何人均可不经权利人或者其授权的人同意，而进口、分销或以其他任何方式进行转让。

四、善意买主

核心知识点

所谓善意买主，是指在获得含有受保护的布图设计的集成电路或者含有该集成电路的物品时，不知道也没有合理理由应当知道其中含有非法复制的布图设计，进而将其投入商业利用的主体。由于布图设计是一项技术性很强的智力成果，没有专门设备是无法辨认的；同时，各国法律又没有要求权利人必须在布图设计上做相应的权利标记。因此，即使是具有专门知识的人也难以辨认自己所购买的集成电路产品中是否含有受保护的布图设计，更不用说普通消费者。如果将不知道集成电路产品中含有非法复制的受保护的布图设计而出售的行为或者其他商业利用行为一律视为侵权，并追究行为人的侵权责任，很可能造成市场秩序混乱，严重挫伤集成电路产品经销商的积极性，影响集成电路贸易的正常进行。因此，当善意购买方因"不知"而实施与布图设计权人的权利相冲突的行为时，各国法律都给予豁免。根据我国《集成电路布图设计保护条例》第33条的规定，凡善意买主在获得集成电路或含有该集成电路的物品时，不知道也没有合理理由应当知道其中含有非法复制的布图设计，进而将其投入商业使用的，不视为侵权。但是，善意买主得到其中含有非法复制的布图设计的明确通知后，可以继续将现有的存货或者此前的订货投入商业使用，但应当向布图设计权利人支付合理的报酬。

典型案例

南京微盟电子有限公司与泉芯电子技术（深圳）有限公司侵害集成电路布图设计专有权纠纷案：广东省深圳市中级人民法院（2012）深中法知民初字第1120号民事判决书；广东省高级人民法院（2014）粤高法民三终字第1231号民事判决书；最高人民法院（2016）最高法民申1491号民事裁定书。

基本案情

微盟公司的"ME6206线性稳压器芯片"的布图设计于2007年3月26日获得《集成电路布图设计登记证书》。微盟公司以泉芯公司在市场上销售的XQ6206芯片与微盟公司的涉案布图设计相同并构成侵权为由，提起诉讼。泉芯公司抗辩被诉QX6206芯片合法来源于案外人深圳市京众电子有限责任公司，提交了对账单、送货单、增值税专用发票，主张其从京众公司购买JZ6206芯片后，更改标贴为"QX6206"进行销售。将被诉QX6206芯片分别与微盟公司备案的ME6206芯片、京众公司的JZ6206芯片就电路布图设计的版图相似度委托鉴定，鉴定结论显示，两者的版图相似度分别为89.04%和96.91%。

裁判摘要

一审裁判摘要

被诉侵权产品与涉案布图设计属相同产品。但泉芯公司提交的证据不能证明被诉侵权产品来源于京众公司，其合法来源抗辩不能成立。判决泉芯公司停止侵权行为并赔偿微盟公司人民币40万元。

二审裁判摘要

根据泉芯公司提交的证据，其多次、持续、大批量向京众公司购买了被诉侵权产品，相关交易在双方的对账单、送货单以及增值税专用发票中均有明确指向。在微盟公司未能提供相反证据的情况下，可以认定被诉侵权产品即来源于京众公司。判决撤销一审判决，驳回微盟公司的诉讼请求。

再审裁判摘要

微盟公司没有提供证据证明泉芯公司知道或者应当知道QX6206中含有非法复制的布图设计。根据《集成电路布图设计保护条例》第18条的规定，布图设计公告内容通常仅包括相关著录项目信息，不包括布图设计的具体内容，公众若希望了解具体内容，仍需办理查阅手续。有证据证明通过合法途径获得被诉侵权产品，不知道也没有合理理由知道其中含有非法复制的布图设计的，合法来源抗辩成立。微盟公司没有提交证据证明泉芯公司查阅了布图设计的具体内容。故微盟公司的再审主张缺乏事实依据，不应予以支持。

五、强制许可

所谓强制许可，是指国家主管机关根据法律规定的情形，不经布图设计人的许可，直接发放使用许可的一种制度。我国《集成电路布图设计保护条例》规定了可以实施强制许可的三种情况：第一，在国家出现紧急状态或者非常情况时；第二，为了公共利益的目的；第三，经人民法院、不正当竞争行为监督检查部门依法认定布图设计权利人有不正当竞争行为需要给予补救时。国务院知识产权行政部门作出给予使用布图设计非自愿许可的决定，应当及时通知布图设计权利人。非自愿许可的理由消除并不再发生时，国务院知识产权行政部门应当根据布图设计权利人的请求，经审查后作出终止使用布图设计非自愿许可的决定。取得布图设计强制许可的主体应向布图设计权利人支付合理的报酬，具体数额由双方协商，双方不能达成协议的，则由主管部门裁决。

第二十三章　植物新品种权

第一节　植物新品种权概述

一、植物新品种及植物新品种权的含义

我国《植物新品种保护条例》将植物新品种界定为："经过人工培育的或者对发现的野生植物加以开发，具备新颖性、特异性、一致性和稳定性并有适当命名的植物品种。"植物新品种权，是植物新品种育种人对其研发和培育的植物新品种所获得的一种专有权。

二、国际上对植物新品种保护的立法例及我国的做法

国际上对植物新品种保护的立法例主要有三种：（1）以德国为代表的采取专门法对植物新品种进行保护的品种权立法例；（2）以意大利和匈牙利为代表的采取专利制度对植物新品种进行保护的专利权立法例；（3）以美国为代表的同时采取专门法和专利法对植物新品种进行保护的混合立法例。

作为有着丰富生物资源的发展中国家，我国建立了自己的植物新品种保护制度。国际公约层面：《国际植物新品种保护公约》（UPOV 公约）是保护育种者权益的重要国际协定，旨在通过协调各成员国之间在植物新品种保护方面的政策、法律和技术，确保各成员国以一整套清晰、明确的原则为基础，对符合要求的植物新品种的育种者授予知识产权。UPOV 公约有 1978 年和 1991 年两个文本，我国加入的是 1978 年文本。1978 年文本对实施保护的植物属和种的数量低于 1991 年文本，这导致了按照 1991 年文本能够得到保护的植物的属和种在我国无法获得保护。国内法层面：1997 年国务院颁布了《植物新品种保护条例》，规定对符合条件的植物新品种授予品种权；2015 年修订的《种子法》，加强了对植物新品种的保护；按照《专利法》第 25 条的规定，对于植物新品种不能授予专利权，但是对于植物新品种的生产方法可以按照专利法的规定授予专利权。由此可知，我国采取的是混合保护立法例。

第二节 植物新品种权的制度规则

一、植物新品种权的授权条件

核心知识点

授予植物新品种权，应当满足以下条件：

第一，应当属于国家植物品种保护名录中列举的植物的属或者种。《植物新品种保护条例》对受保护的植物新品种的范围进行了限定，只有属于国家植物品种保护名录中列举的植物的属或者种才能申请植物新品种权，而国家植物品种保护名录是根据 UPOV 公约 1978 年文本制定的。

第二，新颖性。植物新品种在申请保护前，没有被推广使用。按照《植物新品种保护条例》的规定，在申请日以前该品种繁殖材料未被销售，或者经育种者许可，在中国境内销售该品种繁殖材料未超过一年；在中国境外销售藤本植物、林木、果树和观赏树木品种繁殖材料未超过 6 年，销售其他繁殖材料未超过 4 年的，具备新颖性。

第三，特异性。植物新品种应当有一个或数个显著特征，使其明显区别于申请日之前已知的植物品种。这种性状不是因培养条件或肥力不同造成的差异。

第四，一致性。品种经过有性繁殖或无性繁殖，除了可以预见的变异之外，其相关特征或特性保持一致。

第五，稳定性。经过重复繁殖或者在特定繁殖周期结束时，其相关的特征或特性保持不变。《植物新品种保护条例》要求申请人提交植物新品种繁殖材料，用于审查验证。但是审查机构不会对社会公众提供该繁殖材料。

第六，可指示性。受保护的植物新品种应当具有适当的名称，用以指示或识别某一特定品种，该名称应与相同或者相近的植物属或者种中已知品种的名称相区别，该名称经注册登记后即为该植物新品种的通用名称。

典型案例

青海民族大学与青海金祥生物科技发展有限责任公司侵害植物新品种权纠纷案：青海省西宁市中级人民法院（2018）青 01 民初 332 号民事判决书；最高人民法院（2019）最高法知民终 585 号民事裁定书。

基本案情

"青海蕨麻 1 号"系青海民族大学培育的蕨麻品种。2009 年 11 月 10 日通过青海省农作物品种审定委员会审定并颁发《品种合格证》。2013 年 6 月 6 日，青海民族大学与金祥工贸公司签订了《蕨麻种植合作协议》。在合同履行前期金祥工贸公司在门源回族自治县承租当地农民的土地进行蕨麻种植。青海民族大学在 2014 年提供了蕨麻原种并进行了相应的技术指导。2014 年 3 月 11 日，金祥工贸公司的股东为便利生产销售"青海蕨麻 1 号"注册登记金祥生物公司，企业主营业务活动为蕨麻科技种植等，随后金祥生物公司开始种植蕨麻。原告主张被告金祥生物公司播种"青海蕨麻 1 号"品种侵权，并要求被告承担相应赔偿责任。

裁判摘要

一审裁判摘要

原告认为其享有权利的依据为《品种合格证》，该《品种合格证》由青海省农作物品种审定委员会颁发，属品种审定范畴。品种审定和新品种保护是两个不同的概念。品种审定的本质特征是为了保障农民利益，是对申请品种审定人生产程序化限制的管理，是市场准入的范畴，主要强调该品种的推广价值；品种审定证书是一种推广许可证书，授予的是某品牌可以进入市场（推广应用）的准入证，是一种行政管理措施。而植物新品种保护的本质特征是针对申请人知识产权的保护，植物新品种保护强调品种的特异性和新颖性。品种保护证书授予的是一种法律保护的智力成果的权利证书，是授予育种者的一种财产独占权。原告只持有《品种合格证》，未获得植物新品种权，故在该品种审定区域内，任何单位和个人可以生产该品种，原告认为金祥生物公司侵犯其"青海蕨麻 1 号"植物新品种权无法律依据。

二审裁判摘要

蕨麻品种目前尚未被列入国家植物品种保护名录中，不属于可以申请植物新品种保护的品种，原告不具备申请"青海蕨麻 1 号"植物新品种保护的前提条件。品种审定制度作为市场准入的行政管理措施，不同于植物新品种保护制度，其属于政许可而非民事权利，主要由《主要农作物品种审定办法》《主要林木品种审定办法》规范，目的是加强作物品种的管理，加速育种新成果的推广利用，确保有经济推广价值的品种进入市场，防止盲目推广不适合本地区种植的劣质品种给农林业生产和农民利益造成损失。通过品种审定的品种并非获得植物新品种权的品种，即便"青海蕨麻 1 号"品种获得了品种审定，该事实也不能认定"青海蕨麻 1 号"品种取得了植物新品种的授权，并由此享有对所涉品种繁殖材料进行生产、销售的独占权。原告提起本案侵权之诉并无权利基础，裁定驳回起诉。

拓展思考

品种审定与植物新品种的认定是既有联系又有区别的概念。品种审定的法律依据是《主要农作物品种审定办法》《主要林木品种审定办法》，而植物新品种授权的法律依据是《植物新品种保护条例》。植物新品种的授权条件要明显高于品种审定。品种审定与植物新品种授权相关法律规范的立法目的不同。品种审定解决的是行政审批后的经营资格问题，其目的是为了使农民获得具有质量保障的繁殖材料，重心在于保障植物品种的一致性上，而植物新品种授权则是为了保护创新，重心在其新颖性上。申请植物新品种权的前提，是纳入国家植物品种保护名录，小宗农林产品对整体国民经济仅具有辅助价值，在现有国情下不适宜受到保护。

二、植物新品种权的临时保护

核心知识点

根据《植物新品种保护条例》的规定，品种权人在授权前对植物新品种享有临时保护。品种权人对在授权前他人未经允许而无偿使用该植物新品种繁殖材料的行为享有追偿权，即在授权后要求未经许可的商业性生产或销售植物新品种繁殖材料的主体支付使用费。[①]

类似的案例还有：南通市粮棉原种场与江苏高科种业公司植物新品种追偿权纠纷案[②]。该案中，法院确认了品种权人江苏农科院许可高科种业公司行使追偿权不违反法律、行政法规的禁止性规定，因此明确了被许可人高科种业公司的诉讼主体适格。法院认为，根据品种权人的主张，参照有关植物新品种实施许可费的方式确定临时保护期的使用费符合鼓励种业科技创新、植物新品种培育的立法精神，也相对公平合理。但实施许可费约定的数额仅作为确定临时保护期内使用费的参考，还需要考虑植物新品种权的类型、市场应用期等多种因素。本案中，新品种为粳稻，培育需着重在增产、提升食物品质等诸多方面进行改良创新，倾注了科技工作者的极大心血。被告未经品种申请人许可，也无种子生产经营许可证的情况下，在临时保护期内为商业目的生产、销售涉案粳稻繁殖材料的行为不宜简单地按照品种权人授权其实施许可的方式予以处理，应酌情提高相应的使用费数额，才能充分激励和提升种业育种创新能力，规范种子生产经营和管理行为，保障国家的粮食安全。

《植物新品种保护条例》为品种权人设定的临时保护期，是国家赋予品种权人追偿授权公告前利益损失的权利，该条的立法目的在于全面保护品种权人的科技成果，追偿权的法理依据在于对获得品种权的育种人智力创造活动予以利益补偿和回报。在此期间内未经许可利用授权品种的，虽然不构成对授权品种的侵权，但品种权人可以主张补偿其利益损失，此时被追偿对象承担的民事责任应为民事补偿责任而非侵权赔偿责任。司法实践中需要注意的是如何公平合理地确定补偿的数额。

---

① 《植物新品种保护条例》第 33 条：品种权被授予后，在自初步审查合格公告之日起至被授予品种权之日止的期间，对未经申请人许可，为商业目的生产或者销售该授权品种的繁殖材料的单位和个人，品种权人享有追偿的权利。"

② 江苏省南京市中级人民法院（2016）苏 01 民初 396 号民事判决书；江苏省高级人民法院（2017）苏民终 58 号民事判决书。

三、植物新品种权的内容

核心知识点

《植物新品种保护条例》第6条规定："完成育种的单位或者个人对其授权品种，享有排他的独占权。任何单位或者个人未经品种权人许可，不得为商业目的生产或者销售该授权品种的繁殖材料，不得为商业目的将该授权品种的繁殖材料重复使用于生产另一品种的繁殖材料；但是，本条例另有规定的除外。"据此，植物新品种权的内容包括：

第一，生产权。品种权人有权禁止他人未经其许可，为商业目的生产该授权品种的繁殖材料。

第二，销售权。品种权人有权禁止他人未经其许可，销售该授权品种的繁殖材料。

第三，使用权。品种权人有权禁止他人未经其许可，将授权品种的繁殖材料为商业目的重复使用于生产另一品种的繁殖材料。

第四，转让权。按照《植物新品种保护条例》第9条的规定，植物新品种权可以依法转让。转让品种权的，当事人应当订立书面合同，并向审批机关登记，由审批机关予以公告。

典型案例

甘肃省敦煌种业股份有限公司与河南省大京九种业有限公司、武威市武科种业科技有限公司侵害植物新品种权纠纷案：河南省郑州市中级人民法院（2013）郑知民初字第96号民事判决书；河南省高级人民法院（2013）豫法知民终字第118号民事判决书；最高人民法院（2014）民申字第52号民事裁定书。

基本案情

玉米品种"吉祥1号"的品种权人为武威市农业科学研究所和黄文龙。2011年12月9日武威市农业科学研究院与黄文龙签订转让合同，约定黄文龙将其享有的"吉祥1号"玉米植物新品种权全部转让给武威市农业科学研究院。黄文龙将在此之前其与武科公司等签订的有关吉祥1号开发经营问题的协议中其享有的吉祥1号品种权的权利和义务转让给武威市农业科学研究院，由武威市农业科学研究院解决上述协议是否终止、解除或继续履行。

2011年12月16日，武威市农业科学研究院与敦煌公司签订《玉米杂交种"吉祥1号"生产经营权转让合同》，约定武威市农业科学研究院转让其拥有的玉米杂交种"吉祥1号"品种的生产经营权给敦煌公司；武威市农业科学研究院以独占许可方式许可敦煌公司生产经营玉米杂交种"吉祥1号"，对侵权行为按国家有关法律法规提起诉讼。

2012年10月9日，敦煌公司、武威市农业科学研究院、武科公司签订《2012年度吉祥1号玉米杂交种具体生产经营协议》，约定武威市农业科学研究院委托武科公司

2012 年度在甘肃省境内生产吉祥 1 号，武科公司不得授权其他单位或个人生产经营吉祥 1 号；2012 年度武科公司的销售数量不得超过 650 万公斤，种子销售区域仅限于河南、甘肃省境内。2012 年 12 月 11 日河北科技报上刊登了内容为"武威市农业科学研究院仅授权敦煌公司和武威甘鑫物种有限公司生产和经营该品种，其他单位和个人擅自生产销售吉祥 1 号的行为均构成侵权"的玉米新品种"吉祥 1 号"维权公告。

2013 年 1 月 25 日敦煌公司在郑州公证购买了"吉祥 1 号"玉米种，该包装袋上标注："武研®""净含量 4200 粒""武科公司、大京九公司经销"等内容。敦煌公司对大京九公司和武科公司提起侵害植物新品种权之诉。

裁判摘要

一审裁判摘要

《植物新品种保护条例实施细则（农业部分）》第 11 条规定，转让品种权的，由农业部公告，并自公告之日起生效。黄文龙通过转让合同将其享有的"吉祥 1 号"玉米植物新品种权全部转让给武威市农业科学研究院，但原告敦煌公司并无证据证明转让已向农业部登记且农业部已予以公告，因此，原告敦煌公司认为武威市农业科学研究院取得"吉祥 1 号"植物新品种的全部品种权证据不足。

对于侵害品种权的行为，品种权人或者利害关系人可以直接向人民法院提起诉讼。独占实施许可合同的被许可人属于利害关系人可以单独向人民法院提起诉讼，排他实施许可合同的被许可人在品种权人不申请的情况下，可以提出申请。敦煌公司与武威市农业科学研究院签订的《玉米杂交种"吉祥 1 号"生产经营权转让合同》虽然约定武威市农业科学研究院以独占许可方式许可敦煌公司生产经营"吉祥 1 号"，但是敦煌公司并未提交证据证明黄文龙之前与武科公司等签订的有关吉祥 1 号开发经营问题的协议是否终止、解除或继续履行，也没有提交证据对河北科技报上刊登的品种权人武威市农业科学研究院仅授权敦煌公司和武威甘鑫物种有限公司生产和经营吉祥 1 号品种做出合理的解释，现有证据不能证明敦煌公司是吉祥 1 号玉米品种独占实施许可合同的被许可人。敦煌公司仅取得了部分品种权人的授权，不能证明其系吉祥 1 号玉米品种的独占实施许可的被许可人，故敦煌公司基于独占实施许可合同的被许可人提起侵害植物新品种权的诉讼，无事实及法律依据。

二审裁判摘要

依据敦煌公司、武威市农业科学研究院、武科公司签订的《2012 年度吉祥 1 号玉米杂交种具体生产经营协议》，武科公司在 2012 年度有权在甘肃省境内生产，在河南、甘肃省境内销售数量不得超过 650 万公斤的吉祥 1 号玉米种子。况且，武科公司在 2012 年 12 月即将标有大京九公司经销的包装向敦煌公司备案，并向敦煌公司说明了种子的加工数量。敦煌公司认为武科公司、大京九公司构成侵权的理由是其严重违反与敦煌公司"只能自行销售"的约定，直接证据仅是对大京九公司销售行为的公证。该证据不足以证明武科公司、大京九公司的生产经营超出了其被许可的范围，亦不足以证明敦煌公司的植物新品种权受到了侵害。

再审裁判摘要

植物新品种的权利变动只有向行政机关进行登记公示才具有权利外观，在品种权没有进行登记公示之前，品种权转让行为并未生效。因此，不能认定武威市农业科学研究院是吉祥1号唯一的品种权人。植物新品种权存在两个以上权利主体，共有权人对权利的行使有约定的，从约定。涉案品种权共有人约定由武威市农业科学研究院单独行使品种权并享有诉权，而武威市农业科学研究院又许可敦煌种业公司生产经营并授权其可以单独就侵害品种权的行为提起诉讼。敦煌种业公司属于涉案品种权的利害关系人，有权依法提起诉讼。根据现有证据无法认定违反三方协议约定的销售形式就存在未经权利人许可生产、销售吉祥1号的侵害品种权的事实。至于武科公司、大京九公司的行为是否超出了三方协议约定的销售区域和销售形式，应通过是否违反合同的违约之诉解决。

拓展思考

登记公告是植物新品种权转让的生效要件，未经登记公告的转让行为不发生法律效力。植物新品种权存在两个以上权利主体，共有权人对权利的行使有约定的，从约定。没有约定或者约定不明的，有观点认为：可以考虑参照《专利法》第14条的规定，即专利权的共有人对权利的行使有约定的从约定，没有约定的，共有人可以单独实施或者以普通许可方式许可他人实施该专利，许可他人实施该专利的，收取的使用费应当在共有人之间分配。[①]

四、植物新品种权的期限

国际上对植物新品种规定了较长的保护期。按照我国《植物新品种保护条例》的规定，植物新品种的保护期，自授权之日起，藤本植物、林木、果树和观赏树木为20年，其他植物为15年。

五、植物新品种 DUS 测试

核心知识点

如前所述，植物新品种授权必须符合特异性（Distinctness）、一致性（Uniformity）、和稳定性（Stability）的要求。DUS 测试是由植物新品种审批机关委托指定的测试机构，运用一定技术和审查标准对植物品种的三性进行检测和分析的过程。我国主要采用田间

---

① 最高人民法院知识产权审判庭：《中国知识产权指导案例评注第七辑》，中国法制出版社 2016 年版，第480页。

种植的方式，由测试员按照测试指南的要求在植物的生长过程中对植物的性状进行观察与记录，将测试的结果与已知品种进行分析比较从而判定测试品种是否属于新品种，为植物新品种保护提供可靠的判定依据。《若干规定》第 4 条规定："对于侵犯植物新品种权纠纷案件涉及的专门性问题可以采取田间观察检测、基因指纹图谱检测等方法鉴定。对采取前款规定方法作出的鉴定结论，人民法院应当依法质证，认定其证明力。"

典型案例

山东登海先锋种业有限公司与陕西农丰种业有限公司、山西大丰种业有限公司侵害植物新品种权纠纷案：西安市中级人民法院（2014）西中民四初字第 00132 号民事判决书；陕西省高级人民法院（2015）陕民三终字第 1 号民事判决书；最高人民法院（2015）民申字第 2633 号民事裁定书。

基本案情

先锋国际良种公司是"先玉 335"植物新品种的权利人，其授权登海公司可以自身名义对侵害其植物新品种的行为提起诉讼。登海公司于 2014 年 3 月 16 日向法院起诉指控大丰公司生产、农丰种业销售的外包装为"大丰 30"的玉米种子侵害"先玉 335"的植物新品种权。北京玉米种子检测中心于 2013 年 6 月 9 日对送检的被控侵权种子进行了 DNA 检验，检验结果为："大丰 30"与"先玉 335"比较位点数 40，差异位点数 0，结论为二者相同或极近似。大丰公司对该检测结论持有异议，提交了农业部植物新品种测试中心出具的《农业植物新品种测试报告》（简称 DUS 测试报告），该报告的结论为"大丰 30"具有特异性、一致性和稳定性。

裁判摘要

一审裁判摘要

登海公司所提供的 DNA 检测结论是建立在 40 对引物基础上的，这种检测方法实践中虽然常被用来证明两品种间遗传上相同或高度近似，但是由于 40 对引物所占引物数量的比例较小，DUS 检测法更为准确。因为通过田间种植，两品种间是否存在差异、差异是否显著均可进行现场观测，数据、结论更为可靠，由此可以认定"大丰 30"与"先玉 335"相比具有特异性、一致性、稳定性，即"大丰 30"和"先玉 335"不是同一个玉米品种，因此大丰公司生产、销售"大丰 30"的行为不构成侵权。

二审裁判摘要

对于侵犯植物新品种权纠纷涉及的专门问题可以采用田间观察检测、基因指纹图谱检测等方法鉴定。一般认为，基因指纹图谱检测具有快捷、方便、成本低的优点。田间观察检测是最根本的方法，比较可靠，但需要的时间长。登海公司提交的 DNA 检测结论与大丰公司提交的 DUS 检测结论存在矛盾，登海公司不能提供更强的证据来否定大丰公司提交的 DUS 检测结论。根据谁主张、谁举证的原则，登海公司主张大丰公司及农丰公司侵权的理由不能成立。

再审裁判摘要

DUS 测试报告是通过田间种植表现出的特征特性，核实两个品种是否具有差异，且作为活体繁殖材料，其特征特性应当依据田间种植进行 DUS 测试所确定的性状为准。被诉侵权物的特征特性与授权品种的特征特性相同是认定侵害植物新品种权的前提条件。植物新品种的授权依据为田间种植的 DUS 测试，当田间种植的 DUS 测试确定的特异性结论与 DNA 检测结论不同时，应以田间种植的 DUS 测试结论为准。

拓展思考

UPOV 公约框架下植物新品种测试通常做法是通过田间种植试验，并利用 DNA 指纹图谱信息辅助筛选近似品种提高特异性评价效率。我国植物新品种测试与 UPOV 的基本原则一致，是依据相应植物测试技术与标准（DUS 测试指南、DUS 审查及性状描述总则等一系列技术文件），通过田间种植试验和室内分析对品种的 DUS 进行评价。

第三节　植物新品种权的限制

一、植物新品种权限制概述

UPOV 公约基于平衡育种者权利和社会公共利益的原则，对植物新品种权设置了非营利性使用、农民特权等权利限制。按照 UPOV 公约 1978 年文本第 9 条的规定，该权利限制不是没有边界的。首先，对植物新品种权进行限制必须符合公共利益的需要；其次，为推广品种而对植物新品种权进行限制的，成员国应给予育种者相应的报酬。

二、植物新品种权的限制规则

核心知识点

我国《植物新品种保护条例》对植物新品种权做出的限制包括：（1）合理使用。利用授权品种进行育种及其他科研活动、农民自繁自用授权品种的繁殖材料，可以不经品种权人许可，不向其支付使用费，但不得侵犯品种权人的其他权利。[①] 实践中，一些制种公司为了逃避法律责任，采取隐蔽的方式实施侵权行为，自己隐身幕后，派技术员与农民接洽商谈制种事宜，并且不与农民签订委托制种合同，最终导致农民承担赔偿责任，这违背了《植物新品种保护条例》保护农民自繁自用的目的。（2）强制许可。为了国家利益或者公共利益，审批机关可以作出实施植物新品种强制许可的决定，

---

① 《植物新品种保护条例》第 10 条。

并予以登记和公告。取得实施强制许可的单位或者个人应当付给品种权人合理的使用费，其数额由双方商定；双方不能达成协议的，由审批机关裁决。品种权人对强制许可决定或者强制许可使用费的裁决不服的，可以自收到通知之日起 3 个月内向人民法院提起诉讼。① 除了《植物新品种保护条例》中规定的情形，《植物新品种保护条例实施细则（农业部分）》还补充了两种强制许可的情形：（1）品种权人无正当理由自己不实施，又不许可他人以合理条件实施的；（2）对重要农作物品种，品种权人虽已实施，但明显不能满足国内市场需求，又不许可他人以合理条件实施的。② 除了《植物新品种保护条例》对植物新品种权做出的合理使用和强制许可限制，司法实践中，我国法院也会结合客观情况，基于公共利益因素的考量，对植物新品种权人的权利进行一定限制。

典型案例

天津天隆种业科技有限公司与江苏徐农种业科技有限公司侵害植物新品种权纠纷案：南京市中级人民法院（2009）宁民三初字第 63 号民事判决书；南京市中级人民法院（2010）宁知民初字第 069 号民事判决书；江苏省高级人民法院（2011）苏知民终字第0194 号民事判决书；江苏省高级人民法院（2012）苏知民终字第 0055 号民事判决书。

基本案情

9 优 418 水稻品种是辽宁省稻作研究所与徐州农科所共同培育成功的三系杂交粳稻，其来源于母本 9201A、父本 C418。辽宁省稻作研究所是 C418 水稻品种的植物新品种权人，其许可天隆公司独占实施 C418。徐州农科是徐 9201A（与 9201A 是同一个中粳稻不育系）水稻品种的植物新品种权人，其许可徐农公司独占实施徐 9201A。天隆公司和徐农公司生产 9 优 418 使用的配组完全相同，都使用父本 C418 和母本徐 9201A。天隆公司与徐农公司相互以对方为被告，分别向南京市中级人民法院提起植物新品种侵权诉讼。

裁判摘要

一审裁判摘要

天隆公司诉徐农公司案中，法院认为，天隆公司合法享有的植物新品种 C418 独占实施许可权依法应受保护。被告以商业目的重复以授权品种的繁殖材料为亲本与其他亲本另行繁殖生产被控侵权品种（9 优 418）的行为侵犯了原告对授权品种享有的独占实施许可权，应承担相应的民事责任。判决被告徐农公司立即停止销售 9 优 418 杂交粳

① 《植物新品种保护条例》第 11 条。
② 《植物新品种保护条例实施细则（农业部分）》第 12 条。

稻种子，未经权利人许可不得将植物新品种 C418 种子重复使用于生产 9 优 418 杂交粳稻种子，赔偿原告天隆公司经济损失 50 万元。

徐农公司诉天隆公司案中，法院认为：徐农公司依法享有徐 9201A 植物新品种独占实施许可权，任何人未经权利人许可，不得为商业目的将该授权品种的繁殖材料重复使用于生产另一品种的繁殖材料。天隆公司未经徐农公司许可，且系为商业目的，其行为构成侵权。判决天隆公司于判决生效之日起立即停止对徐农公司涉案徐 9201A 植物新品种权之独占实施权的侵害，赔偿徐农公司经济损失 200 万元。

二审裁判摘要

首先，天隆公司与徐农公司不能就赔偿差额达成妥协，致使 9 优 418 品种不能继续生产，不能认为仅关涉双方的利益，实际上已经损害了国家粮食安全战略的实施，有损公共利益，且不符合当初辽宁稻作所与徐州农科所合作育种的根本目的，也不符合促进植物新品种转化实施的根本要求。因此，双方当事人在行使涉案植物新品种独占实施许可权时应当受到限制，即在生产 9 优 418 水稻品种时，均应当允许对方使用己方的亲本繁殖材料。其次，在 9 优 418 配组中父本与母本具有相同的地位及作用，合作双方徐州农科所和辽宁省稻作研究所及徐农公司和天隆公司均有权使用对方获得授权的亲本繁殖材料，且应当相互免除许可使用费，但仅限于生产和销售 9 优 418 这一水稻品种，不得用于其他商业目的。因徐农公司为推广 9 优 418 品种付出了许多商业努力并进行种植技术攻关，而天隆公司是在 9 优 418 品种已获得市场广泛认可的情况下进入该生产领域，其明显减少了推广该品种的市场成本，为体现公平合理，判令天隆公司给予徐农公司 50 万元的经济补偿。最后，鉴于双方当事人各自生产 9 优 418，事实上存在着一定的市场竞争和利益冲突，法院告诫双方当事人应当遵守我国反不正当竞争法的相关规定，应当清晰标注各自的商业标识，防止发生新的争议和纠纷，共同维护好 9 优 418 品种的良好声誉。

拓展思考

本案虽然不属于合理使用和强制许可的情形，但是二审法院借鉴了强制许可制度，基于保障国家粮食安全、促进植物新品种转化实施的公共利益考量，将一审判决双方未经许可均不得使用对方植物新品种的裁判思路进行调整，在衡量父本与母本具有基本相同价值的基础上，判令双方互免许可使用费以确保已广为种植的审定品种继续生产，有机平衡了植物新品种权人的权利和社会公共利益。值得注意的是，公共利益是一个比较宽泛的概念，与一国的农业政策密切相关，在何种具体情形下可以依据公共利益对品种权的行使加以限制，是司法实践中需要明确的事项，以防止借公共利益之名对植物新品种权利人的私权进行不当限制。

第四节　侵犯植物新品种权的判定

一、应用繁殖材料培育的品种特征、特性是否与授权品种特征、特性相同

核心知识点

未经品种权人许可，为商业目的生产或销售授权品种的繁殖材料的，是侵犯植物新品种权的行为。因此，判定是否构成侵权，需要确定行为人生产、销售的繁殖材料是不是授权品种的繁殖材料。之所以将品种的繁殖材料规定为植物新品种权的保护范围，是因为该品种的遗传特性包含在品种的繁殖材料中，繁殖材料在形成新个体的过程中进行品种的繁衍，传递了品种的特征特性，遗传信息通过繁殖材料实现了代代相传，表达了明显有别于在申请书提交之时已知的其他品种的特性，并且经过繁殖后其特征特性没有发生改变。植物种植季节性强、侵权取证时间特定，这些特点决定了植物新品种权的侵权行为与专利、商标、著作权侵权相比具有更加隐蔽的特征，这就使品种权人的维权之路要比其他知识产权人更加艰难。

典型案例

莱州市金海种业有限公司与张掖市富凯农业科技有限责任公司侵犯植物新品种权纠纷案：张掖市中级人民法院（2012）张中民初字第 28 号民事判决书；甘肃省高级人民法院（2013）甘民三终字第 63 号民事判决书。

基本案情

莱州市金海农作物研究有限公司是玉米杂交种"金海 5 号"的植物新品种权利人，其授权莱州市金海种业有限公司独家生产经营"金海 5 号"，并授权金海种业公司对擅自生产销售该品种的侵权行为，可以以自己的名义独立提起诉讼。2011 年，张掖市富凯农业科技有限责任公司在张掖市甘州区沙井镇古城村八社、十一社进行玉米制种。金海种业公司以富凯公司的制种行为侵害其"金海 5 号"玉米植物新品种权为由向张掖市中级人民法院提起诉讼。根据金海种业公司的申请，张掖中院对沙井镇古城村八社、十一社种植的被控侵权玉米以活体玉米植株上随机提取玉米果穗，现场封存的方式进行证据保全，并委托北京市农科院玉米种子检测中心对被提取的样品与农业部植物新品种保护办公室植物新品种保藏中心保存的"金海 5 号"标准样品之间进行对比鉴定。该鉴定中心出具的检测报告结论为"无明显差异"。

裁判摘要

北京市农科院玉米种子检测中心出具的鉴定意见表明待测样品与授权样品"无明

显差异"，但在 DNA 指纹图谱检测对比的 40 个位点上，有 1 个位点的差异。依据中华人民共和国农业行业标准《玉米品种鉴定 DNA 指纹方法》NY/T1432—2007 检测及判定标准的规定，品种间差异位点数等于 1，判定为近似品种；品种间差异位点数大于等于 2，判定为不同品种。品种间差异位点数等于 1，不足以认定不是同一品种。对差异位点数在两个以下的，应当综合其他因素判定是否为不同品种，如可采取扩大检测位点进行加测，以及提交审定样品进行测定等，举证责任由被诉侵权一方承担。由于植物新品种授权所依据的方式是 DUS 检测，而不是实验室的 DNA 指纹鉴定，因此，富凯公司如果提交相反的证据证明通过 DUS 检测，被诉侵权繁殖材料的特征、特性与授权品种的特征、特性不相同，则可以推翻前述结论。富凯公司经释明后仍未能提供相反的证据，亦不具备 DUS 检测的条件。因此，应认定富凯公司的行为构成侵犯植物新品种权。

二、所涉植物体既属于繁殖材料也属于收获材料的侵权判定

核心知识点

如前所述，植物新品种权的保护范围只覆盖到繁殖材料，而不包括收获材料。对于既是繁殖材料也是收获材料的被诉侵权植物体，被诉侵权方往往抗辩自己用的是收获材料以逃避侵权指控；对于没有经过品种权人许可，种植授权品种繁殖材料的行为，侵权方也常常抗辩自己是使用行为而非生产行为以逃避侵权指控。究竟如何认定该行为的性质，在实践中长期存在不同认识。下述典型案例，对该问题的处理进行了明确。

典型案例

蔡新光与广州市润平商业有限公司侵犯植物新品种权纠纷案：广州知识产权法院（2018）粤 73 民初 732 号民事判决书；最高人民法院（2019）最高法知民终 14 号民事判决书。

基本案情

蔡新光于 2004 年在红肉蜜柚果园中发现一个果皮呈粉红色的芽变分枝，后经连续三年的品种特性观察，确定为变异植株，并于 2007 年 11 月开始采取大树高接的方式从芽变分枝上采接穗进行嫁接繁殖，采用此种方法第二年即可坐果，2008 年从子一代上采穗接子二代，2009 年春继续从子二代上采穗高接子三代，同时对芽变母树及子代连续三年进行生物学特征特性观察调查、品质鉴评，栽培配套技术研究。经过连续三年的高接扩繁并经品种鉴定后，确定育成性状遗传稳定的新品种，遂于 2009 年 10 月 20 日请同行专家对芽变母树及子代果实进行鉴评。选育系谱图载明红肉蜜柚通过芽变嫁接成三红蜜柚。2009 年 11 月 10 日申请"三红蜜柚"植物新品种权，于 2014 年 1 月 1 日获准授权，保护期限为 20 年。2018 年，蔡新光发现润平公司在其经营的商场内向消

费者连续、大量销售"三红蜜柚"果实，遂起诉润平公司侵犯其植物新品种权。润平公司辩称，其所销售的为蜜柚果实，其中没有能繁殖出树苗的籽粒。而且，该果实为食品用途，润平公司未进行任何可繁殖材料的培养行为，也未在销售过程中提示消费者可用于种植。蔡新光的植物新品种权所涉及的植物新品种并非通过植物果实或植物果实种植取得，属于不可逆的植物繁殖方式，因此，润平公司销售的蜜柚果实不属于可繁殖该植物新品种的种植材料或植物体的其他部分，不属于蔡新光植物新品种权的保护范围。此外，润平公司所销售的蜜柚果实具有合法来源，来源于其他商家。

裁判摘要

一审裁判摘要

首先，结合蔡新光申请新品种权提交的材料，该新品种的培育和繁殖过程主要通过芽变嫁接的方式，并非利用植物外植体细胞通过组培技术进行，故侵权诉讼中判定繁殖材料时所坚持的标准应与此保持相对一致，若被诉侵权物并非用于嫁接繁殖的材料，一般不宜判定为繁殖材料，否则超出权利人培育植物新品种所付出的创造性劳动成果范围、与权利人申请新品种权过程中应当享有的权利失衡。其次，根据农业生产习惯，一般采用低成本、高成活率的繁殖材料，即采用嫁接方式对"三红蜜柚"进行扩繁。再次，按照润平公司的经营模式，结合商业习惯，其所销售的蜜柚果实主要用于食用，如果为了阻却理论上存在的、专业人士才能进行的高成本的将被诉产品作为繁殖材料的可能性，而禁止作为普通公众食物来源的柚子的销售，将导致社会成本畸高。据此，法院一审判决，润平公司销售作为收获物的"三红蜜柚"果实的行为并未侵犯蔡新光的植物新品种权。

二审裁判摘要

第一，繁殖材料目前作为我国植物新品种权的保护范围，是品种权人行使独占权的基础。繁殖材料包括有性繁殖材料和无性繁殖材料，植物或植物体的一部分均有可能成为繁殖材料。植物新品种权所指的繁殖材料涉及植物新品种权的保护范围，其认定属于法律适用问题，应当以品种权法律制度为基础进行分析。判断是否为某一授权品种的繁殖材料，在生物学上必须同时满足以下条件：其属于活体，具有繁殖的能力，并且繁殖出的新个体与该授权品种的特征特性相同。被诉侵权蜜柚果实是否为三红蜜柚品种的繁殖材料，不仅需要判断该果实是否具有繁殖能力，还需要判断该果实繁殖出的新个体是否具有果面颜色暗红、果肉颜色紫、白皮层颜色粉红的形态特征，如果不具有该授权品种的特征特性，则不属于三红蜜柚品种权所保护的繁殖材料。

第二，在当前技术条件下，组织培养受到植物品种的基因型、器官、发育时期等多方面条件制约，还需要避免品种产生变异，并非柑橘属的每一个品种都能通过组织培养进行繁殖，因此，三红蜜柚果实内的汁胞难以被认定为繁殖材料。依据植物细胞的全能性理论，可以在植物体外复制携带品种的特异性的 DNA 序列进行繁殖得到种植材料，但该种植材料能否成为品种权的繁殖材料，仍要判断该植物体能否具有繁殖能力，以及繁殖出的品种能否体现该品种的特征特性。简单地依据植物细胞的全能性认定品种的繁殖材料，将导致植物体的任何活体材料均会被不加区分地认定为是植物新品种权的繁殖材料。在本案中将收获材料纳入植物新品种权的保护范围，有违《种子法》《植物新品种保护条例》以及《若干规定》的相关规定。

第三，植物体的不同部分可能有多种不同使用用途，可作繁殖目的进行生产，也可用于直接消费或观赏，同一植物材料有可能既是繁殖材料也是收获材料。对于既可作繁殖材料又可作收获材料的植物体，在侵权纠纷中能否认定为是繁殖材料，应当审查销售者销售被诉侵权植物体的真实意图，即其意图是将该材料作为繁殖材料销售还是作为收获材料销售；对于使用者抗辩其属于使用行为而非生产行为，应当审查使用者的实际使用行为，即是将该收获材料直接用于消费还是将其用于繁殖授权品种。除法律、行政法规另有规定外，对于未经品种权人许可种植该授权品种的繁殖材料的行为，应当认定是侵害该植物新品种权的生产行为。

第四，植物新品种保护制度保护的是符合授权条件的品种，通过繁殖材料保护授权品种。虽然在申请植物新品种权时提交的是采用以嫁接方式获得的繁殖材料枝条，但并不意味着授权品种的保护范围仅包括以嫁接方式获得的该繁殖材料，以其他方式获得的枝条也属于该品种的繁殖材料。随着科学技术的发展，不同于植物新品种权授权阶段繁殖材料的植物体可能成为育种者普遍选用的种植材料，即除枝条以外的其他种植材料也可能被育种者们普遍使用，在此情况下，该种植材料作为授权品种的繁殖材料，应当纳入植物新品种权的保护范围。

第五，植物新品种权与品种审定是两种不同的制度，虽然《种子法》中对两者均做出了规定，但前者属于民事权利范畴，主要由《植物新品种保护条例》规范，是给予品种权人的一种财产独占权，与品种的生产、推广和销售无关；后者是一种行政许可，属于市场准入的行政管理行为，主要由《主要农作物品种审定办法》《主要林木品种审定办法》规范。作为市场准入的行政管理措施的品种审定制度，其目的是加强作物品种的管理，加速育种新成果的推广利用，确保有经济推广价值的品种进入市场，防止盲目推广不适合本地区种植的劣质品种给农林业生产和农民利益造成损失。本案所涉品种并非审定品种，原审判决援引《种子法》第15条第2款关于品种审定的相关规定，有所不当，予以纠正。

拓展思考

有性繁殖的植物新品种（主要是粮食作物）进入市场时，通常需要通过国家级或者省级的品种审定，并且申请生产经营许可证，然后在特定的制种基地生产繁殖材料进行销售。而对于大部分受保护的无性繁殖植物新品种（如果树、蔬菜、花卉以及其他观赏性植物）来说，则不存在申请品种审定和生产经营许可证等有关生产销售受保护品种的管理环节。因此，与有性繁殖的植物新品种相比，无性繁殖的受保护品种在侵权繁殖技术上更为简单，种植地点更为隐蔽，同时也意味着品种权人的维权之路更加艰难。在过去已经发生的数百件植物新品种侵权诉讼中，只有极为少数案件涉及无性繁殖的植物新品种。虽然本案最终判决润平公司的行为不构成品种权侵权，但是强化品种权保护力度、扩大品种权保护范围的信号在本案中得到充分体现，同时判决书对植物新品种侵权认定规则的明确，尤其是对"除法律、行政法规另有规定外，对于未经品种权人许可种植该授权品种繁殖材料的行为，应当认定是侵害该植物新品种权的生产行为"的明确宣布，足以告诫所有商业性从事农业种植的企业和个人，应当切实尊重他人育种创新成果，保护他人的品种权。农作物领域的常规种和无性繁殖植物的品种权保护水平是一个国家植物新品种保护水平的直接体现。本案判决明确了植物新品种侵权纠纷中关于繁殖材料的判断标准、释明了植物新品种保护与繁育方式的关系等涉及植物新品种侵权认定的关键问题，将对我国植物新品种保护及育种创新产生深远影响。

第五节　植物新品种权侵权的法律责任

一、民事责任

核心知识点

在植物新品种案件中，停止侵权和赔偿损失是侵权人应当承担的主要民事责任，但是如何计算侵权人所应承担的赔偿数额，是司法实践中的难点。《若干规定》第6条规定："人民法院审理侵犯植物新品种权纠纷案件，应当依照民法通则第一百三十四条的规定，结合案件具体情况，判决侵权人承担停止侵害、赔偿损失等民事责任。人民法院可以根据被侵权人的请求，按照被侵权人因侵权所受损失或者侵权人因侵权所得利益确定赔偿数额。被侵权人请求按照植物新品种实施许可费确定赔偿数额的，人民法院可以根据植物新品种实施许可的种类、时间、范围等因素，参照该植物新品种实施许可费合理确定赔偿数额。依照前款规定难以确定赔偿数额的，人民法院可以综合考虑侵权的性质、期间、后果，植物新品种实施许可费的数额，植物新品种实施许可的种类、时间、范围及被侵权人调查、制止侵权所支付的合理费用等因素，在50万元以下确定赔偿数额。"

典型案例

敦煌种业先锋良种有限公司与新疆新特丽种苗有限公司、新疆生产建设兵团农一师四团植物新品种权侵权纠纷案：新疆生产建设兵团农十二师中级人民法院（2011）

农十二民初字第 8 号民事判决书；新疆维吾尔自治区高级人民法院生产建设兵团分院（2012）新兵民二终字第 13 号民事判决书；最高人民法院（2014）民提字第 26 号民事判决书。

基本案情

先锋国际良种公司的"先玉 335"植物新品种于 2010 年 1 月 1 日获得授权，2010 年 7 月 22 日，先锋国际良种公司授权敦煌先锋公司享有"先玉 335"植物新品种保护的一切权利，并承担诉讼义务。2011 年 5 月 10 日，新特丽公司与四团签订了《玉米种子良繁购销合同》，约定由新特丽公司提供亲本，委托四团繁育 1900 亩玉米品种 HB－09，1600 亩玉米品种 XT－25。根据敦煌先锋公司的申请，一审法院对涉嫌侵权种子 XT－25 进行了证据保全。敦煌先锋公司申请对证据保全的涉嫌侵权种子 XT－25 进行鉴定，在对证据保全的过程和鉴定机构的选定均无异议的情况下，一审法院委托北京玉米种子检测中心就涉嫌侵权地提取的玉米果穗 XT－25 与标准的"先玉 335"进行鉴定。鉴定结论为：待比品种与"先玉 335"差异点为 0，涉案种子与"先玉 335"无明显差异。

敦煌先锋公司委托酒泉神航会计事务所对"先玉 335"的利润情况进行审核，并出具了 2011 年度专项审计报告书。该报告书显示：每公斤"先玉 335"可获得净利润 13.16 元。新特丽公司未经许可擅自委托四团繁育生产"先玉 335"玉米种子 3600 亩，给权利人造成的损失远远超过 500 万元。考虑到新特丽公司和四团的赔偿能力，敦煌先锋公司仅索赔 500 万元，同时要求二被告承担本案的调查费、律师费、鉴定费及诉讼费。

裁判摘要

一审裁判摘要

首先，关于侵权责任的承担：新特丽公司未经品种权人许可，以商业目的繁育生产"先玉 335"玉米种子，其行为已构成对"先玉 335"植物新品种权的侵犯，因四团是以农业种植为主，在接受委托时，其并不知道代繁的种子侵权，主观上没过错，且诉讼中能主动说明委托人，故侵权责任不应由其承担。其次，关于赔偿数额：敦煌先锋公司主张按照侵权人因侵权所得利益确定赔偿数额，故以新特丽公司生产的亩数×亩产量×单位利润，确定赔偿数额。再次，关于为制止侵权行为所支付的合理开支：法院已经确定了敦煌先锋公司赔偿数额，而调查费、律师费等维权过程中支付的合理开销是在赔偿数额难以确定的情况下才予以考虑，故调查费、律师费不予支持。

二审裁判摘要

首先，关于证据保全的效力：一审法院虽未邀请有关专业技术人员参与取样，但综合考虑本案查明的事实与取样过程，一审法院的证据保全程序合法、有效。以法院保全的玉米种子为待比品种作出的鉴定报告可以作为认定新特丽公司侵权的依据。其次，关于赔偿数额：敦煌先锋公司单方委托酒泉神航会计师事务所作的《专项审核报告》不具有代表性，以此作为计算其直接损失的依据，并未考虑到"先玉335"在新疆市场的占有率、认同度等风险因素。敦煌先锋公司未向法庭提供关于涉案的"先玉335"玉米种子已经进入种子市场，且新特丽公司以此获得了具体经济利益的证据，同时也未向法庭提供有关线索予以查证，因此，敦煌先锋公司应当承担举证不能的法律责任。同时，敦煌先锋公司未举证证明其因侵权行为受到的经济损失明显超过50万元。再次，关于为制止侵权行为所支付的合理开支：根据最高人民法院《若干规定》第6条的规定，侵权人赔偿数额难以确定时适用法定赔偿应包括合理维权成本，敦煌先锋公司维权过程中支付的合理开销应由侵权人负担。

再审裁判摘要

首先，关于证据保全的效力：邀请有关专业技术人员参与田间取样并非法院证据保全的必经程序，不能以未邀请有关专业技术人员协助取样为由简单地否定证据保全的效力。其次，关于赔偿数额：以《专项审核报告》记载的"先玉335"的单位利润为参照，并综合考虑新特丽公司未就其利润进行举证、新特丽公司的生产经营模式等因素，酌情确定本案侵权的XT-25的合理利润为10元/公斤。在新特丽公司和四团未举证证明所种植XT-25未进入市场的情况下，根据侵权品种的产量乘以单位合理利润之积计算侵权人因侵权所获利益，即705893公斤×10元/公斤=7058930元，显然已经超出了敦煌先锋公司本案中索赔的500万元。因此，对于敦煌先锋公司关于本案赔偿数额为500万元的主张，予以支持。再次，关于为制止侵权行为所支付的合理开支：《若干规定》第6条规定法定赔偿适用时考虑维权费用，并不意味着只有法定赔偿时才另行计算维权费用。

拓展思考

在植物新品种权案件的司法实践中，当事人申请法院或公证机关进行证据保全是一种常见的取证方式，实践中争议很大的是证据保全程序。[①] 有的法院认为，人民法院应邀请农业经营管理部门的专业技术人员到场，否则所取得的证据不具有代表性。在登海公司诉内蒙古乌拉特前旗种子公司侵犯植物新品种权纠纷案[②]中，原告登海公司在向人民法院起诉前，申请被告所在地公证处对被告正在筛选的品种进行证据保全。由于原告在申请证据保全的过程中，未申请专业机构种子经营管理站对保全的证据扦样，而是由公证员随意从筛选的品种中提取了样品，致使保全的证据只能代表样品部分而不能代表品种全部，因此，呼和浩特市中级人民法院对公证证据的效力未采信而驳回

---

① 王怀庆：《审理植物新品种权侵权案件法律适用问题探讨》，《科技与法律》2011年第1期。

② 呼和浩特市中级人民法院（2002）呼经初字第29号民事判决书；内蒙古自治区高级人民法院（2003）内民三终字第8号民事判决书。

了原告的诉讼请求。原告不服，提起上诉，内蒙古自治区高级人民法院亦维持了原判决。而在前述敦煌种业案中，最高人民法院明确了邀请有关专业技术人员参与田间取样并非法院证据保全的必经程序。

《若干规定》第 6 条规定法定赔偿适用时考虑维权费用，并不意味着只有适用法定赔偿时才另行计算维权费用。关于维权费用如何计算的问题，植物新品种司法解释未作明确规定，但鉴于植物新品种权与专利权较为接近，在确定植物新品种纠纷案件维权费用时，可以参照适用《专利法》第 71 条第 3 款，即赔偿数额还应包括权利人为制止侵权行为所支付的合理开支。此外，根据《最高人民法院关于修改〈最高人民法院关于审理专利纠纷案件适用法律问题的若干规定〉的决定》第 22 条的规定，"权利人主张其为制止侵权行为所支付合理开支的，人民法院可以在专利法第 65 条确定的赔偿数额之外另行计算"（即 2021 年 6 月 1 日起施行的新《专利法》第 71 条）。因此，敦煌先锋公司主张新特丽公司应赔偿其维权费用的诉讼请求应予支持。①

二、行政责任

第一，省级以上人民政府农业、林业行政部门依据各自的职权处理品种权侵权案件时，为维护社会公共利益，可以没收违法所得和植物品种繁殖材料；货值金额 5 万元以上的，可处货值金额 1 倍以上 5 倍以下的罚款；没有货值金额或者货值金额 5 万元以下的，根据情节轻重，可处 25 万元以下的罚款。②

第二，假冒授权品种的，由县级以上人民政府农业、林业行政部门依据各自的职权责令停止假冒行为，没收违法所得和植物品种繁殖材料；货值金额 5 万元以上的，处货值金额 1 倍以上 5 倍以下的罚款；没有货值金额或者货值金额 5 万元以下的，根据情节轻重，处 25 万元以下的罚款。③

第三，销售授权品种未使用其注册登记的名称的，由县级以上人民政府农业、林业行政部门依据各自的职权责令限期改正，可以处 1000 元以下的罚款。④

三、刑事责任

假冒授权品种情节严重构成犯罪的，依法追究刑事责任。⑤

---

① 最高人民法院知识产权审判庭：《中国知识产权指导案例评注第七辑》，中国法制出版社 2016 年版，第 490 页。

② 《植物新品种保护条例》第 39 条。

③ 《植物新品种保护条例》第 40 条。

④ 《植物新品种保护条例》第 42 条。

⑤ 《植物新品种保护条例》第 40 条。